LABOR

Law

노동법

•

이준희

박영사

추천의 글

과학기술 발전과 산업구조의 변화에 따라 일하는 방식과 내용도 다양하고 복잡해지고 있으며, 당사자 간의 새로운 법적 분쟁이 끊임없이 발생하고 있다. 이러한 변화는 노동법의 보호 대상과 방식은 어떠해야 하며, 헌법상 노동기본권의 보장의의와 범위를 어떻게 이해해야 하는가 하는 근본적인 문제를 고민하게 한다. 또한 새로운 문제와 관련된 개별 쟁점들에 대한 판례의 태도와 학계의 논의 상황도 복잡하고 어지럽게 전개되고 있기 때문에 노동법의 체계적 이해와 일관성 있는 해석은 더욱 어려워질 수밖에 없는 사정이다.

이러한 노동법을 둘러싼 시대적 상황에서 이준희 교수가 저술한 "노동법" 체계서의 출간은 의미 있고 시의적절할 뿐만 아니라 개인적으로도 반갑고 기쁜 소식이 아닐 수 없다. 무엇보다도 이 책에서는 기존의 노동법 교과서의 내용을 전체적으로 아우르면서도 동시에 새롭게 제기되는 문제들에 대한 규율과 논의 내용의 핵심을 충실히 소개하고 있다. 특히, 직장 내 괴롭힘(제5편), 새로운 유형의 일하는 방식(제13편)에 대하여 별도의 독립된 편으로 구성하여 충실히 다루어 주고 있으며, 연결되지 않을 권리와 같은 최근 논점에 대하여도 정리 · 서술해 주고 있는 점에서 새로운 노동법 교과서로서 차별성을 보여주고 있다. 또한 도표를 통해 법개념, 제도내용, 절차구조의 명확한 이해를 용이하게 해 주고 있는 점도 이 책의 장점으로 생각된다.

통상 체계서의 집필은 해당 분야의 전반적 내용을 체계를 잡아 다루되 내용의 경중을 고려하면서 이해하기 쉽게 정리하여 서술해야 하는 매우 어려운 저술작업이 아닐 수 없다. 이 어려운 과제를 이준희 교수는 오랜 기간 다져 온 학문적 역량과 탄탄한 문장력으로 성공적으로 해냈다고 본다.

노동법 입문자나 수험생에게는 노동법 전반에 대한 전문적 식견을 익히는 기본서로서 그리고 노동법에 대한 기초적 이해를 지닌 전문가 분들에게는 체계적

이해를 다지는 길잡이로서 기능과 역할을 충실히 할 수 있는 저서로 판단된다. 이러한 추천자의 평가와 판단을 근거로 이 책을 모든 노동법 학습자들에게 적극 추천하고자 한다.

2025년 2월

고려대학교 명예교수

하경효

머리말

노동법을 공부하는 사람은 누구나 가슴에 이상(理想)의 노동법을 가지고 있습니다. 이상과 현실의 괴리는 너무 크고 때로는 좌절감을 주지만, 이상을 구현해 내고 싶다는 뜨거운 열망을 불러일으키기도 합니다. 이상과 현실의 괴리에 대한 인식이 올바른 해석을 찾는 치열한 탐구의 계기가 되는 역설은 우리 삶에 놓인 섭리(攝理)일 수도 있겠습니다. "사람이 살아가면서 겪는 수많은 아픔 가운데 법이 보호해야 하는 아픔은 어디까지인가?"라는 물음이 법학도로서의 삶의 계기가 되었다면, 이상과 현실 사이의 괴리와 역설은 글을 쓰는 원동력이 됩니다. 강의의 대상이 되는 노동법의 전체 영역을 글로 적어 보겠다는 이번의 결심도 같은 맥락으로 이어져 있습니다.

노동법을 진지하게 공부하기 시작한 지 30년이 됐습니다. 그리고, 현장 실무자분들께 단체교섭에 대해 강의한 것을 시작으로 대학에서 학생들을 만나 노동법 전체를 강의하고 있는 지금까지 20년의 세월이 동시에 쌓였습니다. 그 오랜 세월을 소모하고도 노동법에 대한 고민들은 하나도 해결하지 못하고 오히려 늘어나기만 하는 또 하나의 역설을 어떻게 해명해야 할지 모르겠습니다. 무질서했던 고민의 목록들을 어느 정도 가지런하게 정렬할 수는 있게 된 것만으로도, 여러모로 부족한 저로서는 다행이라고 할 수 있겠습니다. 이 책은 그 고민들의 정렬이고 그렇게 정렬한 이유에 대한 해명입니다. 특정 학문 분과에 관한 중요한 고민들과 그 고민들의 이유를 공유하는 것으로 교과서로서의 역할은 할 수 있으리라 기대합니다.

이렇게 공부의 또 한 매듭을 만들면서 저의 소중한 채권자들을 떠올리게 됩니다. 늘 가슴 벅차게 자랑스러웠던 모교의 선생님들과 든든한 울타리인 민사법 전공 식구들은 제 공부 여정의 대체 불가능한 토대입니다. 특히, 지도교수님이신 하경효 선생님께서는 더디고 앞가림 못하는 제자를 끝까지 붙들고 가르쳐주

시고, 학자와 강의자의 삶이 어떠해야 하는지 몸소 보여주셨습니다. 정말 끝도 없이 새로운 쟁점이 나타나는 노사관계와 노동법의 현실을 겪어내면서 함께 토론하고 이야기 나눠 주시는 현장의 노사 실무자 분들, 진지하게 질문하고 토론하고 지적해 주는 광운대학교 법학부의 학생들, 귀한 학문적 동료인 광운대학교 법학부 교수님들의 지혜도 이 책의 내용 곳곳에 소중하게 담겼습니다. 또, 어느 날 문득 출판을 제의해 주신 최동인 대리님, 어려운 상황에서도 따뜻하게 책을 만들어 주신 윤혜경 편집자님, 출판을 수락해 주신 박영사 안상준 대표님께 감사의 말씀을 드립니다.

마지막으로, 공부하는 남편을 한결같이 용납하고 지지하고 품어준 저의 평강공주님 순영, 어느덧 자식에서 최고의 친구가 된 서연과 주연, 늘 따뜻하게 돌봐주시는 부모님들과 가족들께 깊은 고마움과 사랑을 전합니다.

2025년 3월 1일

이준희

읽는 분들께

- 중요한 법령 조문을 본문의 해당 내용 아래에 배치해 두었습니다. 법학은 해석학에서 출발하고, 해석의 대상은 실정의 법령 조문이기 때문입니다. 법령을 찾아보는 수고를 덜어드리는 동시에 중요한 조문을 선별해서 제시하려는 의도입니다.

- 법원 판례의 문장은 되도록 그대로 본문에 반영하고, 법원 판례와 중복되는 저의 설명은 판례 문장으로 대체했습니다. 판례는 중요합니다. 특히 따옴표로 인용된 판례 문장은 꼼꼼히 읽어주시기 바랍니다.

- 여러 쟁점에 대한 논쟁과 학설은 관련된 문헌의 출처를 표시하는 것이 원칙이지만 교과서로서의 쓰임을 고려해서 생략했습니다. 다만, 중요하게 참조한 서적을 별도의 목록에 제시했습니다. 그리고 찾아보기 쉽도록 관련된 판례는 각주로 표시했습니다.

- 자주 소개하는 법률 중에서 제목이 긴 것은 약어로 표시했습니다.

고령자고용법 - 고용상 연령차별금지 및 고령자고용촉진에 관한 법률
공공기관운영법 - 공공기관의 운영에 관한 법률
공무원노조법 - 공무원의 노동조합설립 및 운영에 관한 법률
교원노조법 - 교원의 노동조합설립 및 운영에 관한 법률
근로자참여법 - 근로자참여 및 협력증진에 관한 법률
기간제법 - 기간제 및 단시간근로자 보호 등에 관한 법률
남녀고용평등법 - 남녀고용평등과 일·가정 양립 지원에 관한 법률
노동조합법 - 노동조합 및 노동관계조정법
산재보험법 - 산업재해보상보험법

중대재해처벌법 - 중대재해 처벌 등에 관한 법률 퇴직급여보장법 - 근로자퇴직급여 보장법 파견법 - 파견근로자 보호 등에 관한 법률

- 끝으로, 처음 노동법학을 공부하시는 분들께 노파심에 사족을 붙입니다. 모든 법학 전공서적이 그렇듯이 앞부분은 읽기가 쉽지 않을 수도 있습니다. 뒷부분에서 설명될 내용들이 곳곳에 나오기 때문입니다. 그냥 아는 개념이라고 치고 과감하게 읽어 나가시기를 권합니다.

참고 서적

강만길 · 김경일 · 박영기 · 송종래 · 이원보 · 김금수 등, 「한국노동운동사」 1,2, 3,4,5,6, 지식마당, 2004
강희원, 「노동법 기초이론」, 동림사, 2004
김종현, 「영국 산업혁명의 재조명」, 서울대학교출판문화원, 2006
김진국 외 역(西谷 敏), 「일본노동조합법」, 박영사, 2008
김치선, 「노동법강의」, 제2전정보정판, 박영사, 1990
김형배, 「근로기준법」, 제6판(신판), 박영사, 1998
김형배, 「노동법」, 제27판, 박영사, 2021
김형배 · 박지순, 「노동법강의」, 제13판, 신조사, 2024
남기윤, 「법학방법론」, 고려대학교출판문화원, 2014
노동법실무연구회, 「근로기준법 주해」 I, II, III, 제2판, 박영사, 2020
노동법실무연구회, 「노동조합 및 노동관계조정법 주해」 I, II, III, 제2판, 박영사, 2023
박홍규, 「고용법·근로조건법」, 삼영사, 2002
박홍규, 「노동단체법」, 제2판, 삼영사, 2002
배종대, 「형법총론」, 제18판, 홍문사, 2024
배종대, 「형법각론」, 제15판, 홍문사, 2024
이 정 역(菅野和夫), 「일본노동법」, 법문사, 2015
이영석, 「산업혁명과 노동정책」, 한울아카데미, 1994
이종복, 「사법관계와 자율」, 예명사, 1993
이준희, 「단체교섭법론」, 신조사, 2017
이준희, 「직장에서의 괴롭힘」, 신조사, 2019
이철수, 「노동법」, 현암사, 2023

이학춘 역(Brox·Rüther), 「독일노동법」, 한국경영자총협회, 2002
이흥재, 「노동법 제정과 전진한의 역할」, 서울대학교출판문화원, 2010
임종률 · 김홍영, 「노동법」, 제21판, 박영사, 2024
전광석, 「한국헌법론」, 집현재, 2023
전광석 · 박지순 · 김복기, 「사회보장법」, 제8판, 신조사, 2024
조규창, 비교법(上), 소화, 2007
조규창, 비교법(下), 소화, 2007
하갑래, 「근로기준법」, 전정 제36판, 중앙경제, 2024
하갑래, 「집단적노동관계법」, 전정 제6판, 중앙경제, 2020
하경효, 「노동법사례연습」, 제4판, 박영사, 2023
하경효, 「임금법제론」, 신조사, 2013
허 영, 「헌법이론과 헌법」, 박영사, 2021
홍영표, 「노동법론」, 법문사, 1962

菅野和夫 · 山川隆一, 「勞働法」, 第十三版, 弘文堂, 2024
西谷 敏, 「勞働法」, 第2版, 日本評論社, 2013
西谷 敏, 「勞働組合法」, 第3版, 有斐閣, 2012
Alvin · Roberto, 「LABOUR LAW IN THE USA」, Fourth Edition, Wolters Kluwer, 2014
Harper · Estreicher · Flynn, 「Labor Law-Cases, Materials, and Problems」, Sixth Edition, Wolters Kluwer, 2007
Higgins(Editor in Chief), 「The Developing Labor Law(Seventh Edition)」 2019 Cumulative Supplement, Bloomberg Law, 2019
Higgins(Editor in Chief), 「The Developing Labor Law(Seventh Edition)」 Vol. I, II, BloombergBNA, 2017
Honeyball · Bower, 「Textbook on Employment Law」, 13th Edition, Oxford, 2014

Brox · Rüther · Henssler, 「Arbeitsrecht」, 16., neu bearbeitete Auflage, Kohlhammer, 2004

Löwisch · Rieble, 「Tarifvertragsgesetz」, 4.Auflage, Vahlens Kommentare, 2017

Floyd · Steenson · Coulthard · Williams·Pickering, 「Employment, Labour abd Industrial Law in Australia」, Cambridge, 2018

목차

제1편

노동법의 이유와 시작

제1편
노동법의 이유와 시작

“사람이 살아가면서 겪는 수많은 아픔 가운데 법률이 보호해야 하는 아픔은 어디까지인가?” 법학을 공부하거나 법률을 다루는 사람으로서는 아마도 의식의 저변에 줄곧 맴돌고 있고, 문득 문득 스스로 되물어보게 되는 숙명과 같은 질문일 것이다. 하지만 단연코 모든 법 분과 중에서 이 질문에 가장 자주, 그리고 간절하게 직면하게 되는 분야가 노동법이다. 노동법과 노동법학은 출발부터, 과연 이들이 법률로써 특별히 보호해야 하는 자들인가? 이들이 주장하는 것이 보호할 가치가 있는 주장인가? 과연 이들이 살아가는 개인적인 삶에 법률이 개입해야 하는가? 하는 회의에 직면하고, 이와 같은 회의적인 관념과 인식을 뚫어내면서 치열하게 쌓아온 공든 탑이기 때문이다. 그만큼 노동법은 우리들의 삶에서 가장 원초적인 생계의 문제에 밀착되어 있기도 하다.

제1장 근현대의 노동자의 삶과 노동법의 형성

공장제 노동력 제공체계가 수립되던 시기의 노동자 계층의 형성, 공장 근로자의 삶과 초기 노동법의 형성 모습을 당시의 첨단 산업이었던 방직공장의 상황을 중심으로 살펴보려고 한다.

Ⅰ. 개별 근로자를 보호하기 위한 노동법의 형성

1. 산업혁명 초기 공장노동자 계급의 형성

(1) 산업혁명 초기 공장노동의 현실

유럽의 역사를 기준으로, 1764년 이후 증기기관이 공업용 방직기계의 동력기관으로서 실용화되면서, 영국을 필두로 직조기·동력기계가 빠르게 보급되고, 증기기관을 활용한 공장제 대량생산 체계가 자리잡게 되었다. 이것을 '산업혁명'이라고도 부른다. 초기 산업혁명의 영향으로 인클로저 신드롬(Enclosure syndrome)을 비롯한 다양한 변화가 초래되고 그와 함께 장원경제가 무너지면서 전통적인 농민 계급이 적응하기 어려운 속도로 몰락하였다. 대를 이어온 생계의 터전을 상실한 농민들은 대규모 부랑자로 전락하게 되었고, 생계의 기초가 없는 가난한 사람들을 일컫는 무산자(Proletarier) 계층이 역사의 전면에 등장하게 되었다.

보유하고 있는 교환 가치 있는 재화라고는 자신의 노동력 밖에 없었던 그들은, 산업혁명의 물결 속에서 빠르게 확대되면서 노동력 부족 현상을 겪고 있던 공장의 생산인력으로 급속히 유입되었다. 산업혁명의 와중에 생계의 터전을 잃었던 그들은 산업혁명의 총아인 공장을 통해 새로운 시대의 생계의 터전을 얻게 된 것이다. 한꺼번에 생계의 터전을 잃어버린 사람들이 워낙 많았던 탓에 공장제 노동에 있어서는 노동력의 공급이 그 수요를 초과하는 공급 초과의 노동시장이 형성되고 있었다. 산업혁명기에 공장은 처음부터 도시 지역에 건설되거나, 공장 주변에 도시가 형성되곤 했기 때문에 유동 빈민의 공장 노동자화는 가난한 인구의 도시 유입과 동일한 현상이었고, 이는 다양한 사회 문제를 야기했다. 노동력 제공관계에 집중해서 보면, 공급 초과의 노동시장은 임금 및 근로조건의 심각한 하락, 과로와 안전시설 및 안전관념 미비로 인한 질병과 사고 증가, 불공정하고 가혹한 처우의 일상화 등이었다. 성인 근로자들뿐 아니라 어린이들도 가혹한 공장노동과 탄광 노동에 시달렸고, 그로 인해 성인이 되지 못하고 사망하는 경우가 많았다. 근로자들은 자신과 가족의 생계를 이어줄 대안이 없었기 때문에, 일자리를 그만둘 자유마저 상실한 채 매우 열악한 환경에 자신과 가족을 방치할 수밖에 없었다.

(2) 리자와 로지, 톰과 아빠

1800년 무렵의 영국 런던 인근에서 생활하던 리자 가족을 상정해보자. 여왕과 같은 삶을 살기를 바란 부모가 리자(Liza)라는 이름을 주었겠지만 이 여성은 방직공장에서 원단을 생산하는 공장노동자로 힘겹게 살아가고 있다. 여기저기 떠돌다가 남편을 만나고 공장노동자로 운좋게 정착하게 됐지만 그의 삶은 쉽지 않았다. 남편은 공장에서 일하다가 한쪽 다리를 잃은 뒤로는 술에 빠져서 살고 있고, 꽃 같은 삶을 기대했던 딸 로지(Rosi)는 이제 13살이지만 자기가 일하는 공장에서 실을 나르거나 청소를 하는 등 허드렛일을 하고 있고 자신만큼이나 비참하다. 11살 아들 톰(Tom)은 너무 어리지만 탄광에서 석탄을 캐는 일을 하고 있다. 리자는 성인 노동자였지만, 원단에 발생한 불량률에 따라 벌금을 내고, 로지가 실수한 것까지 더해서 채직질을 당하는 경우가 많았다. 야간에 일을 하기 위해서 호롱불을 켜야 했는데, 기름도 자기 월급에서 공제해야 했고, 남편의 외상술값, 벌금, 회사 매점에서 구입한 밀가루와 생필품 값, 벌금 등을 공제하면 월급날 손에 쥘 수 있는 돈은 거의 없었다. 로지는 공장장에게 체벌을 당해서 늑골과 쇄골이 부러지는 부상을 당했지만 손쓸 방법이 없어서 그대로 일하고 있었고, 톰도 공기가 통하지 않는 탄광에서 분진을 마셔서 기침을 달고 살았다. 이대로는 죽을 것 같아서 도망쳐 보기도 했지만, 곧 잡혀 왔고, 더 가혹한 체벌을 받아야 했다. 그리고, 체불된 임금이 점점 많아졌기 때문에 그 돈을 받으려면 공장에 계속 다녀야만 했다. 이 가족은 1년에 하루 이틀밖에 쉬지 못하고 일해야 했다. 이 아이들이 무사히 자라서 어른이 될 수 있을지 알 수 없는 암담한 상황, 노동법이 등장하기 직전 공장노동자의 평균적인 삶의 모습이다.

1800년 무렵 영국의 어느 가족

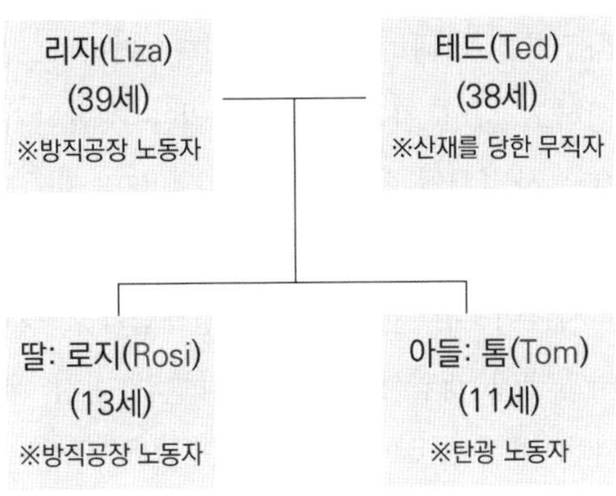

2. 초기 공장법의 등장

(1) 초기 공장법의 등장 배경

리자 가족이 일하는 실상, 즉 뜨겁고 밀폐된 증기기관 옆 공간에서, 공기가 안 통하고 어두운 탄광에서 고강로 이루어지는 당시의 노동상황을 고한노동(sweat labor, 苦汗勞動)이라고 표현하기도 한다. 서부 유럽에서 이와 같은 고한노동과 그로 인한 부작용이 심각한 사회문제로 대두되어 주목받기 시작한 것은 1800년대 전후의 일이다. 고한노동의 문제가 가장 일찍부터 드러나고 가장 심각한 사회문제로 대두된 것은 영국이었다. 영국은 당시 세계 최강의 강대국이었으나 만성적인 노동력과 병력 부족에 시달리고 있었다. 톰과 같은 아이들이 성인으로 자라지 못하고 청소년기에 폐병이나 사고로 죽음을 맞는 경우가 많았고, 로지도 건강한 성인으로 자라기를 기대하기는 어려웠다. 사회 구성원의 건강한 순환과 세대교체가 이루어질 수 없는 극한의 상황이었다. 당시 영국 의회는 처참한 노동환경과 그로 인한 질병 및 사망의 일상화가 병력부족과 인구정체의 중요한 원인임을 파악하고 있었다. 교회는 교회대로 주일에 예배에 출석하는 인구가 점점 줄어드는 상황에 직면하고 있었다. 그러나 로마법적 전통과 일반 계약법 원칙을 중심으로 하는 판례법(Common law)을 통해 규율되던 당시의 사법 환경 아래에서 자유로운 권리주체의 합의에 따라 형성된 근로계약관계의 내용을 사법부가 통제해주기를 기대하기는 어려웠다. 더구나 그러한 개입은 유력한 사회적 세력을 형성하고 있던 자본가들의 이익을 제한하거나 감소시키는 결과를 가져올 수 있었다. 사인간에 체결되는 근로계약의 내용에 대하여 국가 또는 법률이 곧바로 개입하여 그 내용을 조정하거나 규제하는 것이 가능한 것인지에 대해서도 회의적인 시각이 대부분이었다. 다행스럽게도 당시 영국의 의회는 법률을 통해 근로계약관계에 개입하여 자유방임주의 내지 계약자유의 원칙을 수정하기로 하는 결단을 내린다. 그 시작이 1802년에 제정된 아동노동보호법(The Health and Morals of Apprentices Act)이며, 최저 근로조건을 처음으로 법제화한 사례에 해당한다.

(2) 초기 공장법의 주요 내용

영국의 1802년 아동노동보호법은 방직공장에서 일하는 아동을 보호하는 데에 주 목적이 있었기 때문에 공장법(Factory Acts)이라고 지칭되기도 한다. 이 법률의 주요 내용은, 9세 이상에서 16세 미만인 아동과 청소년에게는 하루 12시간 이상 근로를 금지하되 출근시간은 오전 6시 이후로, 퇴근시간은 오후 9시 이전으로 제한했다. 야간근로를 금지했고, 월 1회 일요일 휴무를 의무화 하여 교회에 출석하도록 했다. 교회 출석을 위한 배려가 포함된 것은 당시 아동노동보호법의 제정에 군부 이외에 종교계도 적지 않은 영향을 끼치고 있었기 때문이다. 휴무 일수는 이후 법개정을 통해 점차 확대되었으며, 1833년 개정시에 이르러서는 공장감독관(factory inspector) 제도가 도입되기도 했다. 이와 같은 영국 아동노동보호법은 각국의 근로조건을 규율하는 노동법의 효시라고 알려져 있으며, 우리나라 근로기준법의 형성에 영향을 준 법률들 중 하나이다. 영국의 공장법은 프랑스와 독일 등 인근 유럽 국가들의 공장법 제정에도 영향을 미쳤다. 공장법은 기본적으로 힘의 우위가 뚜렷하고 한쪽이 다른 한쪽에게 일방적으로 종속되어 있는 불공정한 관계에서 약자를 구호하려는 목적으로 조성되었다.

따라서 자유롭고 명예로운 자유민들 사이의 노동력 공급계약인 위임이나 도급과는 전혀 다른 관점을 가진 새로운 유형의 법체계였다.

Ⅱ. 노동자들의 조직적 활동을 보호하기 위한 노동법의 형성

1. 유럽에서의 단체협약의 법적성질을 둘러싼 노동법체계의 형성

노동자들의 조직적 활동, 즉 노동조합의 등장 및 활동과 이를 규율하기 위한 노동법의 형성 과정 역시, 영국 등 유럽 대륙의 상황을 살펴보는 것으로부터 출발한다. 산업혁명을 완수했거나 산업혁명이 진행되던 1800년대 초반 영국과 유럽 일부 지역의 산업계를 뒤흔든 사건들 중 가장 중요한 사건으로는 1811년경부터 본격화되었던 러다이트 기계파괴 행동(Luddite Movement)을 들 수 있다. 기계파괴 행동은 영국뿐만 아니라 독일, 네덜란드 등 유럽 대륙에서도 일찍부터 산발적으로 확산되어 왔다. 러다이트 기계파괴 행동은 흔히 노동자 계급의 자본가에 대한 폭력적 저항운동이라고 알려져 있지만, 실상은 중소 전통 생산자 집단과 대규모 신규 자본가 사이의 물리적 충돌이라고 보는 것이 더 정확하다. 산업혁명기 이전의 전통적인 제조업은 장기간 숙련도를 쌓은 장인(Master)이 그로부터 기능 전수받으려는 도제들의 노동력을 활용하여 수작업으로 제품을 생산하는 방식으로 운영하는 소규모 작업장을 중심으로 이루어져 있었다. 작업장을 운영하는 장인들은 업종을 중심으로 길드(Guild)를 구성하고 있었는데, 길드의 구성원인 장인들은 대규모 공장제 산업의 등장을 자신들의 정체성과 생계를 위협하는 재앙적인 도전으로 여겼다. 생산기계 작동자에게 숙련도가 크게 요구되지 않았고, 저숙련자가 투입되어 생산된 상품이 장인이 공들여 만든 것과 다름없는 균일하고 높은 품질을 유지할 수 있었기 때문이다. 그들은 전통적인 생산기술 및 산업생태계를 보존하고 자신과 도제의 생계를 유지하기 위해서는 공장들을 파괴하여 새로운 생산체계의 확산을 저지해야 한다고 믿었다. 이들이 러다이트 기계파괴 행동을 주도했다. 러다이트 기계파괴 행동은 특정 공장에 대한 타깃 공격이며 산발적인 공격행위로서 익명성이 보장된다는 점 때문에 상당히 장기간 지속됐다. 러다이트 기계파괴 행동은 공장을 운영하는 사용자들에게는 위협이 아닐 수 없었다. 공장이 파괴되면 그로 인한 피해와 공장의 재건을 위해 소요되는 기간과 비용이 막대했기 때문이다. 공장근로자들로서도 비록 열악한 환경에서 고한노동에 시달리고 있었지만, 공장은 대체 불가능한 생계유지 수단이었다. 사용자와 근로자들은 러다이트 기계파괴 행동에 맞서 공장을 지켜야 하는 공통의 이해를 갖게 된 것이다. 사용자는 근로자들이 러다이트 기계파괴 행동에 저항하여 공장을 지키는 반드급부로 근로조건 개선에 동의하지 않을 수 없었다. 사용자와 근로자 사이의 근로조건 개선에 관한 합의는 종종 서면화 되었다. 이때 근로조건 개선에 관한 협의와 그 협의 내용의 서면화가 유럽에서 초기에 단체교섭과 단체협약이 등장하는 전형적인 모습이라고 할 수 있다.

그러나 사용자들은 이렇게 만들어진 단체협약을 이행하는 데에는 소극적이었다. 단체협약은 사용자가 근로자들의 대표와 체결했기 때문에, 그 단체협약을 체결 당사자가 아닌 다른 근로자에게 적용해야 한다고 볼 법률적 근거나 의무가 없다는 것이 주된 논리였다. 사용자가 근로자의 대표인 노동조합 위원장과 체결한 단체협약에 따라 부담하는 채무는 단체협약 체결 당사자인 노동조합 또는 노동조합 위원장에 대해서만 성립할 뿐 그 노동조합의 조합원에 대해서는 채무가 발생하지 않는다는 주장이다. 초기 유럽 각국, 스위스, 영국, 독일, 프랑스 등의 법원은 사용자의 주장을 계약법의 일반원칙에 따라 받아들였다. 하지만 그런 상황을 그대로 둘 수 없었던 근로자들 및 노동조합의 조직적 저항이 지속되자 결국 각국은 사용자가 단체협약상 규정된 근로조건 개선과 관련된 사항을 조합원인 근로자들에게도 이행해야 한다는 내용을 법률을 통해 규정하게 된다. 그 초기의 선구적 결실이 스위스가 1911년 채무법(Obligationenrecht)에, 독일이 이를 본받아 1918년 단체협약령(Tarifvertragsverordnung)에 단체협약의 규범적 효력을 규정하기 시작한 것이다. 독일은 단체협약령에서 단체협약의 규범적 효력을 명문으로 인정한 이래 1949년 단체협약법(Tarifvertragsgesetz)에 이러한 태도가 이어져 오고 있다. 현장과 사법부의 한계를 입법을 통해 극복한 것이며, 근로자들의 아픔을 법률이 개입해서 보호해야 하는 아픔으로 인정한 사건이다. 이것이 오늘날 우리 노동조합 및 노동관계조정법 제33조에도 규정되어 있는 단체협약의 기준의 효력, 즉 규범적 효력이 만들어진 배경이다. 이제는 노동조합과 사용자가 체결한 단체협약은 기업이나 산업이라는 부분사회에 적용되는 '규범', 즉 '법'이라는 인식이 일반적으로 승인되어 있다. 노동법 형성기의 유럽에서 노동조합의 투쟁은 간단히 보면, 주로 단체협약의 규범적 효력의 승인을 둘러싸고 진행되어 왔고 노동법도 이를 규율하기 위한 방향으로 발전해 왔다고 정리할 수 있다.

초기에 각국은 노동조합을 두려워하고 불법적인 폭력단체로 규정했지만 점차 그러한 시각도 변했다. 영국은 1824년에 단결금지법(Combination Act, 1799)을 폐지하여 1925년부터 노동조합을 합법화했고, 프랑스도 1864년 단결공모죄(le délit de coalition)를 폐지하여 노동조합의 단체행동을 합법화했다. 점차 노동조합의 단체행동에 대한 형사면책이 확산되면서 단결권과 단체행동권을 노동조합 및 근로자의 권리로 보는 관념이 자리를 잡게 되었다. 영국에서는 1875년에 노동조합의 활동에 대한 형사면책이 입법되었고, 프랑스는 1946년 헌법 전문에서 파업권을 헌법상 권리로 인정했다. 독일은 1891 제국영업조례(Gewerbeordnung)를 개정한 이후 노동조합 합법화를 넘어, 근로자의 경영참가를 제도화 하는 사업장협의회(Betriebsrat) 체제가 확립되었다.

2. 미국에서의 단체교섭 거부 금지를 둘러싼 노동법체계의 형성

한편, 미국은 유럽에 비해서 산업혁명이 상대적으로 늦은 시기에 전개되기 시작했다. 미국은 독립전쟁, 대프랑스 전쟁, 멕시코 전쟁, 남북전쟁 등을 겪으면서 산업발전이 더욱 지체되고 있었다. 링컨(Abraham Lincoln) 정부는 남북전쟁에서 승리하면서 공업력과 철도의 이점을 확인할 수 있었고, 대륙횡단철도를 부설하는 것으로 철강산업 부흥과 산업화의 동력을 만들려고 했다. 대륙횡단철도의 동서간 연결은 1863년부터 1869년까지 추진됐다. 서부로부터 시작되는 공사에는 주로 중국계 노동자가, 동부에서 시작되는 공사에는 주로 아일랜드계 노동자가 참여하였는데, 미국의 주류 백인 계층과 비교하여 상당한 차별을 당하던 이들이다. 링컨 정부는 대륙횡단철도 공사를 맡은 기업들에게 선로 주변의 토지를 무상으로 제공하고, 다액의 보조금을 지급하는 방법으로 철도부설공사를 빠르게 추진할 수 있도록 지원했다. 하지만 철도부설공사에 종사하는 근로자들의 삶은 비참했다. 공사 진척에 따라 주거지도 옮겨 가야 했는데, 그 열악한 임시 주거지에는 가족들도 모두 함께 이동하며 거주했다. 자연히 더위와 추위에 그대로 노출되어야 했고 자녀들의 양육과 교육을 위한 인프라는 거의 없다시피 했다. 임금도 매우 저액이었다. 근로자들은 이러한 문제를 해결하기 위해 사용자에게 단체교섭을 요구했지만 사용자는 그 요구에 응하지 않았다. 근로자들은 점점 더 강한 압박수단을 동원하여 단체교섭에 응할 것을 요구했고 그에 맞춰 사용자의 대응도 강해졌다. 끝내는 양측간 무력충돌이 발생하여 경찰뿐만 아니라 연방군이 출동해서 근로자들과 서로 대치하며 전투를 벌이는 상황까지 초래되기도 했다.

미국에서 노동자들의 단체인 노동조합에게는 어떻게 하면 사용자를 교섭 석상에 불러낼 수 있을까 하는 것이 가장 중요한 목표 중 하나가 될 수밖에 없었다. 그 연장선상에 있는 것이 1877년의 철도 대파업(Great Railroad Strike)이다. 이 사태는 웨스트 버지니아의 철도 직원들이 사용자의 일방적인 임금 10% 삭감에 항의하여 시작한 파업에서 비롯되었다. 노동조합의 파업이 여러 주로 확대되었고, 미국 연방육군이 시위대에 발포하고 강경 진압하면서 큰 인명피해가 발생했다. 노동조합의 힘은 사용자와 국가를 동시에 상대하기에는 역부족이었다. 그러던 중 제1차 세계대전(1914~1918)이 발생하고, 미국이 그 전쟁에 참전하면서 많은 백인 남성 노동자들이 군인으로 유럽 전선에 투입되었다. 그 결과 미국 본토에는 노동력 부족 현상이 발생하고, 여성, 유색인종 노동력에 대한 대우도 상승할 수밖에 없는 상황이 되었다. 미국에서는 1918년 전국전시노동위원회(National War Labor Board)를 설치하여 근로자들의 단체교섭권을 보장하기 시작한 이후로, 전후 호황기인 1926년에 연방법으로서 철도노동법(Railway Labor Act)을 제정하여 단체교섭권을 명문으로 인정하고 노사관계의 조정을 위해 대통령 직속으로 전국조정위원회(National Mediation Board)를 설치했다. 이 조치는 그간 철저히 무시되던 노동자들의 파업을 인정하면서 합법적인 절차를 제시하고, 노사 간의 대화가 불가능할 때 조정을 시도할 수 있도록 하는 중요한 전환점이 되었다. 비로소 사용자가 단체교섭 자리에 나오도록 제도화된 것이다. 이후 프랭클린 D. 루스벨트 정부 시기에 경제대공황을 극복해 내는 과정에서 1935년 전국노동관계법(National Labor Relations Act : NLRA)이 상원의원 와그너의 주도 하에 제정되면서 사용자가 노동조합의 단체교섭 요구에 거부하는 것을 '부당노동행위'로 규정하고 금지하는 것을 중심으로 하는 미국식의 단체교섭법제가 정립되었다. 그리고, 부당노동행위에 관한 전속적인 관할권을 가지고 구제절차를 담당하는 전국노동위원회(National Labor Relations Board : NLRB)가 설립되었다. 부당노동행위 금지제도의 핵심은 사용자의 단체교섭 거부를 금지하는 것이다. 오랜 노동자들의 투쟁이 드디어 정부의 협조로 결실을 맺어서, 사용자가 노동조합의 단체교섭 요구를 거부할 수 없는 법질서가 확립된 것이다. 노동자가 사용자에게 단체교섭을 요구하는 것을 '권리'로 인정하는 시대가 마침내 도래했다. 이러한 부당노동행위 금지법질서는 제2차 세계대전(1939~1945) 이후 메카시즘 광풍이 불면서 1947년에 노동조합의 부당노동행위까지 규율하는 등 부침을 겪었으나 그 기본적인 틀은 지금까지 이어지고 있다.

제2장 초기 노동법의 목적

근로자들이 이와 같이 억압된 상태에서 노동을 하면서도 제대로 저항하거나 탈출할 수 없었던 것은 근로자의 사용자에 대한 종속이 과도하게 심화되었기 때문이다. 이를 방지하거나 개선하기 위한 초기 노동법의 목표는, 사용자에 대한 근로자의 과도한 '종속성'을 완화시켜 독립성을 강화하는 방향으로 집중되어 있었다. 경제적, 인격적, 조직적으로 근로자가 사용자와 기업에 과도하게 종속되는 현상이 근로자의 강제노동, 빈곤 고착화, 불균형 심화의 원인이라고 인식되었기 때문이다.

이러한 생각은, 과거 자유로운 경제주체 사이의 노동력 거래는 민법(일반 계약법)을 통해 규율되면 충분하므로, '자유의 원칙'에 따라 해결하면 된다는 생각을 무너뜨리고, 다른 법률적 수단이 필요하다는 공감대가 확산되는 결과가 되었다. 사용자와 근로자 사이의 계약관계에 대한 국가의 자유방임이 경제적 종속성과 인격적 종속성을 오히려 심화시키는 원인이 되었으므로, 강행법률을 통한 국가 입법권의 간섭이 필요하다는 인식이 형성되기에 이른 것이다. 여기서 경제적 종속성이란, 근로자의 생계가 전적으로 사용자에게 의존되는 경향을 말한다. 인격적 종속성은, 노동력 제공 여부, 시점, 장소, 종류가 사용자의 결정에 예속되는 경향 즉, 노동의 타인 결정성을 말한다. 근로자의 종속성 완화를 위한 특별한 법의 보호 방향은, 첫 번째, 근로계약과 근로조건에 대한 국가적 차원의 규제와 조정을 시도하는 개별 근로관계에서의 근로기준법과 같은 규제법의 제정 및 적용을 통한 종속성 완화, 두 번째, 근로자들이 집단적 의사 형성과 집단적 행동을 통한 교섭을 허용하는 방법을 통해 노사간의 대등성을 강화하는 방향 등으로 이어졌다.

제3장 우리나라 노동법의 형성

Ⅰ. 일제 강점기의 노동법 상황

1868년 명치유신 이후 일본은 당시 동맹국 관계에 있던 프로이센, 오스트리아 등 독일법계와 프랑스 법질서의 영향을 강하게 받아 법률체계를 정비하기 시작했다. 그리고 그것을 식민지인 한반도에 적용했다. 이때 일본을 통해 수입된 서구법학과 법이론이 보성전문과 경성제국대학 등을 통해 한반도에 전해졌다. 전쟁 중이라는 이유로, 일본에서 개정 논의가 있었던 1926년 노동쟁의조정법은 일본은 물론 식민지에도 전혀 적용되지 않았다. 노동조합 활동에 대해서는 치안유지법을 적용해서 규제했다. 노동의 권리화는 일제 강점기에는 이루어지지 않았다고 보는 것이 맞다. 다만 대륙법계에 가까운 법학적 전통은 우리나라에도 확고히 자리를 잡게 되었다. 노동법 학설은 있지만, 노동법전은 없는 비정상적인 결여의 시기였다. 이 시기 한반도에는 일제의 자본이 본격적으로 진출하여 자원을 독점하고 있었다. 자연스럽게 조선인 빈민 근로자가 급증하게 되고 이들은 일제가 운영하는 각종 군수제조업체에 강제동원될 수밖에 없었다. 노동조합은 일제의 식민지 지배에 대한 저항 세력의 하나로 인식되었으며, 1923년 조선노동동맹, 1926년의 조선노동총동맹활동 등으로 이어졌다.

일제는 공장법만큼은 프랑스의 공장법의 영향을 많이 받아서 공장법을 제정했다. 일본 공장법의 시행은 1916년인데, 이를 조선에도 시행했다는 기록은 없다. 그러던 중 1945년 일본이 제2차 세계대전에서 패배하고, 연합군 사령부가 일본 본토에 진주하였다. 연합군사령부(SCAP)는 사실상 미국이 주도하고 있었다. 미국은 자신이 설계한 법질서를 일본에 이식하길 원했다. 일본은 미국 노동관계법체계의 영향을 강하게 받은 노동조합법(勞働組合法)과 노동쟁의조정법(勞働爭議調停法)을 1945년과 1946년에 각각 제정하고, 1947년에는 공장법을 대체한 노동기준법(勞働基準法)을 제정하였다.

Ⅱ. 광복 이후의 노동법 제정

광복 이후 우리나라에서의 노동법적 규율의 시작은 1948년 제헌헌법 제18조의 노동3권 규정과 이익균점권 보장이라고 할 수 있다. 노동관계에 관한 실체법적 규율의 시작은 1953년이다. 우리나라는 노동법을 제정하지 못한 채 6.25 전쟁의 소용돌이에 빠져들게 되었다. 이승만 정부는 놀랍게도 전쟁이 계속되는 시기에도 부정선거를 멈추지 못하고 있었다. 1952년 7월 2일 발췌개헌(拔萃改憲) 이후 치러진 8월 5일 대통령 선거가 부정선거 논란에 빠지게 되어 책임론이 대두되고 극심한 정국혼란이 이어져 정치적 위기가 초래됐다. 이승만 정부는 특단의 조치를 취해야 하고, 그렇지 못하면 1954년 3대 민의원 선거에서 패배할 수밖에 없다고 생각하게 됐다. 이승만 정부는 그 특단의 조치 중 하나로 노동법을 제정하려고 했다. 이를 통해서 대한노총의 지지를 이끌어내려 한 것이다. 신속한 입법 추진을 위해 이승만 정부가 선택한 방법은 일본 노동조합법, 노동쟁의조정법, 노동기준법을 일부 수정하여 입법하는 것이었다. 이승만 정부의 정략적 판단이 노동법 제정의 동기가 된 것이다. 그 결과 1953년 3월 8일 노동조합법과 노동쟁의조정법, 같은 해 8월 9일 근로기준법이 시행되었다. 물론 전진한 의원 등 국회의원들의 노력으로 국회 통과 당시에는 내용이 많이 나아졌지만, 당시 제정된 우리의 노동관계법이 일본 노동법의 번역 수준이라는 것은 부인하기 어렵다. 일본의 노동법 조문을 그대로 수입한 결과, 우리나라의 노동관련 법률에는 유럽에서 형성된 단체협약의 규범적 효력을 인정하는 제도가 포함되어 있고, 동시에 노동조합의 단체교섭 요구에 사용자가 거부할 경우 부당노동행위로 규제하는 미국식 흐름도 포함되어 있다. 이를 우리나라 학계에서는, 노동법 분야에 한해서는, 유럽법적 전통과 미국법적 전통을 혼합계수했다고 평가한다. 물론 그 뒤로 우리 노동법은 독자적인 발전을 계속해 왔다. 그 결과 지금은 일본과는 전혀 다르다고 할만큼 독자적인 색깔을 많이 갖게 됐다.

지난 200여 년의 세월 동안 단순한 거래의 대상이고, 천한 사회적 지위를 나타내던 '노동'은 엄청나게 중요한 권리로 조금씩 승격되어 왔다. 이것은 노동자 본인들의 아프지만 용기있는 저항과 투쟁, 기존의 법질서에 대한 고정관념을 과감히 버린 노동법 학자들과 입법자들의 결단, 비록 이윤 극대화를 지속 가능하도록 하려는 욕망에 터잡고 있지만 노동의 가치를 인정하고 그들의 요구를 수용했던 기업가들의 공적이 고루 반영되고 상승작용을 한 결과이다. 특히, 사용자와 노동조합의 합의의 결과인 단체협약을 계약이 아니라 법이라고 선언한 것은 노동법 발전의 결정적인 순간이라고 할 만하다.

제4장 근로기준법의 기본 원리

우리 근로기준법의 목적과 내용은 초기 공장법의 그것으로부터 이어져 오고 있다. 리자와 로지의, 톰과 아빠의 삶이 그러해야 했던 이유를 끊어내거나 완화시키는 것이 목적이었던 것이다. 1800년 무렵 영국에서의 리자 가족의 삶은, 1970년 평화시장 봉제공장에서 극한 노동에 시달리다가 근로기준법 준수를 요구하며 자신을 몸에 불을 붙여 저항했던 전태일 선생의 삶과 다르지 않았다. 21세기 대한민국에서 근로기준법은 어떤 법률보다 강력하게 적용되고 있지만, 1970년 무렵은, 근로기준법은 있지만 실제 규범력이 관철되지 않던 상황에서 법보다 주먹이 가까웠던 참혹한 시대였다. 폭행당하고, 체불된 임금을 떼이고, 공장에서 쫓겨나기 일수였던 시대 상황 속에서 그들을 보호하기 위해 지키려 했던 기본 가치가 근로기준법에 규정되어 있다.

Ⅰ. 최저 근로조건의 법정 및 보장

1. 근로기준법의 강행적 효력

사용자는 근로기준법에 규정된 수준 이상의 근로조건을 보장하여야 하며, 근로자도 근로기준법상 보장된 권리를 포기할 수 없다. 근로자와 사용자가 자유로운 판단에 따라 근로자에게 적용되는 근로조건을 근로기준법에 규정된 내용보다 낮게 정하기로 합의했다 하더라도 그러한 합의는 무효이다(근로기준법 제3조, 제15조). 근로기준법에 정한 기준에 위배되는 근로계약은 무효가 되며, 무효가 된 부분은 근로기준법에 따라 규율된다. 근로기준법은 근로계약뿐만 아니라 취업규칙, 단체협약 등에 대해서도 상위 법원으로서의 효력이 있다. 근로기준법이 강행법규이어야 하는 이유는 민법상 계약 자유의 원칙을 극복해야 하기 때문이다.

근로기준법 제3조(근로조건의 기준)

이 법에서 정하는 근로조건은 최저기준이므로 근로 관계 당사자는 이 기준을 이유로 근로조건을 낮출 수 없다.

근로기준법 제15조(이 법을 위반한 근로계약)

① 이 법에서 정하는 기준에 미치지 못하는 근로조건을 정한 근로계약은 그 부분에 한정하여 무효로 한다.

② 제1항에 따라 무효로 된 부분은 이 법에서 정한 기준에 따른다.

2. 근로자의 기본적 생활 보장

근로기준법은 근로조건의 기준을 정함으로써 근로자의 기본적인 생활을 보장, 향상시키는 것을 가장 중요한 이념으로 한다(근로기준법 제1조). 근로자의 기본적인 생활을 보장해야 한다는 것은 근로기준법의 기본 원리인 동시에 근로기준법의 제정 목적에 해당한다. 근로조건이란 임금, 근로시간, 후생, 해고 기타 근로자의 대우에 관한 조건을 말하며, 최저기준이 된다는 뜻은 근로자와 사용자가 합의를 통해 정하는 근로조건은 근로기준법이 정하는 수준을 하회할 수 없다는 의미이다.

근로기준법 제1조(목적)

이 법은 헌법에 따라 근로조건의 기준을 정함으로써 근로자의 기본적 생활을 보장, 향상시키며 균형 있는 국민경제의 발전을 꾀하는 것을 목적으로 한다.

3. 근로조건의 동등 결정 원칙

(1) 근로조건 동등 결정

근로조건을 결정함에 있어 사용자와 근로자가 동등한 지위에서 자유로운 의사에 따라 결정하여야 한다(근로기준법 제4조). 근로조건 결정에 있어서의 사용자와 근로자의 동등 결정의 원칙을 명시한 규정이다.

근로기준법 제4조(근로조건의 결정)

근로조건은 근로자와 사용자가 동등한 지위에서 자유의사에 따라 결정하여야 한다.

(2) 근로자대표제도

근로기준법은 "사업 또는 사업장에 근로자의 과반수로 조직된 노동조합이 있는 경우에는 그 노동조합, 근로자의 과반수로 조직된 노동조합이 없는 경우에는 근로자의 과반수를 대표하는 자"를 근로자대표라고 정의한다(근로기준법 제24조 제3항). 본질적으로 과반수대표제이다.

근로기준법 제24조(경영상 이유에 의한 해고의 제한)

③ 사용자는 제2항에 따른 해고를 피하기 위한 방법과 해고의 기준 등에 관하여 그 사업 또는 사업장에 근로자의 과반수로 조직된 노동조합이 있는 경우에는 그 노동조합(근로자의 과반수로 조직된 노동조합이 없는 경우에는 근로자의 과반수를 대표하는 자를 말한다. 이하 "근로자대표"라 한다)에 해고를 하려는 날의 50일 전까지 통보하고 성실하게 협의하여야 한다.

근로기준법상 근로자대표는 주로 사용자가 사업 또는 사업장 내에서 경영상 이유에 의한 해고, 근로시간 운용, 휴가 시행 등 임시의 제도를 설정하거나 시행하고자 할 때 근로자의 근로조건에 중요한 영향을 미칠 수 있는 사항을 중심으로 사용자와 서면합의를 하는 상대방으로서 규정되어 있다. 근로자 개인이 사용자를 상대로 무언가를 합의할 때에 불가피하게 존재하는 힘의 불균형을 제도적으로 보완하기 위해서 마련된 제도로서, 집단적 노사관계에서의 단결권 행사의 주체로서 영속적인 조직체계를 갖춘 노동조합과 구별된다.

▌ 현행법상 근로자대표 관련 규정

근로 기준법	① 경영상 이유에 의한 해고에 있어서 사전협의의 주체(§24-③) ② 3개월 단위 탄력적 근로시간제 및 3개월 초과 6개월 이내 탄력적 근로시간제 도입을 위한 서면합의의 주체(§51-②, §51의2-②) ③ 선택적 근로시간제 도입을 위한 서면합의의 주체(§52) ④ 보상휴가제 실시를 위한 서면합의의 주체(§57) ⑤ 간주근로시간제 시행을 위한 서면합의의 주체(§58-②) ⑥ 재량근로시간제 시행을 위한 서면합의의 주체(§58-③) ⑦ 연장근로시간 및 휴게시간 추가 및 변경에 관한 서면합의의 주체(§59) ⑧ 유급휴가의 대체를 시행하기 위한 서면합의의 주체(§62) ⑨ 임산부 및 18세 미만자의 야간 및 휴일근로 실시를 위한 서면합의의 주체 (§70-③)
기타 법률	① 근로자 퇴직급여보장법(§4조-③, ④, §5, §13, §26) ② 파견근로자 보호 등에 관한 법률(§4, §5-④) ③ 고용상 연령차별금지 및 고령자고용촉진에 관한 법률(§14-②-2, §19의2-①) ④ 산업안전보건법(§11-②, §21, §36의2, §41-⑪, §42-①, ⑥, §43-①, ⑥, §49-②, §50-③) ⑤ 고용보험법(시행령 §20-①-1, §21의3-①-2, §28-①-1) ⑥ 고용정책기본법(§29-②)

근로기준법상 근로자대표제도는 근로조건에 영향을 미치는 사업장 내 제도 설정을 위한 합의시에 근로자 측의 힘을 보완하여 사용자와의 대등성을 하도록 하는 매우 중요한 제도임에도 불구하고, 노동관계법상에 그 권한과 역할이 통일되지 않은 형태로 산재되어 있다. 특히 그 정의와 서면합의 필요 사항 정도만 규정되어 있을 뿐, 근로자대표의 자격요건, 선출 절차, 권한 등에 관해서는 전혀 규정이 없어 제도 운용에 명확한 기준이 없고, 노사 당사자의 자율과 관행에 맡겨져 있는 형편이어서 문제가 되고 있다. 그 결과 "과반수를 충족하지 못하는 노동조합이 12회에 걸쳐 협의를 하였고 어느 누구도 그 협의권한에 대해 이의를 제기하지 않았다면, 실질적으로 근로자대표라고 인정할 수 있다"라는 현행 근로기준법 규정에 반하는 법원의 판결까지 존재하는 상황이다.[1)] 근로자대표의 지위와 선출방법, 권한 행사 방법 및 절차 등에 관한 구체적인 규율을 위한 입

1) 대법원 2004. 10. 15. 선고 2001두1154,1161,1178 판결; 대법원 2012. 5. 24. 선고 2010두15964 판결.

법적 개선이 필요하다.

Ⅱ. 사용자에 대한 근로자의 종속성 완화

1. 균등한 처우

(1) 근로기준법 제6조의 구조

근로기준법 제6조는 "사용자는 근로자에 대하여 남녀의 성(性)을 이유로 차별적 대우를 하지 못하고, 국적·신앙 또는 사회적 신분을 이유로 근로조건에 대한 차별적 처우를 하지 못한다"라고 하여 차별금지에 관한 일반 원칙을 규정하고 있다. 헌법 제11조 제1항의 평등원칙을 근로관계에서 실질적으로 실현하기 위한 규정이다.[2)]

근로기준법 제6조(균등한 처우)

사용자는 근로자에 대하여 남녀의 성(性)을 이유로 차별적 대우를 하지 못하고, 국적·신앙 또는 사회적 신분을 이유로 근로조건에 대한 차별적 처우를 하지 못한다.

헌법 제11조

① 모든 국민은 법 앞에 평등하다. 누구든지 성별 · 종교 또는 사회적 신분에 의하여 정치적·경제적·사회적·문화적 생활의 모든 영역에 있어서 차별을 받지 아니한다.

근로기준법 제6조의 문구는 두 개의 문장이 연결되어 있는 구조이다. 하나는 '사용자는 근로자에 대하여 남녀의 성(性)을 이유로 차별적 대우를 하지 못한다'이고 또 하나는 '국적·신앙 또는 사회적 신분을 이유로 근로조건에 대한 차별적 처우를 하지 못한다'이다. 남녀의 성을 이유로는 영역의 제한 없이 사용자의

---

2) 대법원 2019. 3. 14. 선고 2015두46321 판결; 대법원 2020. 11. 26. 선고 2019다262193 판결.

차별적 대우가 금지된다. 그러나 국적·신앙 또는 사회적 신분을 이유로 한 차별은 근로조건에 대한 차별적 처우가 금지된다.

(2) 차별적 처우(대우)의 의미

처우와 대우는 그 뜻을 명확히 구별하기가 곤란하다. 같은 의미라고 해도 큰 문제는 없다. 차별적 처우 또는 차별적 대우의 의미는 "사용자가 합리적인 이유 없이 채용 또는 근로의 조건을 다르게 하거나 그 밖의 불리한 조치를 하는 경우"를 말한다. "합리적인 이유"는 차별적 처우(대우)의 정당화 요소로서 합리적인 이유가 있는 차별적 처우는 정당하다고 인정될 수 있다. 남녀의 성, 국적, 신앙, 사회적 신분은 차별의 합리적 이유가 될 수 없다. '합리적인 이유가 없는 경우'란 근로자가 제공하는 근로의 내용을 종합적으로 고려하여 달리 처우할 필요성이 인정되지 않거나 달리 처우하는 경우에도 그 방법·정도 등이 적정하지 않은 경우를 말한다. 합리적인 이유가 있는지는 개별 사안에서 문제가 된 불리한 처우의 내용과 사용자가 불리한 처우의 사유로 삼은 사정을 기준으로 근로자의 고용형태, 업무의 내용과 범위·권한·책임, 임금 그 밖의 근로조건 등의 결정요소 등을 종합적으로 고려하여 판단하여야 한다.[3]

차별이 있는지 여부를 판단하기 위해서는 비교 대상 근로자, 즉 대조군이 있어야 한다. 비교 대상 근로자는 차별적 처우를 받았다고 주장하는 사람과 본질적으로 동일한 비교집단에 속해 있어야 한다.[4] 차별적 처우를 받았다고 주장하는 근로자와 비교 대상 근로자를 비교할 때는 채용 목적이나 절차, 자격기준, 직무의 특성, 담당 업무 등 고려하려 차별 여부를 판단해야 한다.

(3) 균등한 처우 원칙의 수규자와 보호 대상자

균등한 처우 원칙의 수규자는 사용자이다. 사용자는 사업주, 사업 경영 담당자, 그 밖에 근로자에 관한 사항에 대하여 사업주를 위하여 행위하는 자를 말한

3) 대법원 2020. 11. 26. 선고 2019다262193 판결.
4) 대법원 2015. 10. 29. 선고 2013다1051 판결.

다(근로기준법 제2조 제1항 제2호). 균등한 처우 원칙 규정을 통해 보호되는 대상자는 근로자이다. 근로자는 직업의 종류와 관계없이 임금을 목적으로 사업이나 사업장에 근로를 제공하는 자를 말한다(근로기준법 제2조 제1항 제1호).

(4) 차별 금지 사유

차별적 처우를 할 수 없는 사유로는 남녀의 성, 국적, 신앙, 사회적 신분이 열거되고 있다. 이 규정은 위반시 형사처벌이 예정되어 있으므로, 차별적 처우가 금지되는 사유는 예시된 것이 아니라 열거되어 있다고 보아야 한다.

남녀의 성(性)을 이유로 한 차별적 대우가 금지된다. 여기에서 남녀의 성(性)은 신체적으로 결정되어 있는 성(性) 그 자체를 말한다. 여기에는 성적인 지향, 성적인 취향 등은 포함되지 않는다. 성전환 수술 등을 통해 타고난 성과 반대의 성 또는 제3의 성으로 신체적 성별이 변경되었다면, 근로기준법 제6조에서 차별적 대우를 금지하는 남녀의 성에 해당한다. '남녀의 성'이라고 명시되어 있으나, 제3의 성이 배제될 이유는 없다. 2007년 4월 10일 개정 이전에는 '남녀의 성'이 아니라 '남녀'라고 규정되어 있었으나, 남녀의 성으로 변경되면서 해석상 의미가 더욱 분명해졌다. 남녀고용평등과 일·가정 양립 지원에 관한 법률(이하 '남녀고용평등법') 제2조 제1항이 남자와 여자로서의 성(性) 이외에 혼인, 가족 안에서의 지위, 임신 또는 출산 등의 사유를 추가하고 있는 것과 비교된다.

국적은 국민으로서의 신분 또는 국민이 될 수 있는 자격을 말한다. 국민의 개념에 민족, 인종 등의 개념이 포함될 수 있는지가 문제될 수 있다. 근로기준법 제6조가 형벌조항임에도 불구하고 국적의 개념을 넓게 해석하여 민족, 인종으로 인한 차별까지 포함하는 것으로 보는 것이 일반적이다. 다양한 민족이 일본 국적자로 묶였던 당시 일본의 상황이 반영된 해석론이 직수입된 결과이다. 그러나, 확대해석이 아니라 법개정을 통해 적극적으로 차별금지의 영역을 확대해야 한다.

신앙은 특정 종교 또는 종교적인 신념을 말하지만, 신앙도 넓게 해석하여 정치적 이념, 세계관을 포함하는 넓은 개념으로 해석하는 것이 일반적인 견해이다. 이와 같은 확대해석은 '국적'의 해석에서와 같은 문제점이 있다. 신앙이나 신조를 외부로 표현하는 행위는 보호 대상이 아니다. 따라서 정당 사무국, 종교단체 사무국 등에서 해당 정당이나 종교단체의 신조와 다른 신조나 신앙을 표현하는 행위는 근로기준법 제23조 제1항에 따른 정당한 징계 사유가 될 수 있다.

사회적 신분은 선천적 또는 후천적으로 획득하여 사회에서 장기간 점하는 지위로서 한번 취득하면 장기간 점하게 되는 지위로서 일정한 사회적 평가를 수반하는 것을 말한다.[5] 사회적 지위는 당사자가 임의로 회피하거나 변경할 수 없는 것을 특징으로 한다.

사회적 신분과 관련해서는 정규직, 기간제, 무기계약직 등 고용형태가 사회적 신분에 해당할 수 있는지가 문제된다. 이에 대하여 직업상담원인 근로자들이 상담직 공무원들과 동종·유사한 업무를 수행하고 있음에도 근로조건에 대한 차별을 받고 있다고 주장한 사건에서 "직업상담원이라는 원고들의 지위가 사회에서 쉽게 변경할 수 없는 고정적인 지위라거나 근로자의 특정한 인격과 관련된 표지로서 일정한 사회적 평가를 수반하는 것이라고 할 수 없어 사회적 신분이라고 볼 수 없다"[6]고 본 판결이 있는 반면, "직업 뿐 아니라 사업장 내의 직종, 직위, 직급도 상당한 기간 점하는 지위로서 사회적 평가를 수반하거나 사업장 내에서 근로자 자신의 의사나 능력발휘에 의해서 회피할 수 없는 사회적 분류에 해당하는 경우 이를 사회적 신분이라 할 수 있다"라고 하여 고용형태가 사회적 신분에 해당한다고 하면서, 사용자가 기간제 근로자로 채용됐다가 무기계약직 근로자로 전환된 근로자와 동종·유사한 업무를 수행하는 공채 정규직 근로자를 근로조건에 대하여 차별한 행위를 근로기준법 제6조 위반이라고 판단한 판결이 있다.[7] 2023년 9월 21일 대법원 전원합의체 판결은 고용상의 지위는 사회적 신분이 아니라고 판단하였으나[8], 이를 둘러싼 논란은 당분간 지속될 것

---

5) 헌법재판소 1995. 2. 23. 선고 93헌바43 결정; 대법원(전합) 2023. 9. 21. 선고 2016다255941 판결.

6) 서울고등법원 2018. 5. 25. 선고 2017나2039724 판결.

7) 서울남부지방법원 2016. 6. 10. 선고 2014가합3505 판결.

8) 대법원(전합) 2023. 9. 21. 선고 2016다255941 판결.

으로 보인다.

(5) 위반의 효과

근로기준법 제6조에 위반한 사용자에 대해서는 500만 원 이하의 벌금이 부과될 수 있다(근로기준법 제114조 제1호). 근로기준법 제6조는 효력규정이므로, 이 규정에 위반하는 단체협약, 취업규칙, 근로계약의 해당 조항이나 사용자의 인사처분은 무효이다. 균등한 처우 규정에 위반하는 차별로 인해 손해를 입은 근로자는 사용자가 근로기준법 제6조를 위반한 것을 기초로 민법 제750조에 따라 불법행위로 인한 손해배상을 청구할 수 있다.

▌노동 관련 개별법률의 구체적 차별금지·구제 규정

기간제 및 단시간근로자 보호 등에 관한 법률	임금, 상여금, 성과금, 복리후생 등에 있어서의 차별적 처우 금지(§8) ※ 노동위원회에 구제신청 가능
파견근로자 보호 등에 관한 법률	임금, 상여금, 성과금, 복리후생 등에 있어서의 차별적 처우 금지(§21 이하) ※ 노동위원회에 구제신청 가능
남녀고용평등과 일·가정 양립 지원에 관한 법률	모집과 채용(§7), 임금(§8), 임금 외의 금품 등(§9), 교육·배치및 승진(§10), 정년·퇴직 및 해고(§11)에 있어서 차별 금지 ※ 동일노동 동일임금 원칙은 남녀차별에 국한되지 않음
고용상 연령차별금지 및 고령자고용촉진에 관한 법률	모집·채용 등에서의 연령차별 금지(§4의4 이하)
장애인차별금지 및 권리구제 등에 관한 법률	모집·채용, 임금 및 복리후생, 교육·배치·승진·전보, 정년·퇴직·해고 등에서의 차별 금지(§10)
외국인근로자의 고용 등에 관한 법률	부당한 차별적 처우 금지(§22)

2. 강제근로 금지

강제근로 금지는 근로기준법의 기본 원리 중 가장 중요하고 가장 중심이 되는 원리이다. 근로자가 사용자에게 경제적, 인격적으로 강하게 종속되어, 자유의사에 어긋나는 일을 강제로 해야만 하는 상황에 처하지 않도록 보호하기 위한 것이다(근로기준법 제7조). 헌법 제12조 제1항의 강제노역을 받지 않을 자유를 실정법질서로 구현한 것이다. 강제근로를 강요하는 수단은 폭행, 협박, 감금, 그 밖에 정신상 또는 신체상의 자유를 부당하게 구속하는 일체의 수단이다. 이 규정 위반에 대해서는 5년 이하의 징역, 5천만 원 이하의 벌금이라는 근로기준법에 규정된 가장 무거운 형벌이 예정되어 있다(근로기준법 제107조).

근로기준법 제7조(강제 근로의 금지)

사용자는 폭행, 협박, 감금, 그 밖에 정신상 또는 신체상의 자유를 부당하게 구속하는 수단으로써 근로자의 자유의사에 어긋나는 근로를 강요하지 못한다.

헌법 제12조

① 모든 국민은 신체의 자유를 가진다. 누구든지 법률에 의하지 아니하고는 체포·구속·압수·수색 또는 심문을 받지 아니하며, 법률과 적법한 절차에 의하지 아니하고는 처벌·보안처분 또는 강제노역을 받지 아니한다.

강제근로 금지 원칙에 위반되는 대표적인 사례는 해외연수 후에 의무복무를 하거나 위약금을 부담하도록 약정한 경우, 근로계약과 다른 업무를 강요하는 행위, 사표수리를 거부하고 후임자에 대한 인수인계를 강요하는 행위 등이다. 국제노동기구(ILO) 핵심협약 중에 제29호, '강제노동에 관한 협약' 제105호 '강제노동의 폐지에 관한 협약'이 있는데, 우리나라는 제29호 협약은 비준했지만, 행형법상의 징역형 제도, 전문연구요원 및 산업기능요원 제도 등 대체복무제도, 노동조합법상의 징역형 규정 등과 관련된 문제 때문에 제105호 협약은 아직 비준하지 않고 있다.

3. 폭행금지

사용자는 어떠한 이유로도 근로자에게 폭행을 해서는 안 된다(근로기준법 제8조). 이 규정 위반에 대해서는 5년 이하의 징역, 5천만 원 이하의 벌금이라는 근로기준법에 규정된 가장 무거운 형벌이 규정되어 있다(근로기준법 제107조). 형법상 특수폭행죄보다는 가볍지만, 일반폭행죄보다는 훨씬 무거운 형벌이 규정되어 있는 것이다. 당연하게 생각될 수도 있겠지만, 이 규정의 필요성은 1800년대 리자와 로지의 상황을 떠올려보면 쉽게 이해할 수 있을 것이다. 사용자나 상급자의 폭행에 시달리는 경우는 최근에도 여전히 발견된다. 사용자의 폭행은 원하지 않는 근로를 강제로 수행하도록 만드는 원인이 되기도 하기 때문에, 폭행금지 원칙은 강제근로 금지 원칙 실현을 위해서도 매우 중효한 의미를 갖는다. 폭행금지 원칙은 강제근로 금지 원칙과 함께 앞으로도 없어져서는 안 되는 매우 중요한 기본원리 조항이다.

근로기준법 제8조(폭행의 금지)

사용자는 사고의 발생이나 그 밖의 어떠한 이유로도 근로자에게 폭행을 하지 못한다.

근로계약관계에서의 업무와 관련하여 폭행이 가해진 경우에는 형법상 폭행죄가 아니라 근로기준법 제8조가 적용된다. 특별법 우선의 원칙이 적용된 결과이다. 그러나, 업무시간 내외를 막론하고 사적인 관계에서 행해진 폭행에 대해서는 형법상 폭행죄가 적용되어야 한다. 남자 간부 직원이 여직원 숙소에 들어가서 강제로 몸수색을 한 행위[9], 징계를 하겠다고 협박하면서 근로자를 폭행한 경우[10] 등이 폭행금지 원칙 위반의 대표적인 사례이다.

---

9) 노정근 1455.9-3828, 1968. 8. 8.
10) 근기 68207-1329, 1994. 8. 24,

4. 중간착취의 배제

(1) 중간착취 배제의 원칙

근로관계에 관련이 없는 제3자가, 취업기간 중에 영리로 다른 사람의 취업에 개입하거나 중간인으로서 이익을 취득하는 것은 엄격히 금지된다(근로기준법 제9조). 다만, 법률이 허용하는 경우에는 그에 따라야 한다. 이 규정 위반에 대해서는 5년 이하의 징역, 5천만 원 이하의 벌금이 부과될 수 있다(근로기준법 제107조).

근로기준법 제9조(중간착취의 배제)

누구든지 법률에 따르지 아니하고는 영리로 다른 사람의 취업에 개입하거나 중간인으로서 이익을 취득하지 못한다.

금지되는 행위의 유형은 영리로 타인의 취업에 개입하는 행위와 중간인으로서의 이익을 취득하는 행위이다. 영리로 타인의 취업에 개입하는 행위로는 영리로 타인의 취업을 소개·알선하는 등의 행위가 대표적이고, 중간인으로서의 이익을 취득하는 행위는 근로계약관계 존속 중에 근로제공과 관련하여 소개료나 알선비 등을 받아 이익을 취하는 행위를 말한다.

(2) 법률에 따른 예외적 허용

타인의 노동에 개입하여 이익을 얻는 것은 법률에 따른다면 허용된다. 법률상 허용되는 대표적인 사례는 직업안정법에 따른 직업소개업, 근로자공급사업과 파견근로자 보호 등에 관한 법률(이하 '파견법')에 따른 근로자 파견사업이 있다.

직업소개업 중 무료직업소개업은 비영리법인 또는 공익단체로서 국내 무료직업소개업의 경우 해당 지자체장에게 신고해야 하고, 국외 무료직업소개업의 경우에는 고용노동부 장관에게 신고해야 한다. 다음으로 유료직업소개업은 국내의 경우 해당 지자체장에게 등록해야 하고, 국외 유료직업소개업은 고용노동부 장관에게 신고해야 한다.

근로자공급사업은 고용노동부 장관의 허가가 있어야 하며, 국외의 경우 국내에서 제조업·건설업·용역업 기타 서비스를 행하는 자, 국내의 경우 노동조합만 허가를 받을 수 있다(직업안정법 제33조). 전통적으로 항운노동조합 등 화물 하역과 관련된 노동조합이 직업안정법 제33조에 따라 근로자공급사업을 하는 경우가 대부분이다.

근로자파견사업에서 파견사업주는 근로관계와 관련이 없는 제3자가 아니므로 중간착취 배제 원칙이 적용되는 당사자가 아니라고 본다.

5. 공민권 행사의 보장

(1) 공민권 행사 보장의 의의

사용자는 근로자가 근로시간 중에 선거권, 그 밖의 공민권(公民權) 행사 또는 공(公)의 직무를 집행하기 위하여 필요한 시간을 청구하면 거부하지 못한다(근로기준법 제10조). 다만, 그 권리 행사나 공의 직무를 수행하는 데에 지장이 없으면 청구한 시간을 변경할 수 있다. 여기에서 공민권이란 국민으로서 국가 또는 지방자치의 공무에 참여하는 권리를 말한다. 공민권 행사를 보장하는 것은 노동자의 참정권 보호를 위한 기초를 만들기 위한 것이다. 법령에 근거한 공직의 선거권, 피선거권 등이 여기에 해당한다. 다른 후보자를 위한 선거운동은 제외한다. 공의 직무란 법령에 근거를 두고 직무자체가 공적인 성격을 갖는 직무로서, 민방위훈련, 예비군훈련, 국회 상임위 출석 등의 직무를 말한다. 이 규정을 위반할 경우 2년 이하의 징역 또는 2천만 원 이하의 벌금이 부과될 수 있다(근로기준법 제110조).

근로기준법 제10조(공민권 행사의 보장)

사용자는 근로자가 근로시간 중에 선거권, 그 밖의 공민권(公民權) 행사 또는 공(公)의 직무를 집행하기 위하여 필요한 시간을 청구하면 거부하지 못한다. 다만, 그 권리 행사나 공(公)의 직무를 수행하는 데에 지장이 없으면 청구한 시간을 변경할 수 있다.

(2) 공민권 행사 보장 방법

공민권 행사 보장 방법에는 공민권 행사에 필요한 시간을 부여하는 방법과 근로제공 시간 등을 변경하는 방법이 있을 수 있다. 먼저 근로자가 근로시간 중이라도 공민권 행사 등을 위해 필요한 시간을 청구하는 경우에 사용자는 이를 허락하여야 한다(근로기준법 제10조 본문). 필요한 시간 부여 조치와 관련하여 법령이나 단체협약, 취업규칙 등에 유급으로 하도록 규정되어 있지 않다면, 이를 유급으로 처리해야 할 의무는 없다. 단, 향토예비군 설치법에 따라 향토예비군 훈련을 받는 기간은 유급으로 처리해야 한다(향토예비군 설치법 제10조). 필요시간이 부여된 날의 실제 근로시간이 8시간을 초과하지 않으면 연장근로수당 지급 의무가 없다. 공민권 행사 등을 수행하는 데에 지장이 없는 한 근로자가 청구한 시각이나 날짜를 변경하는 것은 허용된다.

한편, 공민권 행사를 위해 필요한 날짜나 시간을 대한 근로제공의무를 면제하는 것이 취업규칙, 단체협약 등에 규정되어 있는 경우, 휴일로 할 수 있으며, 근로자의 동의가 있으면 무급휴일로 할 수 있다.[11] 근로자의 동의 없이 무급휴일로 처리하면 사용자의 귀책사유로 인한 휴업으로 보아 휴업수당을 지급해야 한다[12]

Ⅲ. 사용자 및 근로자의 의무

1. 근로계약 등 준수 및 이행 의무

근로자와 사용자는 각자가 단체협약, 취업규칙과 근로계약을 지키고 성실하게 이행할 의무가 있다(근로기준법 제5조). 근로자 및 사용자의 근로계약 등 준수 및 이행 의무를 규정한 근로기준법 제5조는 당연한 사항에 대한 확인 규정이라

---

11) 근기 01254-1426, 1993. 6. 29.
12) 근기 01254-15894, 1987. 9. 30.

고 할 수 있으나, 근로자와 사용자의 가장 기본적이며 필수적인 의무를 재확인한 것으로 의미가 있다.

근로기준법 제5조(근로조건의 준수)

근로자와 사용자는 각자가 단체협약, 취업규칙과 근로계약을 지키고 성실하게 이행할 의무가 있다.

2. 보고, 출석 의무

사용자 또는 근로자는 근로기준법의 시행에 관하여 고용노동부장관·노동위원회 또는 근로감독관의 요구가 있으면 지체 없이 필요한 사항에 대하여 보고하거나 출석하여야 한다(근로기준법 제13조). 이는 노동관계에서 발생하는 분쟁을 효과적이고 신속하게 해결하기 위해 요구되는 의무를 근로자와 사용자에게 부과한 것이다. 근로자 또는 사용자가 이 의무에 위반한 경우 500만 원 이하의 과태료가 부과될 수 있다(근로기준법 제116조 제2항 제1호).

근로기준법 제13조(보고, 출석의 의무)

사용자 또는 근로자는 이 법의 시행에 관하여 고용노동부장관·「노동위원회법」에 따른 노동위원회(이하 "노동위원회"라 한다) 또는 근로감독관의 요구가 있으면 지체 없이 필요한 사항에 대하여 보고하거나 출석하여야 한다

3. 법령 요지 등의 게시 의무

사용자는 근로기준법과 관련 법령의 주요 내용과 취업규칙 기숙사 규칙 등을 근로자가 자유롭게 열람할 수 있는 장소에 항상 게시하거나 갖추어 두어 근로자에게 널리 알려야 한다(근로기준법 제14조). 근로자가 근로기준법과 관련 법령, 취업규칙 등의 내용을 정확히 확인할 수 있어야 사용자에게 그 이행을 요구할 있다는 점에서 매우 중요한 의미를 갖는 의무이다. 이 의무에 위반한 경우 500

만 원 이하의 과태료가 부과될 수 있다(근로기준법 제116조 제2항 제1호).

근로기준법 제14조(법령 주요 내용 등의 게시)

① 사용자는 이 법과 이 법에 따른 대통령령의 주요 내용과 취업규칙을 근로자가 자유롭게 열람할 수 있는 장소에 항상 게시하거나 갖추어 두어 근로자에게 널리 알려야 한다.

② 사용자는 제1항에 따른 대통령령 중 기숙사에 관한 규정과 제99조제1항에 따른 기숙사규칙을 기숙사에 게시하거나 갖추어 두어 기숙(寄宿)하는 근로자에게 널리 알려야 한다.

제2편

근로시간과 임금

제2편
근로시간과 임금

리자가 공장의 방직기 옆에서 일을 하던 19세기 초반에는 해가 떠 있는 시간 동안 끊임없이 일해야 했다. 하지만, 그런 근로제공 환경이 결국 근로자의 건강 상실로 이어진다는 점을 확인하게 됐고, 근로시간을 정형화하고 단축하는 것, 근로시간을 정확히 측정하여 그 시간의 길이에 비례하는 정당한 대가를 지급하도록 하는 것이 산업혁명기 이후 노동법의 중요한 목적이었다. 당시에는 일의 가치, 노동력의 대가를 시간으로 계산하는 것이 가장 정의로운 방법이었다. 이제 정형화되어 있는 근로시간 규율의 중요성은 과거에 비해서는 점점 감소하고 있다. 공장제 생산방식을 중심으로 근로자들이 분업적이고 단순 반복적인 작업에 종사하던 시기에는 근로자들이 일을 한 시간의 길이는 생산량과 직결됐기 때문에 오래 일하면 많이 생산했다고 간주해서 그 생산량에 비례하여 정당한 근로의 대가, 즉 임금을 산정하여 지급하는 방식이 일반적이었다. 근로자는 임금을 많이 받기 위해, 사용자는 생산량을 늘리기 위해 근로자들이 오래 일하기를 원했다. 자연스럽게 장시간 근로와 그로 인한 근로자의 건강 침해 문제가 대두되었고, 초과근로에 대한 추가적인 대가 지급, 휴식시간 보장 등이 연관된 문제로서 중요하게 논의되었다. 하지만, 일하는 방식이 다양해지고, 원하는 시간에 원하는 만큼 일을 할 수 있는 유연한 근로제공 방식이 확산되면서 정형화된 근로시간 규율의 중요성은 이전보다 많이 줄어들게 된 것이다. 하지만, 노동법 전체를 보면 중요성이 줄어들고 있다는 뜻일 뿐, 노동력 제공 시간이 중요한 의미를 갖는 직무에 종사하는 사람에게는 여전히 근로시간은 매우 중요한 쟁점이다.

제1장 근로시간 단축의 역사

노동법의 역사는 근로시간이 단축되어 온 과정으로도 충분히 설명할 수 있다. 세계 노동법사는 물론이고 한국의 노동법사도 마찬가지이다. 1953년 제정

근로기준법 제42조는 1일에 1일에 8시간 1주일에 48시간을 법정근로시간으로 정하고, 1주일의 근로시간 한도를 60시간으로 명시하여, 연장근로 한도가 12시간임을 규정했다. 이 시기에는 1주일이 주휴일을 제외한 6일로 계산되고 있었다는 것에 주의해야 한다.

1953년 제정 근로기준법 제42조(근로시간)

① 근로시간은 휴게시간을 제하고 1일에 8시간 1주일에 48시간을 기준으로 한다. 단 당사자의 합의에 의하여 1주일에 60시간을 한도로 근로할 수 있다

그 이후 여러 우여곡절을 겪다가 1989년 개정 근로기준법은 법정근로시간을 1일에 8시간 1주일에 44시간으로 축소했고, 2003년 개정 시에는 법정근로시간을 1일에 8시간 1주일에 40시간으로 축소하여 주 5일 근무 시대를 열었다. 이 과정에서 탄력적 근로시간제, 선택적 근로시간제, 재량근로시간제 등 유연근로시간제가 순차적으로 도입되어 왔고, 2018년 개정 근로기준법에서 1주일을 7일로 선언하면서 지금 우리가 바라보고 있는 근로시간 체제가 만들어졌다.

제2장 근로시간과 가산수당

I. 근로기준법상 근로시간 규정

1. 법정근로시간과 소정근로시간

근로시간은 사용자의 지휘·명령에 따라서 근로자가 근로를 제공하는 시간을 말한다. 근로기준법 제2조 제1항 제8호 근로자와 사용자가 서로 합의해서 정하는 소정근로시간을 정의하고 있을 뿐이다.

근로기준법 제2조(정의)

① 이 법에서 사용하는 용어의 뜻은 다음과 같다.

1. "근로자"란 직업의 종류와 관계없이 임금을 목적으로 사업이나 사업장에 근로를 제공하는 사람을 말한다.
2. "사용자"란 사업주 또는 사업 경영 담당자, 그 밖에 근로자에 관한 사항에 대하여 사업주를 위하여 행위하는 자를 말한다.
8. "소정(所定)근로시간"이란 제50조, 제69조 본문 또는 「산업안전보건법」 제139조제1항에 따른 근로시간의 범위에서 근로자와 사용자 사이에 정한 근로시간을 말한다.

근로기준법 제2조에는 근로자와 사용자에 대한 정의도 있다. 근로자는 "직업의 종류와 관계없이 임금을 목적으로 사업이나 사업장에 근로를 제공하는 사람"을 말한다. 임금을 받기 위해 사업이나 사업장"에" 소속되어서 사용자가 지정하거나 지시하는 일을 사람을 말한다. 사용자는 "사업주 또는 사업 경영 담당자, 그 밖에 근로자에 관한 사항에 대하여 사업주를 위하여 행위하는 자"를 말한다. 근로자의 정의가 "사람"으로 되어 있는 것을 보면 생물학적인 인간을 뜻한다는 것이 분명한 반면, 사용자의 정의가 "자"로 되어 있어서 생물학적인 인간이 아닐 수도 있다는 것을 알 수 있다. 사업주는 개인뿐만 아니라 법인도 될 수 있다. 사업체의 소유자나 그 주체인 법인뿐만 아니라 사업 경영 담당자, 그 밖에 근로자에 관한 사항에 대하여 사업주를 위하여 행위하는 구성원도 근로자에 대한 상대적인 지위로서 사용자에 해당할 수 있다. 근로기준법 제2조 제1항 제2호의 사용자 정의는 정의라기보다는 사용자에 해당하는 유형을 제시한 조항이라고 할 수 있다. 경제적 종속성, 인적 종속성 등 종속성과 관련된 논의는 노동조합 및 노동관계조정법(이하 '노동조합법')상 근로자와 근로자 개념을 설명할 때 자세히 보기로 하자.

다시 근로시간으로 돌아와서, 근로기준법에 규정된 근로시간 규정의 해석과 적용 문제는 상당히 기술적이고, 그렇기 때문에 약간 지루하기도 하고, 처음 공부할 때에는 잘 와닿지 않을 수 있다. 하지만, 대부분의 일들이 그렇듯이 직장에 취업해서 일을 하면서 경험하다 보면 너무 쉽게 알게 되는 쟁점이기도 하다. 이 장에서 설명할 주된 내용은 근로시간의 정의와 종류, 가산임금의 계산과 지급, 유연근로시간제 등이다. 아래 조문을 읽어 보자.

근로기준법 제50조(근로시간)

① 1주 간의 근로시간은 휴게시간을 제외하고 40시간을 초과할 수 없다.

② 1일의 근로시간은 휴게시간을 제외하고 8시간을 초과할 수 없다.

근로기준법은 법정근로시간을 규정하여 근로시간을 제한한다. 법정근로시간이란 법으로 정한 근로시간이라는 뜻이다. 근로기준법 제50조에 따르면, 한 주에 40시간, 하루에 8시간을 상한으로 근로시간을 제한한다. 근로기준법 제50조 제1항의 한 주 40시간 제한, 제2항에 규정된 하루 8시간 제한 중 어느 것이 원칙인지는 알 수 없다. 한 주 40시간 제한을 정한 제1항이 더 원칙적인 규정이라고 보아 연장근로시간의 한도를 1주간을 기준으로 설정하고 있을 뿐이고 1일을 기준으로 삼고 있지 아니하므로, 1주간의 연장근로가 총 한도시간인 12시간을 초과하였는지는 근로시간이 1일 8시간을 초과하였는지를 고려하지 않고 1주간의 근로시간 중 40시간을 초과하는 근로시간을 기준으로 판단하여야 한다고 본 판례가 있다.[1] 그러나, 언제나 타당한 올바른 해석이라고 보기는 어렵다. 근로기준법 제50조 제1항과 제2항이 병렬적으로 규정되어 있기 때문이다. 동등한 가치로 근로시간 상한을 제한하고 있다고 보는 것이 근로기준법 제50조의 문리해석에 부합한다. 15세 이상 18세 미만인 연소자의 법정근로시간은 1주 35시간, 1일 7시간으로 설정되어 있으며, 유해·위험작업의 법정 근로시간은 1일 6시간, 1주 34시간으로 설정되어 있다(산업안전보건법 제139조). 선원의 법정근로시간은 선원법에 따라 규율되는데, 1일 8시간, 1주간 40시간으로 규정되어 있다(선원법 제60조 제1항).

1) 대법원 2023. 12. 7. 선고 2020도15393 판결.

근로기준법 제69조(근로시간)

15세 이상 18세 미만인 사람의 근로시간은 1일에 7시간, 1주에 35시간을 초과하지 못한다. 다만, 당사자 사이의 합의에 따라 1일에 1시간, 1주에 5시간을 한도로 연장할 수 있다.

우리나라의 한 주당, 하루당 근로시간 제한은, 법 규정만 보면 긴 편은 아니다. 독일 근로시간법상 법정근로시간 상한은 하루 8시간으로 규정되어 있다. 많은 나라들이 보통 40시간에서 44시간 사이이다. 유럽의 여러 나라들이 근로시간이 짧다고 일반적으로 설명되고 있는 이유는, 법정근로시간이 짧은 것이 아니라 단체협약이나 사업장협정에 의해 정해지는 소정근로시간이 35시간 이하로 설정되고 있기 때문아다. 소정근로시간이란 법정근로시간에 대응하는 개념으로, 사용자와 근로자 또는 사용자와 노동조합이 법정근로시간의 한도 내에서 합의를 통해 정한 근로시간이다. 우리나라는 지금까지는 법정근로시간과 소정근로시간이 일치하는 경우가 많았는데, 최근에는 소정근로시간이 점차 짧아지는 추세이다. 예를 들어 매일 8시간, 주 5일 근로하는 회사에서 매주 수요일을 가정의 날 또는 문화의 날로 지정해서 2시간 일찍 퇴근하도록 단체협약에 정하여 실시하고 있다면, 그 회사의 소정근로시간은 한 주당 38시간이 된다. 이 경우 법정근로시간은 40시간, 소정근로시간은 38시간이다.

그렇다면, 한달간 근로시간은 어떻게 계산해야 할까? 1개월당 근로시간이 몇 시간인지 계산하는 것도 중요하다. 전통적인 산업에서는 근로시간에 따라 임금이 결정되기 때문에 매월 몇 시간이나 근로를 제공하는지에 따라서 월급여가 정해지기 때문이다. 여기에서 말하는 '월급여'는 법률용어로서의 표현은 아니다. 언제나 정확한 것은 아니지만, 근로시간에 따라 부여되는 급여는 통상임금에 해당한다고 볼 수 있다. 통상임금이 무엇인지는 뒤에서 설명하기로 한다. 일단 정확한 의미는 접어두고 '통상임금'이라는 개념을 알고 있다고 치고 설명을 이어가자. 시간급에 1개월당 근로시간을 곱하면 월급여 액수, 즉 월 통상임금이 된다. 정기상여금과 기타 수당도 통상임금에 포함될 수 있지만, 여기에서는 일단 월 통상임금만 생각하자. 하지만, 위의 법정근로시간을 중심으로 1개월간 근로시간을 계산하는 것은 단순하지 않다. 그 이유는 매월 날 수가 다르기 때문이다. 4월은 30일이고 5월은 31일이며, 윤년을 제외하면 2월은 보통 28일이다. 이렇게 한달을 구성하는 날 수가 차이가 있으면, 계산상 월 통상임금이 매월 달라지게 되고 이는 근로자의 생활안정과 예측가능성 보장에 바람직하지 않다. 따라서, 근로기준법 실무에서는 월 법정근로시간을 계산하는 통상적인 공식을 활용해서 매월 근로시간이 동일한 것으로 전제한다.

주 40시간 사업장의 월 소정근로시간 계산

[{(주당근로 40시간+주휴일 8시간)×52주}+1일 8시간]÷12개월 = 209

위의 계산식이 바로 그 공식이다. 고용노동부의 각종 행정해석과 지침에 나와 있는 식인데, 가장 자주 사용되는 계산식이다. 1년 동안 유급으로 인정되는 근로시간을 모두 계산한 다음에 12로 나눠서 1개월당 평균 근로시간을 도출해내는 계산 방법이다. 우선 한 주당 유급으로 처리되는 시간은 기본 40시간이 있다. 거기에 한 주간 개근한 근로자에게 유급으로 보장되는 주휴일을 하루로 간주해서 1일 법정 근로시간 8시간을 더한다. 1년은 52주이므로 여기에 52를 곱한다. 7 곱하기 52를 하면 364가 나오기 때문에 하루에 해당하는 8시간을 더한다. 그 결과값을 12로 나누면 208.66666 끝나지 않는 소수가 나온다. 소수점 이하를 반올림해서 209라는 결론을 내린 것이다. 사용자에 비하여 근로자에게 유리한 계산식이라고 할 수 있다.

위와 같은 계산에 따라서 한 주 40시간, 하루 8시간이라는 법정근로시간 상한을 준수하는 사용자에게 소속된 근로자의 월 평균 법정근로시간은 보통 209시간이라고 한다. 월 평균 소정근로시간을 계산하기 위해서는 위 계산식에서 40시간과 8시간을 소정근로시간으로 바꾸는 방법으로 월 평균 소정근로시간을 구할 수 있다. 법정근로시간과 소정근로시간이 동일하다고 전제한다면 월 통상

임금은 시간급 통상임금 곱하기 209시간으로 계산한다. 역으로, 월 통상임금을 209시간으로 나누면 시간급 통상임금을 계산할 수 있다.

월 소정근로시간을 길게 정하는 것과 짧게 정하는 것 중 어느 방식이 근로자에게 유리할까? 사용자가 노동조합과 체결하는 단체협약이나 임금협약을 보면. 아직 단체협약과 임금협약이 무엇인지 아직 설명하지 않았지만 이것도 일단 안다고 전제하고 넘어가자. 노동조합의 교섭력이 강한 사업장의 단체협약이나 임금협약을 보면 월 평균 소정근로시간을 209시간이 아니라 164시간, 178시간 등으로 설정하는 경우가 종종 발견된다. 월 평균 소정근로시간을 164시간으로 정해놓았다고 하더라도 실제 월소정 근로시간이 164시간인 것은 아니다. 실제로 근로를 제공해야 하는 시간은 별도로 정하고, 시간급 통상임금을 계산할 때 사용되는 소정근로시간만을 164시간으로 정하는 것이다. 월 통상임금을 209로 나누는 것보다 164로 나눌 때 시간급 통상임금이 커지기 때문이다. 이런 방법으로 시간급 통상임금을 키우면 시간급 통상임금을 기초로 50%를 가산하여 계산하는 연장근로 가산임금, 야간근로 가산임금, 휴일근로 가산임금 등이 커진다. 연장근로 가산임금, 야간근로 가산임금, 휴일근로 가산임금의 개념은 뒤에서 설명하기로 한다.

2. 근로시간에 해당되는지 여부의 판단 기준

사업 또는 사업장에서 근로자가 보낸 시간 또는 근로자와 사용자가 근로를 제공하기로 합의한 시간 동안에 대해서, 그 시간이 근로시간에 해당하는지 근로자와 사용자 사이에 이견이 있는 경우에는 그 시간이 실제로 근로를 제공한 시간인지 여부에 따라 판단해야 한다. 이를 실근로시간의 원칙이라고도 한다. 근로자가 사용자의 지휘·감독 아래 종속되어 있는 시간, 즉 노동력을 사용자의 처분, 아래에 둔 실 구속시간은 근로시간으로 본다. 사용자의 지휘·감독은 명시적인 것 외에 묵시적인 것도 포함한다. 구체적으로는 사용자의 지시가 있었는지 여부, 근로자에게 법령이나 취업규칙, 사업장 관행 등에 따라 부여된 업무를 수행하거나 업무수행에 참여할 의무의 정도, 업무 수행이나 업무 수행에 참여할 의무 이행을 거부한 경우에 불이익이 있는지 여부, 근로자에게 가해지는 시간이나 장소의 제한 정도 등을 고려하여 실근로시간인지 여부를 판단해야 한다.

사용자에게는 근로시간 파악·산정 의무가 부여된다(근로기준법 제48조, 시행령 제27조). 사용자는 시업시간과 종업시간, 근로시간의 길이 등 근로자들의 근로시간을 파악하고 근로기준법상 한도를 준수하도록 관리·감독해야 하는 의무를 부담한다. 여기에서 시업시간은 일을 시작하는 시간을, 종업시간은 일을 마치는 시간을 각각 뜻한다.

3. 단시간 근로자

단시간 근로자는 1주 동안의 소정근로시간이 그 사업장에서 같은 종류의 업무에 종사하는 통상 근로자의 1주 동안의 소정근로시간에 비하여 짧은 근로자를 말한다. 어느 회사의 나머지 근로자들은 다 38시간 일하는데 어떤 부서 근로자들은 30시간만 일을 한다면, 그 부서 근로자들은 단시간 근로자이다. 마찬가지로 어느 회사의 근로자들이 모두 40시간 일을 하는데 특정 업무 담당 근로자들이 38시간 일을 하면 그 사람들이 단시간 근로자이다.

그 중 4주 동안(4주 미만으로 근로하는 경우에는 그 기간)을 평균하여 1주 동안의 소정근로시간이 15시간 미만인 근로자를 보통 초단시간 근로자라고 한다. 초단시간 근로자에게는 주휴일(근로기준법 제55조), 연차유급휴가(근로기준법 제60조) 규정이 적용되지 않는다. 실제로 15시간 이상 근로를 제공하는데도 15시간 미만으로 근로계약서에 기재한 경우에는 그러한 소정근로시간 약정은 효력이 없고 근로자가 통상적으로 사용자에게 근로를 제공할 의무를 부담하는 시간을 기준으로 초단시간 근로자에 해당하는지 여부를 판단하여야 한다.[2)]

---

2) 서울고등법원 2018. 5. 16. 선고 2017누76410 판결.

단시간근로자의 근로조건은 그 사업장의 같은 종류의 업무에 종사하는 통상 근로자의 근로시간을 기준으로 산정한 비율에 따라 결정된다(근로기준법 제18조 제1항). 이를 '비례보호 원칙'이라고 한다. 예를 들어, 가족수당, 교통수당 등 근로의 질이나 양과 관련이 없는 수당이 정액급으로지급 되는 경우 취업규칙에 단시간근로자에 대한 비례보호 원칙을 규정하여 그 비율에 따라 통상근로자와 차등하여 지급할 수 있다. 그러한 규정이 없는 경우에는 통상근로자와 같은 기준으로 지급하여야 한다. 생리휴가 및 산전후휴가에 대해서는 비례보호 원칙이 적용되지 않는다. 단시간 근로자의 근로조건에 대한 비례보호 원칙은 근로기준법 제18조에 규정되어 있지만, 그 이외의 단시간 근로자에 관한 규율은 대부분 기간제 및 단시간근로자 보호 등에 관한 법률(이하 '기간제법')에 규정되어 있다.

근로기준법 제18조(단시간근로자의 근로조건)

① 단시간근로자의 근로조건은 그 사업장의 같은 종류의 업무에 종사하는 통상 근로자의 근로시간을 기준으로 산정한 비율에 따라 결정되어야 한다.

② 제1항에 따라 근로조건을 결정할 때에 기준이 되는 사항이나 그 밖에 필요한 사항은 대통령령으로 정한다.

③ 4주 동안(4주 미만으로 근로하는 경우에는 그 기간)을 평균하여 1주 동안의 소정근로시간이 15시간 미만인 근로자에 대하여는 제55조와 제60조를 적용하지 아니한다.

단시간 근로자의 임금은, 시간급 임금을 일급 통상임금으로 산정할 경우에는 1일 소정근로 시간 수에 시간급 통상임금을 곱하여 산정한다. 단시간 근로자의 1일 소정근로시간은 4주 동안의 소정근로시간을 그 기간의 통상 근로자의 총 소정근로일 수로 나눈 시간 수가 된다. 매우 기술적인 부분이기는 하지만, 실제 계산해보면 그리 어렵지 않게 계산할 수 있다. 단시간 근로자가 소정근로시간을 초과하여 근로한 경우에는 그 근로에 대하여 통상임금의 100분의 50이상을 가산하여 지급하여야 한다(기간제법 제6조). 통상 근로자에 비하면 단시간 근로자의 연장근로는 법내 초과근로인 경우가 많은데, 근로기준법상 통상근로자의 법내 초과근로와 구별되는 단시간 근로자를 보호하기 위한 특칙이라고 할 수 있다. 법내 초과근로의 개념은 뒤에서 설명할 예정이므로 일단 넘어가자. 아직 앞부분이어서 미처 설명되지 않은 개념이 종종 나오는데, 차차 다루게 될 것이므로 편안한 마음으로 읽어나가기를 권한다. 가령 한 주에 15시간 일을 하는 근로자가 어느 주에 5시간을 더 했으면, 통상임금의 100분의 50이 가산되므로 5시간에 해당하는 임금이 아니라, 가산임금을 합하여 7.5시간에 해당하는 임금을 받게 되는 것이다. 사용자는 단시간 근로자에게 초과근로를 시키고자 할 경우에는 근로계약서나 취업규칙 등에 그 내용 및 정도를 명시하여야 한다(근로기준법 시행령 제9조 제1항).

단시간 근로자에게도 사용자는 근로기준법 제55조에 따른 유급 주휴일과 근로기준법 제60조에 따른 연차유급휴가를 주어야 한다. 다만, 단시간 근로자의 휴일과 휴가는 단시간 근로자의 특성을 고려하여 일 단위가 아니라 시간 단위로 부여된다. 단시간 근로자의 연차유급휴가는 단시간 근로자의 소정근로시간을 통상근로자의 소정근로시간으로 나누어 나온 숫자에 통상근로자의 연차유급휴가일수를 곱하고, 그 값에 8시간을 곱해서 산정한다. 단시간 근로자가 시간 단위로 연차유급휴가를 사용하면, 사용한 시간만큼 총 연차유급휴가 시간에서 차감되는 것이다. 이때 1시간 미만은 1시간으로 본다.

단시간 근로자의 연차유급휴가

$$\text{토상근로자의 연차유급휴가} \times \frac{\text{단시간근로자의 소정근로시간}}{\text{통상근로자의 소정근로시간}} \times 8\text{시간}$$

4. 시간외 근로와 가산임금: 연장근로와 야간근로, 휴일근로

(1) 연장근로

근로자가 법정근로시간을 초과하여 근로를 제공하는 것을 연장근로라고 하고, 연장근로를 수행한 시간을 연장근로시간이라고 한다. 일상에서는 초과근로라는 용어도 사용한다. 소정근로시간을 초과하는 근로도 연장근로라고 하지만, 근로기준법상 정의된 연장근로는 법정근로시간을 초과하는 경우를 지칭한다. 소정근로시간이 법정근로시간보다 짧은 사업 또는 사업장의 경우에는 연장근로 가산수당 지급과 관련한 문제가 발생할 수 있다. 법내초과근로 문제이다. 연장근로는 1주간에 12시간을 넘을 수 없다. 근로자와 사용자가 12시간을 초과하여 연장근로를 하기로 합의했다 하더라도 그 합의는 무효이다. 근로기준법은 강행규정이고 최저기준이기 때문이다. 근로기준법 제53조 제1항을 위반하여 1주간 12시간을 초과하는 연장근로를 한 경우 사용자는 2년 이하의 징역 또는 2천만원 이하의 벌금에 처해질 수 있다(근로기준법 제110조).

근로자가 남녀고용평등법 제19조의2 제4항에 따른 육아기 근로시간 단축 대상자인 경우 근로자의 명시적인 청구가 있어야 하며, 임신 중인 여성 근로자는 연장근로가 금지된다(근로기준법 제74조 제5항). 사용자는 출산 후 1년 이내인 여성 근로자에 대해서는 단체협약이 있는 경우라 하더라도 1일 2시간, 1주간 6시간, 1년간 150시간을 초과하는 연장근로를 시키지 못한다(근로기준법 제71조). 15세 이상 18세 미만인 사람의 연장근로시간은 당사자 사이의 합의에 따라 1일에 1시간, 1주에 5시간을 한도로 허용된다(근로기준법 제69조). 선원의 경우는 선박소유자와 선원 간에 합의를 전제로 1주간 16시간을 한도로 허용된다(선원법 제60조).

근로기준법 제74조(임산부의 보호)

⑤ 사용자는 임신 중의 여성 근로자에게 시간외근로를 하게 하여서는 아니 되며, 그 근로자의 요구가 있는 경우에는 쉬운 종류의 근로로 전환하여야 한다.

사용자는 특별한 사정이 있으면 고용노동부 장관의 인가와 근로자의 동의를 받아서 근로시간을 연장할 수 있는데 이를 특별연장근로라 한다(근로기준법 제53조 제4항). 사태가 급박하여 고용노동부장관의 인가를 받을 시간이 없는 경우에는 사후에 지체 없이 승인을 받아야 한다. 사태가 급박한 경우는 주로 응급사태 발생시를 말하는데, 화재가 발생하거나 유독 물질이 유출되는 등의 급박한 사태에 대처하기 위한 경우이다. 이를 응급연장근로라고 하기도 한다. 사용자에게는 특별연장근로시 근로자 건강보호조치를 취할 의무가 부여된다(근로기준법 제53조 제7항). 특별연장근로를 할 경우, 사용자는 연장 근로를 하는 근로자의 건강 보호를 위하여 건강검진 실시 또는 휴식시간 부여 등 고용노동부장관이 정하는 바에 따라 적절한 조치를 하여야 한다.

근로기준법 제53조(연장 근로의 제한)

① 당사자 간에 합의하면 1주 간에 12시간을 한도로 제50조의 근로시간을 연장할 수 있다.

④ 사용자는 특별한 사정이 있으면 고용노동부장관의 인가와 근로자의 동의를 받아 제1항과 제2항의 근로시간을 연장할 수 있다. 다만, 사태가 급박하여 고용노동부장관의 인가를 받을 시간이 없는 경우에는 사후에 지체 없이 승인을 받아야 한다.

(2) 야간근로

야간근로는 야간에 근로를 제공하는 것을 말한다. 야간이란 밤 10시부터 오전 6시 사이까지의 시간을 말하며(근로기준법 제56조 제3항), 이 시간에 근로한 것을 야간근로라고 하고, 이 시간을 야간근로시간이라고 한다. 실제 일몰시간이나 일출시간과는 관계 없이 '야간'의 개념이 법정되어 있다는 것이 특징이다. 야간근로는 근로자와 사용자 사이의 합의 또는 동의가 있으면 가능하지만, 여성 근로자, 임신 중인 여성 근로자, 출산후 1년 이내인 여성 근로자, 18세 미만인 근로자에 대해서는 일정한 제한이 가해진다(근로기준법 제70조). 먼저, 사용자는 18세 이상의 여성을 오후 10시부터 오전 6시까지의 시간에 근로시키려면 그 근로자의 동의를 받아야 한다. 그 동의는 여성근로자에게 개별적으로 동의를 받아도 되고, 취업규칙이나 단체협약 등을 통한 포괄적인 동의도 가능하다.[3] 근로기준법 제65조는 임산부를 "임신 중이거나 산후 1년이 지나지 아니한 여성"이라고 정의하는데, 사용자는 임산부와 18세 미만자를 오후 10시부터 오전 6시까지의 시간에 근로시키지 못한다. 다만, 18세 미만자의 동의가 있는 경우와 산후 1년이 지나지 아니한 여성의 동의가 있는 경우, 임신 중의 여성이 명시적으로 청구하는 경우에는 근로자 대표와 성실한 협의를 거친 후 고용노동부장관의 인가를 받아 야간근로에 종사하도록 할 수 있다. 근로기준법이 임신 중인 여성 근로자의 연장근로는 엄격히 금지되는 반면, 야간근로는 명시적인 청구를 전제로 허용하는 이유는 무엇일까? 임신 중인 여성 근로자는 법정근로시간을 초과하는 연장근로를 할 수는 없지만, 법정근로시간의 한도 내에서 야간근로는 할 수 있도록 허용하여 생계유지를 위한 직업활동이 가능하도록 하기 위해서이다. 교대제 근로를 하는 경우 밤근무조에 투입되는 것은 가능하다는 뜻이다.

근로기준법 제70조(야간근로와 휴일근로의 제한)

① 사용자는 18세 이상의 여성을 오후 10시부터 오전 6시까지의 시간 및 휴일에 근로시키려면 그 근로자의 동의를 받아야 한다.

② 사용자는 임산부와 18세 미만자를 오후 10시부터 오전 6시까지의 시간 및 휴일에 근로시키지 못한다. 다만, 다음 각 호의 어느 하나에 해당하는 경우로서 고용노동부장관의 인가를 받으면 그러하지 아니하다.

1. 18세 미만자의 동의가 있는 경우
2. 산후 1년이 지나지 아니한 여성의 동의가 있는 경우
3. 임신 중의 여성이 명시적으로 청구하는 경우

③ 사용자는 제2항의 경우 고용노동부장관의 인가를 받기 전에 근로자의 건강 및 모성 보호를 위하여 그 시행 여부와 방법 등에 관하여 그 사업 또는 사업장의 근로자 대표와 성실하게 협의하여야 한다.

---

3) 대법원 1993. 12. 21. 선고 93누5796 판결.

연장근로와 야간근로와 휴일근로, 특히 야간근로에서 근로기준법이 남자인지 여자인지에 따라 허용 요건에 차이를 두고 있는 것은 다시 한번 생각해볼 필요가 있다. 남자와 여자에 대한 차별로 볼 수 있는 여지가 충분하기 때문이다. 이는 과거 근로기준법이 입법될 당시, 국가가 후견적 입장에서 여성을 보호할 필요가 있다는 생각이 반영된 입법 태도이고, 여성을 온전히 자유로운 인격체로서 인정하지 못하던 당시의 고정관념이 보호를 명분으로 반영되어 있는 것이라고 할 수 있다. 이제는 개정될 때가 되었다고 생각된다.

(3) 휴일근로

휴일근로는 주휴일, 법정공휴일 등 근로기준법 제55조에 따른 휴일과 대체공휴일, 근로자의 날 제정에 관한 법률에 따른 근로자의 날, 그 밖에 단체협약이나 취업규칙, 사업장 관행 등에 따라 인정되는 기타 휴일에 근로하는 것을 말한다. 휴일근로는 연장근로시간 한도, 즉 1주간 12시간 내에서 허용된다. 휴일근로는 근로자와 사용자 사이의 합의 또는 동의가 있으면 가능하지만, 여성근로자, 임신 중인 여성 근로자, 출산후 1년 이내인 여성 근로자, 18세 미만인 근로자에 대해서는 일정한 제한이 가해진다. 근로기준법 제70조에 야간근로와 함께 규정되어 있다. 사용자는 18세 이상의 여성을 휴일에 근로시키려면 그 근로자의 동의를 받아야 한다. 그 동의는 여성근로자에게 개별적으로 동의를 받아도 되고, 취업규칙이나 단체협약 등을 통한 포괄적인 동의도 가능하다.[4] 사용자는 임산부와 18세 미만자를 휴일에 근로시키지 못한다(근로기준법 제65조). 다만, 18세 미만자의 동의가 있는 경우와 산후 1년이 지나지 아니한 여성의 동의가 있는 경우, 임신 중의 여성이 명시적으로 청구하는 경우에는 근로자 대표와 성실한 협의를 거친 후 고용노동부장관의 인가를 받아 휴일근로에 종사하도록 할 수 있다.

---

4) 대법원 1993. 12. 21. 선고 93누5796 판결.

(4) 연장근로와 야간근로, 휴일근로에 대한 가산임금

연장근로와 야간근로, 휴일근로 등에 종사한 근로자에게는 근로의 대가로서 통상임금의 100분의 50 이상이 가산되어 지급되어야 한다. 휴일근로의 경우에는 근로기준법에 할증률을 특별히 정하고 있는데, 8시간 이내의 휴일근로는 통상임금의 50%를 할증하고, 8시간을 초과하는 휴일근로는 통상임금의 100%를 할증한다. 연장근로와 야간근로, 휴일근로가 중복되는 경우에는 가산율을 합산한다. 가령 연장근로를 하다가 오후 10시가 넘어가서 자정인 12시까지 일했다면, 10시에서 자정 사이에 대해서는 100분의 50을 한번 더 가산해서, 사용자는 100%의 가산임금을 지급해야 한다. 가산임금은 소정근로시간을 초과하여 근로를 해야 하는 근로자가 감수하게 되는 더 심한 육체적 피로, 자유로운 여가시간에 사용자에게 근로를 제공하게 되는 시간주권의 제한 등에 적합한 정당한 보상을 하도록 하려는 취지 이외에, 사용자가 근로자에게 연장근로, 야간근로, 휴일근로 등을 요구하는 것을 제한하고자 하는 취지가 있다.

근로기준법 제56조(연장·야간 및 휴일 근로)

① 사용자는 연장근로(제53조·제59조 및 제69조 단서에 따라 연장된 시간의 근로를 말한다)에 대하여는 통상임금의 100분의 50 이상을 가산하여 근로자에게 지급하여야 한다.

② 제1항에도 불구하고 사용자는 휴일근로에 대하여는 다음 각 호의 기준에 따른 금액 이상을 가산하여 근로자에게 지급하여야 한다.

1. 8시간 이내의 휴일근로: 통상임금의 100분의 50
2. 8시간을 초과한 휴일근로: 통상임금의 100분의 100

③ 사용자는 야간근로(오후 10시부터 다음 날 오전 6시 사이의 근로를 말한다)에 대하여는 통상임금의 100분의 50 이상을 가산하여 근로자에게 지급하여야 한다.

연장근로는 법정근로시간을 초과한 근로를 말하므로, 소정근로시간을 초과하여 근로했지만 법정근로시간은 초과하지 않은 근로시간에 대해서는 연장근로 가산임금 지급이 의무적이지는 않다. 다만, 단체협약이나 취업규칙에 법정근로시간 이내라 하더라도 소정근로시간을 초과한 근로에 대해서 가산임금을 지급하기로 규정했다면, 소정근로시간을 초과한 근로에 대해서도 사용자는 가산임금을 지급해야 한다. 이처럼 소정근로시간을 초과하지만 법정근로시간 이내인 근로시간으로서 가산임금 지급이 의무적이지는 않은 연장근로를 법내 초과근로라고 부르기도 한다. 앞에서 언급됐던 법내 초과근로의 개념이 여기에서 설명됐다. 이후에도 그런 경우가 종종 있을 수 있으니 편안하게 생각하기 바란다.

연장근로, 야간근로, 휴일근로 등에 대해서는 통상임금의 100분의 50 이상의 가산임금을 지급하는 것이 원칙이지만, 사용자와 근로자대표가 서면으로 합의한 경우에는 임금을 지급하는 것에 갈음하여 휴가를 줄 수도 있다(근로기준법 제57조). 이때의 휴가는 시간 단위로 부여하기도 한다. 이를 보상휴가제라고 한다.

연장근로 등과 관련해서 살펴봐야 할 것으로 지시 위반의 초과근로 문제가 있다. 사용자가 명시적으로 하지 말라고 했음에도 불구하고, 근로자가 지시에 반하여 자발적으로 연장근로, 야간근로 또는 휴일근로를 했을 경우에 가산임금을 지급해야 하는지, 사용자의 연장근로 한도 위반 책임이 발생할 수 있는지 하는 문제이다. 원칙적으로 사용자가 지시에 위반한 초과근로 제공의 결과물을 수취했다면, 즉 그 근로제공의 결과를 수령했다면 가산임금 지급 의무가 발생하고 연장근로 한도 위반에 대한 책임도 부담하게 된다고 보는 것이 옳다. 이와 관련하여 고용노동부 행정해석 중에는 사용자의 근무지시 없이 근로자가 자발적으로 소정근로시간 이외에 근무한 경우에는 제공한 근로에 대한 임금은 지급해야 하지만 가산임금을 지급하지 않더라도 법위반으로 볼 수는 없다고 한 사례가 있다.[5] 사용자가 명시적으로 연장근로를 금지하고 노무제공의 수령을 거부 하는 등 적극적인 조치를 취한 경우에는 임금과 가산임금 모두를 지급할 필요가 없다고 판단하기도 했다.[6]

이상에서 논의한 근로시간에 관한 규정들을 모아서 정리하면 아래의 표와 같다.

---

5) 근기68207-1036,1999. 5. 7.
6) 노조 68107-1140, 2001. 10. 11.

▌ 근로기준법 등 관련법률상의 근로시간 제한

	법정근로시간	연장근로	야간근로	휴일근로	갱내근로
남성 근로자	1주 40시간 1일 8시간*	1주 12시간 ※ 육아기근로시간단축 대상자인 경우 명시적 청구 필요	합의	합의	제한 없음
여성 근로자	1주 40시간 1일 8시간	1주 12시간 ※ 육아기근로시간단축 대상자인 경우 명시적 청구 필요	당사자 동의	당사자 동의	원칙적 금지 예외적 허용**
임신 중인 근로자	1주 40시간 1일 8시간	금지	명시적 청구, 고용부장관 인가 ※ 근로자대표와 성실한 협의 필요	명시적 청구, 고용부장관 인가 ※ 근로자대표와 성실한 협의 필요	원칙적 금지, 예외적 허용**
산후 1년 이내인 자	1주 40시간 1일 8시간	1주 6시간 (1일 2시간, 1년 150시간)	당사자 동의, 고용부장관 인가 ※ 근로자대표와 성실한 협의 필요	당사자 동의, 고용부장관 인가 ※ 근로자대표와 성실한 협의 필요	원칙적 금지, 예외적 허용**
18세 미만자	1주 35시간 1일 7시간	1주 5시간 (1일 1시간)	당사자 동의, 고용부장관 인가 ※ 근로자대표와 성실한 협의 필요	당사자 동의, 고용부장관 인가 ※ 근로자대표와 성실한 협의 필요	원칙적 금지, 예외적 허용**

* 유해 위험작업은 1일 6시간, 1주 34시간 기준(산업안전보건법 제139조)

** 보건·의료·보도·취재 등 대통령령으로 정하는 업무 수행을 위해 일시적으로 필요한 경우

5. 근로시간 및 휴게시간의 특례

근로시간 및 휴게시간의 특례는 근로기준법 제59조가 이 특별히 정하는 업종

에 대해서, 해당 업종의 특수성을 인정하여 연장근로 한도 12시간의 예외를 인정하거나 휴게시간을 변경할 수 있도록 허용하는 제도를 말한다. 이때 근로시간 및 휴게시간의 특례가 인정되는 업종을 근로시간 특례업종이라고 하는데, 육상운송 및 파이프라인 운송업(여객자동차운수 사업법에 따른 노선여객자동차 운송사업 제외), 수상운송업, 항공운송업, 기타 운송관련 서비스업, 보건업을 말한다. 여기에 열거된 업종은 통계법에 따라 통계청장이 고시하는 산업에 관한 표준의 중분류 또는 소분류에서의 의미에 따른다.

근로기준법 제59조(근로시간 및 휴게시간의 특례)

① 「통계법」 제22조제1항에 따라 통계청장이 고시하는 산업에 관한 표준의 중분류 또는 소분류 중 다음 각 호의 어느 하나에 해당하는 사업에 대하여 사용자가 근로자대표와 서면으로 합의한 경우에는 제53조제1항에 따른 주(週) 12시간을 초과하여 연장근로를 하게 하거나 제54조에 따른 휴게시간을 변경할 수 있다.

1. 육상운송 및 파이프라인 운송업. 다만, 「여객자동차 운수사업법」 제3조제1항 제1호에 따른 노선(路線) 여객자동차운송사업은 제외한다.
2. 수상운송업
3. 항공운송업
4. 기타 운송관련 서비스업
5. 보건업

② 제1항의 경우 사용자는 근로일 종료 후 다음 근로일 개시 전까지 근로자에게 연속하여 11시간 이상의 휴식 시간을 주어야 한다.

예를 들어, 근로기준법 제59조 제1항 제5호의 '보건업'은 주로 병원 등에서 종사하는 업무를 말하는데, 해당 근로자가 반드시 보건 관련 업무에 종사해야 하는 것은 아니다. 보건업에 해당하는 사업 또는 사업장에서 근로하고 있다면 근로시간 및 휴게시간의 특례를 적용받는다. 병원의 운전기사도 보건업 종사자로 본다.

근로시간 및 휴게시간의 특례를 규정한 근로기준법 제59조의 제2항을 보면,

최소연속휴식시간제가 규정되어 있다. 근로시간 특례가 인정되는 업무들에서는 최소한 11시간 이상의 연속된 휴식시간이 보장되어야 한다. 11시간의 계산은 회사 밖으로 나가는 시간, 즉 퇴근 시간부터 회사에 다시 출근하는 시간까지 사이의 길이가 최소한 11시간은 확보되어야 한다는 의미이다. 왜 11시간인지에 관해서는 뚜렷한 근거를 찾기는 어렵지만, 유럽 등 해외의 입법례를 보면 11시간이 보편적인 것으로 보인다. 최소연속휴식시간제는 뒤에서 설명할 탄력적 근로시간제 등 유연시간제 관련 규정에서도 발견된다.

Ⅱ. 근로시간 개념의 경계 문제

1. 근로의 밀도에 차이가 있는 시간

(1) 대기시간

근로기준법이 규정하고 있는 근로시간 중에서도 대기시간은 특별한 개념이다. 근로기준법의 입법자가 '대기'라는 개념을 특별하게 이해한 결과이기 때문이다. 대기시간은 쉽게 말하면 근로자가 근로를 제공하지 않고 그냥 있는 시간이다. 현실에서 진짜로 그런 것은 아니지만, 대기업 임원의 운전기사 사례를 생각하면 대기시간을 이해하기 쉽다. 임원이 출근시간에 회사에 도착하려면 기사는 출근에 걸리는 시간만큼 일찍 그 임원의 집 앞에 도착해야 한다. 그리고, 임원이 사무실로 들어간 후에는 세차를 하거나 차량 정비를 마치고 나면, 기사 대기실에 대기하게 된다. 그 시간에는 잠을 잘 수도 있고, 책을 읽거나 게임을 할 수도 있다. 하지만 임원이 업무를 위해서 외출을 해야 하면 바로 차를 준비하고 임원의 목적지까지 운행을 해야 한다. 이때 기사 대기실에서 기다리는 시간이 대기시간이 된다. 대기시간은 휴게시간과는 다르다. 임원의 외출을 위해 비서실에서 연락이 오면 바로 운행준비를 해야하기 때문이다. 이렇게 일을 시키면 바로 일을 할 수 있도록 준비하고 있어야 한다는 점에서 휴게시간과 구별되며, 그러한 상태를 근로기준법 제50조는 “사용자의 지휘·감독 아래에 있는”이라고 표현했다.

근로기준법 제50조(근로시간)

③ 제1항 및 제2항에 따라 근로시간을 산정하는 경우 작업을 위하여 근로자가 사용자의 지휘·감독 아래에 있는 대기시간 등은 근로시간으로 본다.

근로자가 자신의 의지로 자신이 하고 싶은 일을 할 수 있는 시간이 아니라, 사용자와의 근로계약에 따라 언제든지 주어진 일을 할 수 있도록 준비된 상태에서 대기하고 있어야 한다. 사장님이 작업을 지시할 때까지 기다리는 시간, 손님을 응대하기 위해 대기하는 시간 등이 대기시간이다.[7] 대법원은 “근로자가 사용자의 지휘·감독을 받으면서 근로계약에 따른 근로를 제공하는 시간”이라고 이해하면서, 근로자가 작업시간 도중에 실제로 작업에 종사하지 않은 대기시간이나 휴식·수면시간이라 하더라도 근로자에게 자유로운 이용이 보장된 것이 아니라 실질적으로 사용자의 지휘·감독을 받고 있는 시간이라면 근로시간에 포함된다라고 보았다.[8]

대기시간은 근로시간으로 간주된다. 즉, 유급으로 처리되며, 법정근로시간을 초과할 수 없으며, 연장근로 시간을 계산할 때 포함되는 시간이다. 다만, 대기시간 1시간을 100% 근로한 1시간으로 보는 입법이 타당한지에 대해서는 이론이 있을 수 있다. 대기시간과 실제 근로를 제공한 시간은 제공되는 근로의 질과 양, 밀도에 차이가 있기 때문이다. 대기시간을 통상 근로시간의 50%의 가치가 있는 것으로 볼 수도 있고, 75%의 가치가 있는 것으로 볼 수도 있어서 입법적 결단의 영역이라고 할 수 있다. 정답이 있는 것은 아니다. 우리는 근로기준법 제50조 제3항에 입법을 했고, 근로시간으로 본다고 해서 100%의 동등한 가치가 있는 근로시간으로 본다.

---

7) 대법원 1965. 2. 4. 선고 64누162 판결.
8) 대법원 2020. 8. 20. 선고 2019다14110, 14127, 14134, 14141 판결.

대기시간은 뜻밖에 연장근로시간 한도 초과의 문제를 종종 일으킨다. 다시 임원 운전기사 사례로 돌아가보자. 운전기사는 출근시간에 맞춰 임원이 출근할 수 있도록 더 이른 시간에 출근을 해야 한다. 그리고, 임원을 퇴근시키고 자기가 퇴근해야 하기 때문에 정상적인 퇴근시간 이후에 연장근로가 불가피하다. 주말에 임원이 거래처를 만나거나 골프 모임에 간다면 이때도 운전을 하게 된다. 출근 전후 시간을 1시간이라고만 잡아도 매일 2시간의 연장근로가 발생하고, 퇴근시간 이후의 임원의 일정에 맞춰서 운행을 하거나 주말 운행이라도 하면 1주간에 12시간을 넘겨서 근로를 제공하는 경우가 흔치 않게 발생하기 때문이다. 그래서 이에 대한 해법으로 운전기사를 두 명을 두는 회사도 있고, 근로기준법 제59조 제1항 각호의 업종에 해당하는 경우에는 근로자대표와 서면합의를 하여 연장근로 한도의 예외를 인정받는 경우도 있다. 유사한 문제가 아파트 관리원 등 감시적 업무에 종사하는 근로자들 중에서도 종종 발생하고 있다. 아파트 관리원의 경우에는 야간에 12시 이후부터 오전 6시까지의 시간을 대기시간으로 볼 것인지 근무시간으로 볼 것인지에 관하여 근로자와 아파트 관리사무소나 입주자 대표회의 사이에 이견이 발생하는 경우가 많다. 이 시간에도 경비실에서 출입하는 차량을 확인해야 하고, 야간에 폭설이 내리거나 야간이나 새벽에 배송기사가 방문하는 경우 대응해야 하기 때문이다. 대기시간으로 보는 것이 정확하지만, 연장근로 한도 문제, 연장근로 가산수당 지급 문제 등으로 인해서, 최근에는 이 시간을 휴게시간으로 처리하는 방안이 확산되고 있다.

대기시간과 관련해서 종종 문제되는 사안으로, 노선버스 운전기사가 노선을 따라 운행해서 회차지에 도착한 다음에 차고지 방향으로 운행을 다시 시작하기 위해 머무는 시간을 둘러싸고, 그 시간이 대기시간인지 휴게시간인지에 관하여 사용자와 근로자 사이에 이견이 발생하는 사안이 있다. 이 경우에도 앞에서 설명한 근로시간에 해당되는지 여부의 판단 기준, 즉 실근로시간의 원칙에 따라 판단해야 한다. 유사한 사안에서 대법원은 “원고들이 버스운행을 마친 후 다음 운행 전까지 대기하는 대기시간에는 근로시간에 해당하지 않는 시간이 포함되어 있다고 보아야 하므로, 이 사건 대기시간 전부가 근로시간에 해당한다고 볼 수는 없다. 원고들은 대기시간 동안 청소, 검차 및 세차 등의 업무를 수행하기도 하였으므로 대기시간 전부가 근로시간에 해당한다고 주장하나, 회사가 대기시간 내내 원고들에게 업무에 관한 지시를 하는 등 구체적으로 지휘·감독하였다고 볼 만한 자료가 없고, 원고들은 대기시간 동안 식사를 하거나 이용이 자유로운 별도의 공간에서 커피를 마시거나 텔레비전을 시청하는 등의 방법으로 휴식을 취하였으며, 대기시간이 다소 불규칙하기는 하였으나 다음 운행버스의 출발시각이 배차표에 미리 정해져 있었으므로, 버스운전기사들이 이를 휴식을 위한 시간으로 활용하는 데 큰 어려움이 없었을 것으로 보인다"[9]라고 판단하여 회차지에서 대기한 시간을 휴게시간으로 본 사례가 있다. 반면, 전세버스 기사가 업무상 재해로 인하여 사망한 사건에서는 "버스 운전기사인 망인은 전세 버스 수요의 갑작스러운 증가로 사망 전날까지 19일 동안 휴무 없이 계속 근무하였고, 사망 전날부터 1주일간은 사망 전 4주간 주당 평균 근무시간인 47시간 7분을 크게 상회하는 72시간이나 근무하는 등으로 업무상 부담이 단기간에 급증함으로써 육체적·정신적 피로가 급격하게 증가한 것으로 보인다. 망인의 근무시간에 대기시간이 포함되어 있기는 하나, 휴게실이 아닌 차량 또는 주차장에서 대기하여야 하고, 승객들의 일정을 따르다 보니 대기시간도 규칙적이지 않았기 때문에 대기시간 전부가 온전한 휴식시간이었다고 보기는 어렵다"[10]라고 하여 휴게시간이 아닌 대기시간으로 인정하기도 했다.

(2) 휴게시간

휴게시간은 근로시간 도중에 근로자가 쉴 수 있도록 부여되는 시간을 말한다. 사용자는 근로시간이 4시간인 경우에는 30분 이상, 8시간인 경우에는 1시간 이상의 휴게시간을 근로시간 도중에 주어야 한다(근로기준법 제54조). 휴게시간은 무급으로 부여되는 것이 원칙이다. 휴게시간은 근로자가 자유롭게 이용할 수 있다. 따라서 근로자는 휴게시간에 자유롭게 잠을 자는 등 휴식을 취하거나, 가

9) 대법원 2021. 8. 12. 선고 2019다266485 판결.
10) 대법원 2019. 4. 11. 선고 2018두40515 판결.

까운 거리에 외출을 할 수도 있고, 노동조합 활동에 참여할 수도 있다. 30분이나 1시간의 시간은 분할해서 부여할 수도 있지만, 그 시간이 지나치게 짧은 경우에는 충분한 휴식이 불가능하기 때문에 휴게시간을 부여한 것으로 보아서는 안 될 것이므로, 근로시간의 일부로 판단될 수도 있다.

고용노동부 행정해석 사례를 보면, 보습학원과 근로계약을 체결한 학원강사가 매 50분 강의 후에 10분의 휴식시간을 부여받았고, 그 시간의 이용이 자유롭다면 휴게시간으로 볼 수 있다고 본 사례가 있는데[11] 이러한 해석이 타당한지는 의문이다. 그리고, 이어지는 업무 사이의 근로가 잠시 중단되는 불규칙한 시간은 언제 사용자의 지시가 있을지 모르기 때문에 근로자가 충분히 휴식을 취하기 어렵다. 따라서 휴게시간이라고 볼 수 없다. 그러한 측면에서 앞의 노선버스 운전기사 판례의 결론에 대해서도 충분히 문제 제기가 가능하다.

(3) 당직시간

당직근로란 근로자가 본래 담당하던 업무가 아니라, 다른 근로자들이 없는 시간에 사업장 시설을 감시하거나 긴급한 연락, 문서수신 등의 대응활동을 하기 위해 대기하는 업무를 말한다. 본래 담당하던 근로를 수행하는 것이 아니고, 긴급한 연락이나 사고 발생이 없다면 사실상 대기하는 시간이기 때문에 근로제공의 밀도가 낮다는 특징이 있다. 휴일 낮에 당직근로를 하는 경우를 일직, 밤에 사업장에 머물면서 당직근로를 하는 경우를 숙직이라고 부르기도 하는데, 최근에는 자동 경비 체계가 도입되고 정보통신기술의 발전으로 사업장에 대기하지 않아도 연락을 받을 수 있기 때문에 점차 당직은 사라지는 추세이다.

당직근로를 하는 시간을 당직시간이라고 하고, 예상하다시피 당직근로를 연장근로로, 당직시간을 연장근로시간으로 볼 수 있는지에 관한 분쟁이 발생하고 있다. 이 경우에도 역시 근로시간에 해당되는지 여부의 판단 기준, 즉 실근로시간의 원칙이 적용되어야 한다. 따라서 당직시간에 근로계약상 자신의 근로제공의무와 동등하거나 유사한 업무를 수행했다면 그 근로는 연장근로, 야간근로,

---

11) 근기 68207-2676, 2002. 8. 9.

휴일근로 등으로, 그 시간은 연장근로시간, 야간근로시간, 휴일근로시간 등으로 보아 가산임금이 지급되어야 한다.[12] 반면, 당직시간에 아무 일도 없이 대기하고 있었다면 합의된 소정의 당직비의 지급만으로 충분하다. 이 소정의 당직비는 실비변상적 급여로서 임금일 필요가 없다고 본 것이다. 대학병원 종사자의 당직근로가 문제된 사건에서 대법원은 "일반적인 일·숙직근무가 주로 감시, 경비, 긴급보고의 수수 등의 업무를 그 내용으로 하고 있는 것과는 달리, 대학병원의 임상병리사, 방사선사, 약사 및 간호사 등이 당직근무 중에 수행하는 업무의 내용이 주로 방사선 촬영, 병리검사, 투약, 긴급한 수술의 보조 등의 진료업무를 그 내용으로 하고 그 내용과 질에 있어서 통상근무의 태양과 마찬가지로 인정될 때에는 당직근무를 통상의 근무로 보아 이에 대하여 통상임금 및 근로기준법 제46조 소정의 가산임금을 지급하여야 하고, 당직근무가 전체적으로 보아 근무의 밀도가 낮은 대기성의 단속적 업무에 해당하는 경우에도 실제로 방사선 촬영, 병리검사, 투약, 긴급한 수술의 보조 등의 업무에 종사한 기간에 대하여는 같은 법 소정의 임금을 가산하여 지급하여야 한다"[13]라고 판단하였다.

이와 같이 당직근로에 대하여 지급되는 금품을 실비변상 금품으로, 당직근로를 본래의 근로가 아닌 것으로 보는 관점이 옳은 것인지는 의문이다. 근로기준법 제50조가 "작업을 위하여 근로자가 사용자의 지휘·감독 아래에 있는 대기시간" 등을 근로시간으로 간주하고 있는 취지를 고려하면, 당직근로시간은 사용자의 당직근로 지시에 따라 그에 해당하는 근로를 수행하고 있고, 당직근로지시에서 예정한 사안이 발생하지 않아서 대기하는 시간은 대기시간으로 보는 것이 타당하기 때문이다. 그러나 대법원은 여전히 당직시간을 대기시간으로 인정하지 않고 있다.[14]

12) 대법원 1995. 1. 20. 선고 93다46254 판결; 대법 2019. 10. 17. 선고 2015다213568 판결 등.
13) 대법원 1996. 6. 28. 선고 94다14742 판결.
14) 대법원 2024. 11. 14. 선고 2021다220062 판결.

2. 근로시간 전후의 밀접한 시간

(1) 이동시간

근로를 제공하기 위해 이동하는 시간도 근로시간으로 볼 수 있을까? 근로자의 주거지에서 근로제공 장소로 통상적으로 이동하는 시간, 즉 출근이나 퇴근에 소요되는 시간은 근로시간으로 보지는 않는다. 통상적인 경로와 방법으로 이동하다가 발생한 사고로 인해 근로자가 재해를 입은 경우 산업재해보상보험법(이하 '산재보험법') 제37조에 따라 출퇴근재해로서 업무상 재해로 인정해 주는 것과는 별개의 문제이다.

그러나, 출퇴근이 아니라 출장을 가는 시간은 근로시간으로 인정되는 것이 원칙이다. 특히 출장지로의 이동시간 선택권이 근로자에게 없는 경우, 사용자가 지정한 경우 등에 해당하면 근로시간으로 보아야 한다. 근로시간 내에 이동이 가능한데도 근로자가 자신의 의지대로 휴일이나 퇴근시간 이후에 출장지로 이동하는 경우에는 이를 곧바로 근로시간으로 볼 수 없을 것이다. 다양한 변수가 있으므로 탄력적으로 판단할 필요가 있다.

출장지로의 이동시간을 근로시간으로 간주하는 경우 발생하는 심각한 문제 중 하나가 연장근로시간으로 볼 것인지의 문제이다. 예를 들어, 주중 40시간의 법정근로시간을 모두 근로한 다음에 퇴근하려는데 사장님이 갑자기 불러서 월요일에 파리에서 처리해야만 하는 일이 있으니 출장을 다녀오라고 지시한 경우를 생각해보자.

프랑스로 이동하기 위해 준비하는 시간, 즉 집에 가서 짐 챙기고 여권 챙기고 티켓을 발권 받고 하는 시간도 모두 근로시간에 포함시켜야 하는 것은 물론, 공항에서의 출국 대기시간, 비행기 타고 이동하는 시간, 착륙한 뒤에 현지에서 입국수속을 하는시간, 공항에서 숙소나 업무수행 장소로 이동하는 시간 등이 모두 근로시간에 포함되어야 한다. 그 시간을 모두 합하면 12시간은 간단히 넘어가게 된다. 그러면, 한 주당 연장근로 한도 시간을 넘게 되고, 사장님은 2년 이하의 징역 또는 2천만원 이하의 벌금을 부과받을 상황에 처하게 된다(근로기준법 제

110조). 근로기준법상의 근로시간 규정들과 그에 대한 대법원의 원칙적인 판단에 따를 경우 원거리 출장이 원천적으로 불가능해질 수 있다. 프랑스 파리가 아니라 남아메리카나 아프리카의 어느 나라라고 한다면 이동시간만으로 한주간 소정근로시간과 연장근로 한도 시간을 모두 넘겨버릴 가능성도 있다. 이런 경우에 많은 사용자들이 간주근로시간제 중 근로기준법 제58조 제1항 본문에 따른 소정근로시간 간주제를 적용해서 위법성의 정도를 낮추려는 시도를 하기도 한다. 원거리 출장지를 몇 급지 몇 급지 하는 방식으로 사전에 거리에 따라 등급을 정하고, 실제 이동에 소요되는 시간이 아니라 유급으로 처리되는 시간을 별도로 근로자 대표와 서면으로 합의하여 정하는 방식이다. 이러한 방식이 근로기준법 제53조 위반의 책임을 감면할 수는 없는 것이 현실이다. 간주근로시간제에 대해서는 해당 항목에서 설명하기로 한다.

(2) 작업 전후 준비 시간

작업 전후의 작업지시 수령, 업무 인수인계, 기계 점검, 재료 준비, 작업복 착용, 의무적 보호장비 착용 등 본격적인 근로제공을 위해 준비하는 시간이 근로시간에 해당하는지가 문제된다. 근로시간에 포함된다고 보는 것이 원칙이다. 고용노동부 행정해석은 작업 전후의 준비·마무리와 관련하여, "업무인계시간 및 작업준비시간이 근로시간에 포함되는지의 여부는 개별 사업장의 단체협약, 취업규칙 등에 정하는 바에 따라야 할 것이나, 규정이 없는 경우에는 실제근로에 부속되는 시간과 근로형태가 사용자의 지휘·명령하에서 이루어지는지 여부에 따라 구체적으로 결정하여야 한다"라고 판단한 적이 있다.[15] 그러한 판단을 근거로 근로자들이 자율적인 의사에 따라 작업복을 갈아입는 시간 등은 근로시간으로 보기 어렵다고 보았다. 그러나, 근로자들이 근로제공과 관련하여 필요한 행위를 수행한 시간을 근로시간으로 볼 것인지 여부는 근로기준법상 근로시간 규정의 해석 및 적용에 관한 것으로서 강행규정의 해석 및 적용에 관한 사항이라는 점에서 단체협약, 취업규칙 등에 정하는 바에 따라야 한다는 판단은 타당하

15) 근기 68207-1029, 1996. 8. 1.

다고 볼 수 없다. 사용자의 구체적인 지시가 없다 하더라도 근로를 제공하기 위해 반드시 해야만 하는 작업 전후 준비 시간은 근로시간으로 보아야 할 것이다.

(3) 교육시간

사업장 내에서 행한 성희롱 예방교육, 직무수행능력 향상교육 등을 이수하는 데에 필요한 시간을 근로시간으로 볼 수 있을 것인지의 문제이다. 어떤 교육을 이수해야 한다는 의무가 법령 또는 사용자의 지시나 취업규칙 등에 의해 부여되어 있는 경우에는 그 교육에 소요된 시간은 근로시간에 해당한다.[16] 따라서 성희롱 예방교육, 산업안전보건교육 등 법정의무교육을 이수한 시간, 합숙 연수 중 의무적인 토론 시간, 체조시간, 보고서 작성 시간 등 사용자의 지시나 취업규칙에 따라 부여되는 시간은 근로시간으로 간주된다. 근로자가 회사의 비용 지원 정책에 따라 비용을 지급받으면서 스스로 선택한 어학교육, 자격증 취득을 위한 교육 등을 이수하는 경우는 근로시간이라고 볼 수 없으며, 원칙적으로 근로시간 이외의 시간에 이수하여야 한다.

(4) 회식시간, 접대시간

사용자가 주최한 회식시간, 업무 수행과 관련된 접대시간 등은 해당 근로자에게 참여하지 않을 자유가 없거나, 사용자의 참여 지시가 있는 경우에는 근로시간으로 볼 수 있으나, 명시적 지시 등이 없는 경우 근로시간으로 보지 않는다.

판결 중에는, 주말에 지속적으로 접대 골프에 참여했던 근로자가 퇴사하면서 연장근로 가산임금 등 미지급 임금에 대한 지급을 청구한 사건에서 "상사인 상무의 명시적·묵시적 지시에 의하여 휴일골프 중 상당수에 참여하였고, 회사의 출장여비지침에 따르면 접대비는 별도 품의를 득한 후 실비로 처리하여야 하며, 회사가 원고의 휴일골프와 관련된 법인카드 사용에 있어 업무관련성 비용으로

16) 근로개선정책과-4723, 2012. 9. 20.

처리한 사정이 있다고 하더라도, 원고가 휴일 골프에 참여하는 것이 업무와 직접적인 관련성이 있었다거나, 업무 수행을 위하여 반드시 필요하였다고 보기 어려운 점, 회사의 관리·감득을 받으며 휴일골프에 참여하였다고 보기 어려운 점, 휴일골프 참여가 강제되었다고 보기 어려운 점 등을 종합하여 볼 때, 휴일골프 참여를 회사의 지휘·감독 아래 근로를 제공한 것으로 보기 어렵다"[17]라고 판단 사례가 있다. 이 판결은 대상 사건에 대해서는 구체적인 타당성을 확보하고 있는지 몰라도, 근로시간으로 인정되어야 하는 시간을 근로시간에서 제외하는 해석을 했다는 점에서 적지 않은 문제를 가지고 있는 판결이라고 생각된다.

보론 **연결되지 않을 권리**

정보통신기술의 발전과 이에 따른 일하는 방식의 변화에 따라 스마트폰이나 업무용 단말기 등 디지털 기기의 활용이 매우 빠르게 확산되고 있다. 이에 따라 디지털 기기를 활용하여 시간과 공간의 제약을 받지 않고 업무지시를 하고, 그에 따라 근로제공이 상시화되는 현상이 일상적인 모습으로 자리를 잡게 되었다. 최근 퇴근시간 이후 및 휴일에 사용자가 디지털 기기 등을 통하여 업무지시를 하는 사례와 그로 인한 문제가 점차 증가하는 추세이다. 이는 근로자의 시간주권과 휴식권에 대한 심각한 침해로 인식될 수 있으며, 이러한 침해로부터 근로자를 어떻게 보호할 수 있을 것인가가 입법적·정책적 관점에서 논의되고 있다. 소위 '연결되지 않을 권리(Right to disconnect)' 문제이다.

근로기준법에도 근로시간, 시간외 근로 제한 등의 규정이 있기는 하지만, 기본적으로 퇴근 시간 이후에는 근로자가 사용자의 지시를 받을 수 있는 시간적, 공간적 범위에서 완전히 벗어나게 되는 시대적·기술적 배경을 전제로 제정되었다. 그러므로, 오늘날과 같은 고도로 발달된 초연결 사회에서의 적절한 휴게, 휴식, 휴가 보장을 위한 규율 체계로서는 한계가 분명하다. 근로자에게 적절한 휴식을 부여하고, 근로계약의 대상이 되지 않는 시간에 대하여는 완전한 자기결정권을 보장하는 것은, 노동력 보유 주체로서 근로자의 노동생산성 유지 및 확보를 위한 수단인 동시에, 헌법상 보장된 자유권을 비롯한 각종 기본권 보장을 위해 필수적이다.

이러한 차원에서 연결되지 않을 권리의 구체적 내용과 보호 범위를 확정하고 이를 제도

17) 서울중앙지방법원 2018. 10. 30. 선고 2018나25938 판결.

화할 수 있는 방안에 대한 입법적·정책적 대안이 필요하다. 해외 국가들의 경우에도 연결되지 않을 권리에 관한 입법이 추진된 것은 비교적 최근의 일로, 2017년에 프랑스가 연결되지 않을 권리를 최초로 법률로 규정하였으며, 그 뒤를 이어서, 벨기에, 이탈리아, 아르헨티나, 칠레, 룩셈부르크, 멕시코, 필리핀, 러시아, 슬로바키아, 스페인, 캐나다 온타리오주, 아일랜드, 호주 등이 관련 법률을 입법하여 시행하고 있다. 국회에도 다양한 법안이 제출되고 있다. 연결되지 않을 권리를 입법하는 경우 입법의 방향은, 크게 퇴근시간 이후 또는 휴일·휴가 기간에 사용자가 연락하여 업무지시를 하는 행위를 휴식권 침해로 보아 금지하고 그에 대한 제재를 규정하려는 관점과 그러한 업무지시에 따라 수행한 근로에 대하여 연장근로 또는 휴일근로로서의 성격을 인정하여 추가수당을 지급하도록 규정하는 관점, 양자가 혼합된 관점 등으로 대별될 수 있다. 국내에서도 주로 주로 근로기준법을 개정하는 차원에서 그 세 가지 방향성이 모두 검토되고 있다.

제3장 유연근무시간제

Ⅰ. 탄력적 근로시간제

1. 탄력적 근로시간제의 의의와 종류

탄력적 근로시간제는 사용자가 근로자에게 연장근로 가산임금을 지급하지 않을 수 있도록 예외를 인정해 주는 유연근무시간제를 말한다. 격주로 한 주는 금요일에 할 일이 없어서 오전에 4시간만 일하면 더 이상 할 일이 없어지고, 나머지 한 주는 금요일에 8시간 근로시간을 다 채운 후에 4시간 더 일해야 하는 회사가 있다고 하자. 그 회사 사용자는 근로자가 한 주는 금요일 오후 4시간 동안 아무 일도 안 하다가 퇴근하는데, 다른 한 주는 4시간씩 연장근로를 한다면, 손해보는 느낌이 들 수 있다. 금요일에 4시간만 일하는 주에는 일하지 않는 4시간에 대해서 일도 안 하는데 임금을 지급한다는 느낌이 들고, 금요일에 4시간 초과근로를 하는 주에는 다른 주에 일을 시킬 수 있었으면 연장근로 가산임금을 지급하지 않아도 되었을 것이라고 생각할 것이 분명하기 때문이다. 이때 진짜로 일을 한 시간을 생각하면 두 주를 평균하면 40시간을 초과하지 않는다는 것을 이유로 연장근로 가산임금을 지급하지 않아도 된다는 예외를 제도화 한 것이 탄력적 근로시간제이다. 실제 근로한 시간만 산정해서 한 주는 36시간, 한 주는 44시간 근로를 제공했으면 두 주를 평균하면 40시간이 되니까 44시간 근로한 주에 40시간을 초과한 4시간에 대해서는 근로한 만큼 통상임금 100%는 지급하되 연장근로 가산을 하지 않도록 허용하는 것이다. 평균하는 단위기간이 2주이면 2주 단위 탄력적 근로시간제, 3개월 이내면 3개월 이내 단위 탄력적 근로시간제, 3개월 초과 6개월 이내 기간을 단위기간으로 하는 경우는 3개월 초과 탄력적 근로시간제라고 부른다. 탄력적 근로시간제에서 평균을 하는 단위기간 상한은 6개월이며 그 이상은 허용되지 않는다. 탄력적 근로시간제는 계절적으로 바쁜 시기가 정해져 있거나, 근로제공 시간을 특정 주기별로 달리 정할 필요가 있는 업종의 경우에 활용할 수 있는 근로시간제이다. 우리 근로기준법의 대표적인 유연근로시간제이다. 탄력적 근로시간제는 근로기준법 제51조와 제51조의2에 규정되어 있다. 조문을 찬찬히 읽어 보자.

근로기준법 제51조(3개월 이내의 탄력적 근로시간제)

① 사용자는 취업규칙(취업규칙에 준하는 것을 포함한다)에서 정하는 바에 따라 2주 이내의 일정한 단위기간을 평균하여 1주 간의 근로시간이 제50조 제1항의 근로시간을 초과하지 아니하는 범위에서 특정한 주에 제50조 제1항의 근로시간을, 특정한 날에 제50조 제2항의 근로시간을 초과하여 근로하게 할 수 있다. 다만, 특정한 주의 근로시간은 48시간을 초과할 수 없다.

② 사용자는 근로자대표와의 서면 합의에 따라 다음 각 호의 사항을 정하면 3개월 이내의 단위기간을 평균하여 1주 간의 근로시간이 제50조 제1항의 근로시간을 초과하지 아니하는 범위에서 특정한 주에 제50조 제1항의 근로시간을, 특정한 날에 제50조 제2항의 근로시간을 초과하여 근로하게 할 수 있다. 다만, 특정한 주의 근로시간은 52시간을, 특정한 날의 근로시간은 12시간을 초과할 수 없다.

1. 대상 근로자의 범위
2. 단위기간(3개월 이내의 일정한 기간으로 정하여야 한다)
3. 단위기간의 근로일과 그 근로일별 근로시간
4. 그 밖에 대통령령으로 정하는 사항

③ 제1항과 제2항은 15세 이상 18세 미만의 근로자와 임신 중인 여성 근로자에 대하여는 적용하지 아니한다.

④ 사용자는 제1항 및 제2항에 따라 근로자를 근로시킬 경우에는 기존의 임금 수준이 낮아지지 아니하도록 임금보전방안(賃金補塡方案)을 강구하여야 한다.

근로기준법 제51조의2(3개월을 초과하는 탄력적 근로시간제)

① 사용자는 근로자대표와의 서면 합의에 따라 다음 각 호의 사항을 정하면 3개월을 초과하고 6개월 이내의 단위기간을 평균하여 1주간의 근로시간이 제50조제1항의 근로시간을 초과하지 아니하는 범위에서 특정한 주에 제50조제1항의 근로시간을, 특정한 날에 제50조제2항의 근로시간을 초과하여 근로하게 할 수 있다. 다만, 특정한 주의 근로시간은 52시간을, 특정한 날의 근로시간은 12시간을 초과할 수 없다.

1. 대상 근로자의 범위
2. 단위기간(3개월을 초과하고 6개월 이내의 일정한 기간으로 정하여야 한다)
3. 단위기간의 주별 근로시간
4. 그 밖에 대통령령으로 정하는 사항

② 사용자는 제1항에 따라 근로자를 근로시킬 경우에는 근로일 종료 후 다음 근로일 개시 전까지 근로자에게 연속하여 11시간 이상의 휴식 시간을 주어야 한다. 다만, 천재지변 등 대통령령으로 정하는 불가피한 경우에는 근로자대표와의 서면 합의가 있으면 이에 따른다.

③ 사용자는 제1항제3호에 따른 각 주의 근로일이 시작되기 2주 전까지 근로자에게 해당 주의 근로일별 근로시간을 통보하여야 한다.

⑤ 사용자는 제1항에 따라 근로자를 근로시킬 경우에는 기존의 임금 수준이 낮아지지 아니하도록 임금항목을 조정 또는 신설하거나 가산임금 지급 등의 임금보전방안(賃金補塡方案)을 마련하여 고용노동부장관에게 신고하여야 한다. 다만, 근로자대표와의 서면합의로 임금보전방안을 마련한 경우에는 그러하지 아니하다.

⑥ 제1항부터 제5항까지의 규정은 15세 이상 18세 미만의 근로자와 임신 중인 여

성 근로자에 대해서는 적용하지 아니한다.

2. 탄력적 근로시간제 시행의 절차적 요건

탄력적 근로시간제를 개별 사업 또는 사업장에서 시행하기 위해서는 2주 단위 탄력적 근로시간제는 취업규칙으로 정해야 하고(근로기준법 제51조 제1항), 3개월 이내 단위 탄력적 근로시간제와 3개월 초과 단위 탄력적 근로시간제는 근로자대표와의 서면합의가 필요하다(근로기준법 제51조 제2항, 제51조의2 제1항). 그런데 사실상 요건의 차이가 없다고 보는 것이 맞다. 고용노동부는 2주 단위 탄력적 근로시간제를 도입하기 위한 취업규칙 변경은 불이익 변경이 아니라고 보지만, 현장 실무상으로는 취업규칙 불이익 변경 절차를 대부분 거치고 있기 때문이다. 연장근로 가산임금 부과 대상인 시간을 통상근로시간으로 간주하는 취업규칙 개정이 불이익 변경이 아니라고 보는 것이 오히려 이상하다. 뒤에서 설명하겠지만, 취업규칙 불이익 변경이 유효하려면, 사용자는 해당 사업 또는 사업장에 근로자의 과반수로 조직된 노동조합이 있는 경우에는 그 노동조합, 근로자의 과반수로 조직된 노동조합이 없는 경우에는 근로자의 과반수의 동의를 받아야 하기 때문이다(근로기준법 제94조 제1항). 3개월 이내 단위 탄력적 근로시간제와 3개월 초과 단위 탄력적 근로시간제를 특정 사업이나 사업장에서 시행하기 위해서는 근로자 대표와의 서면합의가 필요한데(근로기준법 제51조 제2항, 제51조의2 제1항), 그 사업 또는 사업장에 근로자의 과반수로 조직된 노동조합이 있는 경우에는 그 노동조합, 근로자의 과반수로 조직된 노동조합이 없는 경우에는 근로자의 과반수를 대표하는 자가 근로자 대표가 된다(근로기준법 제24조 제3항). 결국 어느 경우든 근로자 과반수의 동의가 필요하다.

근로기준법 제93조 제1호에 따라 취업규칙의 필요적 기재사항이 되는 업무의 시작과 종료 시각은, 2주 단위 탄력적 근로시간제는 취업규칙에 정하고, 3개월 이내 단위 탄력적 근로시간제는 근로자 대표와의 서면합의시에 정하거나 취업규칙에 명시하여야 하고, 3개월 초과 단위 탄력적 근로시간제는 각 주의 근로일 시작 2주 전까지 사용자가 근로자에게 해당 주의 근로일별 근로시간을 통보하도록 정하고 있다(근로기준법 제51조의2 제3항). 3개월 초과 단위 탄력적 근로시간제의 경우에는 특정 주의 근로일별 근로시간을 사전에 확정하기가 곤란한 경우가 많으므로 그 사정을 고려하여 요건을 완화한 것이다.

탄력적 근로시간제는 15세 이상 18세 미만의 연소 근로자와 임신 중인 여성 근로자에 대하여는 적용할 수 없다.

3. 탄력적 근로시간제의 근로시간 한도 제한 임금수준 보호

2주 단위 탄력적 근로시간제의 경우에는 1일 근로시간 한도는 규정이 없으나, 1주 한도는 48시간으로 제한되어 있다(근로기준법 제51조 제1항). 특정 주에는 48시간, 다른 한 주에는 32시간을 근로하는 방식의 탄력적 근로시간제 운용이 가능한 것이다. 특정주의 근로시간 한도는 연장근로 한도 12시간을 포함하면 최대 60시간이 된다. 3개월 이내 단위 탄력적 근로시간제의 경우에는 1일 근로시간 한도는 12시간, 1주 근로시간 한도는 52시간으로 제한되어 있다. 특정 주의 근로시간 한도는 연장근로 한도 12시간을 포함하면 최대 최대 64시간이 된다. 마지막으로 3개월 초과 단위 탄력적 근로시간제의 1일 근로시간 한도는 12시간이며, 1주 근로시간 한도는 52시간이다(근로기준법 제51조 제2항). 특정 주의 근로시간 한도는 3개월 이내 단위 탄력적 근로시간제와 마찬가지로 연장근로 한도 12시간을 포함하면 최대 최대 64시간이 된다.

3개월 초과 단위 탄력적 근로시간제를 시행하는 경우에는 사용자는 11시간의 최소연속휴시간을 설정해야 한다(근로기준법 제51조의2 제2항). 최소연속휴식시간제는 앞에서 근로시간 및 휴게시간의 특례를 설명하면서 살펴보았다. 다만, 재난 및 안전관리 기본법상의 재난 또는 이에 준하는 사고 수습·예방을 위해 필요한 경우, 인명보호·안전 확보를 위해 필요한 경우와 같이 천재지변 등으로 인해 불가피한 사유가 발생한 경우에는 근로자대표와 서면합의로 조정할 수 있다(근로기준법 시행령 제28조의2 제2항). 최소연속휴식시간 부여 의무를 사용자가 위반한 경우 2년 이하 징역 또는 2천만원 이하의 벌금에 처해질 수 있다(근로기준법 제110조 제1호).

4. 탄력적 근로시간제 도입으로 인한 부작용 방지

탄력적 근로시간제를 도입할 경우 사용자는 임금항목을 조정 또는 신설하거나 가산임금을 지급하는 등 기존 임금 수준이 낮아지지 않도록 임금보전방안을 마련해야 한다(근로기준법 제51조 제4항, 제51조의2 제5항). 임금보전방안에서 "기존의 임금 수준이 낮아지지 아니하도록" 한다는 것은 탄력적 근로시간제 도입 단위기간 전체를 기준으로, 탄력적 근로시간제를 도입하지 않았을 경우의 개별 근로자의 임금액을 기준으로 보았을 때 탄력적 근로시간제 도입으로 인하여 임금수준이 저하되지 않도록 보충하는 것을 뜻한다. 임금보전방안을 마련한 사용자는 이를 고용노동부 장관에게 신고하여야 하는데, 근로자대표와 서면합의로 임금보전방안을 마련한 경우에는 신고의무가 부과되지 않는다. 신고의무를 이행하지 않은 경우에는 500만 원 이하의 과태료가 부과될 수 있다(근로기준법 제116조 제2항 제3호).

탄력적 근로시간제가 실시되는 단위기간보다 근속기간이 짧은 근로자가 있을 수 있다. 예를 들면, 6개월 단위 탄력적 근로시간제를 실시하고 있는데, 특정 근로자의 근로계약 기간이 3개월인 경우이거나 단위기간 도중의 채용, 퇴직, 배치전환, 휴직 등의 사유가 있어서 근속기간이 탄력적 근로시간제 단위기간보다 짧은 경우가 있다. 이때 탄력적 근로시간제를 그대로 적용하면 해당 근로자의 근로계약기간이 위치한 구간에 따라 심각한 임금 저하가 발생하고 연장근로를 했음에도 불구하고 임금을 받지 못하는 문제가 생길 수 있다. 이 경우에는 그 단위 기간 중 해당 근로자가 근로한 기간을 평균하여 1주간에 40시간을 초과하여 근로한 시간 전부에 대하여 가산임금을 지급하여야 한다. 중도 채용자나 중도 전입자에 대해서는 채용이나 전임 시부터 단위기간 종료일까지의 기간을 말한다.

▌탄력적 근로시간제 주요 내용

	2주 이내 단위 기간	3개월 이내 단위 기간	3개월 초과 6개월 이내 단위 기간
도입 요건	취업규칙으로 정함 - §96에 따라 업무의 시작과 종료시각 등 명시 필요	근로자대표와 서면합의 - 대상 근로자 범위 - 단위기간 - 단위기간의 근로일과 근로일별 근로시간 - 그 밖에 대통령령으로 정하는 사항: 서면합의의 유효기간(령§28)	근로자대표와 서면합의 - 대상 근로자 범위 - 단위기간(3개월 초과~6개월 이내 기간) - 단위기간의 주별근로시간 - 그 밖에 대통령령으로 정하는 사항: 서면합의의 유효기간(령§28의2 예정)
주별·일별 근로 시간	취업규칙으로 정함	서면합의 시 명시	각 주의 근로일 시작 2주 전까지 통보(근로자에게 해당 주의 근로일별 근로시간) - 합의 당시 예측하지 못한 천재지변, 기계 고장, 업무량 급증 등 불가피한 사유발생 시 해당 단위기간 내 평균 1주간 근로시간이 유지되는 범위에서 근로자대표와 협의 거쳐 변경 가능 ※ 해당 근로자에게 변경된 근로일 개시 전에 변경된 근로일별 근로시간을 통보해야 함
근로 시간 한도	1일한도: 규정 없음 1주한도: 48시간 (48-32-48-32)	1일한도: 12시간 1주한도: 52시간	1일한도: 12시간 1주한도: 52시간
	특정주 한도: 최대 60시간 (48시간 + 연장근로 12시간)	특정주 한도: 최대 64시간 (52시간 + 연장근로 12시간)	특정주 한도: 최대 64시간 (52시간 + 연장근로 12시간)
연속 휴식 시간	없음	없음	11시간 이상 - 천재지변 등 불가피한 경우 근로자대표와 서면합의로 조정 가능 ※ 재난 및 안전관리 기본법상

			의 재난 또는 이에 준하는 사고 수습·예방을 위해 필요한 경우, 인명보호·안전 확보를 위해 필요한 경우, 이에 준하는 경우(령§28의 2-②예정) ※ 위반시 2년 이하 징역 또는 2천만 원 이하 벌금(§110-1)
임금 보전 방안	기존 임금 수준이 낮아지지 않도록	기존 임금 수준이 낮아지지 않도록	기존 임금 수준이 낮아지지 않도록 - 임금항목을 조정 또는 신설하거나 가산임금 지급 등임금보전방안을 마련해야 함 - 고용노동부 장관에게 신고(근로자대표와 서면합의로 마련한 경우 제외) ※ 신고의무 불이행시 500만 원 이하 과태료
적용 제외	15세 이상 18세 미만의 연소 근로자,임신 중인 여성 근로자		

Ⅱ. 선택적 근로시간제

선택적 근로시간제는 사용자와 근로자 대표의 서면합의로 일정기간의 '총근로시간'만 정하고 각 근로일의 업무 시작 시각과 종료 시각을 근로자의 자유로운 결정에 맡길 수 있도록 하는 제도를 말한다(근로기준법 제52조 제1항). 선택적 근로시간제에서의 정산기간은 원칙적으로 1개월인데, 신상품 또는 신기술의 연구개발 업무의 경우에는 3개월 이내의 기간을 정산기간으로 하며, 그 정산기간을 평균하여 1주간의 근로시간이 40시간을 초과하지 아니하는 범위에서 사용자는 1주 간에 40시간을, 1일에 8시간을 초과하여 근로자로 하여금 근로하게 할 수 있다. 근로기준법 제52조 제1항에 명시된 신상품 또는 신기술의 연구개발 업무란 재료, 제품, 생산·제조 공정 등의 개발 또는 기술적 개선 업무를 말하는데, 제조업뿐만 아니라, 소프트웨어, 게임, 금융상품 등 무형의 제품의 연구 개발 등을 포함한다. 수행하는 업무가 다양한 경우에는 주된 업무를 기준으로 판단한다.

선택적 근로시간제를 시행하면서 근로할 시간대를 정하지 않는 경우 시업시간과 종업시간을 명시할 필요는 없지만, 근로자 대표와 서면합의 시에 합의된다면, 선택적 근로시간제를 도입하면서 특정일의 특정 시간에 사무실에 출근할 것을 정하는 등 의무적 출근시간대를 설정하는 것도 가능하다. 연장근로 여부는 정산기간이 지난 이후에 확인하게 되는데, 정산기간을 평균한 1주간의 근로시간이 법정근로시간인 한 주 40시간, 하루 8시간을 초과하지 않는 범위에서 특정한 날 또는 특정한 주에 법정근로시간을 초과하여 근로할 수 있으며 해당 연장근로시간에 대하여는 가산임금을 지급할 의무가 없다. 탄력적 근로시간제를 포함하여 유연근로시간제의 목표는 결국 연장근로 가산임금 지급의무 면제라고 할 수 있다. 선택적 근로시간으로 설정된 시간대가 야간인 경우 야간근로 가산임금을 지급해야 한다. 근로기준법 제52조에 규정되어 있는 이 제도는 일본에서 오전에 여성이 아이들을 학교나 어린이집에 데려다준 후에 출근할 수 있도록 배려하는 차원에서 출근시간을 자유롭게 조정할 수 있게 허용했던 제도에서 기원한다. 15세 이상 18세 미만 근로자, 15세 미만의 취직인허증 보유자 등에게는 선택적 근로시간제를 적용할 수 없다(근로기준법 제52조 제1항 제1호).

정산기간이 1개월을 초과하는 선택적 근로시간제를 시행할 경우 사용자는 매 1개월마다 평균하여 1주간의 근로시간이 40시간을 초과한 시간에 대해서는 통상임금의 100분의 50 이상을 가산하여 근로자에게 지급해야 하며, 11시간 이상의 최소연속휴식시간을 부여해야 한다(근로기준법 제52조 제2항).

근로기준법 제52조(선택적 근로시간제)

① 사용자는 취업규칙(취업규칙에 준하는 것을 포함한다)에 따라 업무의 시작 및 종료 시각을 근로자의 결정에 맡기기로 한 근로자에 대하여 근로자대표와의 서면 합의에 따라 다음 각 호의 사항을 정하면 1개월(신상품 또는 신기술의 연구개발 업무의 경우에는 3개월로 한다) 이내의 정산기간을 평균하여 1주간의 근로시간이 제50조제

1항의 근로시간을 초과하지 아니하는 범위에서 1주 간에 제50조제1항의 근로시간을, 1일에 제50조제2항의 근로시간을 초과하여 근로하게 할 수 있다.

1. 대상 근로자의 범위(15세 이상 18세 미만의 근로자는 제외한다)
2. 정산기간
3. 정산기간의 총 근로시간
4. 반드시 근로하여야 할 시간대를 정하는 경우에는 그 시작 및 종료 시각
5. 근로자가 그의 결정에 따라 근로할 수 있는 시간대를 정하는 경우에는 그 시작 및 종료 시각
6. 그 밖에 대통령령으로 정하는 사항

② 사용자는 제1항에 따라 1개월을 초과하는 정산기간을 정하는 경우에는 다음 각 호의 조치를 하여야 한다.

1. 근로일 종료 후 다음 근로일 시작 전까지 근로자에게 연속하여 11시간 이상의 휴식 시간을 줄 것. 다만, 천재지변 등 대통령령으로 정하는 불가피한 경우에는 근로자대표와의 서면 합의가 있으면 이에 따른다.
2. 매 1개월마다 평균하여 1주간의 근로시간이 제50조제1항의 근로시간을 초과한 시간에 대해서는 통상임금의 100분의 50 이상을 가산하여 근로자에게 지급할 것. 이 경우 제56조제1항은 적용하지 아니한다.

선택적 근로시간제를 규정한 근로기준법 제52조 제1항을 자세히 보면 "취업규칙에 따라 업무의 시작 및 종료 시각을 근로자의 결정에 맡기기로 한 근로자에 대하여"라는 문구를 볼 수 있다. 여기에서 중요한 것은 "근로자의 결정에 맡기기로 한 근로자"이다. 근로자가 스스로 자기가 출근시간과 퇴근시간을 결정하는 것이다. 따라서, "월요일에는 9시에 출근해서 2시에 퇴근하고, 화요일에는 새벽 6시에 출근해서 오후 9시에 퇴근하고, 수요일에는 오후 2시에 출근해서 오후 4시에 퇴근한다" 하는 것과 같이 근로자가 자유롭게 매일매일의 업무 시작 시각과 종료 시각을 선택하여 결정할 수 있도록 하는 것이다. 다만 그 기간을 평균해서 한 주에 40시간을 초과하지 않으면 새벽 6시에 출근했다가 오후 9시에 퇴근을 하는 화요일의 경우에 8시간을 초과하는 연장근로가 발생해도 연

장근로 가산임금을 지급하지 않아도 되도록 예외를 인정한 것이다. 근로기준법 제52조를 보면 선택적 근로시간제는 매우 당양한 형태로 변용될 수 있는 여지가 있다. 그러나 우리나라에서는 주로 자율출퇴근제와 같이 단순한 방식으로 운영되고 있다.

Ⅲ. 재량근로시간제

재량근로시간제는 업무의 성질에 비추어 업무 수행 방법을 근로자의 재량에 위임할 필요가 있는 업무로서 연구직, 출판직, 개발직, 분석업무, 방송프로그램, 영화 제작 업무 등 대통령령으로 정하는 업무의 경우에 근로자대표와 서면합의한 시간을 근로시간으로 간주하는 제도를 말한다(근로기준법 제58조제3항, 시행령 제31조). 실제 몇 시간을 근로했는지는 중요하지 않고, 합의된 성과의 도출을 목적으로 근로제공 시간을 간주하는 것이 특징이다.

연구, 출판, 개발, 분석, 방송프로그램 제작, 영화 제작 등 고도의 창의적인 업무를 수행하는 업무 중에서, 예를 들면, 사용자와 근로자가 방송 예능 프로그램 두 편을 1개월 내에 완성하겠다고 합의했다면, 실제로 어느 정도 시간을 출근해서 업무를 수행했는지 묻지 않고 합의한 기간 내에 약속된 방송 예능 프로그램 두 편을 만들어내기만 하면 되는 것이다. 근로자가 아이디어도 잘 떠오르고 운도 따라서 예능 프로그램 두 편을 1주일 동안 다 끝내버리고 약속된 한달의 나머지 기간에 아무 일도 하지 않았다 하더라도 상관이 없다. 반대로 예상하지 못한 문제로 인해 한달 내내 쉬지 못하고 스스로 근로기준법상 연장근로 한도 시간을 넘겨서 일을 해서 간신이 예능 프로그램 두 편을 만들어 냈다 하더라도 합의된 시간만큼만 일한 것으로 볼 수도 있다.

근로기준법 제58조(근로시간 계산의 특례)

③ 업무의 성질에 비추어 업무 수행 방법을 근로자의 재량에 위임할 필요가 있는

업무로서 대통령령으로 정하는 업무는 사용자가 근로자대표와 서면 합의로 정한 시간을 근로한 것으로 본다. 이 경우 그 서면 합의에는 다음 각 호의 사항을 명시하여야 한다.

1. 대상 업무
2. 사용자가 업무의 수행 수단 및 시간 배분 등에 관하여 근로자에게 구체적인 지시를 하지 아니한다는 내용
3. 근로시간의 산정은 그 서면 합의로 정하는 바에 따른다는 내용

④ 제1항과 제3항의 시행에 필요한 사항은 대통령령으로 정한다.

재량근로시간제 적용 대상 업무(근로기준법 시행령 제31조)

1. 신상품·신기술의 연구개발이나 인문사회과학 또는 자연과학분야의 연구 업무
2. 정보처리시스템의 설계 또는 분석 업무
3. 신문, 방송 또는 출판 사업에서의 기사의 취재, 편성 또는 편집 업무
4. 의복·실내장식·공업제품·광고 등의 디자인 또는 고안 업무
5. 방송 프로그램·영화 등의 제작 사업에서의 프로듀서나 감독 업무
6. 그 밖에 고용노동부장관이 정하는 업무

※ 회계·법률사건·납세·법무·노무관리·특허·감정평가 등의 사무에 있어 타인의 위임·위촉을 받아 상담·조언·감정 또는 대행을 하는 업무)

본래의 의미의 재량근로시간제는 의무적 출근시간대를 설정해서는 안 된다. 재량근로의 취지에 반하기 때문이다. 그러나 사용자는 근로자의 근로제공 모습을 눈으로 확인하고 싶어하는 경향이 있다. 그러한 이유로 재량근로시간제의 도입을 활성화 하기 위해 고용노동부는 근로자대표와 서면합의를 포함한 동의를 받은 경우에는 의무적 출근시간대를 정하는 것을 허용하고 있다. 이를 편의상 부분재량근로시간제라고 지칭하며, 의무적 출근시간대를 설정하지 않는 본래의 의미의 재량근로시간제는 부분재량근로시간제와 구별하기 위하여 완전재량근로시간제라고 하기도 한다.

재량근로시간제를 적용할 경우 실제 출근을 하지 않는 경우가 많기 때문에

주휴일을 어떻게 부여할지가 문제가 될 수 있다. 아직 설명 안 했지만, 주휴일은 개근한 근로자에게는 유급으로 주어지기 때문이다. 재량근무시간제에서는 개근을 간주하고 주휴일을 부여한다. 합의된 업무를 수행하면 개근한 것으로 간주하는 것이다. 하지만 재량근로시간제의 적용을 받는 근로자가 실제로 주휴일에 휴식을 취했는지 여부도 확인하기 어렵다. 사용자가 사실상 통제할 수 없기 때문이다.

재량근로시간을 규정한 근로기준법 제58조 제3항을 자세히 살펴보자. 유독 "업무"라는 표현이 자주 나온다. 재량근로시간제는 특정 업무를 수행하는 업무 단위, 즉 부서 단위로 부여되는 것이 원칙이다. 근로자 개인의 선택에 따르는 선택적 근로시간제와의 중요한 차이점이 여기에 있다. 재량근로시간제를 적용할 수 있는 업무가 규정되어 있는 것을 고려하면 당연하다. 따라서, 재량근로시간제가 적용되는 업무를 수행하는 근로자가 재량근로시간제 적용을 원하지 않는다 해도, 사용자가 근로자의 그러한 요구를 수용할 의무는 없다. 근로자가 부서를 옮겨서 재량근로시간제 적용 업무가 아닌 다른 업무를 수행하기를 원할 경우에는 배치전환을 고려할 수 있을 것이다.

재량근로시간제는 그 특성상 여러 가지 특수한 쟁점이 발생하게 된다. 사용자가 근로자에게 업무 시작 시각과 종료 시각 준수를 요구할 수 없으며, 지각이나 조퇴 관리가 불가능하다는 점이 가장 두드러지는 특수한 문제이다. 자발적 시간 배분을 방해할 정도에 이르는 사용자의 업무보고 요구, 지시, 감독, 회의참석 의무 부과도 원칙적으로 허용되지 않는다. 휴일·야간근로가 사용자의 승인 하에 수행된 경우에는 가산임금 지급의무가 발생하지만, 사용자의 승인 없이 자율적인 결정에 의해 수행된 경우에는 가산임금 지급의무가 발생하지 않는다.

Ⅳ. 간주근로시간제

간주근로시간제는 출장 등 사업장 밖에서 근로하는 경우에 업무 수행에 통상적으로 필요한 시간과 노사가 서면 합의한 시간 중 어느 하나를 근로시간으로 간주하는 제도를 말한다(근로기준법 제58조 제1항). 간주근로시간제는 근로자와 사용자가 합의하는 근로시간제이다.

간주근로시간제에는 근로자가 출장이나 그 밖의 사유로 근로시간의 전부 또는 일부를 사업장 밖에서 근로하여 근로시간을 산정하기 어려운 경우에 소정근로시간을 근로한 것으로 간주하는 소정근로시간 간주제(근로기준법 제58조 제1항 본문), 특정 업무를 수행하기 위하여 통상적으로 소정근로시간을 초과하여 근로할 필요가 있는 경우에 그 업무의 수행에 통상 필요한 시간을 근로한 것으로 간주하는 통상필요 근로시간 간주제(근로기준법 제58조 제1항 단서), 특정 업무에 관하여 근로자대표와의 서면 합의를 한 경우에 그 합의에서 정하는 시간을 그 업무를 수행하는 데에 통상 필요한 시간으로 간주하는 근로시간 합의제(근로기준법 제58조 제2항) 등이 있다.

근로기준법 제58조(근로시간 계산의 특례)

① 근로자가 출장이나 그 밖의 사유로 근로시간의 전부 또는 일부를 사업장 밖에서 근로하여 근로시간을 산정하기 어려운 경우에는 소정근로시간을 근로한 것으로 본다. 다만, 그 업무를 수행하기 위하여 통상적으로 소정근로시간을 초과하여 근로할 필요가 있는 경우에는 그 업무의 수행에 통상 필요한 시간을 근로한 것으로 본다.

② 제1항 단서에도 불구하고 그 업무에 관하여 근로자대표와의 서면 합의를 한 경우에는 그 합의에서 정하는 시간을 그 업무의 수행에 통상 필요한 시간으로 본다.

앞에서 출장지로의 이동시간을 설명하면서 간주근로시간제를 언급한 바가 있다. 보통 근로시간을 특정하기가 어려운 업무에서 간주 근로시간제가 적용된다. 과거에는 해외에 파견나가거나 해외 출장을 나간 근로자의 근로시간을 확인하거나 계산하기가 어려웠다. 그런 경우에 간주근로시간제를 적용했다. 통신기술이 고도로 발전한 현재에는 간주근로시간제를 적용할 필요는 많이 줄어들었다고 할 수 있다. 최근에 간주근로시간제가 적용되는 가장 대표적인 직종은 노선버스 운전기사이다. 보통 하루에 몇 번 정해진 노선을 운행하면 되는지 한 번 회차지까지 갔다가 차고지로 돌아오는 데에 몇 시간이 걸리는지 합의를 하지만, 교통 상황에 따라서 그 시간이 달라진다. 예를 들어 정해진 노선을 하루에 5번 왕복하는데 어떤 날에는 8시간이 걸리고, 어떤 날은 10시간이 걸릴 수도 있다. 교통상황의 변동은 정확히 예측할 수 없기 때문에 근로자 대표와 사용자가 간주근로시간제 합의를 하고 합의한 근로시간 또는 소정근로시간 근로한 것으로 간주하는 것이다. 고속버스 운전기사의 업무에 대하여 대법원이 포괄임금제 적용을 인정한 것도[18] 근로시간을 특정하기 어려운 업종의 특성이 반영된 것이라고 할 수 있다. 그 외에도 사업장 밖에서 주로 근로하는 영업직 근로자, 방문수리기사, 방송 컨텐츠 제작 업무 등이 간주근로시간제가 자주 활용되는 업종이다. 합의로 정한 간주근로시간이 한 주 40시간, 하루 8시간을 초과하는 경우 연장근로 가산임금을 지급하여야 한다.

보론 **근로시간 저축계좌제**

근로시간 저축계좌제는 잊을만 하면 한번씩 도입 주장이 제기되는 쟁점이다. 근로시간 저축계좌제는 노사가 합의한 일별 또는 주별 정규 근로시간에서 일을 더하거나 덜할 경우에, 그 초과 또는 부족분에 해당하는 근로시간을 근로시간 저축계좌에 기록하고, 일정 기간 후에 근로시간을 저축계좌에 기재한 근로자가 기재된 근로시간을 활용하여 종전의 임금 수준을 유지하면서 실제 근로시간을 단축하거나 휴가를 사용할 수 있도록 하는 제도를 말한다.

근로시간 저축계좌제를 일반적으로 활발하게 활용하고 있다고 평가할 수 있는 나라는 독일 이외에는 찾기 어렵다. 독일은 최저임금법을 포함해서 몇 개의 법률에 근로시간 저축계좌제를 시행할 수 있는 근거 규정이 마련되어 있다. 근로시간 저축계좌제에는 시간을 저축해 놓는 저축계좌제가 있고 가치를 저축해놓는 저축계좌제가 있을 수 있다. 어떤 근로자

18) 대법원 2022. 2. 10. 선고 2018다298904 판결; 대법원 2022. 2. 11. 선고 2017다238004 판결.

가 연장근로를 매일 1시간씩 1년을 하면서 근로시간 저축계좌에 기재해 놓았다고 가정한다면, 그 시간의 수를 계좌에 저축을 하는 시간저축계좌제가 있다. 1시간 연장근로를 하면 연장근로에 종사한 1시간은 1시간의 가치가 있는 것이 아니라 1.5시간의 가치가 있다. 연장근로 가산임금 때문이다. 이 경우에 시간을 저축하지 않고 1시간 연장으로한 것을 통상임금 등으로 환산하여 통상임금 150%를 저축하는 계좌제가 있다. 이를 가치저축계좌제라고 한다. 독일에서는 단체협약으로 보통 시간저축계좌제가 활용되고 있다.

근로시간 저축계좌제는 장점이 많지만, 단점도 많아서 근로기준법에 반영하기가 쉽지 않다. 근로시간 저축계좌에 기재된 근로시간을 중간에 인출할 수 있는지, 근로시간 저축계좌제의 적용을 받던 근로자가 다른 사업 또는 사업장으로 이직한 경우 근로시간 저축계좌에 기재된 시간은 어떻게 되는지, 근로시간 저축계좌에 기재된 근로시간 또는 가치에 대하여 이자가 지급되는지, 근로시간 저축계좌제를 운영하던 기업이 도산하는 경우 근로시간 저축계좌제에 기재된 근로시간에 대한 근로자의 권리를 어떻게 보호할 것인지 등 명확한 대안을 찾기 어려운 선결문제가 무수히 남아있다.

제4장 근로시간, 휴게, 휴가 적용 제외

근로기준법상 근로시간, 휴게와 휴일에 관한 규정은 토지의 경작·개간, 식물의 식재(植栽)·재배·채취 사업, 그 밖의 농림 사업, 동물의 사육, 수산 동식물의 채취·포획·양식 사업, 그 밖의 축산, 양잠, 수산 사업, 감시(監視) 또는 단속적(斷續的)으로 근로에 종사하는 사람으로서 사용자가 고용노동부장관의 승인을 받은 사람, 관리·감독 업무 또는 기밀을 취급하는 업무를 맡은 사람에 대해서는 적용되지 않는다(근로기준법 제63조, 시행령 제34조). 감시 근로란 임무로 맡겨진 시설 등을 주의 깊게 지켜보고 점검하는 업무를 말하며, 단속적 근로는 일하는 방식이 간헐적이고 시간적으로 단절된 유형의 근로를 말한다. 통상의 근로제공 방식에 비하여 근로제공의 밀도와 피로도가 낮다고 평가되거나 소정근로시간을 정하기가 불가능한 업무들이 적용 제외의 대상으로 규정되어 있다.

근로기준법 제63조(적용의 제외)

이 장과 제5장에서 정한 근로시간, 휴게와 휴일에 관한 규정은 다음 각 호의 어느 하나에 해당하는 근로자에 대하여는 적용하지 아니한다.

1. 토지의 경작·개간, 식물의 식재(植栽)·재배·채취 사업, 그 밖의 농림 사업
2. 동물의 사육, 수산 동식물의 채취·포획·양식 사업, 그 밖의 축산, 양잠, 수산 사업
3. 감시(監視) 또는 단속적(斷續的)으로 근로에 종사하는 사람으로서 사용자가 고용노동부장관의 승인을 받은 사람
4. 대통령령으로 정하는 업무에 종사하는 근로자

제5장 임금

근로기준법 제2조 제1항 제5호는 임금을 "사용자가 근로의 대가로 근로자에게 임금, 봉급, 그 밖에 어떠한 명칭으로든지 지급하는 모든 금품"이라고 정의하며, 제4조는 '근로조건의 결정'이라는 표제 하에 "근로조건은 근로자와 사용자가 동등한 지위에서 자유의사에 따라 결정하여야 한다"라고 규정하여 근로조건 대등결정의 원칙을 천명하고 있다. 임금액의 하한은 최저임금법에 의해 규제된다. 그 외에 근로기준법 제3장 임금장의 제43조 이하는 주로 임금의 지급 방법과 절차, 임금체불시의 처리 방법 등에 관하여 규정하고 있으며, 근로시간을 정한 근로기준법 제4장의 제51조로부터 제56조까지는 연장근로 등에 대한 가산임금 지급을 정하고 있다. 임금과 관련하여 실무상 중요한 쟁점으로 근로기준법 제34조와 근로자퇴직급여 보장법(이하 '퇴직급여보장법') 상의 퇴직금 제도가 있

다.그리고, 사용자가 근로자에게 임금을 지급하지 못하게 되는 경우에 근로자를 보호하기 위한 제도로서 임금채권보장법상의 대지급금 제도가 있다.

근로기준법상 임금 관련 규정은, 임금을 정함에 있어서 가장 중요한 내용이라고 할 수 있는 금액의 크기를 결정하는 것을 전적으로 근로자와 사용자 사이의 자유로운 합의에 맡기고 있다는 점에서, 근로조건의 최저 기준을 직접 명시하는 근로기준법 내의 여타 근로조건 규정들과는 다른 특징을 가지고 있다. 임금의 구체적인 액수를 정하는 것은 근로시간 관련 규정과는 다른 유연성과 당사자 사이의 합의 여지가 부여되어 있다. 근로계약은 "근로자가 사용자에게 근로를 제공하고 사용자는 이에 대하여 임금을 지급하는 것을 목적으로 체결된 계약"이므로 임금은 근로계약의 가장 핵심적인 사항이다. 이에 따라 사용자는 근로기준법이 정의하는 근로의 대가로서의 임금을 산정하여 근로자에게 지급하여야 할 의무를 기본적으로 부담하지만, 근로기준법이 허용하는 한도 내에서 임금의 구성항목과 액수를 당사자 사이의 합의를 통해 자유롭게 설정할 수 있다. 임금 규정의 강행성과 임금 내용 합의의 유연성은 근로기준법상 임금 규정의 중요한 특징이다.

Ⅰ. 임금의 정의와 임금성 판단의 핵심 기준

1. 임금의 정의

임금이란 사용자가 근로의 대가로 근로자에게 임금, 봉급, 그 밖에 어떠한 명칭으로든지 지급하는 일체의 금품을 말한다(근로기준법 제2조 제1항 제5호). 간단하지만 임금의 정의는 이것으로 끝이다. 어려운 낱말도 없고 별로 설명이 필요하지도 않은 듯하다.

근로기준법 제2조(정의)

① 이 법에서 사용하는 용어의 뜻은 다음과 같다.

5. "임금"이란 사용자가 근로의 대가로 근로자에게 임금, 봉급, 그 밖에 어떠한 명칭으로든지 지급하는 모든 금품을 말한다.

하지만, 쉽게 읽힌다고 해서 그 뜻이 늘 분명하게 인식되는 것은 아니다. 특히 법률 규정이 그렇다. 위 정의 조항을 찬찬히 뜯어 읽어보면, 결국 임금은 '근로의 대가'로, '사용자가 근로자에게', '지급하는 모든 금품'이다.

2. 근로의 대가

(1) 근로의 대가의 의미

임금이 "근로의 대가"라는 사실은 1953년 제정 근로기준법 이후 변함없이 유지되고 있다. 우리나라의 경제 및 산업구조, 직업의 종류가 비교적 단순하던 시기에는 무엇이 근로의 대가이고 무엇이 은혜적·호의적 급부인지에 관한 직관적인 판단이 가능했다. 1953년에 사회부 노동국 공무원들이 당시 부산에 피난와 있던 몇몇 대학 노동법 교수들과 함께 일본 노동기준법을 번역해서 근로기준법의 초안을 만들 무렵에 우리나라 사람들은 '근로의 대가'가 무엇을 뜻하는지 너무 쉽게 알 수 있었다. 몸을 써서 일을 하고 일을 한 시간만큼 받는 돈이라는 아주 간단한 대가관계가 너무 분명하게 인식되었기 때문이다. 아직 6·25 전쟁이 끝나지 않은 시점에 초안 작성이 이루어지고 있었다. 당시 우리나라 근로자들이 다닐 수 있는 직장은 그 범위가 넓고 다양할 수 없었다. 산업 기반이 거의 파괴된 상태에서 미국을 중심으로 하는 지원국들의 원조물품과 전쟁폐기물을 중심으로 하는 원조경제, 재생경제가 산업의 중심이었고, 기초적 단계의 물류나 서비스업 등이 그 주변을 형성하고 있었으니 근로자들이 종사하는 업무도 그 범주에 한정되었다. 대한민국 점령지라 하더라도 전황이 매우 불안하고 곳곳에 소위 무장공비와 빨치산이 나타나 공격을 하는 일이 흔했기 때문에 연봉제와 같은 장기간의 근로를 전제한 급여체계는 유지될 수 없었다. 일당이나 주급 등을 받던 근로자들에게는 그 금품이 내가 언제 어떻게 제공한 근로에 대한 대가인지가 궁금할 리가 없었다. 사용자로부터 받은 금품 중 어떤 금품이 근로의 대가인지를 다툴 이유가 없었다.

그런데 우리나라의 산업이 점점 고도화되고 경제 규모가 전반적으로 성장하면서 기업들의 지불 여력도 점차 커지게 되었다. 1982년에 여러 가지 이유로 프로야구가 출범하여 프로스포츠 시대가 열리고, 제조업 중심의 경제성장이 지속된 결과 1986년에는 무역수지 흑자를 달성할 정도에 이르렀다. 기업들은 잉여자금을 많이 보유하게 되고 근로자들의 분배 요구도 커지게 되었다. 그 무렵 자금이 넉넉한 기업들을 중심으로 자녀학자금, 본인학자금, 부모 부양비, 추석 명절과 설 명절을 쇨 수 있는 명절 상여금 등을 기본급 외에 추가급여로 지급하는 관행이 확산되었다. 신용카드 사용이 활성화되어 있던 시절이 아니었기 때문에 여유자금으로 현금을 보유하지 않으면 어떤 복리후생도 누릴 수가 없었다. 매월 지급되는 기본 급여 이외에 그 특별한 달에 특별한 상여금을 지급하는 것은 근로자들과 부양가족의 생활수준 향상에 큰 도움이 되었다. 우리나라에 프로야구가 생긴 뒤, 프로야구 선수들이 연봉을 받기 시작했는데, 그 이후 일반 직장인들도 자신의 급여소득의 규모를 연봉으로 계산하는 것이 인기를 끌기도 했다. 이 시기를 지나면서 임금의 구성항목이 본격적으로 다양해졌다. 사용자는 보수로서 지급되는 금품의 각 항목별로 임금으로 지급되는 금품과 임금이 아니라 실비 변상 명목으로 지급되는 금품, 복리후생을 명목으로 지급되는 금품, 격려나 포상을 목적으로 지급되는 금품으로 구별하고자 다양한 지급체계를 만들어 나갔다. 연봉제 개념이 확산된 이후에는 성과급제 임금체계가, 2010년대 이후에는 직무급제 등 다양한 임금체계에 대한 논의가 이루어졌다.

사용자가 근로자에게 지급하는 총 보수 중에 임금으로 지급된 것과 여타의 금품을 구별할 수 있는 가장 중요한 표지는 '근로의 대가성'이다. 근로의 대가인지 아닌지가 임금의 가장 중요한 판단기준이기 때문이다. 근로의 대가로 인정되기 위해서는 근로자에 대하여 사용자가 어떤 금품을 지급해야 하는 의무가 근로 제공과 직접적으로 관련되거나 그것과 밀접하게 관련된 것으로 볼 수 있어야 한다. 즉, 사용자가 제공한 금품과 근로자의 근로제공 사이에 대가적 견련관계(쌍무적 견련관계)가 있다고 인정될 수 있어야 한다. 결국 근로의 대가라는 의미는 임금 지급과 근로제공 사이에 대가적 견련관계가 있다는 의미이다. 근로의 제공과 대가적 견련관계 없이 지급되는 임의적·호의적·은혜적 성격의 금품[19]이나 실비변상적 금품[20]은 임금이 아니다. 사용자가 근로자에게 지급하는 금품의 형식적인 명칭이 임금이든 봉급이든 그 밖에 어떠한 명칭이든 상관없다.

실비변상적 금품은 업무수행을 위해 근로자가 실제 지출한 비용, 특수한 근로 조건이나 환경에서 직무를 수행하게 됨으로 말미암아 추가로 소요되는 비용 등을 사용자가 변상해주는 의미로 지급하는 금품이다. 실비변상적 금품으로 대표적인 것은 당직비, 통신비, 출퇴근에 사용되는 유류비, 출장 경비 등이 있다. 그 실질이 실비변상적 금품임이 확실하다면 임금에 해당하지 않는다. 그러나, 명목상 실비변상적 금품의 외견과 명칭을 가지고 있다 하더라도 그 실질이 실비변상적 금품이 아니라면 임금에 해당할 수 있다. 노사협의에 따라 실제 경비로 사용되는지를 불문하고 근로를 제공한 소속 운전직 근로자 모두에게 담뱃값, 장갑대, 음료수대, 청소비, 기타 승무 시 소요되는 경비 명목으로 지급한 일비가 통상임금에 해당하는지 문제 된 사안에서 대법원은 "실제 경비로 사용되지 아니하였다는 이유로 갑 회사가 일비를 지급하지 않거나 감액하였다고 볼 만한 자료도 없는 점에 비추어 일비가 운전직 근로자의 근로제공과 관련하여 근로의 대상으로 지급된 것으로 봄이 타당하며, 당일 출근하는 운전직 근로자들은 일률적으로 일비를 지급받았고, 근무일수에 따라 지급액이 달라지기는 하지만 근무일에 소정근로를 제공하기만 하면 일비를 지급받는 것이 확정되어 있었으므로, 일비는 소정근로의 대가로 정기적, 일률적, 고정적으로 지급한 것으로 통상임금에 포함된다고 볼 수 있다"고 판시하였다.[21] 한편, 해외 주재원에게 지급한 체

19) 대법원 1973. 3. 27. 선고 72다2425 판결.
20) 대법원 1997. 10. 24. 선고 96다33037 판결.
21) 대법원 2019. 4. 23. 선고 2014다27807 판결.

재비에 대하여 대법원은 "임금이라 함은 사용자가 "근로의 대상"으로 근로자에게 임금·봉급 기타 여하한 명칭으로든지 지급하는 일체의 금품을 말하는 것이므로, 근로자가 특수한 근무조건이나 환경에서 직무를 수행하게 됨으로 말미암아 추가로 소요되는 비용을 변상하기 위하여 지급되는 이른바 실비변상적 급여는 "근로의 대상"으로 지급되는 것이라고 볼 수 없기 때문에 임금에 포함될 수 없는 것이다. 임금의 의의나 평균임금제도의 근본취지에 비추어 볼 때, 국외 주재직원으로 근무하는 동안 지급받은 급여 가운데 동등한 직급호봉의 국내직원에게 지급되는 급여를 초과하는 부분은 근로의 대상으로 지급받는 것이 아니라 실비변상적인 것이거나 해외근무라는 특수한 근무조건에 따라 국외 주재직원으로 근무하는 동안 임시로 지급받은 임금이라고 보아야 할 것이므로, 회사의 취업규칙에 국외주재직원에 대한 퇴직금의 액수를 산출함에 있어서 그 부분의 급여를 평균임금 산정의 기초가 되는 임금의 총액에 산입하지 아니하도록 규정되어 있다고 하여 그 취업규칙이 무효라고 할 수 없다"[22]라고 판단하였다.

(2) 근로의 대가성 판단

사용자가 근로자에게 지급한 어떤 금품이 근로의 대가로서 지급된 것인지 아닌지 문제가 될 때 가장 중요한 판단 기준은 '대가적 견련관계'이다. 대가적 견련관계는 근로자의 근로제공과 사용자의 대가 지급 사이에 긴밀한 연관관계가 인정된다는 의미이다. 대법원 판례는 이에 대하여 "어떤 금품이 근로의 대상으로 지급된 것이냐를 판단함에 있어서는 그 금품 지급의무의 발생이 근로 제공과 직접적으로 관련되거나 그것과 밀접하게 관련된 것으로 볼 수 있어야 하고, 이러한 관련 없이 그 지급의무의 발생이 개별 근로자의 특수하고 우연한 사정에 의하여 좌우되는 경우에는 그 금품의 지급이 단체협약·취업규칙· 근로계약 등이나 사용자의 방침 등에 의하여 이루어진 것이라 하더라도 그러한 금품은 근로의 대상으로 지급된 것으로 볼 수 없다"[23]라고 판시하고 있다. 이러한 판

22) 대법원 1990. 11. 9. 선고 90다카4683 판결.
23) 대법원 1995. 5. 12. 선고 94다55934 판결; 대법원(전합) 2019. 8. 22. 선고 2016다48785 판결.

례의 법리에 따른다 하더라도 지급의무의 발생이 근로제공과 '직접적'이고 '밀접하게' 관련되어 있는지 여부를 확정하기 위해서는 해당 금품의 지급 목적, 산정방법과 지급방법의 실질적인 모습, 당사자 사이의 합의의 목적과 내용[24] 등에 대한 추가적인 해석과 판단이 필요하다.[25]

사용자가 지급한 어떤 금품이 근로자의 근로제공에 대한 대가에 해당하는지 확인하기 위해서는 전적으로 법리적, 논리적 판단이 수행될 수밖에 없다. 근로의 대가로 지급되는지 여부는, 제공되는 근로의 종류와 내용, 기간, 금품 지급의 목적 및 산정방법, 금품이 지급되는 시기와 방법의 실질적인 모습, 임금 지급의 근거가 되는 당사자 사이의 합의 또는 단체협약, 취업규칙 등 내부 규정과 사업장 내 관행 등을 종합적으로 해석하고 이를 토대로 판단해야 한다. 하지만 그 판단이 쉽지 않다.

그 어려움을 조금이라도 해소하고, 판단의 일관성을 확보하기 위해 대법원은 임금을 판단하는 기준을 정립해서 제시하는데, 가장 대표적인 기준이 "임금은 사용자가 근로의 대가로 근로자에게 지급하는 금품으로서, 근로자에게 계속적·정기적으로 지급되고 단체협약, 취업규칙, 급여규정, 근로계약, 노동관행 등에 의하여 사용자에게 그 지급의무가 지워져 있는 것을 말한다"[26]는 판단 기준이다. 임금 지급 방법의 외관을 기준으로 계속적, 정기적으로 지급되어야 하며, 지급의 근거로서 사용자에게 지급 의무가 있을 것을 요구한다. 즉 입금 지급에 계속성과 정기성, 의무성이 있어야 한다는 것인데, 셋 중 어느 하나가 없으면 임금성이 부정된다는 점에서 대법원이 제시하는 임금성 판단 요건이라고 할 수도 있다.

임금 지급의 계속성은 어떠한 금품의 지급이 1회에 그치는 것이 아니라 지속적으로 지급되고 있다는 뜻이고, 정기성은 일정한 간격을 두고 반복적으로 지급된다는 의미이다. 여기에서의 일정한 간격은 원칙적으로는 1개월 이내의 간격

24) 대법원 2003. 12. 11. 선고 2003다40538 판결.
25) 대법원 2004. 5. 14. 선고 2001다76328 판결.
26) 대법원 2001. 10. 23. 선고 2001다53950 판결; 대법원 2004. 11. 12. 선고 2003다264 판결; 대법원 2018. 10. 12. 선고 2015두36157 판결 등.

이어야 하는데, 근로기준법 제43조와 근로기준법 시행령 제23조에 1개월 정기 원칙의 예외가 규정되어 있으며, 대법원은 1개월 간격, 2개월 간격, 1년 간격도 반복적이라면 정기성을 인정하고 있다.[27]

임금지급에 대한 사용자의 의무가 있다는 것은 "그 지급 여부를 사용자가 임의적으로 결정할 수 없다는 것을 의미하는 것이다. 지급의무의 발생 근거는 단체협약이나 취업규칙, 급여규정, 근로계약에 의한 것이든 그 금품의 지급이 사용자의 방침이나 관행에 따라 계속적으로 이루어져 노사 간에 그 지급이 당연한 것으로 여겨질 정도의 관례가 형성된 경우처럼 노동 관행에 의한 것이든 무방"[28]하다. 여기에서, 사용자의 지급의무를 인정하는 근거 중 '관행' 또는 '노동 관행'이 과연 무엇인가가 다시 문제가 된다. 임금 청구권의 기초로서 인정될 정도의 관행이 존재한다고 하기 위해서는 그러한 관행이 사용자와 분쟁 당사자인 근로자는 물론 해당 사업장 전체 구성원 모두에게 이의 없이 승인되고, 사실상의 규범적 제도로서 확립되어 있다고 신뢰하는 정도에 이르러야 한다. 판례도 "기업의 내부에 존재하는 특정의 관행이 근로계약의 내용을 이루고 있다고 하기 위하여는 그러한 관행이 기업 사회에서 일반적으로 근로관계를 규율하는 규범적인 사실로서 명확히 승인되거나 기업의 구성원에 의하여 일반적으로 아무도 이의를 제기하지 아니한 채 당연한 것으로 받아들여져서 기업 내에서 사실상의 제도로서 확립되어 있다고 할 수 있을 정도의 규범의식에 의하여 지지되고 있어야 한다"[29]라고 한다. 그리고 그와 같이 성립된 관행을 변경하려면 근로기준법 제94조의 취업규칙 변경 절차에 준하는 절차를 거쳐야 한다.[30]

판례는 계속성, 정기성, 의무성 이외에 일률성을 근로 대가성판단의 요건으로

27) 대법원(전합) 2013. 12. 18. 선고 2012다89399, 2012다94643 판결. 이 판결들은 대법원(전합) 2024. 12. 19. 선고 2023다302838 판결, 2020다247190 판결들을 통해 변경되었지만, 정기성 부분은 명시적으로 변경되지 않아서 이전 판결의 해석이 유지되고 있다고 보는 것이 타당하다.

28) 대법원 2002. 5. 31. 선고 2000다18127 판결.

29) 대법원 1995. 2. 14. 선고 94다21818 판결; 대법원 2001. 10. 23. 선고 2001다53950 판결; 대법원 2002. 4. 23. 선고 2000다50701 판결; 대법원 2014. 2. 27. 선고 2011다109531 판결 등.

30) 서울고등법원 2000. 8. 10. 선고 2000나8009 판결.

제시한다. "사용자가 근로의 대상(對償)으로 근로자에게 지급하는 일체의 금품으로서, 근로자에게 계속적, 정기적으로 지급되며 그 지급에 관하여 단체협약, 취업규칙, 급여규정, 근로계약, 노동관행 등에 의하여 사용자에게 그 지급의무가 지워져 있고, 또한 일정 요건에 해당하는 근로자에게 일률적으로 지급하는 것이라면 그 명칭 여하를 불문하고 평균임금의 산정 대상이 되는 임금이라고 보아야 한다"라고 판시한 사례가 대표적이다.[31] 일률성 표지의 의미에 대해서 판례는 일정한 조건을 충족한 모든 근로자를 대상으로 하여 지급된다는 것이라고 한다.[32] 그러나, 일률성은 근로의 대가인지 여부 자체를 판단하는 요건이라기보다는 통상임금성의 판단 요건이 되어야 한다는 점에서 이 판례의 취지에는 동의하기 어렵다.

그러나, 사용자가 근로자에게 지급하는 모든 금품에 대해서, 계속성, 정기성, 의무성이 근로 대가성 판단의 원칙적인 기준이 되는 것은 아니다. 근로제공과 금품 지급 사이의 근로의 대가성은 원칙적으로 법리적, 논리적으로 규명되어야 한다. 법리적, 논리적 판단을 시도했으나 도저히 판단이 불가능할 때, 차선책으로 계속성, 정기성, 의무성을 검토해야 하는 것이다. 예를 들어, 근로자가 소정근로시간 8시간 근로를 마치고 막 퇴근하려고 하는데 사용자가 1시간만 창고정리를 도와줄 수 있느냐고 부탁해서, 근로자가 승낙하고 1시간 동안 창고를 정리했다. 이 근로자의 원래 시급인 2만원에 50%를 가산해서 3만원을 받았다. 이 사례에서 1시간 동안 창고를 정리하고 받은 금품은 근로를 제공한 것에 대한 대가라는 것이 근로제공의 내용, 사용자의 금품 지급의 시기와 방법 및 산정방법 등을 고려할 때 법리적, 논리적으로 분명하다. 임금임을 의심할 여지가 없다. 그러나, 정기적으로 지급되는 금품은 아니다. 무조건 계속성, 정기성, 의무성 기

---

31) 대법원전합 1999.5.12 선고, 97다5015 판결; 대법원 2001. 10. 23. 선고 2001다53950 판결; 대법원 2001. 11. 26. 선고 91다28702 판결; 대법원 2003. 2. 11. 선고 2002다50828 판결; 대법원 2006. 5. 26. 선고 2003다54322, 54339 판결 등.

32) 대법원 1990. 11. 9. 선고 90다카6948 판결; 대법원 1993. 5. 27. 선고 92다20316 판결; 대법원 1994. 5. 24. 선고 93다31979 판결; 대법원 2005. 9. 9. 선고 2004다41217 판결; 대법원 2012.7.26. 선고 2011다6106 판결; 대법원(전합) 2013. 12. 18. 선고 2012다89399, 2012다94643 판결.

준을 적용해서 임금성을 판단하려 해서는 안 된다는 점을 알 수 있다. 계속성, 정기성, 의무성 기준은 근로의 대가성을 법리적, 논리적 판단을 통해 확정할 수 없을 때 적용하는 보충적인 요건이라는 점을 잊지 말아야 한다. 따라서 근로 대가성이 인정된다고 판단되면 계속성, 정기성, 의무성 요건에 대한 추가적 판단은 불필요하며, 계속성, 정기성, 의무성 요건의 충족이 모두 긍정된다 하더라도 근로 대가성이 부정될 수도 있다. 판례도 "사용자가 근로자에게 지급하는 금품이 평균임금 산정의 기초가 되는 임금총액에 포함될 수 있는 임금에 해당하려면 먼저 그 금품이 근로의 대상으로 지급되는 것이어야 하므로 비록 그 금품이 계속적·정기적으로 지급된 것이라 하더라도 그것이 근로의 대상으로 지급된 것으로 볼 수 없다면 임금에 해당한다고 할 수 없다"[33]고 하여 계속성, 정기성, 일률성, 의무성 표지의 근로 대가성 표지에 대한 하위성과 보충성을 인정하고 있다.

우리가 판례를 많이 읽다 보면, 계속성, 정기성, 의무성 요건이 근로의 대가인지 여부를 판단하는 원칙적인 기준인 것처럼 느끼게 된다. 사용자가 근로자에게 지급한 어떤 금품이 근로의 대가로서 임금에 해당하는지에 대해 당사자 사이에 이견이 있고, 그 다른 의견이 좁혀지지 않아서 소송에 이르게 되는 것을 생각해보면 판례에서 계속성, 정기성, 의무성 요건이 매번 근로의 대가인지 여부를 판단하는 원칙적 기준인 것처럼 느껴지는 것이 자연스러운 결과이다. 하지만, 근로의 대가인지 여부는 원칙적으로 근로제공과 금품지급 사이의 대가적 견련관계에 대한 법리적, 논리적 판단을 수행하여 결정하는 것이 원칙이다.

온라인 쇼핑몰에서 사용할 수 있는 복지포인트를 매년 1월과 7월에 균등 분할지급한 사건에서 대법원은[34] "사용자가 근로자에게 지급하는 금품이 임금에 해당하려면 먼저 그 금품이 근로의 대상으로 지급되는 것이어야 하므로 비록 금품이 계속적·정기적으로 지급된 것이라 하더라도 그것이 근로의 대상으로 지

33) 대법원 1995. 5 .12. 선고 94다55934 판결; 대법원 2006. 8. 24. 선고 2004다35052 판결; 대법원 2011. 6. 10. 선고 2010두19461 판결 등.

34) 대법원(전합) 2019. 8. 22. 선고 2016다48785 판결.

급된 것으로 볼 수 없다면 임금에 해당한다고 할 수 없다. 여기서 어떤 금품이 근로의 대상으로 지급된 것이냐를 판단함에 있어서는 금품지급의무의 발생이 근로제공과 직접적으로 관련되거나 그것과 밀접하게 관련된 것으로 볼 수 있어야 한다"라고 전제하면서, 사용자가 근로의 대가로서가 아닌 "선택적 복지제도를 시행하면서 직원 전용 온라인 쇼핑사이트에서 물품을 구매하는 방식 등으로 사용할 수 있는 복지포인트를 단체협약, 취업규칙 등에 근거하여 근로자들에게 계속적·정기적으로 배정한 경우라고 하더라도, 이러한 복지포인트는 근로기준법에서 말하는 임금에 해당하지 않고, 그 결과 통상임금에도 해당하지 않는다"라고 판시한 사례를 통해서 근로 대가성 판단의 기본 원칙과 계속성, 정기성, 일률성 판단요건 사이의 관계를 확인할 수 있다.

한편, 매월 정기적, 일률적으로 지급되어 온 가족수당과 차량유지비의 임금성이 다투어졌던 사례에서 대법원은[35] "가족수당이 일정한 요건에 해당하는 근로자에게 일률적으로 지급되어 왔다면, 이는 임의적, 은혜적인 급여가 아니라 근로에 대한 대가의 성질을 가지는 것으로서 임금에 해당하고"[36], "차량유지비의 경우 그것이 차량 보유를 조건으로 지급되었거나 직원들 개인 소유의 차량을 업무용으로 사용하는 데 필요한 비용을 보조하기 위해 지급된 것이라면 실비변상적인 것으로서 근로의 대상으로 지급된 것으로 볼 수 없으나 전 직원에 대하여 또는 일정한 직급을 기준으로 일률적으로 지급되었다면 근로의 대상으로 지급된 것으로 볼 수 있다"[37]라고 판시하였다. 이 사건은 평균임금 해당성을 다툰 사건이었지만, 미리 정한 기준에 따라 일률적으로 지급되었던 점을 고려하면 통상임금에도 해당한다고 판단할 수 있는 사례였다.

---

35) 대법원 2002. 5. 31. 선고 2000다18127 판결.

36) 대법원(전합) 1995. 7. 11. 선고 93다26168 판결; 대법원 2002. 5. 31. 선고 2000다18127 판결.

37) 대법원 1997. 10. 24. 선고 96다33037, 33044 판결; 대법원 2002. 5. 31. 선고 2000다18127 판결.

2. 사용자가 근로자에게

임금은 사용자가 근로자에게 지급하는 금품이다. 따라서, 사용자가 아닌 고객이나 제3자가 사용자와는 무관하게 근로자가 근로를 제공하던 중에 지급한 금품, 근로자끼리 서로 주고받은 금품 등은 근로제공의 대가로서의 임금이라고 할 수 없다. 사용자가 지급하는 금품이라는 정의에서 가장 많이 논란이 되는 것이 봉사료(팁)가 임금에 해당하는가이다.

고객이 사용자와는 무관하게 근로자에게 지급하는 봉사료(팁)는 사용자가 지급하는 것이 아니므로 임금이라고 할 수 없는 것이 원칙이다. 대법원도, 카지노 영업장 딜러인 근로자들이 고객들이 임의로 지급하는 봉사료를 자발적으로 모아서 분배해 온 사건에서 "카지노 영업장의 고객이 자의에 의하여 직접 카지노 영업직 사원들에게 지급한 봉사료를 근로자들이 자율적으로 분배한 것은 사용자로부터 지급받은 근로의 대상이라고 할 수 없으므로 그 성질상 근로기준법이 정한 임금의 범위에 포함되지 않는다"[38]고 판시한 바 있다. 그러나, 사용자가 고객이 지급하는 봉사료를 모두 걷어서 일정한 기준에 따라 분배하는 경우와 같이 사용자가 징수하여 근로자에게 지급하는 경우에는 사용자가 지급하는 것이므로 임금이라고 보아야 한다. 호텔에서 일하는 근로자가 고객으로부터 받은 봉사료를 사용자가 모아서 근로자들에게 균분한 사건에서도 대법원은 그 봉사료의 임금성을 부정하지 않았다.[39] 골프장 캐디의 근로기준법상 근로자성이 판단의 전제가 되었던 사건에서 대법원은 "내장객의 경기보조업무를 수행한 대가로 내장객으로부터 직접 캐디 피(caddie fee)라는 명목으로 봉사료만을 수령하고 있을 뿐 골프장 시설운용자로부터는 어떠한 금품도 지급받지 아니하고"라고 하여, 봉사료의 임금성을 부정했다.[40] 그러나 사용자가 자신이 제공 받은 근로에 대한 대가를 고객이 지급하는 금품으로 갈음하는 경우는 임금으로 보는 것이 타당하다는 측면을 고려하면 이 판결의 타당성은 다시 생각해볼 여지가 있다.

38) 대법원 1999. 1. 26. 선고 98다46198 판결.
39) 대법원 2019. 9. 26. 선고 2016두47857 판결.
40) 대법원 2014. 2. 13. 선고 2011다78804 판결.

3. 지급하는 모든 금품

명칭을 불문한다. 임금, 봉급, 그 밖에 어떠한 명칭으로든지 사용자가 근로자에게 근로의 대가로 지급하는 모든 금품은 임금이라고 본다. 실비변상적인 금품으로 오인할 수도 있는 '식비', '유류비', '활동비' 등의 명칭이 붙어있는 금품이라고 하더라도, 그 실질이 사용자가 근로자에게 근로의 대가로 지급하는 금품이라면 명칭을 따지지 않고 임금이라고 판단해야 한다.

Ⅱ. 기타의 임금 개념

1. 통상임금과 평균임금

임금과 관련한 법률적 쟁점을 이야기할 때 가장 많이 거론되는 임금 개념이 통상임금과 평균임금이다. 하지만, 평균임금과 통상임금의 개념 및 계산방법, 관련 문제 등에 관한 구체적인 내용은 해당 항목에서 설명하기로 한다. 일단, 그 뜻이 무엇인지 알고 있다고 가정하고 읽어 나가기를 권한다.

2. 보수

보수(報酬)는 일상적으로는 근로의 대가로 지급한 금품, 즉 임금을 뜻하기도 하고, 고맙다는 의미로 주는 보답을 뜻하기도 하며, 격려하는 의미로 지급하는 금품을 뜻하기도 한다. 그러나, 노동법학에서는 일반적으로 사용자가 근로자의 지위에 있는 사람에게 지급하는 금품 일체를 포함하는 가장 넓은 개념의 급여의 범위를 뜻하는 용어로 사용된다. 근로의 대가인 금품은 물론, 상여금, 장려금, 포상금, 실비변상금 등을 모두 포함하는 가장 넓은 개념으로서 총급여(compensation)와 같은 뜻으로 보수라는 용어를 사용하기로 한다. 다만, 고용보험 및 산업재해보상보험의 보험료징수 등에 관한 법률 제2조 제3호는 보수를 다소 다른 의미로 정의하고 있다.

Ⅲ. 임금의 지급 방법

1. 임금 지급 방법 규율의 이유

제1편에서 설명했던 내용을 떠올려보자. 리자는 딸인 로지와 함께 공장에서 일했지만, 공장장에게 벌금을 내고, 현금 대신 공장에서 물건을 구입할 수 있는 쿠폰을 받아야 했고, 호롱불을 켜거나 원단을 기울 때 사용하는 실을 사기 위해 사용자에게 돈을 내야 했고, 남편이 외상술을 마셔서 술집 주인에게 사용자가 미리 지급한 외상값 등을 떼고 나면 막상 월급날이 돼도 받을 돈이 거의 없었다. 공장이 수금이 제대로 되지 않으면 몇 달씩 임금이 지급되지 않고 밀리는 일도 많았다. 이렇게 근로자가 근로를 제공해도 정작 임금을 제대로 받지 못하게 되는 일이 빈번해지자 이를 막아주기 위한 입법이 필요했다. 그러한 입법목적을 가진 것이 근로기준법 제43조의 임금 지급 조항이다. 따라서, 이 조항의 내용을 보면 다소 고전적인 내용인 것 같고, 시대에 맞지 않아보이기도 하지만 임금과 관련해서는 없어서는 안 되는 필수적인 내용이다. 근로기준법 제43조를 위반한 자에 대해서는 3년 이하의 징역 또는 3천만 원 이하의 벌금이 부과될 수 있다(근로기준법 제119조 제1항).

근로기준법 제43조(임금 지급)

① 임금은 통화(通貨)로 직접 근로자에게 그 전액을 지급하여야 한다. 다만, 법령 또는 단체협약에 특별한 규정이 있는 경우에는 임금의 일부를 공제하거나 통화 이외의 것으로 지급할 수 있다.

② 임금은 매월 1회 이상 일정한 날짜를 정하여 지급하여야 한다. 다만, 임시로 지급하는 임금, 수당, 그 밖에 이에 준하는 것 또는 대통령령으로 정하는 임금에 대하여는 그러하지 아니하다.

2. 임금 지급 방법의 원칙

(1) 통화 지급 원칙

임금은 현재 통용되는 통화로 지급하여야 한다. 현물지급은 원칙적으로는 금지된다. 통화란 강제통용력이 있는 화폐를 말하며, 한국은행이 발행한 지폐와 주화 등이 여기에 해당한다. 상품권, 식권, 어음, 수표 등으로 임금을 지급하는 것도 통화가 아니므로 원칙적으로 허용되지 않는다. 다만, 법령 또는 단체협약에 특별한 규정이 있는 경우에는 임금의 일부를 통화 이외의 것으로 지급할 수 있다. 단체협약에서 현물로 지급하도록 정하고 있는 경우에는 현물로 임금을 지급하는 예외를 두는 사례도 있다. 임금지급 원칙의 예외를 규정하는 법령은 현재는 없다.

(2) 직접 지급 원칙

사용자는 임금을 근로를 제공한 근로자 본인에게 직접 지급하여야 한다. 근로자의 가족, 채권자 등 제3자에게 임금을 지급하는 것은 금지된다. 근로자가 타인의 노예가 되는 것과 제3자가 근로자의 수입을 가로채는 것을 방지하여 근로자의 안정적인 생활 유지를 가능하게 하기 위한 것이다. 근로기준법 제9조의 중간착취 금지, 제7조의 강제근로 금지 원칙의 실현을 위해서도 직접 지급 원칙은 매우 중요한 의미를 갖는다.

채권양도계약을 통해 근로자가 자신이 사용자에 대해서 가지는 임금채권을 제3자에게 양도했다 하더라도, 근로기준법 제43조 제1항의 강행성으로 인해 사용자는 임금을 채권 양수인인 제3자가 아니라 근로자에게 지급해야 하며, 채권 양수인이 임금을 사용자에게 청구할 수 없다.[41] 다만, 임금채권을 사용자를 대위해서 우선변제한 자는 채무자인 사용자에 대한 임금채권자로서의 지위를 가지게 되므로 사용자에게 임금의 우선변제를 요구할 수 있다.[42]

---

41) 대법원(전합) 1988. 12. 13. 선고 87다카2803 판결.
42) 대법원 1996. 2. 23. 선고 94다21160 판결.

(3) 전액 지급 원칙

사용자는 임금 지급 기일에 임금액 전액을 근로자에게 지급하여야 한다. 사용자가 근로자에게 가지고 있는 채권과 상계를 하거나, 근로자가 사용자에게 끼친 손해를 배상받는다는 명목으로도 임금액을 감액해서 지급할 수 없다. 임금 전액 지급 원칙은 근로기준법 제20조의 위약 예정의 금지, 제21조의 전차금 상계의 금지, 제22조의 강제 저금의 금지 규정의 실현과 밀접한 관련이 있다. 근로자가 근로를 제공하지 않아서 그 기간이나 시간만큼 임금을 지급하지 않는 것은 무방하다. 근로기준법 제43조는 강행규정이므로, 이 규정의 취지에 반하는 당사자 사이의 합의는 무효이며, 근로자가 임금 지급일 이전에 임금채권을 포기하는 약정을 한 경우에도 무효이다. 같은 취지로 퇴직금 청구권을 사전에 포기하거나 사전에 그에 관한 민사상 소송을 제기하지 않겠다는 부제소특약을 하는 것도 무효이다.[43] 경영 위기 상황임을 이유로 회사가 근로자들의 동의 없이 상여금 지급을 중단한 사건에서 대법원이 “근로자가 임금의 일종인 상여금을 포기함에 있어서는 명백한 의사표시를 요하는 바, 회사가 경영위기상황을 극복하기 위하여 직원을 대폭 감축하면서 회사에 잔류한 직원들에 대하여 일방적으로 상여금 지급을 중지하였고, 회사에 잔류한 근로자들이 그와 같은 조치에 관하여 별다른 이의 없이 근무하여 왔다는 사정만으로는 근로자들이 장래에 발생할 상여금청구권을 포기하였다고 볼 수 없다”[44]고 판시한 사례도 같은 취지이다.

법령이나 단체협약에 특별한 규정이 있는 경우에는 임금의 일부를 공제할 수 있으므로, 소득세법에 따른 근로소득세, 국민연금법, 국민건강보험법, 고용보험 및 산업재해보상보험의 보험료징수 등에 관한 법률 등 법령에 근거한 세금과 사회보험료의 사전 공제, 단체협약에 따른 조합비의 사전 공제(Check-off) 등은 전액 지급 원칙 위반이 아니라고 본다.

임금 전액지급 원칙을 실현시키기 위한 제도로 가장 근로자의 피부에 와닿는 것은 임금명세서 제공이라고 할 수 있다. 사용자는 임금대장을 작성해야 하고,

---

43) 대법원 1998. 3. 27. 선고 97다49732 판결.
44) 대법원 1999. 6. 11. 선고 98다22185 판결.

근로자에게 근로자의 성명, 생년월일, 사원번호 등 근로자를 특정할 수 있는 정보, 임금지급일, 임금 총액, 기본급, 각종 수당, 상여금, 성과금, 그 밖의 임금의 구성항목별 금액(통화 이외의 것으로 지급된 임금이 있는 경우에는 그 품명 및 수량과 평가총액), 임금의 구성항목별 금액이 출근일수·시간 등에 따라 달라지는 경우에는 임금의 구성항목별 금액의 계산방법(연장근로, 야간근로 또는 휴일근로의 경우에는 그 시간 수), 임금의 일부를 공제한 경우에는 임금의 공제 항목별 금액과 총액 등 공제내역 등을 적은 임금명세서를 서면 또는 전자문서 및 전자거래 기본법에 따른 전자문서로 교부해야 한다(근로기준법 제48조, 시행령 제27조, 제27조의2). 근로자가 임금 전액을 받고 있는지 늘 확인할 수 있도록 하기 위한 제도이다.

근로기준법 제48조(임금대장 및 임금명세서)

① 사용자는 각 사업장별로 임금대장을 작성하고 임금과 가족수당 계산의 기초가 되는 사항, 임금액, 그 밖에 대통령령으로 정하는 사항을 임금을 지급할 때마다 적어야 한다.

② 사용자는 임금을 지급하는 때에는 근로자에게 임금의 구성항목·계산방법, 제43조제1항 단서에 따라 임금의 일부를 공제한 경우의 내역 등 대통령령으로 정하는 사항을 적은 임금명세서를 서면(「전자문서 및 전자거래 기본법」 제2조제1호에 따른 전자문서를 포함한다)으로 교부하여야 한다.

(4) 정기 지급 원칙

임금은 매월 1회 이상 일정한 날짜를 정해 지급하여야 한다. 연봉제 임금체계를 적용하고 있는 사업 또는 사업장에서도 임금을 1년에 1회 지급하는 것은 근로기준법 제43조 제2항 위반이다. 따라서 총액 연봉액을 산정한 뒤에 매월 지급액을 별도로 정하여 정기지급 원칙을 준수해야 한다. 여기에서 매월은 역법상의 1개월을 뜻한다.

임시로 지급하는 임금, 수당, 그 밖에 이에 준하는 것 또는 대통령령으로 정하는 임금에 대하여는 정기 지급 원칙의 예외를 인정하는데, 1개월을 초과하는 기간의 출근 성적에 따라 지급하는 정근수당, 1개월을 초과하는 일정 기간을 계속하여 근무한 경우에 지급되는 근속수당, 1개월을 초과하는 기간에 걸친 사유에 따라 산정되는 장려금, 능률수당 또는 상여금, 그 밖에 부정기적으로 지급되는 모든 수당 등을 말한다(근로기준법 시행령 제23조). 물론 "그 밖에 ... 모든 수당"이 근로기준법 시행령 제23조 제4호에 포함되어 있어서 그 중요성이 줄어들기는 했지만, 근로자의 안정적인 생활 보장을 위해서 정기지급 원칙의 예외는 되도록 엄격하게 제한 해석해야 한다.

근로기준법 시행령 제23조(매월 1회 이상 지급하여야 할 임금의 예외)

법 제43조제2항 단서에서 "임시로 지급하는 임금, 수당, 그 밖에 이에 준하는 것 또는 대통령령으로 정하는 임금"이란 다음 각 호의 것을 말한다.

1. 1개월을 초과하는 기간의 출근 성적에 따라 지급하는 정근수당
2. 1개월을 초과하는 일정 기간을 계속하여 근무한 경우에 지급되는 근속수당
3. 1개월을 초과하는 기간에 걸친 사유에 따라 산정되는 장려금, 능률수당 또는 상여금
4. 그 밖에 부정기적으로 지급되는 모든 수당

3. 비상시 지급

사용자는 근로자가 출산, 질병, 재해, 혼인 또는 사망한 경우, 부득이한 사유로 1주일 이상 귀향하게 되는 비상(非常)한 경우에 그 비용에 충당하기 위하여 임금 지급을 청구하면 임금 지급기일 전이라도 이미 제공한 근로에 대한 임금을 지급하여야 한다. 사용자가 비상시 지급에서 지급의무를 부담하는 것은 이미 제공한 근로에 대한 임금이다. 장래에 제공할 근로에 대하여 지급이 예상되는 임금은 그 대상이 아니다. 이미 제공한 근로에 대한 대가는 물론 장래에 제공할 근로에 대하여 지급이 예상되는 임금까지 사용자에게 미리 지급을 요청하는 것은 흔히 '가불'이라고 부르며, 이는 비상시지급과 구별해야 한다.

근로기준법 제45조(비상시 지급)

사용자는 근로자가 출산, 질병, 재해, 그 밖에 대통령령으로 정하는 비상(非常)한 경우의 비용에 충당하기 위하여 임금 지급을 청구하면 지급기일 전이라도 이미 제공한 근로에 대한 임금을 지급하여야 한다.

비상시 지급은 지금의 관점에서는 다소 옛날 얘기인 것처럼 느껴질 수 있다. 근로자들이 신용카드, 마이너스통장, 대출 등을 활용해서 비상시의 비용을 충당할 수 있는 경우가 많기 때문이다. 과거, 마이너스통장도 없고 신용카드도 없던 시절에, 일해서 받는 월급만으로 1달을 꼬박 살아내야 하던 시절에 비상시 지급 규정은 매우 중요한 역할을 했었다. 그러나, 지금도 모든 근로자가 금전적으로 여유가 있는 것은 아니고, 아직도 근로자에게 어떠한 상황이 발생할지 알 수 없기 때문에 근로기준법 제45조는 근로자의 일상적인 생활 유지를 위해 반드시 필요한 조항이다.

Ⅳ. 평균임금과 통상임금

1. 평균임금

(1) 평균임금 개념의 내용과 용도

평균임금에 관하여 근로기준법 제2조 제1항 제6호는 "이를 산정하여야 할 사유가 발생한 날 이전 3개월 동안에 그 근로자에게 지급된 임금의 총액을 그 기간의 총일수로 나눈 금액"이라고 규정한다. 엄밀히 말하면 근로기준법 제2조 제1항 제6호는 평균임금의 정의가 아니라 평균임금의 산정방법을 명시한 규정이다. 이미 지급된 임금의 총액을 3개월로 평균한 일급 금액이라는 것이 평균임금 계산을 위한 핵심적인 내용이다. 평균임금을 굳이 정의하고자 한다면, 근로자가 평균적으로 받아 온 실수령 임금액, 즉, '받은 돈'이라고 할 수 있다. 포함되는 범위를 기준으로 보면 근로의 대가를 의미하는 가장 기본적인 임금개념과 가깝다. 평균임금은 퇴직금, 휴업수당, 각종 재해보상금, 연차유급휴가수당 등을 산정하는 기초로 사용되는 임금개념이다.

근로기준법 제2조(정의)

① 이 법에서 사용하는 용어의 뜻은 다음과 같다.

6. "평균임금"이란 이를 산정하여야 할 사유가 발생한 날 이전 3개월 동안에 그 근로자에게 지급된 임금의 총액을 그 기간의 총일수로 나눈 금액을 말한다. 근로자가 취업한 후 3개월 미만인 경우도 이에 준한다.

(2) 평균임금의 계산 방법

평균임금의 계산 방법은 "이를 산정하여야 할 사유가 발생한 날 이전 3개월 동안에 그 근로자에게 지급된 임금의 총액을 그 기간의 총일수로 나눈 금액"이다.

여기에서 "이를 산정하여야 할 사유가 발생한 날 이전 3개월 동안"이란 퇴직금 지급을 위한 경우 퇴직한 날, 휴업수당 지급을 위한 경우에는 휴업한 날 이전 3개월 동안이라는 의미이다. 사유가 발생한 날 이전 3월간의 기산에 있어서 사유가 발생한 날에 대해서는 민법 제157조에 따라서 초일 불산입 원칙이 적용되어 산입하지 않기 때문에[45], 사유가 발생한 첫 날은 빼고 그 날로부터 기산하여 3개월을 거슬러 올라가면서 계산해야 한다. 사유가 발생한 날은 근로를 제공하지 않는 첫 날일 수 있고, 그 결과 임금이 지급되지 않는 날일 경우가 많기 때문에 결과적으로 합리적인 해석이 된다.

"임금 총액"에는 그 기간 동안에 근로의 대가로 지급된 모든 금품이 포함된다. 사실상 근로의 대가인 임금 개념과 차이가 없다. 3개월의 총일수로 평균한다는 차이가 있을 뿐이다. "지급된"이라고 했지만, 그 의미는 사실적으로 지급이 완료된 임금만을 뜻하는 것이 아니라, 지급되었어야 하는 임금이라는 의미이다. 사용자에게 지급 의무가 발생했지만 체불하고 있는 임금도 당연히 포함하여야 한다. 이와 관련하여 2개월 또는 3개월마다 정기적으로 지급되는 상여금을

---

45) 대법원 1989. 4. 11. 선고 87다카2901 판결.

평균임금 계산에 포함시키는 방법이 문제가 될 수 있다. 대법원 판례는 "근로의 대가로 지급되던 상여금은 근로자의 퇴직전 3개월 사이에 실제로 지급받았건 또는 받지못하였건 이를 불문하고 그 1년분을 월로 나눈 3개월분 해당액을 근로자의 퇴직금 산정의 기초인 평균임금의 계산에 포함시켜야 한다"[46]고 해석하고 있다.

"총일수"는 문제가 많다. 총근로일수가 아니기 때문이다. 평균임금을 제대로 계산하기 위해서는 특정 기간에 받은 임금 총액을 그 기간의 근로일수 또는 최소한 유급으로 처리된 일수로 나눠야 한다. 그러나 근로기준법 제2조 제1항 제6호는 '총일수'로 나누도록 하여 근로를 제공하지 않고, 임금 지급의 대상 일이 아닌 날까지 포함시키고 있다. 이는 필연적으로 평균임금 액수의 저하를 초래한다. 1953년 제정 근로기준법 제19조는 평균임금을 "이를 산정하여야 할 사유가 발생한 날 이전 3월간에 그 근로자에 대하여 지급된 임금의 총액을 그 기간의 총근로일수로 제한 금액"이라고 규정하고 있었다. 그러나 1961년 개정 근로기준법 제19조에서 "총근로일수"를 "총일수"로 변경하고, "전항의 규정에 의하여 산출된 금액이 당해근로자의 통상임금보다 저액일 경우에는 그 통상임금액을 평균임금으로 한다"고 하여 하한 규정을 신설했다. 이는 의도적으로 평균임금 액수를 낮추기 위한 개정이라고 하지 않을 수 없는데, 오랜 세월 동안 이러한 문제점이 입법적으로 개선되지 않고 있는 것은 문제라고 하지 않을 수 없다.

1953년 제정 근로기준법 제19조(평균임금의 정의)

본법에서 평균임금이라 함은 이를 산정하여야 할 사유가 발생한 날 이전 3월간에 그 근로자에 대하여 지급된 임금의 총액을 그 기간의 총근로일수로 제한 금액을 말한다. 취업 후 3월 미만도 이에 준한다.

---

46) 대법원 1978. 2. 14. 선고 77다1321 판결

(3) 평균임금의 규정 취지: 통상의 생활임금 보장

평균임금은 근로기준법 제2조 제1항 제6호에 그 의미가 규정되어 있지 않고 산정 방법과 대상 기간만 명시되어 있다. 3개월을 평균하여 그 기간 동안 지급된 임금액의 평균을 산정하여 평균임금으로 보도록 규정한 이유는 근로의 대가로서 사용자가 지급하는 임금 중에서 근로자가 평균임금 산정사유가 발생한 날 무렵에 유지했던 통상의 생활을 유지할 수 있도록 보장하기 위해[47], 일정 기간 동안 평균적으로 수령해 온 임금이 무엇인지 확인하여 특정한 임금으로 정의하고자 했던 취지라고 이해할 수 있다. 평균임금의 취지가 평소에 대상 근로자가 영위했던 통상의 생활을 유지하는 데에 소요된 임금액을 확인하는 것이므로, 근로자가 소속된 직장에서 특별한 일을 겪어서 임금 수입이 중단될 상황에 처하게 됐을 때 평균임금 개념이 활용되는 것이 당연하다. 따라서 평균임금이 퇴직금, 휴업수당, 각종 재해보상금, 연차유급휴가수당 등을 산정하는 기초임금이 되는 것이다.

(4) 평균임금 산정 대상 기간의 판단

위와 같은 평균임금 정의 규정의 취지에 충실하기 위해서는 통상적이지 않은 이례적인 사정이 발생해서 평소 영위하던 일상생활의 변동이 발생했다고 볼 수 있는 기간은 평균임금 산정 기간에서 제외하는 것이 합리적이다. 따라서 근로기준법 시행령 제2조는 수습 사용 중인 기간, 사용자의 귀책사유로 휴업한 기간, 출산전후휴가기간, 업무상 부상 또는 질병으로 요양하기 위하여 휴업한 기간, 육아휴직 기간, 적법한 쟁의행위기간, 병역의무 등을 이행하기 위하여 휴직하거나 근로하지 못한 기간, 업무 외 부상이나 질병, 그 밖의 사유로 사용자의 승인을 받아 휴업한 기간 등을 평균임금 계산 기간에서 제외한다.

47) 대법원 1990. 11. 9. 선고 90다카4683 판결; 대법원 1991. 4. 26. 선고 90누2772 판결; 대법원 1999. 11. 12. 선고 98다49357 판결 등.

근로기준법 시행령 제2조(평균임금의 계산에서 제외되는 기간과 임금)

① 〈전 략〉 다음 각 호의 어느 하나에 해당하는 기간이 있는 경우에는 그 기간과 그 기간 중에 지급된 임금은 평균임금 산정기준이 되는 기간과 임금의 총액에서 각각 뺀다.

1. 법 제35조제5호에 따른 수습 사용 중인 기간
2. 법 제46조에 따른 사용자의 귀책사유로 휴업한 기간
3. 법 제74조에 따른 출산전후휴가기간
4. 법 제78조에 따라 업무상 부상 또는 질병으로 요양하기 위하여 휴업한 기간
5. 「남녀고용평등과 일·가정양립 지원에 관한 법률」 제19조에 따른 육아휴직 기간
6. 「노동조합 및 노동관계조정법」 제2조제6호에 따른 쟁의행위기간
7. 「병역법」, 「예비군법」 또는 「민방위기본법」에 따른 의무를 이행하기 위하여 휴직하거나 근로하지 못한 기간. 다만, 그 기간 중 임금을 지급받은 경우에는 그러하지 아니하다.
8. 업무 외 부상이나 질병, 그 밖의 사유로 사용자의 승인을 받아 휴업한 기간

② 법 제2조제1항제6호에 따른 임금의 총액을 계산할 때에는 임시로 지급된 임금 및 수당과 통화 외의 것으로 지급된 임금을 포함하지 아니한다. 다만, 고용노동부장관이 정하는 것은 그러하지 아니하다.

이와 같은 취지에서, 비록 시행령에 명시되지는 않았지만 임금액이 비정상적으로 증가하거나 감소한 기간은 평균임금 산정 기간에서 제외하는 것이 타당할 것이다. 그와 같은 취지에서 대법원은, 근로자가 구속되어 3개월 이상 휴직하였다가 퇴직함으로써 퇴직 전 3개월간 지급된 임금을 기초로 산정한 평균임금이 통상의 경우보다 현저하게 적은 경우, 휴직 전 3개월간의 임금을 기준으로 평균임금을 산정하여야 한다[48]고 보았고, 근로자가 의도적으로 현저하게 평균임금을 높이기 위한 행위를 한 경우에는 그 근로자의 퇴직금의 기초가 되는 평균임금은 특별한 사정이 없는 한, 근로자가 의도적으로 현저하게 평균임금을 높이기 위한 행위를 한 기간을 뺀 그 직전 3개월간의 임금을 기준으로 하여 근로기

48) 대법원 1999. 11. 12. 선고 98다49357 판결.

준법이 정하는 방식에 따라 산정한 금액 상당[49]이라고 판시하고 있다.

(5) 평균임금액의 하한

평균임금이 그 근로자의 통상임금보다 적으면 그 통상임금액을 평균임금으로 한다(근로기준법 제2조 제2항). 평균임금 액수의 하한이 통상임금이다.

2. 통상임금

(1) 통상임금의 개념과 용도

통상임금은 사용자가 "근로자에게 정기적이고 일률적으로 소정(所定)근로 또는 총 근로에 대하여 지급하기로 정한 시간급 금액, 일급 금액, 주급 금액, 월급 금액 또는 도급 금액"이라고 정의된다(근로기준법 시행령 제6조). 간단하게 표현하면 '받기로 한 돈'이라고 할 수 있다. 소정근로에 대한 대가로서 지급하기로 정해져있다는 것이 통상임금 개념의 핵심적인 내용이다. 연장근로 가산임금, 야간근로 가산임금, 휴일근로 가산임금, 연차유급휴가수당 등을 산정하는 기초로 사용되는 임금개념이다.

근로기준법 시행령 제6조(통상임금)

① 법과 이 영에서 "통상임금"이란 근로자에게 정기적이고 일률적으로 소정(所定) 근로 또는 총 근로에 대하여 지급하기로 정한 시간급 금액, 일급 금액, 주급 금액, 월급 금액 또는 도급 금액을 말한다.

(2) 통상임금의 판단 표지

근로기준법 시행령 제6조 제1항에 명시된 "시간급 금액, 일급 금액, 주급 금액, 월급 금액 또는 도급 금액"이란 근로의 대가인 임금 중에서 그와 같은 각각의 단위로 산정된 임금들이라는 예시이다. 따라서 통상임금 정의의 핵심적인 내

49) 대법원 1995. 2. 28. 선고 94다8631 판결.

용은 임금, 즉 근로의 대가로 지급된 금품 중에서 "정기적이고 일률적으로 소정근로 또는 총 근로에 대하여 지급하기로 정한" 금품이라는 내용이다. 통상임금이 되기 위해서는 우선 해당 금품의 소정근로 또는 총근로에 대한 근로 대가성이 인정되어야 하고, 그 중에서 정기적, 일률적으로 지급하기로 정하여져 있는 금품이어야 한다.

근로기준법 시행령 제6조 제1항에 명시된 "정한"이라는 구성요건에 주목하여 과거 판례는 '고정성'을 통상임금 판단요건으로 제시했었다.[50] 고정성이란 지급 여부, 지급 시기, 지급 액수 등이 사전에 확정되어 변하지 않는다는 강한 불변성을 내포하는 의미였다. 그러나, 단지 "정한"이라는 문구만으로 그와 같이 강한 의미의 고정성 요건을 도출해 내는 것은 해석론적 근거가 부족했고, 고정성이라는 것이 과연 어느 정도의 사전확정성을 의미하는가 하는 문제에 대해 분명한 근거와 기준을 제시하지 못했다. 고정성 요건이 강화되면 통상임금 개념이 좁아지는 것뿐만 아니라 개념의 불명확성이 오히려 확대되어 법적 불안정성을 증가시키는 문제가 발생하게 된다. 오랜 논란 끝에 대법원은 2024년 12월 19일 전원합의체 판결을 통해 통상임금 개념에 있어서 고정성 요건을 배제했다.[51] 대법원은 '고정성'이 통상임금의 개념요소가 될 수 없다고 판단했지만, 소정근로의 대가로서 사전에 정해진다는 약한 의미의 고정성은 부인될 수 없다. 단지 사후 불변성을 뜻하는 강한 고정성이 배제된 것이다. 변경된 대법원 판례에 따르면, 통상임금은 소정근로의 대가로서 정기적, 일률적으로 지급하기로 정한 임금을 말한다.[52] 정기성과 일률성 요건의 의미는 앞에서 근로의 대가의 판단요건으로서 설명한 내용과 같다.

본래의 의미인 근로의 대가로서 지급된 금품 중에서, 소정근로 또는 총근로에 대하여 정기적이고 일률적으로 지급하기로 정한 금품을 통상임금으로 보겠다는 뜻이다. "소정근로 또는 총근로에 대하여"라는 의미는 근로제공 의무의 발

50) 대법원(전합) 2013. 12. 18. 선고 2012다89399, 2012다94643 판결과 그 이전의 다수 판결.
51) 대법원(전합) 2024. 12. 19. 선고 2023다302838, 2020다247190 판결.
52) 대법원(전합) 2024. 12. 19. 선고 2023다302838, 2020다247190 판결.

생 근거와 유형을 뜻한다. 소정근로가 아닌 임시로 합의된 근로나 우발적 사정에 따라 합의된 근로는 제외된다. 또한, 정기적이고 일률적으로 지급되어야 한다는 것은 지급 방법의 관점이다. 비정기적이거나 사용자가 결정하는 임의적 비율로 지급되는 금품은 통상임금에 해당하지 않는다. 통상임금은 소정근로시간에 제공하기로 정한 근로의 가치를 평가한 기준임금으로서 근로자와 사용자가 합의한 임금이다. 따라서, 소정근로에 대한 가치평가와 무관하게 지급되는 금품은 통상임금이 아니다. 대법원은 장애인수첩 소지자에게만 지급되는 장애인수당은 소정근로의 대가로 볼 수 없어 통상임금에 해당하지 않는다고 보았다.[53)]같은 이유로, 소정근로를 넘는 추가 근로의 대가는 통상임금이 아니라 평균임금에 포함된다. 통상임금은 실제로 지급된 임금을 뜻하는 것이 아니어서 비교적 확정적이다. 그러므로, 매월 계산하여 임금 지급기일에 지급해야 하는 연장근로 가산임금, 야간근로 가산임금, 휴일근로 가산임금, 연차유급휴가수당 등을 계산하는 기초임금으로서 유용하다. 2024년 대법원 전원합의체 판결의 내용을 더 보면, "근로자가 소정근로를 온전하게 제공하면 그 대가로서 정기적, 일률적으로 지급하도록 정해진 임금은 그에 부가된 조건의 존부나 성취 가능성과 관계없이 통상임금"에 해당한다.

지금까지의 설명을 종합해보면, 근로의 대가로서 지급된 금품이 전체로서의 임금이며, 근로 대가인지 여부에 대한 판단이 불가능할 때 판례는, 계속적, 정기적, 의무적으로 지급된 금품이 있다면 근로의 대가로서 지급된 것으로 간주한다. 근로의 대가로서 지급된 전체로서의 임금 중에서 산정할 사유가 발생한 날로부터 3개월간 지급된 임금 총액을 그 기간의 총일수로 나눈 금액을 평균임금이라고 하고, 근로의 대가로서 지급된 전체로서의 임금 중에서 소정근로 또는 총근로에 대하여 정기적이고 일률적으로 지급하기로 정한 금품이 통상임금이다. 어떤 항목의 금품이 어느 정의에 포함되는가를 기계적으로 정리하면, 일부 예외는 있지만, 전체로서의 임금 개념이 가장 넓고, 그 다음으로 넓은 범위를

---

53) 대법원 2025. 1. 23. 선고 2019다204876 판결.

가진 것이 평균임금, 그 다음 통상임금이라고 할 수 있다.

보수의 체계

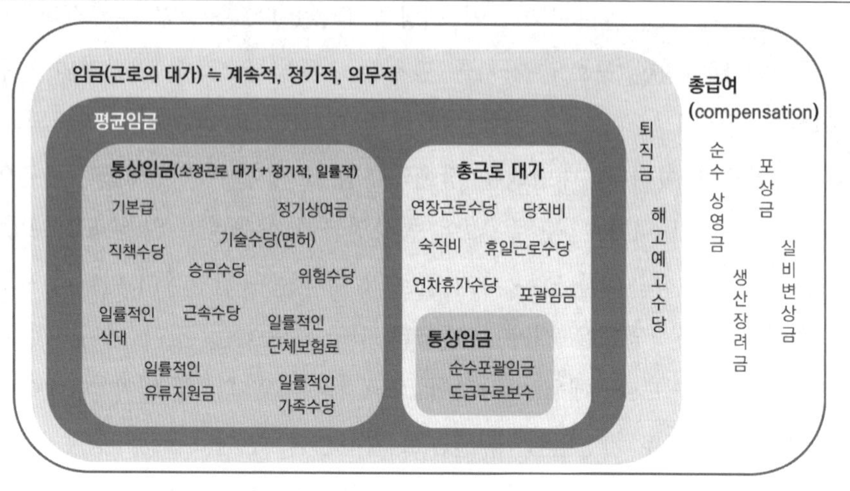

(3) 지급일 현재 재직 조건부 임금

단체협약이나 취업규칙에, 어떤 임금의 종류를 명시하면서, 그 지급과 관련하여 임금 지급일 현재 재직자에게만 지급한다는 제한 조항을 명시하는 경우가 있다. 이것을 재직 조건부 임금이라고 한다. 사용자와 근로자는 임금 구조와 체계, 개별 임금 항목의 유형과 내용, 임금 총액 등을 자유롭게 정할 수 있고, 임금의 산정 및 직듭에 관한 조건도 자유롭게 부가할 수 있다.[54] 그 조건은 강행규정에 위반되거나 탈법행위에 해당하는 등 별도의 무효 사유가 존재하지 않는 한 유효하다.[55] 노사가 어떤 임금의 내용을 형성하는 과정에서 그 임금을 지급받기 위하여 특정 시점에 재직 중이어야 한다는 조건을 부가하는 것은 원칙적으로 그 임금이 지급되기 위한 기준 내지 임금의 지급대상을 정하는 것이지 이

54) 대법원 2025. 1. 23. 선고 2019다204876 판결.
55) 대법원(전합) 2024. 12. 19. 선고 2020다247190 판결.

미 지급하기로 정해져 있는 임금을 특정 시점에 재직하지 않는다는 이유로 포기하게 하거나 박탈하는 것이라고 보기 어려우므로, 특별한 사정이 없는 한 무효라고 볼 수 없다.[56] 과거의 대법원 판결은 재직 조건부 임금은 고정성이 배제되어 통상임금이 아니라고 판단했었다.[57] 그러나 2024년 12월 대법원 전원합의체 판결은 이 견해를 변경하여 "통상임금은 실근로와 구별되는 소정근로의 가치를 반영하는 도구개념이므로, 계속적인 소정근로의 제공이 전제된 근로관계를 기초로 산정하여야 한다. 근로자가 재직하는 것은 근로계약에 따라 소정근로를 제공하기 위한 당연한 전제이다. '퇴직'은 정년의 도래, 사망, 해고 등과 함께 근로관계를 종료시켜 실근로의 제공을 중단시키는 장애사유일 뿐, 근로자와 사용자가 소정근로시간에 제공하기로 정한 근로의 대가와는 개념상 아무런 관련이 없다. 따라서 어떠한 임금을 지급받기 위하여 특정 시점에 재직 중이어야 한다는 조건이 부가되어 있다는 사정만으로 그 임금의 소정근로 대가성이나 통상임금성이 부정되지 않는다"[58]라고 판단하였다. 즉 재직 조건부 임금도 통상임금으로 보아야 한다는 의미이다. 따라서, 재직 조건무 임금이라는 이유로 통상임금 산정에서 제외하고, 그 결과 연장근로 가산임금, 야간근로 가산임금, 휴일근로 가산임금, 연차유급휴가수당 등을 계산할 때 제외했다면 이는 임금체불로 보아야 한다.[59]

(4) 일정 근무일수 충족 조건부 임금

취업규칙이나 단체협약에, 일정 근무일수를 충족하여야만 지급한다는 근무일수 조건이 부가되어 있는 임금규정이 있는 경우가 있다. 예를 들면, 어떤 달에 20일 이상 근로한 근로자에게만 지급하는 상여금이나, 15일 이상 근로한 근로자에게는 전액을 지급하지만 15일 미만 근로한 근로자에게는 일할계산해서 지

56) 대법원 2025. 1. 23. 선고 2019다204876 판결.

57) 대법원(전합) 2013. 12. 18. 선고 2012다89399, 2012다94643; 대법원 2019. 5. 16. 선고 2016다212166, 2017다209037, 2017다209044 판결 등. 이 판결들은 대법원(전합) 2024. 12. 19. 선고 2023다302838, 2020다247190 판결의 취지에 따라 변경되었다.

58) 대법원(전합) 2024. 12. 19. 선고 2020다247190 판결.

59) 서울고등법원 2018. 12. 18, 2017나2025282 판결.

급하는 상여금, 채용된 지 3개월 미만인 근로자에게는 지급하지 않고, 3개월이 초과된 근로자에게는 100%를 지급하는 상여금 등 다양한 유형이 있다. 고정성을 통상임금의 판단요건으로 보았던 과거의 대법원 판례에 따르면, 20일 이상 근로한 근로자에게만 지급하는 상여금, 15일 이상 근로한 근로자에게 전액 지급되는 일할계산 부분을 초과하는 부분의 금액, 3개월 미만자에게 미지급되는 금품 등은 고정성이 없으므로 통상임금이 아니라고 보아서 사용자에게 지급의무도 인정하지 않았다. 이러한 판단은 통상임금의 개념으로 고정성을 요구한 문제도 있지만, 근로의 대가성 판단에 대한 오류에서 비롯된 것이라는 비판을 받아 왔다. 이에 대하여 현재의 대법원 판례는 "그와 같은 조건이 소정근로를 온전하게 제공하는 근로자라면 충족할 조건, 즉 소정근로일수 이내로 정해진 근무일수 조건인 경우에는 그러한 조건이 부가되어 있다는 사정만으로 그 임금의 통상임금성이 부정되지 않는다"[60]라고 판단하였다. 근로자의 실제 근무일수가 소정근로일수에 미치지 못하여 근로자가 근무일수 조건부 임금을 지급받지 못하게 되는 경우에 대해서도 "그 임금이 소정근로 대가성, 정기성, 일률성을 갖추고 있는 한 이를 통상임금에 산입하여 연장·야간·휴일근로에 대한 법정수당을 산정하여야 한다"고 보았다. 반면 소정근로일수를 초과하는 근무일수 조건부 임금은 소정근로를 제공하였다고 하여 지급되는 것이 아니고 소정근로를 넘는 추가 근로의 대가이므로 통상임금이 아니다.[61]

---

60) 대법원(전합) 2024. 12. 19. 선고 2023다302838, 2020다247190 판결.

61) 대법원(전합) 2024. 12. 19. 선고 2023다302838 판결 대법원 2025. 1. 23. 선고 2019다204876 판결.

제6장 퇴직금

I. 퇴직금의 개념과 도입 경과

1. 퇴직금의 개념

퇴직금이란 사직, 해고, 정년퇴직, 근로계약기간 만료 등 근로계약기간이 종료될 경우 사용자가 근로자에게 지급하는 급여를 말한다. 근로기준법 제34조는 퇴직급여 제도를 퇴직급여보장법에 전부 위임하고 있다.

근로기준법 제34조(퇴직급여 제도)

사용자가 퇴직하는 근로자에게 지급하는 퇴직급여 제도에 관하여는 「근로자퇴직급여 보장법」이 정하는 대로 따른다.

퇴직급여보장법은 계속근로기간 1년에 대하여 30일분 이상의 평균임금을 지급하도록 정하고 있다. 따라서 1년간 근로를 제공하면 계약 형태와 관계없이 퇴직금이 발생한다(퇴직급여보장법 제8조). 퇴직금의 법적 성격도 임금에 해당하는 것으로 보기 때문에 퇴직한 날로부터 3년간 행사하지 않으면 퇴직금 채권은 시효로 소멸한다(근로기준법 제49조).

근로자퇴직급여 보장법 제8조(퇴직금제도의 설정 등)

① 퇴직금제도를 설정하려는 사용자는 계속근로기간 1년에 대하여 30일분 이상의 평균임금을 퇴직금으로 퇴직 근로자에게 지급할 수 있는 제도를 설정하여야 한다.

2. 퇴직금 제도의 도입 경과

퇴직금 제도는 1953년 제정 근로기준법에 사용자가 취업규칙에 명시하여 시행해야 하는 제도로 규정되었다. 1961년 개정 근로기준법은 퇴직금의 산정 방법을 계속근로연수 1년에 대하여 30일분 이상의 평균임금을 지급하도록 정하는 동시에 위반시 형사처벌을 규정하였다. 퇴직금 제도는 비록 1953년 제정 근로기준법에도 규정되었지만, 퇴직금 지급이 사용자에게 강제되기 시작한 것은 1961년 이후라고 보아도 무방하다. 2005년 퇴직급여보장법이 제정되면서 퇴직금 제도는 전적으로 퇴직급여보장법에 의해 규율되고 있으며, 퇴직금제도와 병행하여 퇴직연금제도가 도입되어 있다.

3. 퇴직연금제도

(1) 퇴직연금제도의 개념

퇴직연금제란 사용자가 퇴직급여 재원을 사외(금융기관)에 적립하여, 근로자가 퇴직 이후 퇴직급여를 연금 또는 일시금으로 수령할 수 있도록 하는 노후소득 보장제도를 말한다. '퇴직급여제도'라고 하면 확정급여형 퇴직연금제도(DB형: Defined Benifit), 확정기여형 퇴직연금제도(DC형: Defined Contribution), 중소기업 퇴직연금기금제도 및 퇴직급여보장법 제8조에 따른 퇴직금제도를 말하고, '퇴직연금제도'라고 하면 확정급여형 퇴직연금제도, 확정기여형 퇴직연금제도 및 개인형 퇴직연금제도(IRP: Individual Retirement Pension)를 말한다(퇴직급여보장법 제2조 제6호, 제7호).

(2) 퇴직연금제도의 종류

확정급여형 퇴직연금제도는 근로자가 받을 급여의 수준이 사전에 결정되어 있는 퇴직연금제도를 말하는데(퇴직급여보장법 제2조 제8호) 사용자가 매년 부담금을 사외 금융기관 등에 적립·운용하고, 근로자는 퇴직시 사전에 확정된 퇴직급여를 수령하도록 하는 제도이다(퇴직급여보장법 제13조). 확정기여형 퇴직연금제도는 급여의 지급을 위하여 사용자가 부담하여야 할 부담금의 수준이 사전에 결정되어 있는 퇴직연금제도를 말하는데(퇴직급여보장법 제2조 제9호), 사용자가 연간 임금 총액의 12분의 1 이상의 범위에서 사전에 확정된 부담금을 사외 금융기관 등에 납입하고, 근로자가 그 적립금을 운용하여 적립금과 운용수익을 퇴직시 급여로 수령하도록 하는 제도이다(퇴직급여보장법 제19조, 제20조). 근로자는 확정급여형 퇴직연금제도이든 확정기여형 퇴직연금제도이든 퇴직시 퇴직급여를 개인형 퇴직연금제도(IRP: Individual Retirement Pension)의 계정으로 받게 된다. 이 계좌에서 근로자는 퇴직급여를 적립·운영할 수도 있고, 일시금으로 인출할 수도 있다. 한편 퇴직급여보장법은 상시 30명 이하의 근로자를 사용하는 중소기업에 종사하는 근로자의 안정적인 노후생활 보장을 지원하기 위하여 둘 이상의 중소기업 사용자 및 근로자가 납입한 부담금 등으로 공동의 기금을 조성·운영하여 근로자에게 퇴직연금을 지급하는 중소기업 퇴직연금기금제도를 규정하고 있다(퇴직급여보장법 제23조의2). 중소기업 퇴직연금기금제도를 설정한 사용자는 매년 1회 이상 정기적으로 가입자의 연간 임금총액의 12분의 1 이상에 해당하는 부담금을 현금으로 가입자의 중소기업 퇴직연금기금제도 계정에 납입하여야 한다(퇴직급여보장법 제23조의7). 상시 10명 미만의 근로자를 사용하는 사업의 경우 제4조제1항 및 제5조에도 불구하고 사용자가 개별 근로자의 동의를 받거나 근로자의 요구에 따라 개인형 퇴직연금제도를 설정하는 경우에는 해당 근로자에 대하여 퇴직급여제도를 설정한 것으로 본다(퇴직급여보장법 제25조).

(3) 퇴직연금제도의 설정과 운용

개별 사업 또는 사업장에서 퇴직연금제도를 설정하기 위해서는, 사용자가 근로자대표의 동의를 받아 도입해야 한다. 이때 먼저 퇴직연금사업자 선정, 가입자 범위, 부담금, 급여종류 및 수급요건 등 법정 기재사항이 포함된 퇴직연금규약을 노사가 자율적으로 작성하여, 근로자대표의 동의를 받아 지방고용노동관서장에게 신고하여야 한다. 사용자가 확정급여형 퇴직연금규약 또는 확정기여형 퇴직연금규약을 신고하지 않으면 1천만 원 이하의 과태료가 부과될 수 있다(퇴직급여보장법 제48조 제2항 제1호). 그리고, 사용자는 근로자대표의 동의를 받아 퇴직연금사업자를 선정하고 운용관리 및 자산관리 계약을 체결해야 한다. 퇴직연금사업자가 적립된 퇴직연금기금의 운용관리 및 자산관리 업무를 수행하며, 퇴직연금사업자는 설정된 퇴직연금제도의 종류에 따라 사용자 또는 가입자인 근로자의 운용지시를 받아 적립금을 운용한다.

퇴직연금 사업자는 적립금이 최소적립금을 넘고 있는지 확인하여 그 결과를 사용자에게 알려야 하고(퇴직급여보장법 제16조 제2항), 적립금이 최소적립금보다 적은 경우 그 확인 결과를 근로자대표에게 알려야 한다. 사용자는 적립금이 최소적립금보다 부족한 경우 적립금 부족을 해소하여야 한다(퇴직급여보장법 제16조 제3항). 퇴직연금사업자가 사용자나 근로자대표에게 알려야 하는 위의 의무를 이행하지 않거나 사용자가 적립금 부족을 해소하지 않으면 1천만원 이하의 과태료가 부과될 수 있다(퇴직급여보장법 제48조 제1항 제1호, 제2호).

확정급여형 퇴직연금제도 또는 확정기여형 퇴직연금제도를 설정한 사용자는 매년 1회 이상 가입자에게 해당 사업의 퇴직연금제도 운영 상황 등에 관한 교육을 하여야 한다(퇴직급여보장법 제32조 제2항). 개인형 퇴직연금제도를 운영하는 퇴직연금사업자는 해당 사업의 퇴직연금제도 운영 상황 등을 매년 1회 이상 가입자에게 교육을 하여야 한다(퇴직급여보장법 제33조 제5항). 이와 같은 교육 의무를 이행하지 않은 사용자와 퇴직연금사업자에게는 1천만원 이하의 과태료가 부과될 수 있다(퇴직급여보장법 제48조 제1항 제3호, 제4호).

사용자가 퇴직 급여제도의 내용을 변경하려는 경우에는 근로자의 과반수가 가입한 노동조합이 있는 경우에는 그 노동조합, 근로자의 과반수가 가입한 노동조합이 없는 경우에는 근로자 과반수(근로자 대표)의 의견을 들어야 하며(퇴직급여보장법 제4조 제3항), 근로자에게 불리하게 변경하려는 경우에는 근로자대표의 동의를 받아야 한다(퇴직급여보장법 제4조 제4항). 아직 설명하지 않았지만, 퇴직연금규약의 작성 및 변경제도는 취업규칙 작성, 변경 제도와 유사한 면이 많다.

Ⅱ. 퇴직금의 지급

1. 퇴직금의 지급

사용자는 근로자가 퇴직한 경우에는 그 지급사유가 발생한 날부터14일 이내에 퇴직금을 지급하여야 한다. 퇴직연금제도를 운용하고 있는 경우에는 퇴직연금사업자가 퇴직하는 근로자의 개인형 퇴직연금제도(IRP)의 계정에 입금하는 방법으로 지급한다. 이 역시 14일 이내에 입금되어야 한다.

근로자퇴직급여 보장법 제9조(퇴직금의 지급 등)

① 사용자는 근로자가 퇴직한 경우에는 그 지급사유가 발생한 날부터 14일 이내에 퇴직금을 지급하여야 한다. 다만, 특별한 사정이 있는 경우에는 당사자 간의 합의에 따라 지급기일을 연장할 수 있다.

② 제1항에 따른 퇴직금은 근로자가 지정한 개인형퇴직연금제도의 계정 또는 제23조의8에 따른 계정(이하 "개인형퇴직연금제도의 계정등"이라 한다)으로 이전하는 방법으로 지급하여야 한다. 다만, 근로자가 55세 이후에 퇴직하여 급여를 받는 경우 등 대통령령으로 정하는 사유가 있는 경우에는 그러하지 아니하다.

2. 퇴직금의 중간정산

퇴직금의 중간정산은 무주택자인 근로자가 본인 명의로 주택을 구입하는 경우, 무주택자인 근로자가 주거를 목적으로 주택 전세금 또는 주택 임대차 보증금을 부담하는 경우. 근로자가 본인이나 배우자, 또는 부양가족의 질병이나 부상으로 6개월 이상 요양을 필요로 하는 경우로서 근로자가 본인 연간 임금총액의 1천분의 125를 초과하여 의료비를 부담해야 하는 경우, 퇴직금 중간정산을 신청하는 날부터 거꾸로 계산하여 5년 이내에 근로자가 채무자 회생 및 파산에 관한 법률에 따라 파산선고를 받은 경우, 임금피크제를 시행하는 경우, 사용자가 근로자와의 합의에 따라 소정근로시간을 1일 1시간 또는 1주 5시간 이상 단축함으로써 단축된 소정근로시간에 따라 근로자가 3개월 이상 계속 근로하기로 한 경우, 재난으로 피해를 입은 경우에 한정하여 된다. 이와 같이 퇴직금 중간정산을 엄격하게 제한하는 이유는, 퇴직 후 근로자의 생계 보장이라는 퇴직금 제도의 취지에 충실하고, 퇴직금 적립 부담을 줄이려는 사용자의 중간지급을 방지하기 위해서이다.

근로자퇴직급여 보장법 제8조(퇴직금제도의 설정 등)

② 제1항에도 불구하고 사용자는 주택구입 등 대통령령으로 정하는 사유로 근로자가 요구하는 경우에는 근로자가 퇴직하기 전에 해당 근로자의 계속근로기간에 대한 퇴직금을 미리 정산하여 지급할 수 있다. 이 경우 미리 정산하여 지급한 후의 퇴직금 산정을 위한 계속근로기간은 정산시점부터 새로 계산한다.

3. 퇴직급여 차등제도 금지

퇴직급여제도를 설정하는 경우에 하나의 사업에서 급여 및 부담금 산정방법의 적용 등에 관하여 차등을 두어서는 안 된다(퇴직급여보장법 제4조 제2항). 이를 위반하면 2년 이하의 징역 또는 1천만 원 이하의 벌금에 처해질 수 있다(퇴직급여보장법 제45조 제1호).

제7장 임금에 관한 기타의 규율

I. 임금체불에 대한 규율

1. 미지급 임금에 대한 지연이자

사용자는 임금 및 퇴직금을 그 지급 사유가 발생한 날부터 14일 이내에 지급해야 한다(근로기준법 제37조). 만약 14일 이내에 지급하지 않으면, 그 다음 날부터 지급하는 날까지의 지연 일수에 대하여 연 100분의 40 이내의 범위에서 은행법에 따른 은행이 적용하는 연체금리 등 경제 여건을 고려하여 대통령령으로 정하는 이율에 따른 지연이자를 지급하여야 한다. 대통령령으로 정한 이율은 현재 100분의 20이다(근로기준법 시행령 제17조). 매우 높은 고이율이다. 다만, 천재나 사변이 발생하는 등 특별한 사정이 있는 경우에는 예외로 한다.

2. 체불사업주 명단 공개와 징벌적 손해배상

고용노동부장관은 근로기준법에 따른 임금, 보상금, 수당, 그 밖에 일체의 금품과 퇴직금을 지급하지 않은 사업주가 명단 공개 기준일 이전 3년 이내 임금 등을 체불하여 2회 이상 유죄가 확정된 자로서 명단 공개 기준일 이전 1년 이내 임금 등의 체불총액이 3천만 원 이상인 경우에는 그 인적 사항 등을 공개할 수 있고(근로기준법 제43조의2), 명단이 공개된 체불사업주에 대하여 출국금지를 요청할 수 있다(제43조의7). 명단을 공개하기 전에 체불사업주에게 3개월 이상의 기간을 정하여 소명기회를 부여해야 한다. 명단의 공개 여부와 상습체불사업주에 관한 사항을 심의하기 위해 고용노동부에 임금체불정보심의위원회를 둔다.

고용노동부장관은 임금체불정보심의위원회의 심의를 거쳐 임금 등 체불자료 제공일이 속하는 연도의 직전 연도 1년간 근로자에게 3개월분 임금 이상 체불한 사업주, 임금 등 체불자료 제공일이 속하는 연도의 직전 연도 1년간 근로자에게 5회 이상 임금 등을 체불하고, 체불총액이 3천만원 이상인 사업주에 대하여 상습체불사업주로 지정할 수 있다(근로기준법 제43조의3). 상습체불사업주로 정하기 전에 해당 사업주에게 3개월 이상의 기간을 정하여 소명 기회를 주어야 한다.

임금 체불 사업주에 대하여 근로자에게 사업주가 지급하여야 하는 임금 등의 3배 이내의 금액에 해당하는 징벌적 손해배상 청구를 허용하고 있다(근로기준법 제43조의8). 징벌적 손해배상 청구의 대상이 되는 사용자는 명백한 고의로 퇴직금을 제외한 임금의 전부 또는 일부를 지급하지 않은 경우, 1년 동안 임금 등의 전부 또는 일부를 지급하지 아니한 개월 수가 총 3개월 이상인 경우, 지급하지 않은 임금 등의 총액이 3개월 이상의 통상임금에 해당하는 경우 등이다.

헌법 제32조 제2항에 따라 모든 국민에게 근로의 의무가 부과되어 있고, 제1항에 따라 적정임금 보장 노력 의무가 국가에 부과되어 있다는 점을 고려할 때 근로기준법이 적극적으로 임금체불을 규제하고 사용자에게 압박을 가하는 제도를 두고 있는 것은 당연한 내용이라고 할 수 있다.

3. 도급사업의 경우 임금 지급 책임

도급사업의 경우 사용자는 도급이나 그 밖에 이에 준하는 제도로 사용하는 근로자에게 근로시간에 따라 일정액의 임금을 보장하여야 한다(근로기준법 제47조). 근로기준법은 여기에 그치지 않고 재하도급의 경우에 하도급업체 즉, 소위 하청업체 근로자의 임금 보장을 위해 하도급을 준 여러 단계의 도급인에 대하여도 임금지급과 관련된 책임을 부과하고 있다.

여러 차례의 도급으로 수행되는 사업인 경우에 하수급인이 직상수급인의 귀책사유로 임금을 지급하지 못한 경우에는 그 직상수급인이 그 하수급인과 연대하여 책임진다(근로기준법 제44조). 이때, 직상 수급인의 귀책사유가 그 상위 수급인의 귀책사유에 의하여 발생한 경우에는 그 상위 수급인도 연대하여 책임을 지도록 한다.

건설업에서 사업이 2차례 이상 도급이 이루어진 경우에 건설사업자가 아닌 하수급인이 그가 해당 건설공사에서 사용한 근로자에게 임금을 지급하지 못한 경우에는 그 직상 수급인은 하수급인과 연대하여 하수급인이 사용한 근로자의 임금을 지급할 책임을 진다(근로기준법 제44조의2). 그리고, 직상 수급인이 하수급인을 대신하여 하수급인이 사용한 근로자에게 지급하여야 하는 임금을 직접 지급할 수 있다는 뜻과 그 지급방법 및 절차에 관하여 직상 수급인과 하수급인이 합의한 경우, 민사집행법에 따른 확정된 지급명령, 하수급인의 근로자에게 하수급인에 대하여 임금채권이 있음을 증명하는 집행증서 또는 소액사건심판법에 따라 확정된 이행권고결정 등 집행권원이 있는 경우, 하수급인이 그가 사용한 근로자에 대하여 지급하여야 할 임금채무가 있음을 직상 수급인에게 알려주고, 직상 수급인이 파산 등의 사유로 하수급인이 임금을 지급할 수 없는 명백한 사유가 있다고 인정하는 경우와 같은 때에는 직상 수급인은 하수급인에게 지급하여야 하는 하도급 대금 채무의 부담 범위에서 그 하수급인이 사용한 근로자가 청구하면 하수급인이 지급하여야 하는 임금에 해당하는 금액을 근로자에게 직접 지급하여야 한다. 또한, 건설산업기본법에 따른 발주자의 수급인으로부터 공사도급이 2차례 이상 이루어진 경우로서 하수급인이나 재하도급 받은 수급인이 사용한 근로자에게 그 하수급인에 대한 민사집행법상 집행권원이 있는 경우에는 그 근로자는 하수급인이 지급하여야 하는 임금에 해당하는 금액을 원수급인에게 직접 지급할 것을 요구할 수 있다(근로기준법 제44조의3). 직상 수급인 또는 원수급인이 하수급인이 사용한 근로자에게 임금에 해당하는 금액을 근로기준법이 정하는 바에 따라 지급한 경우에는 하수급인에 대한 하도급 대금 채무는 그 범위에서 소멸한 것으로 본다.

Ⅱ. 특별한 경우의 임금

1. 휴업수당

(1) 휴업수당의 개념

휴업수당이란 사용자의 귀책사유로 휴업하는 경우 휴업기간 동안 평균임금의 70%이상을 지급하도록 하는 제도를 말한다(근로기준법 제46조).

근로기준법 제46조(휴업수당)

① 사용자의 귀책사유로 휴업하는 경우에 사용자는 휴업기간 동안 그 근로자에게

평균임금의 100분의 70 이상의 수당을 지급하여야 한다. 다만, 평균임금의 100분의 70에 해당하는 금액이 통상임금을 초과하는 경우에는 통상임금을 휴업수당으로 지급할 수 있다.

② 제1항에도 불구하고 부득이한 사유로 사업을 계속하는 것이 불가능하여 노동위원회의 승인을 받은 경우에는 제1항의 기준에 못 미치는 휴업수당을 지급할 수 있다.

여기에서 휴업이란 사업의 전부 또는 일부가 가동을 중단하거나 조업을 단축하는 경우 등 사업 자체의 기능이 제한되는 집단적 경영장애 상태를 말한다. 휴업의 대상은 사업장 전체에 대한 휴업뿐만 아니라 근로자 개인에 대한 휴업도 가능하다.[62] 동일 원인으로 행해지는 휴직이나 대기발령도 휴업의 개념에 포함될 수 있다. 대법원은 이에 관하여 "근로기준법 제46조제1항에서 정하는 '휴업'에는 개개의 근로자가 근로계약에 따라 근로를 제공할 의사가 있는데도 그 의사에 반하여 취업이 거부되거나 불가능하게 된 경우도 포함되므로, 이는 '휴직'을 포함하는 광의의 개념인데, 근로기준법 제23조제1항에서 정하는 '휴직'은 어떤 근로자를 그 직무에 종사하게 하는 것이 불가능하거나 적당하지 아니한 사유가 발생한 때에 그 근로자의 지위를 그대로 두면서 일정한 기간 그 직무에 종사하는 것을 금지시키는 사용자의 처분을 말하는 것이고, '대기발령'은 근로자가 현재의 직위 또는 직무를 장래에 계속 담당하게 되면 업무상 장애 등이 예상되는 경우에 이를 예방하기 위하여 일시적으로 당해 근로자에게 직위를 부여하지 아니함으로써 직무에 종사하지 못하도록 하는 잠정적인 조치를 의미하므로, 대기발령은 근로기준법 제23조 제1항에서 정한 '휴직'에 해당한다고 볼 수 있다. 따라서 사용자가 자신의 귀책사유에 해당하는 경영상의 필요에 따라 개별 근로자들에 대하여 대기발령을 하였다면 이는 근로기준법 제46조제1항에서 정한 휴업을 실시한 경우에 해당하므로 사용자는 그 근로자들에게 휴업수당을 지급할 의무가 있다"[63]고 판시하였다.

---

62) 대법원 1991. 6. 28. 선고 90다카25277 판결.
63) 대법원 2013. 10. 11. 선고 2012다12870 판결.

(2) 사용자의 귀책사유

사용자가 휴업수당을 지급해야 하는 의무를 부담하게 되는 근거는, 휴업이 불가피한 상황이 초래된 것에 대한 귀책사유가 사용자에게 있기 때문이다. 여기에서 사용자의 귀책사유가 무엇을 의미하는지에 대하여 견해의 대립이 있다. 휴업수당제도의 취지를 고려하면, 휴업수당 지급 책임의 발생 원인이 되는 사용자의 귀책사유는 민법상의 귀책사유보다 넓게 해석되어야 한다. 따라서 사용자에게 고의 또는 과실이 있는 경우뿐만 아니라 사용자의 세력범위 내에서 발생한 경영장애도 사용자의 귀책사유로 인정될 수 있다. 이를 세력범위설 또는 지배영역설이라고 표현하기도 한다. 따라서 기계 고장, 원자재 부족, 주문 감소, 판매부진, 협력업체의 부품 공급 중단, 감독관청의 조업중지명령, 모회사 경영난 등으로 인한 조업 중단이나 축소, 사용자의 부당해고 처분[64] 등으로 인해 근로를 제공하지 못한 기간은 휴업수당 지급 대상 기간이 될 수 있다. 다만, 전쟁, 태풍 등 천재지변, 각종 법률이나 규정에 따른 기계·기구 정기검사, 전염병으로 인한 정부 명령 등으로 인한 조업 중단이나 축소 등 불가항력에 의한 휴업의 경우에는 사용자의 귀책사유가 부인되어 휴업수당 지급의무도 문제되지 않는다. 사용자가 정당하게 직장폐쇄를 한 기간은 사용자의 임금지급 의무가 없으므로 휴업수당과는 무관하다.

경영 위기 상황에 처한 기업이 부서별 순환휴직이나 무급휴직을 시행하는 경우가 있다. 지배영역설에 따르면 경영 위기 상황에서의 순환휴직이나 무급휴직도 노동위원회의 승인을 받아 실시하는 것이 원칙이다(근로기준법 제46조 제2항). 다만 관행적으로는, 근로자들의 자발적 신청과 사용자의 승인을 전제로 임금을 지급하지 않거나 일부만 지급하는 순환휴직을 시행하는 것은 가능하다고 보고 있다. 고용노동부 행정해석 중에는 거래처의 하도급계약 해지로 휴업하게 된 사례에서, 개별 근로자가 자진하여 무급휴직을 신청하고 사용자가 이를 승인했다면 근로자와 사용자간의 근로관계가 일시 정지되는 것이므로 사용자는 금품 지급

---

64) 대법원 1991.6.28. 선고 90다카25277 판결; 대법원 1991. 12. 13. 선고 90다18999 판결.

의무를 면하게 된다고 본 사례가 있다.65)

(3) 휴업수당의 지급액

휴업수당의 액수는 휴업기간 동안 평균임금의 70% 이상이어야 한다. 평균임금의 100분의 70에 해당하는 금액이 통상임금을 초과하는 경우에는 통상임금을 휴업수당으로 지급할 수 있다. 또한, 부득이한 사유로 사업을 계속하는 것이 불가능하여 노동위원회의 승인을 받은 경우에는 100분의 70에 못 미치는 휴업수당을 지급할 수 있다. 근로자는 노동위원회의 감액 승인 처분에 대하여 중앙노동위원회에 재심을 신청할 수 있으며66), 재심 처분에 대한 행정소송 제기도 가능하다.67) 여기에서 부득이한 사유란 일반적으로 천재지변 기타 불가항력적인 사유로 사용자가 최선의 노력을 다해도 조업의 계속이 불가능한 경우를 말한다. 대법원 판례 중에는 "경영장애 장기화로 사업의 유지가 곤란하게 될 경우"를 부득이한 사유로 인정한 사례가 있다.68)

휴업수당을 지급받는 휴업 기간 중에 근로자가 다른 곳에서 근로를 제공하여 수입을 얻은 경우에 그 수입을 중간수입으로 보아 사용자가 중간수입을 얻은 만큼 공제하고 지급할 수 있는지가 문제된다. 민법 제538조에 따른 중간수입 공제 문제이다. 대법원 판례는 그 수입을 근로자가 자기의 채무를 면함으로써 얻은 이익에 해당한다고 보아 중간수입 공제를 긍정하지만, 휴업수당으로 지급되어야 하는 평균임금의 100분의 70 이하의 금액이 되도록 공제할 수는 없다고 한다.69) 단체협약 또는 취업규칙에 평균임금의 100분의 70을 초과하는 금액이 휴업수당으로 규정되어 있을 경우에만 중간수입 공제가 가능한 셈이다. 그러나, 휴업 기간 중에 근로자가 다른 곳에서 근로를 제공하여 얻은 수입을 휴업

---

65) 근로조건지도과-1005, 2008. 4. 22.

66) 대법원 1995. 6. 30. 선고 94누9955 판결.

67) 대법원 1968. 9. 17. 선고 68누151 판결.

68) 대법원 2000. 11. 24. 선고 99두4280 판결.

69) 대법원 1991.6.28. 선고 90다카25277 판결; 대법원 1991.12.13. 선고 90다18999 판결; 대법원 1993. 11. 9. 선고 93다37915 판결 등.

으로 인해 근로제공 채무가 면제된 것과 상당한 인과관계가 있는 수입이라고 할 수 있는지 의문이다. 출퇴근을 위한 교통비, 작업복의 세탁비 등은 휴업으로 인해 근로제공 의무를 면함으로써 얻게 되는 상당인과관계가 있는 이익이라고 볼 수 있겠지만, 다른 곳에 취업해서 근로를 제공하는 등 근로자의 적극적인 행위가 개입된 경우 이를 근로제공 채무를 면함으로써 얻은 수입이라고 보기는 어렵다고 생각한다.

앞의 대법원 판례도 해고와 관련된 것이기는 하지만, 해고와 관련된 사례를 더 설명해보면, 대법원은 정리해고가 유효한데 사용자가 재고용 의무를 불이행한 사례에서, 정당한 정리해고를 통한 근로관계 해소는 정당하므로 사용자의 귀책사유를 인정할 수 없어서 휴업수당 규정 적용이 불가능하다고 보았다. 즉 "사용자의 고용의무 불이행을 이유로 고용의무를 이행하였다면 받을 수 있었던 임금 상당액을 손해배상으로 청구하는 경우, 근로자가 사용자에게 제공하였어야 할 근로를 다른 직장에 제공함으로써 얻은 이익이 사용자의 고용의무 불이행과 사이에 상당인과관계가 인정된다면, 이러한 이익은 고용의무 불이행으로 인한 손해배상액을 산정할 때 공제되어야 한다. 한편 사용자의 고용의무 불이행을 이유로 손해배상을 구하는 경우와 같이 근로관계가 일단 해소되어 유효하게 존속하지 않는 경우라면 근로기준법 제46조가 정한 휴업수당에 관한 규정을 적용할 수 없다"[70]고 판단하였다. 부당해고의 경우에는 휴업수당 규정의 적용을 긍정하여 중간수입공제를 인정했지만, 역시 평균임금의 100분의 70을 초과하는 부분에 대한 공제만을 인정했다.[71]

(4) 휴업수당 지급의무 위반의 효과

사용자가 근로기준법 제46조에 따른 휴업수당 지급의무를 위반하면 3년 이하의 징역 또는 3천만 원 이하의 벌금이 부과될 수 있다(근로기준법 제109조 제1항).

---

70) 대법원 2020. 11. 16. 선고 2016다13437 판결.

71) 대법원 1991.6.28. 선고 90다카25277 판결; 대법원 1991.12.13. 선고 90다18999 판결; 대법원 1993. 11. 9. 선고 93다37915 판결 등.

2. 포괄임금제

(1) 포괄임금제의 개념

포괄임금제란 사용자와 근로자가 연장근로 가산임금, 휴일근로 가산임금, 연차유급휴가 수당, 퇴직금 등 일정 항목의 임금을 다른 항목의 급여에 포함된 것으로 합의하고 일괄하여 지급하는 임금지급방법을 말한다. 포괄임금제에는 본래의 통상임금 액수를 미리 산정하지 않은 채 제수당을 합한 금액을 월급여액으로 정하는 임금지급방법을 말하는 정액급제[72], 본래의 통상임금 액수를 정한 뒤에 매월 일정액을 제수당으로 지급하는 임금지급방법인 정액수당제[73]의 두 가지가 있다. 포괄임금 합의가 정당한 경우, 근로자가, 예를 들어 포괄임금 합의가 되어 있는 연장근로 가산임금의 액수에 해당하는 시간보다 더 장시간 연장근로를 한 것을 입증한다 해도 사용자가 이를 추가로 계산해서 지급해야 하는 의무가 발생하지 않는다. 이 점에서 고정연장근로수당제(고정 OT제)와 구별해야 한다.

근로자와 사용자 사이의 포괄임금 합의는 엄격히 보면, 근로기준법상 근로시간 규정과 임금 규정에 위배되므로 무효라고 보아야 한다. 그러나, 1980년대 이전에 대법원이 판례를 통해 통상임금을 기초로 각종 가산임금을 지급하는 원칙에 대한 예외로서 사업장의 관행을 인정한 것[74]에서 유래되어 여전히 대법원은 포괄임금 합의의 유효성을 원칙적으로 인정하고 있다. 그러나, 퇴직급여보장법 등의 제정으로 인해 포괄임금 합의를 할 수 있는 영역이 강행법규에 의해 제한되면서 대법원도 연장근로 가산임금, 휴일근로 가산임금 등에 대해서만 포괄임금 합의의 유효성을 인정하는 등 인정 범위를 제한해 가는 추세로 보인다.

---

72) 대법원 1982. 3. 9. 선고 80다2384 판결; 대법원 1984. 1. 24. 선고 83도2068 판결; 대법원 1987. 8. 18. 선고 87다카474 판결 등.

73) 대법원 1983. 9. 13. 선고 82다카49 판결; 대법원 1991. 4. 23. 선고 89다카32118 판결; 대법원 2005. 6. 9. 선고 2005도1089 판결

74) 대법원 1982. 3. 9. 선고 80다2384 판결; 대법원 1982. 12. 28. 선고 80다3120 판결; 대법원 1983. 9. 13. 선고 82다카49 판결; 대법원 1984. 1. 24. 선고 83도2068 판결; 대법원 1987. 8. 18. 선고 87다카474 판결 등.

(2) 포괄임금제의 유효 요건

포괄임금제는 근로시간 산정이 어려운 경우에만 허용된다. 대법원은 근로시간의 산정이 어려운 경우가 아니라면 특별한 사정이 없는 한 포괄임금제 방식의 임금지급계약 체결은 근로기준법에 반한다고 본다. 즉 "감시·단속적 근로 등과 같이 근로시간의 산정이 어려운 경우가 아니라면 달리 근로기준법상의 근로시간에 관한 규정을 그대로 적용할 수 없다고 볼 만한 특별한 사정이 없는 한 근로기준법상의 근로시간에 따른 임금지급의 원칙이 적용되어야 할 것이므로, 이러한 경우에도 근로시간 수에 상관없이 일정액을 법정수당으로 지급하는 내용의 포괄임금제 방식의 임금 지급계약을 체결하는 것은 그것이 근로기준법이 정한 근로시간에 관한 규제를 위반하는 이상 허용될 수 없다"[75]고 하면서, "근로시간의 산정이 어려운 사정이 없음에도 포괄임금제 방식으로 약정된 경우 그 포괄임금에 포함된 정액의 법정수당이 근로기준법이 정한 기준에 따라 산정된 법정수당에 미달하는 때에는 그에 해당하는 포괄임금제에 의한 임금 지급계약 부분은 근로자에게 불이익하여 무효라 할 것이고, 사용자는 근로기준법의 강행성과 보충성 원칙에 의해 근로자에게 그 미달되는 법정수당을 지급할 의무가 있다"라고 판시하였다. 이 판결이 포괄임금제에 관한 최근의 대법원의 관점을 보여주는 대표적인 판례라고 할 수 있다.

또한, 대법원은 포괄임금제가 유효하려면 단체협약이나 취업규칙에 포괄임금제 시행에 관한 명시적인 근거가 있거나, 적어도 단체협약이나 취업규칙의 내용보다 근로자에게 불리하지 않아야 한다고 본다.[76] 그리고, 단체협약이나 취업규칙 등에 각종 수당 산정기준을 세부적으로 정하는 경우 포괄임금제를 인정할 수 없다고 보고 있다. 대표적인 판결을 보면, "비록 개별 사안에서 근로형태나 업무의 성격상 연장·야간·휴일근로가 당연히 예상된다고 하더라도 기본급과는 별도로 연장·야간·휴일근로 가산임금 등을 세부항목으로 명백히 나누어 지급하

---

75) 대법원 2010. 5. 13. 선고 2008다6052 판결.

76) 대법원 1987. 8. 18. 선고 87다카474 판결; 대법원 1992. 2. 28. 선고 91다30828 판결; 대법원 1998. 3. 24. 선고 96다24699 판결

도록 단체협약이나 취업규칙, 급여규정 등에 정하고 있는 경우는 포괄임금제에 해당하지 아니한다고 할 것이고,단체협약 등에 일정 근로시간을 초과한 연장근로시간에 대한 합의가 있다거나 기본급에 수당을 포함한 금액을 기준으로 임금 인상률을 정하였다는 사정 등을 들어 바로 위와 같은 포괄임금제에 관한 합의가 있다고 섣불리 단정할 수는 없다"[77]고 판시하고 있다. 이 경우에는 고정연장근로수당제로서 정당한지 여부가 검토될 수 있을 것이다.

(3) 포괄임금제도의 폐지

포괄임금제를 폐지하는 것과 관련하여 만약 취업규칙에 포괄임금제가 규정되어 있다면, 근로기준법 제94조의 취업규칙 불이익 변경 절차를 따라 해당 사업 또는 사업장에 근로자의 과반수로 조직된 노동조합이 있는 경우에는 그 노동조합, 근로자의 과반수로 조직된 노동조합이 없는 경우에는 근로자의 과반수의 동의를 받아야 하는지, 아니면 불이익 변경이 아니라고 보아 의견만 들으면 되는지 여부가 문제될 수 있다. 최근 실근로시간이 점점 줄어드는 추세 속에서, 포괄임금 합의가 오히려 임금상승 요인이 되는 경우가 많기 때문에, 포괄임금제나 고정연장근로수당제를 폐지하면 근로자들의 임금 수령액이 감소하게 되는 경우가 많다. 불이익 변경에 해당하는지 여부는 해당 사업 또는 사업장의 연장근로 실태와 임금액의 증감 등 구체적인 상황에 따라 달리 판단하여야 할 것이다.

3. 최저임금제

(1) 최저임금제도의 개념과 적용 범위, 효력

최저임금제도는 국가가 임금의 최저수준을 정하고 사용자에게 그 이상의 임금액을 지급하도록 강제하는 제도이다. 최저임금법에 따라 규율된다. 최저임금의 적용범위에 관하여 최저임금법 제3조는, 근로자를 사용하는 모든 사업 또는 사업장으로 정하고 있으며, 동거하는 친족만을 사용하는 사업과 가사(家事) 사용

77) 대법원 2009. 12. 10. 선고 2008다57852 판결.

인, 선원법의 적용을 받는 선원과 선원을 사용하는 선박의 소유자에게는 적용하지 않는 것으로 규정하고 있다. 헌법 제32조 제1항이 모든 국민의 근로의 권리를 규정하면서, "국가는 사회적·경제적 방법으로 근로자의 고용의 증진과 적정임금의 보장에 노력하여야 하며, 법률이 정하는 바에 의하여 최저임금제를 시행하여야 한다"라고 규정한 것이 최저임금제도 시행의 근거가 된다.

사용자는 최저임금의 적용을 받는 근로자에게 최저임금액 이상의 임금을 지급하여야 한다. 또한, 사용자는 이 법에 따른 최저임금을 이유로 종전의 임금수준을 낮추어서는 안 된다. 최저임금의 적용을 받는 근로자와 사용자 사이의 근로계약 중 최저임금액에 미치지 못하는 금액을 임금으로 정한 부분은 무효로 하며, 이 경우 무효로 된 부분은 최저임금법에 따라 정한 최저임금액과 동일한 임금을 지급하기로 한 것으로 본다. 최저임금법이 강행법률임을 고려하면 당연한 내용이다.

최저임금법 제6조(최저임금의 효력)

① 사용자는 최저임금의 적용을 받는 근로자에게 최저임금액 이상의 임금을 지급하여야 한다.

② 사용자는 이 법에 따른 최저임금을 이유로 종전의 임금수준을 낮추어서는 아니 된다.

③ 최저임금의 적용을 받는 근로자와 사용자 사이의 근로계약 중 최저임금액에 미치지 못하는 금액을 임금으로 정한 부분은 무효로 하며, 이 경우 무효로 된 부분은 이 법으로 정한 최저임금액과 동일한 임금을 지급하기로 한 것으로 본다.

(2) 최저임금 결정 절차

매년 3월 31일까지 고용노동부장관이 최저임금 심의를 최저임금위원회에 요청하면, 노·사·공익위원 9명으로 구성되는 최저임금위원회가 90일 이내에 심의해서 최저임금안을 고용노동부 장관에게 제출한다. 고용노동부장관은 최저임금위원회가 심의하여 제출한 최저임금안에 따라 최저임금을 결정하기가 어렵다고 인정되면 20일 이내에 그 이유를 밝혀 위원회에 10일 이상의 기간을 정하여 재심의를 요청할 수 있다. 최저임금위원회는 재심의 요청을 받으면, 그 기간 내에 재심의하여 그 결과를 고용노동부장관에게 제출하여야 한다. 고용노동부장관은 위원회가 재심의에서 재적위원 과반수의 출석과 출석위원 3분의 2 이상의 찬성으로 당초의 최저임금안을 재의결한 경우에는 그에 따라 최저임금을 결정하여야 한다(최저임금법 제8조 이하).

고용노동부장관은 최저임금위원회로부터 최저임금안을 제출받은 때에는 최저임금안을 고시하여야 한다(최저임금법 제9조). 근로자를 대표하는 자나 사용자를 대표하는 자는 고시된 최저임금안에 대하여 이의가 있으면 고시된 날부터 10일 이내에 고용노동부장관에게 이의를 제기할 수 있다. 고용노동부장관은 그 이의가 이유 있다고 인정되면 최저임금위원회에 최저임금안의 재심의를 요청하여야 한다.

고용노동부장관은 최저임금위원회가 제출한 안에 따라서 최저임금을 매년 8월 5일까지 결정하여야 하며, 최저임금을 결정한 때에는 지체 없이 그 내용을 고시하여야 한다. 결정된 최저임금은 다음해 1월 1일부터 적용된다.

(3) 최저임금액

최저임금액은 시간·일·주 또는 월을 단위로 정한다(최저임금법 제5조). 이 경우 일·주 또는 월을 단위로 하여 최저임금액을 정할 때에는 시간급으로도 표시하여야 한다. 시간급이 원칙이다.

단순노무업무를 제외하고, 1년 이상의 기간을 정하여 근로계약을 체결하고 수습 중에 있는 근로자로서 수습을 시작한 날부터 3개월 이내인 사람에 대하여는 시간급 최저임금의 90%를 지급할 수 있다(최저임금법 제5조 제2항). 또한 임금이 통상적으로 도급제나 그 밖에 이와 비슷한 형태로 정하여져 있는 경우로서 최저임금액을 정하는 것이 적당하지 아니하다고 인정되면 해당 근로자의 생산고 또는 업적의 일정 단위에 의하여 최저임금액을 정할 수 있다(최저임금법 제5조 제2항).

(4) 최저임금에 산입되는 임금

최저임금제도와 관련해서, 최저임금 액수를 제외하고 현실적으로 가장 중요한 것은 '비교대상 임금'의 확정이다. 어떤 사용자가 최저임금 지급 의무를 위반하는지 아닌지를 판단할 수 있는 기초가 비교대상 임금이기 때문이다. 사업장에서 근로자에게 지급하는 금품은 여러 가지 항목이 있는데, 그 여러 가지 항목 중 어떤 항목의 금품들을 합하여, 고용노동부 장관이 고시한 최저임금액수와 비교할 것인가의 문제가 비교대상 임금 확정 문제이다. 비교대상 임금을 확정하기 위해 그에 포함될 수 있는 범위를 정하는 문제가 최저임금 산입범위 문제이다. 다시 말하면, 우리 회사에서 지급하는 여러 기본급과 상여금들 중에 어떤 것들을 모아서 '비교대상 임금'이라는 덩어리를 만들 것인가의 문제이다. 사용자는 비교대상 임금에 포함되는 임금의 범위를 확대하기를 원하고, 근로자는 축소하기를 원할 것이다. 최저임금법에서 비교대상 임금의 범위를 제한하는 이유는, 최저임금제가 근로자의 생활안정을 위하여 최저임금의 적용 대상이 되는 임금을 사전에 예상할 수 있도록 한정할 필요가 있기 때문이다.[78]

최저임금법은 비교대상 임금에 포함될 수 있는 범위를 지급 방식과 산정 방식을 기준으로 일정한 범위로 제한하고 있다. 최저임금법 제6조 제4항은 "매월 1회 이상 정기적으로 지급하는 임금을 산입한다"라는 원칙을 제시한다. 다만, 소정근로시간 또는 소정의 근로일에 대하여 지급하는 임금 외의 임금으로서 연장근로 또는 휴일근로에 대한 임금 및 연장·야간 또는 휴일 근로에 대한 가산임금, 연차유급휴가의 미사용수당, 유급으로 처리되는 휴일에 대한 임금 및 이에 준하는 임금, 상여금, 그 밖에 이에 준하는 것으로서 1개월을 초과하는 기간에 걸친 해당 사유에 따라 산정하는 상여금, 장려가급, 능률수당 또는 근속수당, 1개월을 초과하는 기간의 출근성적에 따라 지급하는 정근수당 등은 제외한다. 주휴일은 매월 1회 이상 정기적으로 지급되는 임금이므로 비교대상 임금에 포함된다.

78) 헌법재판소 2021. 12. 23. 선고 2018헌마629, 630(병합) 결정.

그 밖에 식비, 숙박비, 교통비 등 근로자의 생활 보조 또는 복리후생을 위한 성질의 임금으로서 통화 이외의 것으로 지급하는 임금은 비교대상 임금에 산입하지 않는다.

(5) 최저임금법 위반의 효과

최저임금액보다 적은 임금을 지급하거나 최저임금을 이유로 종전의 임금을 낮춘 자는 3년 이하의 징역 또는 2천만 원 이하의 벌금이 부과될 수 있으며, 이 경우 징역과 벌금은 병과될 수 있다(최저임금법 제28조 제1항).

(6) 최저임금제도 개선 논의

최근에는 최저임금제도의 직종별 또는 지역별 차등 적용 문제, 근로자의 출신 국가에 따른 차등적용 문제 등이 사회적 논쟁의 쟁점이 되기도 했다. 최저임금제도는 헌법적 근거에서 출발하는 제도이므로, 경제적 논리로 가볍게 다뤄져서는 안 될 것이다.

Ⅲ. 임금채권의 특별한 보호

1. 임금채권의 특수성

(1) 임금체불죄에 대한 형사처벌

사용자에게 근로를 제공한 근로자가 사용자로부터 임금을 받을 수 있는 권리, 즉 임금채권은 일반 민법상 채권과 동일한 것으로 보인다. 하지만, 임금채권은 일반 민사채권에 비하여 강한 보호를 받고 있다. 민법상 채무불이행에 대하여는 채권자에 의한 강제이행이나 채무자의 손해배상책임은 민법 제390조에 의해 규정되어 있지만, 형법상 다른 범죄구성요건에 해당하지 않는한, 채무자에 대한 직접적인 형사처벌이 규정되어있지는 않다. 하지만 임금 지급 규정을 위반한 사용자에 대해서는 근로기준법이 직접 형벌을 규정하고 있다. 즉, 근로기준법 제36조의 금품청산 기간 규정, 근로기준법 제43조의 임금 지급 규정, 근로기준법 제44조의 도급 사업에 대한 임금 지급 규정 등에 위반하는 경우에는 3년 이하의 징역 또는 3천만원 이하의 벌금에 처할 수 있다(근로기준법 제109조 제1항). 사용자가 퇴직금을 지급하지 않은 경우도 임금체불로 볼 수 있는데, 이 경우에도 3년 이하의 징역 또는 3천만 원 이하의 벌금이 부과될 수 있다(퇴직급여보장법 제44조 제1호).

근로기준법 제109조(벌칙)

① 제36조, 제43조, 제44조, 제44조의2, 제46조, 제51조의3, 제52조제2항제2호, 제56조, 제65조, 제72조 또는 제76조의3제6항을 위반한 자는 3년 이하의 징역 또는 3천만원 이하의 벌금에 처한다.

② 제36조, 제43조, 제44조, 제44조의2, 제46조, 제51조의3, 제52조제2항제2호 또는 제56조를 위반한 자에 대하여는 피해자의 명시적인 의사와 다르게 공소를 제기할 수 없다.

임금체불 등에 관한 죄들은 반의사 불벌죄로서 피해자인 근로자의 명시적인 의사와 다르게 공소를 제기할 수 없다(근로기준법 제109조 제2항, 퇴직급여보장법 제44조). 사용자가 도급 근로자에게 근로기준법 제47조에 규정한 대로 근로시간에 따라 일정액의 임금을 보장하지 않은 경우에는 500만 원 이하의 벌금이 부과될 수 있다(근로기준법 제114조 제1호). 이와 같이 채무불이행에 대하여 형사처벌을 규정하고 있는 이유는 적정임금 보장 노력 의무를 국가에게 부여한 헌법 제32조 제1항을 고려할 때 그 목적 및 수단의 정당성을 인정할 수 있다.

(2) 3년의 단기 소멸시효

근로자의 임금채권과 퇴직금채권은 3년간 행하하지 않으면 시효로 소멸한다(근로기준법 제49조, 퇴직급여보장법 제10조). 일반 민사채권의 소멸시효가 10년인 점을 고려하면, 임금채권과 퇴직금채권의 소멸시효가 3년으로 단기인 점은 매우 중요한 특징이라고 할 수 있다. 이는 임금채권과 퇴직금채권을 보유한 근로자를 일반 민사채권의 채권자에 비해 약하게 보호한다는 의미일 수도 있다. 임금지급 관계를 둘러싼 분쟁을 신속하게 마무리하려는 입법자의 의도로 이해할 수는 있지만, 그 타당성은 의문이다.

근로기준법 제49조(임금의 시효)

이 법에 따른 임금채권은 3년간 행사하지 아니하면 시효로 소멸한다.

근로자퇴직급여 보장법 제10조(퇴직금의 시효)

이 법에 따른 퇴직금을 받을 권리는 3년간 행사하지 아니하면 시효로 인하여 소멸한다.

특이한 점은, 임금채권과 퇴직금채권의 소멸시효는 3년인데, 임금체불죄와 퇴직금 미지급죄의 공소시효는 5년이라는 점이다(형사소송법 제249조 제1항). 이는 놀라운 입법적 부조화이지만, 공소시효가 5년인 점은 임금이나 퇴직금을 받지 못한 근로자가 3년이 도과해도 일정한 배상을 받아낼 수 있는 수단으로 활용될 수 있는 여지도 있다.

(3) 우선변제권 인정

일정한 범위의 임금채권과 퇴직금채권에 대해서는 채무자의 변제 순위에 있어서 최우선 변제를 인정하고 있다. 즉, 최종 3개월분의 임금과 재해보상금, 3년분의 퇴직금은 질권 또는 저당권에 우선하는 조세·공과금, 질권 또는 저당권에 의하여 담보된 채권, 일반 조세·공과금, 일반채권보다 우선하여 채무자인 사용자의 총재산으로부터 변제를 받을 수 있고, 최우선 순위의 임금채권과 퇴직금채권 이외의 임금과 근로관계에서 발생한 채권도 비록 최우선 순위는 아니지만, 일반채권보다 우선하여 채무자인 사용자의 총재산으로부터 변제를 받을 수 있다(근로기준법 제38조, 퇴직급여보장법 제12조).

근로기준법 제38조(임금채권의 우선변제)

① 임금, 재해보상금, 그 밖에 근로 관계로 인한 채권은 사용자의 총재산에 대하여 질권(質權)·저당권 또는 「동산·채권 등의 담보에 관한 법률」에 따른 담보권에 따라 담보된 채권 외에는 조세·공과금 및 다른 채권에 우선하여 변제되어야 한다. 다만, 질권·저당권 또는 「동산·채권 등의 담보에 관한 법률」에 따른 담보권에 우선하는 조세·공과금에 대하여는 그러하지 아니하다.

② 제1항에도 불구하고 다음 각 호의 어느 하나에 해당하는 채권은 사용자의 총재산에 대하여 질권·저당권 또는 「동산·채권 등의 담보에 관한 법률」에 따른 담보권에 따라 담보된 채권, 조세·공과금 및 다른 채권에 우선하여 변제되어야 한다.

1. 최종 3개월분의 임금
2. 재해보상금

2. 대지급금 제도

(1) 대지급금 제도의 개념

임금채권과 퇴직금채권에 대하여 최우선 변제를 인정한다고 하더라도 채무자인 사용자에게 변제 자력이 없는 경우와 근로자가 체불임금 등을 받기가 매우 어려운 상황이라면 아무 의미가 없다. 이때 국가가 대신 체불임금 등을 근로자에게 지급해주는 제도가 대지급금 제도이다. 임금채권보장법 제7조 이하에 규정되어 있다. 다시 말하면 대지급금 제도는 근로자가 기업의 도산 등으로 인해 임금 등을 지급받지 못한 경우 국가가 사업주 대신 일정범위의 체불임금 등을 지급하고, 국가가 사후에 회사에 구상하는 제도를 말한다. 임금채권보장법 제3조는 적용 범위를 산재보험법상 사업장으로서 6개월 이상 해당 사업을 지속해온 사업 또는 사업장으로 제한하고 있다. 대지급금 제도의 악용을 방지하기 위해 불가피한 제한이라고 할 수 있다. 임금채권보장법은 2021년 10월 14일 개정 이후 '체당금'이라는 용어를 '대지급금'으로 변경했다. 대지급금 제도에는 도산시 대지급금 제도와 간이 대지급금 제도가 있다.

(2) 도산시 대지급금 제도

도산시 대지급금 제도는 회사가 도산한 경우에 적용되는 제도로서, 사업주에 대하여 법원의 회생절차개시의 결정이 있는 경우, 파산선고의 결정이 있는 경우, 고용노동부장관이 미지급 임금 등을 지급할 능력이 없다고 사실상 도산을 인정하는 경우에 퇴직한 근로자가 청구할 수 있는 제도를 말한다(임금채권보장법 제7조 제1항 제1호, 제2호, 제3호). 이때 근로자는 회생절차 개시 결정일, 파산선고 결정일, 고용노동부장관의 인정 결정일 등으로부터 2년이 경과하지 않은 근로자로서 퇴직일의 1년 전이 되는 날부터 3년 이내에 당해 사업 또는 사업장에서 퇴직한 근로자이어야 한다.

이때 지원되는 대지급금의 범위는 최종 3개월분의 임금 또는 휴업수당, 출산 전후 휴가기간 중 급여와 최종 3년간의 퇴직급여 등 체불액이며 연령별로 월정 산한액이 규정되어 있다.

도산시 대지급금의 지원을 받기 위해서는 퇴직한 근로자가 고용노동부 관할 지청에 신청하여 임금, 퇴직금 등 체불임금액을 확정받고, 재판상 회생절차 개시 결정, 파산 선고 결증 등을 받거나 고용노동부의 사실상 도산 인정 받아 그 서류를 기업의 도산 인정일로부터 2년 이내에 관할 지방고용노동관서의 장에게 제출하면서 대지급금을 청구하면, 근로복지공단이 대지급금을 지급한다.

(3) 간이 대지급금 제도

간이 대지급금 제도는 회사가 도산, 파산 등으로 지급능력이 없거나, 아직 운영 중이지만 체불된 임금 등이 있는 경우에, 근로자가 체불임금에 대한 민사소송을 통해 법원으로부터 집행권원을 받거나 지방고용노동관서의 체불사실 확인을 받으면 사업장의 도산여부와 무관하게 대지급금을 받을 수 있는 제도이다. 퇴직자 간이 대지급금 제도와 재직자 간이 대지급금 제도로 나뉘어진다.

퇴직자 간이 대지급금 제도가 적용될 수 있는 사업주는 임금 등의 체불에 대한 확정판결 또는 체불임금 등 사업주 확인서가 발급되어 미지급 임금 등이 확인되는 사업주이어야 하고, 지원을 청구하고자 하는 퇴직 근로자는 퇴직일로부터 2년 이내에 체불임금에 관한 소송을 제기하여 확정판결 등을 받은 근로자가 확정판결일부터 1년 이내에 청구하거나, 퇴직일로부터 1년 이내에 임금 등의 체불을 이유로 해당 사업주에 대한 진정·고소 등을 제기한 근로자가 체불 임금 등 사업주 확인서가 최초로 발급된 날부터 6개월 이내 청구하여야 한다.

재직자 간이 대지급금 제도가 적용될 수 있는 사업주는 임금 등의 체불에 대한 확정판결 또는 체불임금 등 사업주 확인서가 발급되어 미지급 임금 등이 확인되는 사업주이어야 하고, 지원을 신청할 수 있는 근로자는 소송 또는 진정 제기 당시에 근로계약이 유지되고 3개월간 통상시급이 최저임금의 110% 미만인 저소득 재직 근로자로서 일용근로자는 제외된다. 이 근로자는 마지막 체불 발생일 다음 날부터 2년 이내에 소송을 제기하여 법원의 확정판결을 받거나, 마지막 체불 발생일 다음 날부터 1년 이내에 진정 등을 제기하여 체불임금 등 사업주 확인서를 발급받아야 한다. 고용노동부 진정 단계에서 사업주와 근로자 사이에 이견이 있거나 객관적 증거가 부족하여 '소송제기용 체불임금 등 사업주 확인서'를 발급받은 경우에는 법원의 확정판결을 받아야 한다. 법원의 확정판결을 받은 근로자는 판결 등이 있은 날부터 1년 이내에, 체불임금 등 사업주 확인서를 발급 받은 근로자는 최초로 발급된 날부터 6개월 이내에 대지급금의 지급을 청구해야 한다.

지원되는 대지급금의 범위는 퇴직자 간이 대지급금 제도의 경우에는 도산시 대지급금과 동일하며, 재직자 간이 대지급금 제도의 경우에는 소송 또는 진정 제기일 기준 마지막 체불 발생일부터 소급하여 3개월간의 임금 또는 휴업수당, 출산전후휴가 기간 중 급여 중 체불액이다. 지원되는 액수는 상한의 제한이 있고, 재직자의 경우에는 하나의 사업에서 근로하는 동안 1회만 지급받을 수 있다.

(4) 근로복지공단의 채권자 대위권

근로복지공단은 근로자에게 대지급금을 지급하였을 때에는, 그 지급한 금액의 한도에서 그 근로자가 해당 사업주에 대하여 미지급 임금 등을 청구할 수 있는 권리를 대위(代位)한다(임금채권보장법 제8조). 이때, 대위권을 행사하는 근로복지공단은 임금채권 우선변제권 및 퇴직급여 등 채권 우선변제권을 보유한다.

제8장 임금의 본질에 관한 오랜 논쟁과 새로운 지평

I. 성과급의 임금성에 관한 최근의 논의

최근에 중요한 쟁점으로 논의되고 있는 것이 직무급과 성과급이다. 성과급에 집중해서 보자. 도대체 성과급은 임금인가 하는 문제이다. 성과급의 개념은 다양하게 사용되고 있기 때문에 주의가 필요하다. 보통 성과급제 임금체계를 도입한다고 할 때의 성과급은 대상 근로자에게 기본적으로 지급되는 통상임금으로서의 성과급 도입 논의이다. 성과급은 근로자가 근로계약에 따라 요구되는 내용의 근로를 제공한 결과인 성과에 대하여 보상하는 임금체계를 말한다. 지난해의 성과를 평가하여 올해의 통상임금을 정한다는 뜻으로 주로 사용된다. 다른 의미의 성과급으로는 일정 기간의 성과를 평가하여 그 기간이 종료되는 시점에 약정된 임금 이외에 추가로 지급하는 성과급이 있다. 여기에서 주로 논의하려는 성과급은 바로 그런 의미의 성과급이다. 이 성과급은 다시 근로자 개인의 성과에 대한 보상인 통상의 성과급과 근로자가 속한 부서나 사업부문의 성과를 평가하여 지급하는 경영성과급으로 나눌 수 있다. 근로기준법이 예정하는 임금은 근로제공의 양이나 근로제공 시간의 길이에 대한 보상을 기초로 한다는 점은 앞에서 설명했다. 그러나, 근로제공의 양이나 근로제공 시간의 길이에 대한 보상이 아니라 근로제공의 결과를 평가하여 대가를 지급하는, 때로는 근로자 개인의 근로제공의 결과 이외에 사업 전체의 운영실적과 성과급 지급 여부에 대한 사용자의 평가를 거쳐 지급이 결정되는 성과급 제도는 우리 근로기준법은 전혀 예상하지 못한 유형의 급여체계이다.

이에 대하여 사용자는 당연히 근로의 대가로서의 임금이 아니라고 판단하고자 하고, 근로자는 근로제공의 결과에 대한 대가로서의 임금이라고 판단하려 할 것이다. 대법원은 공공기관의 경우에 공공기관의 운영에 관한 법률(이하 '공공기관운영법')에 근거하여 기획재정부장관의 경영실적 평가 결과에 따라 지급한 경영평가성과급의 근로 대가성을 인정하고 있다.[79] 대법원이 근로의 대가성을 인정한 이유는 첫째, 공공기관 경영평가성과급이 공공기관운영법에 근거한 것으로서, 대부분 공공기관은 단체협약이나 취업규칙 등에 지급 시기, 산정 방법, 지급조건 등을 구체적으로 정하고 있으며, 둘째, 이미 예산이 확보되어 있고, 이를 정기적·일률적으로 지급해 오고 있기 때문에, 은혜적이라거나 우연한 사정에 의해 좌우되는 우발적 또는 일시적 급여라고 볼 근거가 없고, 셋째, 최저지급률과 최저지급액이 정해져 있지 않아 소속 기관의 경영실적 평가결과에 따라서는 지급받지 못할 수도 있다고 하더라도 성과급이 전체 급여에서 차지하는 비중, 그 지급 실태와 평균임금 제도의 취지 등 고려할 때 근로의 대가로서 지급된 임금이라고 보아야 한다는 것이다. 이 논쟁은 민간부문까지도 확산되어 논란이 되고 있다. 여기에서 주목할 것은 "성과급이 전체 급여에서 차지하는 비중"과 같이 근로의 대가성, 즉 근로제공과 대가 지급 사이의 대가적 견련관계와는 본질적으로 상관 없는 판단표지가 등장하고 있다는 점이다.

Ⅱ. 임금의 본질에 관한 오랜 논쟁

1. 전통적인 논의

전통적으로 임금의 본질에 대해서는 노동대가설, 노동력대가설, 임금이분설 등의 학설상 논쟁이 존재했다. 노동대가설은 근로계약의 본질은 근로자의 근로제공과 사용자의 임금지급의 교환계약이므로 임금은 근로제공의 대가라고 보는

---

79) 대법원 2018. 10. 12. 선고 2015두36157 판결.

견해이다. 구체적인 근로가 현실적으로 제공되어야 근로계약상의 임금청구권이 발생한다고 본다. 노동대가설은 성질상 임금이 근로제공 이후에 지급되는 것이라는 임금 후불적 성격을 강조하게 되고, 개념상 근로시간과 임금 사이의 견련성을 확고하게 전제하고 있다. 이 견해에 따르면, 임금의 근로 대가성 인정이 용이해진다. 다만 노동대가설에 따르면, 노동을 하지 않는데도 대가가 지급되는 유급주휴수당, 휴업수당 등의 임금성을 인정하기가 곤란하다. 노동력 대가설은 임금은 근로자가 자신의 노동력을 사용자의 처분에 맡긴 것에 대한 대가라고 보는 견해이다. 근로자가 자신의 노동력을 사용자가 처분할 수 있는 상태로 두었다면 근로자에게 임금청구권이 발생한다고 보는 견해이다. 사용자의 사유로 실제 근로가 제공되지 않아도 임금청구권은 존속한다고 보기 때문에, 대기시간의 근로시간 간주, 휴업수당, 유급주휴수당 등의 임금성을 긍정하기에 용이하다. 다만 실제로 제공된 노동의 결과를 고려하지 않기 때문에 노동력의 가치, 즉 임금의 적정 수준을 확정하기가 곤란하다는 문제가 있다.

그 외에 제3의 학설로서 임금이분설이 존재했었다. 임금이분설은 임금은 현실적인 근로제공에 따른 교환적 임금과 근로계약상 근로자의 지위에 기한 생활보장적 임금의 두 가지 부분으로 구성된다고 보는 견해이다. 근로제공에 따른 교환적 부분이 아닌 근로자의 지위에 기한 임금을 별도로 상정하므로 가족수당, 교육수당 등의 임금성을 긍정하기에 용이하다. 임금이분설은 판례가 제기했다가[80] 판례가 폐기한[81] 임금 법리이다.

2. 임금이분설의 등장 및 폐기의 배경과 의미

대법원의 임금이분설은 쟁의행위가 발생한 경우에 무노동 무임금 원칙을 어느 범위까지 적용할 것인지에 관한 대법원의 인식의 변화에 따라 등장했다가 사라졌다. 임금이분설을 긍정할 때 대법원은 "쟁의행위로 인하여 사용자에게 근

80) 대법원 1992. 3. 27. 선고 91다36307 판결.
81) 대법원(전합) 1995. 12. 21. 선고 94다26721 판결.

로를 제공하지 아니한 근로자는 일반적으로 근로의 대가인 임금을 구할 수는 없다 할 것이지만(무노동 무임금의 원칙), 구체적으로 지급청구권을 갖지 못하는 임금의 범위는 임금 중 사실상 근로를 제공한데 대하여 받는 교환적 부분과 근로자로서의 지위에 기하여 받는 생활보장적 부분 중 전자만에 국한된다"[82]고 판시했다. 그러나 임금이분설을 폐기할 때 대법원은[83] "모든 임금은 근로의 대가로서 '근로자가 사용자의 지휘를 받으며 근로를 제공하는 것에 대한 보수'를 의미하므로 현실의 근로 제공을 전제로 하지 않고 단순히 근로자로서의 지위에 기하여 발생한다는 이른바 생활보장적 임금이란 있을 수 없다"고 전제하면서, "쟁의행위시의 임금 지급에 관하여 단체협약이나 취업규칙 등에서 이를 규정하거나 그 지급에 관한 당사자 사이의 약정이나 관행이 있다고 인정되지 아니하는 한, 근로자의 근로 제공 의무 등의 주된 권리·의무가 정지되어 근로자가 근로 제공을 하지 아니한 쟁의행위 기간 동안에는 근로 제공 의무와 대가관계에 있는 근로자의 주된 권리로서의 임금청구권은 발생하지 않는다고 하여야 하고, 그 지급청구권이 발생하지 아니하는 임금의 범위가 임금 중 이른바 교환적 부분에 국한된다고 할 수 없다"고 판시하였다.

임금이분설은 쟁의행위에 대한 무노동 무임금 처리 문제 때문에 등장했다가 같은 문제로 폐기되었지만, 오늘날에도 아주 중요한 시사점을 주는 이론이다. 공공기관 경영평가성과급에 대한 대법원 판결을 떠올려보자. 대법원은 근로자들의 통상적인 평균생활 수준을 유지하기 위한 금품이라는 평균임금의 기본 개념에 집중하면서, 그 성과급이 전체 급여에서 차지하는 비중이 크기 때문이라고 설명했다. 그렇다면 우리 대법원 판결은 임금을 단순한 근로의 대가가 아니라 근로자의 생활 유지를 위한 금품으로 보는 것이 아닌가 하는 생각을 하게 되고, 이 지점에서 임금이분설의 '근로자의 지위에 기한 생활보장적 임금' 부분을 떠올리게 되기 때문이다.

---

82) 대법원 1992. 3. 27. 선고 91다36307 판결.
83) 대법원(전합) 1995. 12. 21. 선고 94다26721 판결.

Ⅲ. 임금의 본질에 관한 근로기준법과 대법원의 태도

1. 근로기준법의 태도

근로기준법은 원칙적으로 노동대가설에 더 가까운 규정 태도를 가지고 있다. 즉, 근로시간의 길이에 비례한 임금 산정 및 지급 방법을 규정하고 있다고 볼 수 있다. 이러한 태도는 "사용자가 근로의 대가로 근로자에게 임금, 봉급, 그 밖에 어떠한 명칭으로든지 지급하는 일체의 금품"이라는 근로기준법 제2조 제5호의 임금의 정의 규정에서도 발견할 수 있다. 또한 근로기준법 시행령 제6조의 "소정근로 또는 총근로에 대하여 지급하기로 정한"이라는 통상임금의 정의도 같은 선상에 있다고 볼 수 있다. 노동대가설의 관점을 가지고 입법되었다는 점을 보여주는 사례는 그 밖에도 많다. 연장, 휴일, 야간근로에 대하여 가산임금을 지급하도록 규정한 근로기준법 제56조도 그 중 하나이다.

그러나, 예외적으로 노동력대가설의 관점이 반영됐다고 보이는 내용도 적지 않다. 근로시간의 길이에 비례하지 않는 임금 관련 규정들이 그렇다. 근로자가 사용자의 지휘·감독 아래에 있는 대기시간 등을 근로시간으로 간주하는 근로기준법 제50조 제3항, 유급주휴일, 유급휴일 등을 보장하는 근로기준법 제55조 제1항, 사용자의 귀책사유로 휴업하는 경우에 사용자로하여금 휴업기간 동안 그 근로자에게 평균임금의 100분의 70 이상의 수당을 지급할 의무를 부담하도록 하는 근로기준법 제46조 제1항 등은 노동력대가설의 관점이라고 할 수 있다. 다만, 휴업한 경우에 평균임금의 100%를 지급하도록 하지 않고 일정액수의 감액을 규정한 것은 노동대가설에 가까운 관점이라고 보는 견해도 있다.

결론적으로, 우리 근로기준법의 태도는 일단, 원칙적으로는 노동대가설의 관점으로 입법되었으나, 일부 규정의 경우에는 노동력대가설적 관점을 반영하고 있다고 평가할 수 있다.

2. 대법원의 태도

대법원도 우리 근로기준법의 기본 태도에 충실하게 노동대가설에 해당하는 관점을 가지고 있다고 보는 것이 일반적이다. 대법원은 임금이분설을 폐기하면서[84] 임금은 노동력 제공에 대한 대가라고 분명히 밝혔다. 그리고 "지급의무의 발생이 근로 제공과 직접적으로 관련되거나 그것과 밀접하게 관련된 것으로 볼 수 있는 경우"에 임금이라고 할 수 있으며, "사용자의 지급의무 발생이 근로제공과 '직접적'이고 '밀접하게' 관련되어 있는지 여부를 판단하기 위해서는 해당 금품의 지급 목적, 산정방법과 지급방법의 실질적인 모습, 당사자 사이의 합의의 목적과 내용 등에 대한 추가적인 해석이 필요"[85]하다고 판단한 것을 비롯하여 근로의 대가 판단기준에 관한 판례의 태도는 앞에서 자세히 살펴봤다.

그러나, 앞의 경영평가성과급 판례에서 살펴본 바와 같이, 대법원은 노동대가설을 취한다는 명시적 판단에도 불구하고 사실상 근로자 신분을 유지함으로써 받게 되는 임금의 존재를 묵시적으로 인정하여 혼합적 태도를 취하고 있다고 보는 것이 합리적이라고 생각된다.

Ⅳ. 임금을 둘러싼 논란의 함의

경영성과급 혹은 경영평가성과급 논란이 지속되고 있음에도 불구하고 사용자는 왜 경영성과급 혹은 경영평가성과급을 폐지하지 못하고 계속 지급하고 있는 것일까? 이 의문에서 임금 개념 재편 흐름의 단초를 발견할 수 있다. 사용자가 경영성과급을 계속 지급할 수밖에 없는 이유는 양질의 우수한 노동력을 보유하기 위해서이다. 경영성과급 지급을 중단하거나 축소하면 곧바로 핵심인력이 경쟁사로 이직하는 결과로 이어질 것이다. 사용자가 지금 보유하고 있는 양질의 우수한 노동력을 다른 사용자에게 빼앗기지 않으려면, 경영성과급을 경쟁회사

84) 대법원(전합) 1995. 12. 21. 선고 94다26721 판결.
85) 대법원 1995. 5. 12. 선고 94다55934 판결.

보다 더 주거나 같이 줄 수밖에 없다. 그렇다면, 경영성과급의 기능은 근로자들을 격려하고 내년에도 열심히 일하라고 격려하는 기능도 있고, 열심히 일한 것에 대한 추가적인 보상의 의미도 있겠지만, 그 근로자가 다른 회사로 이직하는 것을 방지하는 기능이 매우 크다고 보아야 한다. 다시 말하면, 이 경영성과급은 지급 대상인 그 근로자를 자신의 사업에 보유하는 데 소요되는 금품이라고 볼 수 있다. 근로제공과 밀접한 견련성이 약화되고, 실현되지 않은 대상 근로자의 노동력을 보유하기 위한 비용이 되므로, 임금의 본질에 관한 학설로 돌아가면 노동대가설을 떠나서 넓은 의미의 노동력대가설로 이전되고 있다고 볼 수도 있다. 하지만, 특정 근로자의 노동력을 단순히 보유하는 비용이 과연 노동력대가설에 포함될 수 있는가 하는 점은 더 생각해 봐야 할 여지가 있다. 근로를 실제로 제공한 것에 대한 후불로서의 임금이 아니라, 단지 우리 회사 근로자의 신분을 유지하는 것에 대한 대가를 지급하는 것이라면, 임금의 개념이 노동력대가설을 넘어 과거의 임금이분설과는 또 다른 새로운 형태의 임금이분설로 변화되어 가고 있다고 판단하는 것이 불가능하지는 않다.

근로의 대가의 개념과 임금의 개념은 점점 더 다양하게 분화되고 복잡해질 것이다. 그리고, 현재의 변화의 양상은 노동대가설과 노동력대가설로는 설명될 수 없는 영역까지 임금의 범위가 확대되고 있고, 그렇다면 그 임금 개념은 노동대가설을 기본으로 형성된 현재의 근로기준법으로는 규율해 낼 수 없게 된다. 근로제공 자체와는 직접 관련이 없는 특정 노동력 보유를 위한 대가 지급 현상이 확산되어가는 가운데, 그와 같이 변화된 현상을 반영하여 엄격한 근로대가성에 대한 규명 없이 계속성, 정기성, 의무성의 표지만으로 임금성을 인정하는 사례가 증가하고 있는 것이 그러한 근로기준법 해석을 통한 문제해결의 한계점을 보여주고 있는 것이다. 해석으로 포용할 수 있는 크기의 한계점에서 임금 개념은 더 다양한 확산이 시도되고 있다. 최근에는 소정 길이의 시간 동안 사용자가 지정한 방식으로 노동력을 제공한 것에 대한 대가로서의 임금의 성격이 빠르게 형해화되고 있다. 근로제공의 직접 대가로서의 임금은 사용자가 요구하는 품질과 결과를 달성한 것에 대하여 지급되는 대가로, 노동력 보유의 대가로서의 임금은 사용자가 요구하는 노동력 제공능력을 유지하는 것의 대가로 변화하고 있기도 하다. 이와는 다른 차원에서, 근로자가 자신의 통제하에 자율적으로 근로를 제공하고, 근로제공의 길이와 시작 및 종료 여부를 근로자의 자율적 결정에 맡기는 방식을 채용해야 하는 필요성이 사용자와 근로자 모두에게 증가하고 있다. 그 현상을 근로기준법의 틀 안에서 담아내기 위해 유연근무시간제 확대, 당사자 사이의 합의 또는 단체협약 등을 통한 예외 설정 가능성 인정 등이 주장되고 있다. 또한, 전통 산업에서의 연장근로 감소, 신생 산업에서의 유연성과 자율성 확대로 인해 근로기준법상 연장근로시간 한도 제한의 의미가 퇴색하고 있으며, 근로기준법상 임금과 근로시간 규정의 강행성을 노골적으로 훼손하는 포괄임금제 합의를 금지하지도 못하는 상황에 이르고 있다. 이러한 현상들이 근로기준법상 근로시간과 임금 관련 규정의 전면적인 개정을 통한 재편이 필요한 순간이 빠르게 다고오고 있다는 사실을 보여주는 강력한 증거이다.

제3편

사업장 규범

제3편

사업장 규범

우리가 직장생활을 하든, 사업을 하든 가장 중요한 것이 근로시간과 임금이다. 언제 출근해서 언제 퇴근할 수 있는지, 재택근로를 한다고 해도 언제 로그인을 하고 일을 시작해야 하는지, 임금은 언제 받고 얼마나 받을 수 있는지 하는 것이 직업생활을 하는 데에 가장 중요하게 영향을 미치는 것이기도 하고 가장 중요한 목적이기도 하기 때문이다. 그러나, 대부분의 사업 또는 사업장에서 임금과 근로시간을 근로기준법 규정만으로 정하고 운용하지는 않는다. 업종이나 직종, 일을 하는 방식 등에 따라서 일을 하는 시간도 그에 대한 대가를 산정하여 지급하는 방법도 달라질 수밖에 없기 때문이다. 이것을 개별 사업 또는 사업장 별로 정하는 별도의 규칙이 필요하다. 그 대표적인 것이 근로계약, 취업규칙, 단체협약이다. 근로계약과 취업규칙, 단체협약은 근로기준법 이외에 근로자와 사용자 사이의 관계를 규율하는 가장 중요한 법적 기초가 된다. 이러한 법적 기초를 법원(法源)이라고 하는데, 특히 취업규칙이나 단체협약이 법원으로서 기능하는 것은 노동법관계의 특징이라고 할 수 있다.

제1장 근로계약

I. 근로계약의 개념

근로계약은 개별 근로자 한 명과 사용자와 체결하는 규범이다. 취업규칙은 조직화되지 않은 개별적인 근로자들의 합에 가까운 집단과 사용자가 체결하는 규칙으로서의 성격이 짙고, 단체협약은 조직화된 근로자들의 집단인 노동조합과 사용자가 체결하는 산업 또는 사업의 규범이라는 점에서 구별된다. 근로기준법 제2조 제1항 제4호는 근로계약을 "근로자가 사용자에게 근로를 제공하고 사용자는 이에 대하여 임금을 지급하는 것을 목적으로 체결된 계약"이라고 정의하고 있다.

근로기준법 제2조(정의)

① 이 법에서 사용하는 용어의 뜻은 다음과 같다.

3. “근로”란 정신노동과 육체노동을 말한다.
4. “근로계약”이란 근로자가 사용자에게 근로를 제공하고 사용자는 이에 대하여 임금을 지급하는 것을 목적으로 체결된 계약을 말한다.

근로기준법 제2조는 ‘근로’를 정신노동과 육체노동이라고 규정한다. 근로의 정의를 밝힌 것이 아니라 근로에 포함하는 노동의 유형을 제시한 것으로, 정의로서는 무용한 규정이라고 하지 않을 수 없다. 어쨌든 정신노동과 육체노동을 근로라고 하고, 근로자가 사용자에게 근로를 제공하고 그 대가로 사용자가 근로자에게 임금을 지급하는 관계를 근로관계라고 하며, 근로관계를 형성하기 위한 계약이 근로계약인 것이다. 따라서, ‘근로제공’과 ‘임금지급’이 근로계약의 핵심적인 징표이다.

보론 ‘근로’와 ‘노동’ 용어 선택의 문제

노동과 근로는 거의 같은 뜻으로 사용되고 있다. 하지만 이 양 용어가 이념이나 사상적 지향이 은연중에 드러나는 용어로 점차 사용자층이 분화되는 현상이 나타나고 있다. 이 두 낱말을 영어로 번역하면 모두 ‘labor’로 번역할 수밖에 없고 사전적 의미로도 명확히 구별하기 어렵다. 노동과 근로의 어감을 찬찬히 생각해 보면, 노동은 광범위하게 몸을 써서 일을 하는 것들을 모두 포함하는 개념으로 받아들여지는 경우가 많은 반면, 근로는 규범의 영역에서 사용자에 대하여 종속적인 노동을 제공하는 것을 표현하는 경우가 많다는 것을 발견하게 된다. 실정법률에서 사용하는 용례를 찾아보면, 헌법을 비롯하여 근로기준법, 노동조합법, 산재보험법, 기간제법 등 거의 모든 노동관련 법률에서 공식적으로 ‘근로’, ‘근로자’ 개념이 사용되고 있으며, ‘노동조합’, ‘노동위원회’, ‘노동관계’, ‘부당노동행위’, ‘노동쟁의’, ‘노동단체’ 등의 용어에서는 ‘노동’이라는 표현이 나타나고 있으나 그것은 용어 사용에 있어서의 오랜 관행과 전통을 따른 것일 뿐 반드시 ‘근로’와 ‘노동’의 정의를 명확히 구별해서 사용한 결과는 아니라고 보인다. 하지만, 실정법률에서의 그와 같은 용례에 비추어 추론해보면, ‘근로’, ‘근로자’라는 용어는 노동관련 법률의 적용 대상이 될 수 있는 일하는 사람, 즉 종속노동(從屬勞動, abhängige Arbeit)에 종사하는 사람을 지칭하는 뜻으로, 노동은 그보다는 종속성이 완화된 집단적 노사관계에서의 일하는 사람을 지칭하는 뜻으로 정착된 것으로 볼 수 있다. 더 넓게 보면 '노동'에는 일을 하는 사람의 신분을 불문하고 직접 자신의 노동력을 활용하는 소규모 자영업자나 농민, 어민 등의 생계활동 등이 모두 포함될 수 있는 여지도 있다. 그러므로 '노동' 개념의 외연이 '근로'보다 더 넓다고 할 수 있다.

그렇다면 헌법 제33조에서 보장되는 단결권, 단체교섭권, 단체행동권 등 세 가지 권리는 노동3권으로 일컫는 것이 옳을까 아니면 근로3권이라고 칭하는 것이 옳을까? 우리 헌법은 1948년 제헌헌법 이후로 줄곧 이 '근로', '근로자'라는 표현을 사용하고 있는데, 헌법 제33조 제1항의 '근로자'는 실정법인 근로기준법, 노동조합법 등의 적용 대상이 되는 '근로자'와는 개념이 다르다. 하위의 여러 실정법이 근로자로 정의할 수 있는 모든 사람을 포함하는 넓은 개념이기 때문이다. 지금 현실적으로 종속노동에 종사하는 사람이 아닌 경우에도 헌법 제33조 제1항의 근로자에 해당할 수 있다. 그러므로 헌법 제33조가 비록 단결권, 단체교섭권, 단체행동권은 근로자의 권리라고 표현상 보장하고 있다 하더라도 입법취지, 법체계 전체에서의 의미 등을 고려할 때 헌법 제33조의 기본권은 근로3권이 아닌 노동3권이라고 칭하는 것이 옳을 것이다. 이 책에서는 이후 "노동3권"이라는 용어를 사용하기로 한다.

Ⅱ. 근로계약의 체결

1. 계약 자유의 원칙

근로계약은 계약자유의 원칙에 따라 상대방, 내용, 방식 등에 제약 없이 자유롭게 체결할 수 있다. 근로기준법 등에 따라 최소한의 제한이 가해지고 있기는 하지만, 근로계약의 체결은 근로자와 사용자의 자유로운 의사에 따라 결정되는 것이 원칙이다. 이를 계약 자유의 원칙이라고 한다. 계약 자유의 원칙의 결과 근로계약은 낙성불요식 계약(諾成不要式 契約)이라고 설명된다. 승낙하면 성립되고 특별한 방식이 필요하지 않다는 표현이다. 따라서, 근로계약은 법령상 반드시 서면계약 체결을 요하지 않는다. 구두계약이나 관행 및 관습에 의해서도 근로관계 성립이 인정될 수 있다.[1] 그러나 근로기준법 제17조의 서면명시 의무로 인해 사실상 근로계약서 서면 작성이 의무화되어 있는 것과 다름없다.

공장을 경영하는 어떤 사람이 지나가다가 보니까 일 잘하게 생긴 한 분이 지나가고 있다. 그래서 "우리 같이 일할까요? 월급 300만 원 드릴게요. 월요일에서 금요일까지 서울 마장동에 있는 공장으로 출근하시고, 아침 9시부터 오후 6시까지 중간에 휴게시간 1시간 제외하고 일하시면 됩니다"라고 물어봤더니, 그 일 잘하게 생긴 분이 "좋아요"라고 했다면, 그것으로 근로계약은 정상적으로 체결됐다. 이 계약에서 그 300만 원은 통상임금이다.

2. 근로계약 체결 과정에서 사용자의 근로자의 의무와 책임

(1) 사용자의 질문권

사용자는 채용 모집에 응한 근로자가 근로제공을 위해 요구되는 능력을 가지고 있는지 판단하기 위해 학력, 경력, 건강 등에 관한 정보를 얻을 필요가 있다. 여기에서의 근로제공을 위해 요구되는 능력에는 자격이나 기술, 기능 등의 능력 뿐만 아니라, 다른 근로자들과 조화롭게 근로를 제공할 수 있는 성품과 적성을 가지고 있는지에 대한 판단도 포함된다. 사용자가 채용 과정에서 근로자에게 질문하고 정보를 요청할 수 있는 범위는 업무수행 능력을 확인하기 위해 필요한 범위로 국한된다. 법령에 위반되는 사항을 질문할 수는 없다. 예를 들면, 남녀고용평등법에 반하는 성차별적 질문 등은 허용되지 않는다.

(2) 근로자의 고지 의무

채용 모집에 응한 근로자는 사용자의 질문이나 조회에 대하여 허위 또는 불확실한 정보를 제공해서는 안 된다. 다만, 근로기준법 제6조가 금지하는 남녀의 성, 국적, 신앙, 사회적 신분 등에 대한 차별적인 질문, 기타 법률상 금지된 질문 등에 대해서는, 사용자가 금지된 행위를 하고 있으므로, 근로자에게도 진실

---

1) 대법원 2006. 12. 7. 선고 2006도300 판결.

한 답변을 할 의무를 강요할 수는 없다. 예를 들면, 후천성면역결핍증 예방법 제8조의2 제3항은 "사업주는 근로자에게 후천성면역결핍증에 관한 검진결과서를 제출하도록 요구할 수 없다"고 규정하고 있다. 따라서 사용자는 건강 상태 확인에 필요한 검진 기록을 요구할 수는 있으나, 후천성면역결핍증에 관한 검진 결과서 제출을 요구할 수는 없고, 사용자가 요구한다 하더라도 근로자가 그 요구에 따를 의무는 없다. 사용자가 임신계획 등 특정 성(性)의 특징과 관련된 차별적 의도를 드러내는 질문을 할 경우에도 이에 대하여 근로자는 고지 의무를 부담하지 않는다.

근로자의 고지의무와 관련하여, 이력서 허위 기재가 징계사유가 될 수 있는지에 관하여 견해가 대립하고 있다. 과거 '학출'이라는 말이 사용되던 시기가 있었다. 학출은 대학 출신이라는 의미로 사용됐다. 과거에는 공장에서 일을 하는 저학력의 노동자, 즉 직공들에게 사회와 노동법에 관한 지식을 전달해서 계몽하고 학습시키고 조직화해서 스스로 자신의 문제를 해결할 수 있도록 해야 한다는 뜻을 가진 사람들이 있었고, 그들이 대학을 졸업하거나 대학에 다니던 중에 자신의 학력을 속이고 중학교 졸업이나 국민학교(초등학교) 졸업이라고 학력을 속이고, 취업을 해서 근로자들과 함께 일하면서 야학이라는 자율적 학교를 만들어서 근로자들을 가르치는 사회운동이 활발하던 시기가 있었다. 대개 1980년대에서 1990년대 초반가지 학출의 활동이 활발하게 전개됐다. 이 시기에 노동조합 활동을 혐오하던 정부와 사용자는 학출인 근로자들을 색출하고 이들을 해고하려고 했다. 사용자들은 주로 이력서 학력 허위 기재를 이유로 학출인 근로자들을 징계해고 했는데, 여기서 이론적인 문제가 생기게 됐다. 사용자가 근로자를 징계해고 한다는 것은 근로계약 관계에서 취업규칙이나 단체협약에 규정된 징계 사유에 해당하는 행위를 한 근로자를 그것을 이유로 근로기준법 제23조 제1항의 제한 하에서 징벌을 가하는 것인데, 채용 전 단계에서 이력서를 허위 작성한 행위는 아직 근로계약이 체결되기 이전의 행위이기 때문에, 사용자가 근로자를 과연 징계할 수 있느냐에 대해서 논란이 발생하게 된 것이다. 대법원도 고민이 많았을 것이다. 대법원은 결론적으로 해고가 가능하다고 판단했다.

"취업규칙에서 근로자가 고용 당시 제출한 이력서 등에 학력 등을 허위로 기재한 행위를 징계해고사유로 특히 명시하고 있는 경우에는 이를 이유로 해고하는 것은, 고용 당시 및 그 이후의 제반 사정에 비추어 보더라도 사회통념상 현저히 부당하지 않다면 그 정당성이 인정된다"[2]고 본 판결이 대표적이다. 그러나, 채용 과정에서의 문제를 사용자와 근로자 사이에서 적용되는 징계해고의 문제로 다루는 것에 대해 대법원도 문제의식을 가지고 있었기 때문에, 시간이 지날수록 해고를 인정하는 데에 신중한 태도를 보이고 있다. 최근 판결을 보면[3], "징계해고사유가 인정된다 하더라도 사회통념상 고용관계를 계속할 수 없을 정도로 근로자에게 책임 있는 사유가 있는 경우에 한하여 해고의 정당성이 인정된다"고 하여 징계사유가 존재한다고 해서 곧바로 해고처분을 할 수는 없고, 사회통념상 고용관계를 계속할 수 없다고 판단할 수 있는지, 즉 다른 말로 표현하면 도저히 근로계약관계를 유지할 수 없다는 추가적인 판단을 할 수 있는지까지 확인한 뒤에야 해고를 할 수 있다고 전제한 뒤에, "이는 근로자가 입사 당시 제출한 이력서 등에 학력 등을 허위로 기재한 행위를 이유로 징계해고를 하는 경우에도 마찬가지이고, 그 경우 사회통념상 고용관계를 계속할 수 없을 정도인지는 사용자가 사전에 그 허위 기재 사실을 알았더라면 근로계약을 체결하지 아니하였거나 적어도 동일 조건으로는 계약을 체결하지 않았으리라는 등 고용 당시의 사정뿐 아니라, 고용 이후 해고에 이르기까지 그 근로자가 종사한 근로의 내용과 기간, 허위기재를 한 학력 등이 종사한 근로의 정상적인 제공에 지장을 초래하는지 여부, 사용자가 학력 등의 허위 기재 사실을 알게 된 경위, 알고 난 이후 당해 근로자의 태도 및 사용자의 조치 내용, 학력 등이 종전에 알고 있던 것과 다르다는 사정이 드러남으로써 노사간 및 근로자 상호간 신뢰관계의 유지와 안정적인 기업경영과 질서유지에 미치는 영향 기타 여러 사정을 종합적으로 고려하여 판단할 것이다"라고 하여 매우 신중한 판단을 요구하고 있다. 그러나, 대법원이 더욱 적극적으로, 징계해고 사유가 될 수 없다는 판례 변경의 판단을 했

---

2) 대법원 2012. 7. 5. 선고 2009두16763 판결.
3) 대법원 2013. 9. 12. 선고 2013두11031 판결.

어야 한다고 생각된다.

이 문제는 의사표시의 하자 문제로도 접근할 수 있다. 채용 지원자가 이력서 또는 응시원서 등을 허위로 기재하여 사용자의 착오를 유발했고, 그 결과 채용된 경우에 그 근로계약은 민법 제109조의 의사표시의 하자를 이유로 취소될 수 있다. 취소는 소급효가 있다. 다만, 근로제공 관계는 기존에 이미 근로를 제공한 부분만큼은 취소할 수 없다.

3. 채용절차의 공정화에 관한 법률

채용과정에서 구직자가 제출하는 채용서류의 반환 등 채용절차에서의 최소한의 공정성을 확보하기 위한 사항을 정함으로써 구직자의 부담을 줄이고 권익을 보호하는 것을 목적으로 2014년부터 채용절차의 공정화에 관한 법률이 제정되어 시행되고 있다.

채용절차의 공정화에 관한 법률의 적용대상은 상시 30인 이상의 근로자를 사용하는 사업 또는 사업장으로 국가 및 지방자치단체가 공무원을 채용하는 경우에는 적용하지 않는다.

채용광고와 관련하여 사용자는 거짓 채용 광고를 낼 수 없고, 이를 위반하면 5년 이하 징역 또는 2천만 원 이하 벌금을 부과받을 수 있다. 또한, 채용 후에 정당한 사유 없이 채용광고에서 제시한 근로조건을 구직자에게 불리하게 변경할 수 없으며, 이를 위반하면 역시 5백만 원 이하 벌금이 부과될 수 있다.

사용자는 구직자가 제출한 사용자는 채용 서류를 대통령령이 정하는 기간(14~180일) 동안 보관하여야 하며, 채용절차에서 채용 지원과 서류 등을 인터넷 홈페이지나 이메일로 받도록 노력해야 하고, 접수된 경우 접수된 사실 등을 당사자에게 알려야 한다. 그리고, 채용여부가 확정된 경우 구직자가 청구하면 채용 관련 서류를 반환하여야 한다. 다만, 인터넷 홈페이지나 이메일을 통한 접수의 경우는 예외로 한다. 또한, 사용자는 채용서류 제출 비용 이외에 채용과 관련된 일체의 비용을 구직자에게 부담시키지 못한다.

누구든지 법령을 위반하여 채용에 관한 부당한 청탁, 압력, 강요 등을 하는 행위, 채용과 관련한 금전, 물품, 향응 또는 재산상의 이익 제공·수수 행위 등을 하는 것은 금지된다. 이를 위반하면 3천만 원 이하의 과태료 부과처분의 대상이 된다.

소위 블라인 채용과 관련하여, 구인자는 구직자에 대하여 그 직무의 수행에 필요 없는 구직자 본인의 용모·키·체중 등의 신체적 조건, 구직자 본인의 출신지역·혼인여부·재산, 구직자 본인의 직계 존비속 및 형제자매의 학력·직업·재산 등의 정보를 기초심사자료에 기재하도록 요구하거나 입증자료로 수집해서는 안 된다. 그러한 정보를 기재하도록 요구하거나 수집한 경우 5백만 원 이하 과태료가 부과될 수 있다.

채용절차 공정화에 관한 법률 제4조의3(출신지역 등 개인정보 요구 금지)

구인자는 구직자에 대하여 그 직무의 수행에 필요하지 아니한 다음 각 호의 정보를 기초심사자료에 기재하도록 요구하거나 입증자료로 수집하여서는 아니 된다.

1. 구직자 본인의 용모·키·체중 등의 신체적 조건
2. 구직자 본인의 출신지역·혼인여부·재산
3. 구직자 본인의 직계 존비속 및 형제자매의 학력·직업·재산

채용절차 공정화에 관한 법률은 노동시장에서 절대적인 약자의 지위에 있는 구직자가 공정한 환경에서 구직활동을 할 수 있도록 보장하는 법률로서, 법전의 분량이나 조문의 수에 비해 그 중요성이 매우 큰 법률이다.

4. 채용내정과 시용

(1) 채용내정

사용자가 노동력을 미리 확보하기 위하여 일정한 요건이 충족 되면 채용할 것을 약정하는 근로계약관계를 채용내정이라고 한다. 졸업예정자의 졸업, 해외 유학 중인 자의 학위취득 요건 등의 충족을 전제로 체용을 확정하는 계약이다.

채용내정 계약시 계약서에는 본채용, 즉 발령 예정일, 발령 예정 부서, 예정 임금 등 중요한 근로조건이 명시되어야 한다. 채용내정 계약은 성질상 해약권유보부 근로계약으로 본다.

채용내정 계약이 체결되어 있고, 그 요건 충족에도 불구하고 사용자가 약정된 직장으로의 발령을 거부할 경우에는 해고와 동일하게 취급하여 근로기준법 제23조에 따라 발령의무 미이행의 정당성을 판단해야 한다.

근로기준법 제23조(해고 등의 제한)

① 사용자는 근로자에게 정당한 이유 없이 해고, 휴직, 정직, 전직, 감봉, 그 밖의 징벌(懲罰)(이하 "부당해고등"이라 한다)을 하지 못한다.

채용 확정 통지시 통지된 발령 예정일 이후에 채용내정을 취소할 경우 사용자는 발령 예정일 이후 채용내정 취소가 정당한 경우에는 취소일까지, 채용내정 취소가 근로기준법 제23조 제1항에 반하는 부당해고인 경우에는 원직 발령시까지 사이 기간에 지급했어야 하는 임금을 지급할 의무를 부담한다.

(2) 시용계약과 수습계약

근로자와 정식 근로계약을 체결하기 이전에 일정 기간 근무하도록 하면서 해당 근로자의 업무능력, 자질, 인품, 성실성 등 업무적격성을 관찰·판단하여 본채용 여부를 결정하기 위해 체결되는 계약을 시용계약이라고 한다. 시용계약과 구별해야 하는 개념으로 수습계약이 있다. 수습계약은 정식 근로계약을 체결하여 채용된 근로자의 직업능력을 향상시키고 직무 수행에 필요한 교육을 진행하기 위한 일정한 기간을 설정하는 근로계약의 한 형태이다. 수습계약은 근로계약이 완전히 체결된 것이므로 시용계약과는 구별해야 하지만, 실무에서는 혼용하는 경우가 많다. 따라서, 계약서상 수습계약이라고 명시되어 있다 하더라도 실제 내용이 일정 기간 동안 근로를 제공하도록 하면서 해당 근로자의 적성이나 능력을 판단하려는 목적이 명시되어 있다면 시용계약이라고 판단해야 할 것이다. 사용자가 본채용을 거절하지 않은 채 시용기간이 경과하면 해지권유보가 없는 통상 근로자로 전환된다.[4]

시용계약의 법적성격을 어떻게 보아야 하는지 논란이 있고, 정지조건부 근로계약설, 해제조건부 근로계약설 등이 주장되고 있다. 정식 근로계약이지만 직업능력이 부족하거나 기업 적응성이 부족하다고 판단될 경우 본채용을 거절할 수 있다는 의미에서 사용자에게 해지권이 유보된 것으로 이해하는 해지권유보부 근로계약이라고 인식하는 것이 일반적인 견해이고, 대법원 판례의 태도이기도 하다.[5]

시용계약에서 시용 기간은 근로자의 직업능력이나 기업 적응성 판단에 필요한 합리적인 기간으로 한정된다고 보아야 한다. 업종이나 수행하는 업무의 종류와 난이도에 따라 달라지겠지만, 통상 3개월에서 12개월 이내일 것이다. 그리고, 시용계약이라는 점은 근로계약, 취업규칙 등에 명문의 근거가 명시되어 있어야 한다.

시용 기간이 도과한 이후에 사용자가 시용근로자에 대하여 본채용을 거부하는 것은 해고이다. 따라서 근로기준법 제23조에 따른 정당한 이유에 대한 심사가 필요하며, 본채용 거부의 정당한 이유가 없으면 부당해고이다. 이때의 '정당한 이유'는 시용제도의 취지·목적에 비추어 볼 때 보통의 해고보다는 넓게 인정되나, 이 경우에도 객관적으로 합리적인 이유가 존재하여 사회통념상 상당하다고 인정할 수 있어야 한다.[6] 본채용 거부의 정당한 이유가 인정되기 위해서는 대상 근로자의 근로제공 능력 등에 대한 공정하고 합리적인 근무평가가 선행되어야 한다. 대상 근로자의 업무 미숙, 수습평가 불량 등이 해고가 불가피한 정도에 이른 것인지에 대한 판단 필요하고 그에 관한 객관적 평가 자료가 확보되어 있으면 정당성 인정이 가능하다.[7] 최근 시용계약의 경우 본채용 거부가

---

4) 대법원 2005. 7. 15. 선고 2003다50580 판결.

5) 대법원 1999. 2. 23. 선고 98두5965 판결; 대법원 2001. 2. 22. 선고 99두10889 판결 등.

6) 대법원 1994. 1. 11. 선고 92다44695 판결; 대법원 1999. 2. 23. 선고 98두5965 판결; 대법원 2001. 2. 22. 선고 99두10889 판결; 대법원 2005. 7. 15. 선고 2003다50580 판결 등.

7) 대법원 2006. 2. 24. 선고 2002다62432 판결.

해고로 판단되는 것을 회피하기 위하여 기간제 근로계약을 체결한 뒤에, 평가 결과 업무 수행능력이 미숙하다고 판단되면 기간 만료 후 기간제 근로계약 종료로 처리하고, 업무 수행에 적합하다고 판단되는 사람은 기간의 정함이 없는 근로계약을 체결하는 경우가 자주 발생하고 있다. 그러나, 계약이 형식적으로 기간제 근로계약이라 하더라도 그 실질이 시용계약이라면 근로계약 기간 종료를 이유로 한 근로계약관계 종료는 시용계약에서의 해고와 동일하다고 보아야 한다. 이때에도 근로기준법 제23조 제1항에 따른 정당한 이유가 있는지 여부가 판단되어야 할 것이다.

시용계약에 대해서도 사용자의 해고 서면 통보 의무가 인정되므로, 사용자가 시용계약의 본채용을 거부하는 경우에는 해당 근로자로 하여금 그 거부사유를 파악하여 대처할 수 있도록 구체적이고 실질적인 본채용 거부 사유를 서면으로 통지하여야 한다.[8] 사용자는 근로자가 업무상 부상 또는 질병의 요양을 위하여 휴업한 기간과 그 후 30일 동안 또는 근로기준법 제74조에 따라 출산 전·후 휴가를 사용한 기간과 그 후 30일 동안은 해고하지 못한다는 근로기준법 제23조 제2항은 시용계약에 대해서도 적용된다.[9]

Ⅲ. 근로계약의 기간

1. 계약자유의 원칙과 기간제 근로자의 사용기간 2년 제한

근로계약 기간도 계약 자유의 원칙에 따라 근로자와 사용자의 합의에 따라 자유롭게 설정할 수 있는 것이 원칙이다. 근로기준법에는 근로계약의 기간에 관한 규정이 없다. 기간을 정하는 근로계약은 기간제법 제4조 제1항에 따라 2년을 초과하지 않는 범위로만 제한된다. 즉, 사용자는 2년을 초과하지 않는 범위 안에서 기간제 근로자를 사용할 수 있다. 기간제 근로계약의 반복갱신의 경우에는

8) 대법원 2015. 11. 27. 선고 2015두48136. 판결.
9) 대법원 2021. 4. 29. 선고 2018두43958 판결.

그 계속근로한 총기간이 2년을 초과하지 아니하는 범위 안에서 기간제 근로자 사용이 가능하다.

기간제 및 단시간근로자 보호 등에 관한 법률 제4조(기간제근로자의 사용)

① 사용자는 2년을 초과하지 아니하는 범위 안에서(기간제 근로계약의 반복갱신 등의 경우에는 그 계속근로한 총기간이 2년을 초과하지 아니하는 범위 안에서) 기간제근로자를 사용할 수 있다. 다만, 다음 각 호의 어느 하나에 해당하는 경우에는 2년을 초과하여 기간제근로자로 사용할 수 있다.

1. 사업의 완료 또는 특정한 업무의 완성에 필요한 기간을 정한 경우
2. 휴직·파견 등으로 결원이 발생하여 해당 근로자가 복귀할 때까지 그 업무를 대신할 필요가 있는 경우
3. 근로자가 학업, 직업훈련 등을 이수함에 따라 그 이수에 필요한 기간을 정한 경우
4. 「고령자고용촉진법」 제2조제1호의 고령자와 근로계약을 체결하는 경우
5. 전문적 지식·기술의 활용이 필요한 경우와 정부의 복지정책·실업대책 등에 따라 일자리를 제공하는 경우로서 대통령령으로 정하는 경우
6. 그 밖에 제1호부터 제5호까지에 준하는 합리적인 사유가 있는 경우로서 대통령령으로 정하는 경우

② 사용자가 제1항 단서의 사유가 없거나 소멸되었음에도 불구하고 2년을 초과하여 기간제근로자로 사용하는 경우에는 그 기간제근로자는 기간의 정함이 없는 근로계약을 체결한 근로자로 본다.

사용자가 기간제 근로자를 2년을 초과하여 사용하면 기간의 정함이 없는 근로계약을 체결한 근로자로 본다. 즉, 무기계약 근로자로 전환된 것으로 간주한다. 따라서, 2년의 기간제 근로계약을 체결한 근로자가 2년의 근로계약 기간이 종료된 다음날 출근했는데 사용자가 아무런 이의 없이 근로제공을 수령했다면, 그 기간제 근로자는 기간의 정함이 없는 무기계약 근로자로 전환된 것으로 간주된다. 파견법 제6조의2가 '직접 고용 의무'를 규정하고 있는 것과 구별하여 기

억해야 한다. 무기계약 근로자로 간주될 경우 그 근로자의 근로조건은 단체협약·취업규칙·근로계약이 정하는 바에 따르게 되나, 기존 근로조건을 저하시킬 수는 없다. 기간의 정함이 없는 근로자로 전환될 뿐 근로조건이 기존 근로자들과 반드시 동일해져야 하는 것은 아니다. 다만, 해당 사업 또는 사업장 내에 기간의 정함이 없는 근로계약을 체결한 것으로 간주되는 근로자와 동종 또는 유사한 업무에 종사하는 기간의 정함이 없는 근로계약을 체결한 근로자가 있을 경우에는 그 근로자에게 적용되는 취업규칙 등이 동일하게 적용되어야 한다.[10)]

사용자가 기간제 근로자를 2년을 초과하여 사용해도 무기계약 근로자로 전환되지 않는 예외가 있다. 즉, 사업의 완료 또는 특정한 업무의 완성에 필요한 기간을 정한 경우, 휴직·파견 등으로 결원이 발생하여 그 근로자가 복귀할 때까지 업무를 대신할 필요가 있는 경우, 근로자가 학업, 직업훈련 등을 이수함에 따라 그 이수에 필요한 기간을 정한 경우, 고용상 연령차별금지 및 고령자고용촉진에 관한 법률(이하 '고령자고용법')상 55세 이상의 고령자와 근로계약을 체결하는 경우, 전문적 지식·기술의 활용이 필요한 경우와 정부의 복지정책·실업대책 등에 따라 일자리를 제공하는 경우로서 대통령령이 정하는 경우 등이 그 예외가 인정되는 경우이다(기간제법 제4조 제1항).

한편 기간제법 제5조는 사용자의 우선 재고용 의무를 규정하고 있는데, 사용자는 기간의 정함이 없는 근로계약을 체결하고자 하는 경우에는 당해 사업 또는 사업장의 동종 또는 유사한 업무에 종사하는 기간제근로자를 우선적으로 고용하도록 노력하여야 한다.

---

10) 대법원 2019. 12. 24. 선고 2015다254873 판결.

Ⅳ. 근로계약의 기본 원칙

1. 근로조건 명시

(1) 근로조건 명시 원칙의 내용

사용자는 근로계약을 체결 할 때에 근로자에게 임금, 소정근로시간, 휴일, 연차유급휴가, 취업 장소, 종사 업무, 취업규칙 필요적 기재사항, 기숙사에 관한 사항 등을 명시하여야 한다(근로기준법 제17조). 근로계약 체결 후 그 내용을 변경하는 경우에도 동일하게 명시하여야 한다. 그 중 임금 구성항목, 임금 계산방법, 임금 지급방법, 소정근로시간, 휴일, 연차유급휴가 등은 서면으로 명시사항을 기재해서 교부해야 한다. 사용자가 18세 미만인 연소자와 근로계약을 체결하는 경우에는 근로기준법 제67조 제3항에 따라 모두 서면으로 명시하여 교부하여야 한다. 서면에는 전자문서법에 따른 전자문서도 포함된다. 근로자가 요구하지 않아도 사용자는 당연히 명시해야 한다. 다만, 임금 구성항목, 임금 계산방법, 임금 지급방법, 소정근로시간, 휴일, 연차유급휴가 등 서면으로 명시된 사항을 근로자대표와의 서면합의, 취업규칙, 단체협약, 법령에 따라 변경한 경우에는 근로자의 요구가 있으면 교부하여야 한다.

근로기준법 제17조(근로조건의 명시)

① 사용자는 근로계약을 체결 할 때에 근로자에게 다음 각 호의 사항을 명시 하여야 한다. 근로계약 체결 후 다음 각호의 사항을 변경 하는 경우에도 또한 같다.

1. 임금
2. 소정근로시간
3. 제55조에 따른 휴일
4. 제60조에 따른 연차 유급휴가
5. 그 밖에 대통령령으로 정하는 근로조건

② 사용자는 제1항제1호와 관련한 임금의 구성항목·계산 방법·지급방법 및 제2호부터 제4호까지의 사항이 명시된 서면을 근로자에게 교부하여야 한다. 다만, 본문에

따른 사항 이 단체협약 또는 취업규칙의 변경 등 대통령령으로 정하는 사유로 인하여 변경되는 경우 에는 근로자의 요구가 있으면 그 근로자에게 교부하여야 한다.

(2) 명시의 방법

'명시'가 어떤 방법으로 행해져야 하는지에 대해서 근로기준법에 규정이 없다. 실무상 명시는 그 내용을 분명하게 나타내 보여주고 근로계약 당사자인 근로자가 그 내용을 기억할 수 있도록 하는 것을 뜻한다고 이해된다. 이때 명시는 서면으로 할 수도 있고 구두로 할 수 있다. 근로기준법 제17조 제2항은 명시할 사항 중 중요한 것들에 대해서는 특별히 서면으로 명시하도록 규정하고 있는 것이다.

(3) 명시의무 위반의 효과

사용자가 명시의무와 서면명시 의무를 위반할 경우 500만 원 이하의 벌금이 부과될 수 있다(근로기준법 제114조 제1호). 근로계약 자체의 효력에는 영향이 없다. 또한 사용자가 명시된 근로조건에 위반하는 경우 근로자는 사용자에게 명시된 근로조건의 이행을 요구하거나, 근로계약을 즉시해지할 수 있다. 채무불이행을 이유로 법원에 손해배상 청구의 소 제기도 가능하며, 거의 사문화되었지만, 노동위원회에 손해배상을 신청할 수도 있다. 이때 손해배상청구권의 소멸시효는 근로조건의 내용과 관계없이 임금채권에 준하여 3년으로 간주되고 있다.[11)]

근로기준법 제19조(근로조건의 위반)

① 제17조에 따라 명시된 근로조건이 사실과 다를 경우에 근로자는 근로조건 위반을 이유로 손해의 배상을 청구할 수 있으며 즉시 근로계약을 해제할 수 있다.

② 제1항에 따라 근로자가 손해배상을 청구할 경우에는 노동위원회에 신청할 수 있으며, 근로계약이 해제되었을 경우에는 사용자는 취업을 목적으로 거주를 변경하는 근로자에게 귀향 여비를 지급하여야 한다.

---

11) 대법원 1997. 10. 10. 선고 97누5732 판결.

보론 근로조건과 관련된 중요 서류 보존 의무: 3년

사용자는 근로계약서, 임금대장, 임금의 결정 · 지급방법과임금계산의 기초에 관한 서류, 고용 · 해고 · 퇴직, 승급 · 감급에관한 서류, 휴가에 관한 서류, 3개월 단위 탄력적근로시간제, 선택적근로시간제, 출장근로 시간제에서 근로자대표와의 필요시간 합의, 재량근로시간제에 관한 근로자대표와의 서면합의 관련 서류, 연소자의 증명에 관한 서류 등을 모두 3년 동안 보존해야 한다.

2. 위약 예정의 금지

(1) 위약 예정의 금지 원칙의 내용

사용자는 근로계약 체결 시 근로자의 근로계약 불이행에 대한 위약금 또는 손해배상액을 예정해서는 안 된다(근로기준법 제20조). 실제 손해액과 관계없이 미리 배상액을 정하면 근로자의 자유의사에 반하여 강제 근로를 강요 받을 수 있기 때문이다.[12] 근로자가 사용자를 상대로 위약금 예정을 요구하는 것은 가능하다.

근로기준법 제20조(위약 예정의 금지)

사용자는 근로계약 불이행에 대한 위약금 또는 손해배상액을 예정하는 계약을 체결하지 못한다.

위약 예정으로서 금지되는 예는, 채용 시 위약금 또는 손해배상금 예정 목적의 보증금을 받는 경우, 근로계약 체결 시 부정수입행위가 있을 경우 임금 및 퇴직금을 지급하지 않는다는 임금미지급 각서를 작성하는 경우, 근로자가 퇴직을 사전에 예고하지 않았다는 이유로 임금 및 퇴직금을 지급하지 않는 경우, 장

12) 대법원 2004. 4. 28. 선고 2001다53875 판결.

학금이나 해외연수 기간 동안 근로자에게 교육비용 등을 지급한 후 일정한 기간 동안 의무재직하지 않으면 장학금이나 교육비용과 교육 기간 중의 임금을 반환하도록 약정하는 경우13) 등이다. 손해배상액이 아닌 '실소요 비용 반환' 문제는 민사법의 일반원칙에 따라 해결하면 된다.

(2) 교육연수 비용과 의무재직기간 설정 문제

특히 사용자의 연수·교육 비용 지급에 따라 근로자에게 의무재직기간과 의무재직기간 위반시 비용 반환 의무를 부과하는 문제에 대해서는 자세히 정리할 필요가 있다. 대법원 판례는 이에 대하여 "근로자가 일정 기간 동안 근무하기로 하면서 이를 위반할 경우 소정 금원을 사용자에게 지급하기로 약정하는 경우, 그 약정의 취지가 약정한 근무기간 이전에 퇴직하면 그로 인하여 사용자에게 어떤 손해가 어느 정도 발생하였는지 묻지 않고 바로 소정 금액을 사용자에게 지급하기로 하는 것이라면 이는 명백히 근로기준법 제20조에 반하는 것이어서 효력을 인정할 수 없다. 또, 그 약정이 미리 정한 근무기간 이전에 퇴직하였다는 이유로 마땅히 근로자에게 지급되어야 할 임금을 반환하기로 하는 취지일 때에도, 결과적으로 위 조항의 입법 목적에 반하는 것이어서 역시 그 효력을 인정할 수 없다. 다만, 그 약정이 사용자가 근로자의 교육훈련 또는 연수를 위한 비용을 우선 지출하고 근로자는 실제 지출된 비용의 전부 또는 일부를 상환하는 의무를 부담하기로 하되 장차 일정 기간 동안 근무하는 경우에는 그 상환의무를 면제해 주기로 하는 취지인 경우에는, 그러한 약정의 필요성이 인정된다. 이때 주로 사용자의 업무상 필요와 이익을 위하여 원래 사용자가 부담하여야 할 성질의 비용을 지출한 것에 불과한 정도가 아니라 근로자의 자발적 희망과 이익까지 고려하여 근로자가 전적으로 또는 공동으로 부담하여야 할 비용을 사용자가 대신 지출한 것으로 평가되며, 약정 근무기간 및 상환해야 할 비용이 합리적이고 타당한 범위에서 정해져 있는 등 위와 같은 약정으로 인하여 근로자의 의사에 반하는 계속 근로를 부당하게 강제하는 것으로 평가되지 않는다면,

---

13) 대법원 2004. 4. 28. 선고 2001다53875 판결.

그러한 약정까지 근로기준법 제20조에 반하는 것은 아니다"[14]라고 정리하고 있다. 최근 대법원은 매월 정기적, 일률적으로 지급되던 무사고승무수당을, 교통사고가 발생한 경우 실제 손해 발생 여부와 액수에 관계 없이 3개월 동안 공제한 것은 위약 예정을 금지한 근로기준법 제20조뿐 아니라 근로기준법 제43조의 임금 전액 지급 원칙에도 반한다고 판단했다.[15]

(3) 신원보증계약과의 관계

근로자가 근로를 제공하는 과정에서 그의 책임 있는 사유로 사용자에게 손해를 입힌 경우에 신원보증인이 사용자에게 그 손해를 배상할 채무를 부담하도록 하는, 신원보증인이 사용자와 체결하는 계약을 말한다. 신용보증계약에 대해서는 신원보증법이 적용된다. 근로기준법상 위약 예정의 금지 원칙은 사용자가 근로자와의 사이에 근로계약 불이행에 대한 위약금 또는 손해배상액을 예정하는 계약의 체결을 금하는 취지이므로, 이 규정이 신원보증계약 체결을 금지하는 것은 아니다.[16]

(4) 위약 예정의 금지 원칙 위반의 효과

사용자가 위약 예정의 금지 원칙을 위반할 경우 500만 원 이하의 벌금이 부과될 수 있다(근로기준법 제114조 제1호). 위약을 예정한 계약은 무효가 된다. 다만, 근로자의 계약 위반 행위로 인해 사용자가 실제로 손해를 입었다면 사용자는 그 손해를 입증해서 배상을 청구할 수 있다.

---

14) 대법원 2008. 10. 23. 선고 2006다37274 판결.
15) 대법원 2019. 6. 13. 선고 2018도17135 판결.
16) 대법원 1980. 9. 24. 선고 80다1040 판결.

3. 전차금 상계의 금지

(1) 근로조건 명시 원칙의 내용

사용자는 전차금이나 그 밖에 근로할 것을 조건으로 하는 전대채권과 임금을 상계하지 못한다(근로기준법 제21조). 여기에서 전차금이란 근로자가 근로계약을 체결할 때 또는 그 후 근로를 제공할 것을 조건으로 하여 사용자로부터 임금지급기일 전에 빌려서 앞으로의 임금으로 갚을 것을 약속한 금전을 말한다. 근로기준법이 전차금 상계를 금지하는 것은 근로자가 특정 사업장에 부당하게 장기간 구속되는 것 방지하여 강제근로 금지원칙을 실현하고, 근로기준법 제43조 제1항의 임금 전액 지급 원칙을 실현하기 위한 것이다.

근로기준법 제21조(전차금 상계의 금지)

사용자는 전차금(前借金)이나 그 밖에 근로할 것을 조건으로 하는 전대(前貸)채권과 임금을 상계하지 못한다.

예를 들어, 앞에서 지나가는 일 잘 하게 생긴 사람을 300만 원에 채용했던 사용자가 그 근로자에게 5천만 원을 빌려줬다고 하면, 사용자는 그 근로자한테 300만 원의 임금을 줄 때마다 임금을 지급하지 않고 자기가 빌려준 5천만원에서 차감하고 싶다는 생각, 즉 상계하고 싶다는 생각을 하게 될 것이다. 하지만 이 경우에도 상계하지 못하고 임금 300만 원을 모두 지급하라는 것이 근로기준법 제21조의 전차금 상계 금지 규정의 취지이다. 그 근로자가 퇴직한다면 사용자는 퇴직금을 지급하는 대신 자신의 5천만 원의 채권으로부터 상계하고 싶다고 생각하겠지만, 퇴직금도 임금이므로 상계하지 못한다.

(2) 전차금 상계 금지 원칙 위반에 해당하지 않는 사례

일정한 경우, 즉 단체협약에 규정된 사내복지 차원의 주택자금융자지원 제도에 따라 근로자가 사용자로부터 차용한 주택자금 융자금에 대하여 매월 임금에서 원리금을 분할 상환하기로 합의한 것에 따른 임금 사전 공제, 사용자가 근로계약이 체결될 것을 전제로 해외 주재원의 항공료를 부담했는데, 근로자의 귀책사유로 계약이 체결되지 않은 경우의 항공료 반납[17], 사납금제의 적용을 받는 택시기사의 경우 임금에서의 사납금 미달액 공제, 가불액에 대한 임금 상계 등의 경우는 임금 전액 지급 원칙을 침해한다고 보기 어렵고, 강제근로금지 원칙에 위반하여 근로자가 사용자에게 구속되도록 한다고 보기도 어렵기 때문에 전차금 상계 금지 원칙에 대한 위반으로 보지 않는다.

(3) 전차금 상계 금지 원칙 위반의 효과

사용자가 전차금 상계 금지 원칙을 위반할 경우 500만 원 이하의 벌금이 부과될 수 있다(근로기준법 제114조 제1호). 전차금 상계 금지 원칙에 반하는 사용자의 상계 의사표시는 무효이며, 상계하도록 명시된 근로계약의 내용도 무효가 된다.

4. 강제저금 금지

(1) 강제저금 금지 원칙의 내용

사용자는 근로계약에 부수하여 강제저축 또는 강제저축금관리계약을 체결하지 못한다(근로기준법 제114조 제1호). 근로자 저축 관리를 사용자에게 위탁한 경우에도 근로자의 자율적 결정에 따라 그의 명의로 하여야 한다. 근로자의 저축 또는 저축금을 관리하려는 사용자의 시도를 금지하는 이유는, 저축금을 사용자가 관리하는 동안 근로자가 이직을 하지 못하게 되어 강제근로 금지 원칙에 위반되는 결과가 초래되고, 근로자의 재산권이 사용자에 의하여 부당하게 침해되는 결과가 발생할 수 있기 때문이다.

근로기준법 제22조(강제 저금의 금지)

① 사용자는 근로계약에 덧붙여 강제 저축 또는 저축금의 관리를 규정하는 계약을

---

17) 근로개선정책과-169, 2011. 3. 10.

체결하지 못한다.

② 사용자가 근로자의 위탁으로 저축을 관리하는 경우에는 다음 각 호의 사항을 지켜야 한다.

1. 저축의 종류·기간 및 금융기관을 근로자가 결정하고, 근로자 본인의 이름으로 저축할 것
2. 근로자가 저축증서 등 관련 자료의 열람 또는 반환을 요구할 때에는 즉시 이에 따를 것

(2) 강제저금 금지 원칙 위반의 효과

사용자가 강제저금 금지의 원칙에 반하여 근로계약에 덧붙여 강제 저축 또는 저축금의 관리를 규정하는 계약을 체결한 경우 2년 이하의 징역 또는 2천만 원 이하의 벌금이 부과될 수 있으며(근로기준법 제110조 제1호), 근로자의 위탁으로 저축금을 관리하는 경우 근로자의 결정권을 침해하거나 근로자의 명의로 하지 않거나, 근로자의 자료 열람 또는 반환 요구에 응하지 않은 경우에는 500만 원 이하의 벌금이 부과될 수 있다(근로기준법 제114조 제1호). 사용자가 근로기준법 제22조에 위반하여 근로자의 저축금을 관리한 경우에는 저축금과 그 이자를 근로자에게 즉시 반납해야 한다.

V. 근로계약의 체결 제한

1. 미성년자의 근로계약

(1) 근로계약 내용의 제한

19세에 이르지 못한 미성년자의 근로계약은 친권자나 후견인의 동의를 얻어 본인이 직접체결하여야 한다(민법 제4조). 친권자나 후견인이 미성년자의 근로계약을 대리하는 것은 금지된다(근로기준법 제67조 제1항). 다만, 친권자, 후견인 또는 고용노동부장관은 근로계약이 미성년자에게 불리하다고 인정하는 경우에는 이

를 해지할 수 있다. 미성년자는 독자적으로 임금을 청구할 수 있다. 이는 친권자나 후견인에 의해 미성년자의 노동에 대한 중간착취가 발생하는 것을 막아 미성년자의 노예화를 방지가하기 위한 것이다.

사용자는 18세 미만인 사람과 근로계약을 체결하는 경우에는 임금, 소정근로시간, 휴일, 연차유급휴가 등 근로기준법 제17조에 따른 근로조건을 서면으로 명시하여 교부하여야 한다. 서면에는 전자문서법에 따른 전자문서를 포함한다.

근로기준법 제67조(근로계약)

① 친권자나 후견인은 미성년자의 근로계약을 대리할 수 없다.

② 친권자, 후견인 또는 고용노동부장관은 근로계약이 미성년자에게 불리하다고 인정하는 경우에는 이를 해지할 수 있다.

③ 사용자는 18세 미만인 사람과 근로계약을 체결하는 경우에는 제17조에 따른 근로조건을 서면(「전자문서 및 전자거래 기본법」 제2조제1호에 따른 전자문서를 포함한다)으로 명시하여 교부하여야 한다.

근로기준법 제68조(임금의 청구)

미성년자는 독자적으로 임금을 청구할 수 있다.

(2) 15세 미만자 채용

취직인허증 소지자가 아니면, 15세 미만자를 사용할 수 없다(근로기준법 제64조). 취직인허증을 받을 수 있는 사람은 13세 이상 15세 미만인 사람으로 한정된다. 13세 미만자는 채용할 수 없다. 다만, 예술공연 참가를 위한 경우에는 13세 미만인 사람도 취직인허증을 받을 수 있다.

근로기준법 제64조(최저 연령과 취직인허증)

① 15세 미만인 사람(「초·중등교육법」에 따른 중학교에 재학 중인 18세 미만인 사람을 포함한다)은 근로자로 사용하지 못한다. 다만, 대통령령으로 정하는 기준에 따라

고용노동부장관이 발급한 취직인허증(就職認許證)을 지닌 사람은 근로자로 사용할 수 있다.

(3) 18세 미만자 채용

사용자는 18세 미만인 사람을 채용할 때에는 호적등본 또는 주민등록등본 등 연령을 증명하는 가족관계기록사항에 관한 증명서를 사업장에 갖추어 두어야 한다(근로기준법 제66조). 연소자 증명서를 갖추어 두지 않은 사용자는 500만 원 이하의 과태료가 부과될 수 있다(근로기준법 제116조 제2항 제2호).

근로기준법 제66조(연소자 증명서)

사용자는 18세 미만인 사람에 대하여는 그 연령을 증명하는 가족관계기록사항에 관한 증명서와 친권자 또는 후견인의 동의서를 사업장에 갖추어 두어야 한다.

2. 유해·위험 사업 사용 금지

사용자는 임신 중이거나 산후 1년이 지나지 아니한 여성과 18세 미만자를 도덕상 또는 보건상 유해·위험한 사업에 사용하지 못한다(근로기준법 제65조). 임신 중이거나 산후 1년이 지나지 아니한 여성을 임산부라고 한다. 또한, 사용자는 임산부가 아닌 18세 이상의 여성을 보건상 유해·위험한 사업 중 임신 또는 출산에 관한 기능에 유해·위험한 사업에 사용하지 못한다. 근로기준법 시행령 별표 4는 임신 중인 여성, 산후 1년이 지나지 않은 여성, 임산부가 아닌 18세 이상인 여성, 18세 미만인 자를 각각 나누어 도덕상 보건상 유해·위험한 사업을 열거하고 있다. 대체로 원자력 및 방사선 관련 업무, 추락 또는 붕괴 위험이 있는 작업, 납이나 비소를 취급하는 작업, 고압 및 잠수작업, 소각 도살 작업 등이 도덕상 보건상 유해·위험한 사업에 해당한다.

근로기준법 제72조가 여성과 18세 미만인 사람인 사람의 갱내근로를 금지하는 것도 같은 취지이다. 다만, 보건·의료, 보도·취재 등 대통령령으로 정하는 업무를 수행하기 위하여 일시적으로 필요한 경우에는 갱내근로가 예외적으로 허용된다.

근로기준법 제65조(사용 금지)

① 사용자는 임신 중이거나 산후 1년이 지나지 아니한 여성(이하 "임산부"라 한다)과 18세 미만자를 도덕상 또는 보건상 유해·위험한 사업에 사용하지 못한다.

② 사용자는 임산부가 아닌 18세 이상의 여성을 제1항에 따른 보건상 유해·위험한 사업 중 임신 또는 출산에 관한 기능에 유해·위험한 사업에 사용하지 못한다.

③ 제1항 및 제2항에 따른 금지 직종은 대통령령으로 정한다.

근로기준법 제72조(갱내근로의 금지)

사용자는 여성과 18세 미만인 사람을 갱내(坑內)에서 근로시키지 못한다. 다만, 보건·의료, 보도·취재 등 대통령령으로 정하는 업무를 수행하기 위하여 일시적으로 필요한 경우에는 그러하지 아니하다.

제2장 취업규칙

Ⅰ. 취업규칙의 개념

1. 취업규칙의 정의

취업규칙이란 사용자와 근로계약 관계하에 있는 근로자에게 적용되는 근로조건 또는 근로자와 사용자가 준수하여야 할 규율에 관하여 구체적으로 정한 모든 규칙을 말한다. 사규, 인사규정, 급여·보수규정, 복리후생 규정, 복무규율, 징계 및 포상 규정 등 명칭과 관계 없이 사내에서 통일적, 획일적으로 적용되는 근로조건, 경영규범을 정한 모든 것이 취업규칙에 해당한다. 사업장 내에서 사용자와 근로자에게 적용되는 규범임에도 불구하고 사용자가 작성하고 작성 과정에서 근로자의 동의를 받지 않아도 된다는 점은 취업규칙 제도의 특징인 동시에 취약점이라고 할 수 있다.

취업규칙의 법적 성질이 계약인지, 규범인지, 아니면 사실인 관습인지 논란이 있으나 입법적으로 해결되어 있으므로 깊이 논의할 실익은 없다.

2. 취업규칙 제도의 연혁

취업규칙 제도의 유래나 기원에 대해서는 일치된 견해는 없으며, 다양한 주장이 제기되고 있다. 대체로는 18세기 중엽 영국 방적산업 분야에서 공장 근로자를 대규모로 조직하고 근로조건을 확정하는 등 규율이 필요해지자 이를 위해 등장했다고 설명되고 있다.

일본 및 우리나라의 취업규칙과 유사한 내용은 1841년 프랑스 공장법과 1891년 프로이센 영업법에서 발견된다. 프랑스의 공장법에는 사용자가 일방적으로 제정하고 변경할 수 있는 규율 사항이 명시되어 있기도 했다. 프로이센의 영업법상의 사용자가 일방적으로 제정하는 취업규칙 규정은 공동결정제도의 등장으로 사라졌으나, 프랑스에서는 일부 내용이 현재까지 남아있다. 일본은 명치유신 이후 프랑스 공장법의 영향을 짙게 받아서 1911년 공장법으로 취업규칙 제도를 도입했다. 사용자가 일방적으로 작성해서 시행하는 사업장 규범이라는 취업규칙의 특징은 사용자가 무사나 성주계급 출신으로서 농민이나 천민 출신이었던 근로자들에 비해 신분상 우위에 있다는 인식이 강했던 당시 일본에서 받아들여지기에 매우 쉬웠던 것으로 보인다. 일제시대의 관행과 일본 勞働基準法을 계수한 1953년 근로기준법을 통해, 광복 이후에도 근로자의 복무규율이나 근로조건의 기준을 사용자가 일방적으로 작성하는 것이라는 본질을 가진 취업규칙 제도가 우리나라에 잔존하게 되었다.

일본에서는 초기의 취업규칙 규정이 2012년 勞働契約法 개정으로 인해 불이익 변경과 관련한 제한 규정이 도입될 때까지 지속되었다. 하지만 우리나라는 일본과는 사정이 달랐다. 당초 1953년 제정 근로기준법도 "사용자는 취업규칙의 작성 또는 변경에 관하여 당해사업장에 근로자의 과반수로 조직된 노동조합이 있는 경우에는 그 노동조합, 근로자의 과반수로 조직된 노동조합이 없는 경우에는 근로자의 과반수를 대표하는 자의 의견을 들어야 한다"라고 규정되어 있었다. 그러나 일본과는 달리 취업규칙 작성과 변경에 대한 민주적 정당성, 즉 사업장 구성원인 근로자에 의한 통제 절차를 확보할 필요성이 일찍부터 제기되어 온 우리나라에서는 취업규칙 불이익 변경시 근로자 과반수의 동의가 필요하다는 내용으로 확립된 대법원 판례의 법리를 적극적으로 입법화 했다. 1989년 근로기준법 개정 이전부터 대법원은 "취업규칙의 불이익 변경은 기존 취업규칙의 적용을 받고 있던 근로자 집단의 집단의사 결정방법에 의한 동의가 없는 한 취업규칙변경의 효력을 가질 수 없어 그 근로자들에게는 적용되지 않는다"[18]는 사실상 입법작용에 준하는 적극적인 판례이론을 형성해 왔다. 1989년 개정 근로기준법은 "사용자는 취업규칙의 작성 또는 변경에 관하여 당해사업장에 근로자의 과반수로 조직된 노동조합이 있는 경우에는 그 노동조합, 근로자의 과반수로 조직된 노동조합이 없는 경우에는 근로자의 과반수의 의견을 들어야 한다. 다만, 취업규칙을 근로자에게 불이익하게 변경하는 경우에는 그 동의를 얻어야 한다"라고 개정하여 취업규칙을 근로자에게 불리하게 변경하는 불익 변경의 경우에는 근로자 과반수의 통제를 받도록 하였다. 1989년 개정 근로기준법은 석연치 않은 이유로 "근로자의 과반수를 대표하는 자"라는 해당 규정의 종전 내용을 "근로자의 과반수"라고 변경했다. 하지만, 이는 입법자가 '근로자 대표'가 아니어야 함을 적극적으로 의도한 것이 아니라 당시까지의 대법원 판례가 사용했던 문구를 수용하는 과정에서 국회가 "근로자의 과반수를 대표하는 자"와 "근로자의 과반수"의 차이를 인식하지 못한 채 양자를 동일한 것으로 인식하고 입법을 했다고 볼 수밖에 없을 것 같다.

---

18) 대법원 1977. 7. 26. 선고 77다355 판결; 대법원 1977. 9. 28. 선고 77다681 판결; 대법원 1977. 12. 27. 선고 77다1378 판결; 대법원 1988. 5. 10. 선고 87다카2578 판결 등.

1953년 제정 근로기준법 제95조(규칙의 작성변경의 절차)

① 사용자는 취업규칙의 작성 또는 변경에 관하여 당해사업장에 근로자의 과반수로 조직된 노동조합이 있는 경우에는 그 노동조합, 근로자의 과반수로 조직된 노동조합이 없는 경우에는 근로자의 과반수를 대표하는 자의 의견을 들어야 한다.

② 사용자는 전조의 규정에 의하여 취업규칙을 신고할 때에는 전항의 의견을 기입한 서면을 첨부하여야 한다.

1989 개정 근로기준법 제95조(규칙의 작성변경의 절차)

① 사용자는 취업규칙의 작성 또는 변경에 관하여 당해사업장에 근로자의 과반수로 조직된 노동조합이 있는 경우에는 그 노동조합, 근로자의 과반수로 조직된 노동조합이 없는 경우에는 근로자의 과반수의 의견을 들어야 한다. 다만, 취업규칙을 근로자에게 불이익하게 변경하는 경우에는 그 동의를 얻어야 한다.

② 사용자는 제94조의 규정에 의하여 취업규칙을 신고할 때에는 제1항의 의견을 기입한 서면을 첨부하여야 한다.

취업규칙의 필요적 기재사항도 바뀌어 왔다. 2005년 근로기준법 개정 시에는 출산전후휴가·육아휴직 등 근로자의 모성 보호에 관한 사항, 2008년 개정 시에는 일·가정 양립 지원에 관한 사항과 사업장 환경의 개선에 관한 사항, 2019년 개정 시에는 직장 내 괴롭힘의 예방 및 발생 시 조치 등에 관한 사항이 각각 추가되어 왔다.

Ⅱ. 취업규칙의 작성

1. 취업규칙의 작성과 신고, 비치

상시 10명 이상의 근로자를 사용하는 모든 사용자는 취업규칙을 작성하여 고용노동부장관에게 신고하여야 한다(근로기준법 제93조 제1항). 상시 10명 이상의 근로자를 사용하는 모든 사용자가 취업규칙을 작성하여 신고해야 하므로, 하나의 사업이 여러 개의 사업장으로 구성되어 있고 각 사업장 단위로 상시근로자 수가 10명 이상이라면 그 사업장들은 취업규칙 적성과 신고 의무가 있다. 또, 여러 개의 사업장들이 개별적으로는 상시근로자 수가 10명 미만이라 하더라도 사업 전체를 기준으로 산정하면 10명 이상이라면 해당 사업 전체를 기준으로 취업규칙을 작성하고 신고하여야 한다. 그리고, 취업규칙을 근로자가 자유롭게 열람할 수 있는 장소에 항상 게시하거나 갖추어 두어 근로자들이 확인할 수 있도록 하여야 한다(근로기준법 제14조).

근로기준법 제14조(법령 주요 내용 등의 게시)

① 사용자는 이 법과 이 법에 따른 대통령령의 주요 내용과 취업규칙을 근로자가 자유롭게 열람할 수 있는 장소에 항상 게시하거나 갖추어 두어 근로자에게 널리 알려야 한다.

② 사용자는 제1항에 따른 대통령령 중 기숙사에 관한 규정과 제99조제1항에 따른 기숙사규칙을 기숙사에 게시하거나 갖추어 두어 기숙(寄宿)하는 근로자에게 널리 알려야 한다.

취업규칙은 각 사업장에서 관할 지방노동관서에 각각 신고하는 것이 원칙이다. 하지만, 근로감독관집무규정은 본사와 지점, 영업소 등이 여러 개 있는 사업장의 경우에 그 여러 개의 사업장들이 하나의 지방관서의 관할 지역 내에 있는지 아니면 여러 개의 지방관서의 관할 내에 있는지에 따라 신고 절차를 간소화 하는 방법을 따로 정하고 있다(근로감독관집무규정 제74조). 하나의 지방관서 관할 지역 내에 본사와 지점, 영업소 등 동일기업의 사업장이 모두 소재하고, 모든 사업장이 하나의 취업규칙을 적용받는 경우로서 본사에서 관할 지방관서에 취업규칙을 신고한 경우와 사업장별 또는 직종별 등에 따라 2개 이상의 취업규칙이 존재하는 경우로서 본사에서 관할 지방관서에 모든 취업규칙을 일괄 신고한 경우에는 본사에서 신고하면 사업장 전체의 취업규칙이 신고된 것으로 본다. 그리고, 둘 이상의 지방관서 관할 내에 동일기업에 소속되어 있는 수 개의 사업장

(본사, 지점, 출장소 등)이 소재하고, 모든 사업장이 하나의 취업규칙을 적용받는 경우로서 본사에서 본사 관할 지방관서에 취업규칙을 신고한 경우와 사업장별 또는 직종별 등에 따라 2개 이상의 취업규칙이 존재하는 경우로서 본사에서 본사 관할 지방관서에 모든 취업규칙을 일괄 신고한 경우에 사업장 전체의 취업규칙이 신고된 것으로 본다.

2. 취업규칙의 필요적 기재사항

취업규칙을 작성할 때에는 근로기준법 제93조가 정하는 사항을 반드시 기재해야 한다. 만약 기재하지 않으면 1천만원 이하의 과태료가 부과될 수 있다(근로기준법 제116조 제2항 제2호). 하지만 일부 사항을 기재하지 않았다고 해서 작성된 취업규칙 자체가 무효가 되는 것은 아니다. 기재되지 않은 사항은 관련 법률과 단체협약, 근로계약, 사업장 관행 등에 따라 규율될 수 있다. 고용노동부는 사용자가 신고한 취업규칙에 법령·단체협약에 위배되는 내용이 있으면 변경명령을 할 수 있다.

취업규칙의 필요적 기재사항: 근로기준법 제93조

1. 업무의 시작과 종료 시각, 휴게시간, 휴일, 휴가 및 교대 근로에 관한 사항
2. 임금의 결정·계산·지급 방법, 임금의 산정기간·지급시기 및 승급(昇給)에 관한 사항
3. 가족수당의 계산·지급 방법에 관한 사항
4. 퇴직에 관한 사항
5. 「근로자퇴직급여 보장법」 제4조에 따라 설정된 퇴직급여, 상여 및 최저임금에 관한 사항
6. 근로자의 식비, 작업 용품 등의 부담에 관한 사항
7. 근로자를 위한 교육시설에 관한 사항
8. 출산전후휴가·육아휴직 등 근로 자의 모성 보호 및 일·가정 양립 지원에 관한 사항
9. 안전과 보건에 관한 사항

9의2. 근로자의 성별·연령 또는 신체적 조건 등의 특성에 따른 사업장 환경의 개선에 관한 사항

10. 업무상과 업무 외의 재해부조(災害扶助)에 관한 사항

11. 직장 내 괴롭힘의 예방 및 발생 시 조치 등에 관한 사항
12. 표창과 제재에 관한 사항
13. 그 밖에 해당 사업 또는 사업장의 근로자 전체에 적용될 사항

Ⅲ. 취업규칙의 변경

1. 취업규칙의 작성과 변경에 대한 근로자의 참여

취업규칙의 작성·변경 권한은 원칙적으로 사용자에게 있으나, 근로조건의 노사대등결정의 원칙을 관철하기 위해 취업규칙 작성·변경시 근로자의 의견을 청취하거나 동의를 얻도록 근로기준법 제94조에 명문화 하고 있다. 근로기준법 제94조는 근로조건 대등결정 원칙을 명시한 같은 근로기준법 제4조를 구체화하는 규정이라고 할 수 있다. 근로기준법 제94조에 규정된 절차를 위반할 경우 사용자는 500만 원 이하의 벌금에 처해질 수 있다(근로기준법 제114조 제1호).

근로기준법 제4조(근로조건의 결정)

근로조건은 근로자와 사용자가 동등한 지위에서 자유의사에 따라 결정하여야 한다.

취업규칙을 작성 또는 변경하는 경우 사용자는 근로자 과반수를 대표하는 노동조합이 있으면 그 노동조합, 그러한 노동조합이 없으면 근로자 과반수의 의견을 청취해야 한다(근로기준법 제94조 제1항 본문). 의견 청취는 의견을 듣는다는 의미이므로 협의보다 약화된 의견 수렴 과정이라고 할 수 있다. 따라서, 근로자 과반수를 대표하는 노동조합이나 근로자 과반수가 의견을 제시할 수 있는 기회가 부여되면 충분하며, 사용자가 그 의견의 전부 또는 일부를 반드시 수용하거나 반영해야 하는 것은 아니다. 또, 동의 또는 합의를 의미하는 것이 아니므로 의견을 표시한 근로자 중에 반대의견을 표시한 근로자가 많다 하더라도 적법하게

의견청취 절차를 거치면 의견청취의 효력이 인정되고, 사용자가 그 후에 취업규칙을 자신이 최초에 제시한 안 대로 작성하거나 변경했다 하더라도 유효하다.

종전보다 취업규칙이 근로자에게 불이익하게 변경되는 경우에는 근로자 과반수를 대표하는 노동조합이 있으면 그 노동조합, 그러한 노동조합이 없으면 근로자 과반수의 동의를 얻어야 한다(근로기준법 제94조 제1항 단서).

근로기준법 제94조(규칙의 작성, 변경 절차)

① 사용자는 취업규칙의 작성 또는 변경에 관하여 해당 사업 또는 사업장에 근로자의 과반수로 조직된 노동조합이 있는 경우에는 그 노동조합, 근로자의 과반수로 조직된 노동조합이 없는 경우에는 근로자의 과반수의 의견을 들어야 한다. 다만, 취업규칙을 근로자에게 불리하게 변경하는 경우에는 그 동의를 받아야 한다.

② 사용자는 제93조에 따라 취업규칙을 신고할 때에는 제1항의 의견을 적은 서면을 첨부하여야 한다.

취업규칙의 작성·변경에 관한 권한은 원칙적으로 사용자에게 있으므로 사용자는 그 의사에 따라 취업규칙을 작성·변경할 수 있고, 취업규칙을 종전보다 근로자에게 불이익하게 변경하는 경우가 아닌 한 근로자의 동의나 협의 또는 의견청취절차를 거치지 않고 변경하였다고 하여 변경된 취업규칙의 효력이 부정되지는 않는다.[19)]

2. 불이익 변경에 대한 판단 기준과 시점

취업규칙을 불이익하게 변경하는 경우 불이익의 의미에 대해서는 근로기준법에 규정이 없다. 변경 전후의 근로조건의 내용, 그 변경이 근로자에게 미치는 영향 등을 종합적으로 검토하여 판단할 수밖에 없을 것이다. 불이익 변경의 판단기준이 정립되기 위해서는 판례의 축적이 필요하다. 대법원은 취업규칙 불이

19) 대법원 1999. 6. 22. 선고 98두6647 판결.

익 변경의 의미에 관하여 "취업규칙의 불이익 변경이란 사용자가 취업규칙을 작성 또는 변경하여 근로조건이나 복무규율에 관한 근로자의 기득의 권리나 이익을 박탈하고 근로자에게 저하된 근로조건이나 강화된 복무규율을 일방적으로 부과하는 것이고, 취업규칙 불이익 변경의 대상인 근로조건이나 복무규율에 관한 근로자의 기득의 권리나 이익은 종전 취업규칙의 보호영역에 의하여 보호되는 직접적이고 구체적인 이익을 말한다"[20]라고 판시하고 있다. 취업규칙 불이익 변경에 대한 입증책임은 불이익 변경임을 주장하는 자에게 있다.[21]

근로자 중의 일부에게는 유리하고 다른 일부 근로자에게 불리한 취업규칙 변경에 대해서는 대법원은 불이익 변경으로 보아야 한다고 판단하고 있다. 즉 "취업규칙의 일부를 이루는 급여규정의 변경이 일부의 근로자에게는 유리하고 일부의 근로자에게는 불리한 경우 그러한 변경에 근로자집단의 동의를 요하는지를 판단하는 것은 근로자 전체에 대하여 획일적으로 결정되어야 할 것이고, 또 이러한 경우 취업규칙의 변경이 근로자에게 전체적으로 유리한지 불리한지를 객관적으로 평가하기가 어려우며, 같은 개정에 의하여 근로자 상호간의 이, 불리에 따른 이익이 충돌되는 경우에는 그러한 개정은 근로자에게 불이익한 것으로 취급하여 근로자들 전체의 의사에 따라 결정하게 하는 것이 타당하다"[22]라고 판단한 것이 대표적이다.

취업규칙상의 기존 제도의 본래 취지를 변경하지 않으면서 그 내용을 구체화하는 경우는 불이익 변경으로 보지 않는다. 대법원은 포괄적·추상적으로 규정되어 있던 개정 전 인사규정의 징계사유와 징계종류를 세목화하여 상세히 규정한 사례에서 "사용자가 근로자 등의 동의를 얻지 아니한 채 인사규정을 개정하였으나, 개정 인사규정의 징계사유와 징계종류에 관한 규정은 개정 전 인사규정의 징계사유와 징계종류에 관한 규정의 각 호를 그대로 둔 채 종전에 포괄적·

---

20) 대법원 1993. 8. 24. 선고 93다17898 판결; 대법원 2022. 3. 17. 선고 2020다219928 판결; 대법원 2022. 9. 29. 선고 2018다301527 판결 등.

21) 대법원 1978. 9. 12. 선고 78다1046 판결.

22) 대법원 1993. 5. 14. 선고 93다1893 판결; 대법원 1995. 3. 10. 선고 94다18072 판결; 대법원 2009. 5. 28. 선고 2009두2238 판결; 대법원 2012. 6. 28. 선고 2010다17468 판결 등.

추상적으로 규정되어 있던 징계사유와 징계종류의 각 호를 세목화하여 상세히 규정하고 있을 뿐이어서 근로자에게 불이익하게 개정된 것이 아니므로, 사용자가 그와 같이 인사규정을 개정함에 있어 근로자 등의 동의를 얻지 아니하였다 하더라도 그 개정의 효력이 부정되는 것이 아니다"[23]라고 판시하였다. 또한, 단순히 해고하도록 한 규정을 구체화해서 역량향상프로그램을 이수한 후 판단하도록 구체화한 사건에서도 "간부사원 취업규칙 제41조 제14호는 근무태도나 근무성적이 불량하고 개선의 여지가 없다고 판단되는 자를 해고할 수 있도록 규정하고 있는데, 참가인이 마련한 역량향상프로그램은 원고의 일부 주장대로 근로자에 대한 징계를 염두에 둔 제도라고 하더라도 위 취업규칙 조항의 내용을 보다 구체화한 것에 불과하다고 보이므로 이를 근로자에게 불이익하게 변경된 취업규칙에 해당한다고 할 수 없다"[24]라고 판시하여 불이익 변경이 아니라고 보았다.

취업규칙 불이익 변경에 해당하는지 여부를 판단하는 시점은 취업규칙 변경 시점이다. 대법원은 이와 같은 취지로 "근로자집단의 동의를 대신할 만한 사회통념상의 합리성이 있는지를 판단함에 있어서는 개정 당시의 상황을 근거로 하여야 하므로 개정 후 8년여가 경과하였고, 원고들이 퇴직한 후의 어느 시점에 이르러 노동조합의 인정을 받았다는 것은 원고들에 대한 관계에 있어서의 위 퇴직금규정 개정의 효력을 판단함에 있어서는 고려할 사정이 못된다"[25]라고 판시하였다.

3. 취업규칙 불이익 변경 동의 주체의 흠결과 불이익 변경의 효력

(1) 집단적 동의 결여시 취업규칙 불이익 변경의 효력

사용자는 취업규칙의 작성 또는 변경에 관하여 해당 사업 또는 사업장에 근로자의 과반수로 조직된 노동조합이 있는 경우에는 그 노동조합, 근로자의 과반수로 조직된 노동조합이 없는 경우에는 근로자의 과반수의 의견을 들어야 한다.

---

23) 대법원 1999. 6. 22. 선고 98두6647 판결.
24) 대법원 2012. 5. 9. 선고 2012두4760 판결.
25) 대법원 1993. 9. 14. 선고 92다45490 판결.

다만, 취업규칙을 근로자에게 불리하게 변경하는 경우에는 그 동의를 받아야 한다(근로기준법 제94조 제1항). 따라서 그러한 동의를 받지 못한 취업규칙 불이익 변경의 효력은 인정되지 않는다. 무효이다.[26]

과거의 대법원 판례 중에는, 일본 최고재판소 판례의 영향을 받아, 사용자가 시도한 "취업규칙의 작성 또는 변경이 그 필요성 및 내용의 양면에서 보아 그에 의하여 근로자가 입게 될 불이익의 정도를 고려하더라도 여전히 해당 조항의 법적 규범성을 시인할 수 있을 정도로 사회통념상 합리성이 있다고 인정되는 경우에는 종전 근로조건 또는 취업규칙의 적용을 받고 있던 근로자의 집단적 의사결정 방법에 의한 동의가 없다는 이유만으로 그의 적용을 부정할 수는 없다"[27]고 하여 취업규칙 불이익 병경의 필요성과 결과에 사회통념상 합리성이 인정된다면 근로자의 과반수로 조직된 노동조합 또는 근로자의 과반수의 동의를 받지 못해도 그 변경이 유효하다고 판단하기도 했다. 그러나, 최근 대법원은, 적용 대상인 간부사원인 근로자의 과반수 동의가 아니라 전체 근로자의 과반수가 가입한 노동조합의 동의를 받아 간부사원의 월차휴가를 폐지하고 연차유급휴가 상한을 신설하는 취업규칙 불이익 변경을 한 사건에서, 그러한 변경이 근로기준법 개정에 맞춰야 하는 등 사회통념상 합리성이 있다는 사용자의 주장을 물리치면서, "사용자가 취업규칙을 근로자에게 불리하게 변경하면서 근로자의 집단적 의사결정방법에 따른 동의를 받지 못한 경우, 노동조합이나 근로자들이 집단적 동의권을 남용하였다고 볼 만한 특별한 사정이 없는 한 해당 취업규칙의 작성 또는 변경에 사회통념상 합리성이 있다는 이유만으로 그 유효성을 인정할 수는 없다"[28]고 판시하면서 종전의 관련 판례를 변경했다.

---

26) 대법원(전합) 1992. 12. 22. 선고 91다45165 판결; 대법원 1992.2.25. 선고 91다25055 판결; 대법원(전합) 2023. 5. 11. 선고 2017다35588, 2017다35595(병합) 판결.

27) 대법원 1978. 9. 12. 선고 78다1046 판결; 대법원 1988. 5. 10. 선고 87다카2853 판결; 대법원 2001. 1. 5. 선고 99다70846 판결; 대법원 2002. 6. 11. 선고 2001다16722 판결; 대법원 2005. 6. 23. 선고 2004다68953 판결; 대법원 2007. 11. 30. 선고 2005두13247 판결; 대법원 2009. 6. 11. 선고 2007도3037 판결; 대법원 2015. 8. 13. 선고 2012다43522 판결.

28) 대법원(전합) 2023. 5. 11. 선고 2017다35588, 2017다35595(병합) 판결.

(2) 집단적 동의절차를 결여한 취업규칙의 신규입사자에 대한 적용

사용자가 취업규칙 불이익 변경에 대하여 근로자의 과반수로 조직된 노동조합 또는 근로자의 과반수의 동의를 받으려고 시도했지만 부결된 경우에, 변경에 실패한 그 취업규칙을 사후에 신규로 입사하는 근로자에게 적용한다면, 불이익 변경 절차를 결여한 해당 취업규칙이 신규입사자에 대하여 유효하게 적용될 수 있을 것인지에 관한 문제이다. 이에 대하여 대법원은 "사용자가 취업규칙에서 정한 근로조건을 근로자에게 불리하게 변경함에 있어서 근로자의 동의를 얻지 않은 경우에 그 변경으로 기득이익이 침해되는 기존의 근로자에 대한 관계에서는 변경의 효력이 미치지 않게 되어 종전 취업규칙의 효력이 그대로 유지되지만, 변경 후에 변경된 취업규칙에 따른 근로조건을 수용하고 근로관계를 갖게 된 근로자에 대한 관계에서는 당연히 변경된 취업규칙이 적용되어야 하고, 기득이익의 침해라는 효력배제사유가 없는 변경 후의 취업근로자에 대해서까지 변경의 효력을 부인하여 종전 취업규칙이 적용되어야 한다고 볼 근거가 없다"[29] 라고 하여 신규 입사자에 대한 적용을 긍정하고 있다. 이러한 기조는 대법원이 신규 입사자에 대한 변경된 취업규칙의 적용을 긍정하는 것은 취업규칙이 본질적으로 사용자가 임의로 작성, 변경, 시행할 수 있는 규범이라고 인식하고 있기 때문이다. 대법원의 이러한 관점은 "위와 같은 경우에 취업규칙 변경 후에 취업한 근로자에게 적용되는 취업규칙과 기존 근로자에게 적용되는 취업규칙이 병존하는 것처럼 보이지만, 현행의 법규적 효력을 가진 취업규칙은 변경된 취업규칙이고 다만 기존 근로자에 대한 관계에서 기득이익 침해로 그 효력이 미치지 않는 범위 내에서 종전 취업규칙이 적용될 뿐이므로, 하나의 사업 내에 둘 이상의 취업규칙을 둔 것과 같이 볼 수는 없다"[30]는 판시 내용에서도 확인할 수 있다.

그러나, 근로기준법 제94조 제1항은 "받아야 한다"라고 규정하고 있으며, 위반 시에 근로기준법 제114조 제1호에 따라 500만 원 이하의 벌금에 처하도록 규

29) 대법원(전합) 1992. 12. 22. 선고 91다45165 판결; 대법원 2011. 6. 24. 선고 2009다58364 판결; 대법원 2022. 10. 14. 선고 2022다245518 판결 등.

30) 대법원(전합) 1992. 12. 22. 선고 91다45165 판결.

정되어 있는 점을 고려할 때 강행규정이다. 강행규정에 위반한 사용자의 행위의 효력은 기존 근로자에 대해서도 신규 근로자에 대해서도 절대적으로 무효라고 하여야 마땅하다. 그러므로, 판례의 결론은 위법적인 결론이라고 하지 않을 수 없다.

(3) 근로자 개인이 불이익 변경에 동의한 경우

취업규칙 불이익 변경에 근로자의 집단적 동의를 받도록 한 근로기준법 제94조의 취지는 개인인 근로자는 사용자의 요구를 거부할 수 없기 때문이라는 점을 고려하여 근로자 측이 집단적 의사를 형성하도록 하여 사용자와 힘의 대등성을 확보하도록 하기 위한 것이다. 따라서, 취업규칙 불이익 변경이 무효인 경우 근로자 개인의 동의의 효력은 인정되어서는 안 된다. 사용자가 취업규칙에 규정된 근로조건의 내용을 근로자에게 불이익하게 변경하는 경우에는 그 취업규칙의 적용을 받고 있던 근로자들의 집단적 의사결정방법에 의한 동의를 얻어야 하고 그 동의는 근로자 과반수로 조직된 노동조합이 있는 경우에는 그 노동조합의, 그러한 노동조합이 없는 경우에는 근로자들의 자주적인 의견의 집약에 의한 과반수의 동의를 의미한다. 그러므로 그러한 동의가 없는 취업규칙 변경은 무효이고, 위와 같은 방법에 의한 동의가 없는 한 취업규칙 변경은 효력이 없다. 이는 그러한 취업규칙의 변경에 대하여 개인적으로 동의한 근로자에 대하여도 마찬가지이다.[31)]

(4) 근로자 개인이 불이익 변경에 동의하지 않은 경우

대법원은, 노동위원회에서 부당해고를 다투던 기간이어서 출근하지 못한 기간 동안 취업규칙 불이익 변경 절차를 거쳐 도입된 임금피크제가 자신의 근로계약보다 불리하므로, 자신에게는 적용되지 않는다고 주장하는 근로자가 소송을 제기한 사건에서[32)], "근로기준법 제94조가 정하는 집단적 동의는 취업규칙

---

31) 대법원 1977. 7. 26. 선고 77다355 판결; 대법원 1991. 9. 24. 선고 91다17542 판결.
32) 대법원 2019. 11. 14. 선고 2018다200709 판결.

의 유효한 변경을 위한 요건에 불과하므로, 취업규칙이 집단적 동의를 받아 근로자에게 불리하게 변경된 경우에도 근로기준법 제4조가 정하는 근로조건 자유결정의 원칙은 여전히 지켜져야" 한다고 전제하면서, 그러므로 "이 경우에도 근로계약의 내용은 유효하게 존속하고, 변경된 취업규칙의 기준에 의하여 유리한 근로계약의 내용을 변경할 수 없으며, 근로자의 개별적 동의가 없는 한 취업규칙보다 유리한 근로계약의 내용이 우선하여 적용된다"고 판단하였다. 이 문제는 취업규칙과 근로계약 사이의 유리한 조건 우선의 원칙 적용 문제이기도 하다.

(5) 불이익 변경의 소급 추인

대법원은 취업규칙인 보수규정상의 퇴직금 산정의 기준임금과 지급률 모두 근로자들에게 불이익함에도 근로자들의 집단적 의사결정 방법에 의한 동의를 얻지 못해서 무효라는 법원의 판결을 받은 후에, 사용자가 개정 보수규정이 무효인 사실을 알고 있는 근로자 과반수로 구성된 노동조합과 단체협약을 체결하고, 그 단체협약에 기해 보수규정을 개정한 후 이를 소급하여 적용하기로 합의한 사건에서[33], "사용자가 취업규칙의 변경에 의하여 기존 근로조건의 내용을 근로자에게 불이익하게 변경하려면 종전 취업규칙의 적용을 받고 있던 근로자 집단의 집단적 의사결정방법에 의한 동의를 받을 것을 요하고, … 위와 같은 방법에 의한 동의가 없는 한 그 취업규칙의 변경은 효력을 가질 수 없다고 할 것이나, 그와 같은 방법에 의한 동의나 합의가 있는 한 근로자 개개인의 동의를 얻을 필요없이 그 취업규칙의 변경은 유효하다고 할 것이고, 이는 취업규칙의 변경에 의하여 기존의 근로조건이나 근로자의 권리를 소급하여 불이익하게 변경하는 경우에도 마찬가지라고 보아야 할 것"이라고 판단하였다. 불이익 변경된 취업규칙을 해당 개정 시점 이전으로 소급적용되도록 하는 규정을 두는 것도 유효하다고 판시하였다.

---

33) 대법원 1992. 11. 24. 선고 91다31753 판결.

(6) 이원화된 취업규칙 불이익 변경시 한쪽 직군만 동의한 경우

예를 들어, 취업규칙이 일반 사원과 간부사원의 취업규칙으로 나뉘어 작성되어 있거나, 생산직 근로자와 사무직 근로자에 대한 취업규칙이 구별되어 작성되어 있는 경우와 같이 취업규칙이 이원화되어 있는 경우가 있다. 이 경우 어느 한쪽 직군에 속한 근로자의 집단적 동의만 얻은 취업규칙 불이익 변경이 유효한 것인지의 문제이다. 간부직 근로자에게 적용되는 취업규칙 불이익 변경에 대하여 하위 직급 근로자들이 동의 권한이 있는지 여부가 문제가 된 사건에서 대법원은 "여러 근로자 집단이 하나의 근로조건 체계 내에 있어 비록 취업규칙의 불이익 변경 시점에는 어느 근로자 집단만이 직접적인 불이익을 받더라도 다른 근로자 집단에게도 변경된 취업규칙의 적용이 예상되는 경우에는 일부 근로자 집단은 물론 장래 변경된 취업규칙 규정의 적용이 예상되는 근로자 집단을 포함한 근로자 집단이 동의주체가 된다"[34]고 보았다.

또한, 대법원은 "사원과 노무원으로 이원화된 개정 취업규칙상 퇴직금 규정이 개정 전의 그것보다도 퇴직금 지급일수의 계산 및 퇴직금 산정 기초임금의 범위에 있어 근로자에게 불리하게 변경된 경우에는 이에 관하여 종전 취업규칙의 적용을 받고 있던 근로자집단의 동의가 있어야 유효하다고 할 것인바, 노동조합원인 총근로자 중 85%가 넘는 수를 차지하는 노무원이 퇴직금개정안에 완전히 동의하였다 하더라도 개정 퇴직금규정이 노무원에 대한 부분에 국한하여 효력이 있는 것일 뿐, 개정에 동의한 바 없는 사원에 대한 부분은 효력이 없다"[35]고 하여, 취업규칙이 이원화되어 있는 경우 한쪽 직군의 근로자만 동의한 경우 개정에 동의하지 않은 직군의 근로자에 대해서는 효력이 없다고 판단하였다.

---

34) 대법원 2009. 5. 28. 선고 2009두2238 판결; 대법원 2009. 11. 12. 선고 2009다49377 판결; 대법원(전합) 2023. 5. 11. 선고 2017다35588, 2017다35595(병합) 판결 등.

35) 대법원 1990. 12. 7. 선고 90다카19647 판결.

▌ 취업규칙의 불이익 변경 동의 주체의 흠결시 효력

내용	효력	판례
집단적 동의를 받지 못한 경우	무효	대법원 1992.2.25. 선고 91다25055 판결
집단적 동의를 결여한 취업규칙을 신규입사자에게 적용하는 경우	유효	대법원(전합) 1992. 12. 22. 선고 91다45165 판결
근로자 개인이 불이익 변경에 동의한 경우	무효	대법원 1992. 12. 8. 선고 91다38174 판결
근로자 개인이 불이익 변경에 동의하지 않은 경우	해당 근로자에게는 무효	대법원 2019. 11. 14. 선고 2018다200709 판결
불이익 변경의 소급추인	유효(과반수를 대표하는 노동조합이 단체협약으로 합의한 경우)	대법원 1992. 11. 24. 선고 91다31753 판결
이원화 된 취업규칙 불이익 변경시 한쪽 직군만 동의한 경우	승진 가능성이 있는 하위 직군 근로자 동의 없으면 무효	대법원 2009. 5. 28. 선고 2009두2238 판결
	동의한 직군에만 유효	대법원 1990. 12. 7. 선고 90다카19647 판결
집단적 동의를 받지 못했지만 변경에 사회통념상 합리성이 있는 경우	무효	대법원(전합) 2023. 5. 11. 선고 2017다35588, 2017다35595(병합) 판결

제3장 단체협약

Ⅰ. 단체협약의 의의

1. 단체협약의 개념

노동조합과 사용자 또는 사용자단체가 단체교섭의 결과 근로조건 기타 근로자의 대우에 관한 사항, 사용자와의 관계에서 노동조합의 권리와 의무에 관한 사항 등에 관하여 합의하여 서면으로 작성한 협약서를 단체협약이라고 한다. 노사합의서, 노사협정, 부속합의서 등 다양한 이름으로 체결된 협약서들도 실질은 단체협약인 경우가 많다. 단체협약인지 여부는 체결 당사자와 협약서의 내용, 형식 등을 기초로 판단하여야 한다. 단체협약은 산업·지역 또는 사업 차원에서 조합원인 근로자의 근로조건을 정하고 노동조합 활동을 보장하는 법원(法源)으로서 매우 중요한 의미를 가진다.

단체협약의 정의에서도 확인할 수 있듯이, 단체협약은 조합원인 근로자의 근로조건을 개선하고 근로자들이 단결권을 행사한 결과인 노동조합이 단체교섭권과 단체행동권을 더욱 원활하게 행사할 수 있도록 보장하는 기능을 수행한다. 이 내용과 관련하여 단체교섭이 무엇이고 어떻게 진행되는지 궁금한 분이 있을 것이다. 단체교섭에 관해서는 제12편에서 설명될 예정이니 지금은 일단 아는 것으로 전제해 주길 바란다.

2. 단체협약의 법적성질론

(1) 단체협약의 법적성질론의 배경

제1편에서 우리는 러다이트 기계파괴 행동(Luddite Movement)과 단체협약 체결의 상관관계, 미국 철도산업의 발전과 노동조합의 단체교섭권 쟁취를 위한 투쟁 과정을 살펴봤다. 이때 유럽 각국에서는 사용자들이 단체협약을 이행하는 데에는 소극적이었고, 사용자가 노동조합의 대표자와 체결했기 때문에, 단체협약은 노동조합의 대표자에 대해서만 이행하면 될 뿐, 그 단체협약을 체결 당사자가 아닌 다른 근로자에게 적용해야 할 이유는 없다고 주장했다. 이러한 사용자 측의 주장에 법원이 동조하면서 이를 둘러싼 법적 분쟁이 상당기간 지속됐다. 이때 노동법 학자들은 사용자가 단체협약상 근로조건과 관련된 규정을 조합원인 근로자들에게 이행해야 한다는 법리구성을 하기 위한 근거를 찾는 데에 몰두했다. 이를 둘러싼 학설상의 논쟁이 단체협약의 법적성질론이다. 이는 단체협약의 본래적인 법적성질에 관한 논의와, 단체협약의 규범적 효력을 인정하는 성

문법이 제정된 이후의 법적성질에 관한 논의가 두 단계로 전개되고 있다.

(2) 규범적 효력을 규정한 법률 제정 이전의 법적성질론

먼저, 단체협약의 본래적인 법적성질에 관해서는 독일 등지에서는 대리설, 제3자를 위한 계약설, 단체간 채권계약설, 사회적 자치규범설 등이 제기되었다. 사용자와 노동조합 대표자 사이의 단체협약 체결과정을 사인 간의 계약체결 행위로 볼 것인지, 자치규범 설정 행위로 볼 것인지에 따라, 대리설, 제3자를 위한 계약설, 단체간 채권계약설은 전자의 계약체결 행위로, 사회적 자치규범설은 후자의 규범 설정 행위로 구분될 수 있다. 독일의 대리설은 협약당사자인 노동조합은 조합원인 근로자들의 대리인의 지위에 있다고 보는 견해이다. 이에 대해서는 명시적인 수권행위가 없고, 단체협약의 강행적 효력을 근거지울 수 없고, 근로자 개인이 단체협약의 기준에 미달하는 근로계약을 체결하더라도 이를 무효로 볼 수 없게된다는 난점이 있었다. 제3자를 위한 계약설은 단체협약 적용과정에서 문제되는 3자 간의 관계를 요약자와 낙약자, 수익자 관계와 정확히 일치시키기 어렵다는 문제가 있다. 다음으로 단체간 채권계약설은 노동조합은 그의 고유한 권한을 가지고 단체협약을 체결하는 것이며, 집단적 근로규범계약으로서의 단체협약은 자율적으로 설정된 법규범의 효력을 갖는다고 주장하는 견해이다. 단체간 채권계약설은 단체 사이의 채권계약의 이행을 강제할 수단이 마땅치 않다는 점에서 여전히 한계가 있었다. 사회적 자치규범설은 단체협약 체결 당사자들은 자신들의 독자적 권한으로 근로관계의 운영을 위한 객관적 규범을 설정한다는 의사를 갖고 사회적 자치규범을 설정한 것이라고 보는 견해이다. 사회적 자치규범설은 단체협약은 법률로부터 국가법적 효력을 부여받기 전에는 국가법적 효력이 인정되지 않지만, 우리 노동조합법 제33조와 같이 국가 법률에 의해 규범적 효력이 부여되면 국가 제정법과 같은 규범적 효력이 인정된다고 주장한다. 사회적 자치규범설의 특징은 단체협약에 규범으로서의 효력을 인정하여, 단체협약 체결 당사자인 사용자가 계약의 이행 차원이 아니라 규범 준수 차원에서 단체협약상 의무를 근로자에 대하여 이행해야 한다는 이론구성을 시도했다는 점이다. 미국에서도 이와 관련하여 고용계약 편입설, 제3자를 위한 계약설, 대리설, 관습법설, 자치규범설, 신탁계약설, 규범계약설, 약관설정계약설 등이 제기되었다. 이 중 고용계약 편입설은 유효한 단체협약이 성립하더라도 그 자체가 단체협약 당사자의 권리와 의무의 기초가 될 수는 없고, 단체협약의 근로조건과 고용계약 사이에는 편입이라는 단계가 필요하다고 보는 견해이다.

(3) 규범적 효력을 정한 법률 제정 이후의 법적성질론

단체협약의 규범적 효력을 인정하는 성문법이 제정된 이후의 법적성질론은, 단체협약의 규범적 효력 그 자체보다는, 노동조합과 사용자 또는 사용자단체라는 사적인 주체가 단체협약이라는 법규범을 설정할 수 있는 근거가 어디에 있는가, 단체협약 체결 절차는 일반 입법절차와는 달리 노동조합과 사용자 또는 사용자단체 사이의 의사의 합치를 근거로 하는 계약적 절차와 유사한데, 그 절차에 대해서 계약법리를 적용할 수 있을 것인가 하는 문제가 관심의 대상이 될 수밖에 없다. 그렇다면 단체협약 체결 과정, 곧 단체교섭 문제가 중심적인 쟁점이 되는 것이다. 이와 관련한 학설상 주장들은 규범설과 계약설로 나눌 수 있다. 규범설은 노동조합과 사용자 또는 사용자단체라는 사적 주체가 그러한 법규범을 설정할 수 있는 것은 국가가 그들에게 일정한 입법권을 부여했기 때문이라고 이해하는 이론이다. 그런 측면에서 규범설을 수권설이라고 하기도 한다. 입법권을 부여하는 근거가 법률에 있는지 또는 헌법에 있는지에 따라 법률수권설과 헌법수권설이 제기된다. 한편, '수권'의 의미에 대하여 대다수 학자들이 노동조합과 사용자단체 또는 사용자 등에게 입법권 자체를 부여한 것이라고 보는데에 대하여, 노동관계 당사자에게 법률 제정권한을 수권한 것이 아니라, 협약 체결 당사자가 체결한 단체협약 그 자체에 대하여 법률이 규범적 효력을 부여한 것이라고 보는 비판적 견해가 있다. 이 견해를 수권설과 구별하여 승인설이라고 하는데, 국내에서는 수권설과 혼동되거나 수권설의 일부로 소개되고 있는 것이 일반적이다. 승인설에 따르면 단체협약의 규범적 효력을 무리 없이 인정할 수 있고, 단체협약의 정립과정이 다른 국가법규정과 달리 협약당사자 사이의 의사의 합치라는 계약체결과정과 유사한 형태로 되어 있기 때문에 그러한 규범정립과정에서 의사표시의 하자 등이 있을 때 민법상 계약법리를 적용할 수 있다. 그런 측면에서 승인설은 엄격한 의미의 규범설이라고 보기는 어렵다. 이쯤 되면 승인설의 논리체계상 위치를 인식하는 데에 혼돈이 발생하는 이유를 이해할만하기도 하다.

단체협약의 체결과 그 효력과 관련하여 중요한 주체인 조합원의 의사를 강조하는 견해로 집단적 규범계약설이 있다. 집단적 규범계약설의 중요한 특징은 협약당사자의 협약체결능력은 국가의 법으로부터 수권된 것이 아니라 오히려 그 구성원의 의사에 기초하고 있다고 보는 것이다. 단체협약이 협약 체결 당사자인 노동조합과 사용자 또는 사용자단체에 대하여 직접 효력을 미치는 것은 계약법적으로 이해하고, 그 협약이 협약 당사자가 아닌 노동조합의 구성원 또는 사용자단체의 구성원에 대하여 효력을 미치는 것은 그러한 단체에 가입하는 행위를 통해 확인될 수 있는 스스로의 의사에 의한 것으로 파악할 수 있다고 한다. 비록 국가 법률이 단체협약 위반행위를 처벌하도록 하고 있다 하더라도 이것이 곧 단체협약이 법규범이라고 볼 수 있는 근거가 되는 것은 아니고, 단체협약의 집단적 규율을 통한 질서유지기능을 고려하여 정책적으로 정립된 것이라고 한다. 이와 같은 집단적 규범계약설에 따를 때에 단체협약은 단체협약 체결 당사자 사이에서는 노동법적 내용을 가진 채권계약으로, 협약 당사자의 구성원과의 관계에 있어서는 강행적 효력을 가진 집단적 규범계약으로서의 성질을 가진다고 한다. 현행 노동조합법 제33조에 기초한 단체협약의 규범적 효력을 가장 잘 설명할 수 있는 틀은 집단적 자치규범설이라고 생각한다.

노동조합 및 노동관계조정법 제33조(기준의 효력)

① 단체협약에 정한 근로조건 기타 근로자의 대우에 관한 기준에 위반하는 취업규칙 또는 근로계약의 부분은 무효로 한다.

② 근로계약에 규정되지 아니한 사항 또는 제1항의 규정에 의하여 무효로 된 부분은 단체협약에 정한 기준에 의한다.

헌법재판소가 "단체협약에 법규범적 성격이 있음을 부인하지 아니한다 하더라도 이를 국회가 제정한 형식적 의미의 법률과 동일시할 수는 없다"[36]라 판시한 것과 2020년 대법원 전원합의체 판결의 보충의견이 "단체협약은 이해관계가 대립되는 당사자 사이의 일반적인 합의로서 쌍방을 구속하는 데 그치지 않고 노사관계에서 자치규범의 역할을 하게 된다. 노동조합법 제33조 제1항은 단체협약에 정한 근로조건 기타 근로자의 대우에 관한 기준에 위반하는 취업규칙 또는 근로계약의 부분은 무효로 한다고 하여 강행적 효력을, 제2항은 근로계약에 규정되지 아니한 사항 또는 제1항의 규정에 의하여 무효로 된 부분은 단체협약에 정한 기준에 의한다고 하여 직접적 효력을 인정하고 있는데, 이는 헌법이 예정한 단체협약의 규범적 지위에 터 잡은 규정으로 이해할 수 있다. 이처럼 단체협약이 헌법과 이를 구체화한 법률에 따라 부분사회(기업) 내에서 자치규범으로서의 역할을 하는 것에 주목하면, 법원은 민법 제103조를 근거로 단체협약의 내용을 통제함에 있어서 기본적으로 헌법이 형성한 법질서로서의 노동3권과 협약자치를 존중하는 입장에 설 필요가 있다"라고 설시한 부분도 집단적 규범계약설에 가까운 인식을 보여준 것이라고 볼 수 있다. 집단적 규범계약설은 단체협약의 성립 과정을 계약 체결 과정으로 인식하기 때문에 단체협약 체결과정이나 단체협약의 내용에 대해 선량한 풍속 기타 사회질서에 위반하는 경우에는 민법 제103조에 따라[37], 단체협약 당사자 중 어느 일방의 궁박, 경솔 또는 무경험으로 인하여 현저하게 공정을 잃은 경우에는 민법 제104조에 따라 이를 무효로 할 수 있고[38], 동기의 착오로 인해 단체협약을 체결한 경우에는 민법 제105조에 따라 이를 취소할 수 있다[39]고 볼 수 있다. 단체협약상 업무상 재해를 당한 근로자의 유족에 대한 특별채용 조항이 민법 제103조에서 규정하는 선량한 풍속 기타 사회질서에 위배되는지가 문제된 사안에서, 대법원은 "사용자가

36) 헌법재판소 1998. 3. 26. 선고 96헌가20 결정.

37) 대법원 2018. 1. 25. 선고 2015다57645 판결; 대법원(전합) 2020. 8. 27. 선고 2016다248998 판결 등.

38) 대법원 2007. 12. 14. 선고 2007다18584 판결.

39) 대법원 2016. 11. 9. 선고 2011다8270 판결.

노동조합과의 단체교섭에 따라 업무상 재해로 인한 사망 등 일정한 사유가 발생하는 경우 조합원의 직계가족 등을 채용하기로 하는 내용의 단체협약을 체결하였다면, 그와 같은 단체협약이 사용자의 채용의 자유를 과도하게 제한하는 정도에 이르거나 채용 기회의 공정성을 현저히 해하는 결과를 초래하는 등의 특별한 사정이 없는 한 선량한 풍속 기타 사회질서에 반한다고 단정할 수 없다. 이러한 단체협약이 사용자의 채용의 자유를 과도하게 제한하는 정도에 이르거나 채용 기회의 공정성을 현저히 해하는 결과를 초래하는지는 단체협약을 체결한 이유나 경위, 그와 같은 단체협약을 통해 달성하고자 하는 목적과 수단의 적합성, 채용대상자가 갖추어야 할 요건의 유무와 내용, 사업장 내 동종 취업규칙 유무, 단체협약의 유지 기간과 준수 여부, 단체협약이 규정한 채용의 형태와 단체협약에 따라 채용되는 근로자의 수 등을 통해 알 수 있는 사용자의 일반 채용에 미치는 영향과 구직희망자들에 미치는 불이익 정도 등 여러 사정을 종합하여 판단하여야 한다"[40]라고 판시하여, 민법 제103조를 적용할 수 있다는 점을 확인하면서, 해당 사안이 민법 제103조에 위배되는 사안은 아니라고 판단하였다.

(4) 단체협약의 규범적 부분과 채무적 부분

위에서 설명한 단체협약의 법적성질론을 살펴보면, 단체협약 중에서 사인인 당사자가 체결한 단체협약에 대해서 국가가 규범으로서의 효력을 승인해준 것으로 이해하든, 당사자가 집단적 규범계약을 체결한 것으로 보든, 규범적 효력을 인정해서 사용자가 이행하도록 강제하려고 했던 부분은 조합원의 근로조건에 관한 부분이다. 반면 노동조합 또는 그 대표자에 대한 부분은 처음부터 계약체결 당사자에 대한 부분으로서 사용자의 채무 이행의 근거 설정이 크게 문제되지 않았다. 이러한 연혁적 배경 때문에, 지금도 단체협약 중에서 조합원인 근로자의 임금, 근로시간, 근로제공 장소, 징계, 해고 등 근로조건에 관한 부분과 복리후생에 관한 부분은 규범적 부분이라고 부르고, 평화조항, 유니언 샵, 쟁의

40) 대법원(전합) 2020. 8. 27. 선고 2016다 248998 판결.

행위 조합활동 및 시설이용, 조합비 일괄공제 등 노동조합이나 노동조합 대표자의 대우나 활동에 관한 부분은 채무적 부분이라고 부르는 것이 일반적이다. 규범적 부분, 채무적 부분이라는 용어의 뜻이 처음에는 쉽게 와닿지 않겠지만 이러한 연혁적 배경을 이해하면 어려울 것도 없다. 이러한 맥락에서 앞에서 설명한 단체협약의 법적성질론은 주로 단체협약의 규범적 부분에 한정되어 진행된 것이 사실이다. 그리고 단체협약의 규범적 부분에 대해서는 노동조합법 제33조에 의해 제1항의 강행적 효력과 제2항의 직접적 효력 즉 규범적 효력이 인정되고 있고, 채무적 부분은 사용자와 노동조합 사이의 관계에 관한 부분으로서 협약 당사자 사이에 계약으로서의 효력이 인정된다고 보면서, 단체협약의 규범적 효력이 인정된다고 보는 규범적 부분에 국한해서 단체협약의 법적성질 논의를 이해하는 것이 보통이다. 단체협약을 규범적 부분과 채무적 부분으로 나누어 규범적 부분에 대해 단체협약의 법적성질 논의를 집중하는 경향이 일반적인 이유는, 단체협약 중 협약 당사자 사이의 문제들에 대하여 정한 부분이 단체협약 체결 당사자에게 직접 영향을 미치게 되는 것은 굳이 별도의 이론을 구성하지 않고 '당사자 사이의 합의'로만 보아도 쉽게 설명이 가능하기 때문이었다. 하지만, 협약체결 당사자가 아닌 개별 조합원인 근로자나 사용자단체에 속한 사용자가 단체협약의 직접적·강행적 효력의 규율 내에 들어가게 되는 것에 대하여는 특별한 이론구성이 필요했던 것이다.

그러나 규범적 부분과 채무적 부분을 구별 짓게 되는 것이 규범적 효력을 인정하기 위한 이론구성이 필요한 부분인가 아닌가 하는 것에 있다면 모르지만, 이미 하나의 단체협약으로 형성된 이후에도 적용상 효력에 있어서 단체협약의 각 부분이 차이를 가진다고 보는 것은 의문이다. 우리나라에서는 보통 노동조합법 제33조를 근거로 "근로조건 기타 근로자의 대우에 관하여 정한 부분"을 규범적 부분이라고 보고 있다. 한편 독일 단체협약법(Tarifvertragsgesetz) 제1조 제1항과 제4조 제1항에 따르면 단체협약 중 "근로관계의 내용, 체결, 종료와 경영상 및 경영조직법상의 문제를 규율하는 부분"이 법규범(Rechtsnormen)에 해당한다고 하면서 규범적 효력을 인정하고 있다. 즉 독일에서는 "근로조건 기타 근로자의 대우에 관하여 정한 부분"뿐만 아니라 경영상 및 경영조직법상의 문제를 규율하는 부분도 규범적 부분으로 인정되고 있는 것이다. 단체협약의 내용 중 법률이 명시적으로 기준의 효력을 부여한 부분을 규범적 부분이라고 볼 때, 각 나라의 법률이 규정하는 규범적 부분의 영역이 늘 일치하는 것은 아니라는 것을 알 수 있다. 입법정책적인 관점에 따라 좌우되는 문제이다. 독일에서의 이와 같은 규정의 최초 입법 취지는 협약 당사자가 아닌 조합원과 사용자에 대하여 단체협약이 직접적 효력과 강행적 효력을 가질 수 있도록 하기 위한 것이었다. 입법의 목적은 규범적 효력을 이론적으로 논증하기 어려운 부분에 대한 근거지움에 있을 뿐 그 이외의 부분이 규범적 효력을 가질 수 없다고 밝히기 위한 의도를 가진 것은 아니었다. 따라서 단체협약의 규범적 효력을 인정함에 있어서는 채무적 부분을 규범적 부분과 다르게 취급해야할 필연적 근거는 없다. 헌법 제33조에 의해 근로자의 헌법상 권리로 인정된 단체교섭권의 행사를 통해 만들어진 결과물인 단체협약에 대하여 특별한 근거 없이 특정 부분의 효력을 다른 부분의 효력보다 아래에 있는 것으로 판단하는 것은 타당하지 못하기 때문이다.

단체협약의 규범적 효력을 규정한 독일 단체협약법이나 우리 노동조합법 규정이 소위 규범적 부분을 지정하여 규범적 효력을 인정한 것은 나머지 부분에 대하여 계약적 효력만 인정하면 된다는 취지가 아니라 해석적 방법만으로 규범적 효력을 인정하기 어렵기 때문에 법률로 규정하는 방법을 택한 것일 뿐이다. 그렇다면, 협약체결 당사자 간에 자치적으로 합의하여 규범으로 삼은 부분이라는 점에서 차이가 생길 이유가 없는 채무적 부분에 대하여 규범적 효력을 부인할 이유는 없는 것이다. 따라서 단체협약의 규범적 효력이 "근로조건 기타 근로자의 대우에 관한 사항"에 대해서만 한정적으로 인정된다는 통설적인 인식은 타당하지 못하다. 또한 소위 채무적 부분은 취업규칙이나 근로계약 등과 저촉될 가능성이 거의 없다. 그러므로, 단체협약의 모든 부분은 규범적 부분인지 채무적 부분인지 나눌 필요 없이 전체가 모두 당사자의 사적자치에 의해 형성된 부분사회에 적용되는 자치규범으로서 파악되어야 하며, 그 효력도 단체협약의 모든 규정이 원칙적으로 동일한 것으로 보아야 한다.

Ⅱ. 단체협약의 체결과 신고

1. 단체협약 체결권자

(1) 단체협약 체결권 보유자

단체협약을 체결하고 협약서를 작성할 수 있는 주체는 단체교섭권을 보유하는 노동조합의 대표자와 단체교섭권의 상대방이자 단체교섭의 당사자인 사용자나 사용자단체이다.

노동조합 및 노동관계조정법 제29조(교섭 및 체결권한)

① 노동조합의 대표자는 그 노동조합 또는 조합원을 위하여 사용자나 사용자단체와 교섭하고 단체협약을 체결할 권한을 가진다.

② 제29조의2에 따라 결정된 교섭대표노동조합(이하 "교섭대표노동조합"이라 한다)의 대표자는 교섭을 요구한 모든 노동조합 또는 조합원을 위하여 사용자와 교섭하고 단체협약을 체결할 권한을 가진다.

③ 노동조합과 사용자 또는 사용자단체로부터 교섭 또는 단체협약의 체결에 관한 권한을 위임받은 자는 그 노동조합과 사용자 또는 사용자단체를 위하여 위임받은 범위안에서 그 권한을 행사할 수 있다.

④ 노동조합과 사용자 또는 사용자단체는 제3항에 따라 교섭 또는 단체협약의 체결에 관한 권한을 위임한 때에는 그 사실을 상대방에게 통보하여야 한다.

단체협약을 체결할 수 있는 당사자가 될 수 있는 지위 또는 능력을 협약능력(Tariffähigkeit)이라고 표현하는 경우가 있다. 협약능력이라는 개념은 우리나라 실정 노동법 체계에서는 나타나지 않는 표현이다. 우리 헌법 제33조는 단결권, 단체교섭권, 단체행동권을 규정하고 있을 뿐 협약능력을 규정하고 있지는 않다. 협약능력 개념은 독일 단체협약법(Tarifvertragsgesetz) 하에서 독일 연방노동법원의 판례를 통해 근로자의 단결체가 노동조합으로서 인정되기 위해서 요구되는 요건으로 형성된 것이다. 독일 연방노동법원은 교섭상대방인 사용자에 대한 관철능력과 조직의 급부능력을 뜻하는 '사회적 세력'을 보유한 근로자의 단결체만이 협약능력을 갖는다고 보고 있다. 그러나 그러한 사회적 세력 요건은 우리나라 실정법 체계와는 부합하지 않는다. 노동조합법 제29조 제1항은 헌법 제33조가 "근로자"의 권한으로 규정한 단체교섭권을 행사할 수 있는 주체를 "노동조합의 대표자"로 명시하면서, "노동조합의 대표자는 그 노동조합 또는 조합원을 위하여 사용자나 사용자단체와 교섭하고 단체협약을 체결할 권한을 가진다"고 하여 단체교섭권과 단체협약 체결권을 각각 별도의 권리로 규정하고 있으며, "노동조합"은 노동조합법 제2조에서 그 개념을 정의하고, 노동조합의 단체교섭권은 노동조합법 제30조의 성실교섭 의무 조항, 제81조의 부당노동행위 조항 등을 통해 실정법적으로 뒷받침되어 있다. 독일에서와 같이 노동조합이 사용자를 상대로 단체교섭을 하기 위해서는 '사회적 세력'이 있어야 한다고 부가적 요건을 요구할 필요가 없다.

(2) 단체교섭권과 단체협약 체결권의 관계

단체교섭권이 단체협약 체결권을 포함하는가 하는 문제는 의외로 매우 중요한 쟁점이다. 많은 노동조합이 노동조합의 대표자가 단체협약안에 합의한 후에도 조합원 총회의 인준투표를 거친 뒤에 단체협약을 체결할 수 있도록 규약에 정하고 있어서, 노동조합법 제29조에 따라 단체교섭권을 보유하고 있는 노동조합 대표자가 과연 단체협약의 최종적인 체결권을 가지는지가 문제되기 때문이다. 노동조합법상 단체교섭권에 단체협약 체결권이 포함되는가의 문제는 단체교섭권의 개념상 외연의 크기의 문제라기보다는 단체교섭권의 본질적 속성과 관련된 문제이다. 이 쟁점은 노동조합 규약상 인준투표 규정의 정당성과 밀접하게 연결되어 있다.

인준투표란 노동조합 대표자가 체결한 단체협약이 노동조합 총회의 사후 결의를 거쳐야 효력을 갖는다고 정한 노동조합 규약에 따라 실시되는 단체협약 인준을 위한 조합원 투표를 말한다. 노동조합의 대표자에게 단체교섭권 이외에 단체협약 체결권이 있다는 것은 1997년 노동조합법에서부터 규정되기 시작했지만, 대법원은 그 이전부터 노동조합 대표자의 독자적인 단체협약 체결권을 인정했다. 즉, 노동조합의 대표자 또는 수임자가 단체교섭의 결과에 따라 사용자와 단체협약의 내용을 합의한 후에 다시 그 협약안의 가부에 관하여 조합원 총회의 결의를 거쳐야만 한다는 내용을 규정한 단체협약 조항의 효력이 다투어진 사건에서 대법원은 "대표자 또는 수임자의 단체협약체결권한을 전면적, 포괄적으로 제한함으로써 사실상 단체협약체결권한을 형해화하여 명목에 불과한 것으로 만드는 것이어서 조합 대표자 또는 수임자의 단체협약체결권한을 규정한 법 제33조 제1항의 취지에 위반되는 것이다"[41]라고 판시하였다. 대법원의 이러한 관점은 현재까지도 이어지고 있다.[42]

그러나, 노동조합법 제29조 제1항은 단체교섭의 원칙을 선언한 규정일 뿐 사회질서에 반하지 않는 노동조합의 자주적인 결정을 위법 또는 무효로 돌리는 강행적인 규정이라고 보기 어렵고, 인준투표는 노동조합 집행부의 부패와 사용자와의 야합을 방지할 수 있는 매우 중요한 통제장치가 될 수 있으며, 민법 제41조, 제59조 제1항 등을 보면 단체는 자유롭게 대표의 대표권을 제한할 수 있다고 규정하고 있는데, 일반 민법상 단체와 달리 노동조합만 자기 대표의 대표권을 제한할 수 없다고 보아야 하는 규범적 근거는 없다는 점 등을 고려하면, 인준투표조항이 언제나 위법 또는 무효라고 보아서는 안 된다. 따라서 단체협약 조인 또는 가조인 이후 노동조합이 스스로 정한 규약에 근거해서 실시하는 조합원 총회에서의 인준투표가 불법시 되거나 또는 사용자가 인준투표 조항의 존재만을 이유로 단체교섭을 거부하거나 해태하는 것이 정당화되어서는 안 된다.

노동조합 및 노동관계조정법 제29조(교섭 및 체결권한)

① 노동조합의 대표자는 그 노동조합 또는 조합원을 위하여 사용자나 사용자단체와 교섭하고 단체협약을 체결할 권한을 가진다.

---

41) 대법원 1993. 4. 27. 선고 91누12257 판결.

42) 대법원 2002. 6. 28. 선고 2001다77970 판결. 헌법재판소 1998. 2. 27. 선고 94헌바13·26, 95헌바44 결정.

그러므로 노동조합 대표자가 인준투표 절차가 있다는 사실을 단체협약 체결 전에 사용자에게 밝힌 경우, 해당 사업 또는 사업장에 인준투표를 실시하는 관행이 있는 경우 또는 사용자가 노동조합 규약에 인준투표 조항이 있다는 사실을 충분히 인지하고 있었던 경우에는 가조인된 단체협약안은 조합원 총회의 인준투표에서 가결되어야 유효하게 단체협약으로서 성립하고 효력을 발생하게 된다. 다만 그와 같은 관행이 없거나 사용자가 노동조합 규약상 인준투표 조항의 존재를 알지 못했을 경우에 노동조합 대표자가 단체협약안에 아무런 이의 유보 없이 확정적으로 서명했는데 이후의 인준투표 절차에서 부결된 경우에는 그 단체협약은 대외적 효력, 즉 사용자와의 관계에서는 적법하게 성립한 단체협약으로서의 효력을 가진다고 보아야 할 것이다. 이때 사용자는 체결된 내용대로 이행하기만 하면 단체협약 위반의 책임을 부담하지 않는다. 이와 같이 사용자가 규약상 인준투표 조항에 대하여 인지했을 것을 단체협약의 유효성과 연결시키는 근거는 민법 제60조가 법인 대표의 대표권 제한 효과의 제3자에 대한 대항요건으로서 등기를 요구하는 것과 균형을 맞추어 대외적으로 공시하는 것과 유사한 요건을 갖추도록 하기 위해서이다. 대개의 사용자들은 노동조합 규약의 내용을 충분히 파악하고 있으며, 과거의 교섭 경험 등을 통해 이미 인준투표 조항의 존재 여부를 파악하고 있는 경우가 많다. 따라서 위와 같은 조건 하에 인준투표의 유효성을 인정하는 것으로 인해 사용자에게 예상하지 못한 손해가 발생하는 경우는 많지 않을 것으로 본다.

마찬가지로 노동조합의 대표자는 성실교섭의 의무를 다하기 위해서 자신에게 확정적인 단체협약 체결권이 없을 경우 그 사실을 사용자에게 고지하여야 한다. 사용자가 단체교섭에 임한 노동조합 대표자의 단체협약 체결권 보유 여부에 대하여 노동조합 측에 확인 요청을 할 경우 노동조합은 성실교섭의무에 따라 단체협약 체결권 보유 여부를 확인해주어야 한다. 사용자 측의 확인 요구에 노동조합 측이 정당한 이유 없이 응하지 않았다면 노동조합의 확인 불응을 이유로 한 사용자 측의 단체교섭 거부나 해태는 부당노동행위로 판단할 수 없다고 본다. 대법원 판례도 노동조합 측에서 회사 측의 단체협약체결권한에 대한 의문을 해소시켜 줄 수 있음에도 불구하고 이를 해소시키지 않은 채 단체교섭만을 요구하였다면 단체교섭을 위한 진지한 노력을 다하였다고 볼 수 없고, 이러한 상황에서 사용자만 단체교섭에 성실하게 임하여야 한다고 볼 수는 없다는 이유로 사용자의 단체교섭 거부의 정당성을 인정하였다.[43] 그러나 사용자가 노동조합 대표자에게 단체협약 체결권 확보를 요구하면서 단체교섭을 거부하는 것은 허용되어서는 안 된다. 인준투표 조항 삭제는 노동조합 규약 개정 사항이므로 상당한 시간이 필요하며 조합원 총회에서 규약 개정 사항이 통과된다는 보장도 없는 상황에서 단체교섭이 무기한 지연되는 결과를 초래하게 되기 때문이다.

대부분의 학자들은 단체교섭권이란 근로자가 그 단결체의 대표를 통하여 사용자 측과 단체교섭을 할 권리를 말하고, 넓게는 그 단체교섭의 결과 합의된 사항을 단체협약으로 체결할 권리를 포함한다고 이해하고 있다. 그리고 "이 사건 법률조항의 '단체교섭권'은 단체교섭을 할 수 있는 권한만이 아니라 나아가 단체교섭의 결과로 타결된 내용을 단체협약으로써 체결할 수 있는 권한까지 포함하고 있는 것으로 해석하는 것이 옳다"라고 판단한 헌법재판소 결정[44]을 인용하면서 헌법재판소도 동일한 견해를 갖고 있는 것으로 설명한다.

단체교섭권에는 단체협약을 체결할 권리가 포함되어 있다는 인식은 원칙적으로 타당하다. 그러나 단체교섭의 개념 속에 단체협약 체결을 목적으로 하지 않는 단체교섭이 있다는 것을 인정하면 광의와 협의의 범주에 대한 판단은 달라질 수 있다. 단체교섭권의 개념을 2원적으로 이해하는 입장에서는 단체교섭권에 단체협약 체결권한을 포함하는 것이 오히려 협의라고 볼 수밖에 없기 때문이다.

단체교섭에는 단체협약 체결을 목적으로 하는 단체교섭과 단체협약 체결을 목적으로 하지 않는 단체교섭이 있을 수 있고, 넓은 의미의 단체교섭권은 양자를 모두 포함하는 반면 좁은 의미의 단체교섭권은 단체협약 체결을 목적으로 하는 단체교섭만을 포함한다. 그리고 그 단체협약 체결을 목적으로 하는 단체교섭권의 당사자는 원칙적으로 단체협약 체결권이 있으며, 이러한 사실은 노동조

43) 대법원 2000. 5. 12. 선고 98도3299 판결.
44) 헌법재판소 1998. 2. 27. 선고 94헌바13·26, 95헌바44 결정.

합법 제29조 제1항에 의해 명시되고 있다. 그러나, 노동조합법 제29조 제1항이 단체협약 체결권을 갖지 않고 순수하게 단체교섭권만을 조합으로부터 수권 받은 노동조합 대표자가 존재할 수 있다는 것을 부정하는 강행규정으로서의 효력을 갖지는 않는다. 다만 노동조합의 정당한 단체협약 체결 요구 또는 단체교섭 결과 합의된 사항에 대한 협약화 요구를 사용자가 거부할 수 없다는 편면적 강행성은 인정될 수 있다. 따라서 노동조합법 제29조 제1항에도 불구하고 노동조합은 스스로의 권한으로 노동조합 대표자의 단체협약 체결권을 제한하여 협약안에 가조인만 할 수 있도록 제한할 수도 있으며, 경우에 따라 단체협약 체결권은 없는 순수한 교섭권한만 인정할 수도 있다고 보아야 한다.[45] 노동조합의 대표자는 사실행위로서의 단체교섭을 할 수 있는 권한 이외에 단체협약 체결권한도 원칙적으로 가지고 있다고 보아야 한다. 노동조합 대표자가 단체협약 체결권이 제한되어 있는 유보된 단체교섭권한을 사전에 사용자에게 통보하지 않은 경우에는 그러한 단체교섭권의 제한은 사용자와의 관계에서 효력을 갖지 못한다.

2. 단체협약의 작성

단체협약은 서면으로 작성하여야 하며, 당사자 쌍방인 대표이사와 노동조합 위원장의 서명 날인이 있어야 한다(노동조합법 제31조). 작성된 협약서의 명칭은 불문한다. 노사 간의 실질적인 교섭이 이루어졌다면, 정식의 단체교섭절차가 아닌 노사협의회의 협의를 거쳐 성립된 합의사항을 서면으로 작성하여 노동조합과 사용자 쌍방의 대표자가 서명, 날인한 경우에도 단체협약으로 보는 데에 아무런 문제가 없으며, 도장 등으로 기명되어 있는 옆에 도장을 날인하지 않고 서명을 하거나[46] 서명을 하고 지장을 찍은 경우에도[47] 단체협약으로서의 유효성이 인정된다. 단체협약은 서면으로 작성하여 당사자 쌍방이 서명날인 하여야 한다고

45) 대법원(전합) 1993. 4. 27, 91누12257 판결 배만운 대법관 반대의견.
46) 대법원 2005. 3. 11. 선고 2003다27429 판결.
47) 대법원 1995. 3. 10. 자 94마605 결정.

규정하고 있는 취지는 단체협약의 내용을 명확히 함으로써 장래에 그 내용을 둘러싼 분쟁을 방지하고 아울러 체결당사자 및 그의 최종적 의사를 확인함으로써 단체협약의 진정성을 확보하기 위한 것이기 때문이다.[48]

노동조합 및 노동관계조정법 제31조(단체협약의 작성)

① 단체협약은 서면으로 작성하여 당사자 쌍방이 서명 또는 날인하여야 한다.

3. 단체협약의 신고와 시정명령

(1) 단체협약의 신고

단체협약의 당사자는 단체협약의 체결일부터 15일 이내에 이를 행정관청에게 신고하여야 한다(노동조합법 제31조). 신고 의무자는 단체협약의 당사자이므로, 노동조합 대표자와 사용자가 함께 신고하여야 한다. 신고 서식은 당사자 쌍방이 연명으로 작성하도록 되어 있다. 노동조합법 제31조 제2항은 행정관청은 단체협약중 위법한 내용이 있는 경우에는 노동위원회의 의결을 얻어 그 시정을 명할 수 있다고 규정하고 있는데, 이 규정을 고려하면 행정관청이 단체협약 중 위법한 내용을 쉽고 빠르게 찾을 수 있도록 하기위한 것이 신고제도를 두고 있는 취지라고 이해할 수 있다. 따라서 신고의무를 이행하지 않았다고 해서 곧바로 단체협약을 무효로 하려는 취지는 아니라고 하여야 한다.

노동조합 및 노동관계조정법 제31조(단체협약의 작성)

② 단체협약의 당사자는 단체협약의 체결일부터 15일 이내에 이를 행정관청에게 신고하여야 한다.

③ 행정관청은 단체협약중 위법한 내용이 있는 경우에는 노동위원회의 의결을 얻어 그 시정을 명할 수 있다.

---

48) 대법원 2001. 5. 29. 선고 2001다15422,15439 판결; 대법원 2005. 3. 11. 선고 2003다27429 판결.

단체협약을 행정관청에 신고하도록 규정하는 입법례가 일반적인 것은 아니다. 일본, 영국, 미국, 독일 등 주요 국가들의 경우 단체협약을 행정관청에 신고하도록 법률로 규정하고 있지 않다. 단체협약이 노사간의 자율적인 합의의 결과이고 자치규범으로서의 성격을 갖는다는 점을 고려하면 행정관청이 그 내용 중 위법한 내용에 대한 시정을 명하도록 제도화 하는 것도 어울리지 않고, 이를 위해 행정관청에 신고하도록 의무를 부과하는 것도 바람직하다고 하기는 어렵다.

단체협약을 신고 서식과 함께 제출해야 하는 행정관청은 노동조합 설립신고를 한 행정관청이다. 따라서 관할 고용노동부 관서에 설립신고를 하고 필증을 발급 받은 노동조합이라면 관할 고용노동부 관서에, 시, 도, 군, 구 등 지방행정기관에 설립신고를 한 경우에는 그 지방행정기관에 단체협약을 신고해야 한다. 즉, 총연합단체, 산업별 연합단체, 산업별 연합단체에 준하는 조직으로서의 전국규모의 산별 노동조합인 경우에는 고용노동부 본부에, 규약상 2 이상의 광역시도에 분포하거나 해당 기업의 사업장 및 근로자가 2 이상의 광역시도에 분포하는 경우 주된 사무소 소재지의 지방 관서에, 1개 광역시도만을 범위로 하는 지역 노동조합이거나 규약상 2 이상의 시·군·구를 범위로 하는 지역별 노동조합인 경우에는 해당 특별시, 광역시·도에, 1개 시·군·대상으로 하는 경우 지역 노동조합이거나, 하나의 사업장으로 구성된 기업별 노동조합조, 2이 상의 시·군·구에 걸치는 사업장으로 구성되었으나 조합원이 하나의 시·군·구에 분포되어 있는 기업별 노동조합의 경우에는 해당 시·군·구에 단체협약 신고를 한다.

(2) 위법한 단체협약에 대한 시정명령

행정관청은 단체협약중 위법한 내용이 있는 경우에는 노동위원회의 의결을 얻어 그 시정을 명할 수 있다. 노동조합법 제31조 제2항은 시정을 명할 수 있는 대상을 "위법한 내용이 있는 경우"로 한정하므로 부당한 내용에 대해서는 시정명령을 할 수 없고, 노동위원회의 의결을 거치지 않고 시정명령을 하면 그 시정명령은 무효이다. '위법한 내용'인지 여부를 판단할 때의 '법'은 노동관계 법령에 한정되지 않고, 단체협약의 성질상 또는 내용상 관련이 있는 모든 법령[49]

중 강행법규를 의미한다.

행정관청의 시정명령을 받아도, 시정명령의 대상이 된 단체협약 중 위법하다고 지적된 조항이 곧바로 무효가 되거나 시정명령의 내용대로 자동적으로 변경되는 것은 아니다. 행정관청의 시정명령은 공법상 명령이지만, 단체협약의 체결은 사인간의 계약 체결행위로서 사법상 행위의 결과이기 때문이다. 다만, 노동조합법 제93조 제2호에 따라 행정관청의 시정명령을 이행하지 않은 자에게는 500만 원 이하의 벌금이 부과될 수 있기 때문에, 시정명령을 받은 단체협약의 당사자는 공법상 시정 의무를 부담한다. 헌법재판소는 단체협약 시정명령에 위반한 행위에 대하여 형사처벌을 규정하고 있는 노동조합법 제93조 제2호가 죄형법정주의의 법률주의에 위반되지 않는다고 판단했다.[50] 위법한 단체협약이라는 이유로 행해진 행정관청의 시정명령은 행정처분에 해당하므로, 이에 불복하는 단체협약의 당사자는 행정심판절차나 행정소송을 통해서 이를 다툴 수 있다.

Ⅲ. 단체협약의 효력

1. 단체협약의 유효기간과 여후효

(1) 단체협약의 유효기간

단체협약의 유효기간은 그 효력이 발생한 시점으로부터 3년을 넘을 수 없다(노동조합법 제32조 제1항). 단체협약의 효력 발생시점은 단체협약 체결 당사자가 자율적으로 정할 수 있다. 특별히 다르게 정하지 않으면 단체협약을 체결한 날이 효력발생일이 되는데, 단체협약 체결이 지연되는 경우에는 종전 단체협약 유효기간 종료시점으로 소급효를 정하는 것이 보통이다. 그러므로, 단체협약의 유효기간은 효력 발생일로부터 최장 3년이다. 단체협약에 그 유효기간을 정하지 아

---

49) 서울행정법원 2010. 6. 4. 선고 2009구합42076 판결.
50) 헌법재판소 2012. 8. 23. 선고 2011헌가22 결정.

니한 경우 또는 3년의 기간을 초과하는 유효기간을 정한 경우에는 그 단체협약의 유효기간은 3년으로 한다.

노동조합 및 노동관계조정법 제32조(단체협약 유효기간의 상한)

① 단체협약의 유효기간은 3년을 초과하지 않는 범위에서 노사가 합의하여 정할 수 있다.

② 단체협약에 그 유효기간을 정하지 아니한 경우 또는 제1항의 기간을 초과하는 유효기간을 정한 경우에 그 유효기간은 3년으로 한다.

단체협약의 유효기간을 단체협약 체결 당사자의 자유로운 결정에 맡길 수도 있지만, 단체협약의 유효기간이 지나치게 길어질 경우 노동조합의 단체교섭권이 침해될 수 있으므로, 입법권이 개입하여 이를 3년으로 제한한 것이다. 단체협약의 유효기간을 법률로 규정할 것인지는 입법자의 선택의 문제이다.

(2) 단체협약의 여후효

단체협약의 당사자 쌍방이 새로운 단체협약을 체결하고자 단체교섭을 계속하였음에도 불구하고, 단체협약의 유효기간이 만료되는 때를 전후한 시점까지 새로운 단체협약을 체결하지 못한 경우에 그 단체협약의 유효기간은 그 효력 만료일로부터 3개월 동안 유지된다(노동조합법 제32조 제3항). 이를 여후효라고 한다. 단체협약이 없는 공백상태가 초래되는 것을 막기 위한 규정이다. 새로운 단체협약이 체결되지 아니한 때에는 새로운 단체협약이 체결될 때까지 종전 단체협약의 효력을 존속시킨다는 취지의 별도의 효력 존속 약정이 있거나 단체협약에 직접 자동갱신 조항을 두고 있는 경우에는 그와 같은 약정과 조항은 유효하다. 그리고, 단체협약의 당사자 일방이 해지의 효력이 발생하기 6개월 전에 상대방에게 해지를 통고하면 통고한 날짜로부터 6개월 후에 단체협약은 해지된다.

노동조합 및 노동관계조정법 제32조(단체협약 유효기간의 상한)

③ 단체협약의 유효기간이 만료되는 때를 전후하여 당사자 쌍방이 새로운 단체협약을 체결하고자 단체교섭을 계속하였음에도 불구하고 새로운 단체협약이 체결되지 아니한 경우에는 별도의 약정이 있는 경우를 제외하고는 종전의 단체협약은 그 효력만료일부터 3월까지 계속 효력을 갖는다. 다만, 단체협약에 그 유효기간이 경과한 후에도 새로운 단체협약이 체결되지 아니한 때에는 새로운 단체협약이 체결될 때까지 종전 단체협약의 효력을 존속시킨다는 취지의 별도의 약정이 있는 경우에는 그에 따르되, 당사자 일방은 해지하고자 하는 날의 6월전까지 상대방에게 통고함으로써 종전의 단체협약을 해지할 수 있다.

2. 단체협약의 효력

(1) 단체협약의 기준의 효력

단체협약에 정한 근로조건 기타 근로자의 대우에 관한 기준에 위반하는 취업규칙 또는 근로계약의 부분은 무효이다(노동조합법 제33조 제1항). 이를 단체협약의 강행적 효력이라고 한다. 근로계약에 규정되지 않은 사항 또는 단체협약에 반하여 무효로 된 부분은 단체협약에 정한 기준에 의한다(노동조합법 제33조 제2항). 이를 단체협약의 직접적 효력이라고 한다. 직접적 효력은 자동적 효력이라고 부르기도 한다. 단체협약의 강행적 효력과 직접적 효력을 합하여 기준의 효력이라고 한다.

노동조합 및 노동관계조정법 제33조(기준의 효력)

① 단체협약에 정한 근로조건 기타 근로자의 대우에 관한 기준에 위반하는 취업규칙 또는 근로계약의 부분은 무효로 한다.

② 근로계약에 규정되지 아니한 사항 또는 제1항의 규정에 의하여 무효로 된 부분은 단체협약에 정한 기준에 의한다.

(2) 단체협약의 강행적 효력

단체협약에 정한 근로조건 기타 근로자의 대우에 관한 기준에 위반하는 취업규칙 또는 근로계약의 해당 부분은 무효이다(노동조합법 제33조 제1항). 이 규정은 강행규정이므로 당사자의 의사를 확인하지 않고 무효가 되는 것으로 본다. 단체협약의 강행적 효력과 관련하여 가장 문제되는 것은 '위반하는'의 의미이다.

'위반하는'의 의미에 관하여 최저기준설과 절대기준설의 대립이 있다. 단체협약은 근로조건의 최저한도를 규정하므로 단체협약에 규정된 기준보다 보장의 정도가 낮은 취업규칙이나 근로계약의 해당 부분이 무효로 되는 것일 뿐 단체협약에 규정된 기준보다 보장의 정도가 더 높은 경우에는 그 취업규칙 또는 근로계약이 유효하다고 보는 견해가 최저기준설이다. 절대기준설은 단체협약이 정하는 근로조건은 조합원에 대해서는 취업규칙 또는 근로계약보다 우월한 효과를 가지며, 근로기준법 제97조가 취업규칙에 정한 기준에 미달하는 근로조건을 정한 근로계약을 그 부분에 관하여 무효로 하도록 규정할 때 '미달하는'이라는 용어를 사용하여 취업규칙이 정한 기준이 최저기준임을 선언한 반면에, 근로기준법 제96조 제1항은 취업규칙이 단체협약에 '어긋나서는 아니된다'라고 규정하여 '미달하는'과 '어긋나는'을 구별하여 사용하고 있다는 점을 고려하면, 근로기준법은 취업규칙이 단체협약이 정한 근로조건보다 보장의 정도가 더 높거나 낮거나 구별하지 않고 단체협약이 정한 기준에 따르도록 하려는 취지라고 해석하는 것이 타당하고, 노동조합법 제33조 제1항이 '위반하는'이라고 규정한 내용은 '미달하는'보다는 '어긋나는'에 더 가까운 의미로 해석하는 것이 법체계 전체를 고려한 해석론으로서 타당하다는 것을 근거로 한다. 대법원도 "단체협약의 개정에도 불구하고 종전의 단체협약과 동일한 내용의 취업규칙이 그대로 적용된다면 단체협약의 개정은 그 목적을 달성할 수 없으므로 개정된 단체협약에는 당연히 취업규칙상의 유리한 조건의 적용을 배제하고 개정된 단체협약이 우선적으로 적용된다는 내용의 합의가 포함된 것이라고 봄이 당사자의 의사에 합치한다"[51]라고 하여 절대기준설을 택하고 있다.

근로기준법 제96조(단체협약의 준수)

① 취업규칙은 법령이나 해당 사업 또는 사업장에 대하여 적용되는 단체협약과 어긋나서는 아니 된다.

② 고용노동부장관은 법령이나 단체협약에 어긋나는 취업규칙의 변경을 명할 수 있다.

근로기준법 제97조(위반의 효력)

취업규칙에서 정한 기준에 미달하는 근로조건을 정한 근로계약은 그 부분에 관하여는 무효로 한다. 이 경우 무효로 된 부분은 취업규칙에 정한 기준에 따른다.

(3) 단체협약의 직접적 효력

근로계약에 규정되지 않은 사항 또는 단체협약에 반하여 무효로 된 부분은 단체협약에 정한 기준에 의한다(노동조합법 제33조 제2항). 이때 단체협약에 정한 기준이 개별 근로자의 근로계약의 내용 중 단체협약에 반하여 무효로 된 부분이나 단체협약에는 규정이 있지만 근로계약에는 규정이 없는 부분을 대신해서 적용되는 과정을 법리적으로 어떻게 이해할 것인가에 대하여 화체설과 외부규율설이 제기되고 있다.

화체설은 단체협약 내의 근로조건 기타 근로자의 대우에 관한 부분은 그 단체협약의 효력 발생과 함께 개별적 근로관계의 내용이 된다는 견해이다. 단체협약에서 정한 근로조건 기준이 개별 조합원의 근로계약 중에 들어가 근로계약의 내용으로 화체된다는 설명도 동일한 화체설의 관점이다. 외부규율설은 단체협약은 근로계약과 구별되는 별도의 법원(法源)으로서 근로계약의 외부에서 근로계약을 규율하는 것일 뿐 단체협약의 내용이 근로계약의 내용의 일부가 되는 것은 아니라고 한다.

단체협약의 직접적 효력에 관한 견해의 대립은, 단체협약이 실효되어 그 존재가 없어질 경우에 그 동안 단체협약의 직접적 효력을 적용받고 있던 근로자

51) 대법원 2002. 12. 27. 선고 2002두9063 판결; 대법원 2002. 11. 26. 선고 2001다36504 판결 등.

들의 근로조건이 다시 근로계약의 규율을 받게 되는가에 대한 문제로 이어진다. 즉, 효력의 문제가 실효의 경우까지 자연스럽게 이어지고 있다. 화체설에 따르면, 그 단체협약이 실효되더라도 개별적 근로관계의 내용으로 화체된 부분은 그대로 근로계약의 일부가 되어 남아있으므로 단체협약의 실효에 따라 단체협약의 적용을 받던 근로자의 근로조건이 곧바로 변경되는 것은 아니라고 본다. 다만, 노동조합과 사용자가 새로운 단체협약을 체결하거나, 새로운 취업규칙이 적용되거나 기존 취업규칙이 변경되는 경우, 새로운 근로계약이 체결되는 경우에는 근로계약에 화체되어 있을 뿐, 기존 단체협약의 효력도 변경된다고 본다. 반면 외부규율설에 따르면, 근로계약은 유효하게 존속하는데 외부에서 단체협약이 근로계약의 효력을 압도하고 있었던 것이므로, 단체협약이 실효되면 외부에서 규율하던 효력도 함께 소멸되어 근로계약의 원래 근로조건이 다시 효력을 발생한다고 본다. 대법원은 "유효기간이 경과하는 등으로 단체협약이 실효되었다고 하더라도 임금, 퇴직금이나 노동시간, 그 밖에 개별적인 노동조건에 관한 부분은 그 단체협약의 적용을 받고 있던 근로자의 근로계약의 내용이 되어 그것을 변경하는 새로운 단체협약, 취업규칙이 체결·작성되거나 또는 개별적인 근로자의 동의를 얻지 아니하는 한 개별적인 근로자의 근로계약의 내용으로서 여전히 남아 있어 사용자와 근로자를 규율한다"52)고 하여 화체설을 택하고 있다.

(4) 평화의무

단체협약이 체결된 경우에 단체협약의 당사자는 그 단체협약의 내용을 준수하여야 하고, 특별한 사정이 없는 한 단체협약의 유효기간 중에 단체협약에서 이미 정한 근로조건이나 기타 사항의 변경 또는 개폐를 요구하는 쟁의행위를 하지 않아야 한다는 의무를 부담한다.53) 평화의무라고 한다. 평화의무는 사용자의 단체협약 이행의무와 대비되는 노동조합의 의무인데, 노동조합법에는 그

52) 대법원 2000. 6. 9. 선고 98다13747 판결; 대법원 2007. 12. 27. 선고 2007다51758 판결; 대법원 2013. 6. 13. 선고 2010두18369 판결; 대법원 2018. 11. 29. 선고 2018두41532 판결 등.
53) 대법원 2003. 2. 11. 선고 2002두9919 판결.

근거가 되는 규정이 없으나, 단체협약 체결 당사자로서의 지위와 책임으로부터 도출되는 의무인 동시에 노사관계의 안정과 단체협약의 질서 형성적 기능을 담보하기 위해 부여되는 의무라고 할 수 있다. 단체협약에 평화의무를 명시하는 경우가 많다. 대법원도 "단체협약이 새로 체결된 직후부터 뚜렷한 무효사유를 내세우지도 아니한 채 단체협약의 전면무효화를 주장하면서 평화의무에 위반되는 쟁의행위를 행하는 것은 이미 노동조합활동으로서의 정당성을 결여한 것이라고 하지 아니할 수 없다"라고 하여 평화의무를 긍정하고 있다.[54]

다만, 평화의무는 단체협약에 규정되지 않은 사항이나 단체협약의 해석을 둘러싼 쟁의행위 또는 차기 단체협약 체결을 위한 단체교섭을 둘러싼 쟁의행위에 대해서까지 그 효력이 미치는 것은 아니다. 따라서 단체협약 유효기간 중에도 노동조합은 차기의 협약체결을 위하거나 기존의 단체협약에 규정되지 아니한 사항에 관하여 사용자에게 단체교섭을 요구할 수 있고, 단체협약이 형식적으로는 유효한 것으로 보이지만 단체협약을 무효라고 주장할 만한 특별한 사정이 인정되는 경우에도 노동조합은 단체협약의 유효기간 중에 사용자에게 그 단체협약을 무효라고 주장하는 근거를 제시하면서 기존의 단체협약의 개폐를 위한 단체교섭을 요구할 수 있다.

3. 단체협약 위반의 책임

원칙적으로 단체협약의 위반시 처리 문제는 노사관계 당사자 사이의 합의에 따라야 한다. 사용자가 단체협약의 소위 규범적 부분에 해당하는 임금, 근로시간, 근로제공 장소, 징계, 해고 등 근로조건에 관한 부분과 복리후생에 관한 사항을 위반하면 노동조합 또는 조합원인 근로자 개인이 직접 사용자에게 이행을 청구하거나 소송을 제기할 수 있다. 또한 주로 평화조항, 유니언 샵, 쟁의행위, 조합활동 및 시설이용, 조합비 일괄공제 등 노동조합이나 노동조합 대표자의 대우나 활동에 관한 사항이라고 할 수 있는 채무적 부분을 위반하면 노동조합이

54) 대법원 1992. 9. 1. 선고 92누7733 판결.

나 사용자가 상대방에게 이행을 청구하거나 소송을 제기할 수 있고, 그로 인한 손해를 입증하여 손해배상을 청구할 수도 있다.

단체협약의 내용 중 임금·복리후생비, 퇴직금에 관한 사항, 근로 및 휴게시간, 휴일, 휴가에 관한 사항, 징계 및 해고의 사유와 중요한 절차에 관한 사항, 안전보건 및 재해부조에 관한 사항, 시설·편의제공 및 근무시간 중 회의참석에 관한 사항, 쟁의행위에 관한 사항을 위반한 자에게는 1천만 원 이하의 벌금이 부과될 수 있다(노동조합법 제92조). 단체협약의 내용 중 이 부분에 위반하는 행위를 한 사람은 사용자나 근로자나 모두 처벌의 대상이 될 수 있다.

노동조합 및 노동관계조정법 제92조(벌칙)

다음 각호의 1에 해당하는 자는 1천만원 이하의 벌금에 처한다.

2. 제31조제1항의 규정에 의하여 체결된 단체협약의 내용중 다음 각목의 1에 해당하는 사항을 위반한 자
   가. 임금·복리후생비, 퇴직금에 관한 사항
   나. 근로 및 휴게시간, 휴일, 휴가에 관한 사항
   다. 징계 및 해고의 사유와 중요한 절차에 관한 사항
   라. 안전보건 및 재해부조에 관한 사항
   마. 시설·편의제공 및 근무시간중 회의참석에 관한 사항
   바. 쟁의행위에 관한 사항

Ⅳ. 단체협약의 해석

1. 단체협약의 해석의 일반 원칙

단체협약은 문언해석의 일반원칙에 따라 합리적으로 해석되어야 한다. 대법원은 “처분문서는 진정성립이 인정되면 특별한 사정이 없는 한 처분문서에 기재되어 있는 문언의 내용에 따라 당사자의 의사표시가 있었던 것으로 객관적으

로 해석하여야 하나, 당사자 사이에 계약의 해석을 둘러싸고 이견이 있어 처분문서에 나타난 당사자의 의사해석이 문제 되는 경우에는 문언의 내용, 그와 같은 약정이 이루어진 동기와 경위, 약정에 의하여 달성하려는 목적, 당사자의 진정한 의사 등을 종합적으로 고찰하여 논리와 경험칙에 따라 합리적으로 해석하여야 한다. 한편 단체협약과 같은 처분문서를 해석할 때는, 단체협약이 근로자의 근로조건을 유지·개선하고 복지를 증진하여 그 경제적·사회적 지위를 향상시킬 목적으로 근로자의 자주적 단체인 노동조합과 사용자 사이에 단체교섭을 통하여 이루어지는 것이므로, 그 명문의 규정을 근로자에게 불리하게 변형 해석할 수 없다"[55]라고 하여 단체협약의 해석에 관한 원칙을 확인하고 있다.

2. 해석에 대한 이견 발생시 노동위원회에 대한 견해제시 요청

단체협약의 해석 또는 이행방법에 관하여 단체협약 체결 당사자 사이의 의견이 불일치하는 경우에 당사자의 쌍방 또는 단체협약에 정하는 바에 따라 어느 일방이 노동위원회에 그에 관한 해석 또는 이행방법에 관한 견해의 제시를 요청할 수 있다(노동조합법 제34조). 노동위원회는 견해제시를 요청 받은 때에는 그 날부터 30일 이내에 명확한 견해를 제시하여야 하며, 노동위원회가 제시한 해석 또는 이행방법에 관한 견해는 중재재정과 동일한 효력을 가진다(노동조합법 제34조 제2항, 제3항).

노동조합 및 노동관계조정법 제34조(단체협약의 해석)

① 단체협약의 해석 또는 이행방법에 관하여 관계 당사자간에 의견의 불일치가 있는 때에는 당사자 쌍방 또는 단체협약에 정하는 바에 의하여 어느 일방이 노동위원회에 그 해석 또는 이행방법에 관한 견해의 제시를 요청할 수 있다.

② 노동위원회는 제1항의 규정에 의한 요청을 받은 때에는 그 날부터 30일 이내에

---

55) 대법원 1996. 9. 20. 선고 95다20454 판결; 대법원 2005. 9. 9. 선고 2003두896 판결; 대법원 2007. 5. 10. 선고 2005다72249 판결; 대법원 2011. 10. 13. 선고 2009다102452 판결; 대법원 2018. 11. 29. 선고 2018두41532 판결 등.

명확한 견해를 제시하여야 한다.

③ 제2항의 규정에 의하여 노동위원회가 제시한 해석 또는 이행방법에 관한 견해는 중재재정과 동일한 효력을 가진다.

V. 단체협약의 효력 확장 제도

우리 노동조합법은 단체협약은 원칙적으로 사용자와 단체협약을 체결한 상대방인 노동조합의 조합원에게만 적용된다는 원칙을 유지하면서도, 일정한 요건을 충족하는 경우에 단체협약의 규범적 부분의 적용 범위를 비조합원에게로 확장하는 단체협약 효력 확장 제도를 규정하고 있다. 노동조합법 제35조의 사업 또는 사업장 단위 일반적 구속력 제도와 제36조의 지역적 구속력 제도가 그것이다.

1. 사업 또는 사업장 단위 일반적 구속력 제도

(1) 일반적 구속력 제도의 의의와 목적

노동조합법 제35조는 '일반적 구속력'이라는 표제 하에 "하나의 사업 또는 사업장에 상시 사용되는 동종의 근로자 반수 이상이 하나의 단체협약의 적용을 받게 된 때에는 당해 사업 또는 사업장에 사용되는 다른 동종의 근로자에 대하여도 당해 단체협약이 적용된다"라고 규정하고 있다. 사업장 단위 일반적 구속력 제도는 기업별 노동조합과 기업별 단체협약이 여전히 지배적인 우리나라와 일본에 있는 특유한 제도로서 그 외의 다른 나라의 입법례에서는 유례를 찾아보기 어려운 제도이다.

노동조합 및 노동관계조정법 제35조(일반적 구속력)

하나의 사업 또는 사업장에 상시 사용되는 동종의 근로자 반수 이상이 하나의 단체협약의 적용을 받게 된 때에는 당해 사업 또는 사업장에 사용되는 다른 동종의 근로자에 대하여도 당해 단체협약이 적용된다.

단체협약의 일반적 구속력 제도의 규정 목적에 대해서는 노동조합 보호설, 비조합원 보호설 등이 제기되고 있으며, 주로 단체협약상의 기준으로 특정 사업 또는 사업장의 근로조건을 통일함으로써 근로조건이 열악한 비조합원을 보호하고 부수적으로는 사용자가 비조합원을 우대하는 것을 저지하여 노동조합도 보호하기 위한 제도라고 보거나, 노동조합 보호 및 사용자 사이의 공정경쟁을 보장하기 위한 제도로 보는 절충설적 견해가 일반적이다. 단체협약의 일반적 구속력 제도는 현행 법률에 규정이 되어 있으므로, 해당 규정의 취지를 가능한한 합헌적으로 해석해야 하지만, 이 제도가 노동조합의 단결권 보장에 긍정적인 것인지는 진지한 재검토가 필요하다.

(2) 일반적 구속력 제도의 적용 요건

단체협약의 일반적 구속력이 인정되기 위해서는 하나의 사업 또는 사업장에 상시 사용되는 동종의 근로자 반수 이상이 하나의 단체협약의 적용을 받게되어야 한다.

'상시 사용되는 근로자'란 하나의 단체협약의 적용을 받는 근로자가 반수 이상이라는 비율을 계산하기 위한 기준이 되는 근로자의 총수를 말한다. 단체협약의 일반적 구속력 적용을 위한 상시 사용되는 동종 근로자는 고용기간이나, 명칭에 관계없이 사업장에서 사실상 계속적으로 사용된 동종 근로자 전부를 의미한다. 따라서, 단기의 계약기간을 정하여 고용된 근로자라도 기간 만료시마다 반복 갱신되어 사실상 계속 고용되어왔다면 여기에 포함된다.[56]

'동종 근로자'란 당해 단체협약의 규정에 의하여 그 협약의 적용이 예상되는 자를 말한다. 대법원은, 단체협약 등의 규정에 의하여 조합원의 자격이 없는 자는 단체협약의 적용이 예상된다고 할 수 없어 단체협약의 일반적 구속력이 미치는 동종의 근로자라고 할 수 없다[57]고 보았고, 사업장 단위로 체결되는 단체

56) 대법원 1992. 12. 22. 선고 92누13189 판결.

57) 대법원 1997. 10. 28. 선고 96다13415 판결; 대법원 2003. 12. 26. 선고 2001두10264 ; 2004. 1. 29. 선고 2001다5142 판결 ; 2004. 2. 12. 선고 2001다63599 판결; 대법원 2005. 4. 14. 선고 2004도1108 판결 등.

협약의 적용범위가 특정되지 않았거나 단체협약 조항이 모든 직종에 걸쳐서 공통적으로 적용되는 경우에는 "직종의 구분 없이 사업장 내의 모든 근로자가 동종의 근로자에 해당되기 때문에, 기능직·일반직 등 직종의 구분 없이 사업장 내의 모든 근로자가 노동조합의 조합원으로 가입하여 단체협약의 적용을 받을 수 있도록 되어 있던 경우에는 원고와 같은 일반근로자도 기능직 근로자와 함께 동종의 근로자에 해당한다"[58]고 판단했다.

'반수 이상'이란, 하나의 단체협약의 적용을 받는 상시 사용되는 근로자의 숫자를 하나의 단체협약의 적용을 받는 상시 사용근로자와 이와 동종인 상시사용 근로자를 합산한 숫자로 나눈 비율이 1/2 이상이 되는 경우를 말한다.

'하나의 단체협약의 적용을 받는 근로자'란 단체협약의 본래적 적용대상자로서 단체협약상의 적용범위에 포함되는 자만을 일컫는 것으로 단체협약상 특별히 적용범위를 한정하지 않은 경우에는 당해 단체협약의 협약당사자인 노동조합의 조합원 전체를 말하고, 단체협약이 근로자 일부에게만 적용되는 것으로 한정하는 경우에는 그 한정된 범위의 조합원을 말한다.[59]

(3) 일반적 구속력 제도의 효과

사업장단위 일반적 구속력의 요건을 충족하면 단체협약은 "다른 동종의 근로자"에게 적용된다. 이 경우 확장적용 되는 단체협약의 내용은 일반적으로 규범적 부분에 한정된다고 본다. 채무적 부분은 단체협약 체결 당사자 간의 규율을 목적으로 하는 것이기 때문에 성질상 비조합원에게 확장적용될 수 없다.

단체협약의 확장적용을 받게 되는, 비조합원인 "다른 동종의 근로자"가 단체협약상의 근로조건보다도 유리한 내용을 갖고 있는 경우 단체협약의 효력확장에도 불구하고 이러한 유리한 내용이 인정되는가 하는 점이 문제가 될 수 있다. 대법원 판례는 비록 취업규칙 등에 의하여 유리한 근로조건을 확보하고 있던

58) 대법원 1999. 12. 10. 선고 99두6927 판결.

59) 대법원 2005. 5. 12. 선고 2003다52456 판결; 대법원 2022. 3. 31. 선고 2020다278064 판결; 대법원 2022. 3. 31. 선고 2020다294486 판결 등.

근로자라 하더라도, 노동조합법 제35조에 의해 단체협약의 효력이 확장되면 그 적용을 받는다고 본다.[60] 사업장단위 일반적 구속력의 요건을 충족하는 경우에도, 단체협약의 효력이 확장 적용 되는 사업 또는 사업장에 별도의 노동조합이 조직되어 있는 경우에는 해당 노동조합 조합원에게는 효력이 확장되는 단체협약이 적용되지 않는다. 하나의 사업 또는 사업장에 조직대상을 달리하는 여러 개 노동조합이 있는 경우 소수 노동조합의 조합원에게 일반적 구속력이 적용될 수 없다.[61]

2. 지역적 구속력 제도

(1) 지역적 구속력 제도의 의의와 목적

노동조합법 제36조는 '지역적 구속력'이라는 표제 하에 제1항에서 "하나의 지역에 있어서 종업 하는 동종의 근로자 3분의 2 이상이 하나의 단체협약의 적용을 받게 된 때에는 행정관청은 당해 단체협약의 당사자의 쌍방 또는 일방의 신청에 의하거나 그 직권으로 노동위원회의 의결을 얻어 당해 지역에서 종업하는 다른 동종의 근로자와 그 사용자에 대하여도 당해 단체협약을 적용한다는 결정을 할 수 있다"라고 규정하고 있다. 행정관청이 지역적 구속력 결정을 한 때에는 지체 없이 이를 공고하여야 한다(노동조합법 제36조 제2항).

노동조합 및 노동관계조정법 제36조(지역적 구속력)

① 하나의 지역에 있어서 종업하는 동종의 근로자 3분의 2 이상이 하나의 단체협약의 적용을 받게 된 때에는 행정관청은 당해 단체협약의 당사자의 쌍방 또는 일방의 신청에 의하거나 그 직권으로 노동위원회의 의결을 얻어 당해 지역에서 종업하는 다른 동종의 근로자와 그 사용자에 대하여도 당해 단체협약을 적용한다는 결정을 할 수 있다.

---

60) 대법원 2001. 9. 18. 선고 2000다60630 판결; 대법원 2006. 4. 27. 선고 2004다4683 판결 등.
61) 2001.10.17, 노조 68107-1154.

② 행정관청이 제1항의 규정에 의한 결정을 한 때에는 지체없이 이를 공고하여야 한다.

지역적 구속력 제도의 취지에 관해서는 일반적 구속력 제도에서와 유사한 견해의 대립이 있다. 다만, 하급심 판결 중에서, 지역적 구속력 제도에 관하여 "사업장 단위의 일반적 구속력 제도와는 달리 협약당사자인 노동조합의 조직을 유지 강화하고 미조직 소수근로자를 보호함에 있다고 하기보다는 오히려 일정 지역 내의 모든 동종 사업장의 근로조건을 통일적으로 규제함으로써 사업장 사이의 부당경쟁을 막아 동일노동 동일임금의 원칙을 지역적으로 실현하고 이를 위하여 협약체결에 관여하지 아니한 노동조합이나 사업장까지 모두 협약의 효력범위 내로 강제 포섭함으로써 사회적 분쟁의 소지를 미연에 방지하고자 하는 것에 그 주안점이 있는 것"이라고 그 취지를 판시한 사례가 있다.[62]

(2) 지역적 구속력 제도의 실체적 요건

지역적 구속력 제도가 적용되기 위해서는 하나의 지역에 있어서 종업하는 동종의 근로자 3분의 2 이상이 하나의 단체협약의 적용을 받게 되어야 한다.

'하나의 지역'은 단체협약 체결 당사자와 관련이 있는 동일한 경제적 지역, 즉 근로조건·노사관계 등이 유사하여 하나의 노동시장을 형성하고 있는 지역을 의미하며, 행정구역과 일치될 필요는 없다.

'동종의 근로자'인지 여부는 사업장 단위의 일반적 구속력 제도에서와 같은 의미라고 보면 문제가 없다.

동종의 근로자 '3분의 2 이상'이라는 실체적 요건이 요구된다. 일반적 구속력 제도에서의 '반수 이상'에 비하여 요건이 가중되어 있다.

'하나의 단체협약'은 노동조합법상 성립 요건을 갖춘 노동조합이 노동조합법에 따라 체결한 단체협약을 말하는 것으로, 기본적으로 초기업적 단체협약으로, 직종별 노동조합 또는 산업별 노동조합이 사용자단체와 통일교섭을 통하여 체

---

62) 부산지방법원 1992. 8. 12. 선고 91노2411 판결.

결한 단체협약을 말하는 경우가 일반적이다.

(3) 지역적 구속력 제도의 절차적 요건

지역적 구속력의 절차적 요건으로 가장 우선적인 것은 '단체협약의 당사자의 쌍방 또는 일방의 신청' 또는 '행정관청의 직권'으로, '노동위원회의 의결'을 얻어야 하며, '행정관청에 의한 지역적 구속력의 결정과 그 공고'가 이루어져야 한다.

(4) 지역적 구속력 제도의 효과

실체적 요건과 절차적 요건을 갖춘 단체협약은 원래 그 적용 대상자가 아닌 "당해 지역에서 종업하는 다른 동종의 근로자"와 "그 사용자"에게 적용되고, 효력이 확장적용되는 것은 단체협약의 규범적 부분이다.

지역적 구속력은 기업간의 근로조건 저하경쟁을 방지하거나 당해 지역에서의 최저기준을 설정하는 것이기 때문에, 확장적용되는 단체협약과 근로계약의 관계에 있어서 근로계약이 정하는 기준이 단체협약보다 근로자에게 유리하다면 지역적 구속력 적용은 제한된다고 보아야 한다.[63)]

지역적 구속력 제도는 확대 적용이 예정된 지역 내의 다른 노동조합에 가입한 조합원에 대해서는 적용되지 않는다. 대법원도 "당해 지역 지역적 구속력 제도의 목적을 어떠한 것으로 파악하건 적어도 교섭권한을 위임하거나 협약체결에 관여하지 아니한 협약 외의 노동조합이 독자적으로 단체교섭권을 행사하여 이미 별도의 단체협약을 체결한 경우에는 그 협약이 유효하게 존속하고 있는 한 지역적 구속력 결정의 효력은 그 노동조합이나 그 구성원인 근로자에게는 미치지 않는다고 해석하여야 할 것이고, 또 협약 외의 노동조합이 위와 같이 별도로 체결하여 적용받고 있는 단체협약의 갱신체결이나 보다 나은 근로조건을 얻기 위한 단체교섭이나 단체행동을 하는 것 자체를 금지하거나 제한할 수는 없다고 보아야 할 것이다"[64)]라고 하여 이를 분명히 하고 있다.

---

63) 1995.12.1, 노조 01254-1246.
64) 대법원 1993. 12. 21. 선고 92도2247 판결; 대법원 1998. 2. 27. 선고 97도2543 판결.

지역적 구속력 제도는 산업별·직종별 노동조합 조직형태를 전제로 하는 제도로서, 주로 산업별 노동조합 설립이 보편화된 나라에서 많이 채택하고 있다. 기업별교섭이 지배적이며 사업 또는 사업장 단위 단체교섭 창구단일화가 강제되는 우리나라에서는 지역적 구속력 제도는 실효성을 가지기 어렵다. 따라서 노동조합법 제36조에 따른 지역적 구속력 제도는 거의 사문화되고 있다.

3. 현행 단체협약 효력 확장제도의 한계

우리나라의 단체협약 효력 확장제도는 1953년 제정 노동조합법 제40조의 일반적구속력, 제41조의 지역적구속력 조항으로 거슬러올라갈 만큼 오래전부터 규정되어 시행되어 왔지만, 활용률이 매우 낮다고 평가된다. 특히, 지역적 구속력 제도는 유명무실해졌다. 단체협약 효력 확장 제도가 활용률이 낮은 이유는 여러 가지로 설명될 수 있으나, 단체협약 효력 확장 제도가 노동조합이 사용자와 체결한 단체협약에 조합원 아닌 근로자들이 무임승차 하도록 하여 노동조합 가입 유인을 약화시키며, 기업의 지불능력을 고려하지 않은 무리한 근로조건 획일화는 사용자들도 수용하기 어렵기 때문이다. 이와 같이 노동조합의 이해에도 부합하지 않고, 기업의 이해에도 부합하지 않는 단체협약 효력 확장제도는, 산업별 노동조합 중심으로 노사관계를 재편하고, 장차 산업별 단체협약을 체결하려고 하는 경우에 비로소 그 유효성을 인정할 수 있게 된다.

Ⅵ. 단체협약의 특수문제

단체협약의 해석 및 적용을 둘러싸고 앞에서 설명한 내용에 모두 담지 못한 특별한 쟁점들이 있다. 그 내용들을 여기에서 간단히 설명해 본다.

1. 단체협약의 인적 적용범위에 관한 특수문제

(1) 단체협약의 규범적 부분 적용 시점

노동조합 조합원이 아니었던 근로자가 단체협약 유효기간 도중에 노동조합에 가입한 경우 가입 즉시 단체협약이 적용되어 해당 근로자의 근로조건 등이 단체협약에 따라 규율될 수 있는가의 문제이다. 비조합원인 근로자라 할지라도 단체협약 존속기간 중 노동조합에 가입하면 가입시부터 단체협약의 규범적 부분의 적용을 받게 되는 것이 원칙이다.[65] 따라서, 근로계약이나 취업규칙에 따라 규율되던 기존 임금체계와 단체협약의 적용을 받는 임금체계가 차이가 있을 경우, 노동조합에 가입한 직후 도래하는 임금지급일부터 변경된 단체협약상 임금을 지급하는 것이 원칙이다. 노동조합 가입일이 이전 임금지급일과 이후 임금지급일의 사이에 있을 때, 가입일 이전과 가입일 이후의 임금계산 및 산정 방법이 달라질 수 있는데, 가입일을 기준으로 이를 계산해서 반영할지 아니면 직전 임금지급일 직후에 곧바로 노동조합에 가입한 것으로 간주하고 임금을 계산해서 지급할 것인지는 해당 단체협약의 해석 및 사업장의 관행에 따라 달라질 수 있다. 실무상으로는 회계처리의 어려움을 이유로, 당사자 사이의 합의를 전제로 노동조합 가입 이후 새롭게 도달하는 임금 산정기, 즉 새로운 회계연도나 임금조정기 이후부터 적용하기도 한다.

성과급제 임금체계를 적용받기로 약정하고 신규입사한 근로자가, 호봉제 임금체계를 규정하고 있는 단체협약을 체결하여 그 적용을 받고 있는 노동조합에 가입한 경우 신규입사자에게 곧바로 호봉제 임금체계를 적용해야 하는가가 다투어진 사례에서 대법원은 "비조합원인 근로자라 할지라도 단체협약 존속기간 중 조합에 가입하면 가입시부터 단체협약의 적용을 받게 된다. 그러나 단체협약의 적용을 받는 근로자란, 단체협약에서 당해 조합원을 단체협약의 적용대상으로 인정하고 있어 협약의 적용이 예상되는 사람을 가리키는 것이므로, 단체협약의 적용이 예상되지 않는 근로자들에 대해서까지 당연히 적용된다고는 볼 수

65) 대법원 2009. 12. 24. 선고 2009다76713 판결.

없다"[66]고 하면서, 신규입사자는 기존 단체협약의 적용이 예상되는 근로자라고 보기 어려우므로, 노동조합에 가입했다 하더라도 새로운 단체협약에 따른 임금 체계인 호봉제가 적용되지 않기 때문에, 입사시 적용이 예정되었던 근로계약 또는 취업규칙상의 성과급제 임금체계를 그대로 적용하다가 새로 단체협약이 갱신될 때부터 단체협약상 임금체계의 적용을 받게 된다고 판단하였다. 단체협약의 적용이 예상되는 근로자인지 여부는 입사 시기가 아니라 고용형태와 근로제공 방법 등에 따라 판단되어야 한다는 점에서 판례 및 행정해석의 태도는 다소 문제가 있다.

(2) 단체교섭 진행 중에 퇴사한 조합원에 대한 단체협약 적용

어떤 근로자가 단체교섭이 진행되던 중 퇴사하였고, 이후 단체협약이 체결된 경우에, 단체협약에 소급적용 규정이 있고, 그 소급 시기가 근로자의 퇴사 시기 이전이라면 해당 단체협약이 퇴사한 근로자에게 적용되는지에 관한 문제이다. 주로 임금협약이 진행 중인 시점에 어느 조합원인 근로자가 퇴사했는데, 이후 체결된 임금협약이 소급효를 규정했고 소급되는 시점이 해당 근로자가 퇴사하기 이전 시점인 경우에 발생하는 문제이다.

이와 관련하여 기존 대법원은 부정적인 태도를 취하고 있었다. 즉 "노동조합이 기존의 임금, 근로시간, 퇴직금 등 근로조건을 결정하는 기준에 관하여 소급적으로 동의하거나 이를 승인하는 내용의 단체협약을 사용자와 체결한 경우에, 이러한 동의나 승인의 효력은 단체협약이 시행된 이후 해당 사업장에서 근무하면서 단체협약의 적용을 받게 될 조합원이나 근로자에 대해서만 생길 뿐, 단체협약 체결 이전에 퇴직한 근로자에게는 그 효력이 미칠 여지가 없다"[67]고 한 판결이 대표적이다.

그러나 최근 대법원은 그 태도를 변경하였는데, 회사가 노동조합과 매년 임금협상을 하면서 기본급 등에 관한 임금인상 합의가 기준일을 지나서 이루어지는

---

66) 대법원 2009. 12. 24. 선고 2009다76713 판결(심리불속행기각).

67) 대법원 2002. 5. 31. 선고 2000다18127 판결; 대법원 2017. 2. 15. 선고 2016다32193 판결 등.

경우 인상된 기본급을 기준일로 소급하여 적용하기로 약정하고, 이에 따라 매년 소급기준일부터 합의가 이루어진 때까지 소정근로를 제공한 근로자들에게 임금인상 소급분을 일괄 지급하는 한편 임금인상 합의가 이루어지기 전에 퇴직한 근로자들에게는 이를 지급하지 않은 사안에서, "근로자와 사용자가 소정근로의 가치를 평가하여 그에 대한 대가로 정한 이상 단체협상의 지연이라는 우연한 사정으로 인해 소급적용되었다 하여 통상임금이 아니라고 할 수는 없는 점, 임금인상 소급분이라고 하더라도 단체협약 등에서 이를 기본급, 정기상여금과 같이 법정 통상임금에 해당하는 임금으로 정하였다면 그 성질은 원래의 임금과 동일한 점, 임금인상 소급분을 통상임금에 포함하지 않는다면 연장·야간·휴일근로에 대한 가산임금 등을 산정하는 기준임금으로서 통상임금의 기능적 목적에 반하는 점, 근로자들은 매년 반복된 합의에 따라 임금이 인상되면 소급기준일 이후의 임금인상 소급분이 지급되리라고 기대할 수 있었고, 임금인상 소급분은 근로자가 업적이나 성과의 달성 등 추가 조건을 충족해야만 지급되는 것이 아니라 소정근로의 제공에 대한 보상으로 당연히 지급될 성질의 것이므로 고정성을 갖추고 있다고 보아야 하는 점, 회사는 임금인상 합의가 이루어지기 전에 퇴직한 근로자들에게는 임금인상 소급분을 지급하지 않았으나, 이는 임금 등 근로조건을 결정하는 기준을 소급적으로 변경하는 내용의 단체협약의 효력이 단체협약 체결 이전에 이미 퇴직한 근로자에게 미치지 않기 때문에 발생하는 결과에 불과한 점을 이유로, 임금인상 소급분은 근로기준법 시행령 제6조에서 정한 통상임금에 해당한다"[68]고 보았다. 변경된 판례는 최근 통상임금의 고정성 요건을 폐지한 2024년 12월 전원합의체 판결[69]이 내려지기 이전의 판결이기 때문에 통상임금성과 관련하여 고정성을 거론하고 있지만, 고정성을 거론한 부분 이외에는 법리적으로 아무런 문제가 없으며 매우 타당한 결론이라고 생각된다.

---

68) 대법원 2021. 8. 19. 선고 2017다56226 판결.
69) 대법원(전합) 2024. 12. 19. 선고 2023다302838 판결, 2020다247190 판결.

2. 단체협약 중 특별한 조항의 효력

(1) 조합원의 범위에 관한 조항의 효력

조합원의 범위는 노동조합이 자신의 규약에 정하는 노동조합의 고유한 권한에 속하는 문제이다. 그러나 단체협약에 조합원이 될 수 없는 근로자의 범위나 조합원이 될 수 있는 근로자의 범위를 규정하는 경우가 종종 있다. 이와 같은 단체협약상의 노동조합 조합원 범위규정의 효력을 어떻게 이해할 것인가의 문제이다. 이에 대하여 대법원은 단체협약상의 조합원 범위 규정은, 노동조합에 가입할 수 있는 자격에 관한 규정이 아니라 노사가 합의하여 단체협약의 적용범위를 정한 것이라고 제한적으로 해석하고 있다. "근로자는 자유로이 노동조합을 조직하거나 이에 가입할 수 있고, 구체적으로 노동조합의 조합원의 범위는 당해 노동조합의 규약이 정하는 바에 의하여 정하여지며, 근로자는 노동조합의 규약이 정하는 바에 따라 당해 노동조합에 자유로이 가입함으로써 조합원의 자격을 취득하는 것인바, 한편 사용자와 노동조합 사이에 체결된 단체협약은 특약에 의하여 일정 범위의 근로자에 대하여만 적용하기로 정하고 있는 등의 특별한 사정이 없는 한 협약당사자로 된 노동조합의 구성원으로 가입한 조합원 모두에게 현실적으로 적용되는 것이 원칙이고, 다만 단체협약에서 노사간의 상호 협의에 의하여 규약상 노동조합의 조직 대상이 되는 근로자의 범위와는 별도로 조합원이 될 수 없는 자를 특별히 규정함으로써 일정 범위의 근로자들에 대하여 위 단체협약의 적용을 배제하고자 하는 취지의 규정을 둔 경우에는, 비록 이러한 규정이 노동조합 규약에 정해진 조합원의 범위에 관한 규정과 배치된다 하더라도 무효라고 볼 수 없다"[70]라고 판시한 것이 대표적이다. 대법원이 매우 지혜로운 판결을 내린 사례라고 생각된다.

(2) 단체협약의 해고협의조항 또는 해고동의조항의 효력

단체협약에 사용자가 조합원 또는 근로자를 해고하고자 할 경우에는 노동조

70) 대법원 2004. 1. 29. 선고 2001다5142 판결.

합의 동의를 얻어야 한다는 취지의 해고 동의 조항이 있고 해고의 정당한 사유가 있을 때, 사용자가 노동조합의 동의를 얻지 않고 조합원을 해고한 경우에 그 해고가 유효한지의 문제이다.

이와 관련하여 무효설과 유효설이 제기되고 있다. 사용자의 해고를 유효하다고 보는 유효설의 근거는 해고 동의 조항은 해고의 절차에 관한 약정으로서 해고사유의 실체적 기준을 정한 것이 아니며, 단체협약 당사자 사이의 권리·의무를 정한 것으로서 채무적 효력을 가질 뿐이므로, 사용자가 그 조항에 위반하여 해고를 하더라도 그 해고가 근로기준법에 비추어 정당하다면 해고는 유효하다는 것이다. 대법원도 "단체협약에 노동조합 간부에 대한 징계해고를 함에 있어 노동조합의 사전동의를 받도록 정하여져 있다고 하더라도 이는 사용자의 노동조합 간부에 대한 부당한 징계권 행사를 제한하자는 것이지 사용자의 본질적 권한에 속하는 피용자에 대한 징계권행사 그 자체를 부정할 수는 없는 것이므로 노동조합의 사전동의권은 어디까지나 신의성실의 원칙에 입각하여 합리적으로 행사되어야 할 것이고, 따라서 피징계자에게 객관적으로 명백한 징계사유가 있고 이에 대한 징계를 함에 있어 사용자가 노동조합측의 동의를 얻기 위하여 성실하고 진지한 노력을 다하였음에도 불구하고 노동조합측이 합리적 근거나 이유제시도 없이 무작정 반대함으로써 동의거부권을 남용한 것이라고 인정되거나 노동조합측이 스스로 이러한 사전동의권의 행사를 포기하였다고 인정된다면 사용자가 노동조합측의 사전동의를 받지 못하였다고 하여 그 징계처분을 무효로 볼 수는 없다"[71]라고 판시하여 같은 취지의 관점을 보여주고 있다.

다만, 해고의 정당한 이유가 있는 경우에도 사용자가 노동조합의 동의가 있는 경우에만 해고를 하겠다는 의사표시를 명확히 한 경우에는 그러한 합의를 기초로 한 단체협약 규정은 유효하므로, 이 경우 노동조합의 동의를 거치지 않으면 해고는 무효가 된다.[72]

---

71) 대법원 1993. 9. 28. 선고 91다30620 판결.
72) 대법원 1994. 3. 22. 선고 93다28553 판결.

3. 필수유지업무협정

(1) 필수유지업무의 의의

필수유지업무란 "필수공익사업에 해당하는 업무 중 그 업무가 정지되거나 폐지되는 경우 공중의 생명·건강 또는 신체의 안전이나 공중의 일상생활을 현저히 위태롭게 하는 업무로서 대통령령으로 정하는 업무"를 말한다(노동조합법 제42조의 2). 노동조합법 제71조 제2항에 규정된 필수공익사업인 철도사업, 도시철도사업 및 항공운수사업, 수도사업, 전기사업, 가스사업, 석유정제사업 및 석유공급사업, 병원사업 및 혈액공급사업, 한국은행사업, 통신사업에 해당하는 업무 중에 세부적인 필수유지업무의 목록이 노동조합법 시행령 별표1에 규정되어 있다.

필수유지업무의 정당한 유지·운영을 정지·폐지 또는 방해하는 행위는 쟁의행위로서 이를 행할 수 없으며, 노동조합은 그 유지·운영 임무를 수행하는 조합원을 쟁의행위에 참가시켜서 필수유지업무의 유지·운영을 정지·폐지하는 행위를 할 수 없고, 조합원 또는 비조합원이 필수유지업무 유지수준을 준수하기 위해 그 임무를 수행하는 것을 방해할 수도 없다. 필수유지업무제도는 그 업무가 정지되거나 폐지되는 경우 공중의 생명·건강 또는 신체의 안전이나 공중의 일상생활을 현저히 위태롭게 하는 업무를 노동조합이 쟁의행위를 하는 중에도 일정 수준 이상 유지시켜 공중의 생명·건강 또는 신체의 안전이나 공중의 일상생활이 위태롭게 되는 것을 방지하는 것을 목적으로 한다.

노동조합 및 노동관계조정법 제42조의2(필수유지업무에 대한 쟁의행위의 제한)

① 이 법에서 "필수유지업무"라 함은 제71조제2항의 규정에 따른 필수공익사업의 업무 중 그 업무가 정지되거나 폐지되는 경우 공중의 생명·건강 또는 신체의 안전이나 공중의 일상생활을 현저히 위태롭게 하는 업무로서 대통령령이 정하는 업무를 말한다.

② 필수유지업무의 정당한 유지·운영을 정지·폐지 또는 방해하는 행위는 쟁의행위로서 이를 행할 수 없다.

(2) 필수유지업무협정의 개념과 법적성격

노동관계 당사자는 쟁의행위기간 동안 필수유지업무의 정당한 유지·운영을 위하여 필수유지업무의 필요 최소한의 유지·운영 수준, 대상직무 및 필요인원 등을 정한 협정을 당사자 쌍방이 서명 또는 날인한 서면으로 체결해야 한다(노동조합법 제42조의3).

노동조합 및 노동관계조정법 제42조의3(필수유지업무협정)

노동관계 당사자는 쟁의행위기간 동안 필수유지업무의 정당한 유지·운영을 위하여 필수유지업무의 필요 최소한의 유지·운영 수준, 대상직무 및 필요인원 등을 정한 협정(이하"필수유지업무협정"이라 한다)을 서면으로 체결하여야 한다. 이 경우 필수유지업무협정에는 노동관계 당사자 쌍방이 서명 또는 날인하여야 한다.

필수유지업무협정의 법적성격을 어떻게 보아야 하는가 하는 문제에 대하여 단체협약으로 보아야 한다는 단체협약설, 단체협약과는 구별되는 특수한 노사간의 협정으로 보는 일반협정설이 대립하고 있다. 필수유지업무협정은 체결 주체와 체결 방식에 있어서 단체협약과 동일하다고 보는 견해가 단체협약설이다. 단체협약으로 본다면, 체결 후 15일 이내의 신고의무, 행정관청의 시정명령, 2년의 유효기간, 강행적 효력, 일반적 구속력 등 단체협약에 관하여 적용되는 노동조합법상 규정들이 필수유지업무협정에 대하여 모두 적용되어야 한다. 이에 대하여 필수유지업무협정은 단체협약과 구별되는 별도 형식의 노사협정이라고 보는 견해가 있다. 노동조합법 제42조의3은 필수유지업무협정에 관하여 별도의 규정을 두고 있으며, 작성 방식과 효력 요건 등에 대하여 단체협약에 관한 규정을 준용하고 있지도 않다는 것, 필수유지업무협정은 필수유지업무 해당 사업 또는 사업장 노동관계 당사자의 '의무'로서 체결이 강제되는 반면, 단체협약을 체결할 것인지 아닌지는 당사자의 자유의 영역이라는 것, 단체협약은 사업의 성질에 불문하고 적용되나 필수유지업무협정은 필수공익사업 중 필수유지업무 해당

사업 또는 사업장에만 적용된다는 것, 필수유지업무협정 체결을 위한 협상 결렬 시에는 쟁의행위가 아니라 노동위원회 결정 절차라는 별도의 절차가 규정되어 있다는 점 등을 근거로 한다.

필수유지업무협정과 단체협약이 동일하다고 본다면, 현행 노동조합법상 단체협약의 체결이 강제될 수 없다는 원칙에 반하고, 필수유지업무협정이 강행적 효력, 즉 규범적 효력을 갖는다고 볼 수 있는가 하는 문제가 발생하게 되며, 필수유지업무협정을 위반하거나 필수유지업무협정을 체결하지 않고 쟁의행위를 감행한 경우에 대해서 노동조합법 제42조의2 제2항 위반으로 제89조 제1호를 적용해서 3년 이하의 징역 또는 3천만 원 이하의 벌금에 처하게 할지, 노동조합법 제92조 제1호 바목의 단체협약 중 '쟁의행위에 관한 사항' 위반이라고 보아 1천만 원 이하의 벌금에 처하게 할지 양 벌칙규정 간의 경합이 발생한다.

필수유지업무협정과 단체협약을 별개의 것으로 보면, 노동위원회의 필수유지업무결정의 효력에 대하여 노동조합법 제70조 제1항이 "단체협약과 동일한 효력을 가진다"고 규정한 것은 필수유지업무협정을 갈음하는 필수유지업무 유지수준 결정이 단체협약이 아니라는 점을 방증하는 것으로 볼 수 있고, 3년 이내의 유효기간을 적용함으로써 발생할 수 있는 문제 등을 고려하면 필수유지업무협정은 단체협약과는 다른 별개의 협약 방식이라고 보는 것이 타당하다고 생각한다.

제4편

쉴 권리와 시간주권 보호

제4편

쉴 권리와 시간주권 보호

리자와 로지, 톰뿐 아니라 공장에 다닐 때의 로지 아빠도 쉬는 날 없이 일을 해야 했다. 그나마 로지와 톰은 1802년에 제정된 아동노동보호법에 따라 1달에 하루는 휴일로 지정받아 일을 하지 않고 교회에 갈 수 있었지만, 법보다는 주먹이 더 가까웠던 당시의 현실에서 한달에 하루 휴가를 제대로 쉬기는 어려웠다. 하지만, 모든 사람은 잘 쉬어야 한다. 쉬지 못하면 건강을 잃게 되고, 삶을 제대로 영위할 수 없기 때문이다. 그렇지만 경제적으로 열악한 상황에 있는 근로자들은 의지가 있어도 쉬기 어렵다. 법률이 개입해서 쉴 수 있는 시간을 규정하는 이유이다. 제4편에서는 휴일, 휴가, 휴직에 대해 살펴보려고 한다. 휴일, 휴가는 근로자들이 건강을 유지하고 재충전을 하여 더욱 효율적으로 근로를 제공하도록 하기 위해 반드시 필요하며, 근로조건의 기준을 인간의 존엄성을 보장하도록 정해야 한다고 명한 헌법 제32조 제3항, 모든 국민에게 인간다운 생활을 할 권리를 부여한 헌법 제34조 제1항의 규정을 구체적으로 실현하기 위해, 노동관계 법률이 반드시 규정해야 하는 필수적인 내용이다. 이 중 휴직은 반드시 근로자 본인의 휴식을 위한 것은 아니며, 학업, 질병 치료, 가족 돌봄 등 여러 가지 이유로 휴직이 활용되고 있고, 다양한 종류의 휴직이 관련 법률에 규정되어 있지만, 앞에서 설명한 헌법적 가치에 부합한다는 점에는 차이가 없다.

제1장 휴일과 주휴일

Ⅰ. 휴일

1. 휴일의 개념과 종류

(1) 휴일의 의의

휴일이란 근로자에게 근로할 의무가 없으며, 사용자와 근로자 모두에게 휴일로 인식되어 있는 날을 말한다.[1] 휴게시간이 근로시간 도중에 30분 또는 1시간의 휴식시간이 보장되는 것이라면, 휴일은 하루의 휴식이 보장된다는 점에서 구별된다. 휴일에서 휴(休)는 쉰다는 뜻이다. 휴일은 근로계약의 적용 대상이 되지 않는 날이다. 근로계약의 당사자인 사용자는 임금을 지급하고 근로자에게 근로제공과 관련한 지휘·명령을 할 권한이 있고 근로자는 정해진 근로를 제공하고 그 대가로서 임금을 받을 권리가 있지만, 휴일은 근로계약의 대상이 아니므로 근로제공의무도 없고 사용자도 지휘·명령을 할 권한이 없는 날이다.

근로기준법이 주휴일을 보장하는 취지에 대하여 대법원은 "근로기준법상 주휴일 제도는 근로자의 피로를 회복시킴으로써 노동의 재생산을 꾀하고 생산성을 유지하기 위하여 정신적·육체적 휴식을 취하는 데서 그치지 않고 나아가 근로자로 하여금 근로제공의무를 벗어나 사업장 이외의 장소에서 자유로운 시간을 갖도록 하려는 데에 그 취지가 있다"[2]고 한다. 또 다른 판례는 "근로기준법상 휴일제도는 연속된 근로에서의 근로자의 피로회복과 건강회복 및 여가의 활용을 통한 인간으로서의 사회적·문화적 생활의 향유를 위하여 마련된 것"[3]이라고 한다.

(2) 주휴일, 법정공휴일, 근로자의 날, 약정휴일

근로기준법상 휴일에는 주휴일, 법정공휴일, 근로자의 날, 기타 약정휴일이 있다. 주휴일은 모든 근로자에게 1주일에 평균 1회 이상 부여되는 휴일을 말하며(근로기준법 제55조 제1항), 법정공휴일은 관공서의 공휴일에 관한 규정에 따른 공휴일과 대체공휴일, 근로자의 날은 근로자의 날 제정에 관한 법률에 따른 5월 1일을 말한다. 약정휴일은 회사 창립기념일, 노동조합 창립 기념일, 그 밖에 단체협약이나 취업규칙, 사업장 관행 등에 따라 인정되는 휴일이다.

---

1) 대법원 1991. 5. 14. 선고 90다14089 판결.
2) 대법원 2004. 6. 25. 선고 2002두2857 판결.
3) 대법원 2013. 11. 28. 선고 2011다39946 판결.

근로기준법 제55조(휴일)

① 사용자는 근로자에게 1주에 평균 1회 이상의 유급휴일을 보장하여야 한다.

② 사용자는 근로자에게 대통령령으로 정하는 휴일을 유급으로 보장하여야 한다. 다만, 근로자대표와 서면으로 합의한 경우 특정한 근로일로 대체할 수 있다.

근로기준법 시행령 제30조(휴일)

① 법 제55조제1항에 따른 유급휴일은 1주 동안의 소정근로일을 개근한 자에게 주어야 한다.

② 법 제55조제2항 본문에서 "대통령령으로 정하는 휴일"이란 「관공서의 공휴일에 관한 규정」 제2조 각 호(제1호는 제외한다)에 따른 공휴일 및 같은 영 제3조에 따른 대체공휴일을 말한다.

근로자의 날 제정에 관한 법률

5월 1일을 근로자의 날로 하고, 이 날을 「근로기준법」에 따른 유급휴일(有給休日)로 한다.

(3) 유급휴일, 무급휴일

휴일 중 근로자가 근로를 제공하지 않음에도 불구하고 통상적인 근로를 제공한 것으로 간주하여 사용자에게 통상임금 이상의 임금지급 의무가 인정되는 휴일을 유급휴일이라고 하고, 사용자의 임금지급 의무가 없는 휴일을 무급휴일이라고 한다. 유급휴일을 인정하는 취지는 근로자가 이를 충분히 활용할 수 있도록 하기 위한 것이다.[4] 주휴일과 법정공휴일, 근로자의 날은 유급휴일이다.

2. 휴일과 휴무일

휴일은 근로제공 의무가 없는 날인데, 휴무일은 원래 근로제공 의무가 있지만, 근로제공의무가 면제된 날을 말한다. 사용자가 근로제공의무를 면제한 날이

---

4) 대법원 2013. 11. 28. 선고 2011다39946 판결.

므로 출근하지 않더라도 결근이 되지는 않는다. 예를 들면, 과거 주 44시간제하에서 소정근로일은 월요일부터 토요일까지 6일간이고, 월요일부터 금요일까지는 매일 8시간, 토요일에는 4시간 근로했다. 하지만, 주 40시간제가 시행된 이후에 월요일부터 금요일까지는 매일 8시간 근로했더니 소정근로시간이 모두 충족돼서 토요일에는 일을 할 수가 없게 되었다. 이때 토요일이 휴무일이고, 휴일인 주휴일과 구별되는 성격을 갖는 날이 되는 것이다. 휴무일에 출근해서 근로를 제공하면 휴일근로가 아니라 연장근로의 성격을 갖는다고 보는 것이 원칙이다. 다만, 단체협약이나 취업규칙으로 토요일을 휴일 또는 유급휴일로 정한 경우에는 휴일이 되고, 그날 근로를 제공하면 휴일근로가 된다.

Ⅱ. 주휴일

1. 주휴일의 정의

사용자는 모든 근로자에게 1주일에 평균 1회 이상 유급휴일을 보장해야 한다 (근로기준법 제55조 제1항). 이 휴일을 1주일에 1회 보장되는 휴일이라는 뜻에서 주휴일이라고 한다. 관공서의 공휴일에 관한 규정 제2조는 일요일을 휴일로 규정하고 있지만, 근로기준법상 주휴일은 반드시 일요일일 필요는 없다. 주휴일을 어느 날로 할 것인지 그 날짜와 주기는 취업규칙이나 단체협약에 명시해야 한다. 업종이나 직종별 특성 또는 근로자와 사용자 사이의 합의에 따라 다른 요일로 정할 수 있다.

2. 주휴일 인정 요건

(1) 7일

7일도 반드시 7일마다 한번일 필요는 없다. 예를 들면 교대제 사업장에서 '5일에 하루, 8일에 하루' 휴일을 부여하는 주기를 반복한다면 이를 근로기준법

제55조 위반이라고 할 수는 없다.[5]

(2) 개근

주휴일은 1주 동안의 소정근로일을 개근한 자에게만 유급으로 보장된다(근로기준법 시행령 제30조). 따라서 1주일 동안 소정근로일을 개근하지 못한 근로자에게도 주휴일을 반드시 보장해야 하지만[6], 유급으로 보장받지는 못하고 있다. 모법인 근로기준법 제55조가 분명히 '유급휴일'로 명시하고 있고, 별다른 위임을 하지도 않았는데, 하위의 시행령이 개근을 유급 보장의 전제 조건으로 규정한 것은 위임입법의 한계를 일탈하여 근로기준법을 근로자에게 더욱 불리하게 제한하기 때문에 무효라고 보아야 한다. 하지만 대법원 판례는 근로기준법 시행령 제30조의 유효성을 긍정하고 있다.[7]

주중에 연차유급휴가를 사용한 근로자의 주휴일의 처리가 문제가 될 수 있다. 휴가 사용은 결근과는 구별되어야 한다. 주휴일 산정을 위한 출근율은 소정근로일을 가지고 계산하여야 하고, 여기서 소정근로일은 근로제공의무가 있는 날을 말한다. 따라서, 근로기준법에 의한 연차유급휴가를 사용한 날은 근로의무가 면제되어 소정근로일에 해당하지 않기 때문에 주휴일 산정은 연차휴가를 사용한 날을 제외한 나머지 소정근로일을 개근한 경우 부여되어야 한다. 그렇다면 주중 소정근로일 전부 연차유급휴가를 사용한 경우에는 어떻게 해야 할까? 이에 대해 고용노동부는 해당 주의 전부를 연차유급휴가를 이유로 쉬었을 경우는 주휴일을 부여할 필요가 없다고 판단했다.[8] 고용노동부의 이러한 판단은 근로기준법 시행령 제30조의 규정만큼이나 자의적이다. 주중 소정근로일 전부 연차유급휴가를 사용한 근로자라고 하더라도 사용자의 주휴일 부여 의무는 유지된다고 보아야 한다.

---

5) 근기 01254-223, 1992. 2. 15.
6) 대법원 2004. 6. 25. 선고 2002두2857 판결.
7) 대법원 1979. 10. 16. 선고 79다1489 판결.
8) 근로조건지도과-3102, 2008. 8. 8.

Ⅲ. 휴일 대체

1. 법정공휴일 대체 제도

근로자대표와 서면으로 합의한 경우 소정근로일과 겹치는 법정공휴일을 다른 특정한 소정근로일로 옮기고, 원래 법정공휴일이었던 날을 소정근로일로 대체할 수 있다. 이를 법정공휴일 대체 제도라 한다(근로기준법 제55조 제2항). 대체된 원래의 법정공휴일에 제공한 근로에 대해서는 휴일근로 가산임금이 지급되지 않는다. 통상의 소정근로일의 근로로 간주되기 때문이다. 대법원 판례는 일찍부터 단체협약이나 취업규칙에 규정을 두거나 근로자들의 동의를 얻은 경우 공휴일 대체가 가능하다고 판결해 왔다. "단체협약 등에서 특정된 휴일을 근로일로 하고 대신 통상의 근로일을 휴일로 교체할 수 있도록 하는 규정을 두거나 그렇지 않더라도 근로자의 동의를 얻은 경우, 미리 근로자에게 교체할 휴일을 특정하여 고지하면, 다른 특별한 사정이 없는 한 이는 적법한 휴일대체가 되어, 원래의 휴일은 통상의 근로일이 되고 그 날의 근로는 휴일근로가 아닌 통상근로가 되므로 사용자는 근로자에게 휴일근로수당을 지급할 의무를 지지 않는다고 할 것이다"[9]라고 판시한 것이 대표적이다.

2. 주휴일 대체, 약정휴일 대체

근로기준법 제55조 제2항 단서가 대체를 명시적으로 허용한 것은 해석상 근로기준법 제55조 제2항 본문의 법정공휴일과 대체공휴일이다(근로기준법 제55조 제2항 본문). 법정공휴일 대체가 법정공휴일과 대체공휴일이 아닌 주휴일이나 약정휴일에 대해서도 인정될 수 있는지에 관하여 논란이 있을 수 있다. 그러나 법정공휴일 대체가 입법되기 이전부터 대법원 판례가 단체협약이나 취업규칙, 근로자의 동의 등을 전제로 휴일 대체를 인정해 왔던 취지를 고려하면, 법정공휴일 이외에 주휴일이나 약정휴일에 대해서도 단체협약이나 취업규칙, 근로자의 동

9) 대법원 2000. 9. 22. 선고 99다7367 판결; 대법원 2008. 11. 13. 선고 2007다590 판결.

의 등을 전제로 휴일 대체를 인정하지 않을 이유가 없다.

제2장 휴가

I. 휴가의 개념과 종류

휴가는 근로제공의무가 있는 날이지만, 근로자가 청구하거나 근로기준법이나 다른 법률에서 정한 특별한 사유가 있는 경우 근로제공의무가 정지되는 날을 말한다.

휴가도 휴일과 마찬가지로 법정휴가와 약정휴가로 나눌 수 있다. 법정휴가는 연차유급휴가, 보상휴가, 생리휴가, 출산휴가, 태아검진휴가, 배우자출산휴가, 난임치료휴가 등과 같이 법률로 규정된 휴가를 말하며, 유급으로 할지 무급으로 할지는 근거 법률과 당사자의 합의에 따라 달라진다. 약정휴가는 단체협약이나 취업규칙 등 사업장 규정에 따라 인정되는 휴가로, 경조휴가, 질병치료휴가(병가), 하계휴가, 동계휴가 등이 있다. 역시 유급으로 할지 무급으로 할지는 근거가 되는 사업장 규정의 내용과 당사자의 합의에 따라 달라진다.

II. 연차유급휴가

1. 연차유급휴가제도의 의의

연차유급휴가는 1년간 또는 1개월간 근로한 근로자에 대하여 법률이 정하는 기준 일수 이상의 기간 동안 근로제공의무를 면제해주는 제도를 말한다. 근로기준법 제60조는 제1항에서 사용자는 1년간 80퍼센트 이상 출근한 근로자에게 15일의 유급휴가를 주어야 한다라고 하여 연단위 연차유급휴가를, 제2항에서 사용자는 계속하여 근로한 기간이 1년 미만인 근로자 또는 1년간 80퍼센트 미만 출근한 근로자에게 1개월 개근 시 1일의 유급휴가를 주어야 한다고 하여 월

단위 연차유급휴가를 규정하고 있다.

근로기준법 제60조(연차 유급휴가)

① 사용자는 1년간 80퍼센트 이상 출근한 근로자에게 15일의 유급휴가를 주어야 한다.

② 사용자는 계속하여 근로한 기간이 1년 미만인 근로자 또는 1년간 80퍼센트 미만 출근한 근로자에게 1개월 개근 시 1일의 유급휴가를 주어야 한다.

연차휴가를 사용할 권리 혹은 연차유급휴가수당 청구권은 근로자가 전년도에 출근율을 충족하면서 근로를 제공하면 당연히 발생하는 것으로서, 1년간의 근로에 대한 대가에 해당한다.[10] 연차유급휴가는 근로자에게 일정 기간 근로의무를 면제함으로써 정신적·육체적 휴양의 기회를 제공하고 문화적 생활의 향상을 기하려는 데 그 취지가 있다.[11] 연차유급휴가제도는 1953년 제정 근로기준법에서부터 규정되어 있었으며, 최초 "1년간 개근한 근로자에 대하여는 8일, 9할 이상 출근한 자에 대하여는 3일의 유급휴가"가 보장되던 것에서 점차 휴가 일수가 늘고 부여 요건이 변경되어 왔다.

2. 연차유급휴가 부여 기준

(1) 원칙적 부여 기준

사용자는 1년간 80% 이상 출근한 근로자에게 그 다음 해에 15일의 유급휴가를 주어야 한다. 1년간 80% 이상 출근할 것이 연차유급휴가 부여 요건이다.

(2) 출근

출근이란 일반적으로는 근로를 제공하기 위해 근로자가 사용자가 지정한 근로제공 장소에 도착하는 것을 뜻하지만, 단체협약이나 취업규칙, 사용자와의 합

10) 대법원 2017. 5. 17. 선고 2014다232296, 2014다232302(병합) 판결.
11) 대법원 2013. 12. 26. 선고 2011다4629 판결.

의 등에 따라 재택근무나 원격지 근무를 위해 특정한 장소가 아니라 자택 등 다른 장소에서 근로제공을 위한 준비를 마치고 근로제공을 시작하거나 근로제공을 위한 사용자의 지시를 대기하는 것도 출근이라고 보아야 한다. 여기에서 문제가 되는 것은 연차유급휴가 부여 요건 충족여부를 판단 하기 위한 기준이 되는 '출근'의 의미이다.

연차유급휴가 부여 요건인 "80퍼센트 이상 출근"과 관련하여 근로기준법 제60조 제6항은 출근한 것으로 간주되는 기간에 대하여 특별히 규정하고 있다. 즉, 근로자가 업무상의 부상 또는 질병으로 휴업한 기간, 근로기준법에 정한 출산전후휴가 사용기간과 임신기 근로시간 단축 기간, 남녀고용평등법에 따른 육아휴직 기간과 육아기 근로시간 단축 기간으로 출근하지 않거나 근로시간이 단축된 날에 대해서는 이를 출근한 것으로 간주하여 연차유급휴가 부여 요건을 확인하기 위해 80% 이상 출근했는지 계산할 때 출근한 것으로 산입하도록 특별히 규정하고 있는 것이다.

근로기준법 제60조(연차 유급휴가)

⑥ 제1항 및 제2항을 적용하는 경우 다음 각 호의 어느 하나에 해당하는 기간은 출근한 것으로 본다.

1. 근로자가 업무상의 부상 또는 질병으로 휴업한 기간
2. 임신 중의 여성이 제74조제1항부터 제3항까지의 규정에 따른 휴가로 휴업한 기간
3. 「남녀고용평등과 일·가정 양립 지원에 관한 법률」 제19조제1항에 따른 육아휴직으로 휴업한 기간
4. 「남녀고용평등과 일·가정 양립 지원에 관한 법률」 제19조의2제1항에 따른 육아기 근로시간 단축을 사용하여 단축된 근로시간
5. 제74조제7항에 따른 임신기 근로시간 단축을 사용하여 단축된 근로시간

근로기준법 제60조에 명시된 기간 이외에도 다른 법률에 의해 부여된 의무를 이행하기 위한 기간인 예비군훈련 기간과 민방위훈련 기간, 근로기준법 제10조

에 의해 인정되는 공민권행사를 위한 휴무일과 역시 근로기준법에 의해 보장되는 연차유급휴가, 생리휴가 등 휴가를 사용한 날은 출근률을 산정할 때 출근한 것으로 간주한다. 또한 법률에 규정은 없지만, 부당해고로 인하여 근로자가 출근하지 못한 기간도 해고가 무효인 이상 그동안 사용자와의 근로관계는 계속되고 있는 것이고, 근로자가 해고기간 동안 근무를 하지 못한 것은 근로자를 부당하게 해고한 사용자에게 책임 있는 사유로 인한 것이기 때문에 연차유급휴가를 산정할 때 출근일수에 산입하여야 한다.[12]

이와 같이 출근한 것으로 간주되는 기간은 그 기간이 1년 전체이거나 소정근로일수 전체라 해도 문제가 되지 않는다. 업무상 재해를 입어 장기간 요양을 하던 근로자가 사용자에게 미사용연차유급휴가 수당의 지급을 청구한 사건에서, 대법원은 "근로기준법 제60조 제6항 제1호는 위와 같이 출근율을 계산할 때 근로자가 업무상의 부상 또는 질병(이하 '업무상 재해')으로 휴업한 기간은 출근한 것으로 간주하도록 규정하고 있다. 이는 근로자가 업무상 재해 때문에 근로를 제공할 수 없었음에도 업무상 재해가 없었을 경우보다 적은 연차휴가를 부여받는 불이익을 방지하려는 데에 취지가 있다. 그러므로 근로자가 업무상 재해로 휴업한 기간은 장단(長短)을 불문하고 소정근로일수와 출근일수에 모두 포함시켜 출근율을 계산하여야 한다. 설령 그 기간이 1년 전체에 걸치거나 소정근로일수 전부를 차지한다고 하더라도, 이와 달리 볼 아무런 근거나 이유가 없다"[13]라고 판시했다.

(3) 출근율 계산에서 제외하는 날

원칙적으로 출근율은 소정근로일 전체를 대상으로 계산해야 한다. 그러나 특별한 사유가 있거나 당사자 사이에 약정이 있는 경우, 법령에 따라 출근의무가 면제되는 날 등은 연차유급휴가 부여 기준인 출근율을 계산할 때 계산에서 제외한다. 출근율 계산에서 제외하는 대표적인 예를 보면, 근로기준법에 의한 주

---

12) 대법원 2014. 3. 13. 선고 2011다95519 판결.
13) 대법원 2017. 5. 17. 선고 2014다232296, 2014다232302(병합) 판결.

휴일, 근로자의 날 제정에 관한 법률에 의한 근로자의 날, 취업규칙 또는 단체협약 등에 의한 약정휴일, 사용자의 귀책사유로 인한 휴업기간, 적법한 쟁의행위기간, 남녀고용평등법에 의한 육아휴직 기간이나 가족돌봄휴직기간 등이 있다.[14] 고용노동부의 해석지침에 따라 현장 실무에서 그대로 받아들여지고 있으나, 출근한 것으로 간주해도 별 차이가 없을 것이다.

3. 연차유급휴가 부여 일수

80% 이상 출근하여 연차유급휴가 부여 기준을 충족한 경우 다음해에 15일의 유급휴가를 주어야 한다. 근로기준법은 최저 기준이므로, 사용자와 근로자가 합의하여 그 이상의 연차유급휴가 일수를 정하는 것은 무방하다. 유급휴가 일수는 최초 1년을 제외한 계속 근로 연수 매 2년에 대하여 1일씩 가산된다. 따라서 최초 1년을 기준으로 3년차에 1일이 가산되어 16일, 5년차에 1일이 더 가산되어 17일이 되며, 이렇게 매 2년마다 1일씩 가산되면 21년차가 되면 하루가 더 가산되어 총 10일이 가산되는 결과가 되므로 21년차인 해의 근로기준법에 따른 연차유급휴가 일수는 25일이 된다. 총 연차유급휴가일수 상한은 25일을 한도로 한다(근로기준법 제60조 제4항).

근로기준법 제60조(연차 유급휴가)

① 사용자는 1년간 80퍼센트 이상 출근한 근로자에게 15일의 유급휴가를 주어야 한다.

④ 사용자는 3년 이상 계속하여 근로한 근로자에게는 제1항에 따른 휴가에 최초 1년을 초과하는 계속 근로 연수 매 2년에 대하여 1일을 가산한 유급휴가를 주어야 한다. 이 경우 가산휴가를 포함한 총 휴가 일수는 25일을 한도로 한다.

계속 근로 연수를 계산할 때 중간에 80% 미만 출근한 해가 있더라도 그해를

14) 고용노동부, 「연차유급휴가 등의 부여시 소정근로일수 및 출근여부 판단기준」(임금근로시간정책팀-3228, 2007 .10 .25)

포함하여 연수를 계산한다. 사용자와 근로자가 합의하여 연차유급휴가 가산의 한계를 정하지 않고 25일을 초과하여 가산하는 것은 근로기준법에 반하지 않으므로 유효하다.

4. 1년 미만자와 1년간 80퍼센트 미만 출근자의 연차유급휴가

(1) 계속하여 근로한 기간이 1년 미만인 근로자에 대한 부여 기준

계속 근로 연수가 1년 미만인 근로자에 대하여 1월간 개근시 1일의 유급휴가를 부여하는 제도는 2003년 근로기준법 개정 시에 처음 도입되었다. 그 이후 휴가 사용 가능 기간, 사용촉진 규정 도입 등 부분적인 변화가 이루어졌다. 계속하여 근로한 기간이 1년 미만인 근로자에 대한 연차유급휴가제도가 도입된 것은, 1년 미만의 기간을 정하고 근로를 제공하는 기간제근로자들이 휴가를 전혀 보장받지 못하는 문제를 해결하기 위한 것이었다. 그러나 근로계약 기간이 1년 이상인 근로자의 경우에도 근속기간이 1년이 되지 않은 기간 동안 근로기준법 제60조 제2항의 적용을 받게 되었다.

근로계약 기간이 1년 이상인 근로자의 경우, 최초 근로제공기간 1년이 끝나고 다음 해가 되는 순간 15일의 연차유급휴가가 발생하는데(근로기준법 제60조 제1항), 최초 근로제공기간 1년 동안 매월 개근해서 11개월차까지 개근을 했다면 매월 1일씩 11일의 연차유급휴가가 발생하게 된다. 그리고 12개월차에 개근하고 13개월차가 시작되면 15일의 연차유급휴가가 발생하므로, 근로기준법 제60조 제7항을 적용해도, 근속기간이 갓 2년차가 된 근로자는 근속기간 1년차 기간의 미사용 연차유급휴가에 대한 11일분의 수당청구권과 15일의 연차유급휴가 사용 권리를 보유하게 된다. 근로계약기간이 1년 미만인 근로자는 계약기간 동안 1개월 개근시 1일의 연차유급휴가가 발생하게 되고, 근로계약기간이 종료될 때까지 그 휴가를 사용하지 못하면 퇴직시 미사용 연차유급휴가 일수에 해당하는 미사용연차유급휴가수당을 정산받을 수 있다.

근로기준법 제60조(연차 유급휴가)

⑦ 제1항·제2항 및 제4항에 따른 휴가는 1년간(계속하여 근로한 기간이 1년 미만인 근로자의 제2항에 따른 유급휴가는 최초 1년의 근로가 끝날 때까지의 기간을 말한다) 행사하지 아니하면 소멸된다. 다만, 사용자의 귀책사유로 사용하지 못한 경우에는 그러하지 아니하다.

(2) 1년간 80퍼센트 미만 출근한 근로자에 대한 부여 기준

1년간 80퍼센트 미만 출근한 근로자에 대해서도 근로기준법 제60조 제2항은 계속하여 근로한 기간이 1년 미만인 근로자와 똑같이 1개월 개근 시 1일의 유급휴가를 주어야 한다고 규정하고 있다.

근로기준법 제60조 제2항의 문장 전체를 살펴보면 "사용자는 계속하여 근로한 기간이 1년 미만인 근로자 또는 1년간 80퍼센트 미만 출근한 근로자에게 1개월 개근 시 1일의 유급휴가를 주어야 한다"라고 규정되어 있다. 계속하여 근로한 기간이 1년 미만인 근로자를 A, 1년간 80퍼센트 미만 출근한 근로자를 B, "1개월 개근 시 1일의 유급휴가를"를 C라고 한다면, 이 조문은 "사용자는 A 또는 B에게 C를 주어야 한다"라고 간략히 표현할 수 있다. 우리가 모두 잘 알 듯이 '또는'은 문장에서 같은 종류의 성분을 동격으로 연결할 때 쓰는 말로 앞의 것 아니면 뒤의 것을 선택적으로 지칭할 때 사용되는 부사이다. 그렇다면, 이 문장은 사용자는 "A에게 C를 주어야 한다. A가 아니라 B인 경우에도 C를 주어야 한다"라고 풀이할 수 있으므로, 근로기준법 제60조 제2항의 정확한 문리해석은, 1년 동안 80% 미만 출근한 근로자도 다음해에 15일 이상의 통상의 연차유급휴가는 부여받지 못하지만, 1개월 개근할 때마다 1일의 연차유급휴가가 발생한다고 해석해야 한다. 계속하여 근로한 기간이 1년 미만인 근로자에 대한 연차유급휴가 부여 기준과 1년 동안 80% 미만 출근한 근로자에 대한 연차유급휴가 부여 기준이 동일해야 한다는 뜻이다.

그러나, 고용노동부와 법제처는 1년간 80% 미만 출근한 근로자의 연차유급휴가 부여 기준을 계속하여 근로한 기간이 1년 미만인 근로자의 경우와 다르게 계산하고 있다. 출근율이 80% 미만인 근로자에게 다음해에 인정되는 휴가일수는 출근율이 80%미만이었던 그해에 개근한 월수만큼 인정된다고 보는 것이다.[15] 따라서 전년도에 3, 4, 5월만 개근하고 나머지 달에는 모두 10일 이상씩 결근하여 연간 80% 이상 출근 요건을 충족하지 못한 근로자는 다음 해에 3일의 연차유급휴가만 보장 받게 되는 것이다. 이러한 해석은 근로기준법 제60조 제2항이 도입되기 이전 시기에 원칙적인 연차유급휴가 부여 기준을 충족하지 못한 근로자에게 휴가권을 인정해주기 위한 궁여지책으로서의 해석일 수는 있으나, 제2항이 도입된 이후에도 그러한 해석을 유지하는 것은 문리해석의 결과에 정면으로 배치되고, 근로자의 연차유급휴가에 대한 권리를 심각하게 침해하는 것으로서 부당하다. 고용노동부와 법제처의 해석에 따르면, 신규입사자가 최초 1년의 기간 동안 3, 4, 5월만 개근하고 나머지 달에는 모두 10일 이상씩 결근하여 연간 80% 이상 출근 요건을 충족하지 못한 경우, 최초 1년차에 3, 4, 5월에 각 개근할 때마다 각각 1일씩 연차유급휴가가 발생하고, 2년차에는 앞의 해에 개근한 월 수가 3월이므로 3개의 연차유급휴가가 발생해서 총 6일의 휴가가 생긴다고 해야 한다. 이러한 해석은 전혀 말이 안 된다. 1년차에 3, 4, 5월에 각 개근할 때마다 각각 1일씩 연차유급휴가가 발생하고, 2년차에는 전년도에 80% 이상 출근해야 한다는 요건을 충족하지 못했으므로, 역시 1개월 개근할 때마다 1일씩 휴가가 발생해서 2년차에 전부 개근한다면 총 11일의 휴가가 발생한다고 계산하여야 한다. 1년차에 발생했던 3일의 휴가는 그해에 모두 사용해야 하므로 미사용 연차유급휴가수당 청구권으로 전환된다. 고용노동부의 해석 변경이 요구된다.

5. 연차유급휴가권의 발생 시기

사용자는 1년간 80퍼센트 이상 출근한 근로자에게 15일의 유급휴가를 주어

15) 고용노동부, 「1년 미만 근로자 등에 대한 연차휴가 보장 확대 관련개정 근로기준법 설명자료」, 2018. 5, 4쪽 하단 이하; 법제처 2020. 2. 20. 회신 19-0427; 법제처 2024. 6. 30. 회신 24-0114 등.

야 한다(근로기준법 제60조 제1항). 즉, “1년간” 출근한 근로자는 연차유급휴가에 관한 권리가 발생한다. 여기에서 “1년간”이라는 의미가 역법상 1년 이내의 기간인지, 1년을 초과해야 하는 것인지에 대한 해석상 논란이 발생하고 있다.

대법원 판례를 보면, “기간을 정하여 근로계약을 체결한 근로자의 경우 그 기간이 만료됨으로써 근로자로서의 신분관계는 당연히 종료되는 것이 원칙이다”라고 전제한 뒤 “연차휴가를 사용할 권리는 다른 특별한 정함이 없는 한 그 전년도 1년간의 근로를 마친 다음 날 발생한다고 보아야 하므로, 그 전에 퇴직 등으로 근로관계가 종료한 경우에는 연차휴가를 사용할 권리에 대한 보상으로서의 연차휴가수당도 청구할 수 없다”고 보았다.[16] 이 해석에 따르면, 근로계약기간을 1년으로 정한 기간제 근로자가 만근하고 연차유급휴가를 전혀 사용하지 않은 채 근로관계가 종료된 경우에는 미사용 연차유급휴가수당 청구권은 11일분만 발생한다. 미사용 연차유급휴가 수당은 퇴직시 정산 받게 될 것이다. 근로계약관계가 종료되면 연차유급휴가를 사용할 권리도 함께 소멸하지만, 미사용 연차유급휴가 수당 청구권은 근로관계의 존속을 전제로 하는 것이 아니기 때문이다.[17]

그러나 종전까지 고용노동부는 1년간의 근로를 마친날 연차유급휴가에 관한 권리가 발생한다고 보았다. 즉, 근로계약기간을 1년으로 한 기간제 근로자의 1년간의 출근율이 80% 이상이면 계약기간 만료 시 15일분의 미사용 연차유급휴가 수당청구권이 발생하므로, 1년 기간제 근로자의 계약기간이 만료되는 경우에는 최대 26일분의 미사용 연차유급휴가 수당을 지급하여야 한다고 본 것이다.[18]

근로기준법 제60조 제1항은 “1년간”이라고 규정하고 있으므로, 고용노동부의 해석이 이 조항의 문리해석에 부합한다. 어떤 법규정의 적용 결과가 지나치다거나 다른 근로자와의 형평에 맞지 않을 수 있다는 것은 그 법률 조항의 개정을 통해 해결해야 하는 문제이지, 문리해석의 한계를 넘어서 조문의 문리적 의미와

---

16) 대법원 2021. 10. 14. 선고 2021다227100 판결.
17) 대법원 2005. 5. 27. 선고 2003다48556 판결.
18) 고용노동부, 「1년 미만 근로자 등에 대한 연차휴가 보장 확대 관련개정 근로기준법 설명자료」, 2018. 5, 5쪽

전혀 다르게 해석을 해야 한다는 근거가 될 수 없다. 그것은 이미 해석이 아니라 법창조 행위이기 때문이다.

6. 연차유급휴가 사용 시기

연창유급휴가는 근로자가 청구한 시기에 주어야 한다. 근로자는 자기가 언제 연차유급휴가를 사용할지 결정할 수 있는 권리가 있다. 이를 연차유급휴가 시기지정권이라고 한다. "청구한 시기"라는 의미는 연차유급휴가를 지작하는 날짜뿐만 아니라 사용하고자 하는 연차유급휴가의 기간도 포함한다. 물론 근로기준법 제60조 또는 단체협약이나 취업규칙 등에 규정된 휴가 한도 내에서 청구할 수 있다. 근로자가 청구한 시기에 휴가를 주는 것이 사업 운영에 막대한 지장이 있는 경우에는 사용자는 연차유급휴가 사용 시기를 변경할 수 있다. 이를 사용자의 시기변경권이라고 한다.

근로기준법 제60조(연차 유급휴가)

⑤ 사용자는 제1항부터 제4항까지의 규정에 따른 휴가를 근로자가 청구한 시기에 주어야 하고, 그 기간에 대하여는 취업규칙 등에서 정하는 통상임금 또는 평균임금을 지급하여야 한다. 다만, 근로자가 청구한 시기에 휴가를 주는 것이 사업 운영에 막대한 지장이 있는 경우에는 그 시기를 변경할 수 있다.

연차유급휴가 사용 시기지정의 방법에는 제한이 없다. 단체협약이나 취업규칙에 규정이 있다면 그 절차에 따르고, 규정이 없다면 사용자에게 그 취지가 전달될 수 있는 가장 적절한 방법을 택하여 시기지정의 사실을 알리면 된다. 전화, 이메일, 모바일 메신저 등 방법에 특별한 제한이 없다. 시기지정권 행사 시기에도 제한이 없다. 그러나 사용자의 적절한 시기변경권 행사를 보장하기 위해서, 근로자는 연차유급휴가를 사용하고자 하는 시점 이전, 즉 사전에 연차유급휴가 사용 시기와 기간을 사용자에게 통보해야 할 것이다. 사후에 연차유급휴가를 사용하겠다는 의사를 통보한 경우에는, 사용자가 이를 소급해서 승인해야 하는 의무는 없으므로, 그 통보의 의사표시가 도달한 때부터 연차유급휴가가 시작되는 것으로 보는 것이 원칙이다. 따라서, 소정근로일에 출근 시간이 2시간 지난 후에 근로자가 연차유급휴가를 사용하겠다고 사후 통보를 하는 경우에는 2시간 동안 근로를 제공하지 않은 것으로 처리하고, 그 시간 이후부터 연차유급휴가를 사용하는 것으로 처리할 수 있다.

근로자가 연차유급휴가 사용을 위해 시기지정권을 행사하는 방법으로, 현실에서는 근로자는 사용자의 승인을 받거나 휴가원 결재를 상신하여 결재를 받는 절차를 거치는 것이 일반적이다. 이에 대하여 대법원은 "취업규칙에 휴가를 받고자 하는 자는 사전에 소속장에게 신청하여 대표이사의 승인을 득하여야 한다고 규정하고 있는 경우 이는 근로기준법이 규정하는 근로자의 휴가시기지정권을 박탈하기 위한 것이 아니라 단지 사용자에게 유보된 휴가시기 변경권의 적절한 행사를 위한 규정이다"[19]라고 하여 승인이나 결재를 받도록 하는 것이 실질적인 허가나 허락이 아니라 신고의 의미만 갖는다고 판단하고, 그러한 전제로 연차유급휴사 사용시 근로자에게 사전에 승인이나 결재를 받도록 하는 것이 근로기준법 제60조 제5항 위반은 아니라고 보고 있다.

7. 미사용 연차유급휴가수당

연차유급휴가 사용권은 1년간 행사하지 아니하면 소멸된다. 즉, 연차유급휴가가 발생한 날로부터 1년 이내에 휴가를 사용하지 않으면 원칙적으로 휴가를 사용할 수 있는 권리는 소멸한다. 계속하여 근로한 기간이 1년 미만인 근로자의 경우에는 최초 1년의 근로가 끝날 때까지 연차유급휴가를 사용하지 않으면 원칙적으로 휴가를 사용할 수 있는 권리가 소멸된다. 사용할 수 있는 연차유급휴가가 남아있는데 그 휴가를 사용하지 않고 퇴사하거나, 연차유급휴가를 모두 사용하지 못하고 기간제 근로자의 근로계약기간이 만료되는 경우[20]에도 연차유급

19) 대법원 1992. 6. 23. 선고 92다7542 판결.

휴가 사용권은 소멸한다. 다만, 사용자와 근로자 또는 노동조합이 미사용 연차유급휴가수당을 지급하는 대신 이월하여 사용하도록 하거나 사용기간을 연장하는 내용의 합의를 하는 것은 유효하다.[21]

근로기준법 제60조(연차 유급휴가)

⑦ 제1항·제2항 및 제4항에 따른 휴가는 1년간(계속하여 근로한 기간이 1년 미만인 근로자의 제2항에 따른 유급휴가는 최초 1년의 근로가 끝날 때까지의 기간을 말한다) 행사하지 아니하면 소멸된다. 다만, 사용자의 귀책사유로 사용하지 못한 경우에는 그러하지 아니하다.

근로자의 연차유급휴가 사용권이 소멸되면, 사용하지 못한 만큼의 휴가에 대해서는 미사용 연차유급휴가수당 청구권이 발생한다. 휴가 사용권의 소멸과 수당 청구건의 발생이므로, 휴가 사용권이 수당 청구건으로 전환된다고 볼 수도 있다.

미사용 연차유급휴가 수당은 단체협약이나 취업규칙 등에서 정하는 바에 따라 통상임금 또는 평균임금으로 지급한다. 대개의 경우 계산이 쉽다는 이유로 통상임금을 기초로 계산한다. 평균임금은 이를 산정하여야 할 사유가 발생한 날 이전 3개월 동안에 그 근로자에게 지급된 임금의 총액을 그 기간의 총일수로 나눈 금액을 말한다. 따라서 평균임금으로 미사용 연차유급휴가 수당을 산정하는 경우에는 산정하여야 할 사유가 발생한 날이 연차유급휴가 사용권 소멸시이므로 수당 산정 시점이 비교적 명확하다. 그러나, 통상임금으로 계산하면 어느 시점의 통상임금을 기준으로 계산해야 하는지 불분명하다. 미사용 연차유급휴가수당은 그 이전 1년의 기간에 연차유급휴가를 사용하지 않았기 때문에 발생하는 것이며, 그 연차유급휴가는 그 전 1년의 기간에 80% 이상 출근했기 때문에 발생하는 것이다. 따라서 연차유급휴가 발생 시점의 통상임금인지, 미사용

---

20) 대법원 2005. 5. 27. 선고 2003다48549,48556 판결.
21) 근로조건지도과-1046, 2009. 2. 20.

연차유급휴가 수당 청구권 발생시의 통상임금인지, 80% 이상 출근했던 그 시점의 통상임금인지, 어느 시점의 통상임금으로 미사용 연차유급휴가 수당을 계산할 것인지에 관하여 사용자와 근로자 사이에 이견이 발생할 수 있다. 이때는 근로기준법 제60조 제5항이 "통상임금 또는 평균임금"을 지급하여야 한다고 병렬적으로 대등하게 규정하고 있는 규정의 형식에 주목해야 한다. 근로기준법의 입법자가 통상임금 또는 평균임금이라고 규정한 취지는 통상임금으로 산정하든 평균임금으로 산정하든 큰 차이가 없을 것이라고 간주했기 때문이라고 보아야 한다. 큰 격차가 발생하지 않으려면, 통상임금은 평균임금 산정 시기에 근접한 시기의 통상임금이어야 할 것이다. 그러므로, 연차유급휴가 사용권 소멸 전후의 통상임금이 미사용 연차유급휴가 수당 산정시의 통상임금이라고 보아야 한다.

8. 연차유급휴가 사용촉진제도

연차유급휴가 사용촉진제도는 사용자가 근로기준법이 정한 시점에 근로자에게 사용하지 않고 남아있는 연차유급휴가 일수를 알려주고, 근로자가 그 사용 시기를 정하여 사용자에게 통보하도록 서면으로 촉구하면 근로자가 연차유급휴가 사용 시기를 사용자에게 통보하도록 하고, 그 시기에 근로자가 연차유급휴가를 사용하지 않은 경우에도 연차유급휴가를 사용한 것으로 간주하는 제도이다. 근로자가 자신이 사용할 수 있는 연차유급휴가를 모두 사용하도록 하여, 근로자의 휴식권을 보장하고, 미사용 연차유급휴가수당을 받기 위해 연차유급휴가 사용을 포기하는 것을 방지하는 동시에, 사용자의 미사용 연차유급휴가수당 지급부담을 완화하기 위해 도입된 제도이다.

(1) 통상적인 연차유급휴가의 사용촉진제도

연차유급휴가 사용촉진을 하려는 사용자는, 개별 근로자들의 연차휴가가 끝나기 6개월 전을 기준으로 10일 이내 사용촉진 조치를 해야 한다(근로기준법 제61조 제1항). 대개의 경우 회계연도가 시작된 후 6개월이 경과된 시점이거나, 매 1월 1일부터 12월 31일을 연차유급휴가 사용 기준 기간으로 하는 사용자의 경우에는 7월 1일부터 10일간 사용촉진 조치를 하는 것이 보통이다.

1단계로 사용자는 근로자별 미사용 연차유급휴가 일수를 개별 근로자들에게 알려주고, 근로자가 그 사용 시기를 정하여 사용자에게 통보하도록 서면으로 촉구한다. 2단계로는 근로자가 촉구를 받은 때부터 10일 이내에 사용하지 않은 휴가의 전부 또는 일부의 사용시기를 정하여 사용자에게 통보하지 않으면, 사용자는 다시 미사용 연차유급휴가가 1년의 기간 경과로 소멸하기 2개월 전까지 사용하지 않은 휴가의 사용시기를 사용자가 정하여 근로자에게 서면으로 통보한다.

근로기준법 제61조(연차 유급휴가의 사용 촉진)

① 사용자가 제60조제1항·제2항 및 제4항에 따른 유급휴가(계속하여 근로한 기간이 1년 미만인 근로자의 제60조제2항에 따른 유급휴가는 제외한다)의 사용을 촉진하기 위하여 다음 각 호의 조치를 하였음에도 불구하고 근로자가 휴가를 사용하지 아니하여 제60조제7항 본문에 따라 소멸된 경우에는 사용자는 그 사용하지 아니한 휴가에 대하여 보상할 의무가 없고, 제60조제7항 단서에 따른 사용자의 귀책사유에 해당하지 아니하는 것으로 본다.

1. 제60조제7항 본문에 따른 기간이 끝나기 6개월 전을 기준으로 10일 이내에 사용자가 근로자별로 사용하지 아니한 휴가 일수를 알려주고, 근로자가 그 사용 시기를 정하여 사용자에게 통보하도록 서면으로 촉구할 것
2. 제1호에 따른 촉구에도 불구하고 근로자가 촉구를 받은 때부터 10일 이내에 사용하지 아니한 휴가의 전부 또는 일부의 사용 시기를 정하여 사용자에게 통보하지 아니하면 제60조제7항 본문에 따른 기간이 끝나기 2개월 전까지 사용자가 사용하지 아니한 휴가의 사용 시기를 정하여 근로자에게 서면으로 통보할 것

연차유급휴가 사용을 촉진 하기 위하여 사용자가 위의 1단계, 2단계 조치를 했음에도 불구하고 근로자가 휴가를 사용하지 않으면, 사용촉진의 대상이 된 미사용 연차유급휴가에 대한 근로자의 사용권은 소멸된다(근로기준법 제60조 제7항, 제

61조 제1항). 이 경우 사용자는 미사용 연차유급휴가에 대한 수당 지급 의무를 면한다.

(2) 계속 근로 1년 미만자에 대한 사용촉진제도

계속 근로한 기간이 1년 미만인 근로자에 대해서 사용촉진을 하려는 사용자는 최초 1년의 근로기간이 끝나기 3개월 전을 기준으로 10일 이내에 근로자별로 사용하지 않은 연차유급휴가 일수를 알려주고, 근로자가 그 사용 시기를 정하여 사용자에게 통보하도록 서면으로 촉구하여야 한다.

근로자가 촉구를 받은 때부터 10일 이내에 사용하지 않은 연차유급휴가의 전부 또는 일부의 사용 시기를 정하여 사용자에게 통보하지 않으면, 최초 1년의 근로기간이 끝나기 1개월 전까지 사용자가 사용하지 않은 휴가의 사용 시기를 정하여 근로자에게 서면으로 통보한다. 계속 근로 1년 미만자에 대한 사용촉진제도는 80% 미만 출근자에게도 적용할 수 있다.

근로기준법 제61조(연차 유급휴가의 사용 촉진)

② 사용자가 계속하여 근로한 기간이 1년 미만인 근로자의 제60조제2항에 따른 유급휴가의 사용을 촉진하기 위하여 다음 각 호의 조치를 하였음에도 불구하고 근로자가 휴가를 사용하지 아니하여 제60조제7항 본문에 따라 소멸된 경우에는 사용자는 그 사용하지 아니한 휴가에 대하여 보상할 의무가 없고, 같은 항 단서에 따른 사용자의 귀책사유에 해당하지 아니하는 것으로 본다. 〈신설 2020. 3. 31.〉

1. 최초 1년의 근로기간이 끝나기 3개월 전을 기준으로 10일 이내에 사용자가 근로자별로 사용하지 아니한 휴가 일수를 알려주고, 근로자가 그 사용 시기를 정하여 사용자에게 통보하도록 서면으로 촉구할 것. 다만, 사용자가 서면 촉구한 후 발생한 휴가에 대해서는 최초 1년의 근로기간이 끝나기 1개월 전을 기준으로 5일 이내에 촉구하여야 한다.
2. 제1호에 따른 촉구에도 불구하고 근로자가 촉구를 받은 때부터 10일 이내에 사용하지 아니한 휴가의 전부 또는 일부의 사용 시기를 정하여 사용자에게 통보하지 아니하면 최초 1년의 근로기간이 끝나기 1개월 전까지 사용자가

사용하지 아니한 휴가의 사용 시기를 정하여 근로자에게 서면으로 통보할 것. 다만, 제1호 단서에 따라 촉구한 휴가에 대해서는 최초 1년의 근로기간이 끝나기 10일 전까지 서면으로 통보하여야 한다.

Ⅲ. 그 밖의 휴가제도

1. 보상휴가제

사용자는 근로자대표와의 서면 합의에 따라 연장근로·야간근로 및 휴일근로에 대하여 가산임금을 지급하는 대신, 휴가를 줄 수 있다. 성수기 초과근로를 비수기 휴가로 부여함으로써 회사는 비용부담 줄이고, 근로자들은 충분한 휴식기회를 제공 받는 효과를 가져올 수 있는 제도이다.

근로기준법 제57조(보상 휴가제)

사용자는 근로자대표와의 서면 합의에 따라 제51조의3, 제52조제2항제2호 및 제56조에 따른 연장근로·야간근로 및 휴일근로 등에 대하여 임금을 지급하는 것을 갈음하여 휴가를 줄 수 있다.

반드시 근로자대표와의 서면합의가 필요하고 대신 부여하는 휴가는 반드시 일(日) 단위일 필요는 없으며, 근로자의 선택이나 근로자와 사용자 사이의 합의에 따라 달라질 수 있다. 예를 들어, 휴일근로를 8시간 했다면, 그에 대한 보상휴가는 12시간이어야 하므로, 근로자는 하루와 4시간의 보상휴가를 사용할 수 있다.

2. 생리휴가

사용자는 여성 근로자가 청구하면, 월 1일의 생리휴가를 부여해야 한다(근로기준법 제73조). 여성 근로자의 생리휴가 청구에 대해서는 사용자의 시기변경권이 없으며, 거절할 수도 없다. 생리현상이 있는 여성 근로자이어야 하지만, 연령과 무관하며, 생리현상이 없는 경우에는 생리휴가를 부여하지 않을 수 있다.22) 생리현상이 있는지 여부는 생리휴가 부여 의무가 없다고 주장하는 사용자가 입증해야 한다. 다만, 허위로 생리휴가를 사용하는 것은 취업규칙이나 단체협약이 정하는 바에 따라 징계의 대상이 될 수 있다.

근로기준법 제73조(생리휴가)

사용자는 여성 근로자가 청구하면 월 1일의 생리휴가를 주어야 한다.

사용자는 근무성적이나 근속기간을 생리휴가 부여의 전제조건으로 할 수 없다. 여성 근로자가 생리휴가를 청구하는 방법과 시기에는 특별한 제한이 없다. 다만, 사업 운영에 지장이 초래되지 않도록 적절한 시점에 통보가 이루어져야 할 것이다. 생리휴가 사용을 통보하지 않고 결근한 후에 나중에 생리휴가를 사용한 것이라고 주장하는 것은 권리남용으로서 허용되지 않는다. 생리휴가는 무급휴가가 원칙이므로 사용자에게 임금지급 의무가 없다.

3. 출산전후휴가

(1) 출산전후휴가 제도의 의의

근로기준법 제74조는 임신 중인 여성근로자와 임신 중이었다가 유산 또는 사산한 여성근로자, 그리고 태아와 출산아의 건강을 보호하고, 출산 또는 유산, 사산 후의 원만한 건강 회복과 경력단절 없는 일자리 회복을 목적으로 시행되는 특별한 휴가제도인 출산전후휴가제도를 규정하고 있다.

---

22) 대법원 2021. 4. 8. 선고 2021도1500 판결.

(2) 출산전후휴가 부여 대상자

출산전후휴가 부여 대상자는 임신 중인 여성 근로자 또는 임신 중이었다가 유산 또는 사산한 여성근로자이다. 모자보건법상 예외는 있지만, 인공임신중절 수술을 받은 경우는 제외된다.

(3) 휴가 기간

사용자는 임신 중의 여성에게 한번에 한 명의 자녀를 임신한 경우에는 출산 전과 출산 후를 통하여 90일, 미숙아를 출산한 경우에는 출산 전과 출산 후를 통하여 100일, 한 번에 둘 이상 자녀를 임신한 경우에는 출산 전과 출산 후를 통하여 120일의 휴가를 주어야 한다(근로기준법 제74조 제1항). 이 경우 휴가 기간의 배정은 한번에 한 명의 자녀를 임신한 경우에는 출산 후에 45일, 한 번에 둘 이상 자녀를 임신한 경우에는 출산 후에 60일 이상이 되도록 해야 한다. 건강 상의 이유나 유산의 위험 등 여러 가지 이유로 출산 전에 출산전후휴가 일수 90일 또는 120일을 모두 사용하는 경우도 있다. 그러한 경우라 하더라도 출산 후에 한번에 한 명의 자녀를 임신한 경우에는 출산 후에 45일, 한 번에 둘 이상 자녀를 임신한 경우에는 출산 후에 60일 이상이 반드시 부여되어야 한다. 다만 근로기준법상 출산전후휴가 일수 상한인 90일 또는 120일을 초과하는 날에 대하여는 무급으로 할 수 있다.

유산·사산 휴가의 휴가 기간은 유산·사산 전의 임신 지속 기간에 따라 부여된다. 즉, 임신기간이 11주 이내인 경우에는 유산 또는 사산한 날부터 5일, 12주 이상 15주 이내인 경우에는 유산·사산한 날부터 10일, 16주 이상 21주 이내인 경우에는 유산·사산한 날부터 30일, 22주 이상 27주 이내인 경우에는 유산·사산한 날부터 60일, 28주 이상인 경우에는 유산·사산한 날부터 90일을 한도로 휴가를 부여할 수 있다(근로기준법 시행령 제43조).

근로기준법 제74조(임산부의 보호)

① 사용자는 임신 중의 여성에게 출산 전과 출산 후를 통하여 90일(미숙아를 출산

한 경우에는 100일, 한 번에 둘 이상 자녀를 임신한 경우에는 120일)의 출산전후휴가를 주어야 한다. 이 경우 휴가 기간의 배정은 출산 후에 45일(한 번에 둘 이상 자녀를 임신한 경우에는 60일) 이상이 되어야 하고, 미숙아의 범위, 휴가 부여 절차 등에 필요한 사항은 고용노동부령으로 정한다.

② 사용자는 임신 중인 여성 근로자가 유산의 경험 등 대통령령으로 정하는 사유로 제1항의 휴가를 청구하는 경우 출산 전 어느 때 라도 휴가를 나누어 사용할 수 있도록 하여야 한다. 이 경우 출산 후의 휴가 기간은 연속하여 45일(한 번에 둘 이상 자녀를 임신한 경우에는 60일) 이상이 되어야 한다.

③ 사용자는 임신 중인 여성이 유산 또는 사산한 경우로서 그 근로자가 청구하면 대통령령으로 정하는 바에 따라 유산·사산 휴가를 주어야 한다. 다만, 인공 임신중절 수술(「모자보건법」 제14조제1항에 따른 경우는 제외한다)에 따른 유산의 경우는 그러하지 아니하다.

한편, 임신 중인 여성 근로자가 유산의 경험이 있거나, 출산전후휴가를 청구할 당시 연령이 만 40세 이상인 경우, 유산·사산의 위험이 있다는 의료기관의 진단서를 제출한 경우 등의 사유가 있으면 사용자는 출산전후휴가의 분할 사용을 허락해야 한다(근로기준법 시행령 제43조).

(4) 급여 지급

출산전후휴가급여는 휴가 중 최초 60일, 한 번에 둘 이상 자녀를 임신한 경우에는 75일은 유급으로 한다(근로기준법 제74조 제4항). 다만, 출산전후휴가급여 등이 지급된 경우에는 그 금액의 한도에서 사용자는 급여 지급 책임을 면한다(남녀고용평등법 제18조).

근로기준법 제74조(임산부의 보호)

④ 제1항부터 제3항까지의 규정에 따른 휴가 중 최초 60일(한 번에 둘 이상 자녀를 임신한 경우에는 75일)은 유급으로 한다. 다만, 「남녀고용평등과 일·가정 양립 지원에 관한 법률」 제18조에 따라 출산전후휴가급여 등이 지급된 경우에는 그 금액의 한도에서 지급의 책임을 면한다.

국가가 근로기준법 제74조에 따른 출산전후휴가 또는 유산·사산 휴가를 사용한 근로자 중 일정한 요건에 해당하는 사람에게 그 휴가기간에 대하여 통상임금에 상당하는 금액을 출산전후휴가급여로 지급할 수 있다(남녀고용평등법 제18조). 남녀고용평등법에 따른 출산전후휴가급여는 고용보험기금에서 지급되는데, 출산전후휴가가 끝난 날 이전에 피보험단위기간이 합산하여 180일 이상이어야 한다(고용보험법 제75조). 신청 기한은 출산휴가 시작 후 1개월부터 출산휴가 종료 후 12개월 이내이다. 출산전후휴가급여를 부여받을 피보험자가 속한 사업장이 우선지원 대상기업이 아닌 경우에는 휴가 시작 후 60일, 한 번에 둘 이상 자녀를 임신한 경우에는 75일 이후 1개월부터 휴가가 끝난 날 이후 12개월 이내에 신청해야 한다. 천재지변, 본인이나 배우자의 질병·부상 병역법에 따른 의무복무, 범죄혐의로 인한 구속이나 형의 집행 등의 경우 끝난 날을 30일 연장한다. 사업주가 출산전후휴가 사용을 이유로 급여를 미리 지급한 경우에는 그 금품이 출산전후휴가급여 등을 대체하여 지급한 것으로 인정되면, 그 사업주는 지급한 금액의 상한액 이내에 대하여 그 근로자가 고용보험기금에서 출산전후휴가급여 등을 받을 권리를 대위할 수 있다. 지급액은 출산전후휴가급여 수급 대상자인 여성 근로자의 통상임금을 기준으로 고용노동부 장관이 고시한 상한액과 하한액의 범위 내에서 지급한다.

남녀고용평등과 일·양립 지원에 관한 법률 제18조(출산전후휴가 등에 대한 지원)

① 국가는 제18조의2에 따른 배우자 출산휴가, 「근로기준법」 제74조에 따른 출산전후휴가 또는 유산·사산 휴가를 사용한 근로자 중 일정한 요건에 해당하는 사람에게 그 휴가기간에 대하여 통상임금에 상당하는 금액(이하 "출산전후휴가급여등"이라 한다)을 지급할 수 있다.

우선지원 대상기업이란 정부가 고용안정사업 및 직업능력개발사업을 실시할 때, 우선적으로 고려하여야 하는 기업을 말하는데, 상시 근로자 수가 제조업의 경우 500인 이하, 건설업·광업·운수업·창고업·통신업의 경우 300인 이하, 기타 산업의 경우 100인 이하인 기업이며, 중소기업법상 중소기업에 해당하는 경우에도 지원대상이 될 수 있다.

(5) 출산전후휴가급여 지급 기간

출산전후휴가급여 지급 기간은 우선지원 대상기업의 경우에는 휴가 기간, 일반 기업의 경우에는 휴가 기간 중 60일을 초과한 30일을 한도로 또는 한 번에 둘 이상 자녀를 임신한 경우에는 75일을 초과한 45일을 한도로 한정한다(남녀고용평등법 제76조). 남녀고용평등법상 출산전후휴가급여 지급 의무자는 사용자가 일반 기업인지, 아니면 우선지원 대상 기업인지에 따라 기간별로 달라진다.

지급의무자

	우선지원 대상 기업		일반 기업	
	60일 이전	60~90일 이내	60일 이전	60~90일 이내
상한액 이내	공단(보험)	공단(보험)	사용자	공단(보험)
상한액 초과 통상임금 100% 이내	사용자	x	사용자	x

(6) 동일 조건 복직

사업주는 출산전후휴가 종료 후 휴가 전과 같은 업무 또는 같은 수준의 임금을 지급하는 직무에 대상 근로자를 복귀시켜야 한다(근로기준법 제74조).

4. 태아검진 시간

사용자는 임신한 여성근로자가 모자보건법 제10조에 따른 지방자치단체가 지원하는 정기적인 건강진단, 예방접종, 모자보건전문가의 가정방문 보건진료 등 임산부 정기건강진단을 받는데 필요한 시간을 청구하는 경우 이를 허용하여 주어야 한다(근로기준법 제74조의2 제1항). 임산부 정기건강진단 시간을 청구한 것을 이유로 근로자의 임금을 삭감해서는 안 된다(근로기준법 제74조의2 제2항).

근로기준법 제74조의2(태아검진 시간의 허용 등)

① 사용자는 임신한 여성근로자가 「모자보건법」 제10조에 따른 임산부 정기건강진단을 받는데 필요한 시간을 청구하는 경우 이를 허용하여 주어야 한다.

② 사용자는 제1항에 따른 건강진단 시간을 이유로 그 근로자의 임금을 삭감하여서는 아니 된다.

5. 육아 시간

생후 1년 미만의 유아(乳兒)를 가진 여성 근로자가 청구하면, 사용자는 1일 2회 각각 30분 이상의 유급 수유 시간을 주어야 한다(근로기준법 제75조).

6. 배우자 출산휴가

사업주는 여성 배우자가 출산한 경우 남성 배우자에게 배우자 출산휴가를 유급으로 부여해야 한다(남녀고용평등법 제18조의2). 이는 자녀 출산과 양육에 대하여 여성 배우자와 남성 배우자 모두 동등한 책임이 있으며, 동등한 기여를 해야 한다는 점, 출산을 한 여성 배우자에 대한 남성 배우자의 지원과 보살핌을 위한 시간이 필요하다는 점 등을 고려하여 마련된 제도이다.

배우자 출산휴가는 배우자가 출산한 근로자가 배우자 출산휴가를 고지하는 것을 요건으로 한다. 사용자는 20일의 휴가를 주어야 하며, 그 휴가는 유급이다. 다만, 배우자출산휴가급여 등이 지급된 때에는 그 금액의 한도에서 사용자는 배우자 출산휴가 기간 동안의 임금 지급 책임을 면한다. 근로자가 배우자의 출산을 이유로 휴가를 고지하였는데도 휴가를 주지 않거나 근로자가 사용한 휴가를 유급으로 하지 않은 사용자에 대해서는 500만 원 이하의 과태료가 부과될 수 있다(남녀고용평등법 제39조 제3항 제3호).

배우자 출산휴가는 배우자가 출산한 날로부터 120일이 지나면 사용할 수 없으며, 3회에 한하여 나누어 사용할 수 있다. 사용자는 배우자 출산휴가를 이유로 근로자를 해고하거나 그 밖의 불리한 처우를 하여서는 안 된다. 이를 위반한 사용자에게는 3년 이하의 징역 또는 3천만 원 이하의 벌금이 부과될 수 있다(남녀고용평등법 제37조 제1항 제2호).

남녀고용평등과 일·양립 지원에 관한 법률 제18조의2(배우자 출산휴가)

① 사업주는 근로자가 배우자의 출산을 이유로 휴가(이하 "배우자 출산휴가"라 한다)를 고지하는 경우에 20일의 휴가를 주어야 한다. 이 경우 사용한 휴가기간은 유급으로 한다.

7. 난임치료휴가

사업주는 근로자가 인공수정 또는 체외수정 등 난임치료를 받기 위하여 휴가를 청구하는 경우에 연간 3일 이내의 휴가를 주어야 한다. 최초 1일은 유급으로 한다(남녀고용평등법 제18조의3 제1항). 다만, 근로자가 청구한 시기에 휴가를 주는 것이 정상적인 사업 운영에 중대한 지장을 초래하는 경우에는 사업주는 근로자와 협의하여 그 시기를 변경할 수 있다. 사업주는 난임치료휴가를 이유로 해고, 징계 등 불리한 처우를 하여서는 안 되며, 사업주는 난임치료휴가의 청구 업무를 처리하는 과정에서 알게 된 사실을 난임치료휴가를 신청한 근로자의 의사에 반하여 다른 사람에게 누설하여서는 안 된다.

남녀고용평등과 일·양립 지원에 관한 법률 제18조의3(난임치료휴가)

① 사업주는 근로자가 인공수정 또는 체외수정 등 난임치료를 받기 위하여 휴가(이하 "난임치료휴가"라 한다)를 청구하는 경우에 연간 3일 이내의 휴가를 주어야 하며, 이 경우 최초 1일은 유급으로 한다. 다만, 근로자가 청구한 시기에 휴가를 주는 것이 정상적인 사업 운영에 중대한 지장을 초래하는 경우에는 근로자와 협의하여 그 시기를 변경할 수 있다.

8. 가족돌봄휴가

사업주는 근로자가 조부모, 부모, 배우자, 배우자의 부모, 자녀 또는 손자녀의 질병, 사고, 노령 또는 자녀의 양육으로 인하여 긴급하게 그 가족을 돌보기 위한 휴가를 신청하는 경우 이를 허용해야 한다(남녀고용평등법 제22조의2 제2항). 이 휴가를 가족돌봄휴가라고 한다. 다만, 근로자가 청구한 시기에 가족돌봄휴가를 주는 것이 정상적인 사업 운영에 중대한 지장을 초래하는 경우에는 근로자와 협의하여 그 시기를 변경할 수 있다.

남녀고용평등과 일·양립 지원에 관한 법률 제22조의2(근로자의 가족 돌봄 등을 위한 지원)

② 사업주는 근로자가 가족(조부모 또는 손자녀의 경우 근로자 본인 외에도 직계비속 또는 직계존속이 있는 등 대통령령으로 정하는 경우는 제외한다)의 질병, 사고, 노령 또는 자녀의 양육으로 인하여 긴급하게 그 가족을 돌보기 위한 휴가(이하 "가족돌봄휴가"라 한다)를 신청하는 경우 이를 허용하여야 한다. 다만, 근로자가 청구한 시기에 가족돌봄휴가를 주는 것이 정상적인 사업 운영에 중대한 지장을 초래하는 경우에는 근로자와 협의하여 그 시기를 변경할 수 있다.

가족돌봄휴가 기간은 연간 최장 10일로 하며, 일 단위로 나누어 사용할 수 있다(남녀고용평등법 제22조의2 제4항 제2호). 가족돌봄휴가 기간은 가족돌봄휴직 기간에 포함된다. 고용노동부장관은 감염병의 확산 등을 원인으로 심각단계의 재난위기경보가 발령되거나, 이에 준하는 대규모 재난이 발생한 경우에는 일정한 절차를 거쳐서 가족돌봄휴가 기간을 연간 10일, 한부모가족지원법에 따른 한부모인 근로자의 경우에는 연간 15일의 범위에서 연장할 수 있다(남녀고용평등법 제22조의2 제4항 제3호). 가족돌봄휴가 기간은 근속기간에 포함되지만 평균임금 산정기간에서는 제외된다(남녀고용평등법 제22조의2 제7항).

조부모 또는 손자녀를 돌보기 위하여 가족돌봄휴가를 신청한 근로자 외에도 조부모의 직계비속 또는 손자녀의 직계존속이 있는 경우에는 가족돌봄휴가를 허용하지 않을 수 있다. 그러나, 조부모의 직계비속 또는 손자녀의 직계존속에게 질병, 노령, 장애 또는 미성년 등의 사유가 있어 신청한 근로자가 돌봐야 하는 경우에는 가족돌봄휴가를 허용해야 한다(남녀고용평등법 제22조의2 제2항, 남녀고용평등법시행령 제16조의3 제2항 본문).

사업주가 가족돌봄휴가 신청을 받고 이를 허용하지 않은 경우에는 500만원 이하의 과태료가 부과될 수 있다(남녀고용평등법 제39조 제2항 제8호). 사업주가 가족돌봄휴가를 이유로 해당 근로자를 해고하거나 근로조건을 악화시키는 등 불리한 처우를 한 경우에는 3년 이하의 징역 또는 3천만원 이하의 벌금이 부과될 수 있다(남녀고용평등법 제37조 제2항 제6호).

Ⅳ. 근로시간 단축

1. 임신 중 근로시간 단축

사용자는 임신 후 12주 이내 또는 32주 이후에 있는 여성근로자가 1일 2시간의 근로시간 단축을 신청하는 경우 이를 허용해야 한다(근로기준법 제74조 제7항). 다만, 1일 근로시간이 8시간 미만인 경우에는 1일 근로시간이 6시간이 되도록 근로시간 단축을 허용할 수 있다. 이때 사용자는 근로시간 단축을 이유로 해당 여성근로자의 임금을 삭감해서는 안 된다.

근로시간 단축을 신청하려는 여성 근로자는 근로시간 단축 개시 예정일의 3일 전까지 임신기간, 근로시간 단축 개시 예정일 및 종료 예정일, 근무 개시 시각 및 종료 시각 등을 적은 문서에 의사의 진단서를 첨부하여 사용자에게 제출해야 한다. 여성근로자가 근로시간 단축을 신청하였음에도 이를 허용하지 않은 사업주에게는 500만 원 이하의 과태료가 부과될 수 있다(근로기준법 제116조 제2항 제2호).

근로기준법 제74조(임산부의 보호)

⑦ 사용자는 임신 후 12주 이내 또는 32주 이후에 있는 여성 근로자(고용노동부령

으로 정하는 유산, 조산 등 위험이 있는 여성 근로자의 경우 임신 전 기간)가 1일 2시간의 근로시간 단축을 신청하는 경우 이를 허용하여야 한다. 다만, 1일 근로시간이 8시간 미만인 근로자에 대하여는 1일 근로시간이 6시간이 되도록 근로시간 단축을 허용할 수 있다.

2. 육아기 근로시간 단축

만 8세 이하 또는 초등학교 2학년 이하의 자녀를 양육하기 위하여 근로자가 근로시간의 단축을 신청하는 경우 사업주는 이를 허용해야 한다(남녀고용평등법 제19조의2 제1항). 사업주가 육아기 근로시간 단축을 허용하지 않는 경우에는 해당 근로자에게 그 사유를 서면으로 통보하고 육아휴직을 사용하게 하거나 출근 및 퇴근 시간 조정 등 다른 조치를 통하여 지원할 수 있는지를 해당 근로자와 협의하여야 한다.

사업주가 해당 근로자에게 육아기 근로시간 단축을 허용하는 경우 단축 후 근로시간은 주당 15시간 이상이어야 하고 35시간을 넘어서는 안 된다. 육아기 근로시간 단축의 기간은 1년 이내로 한다. 사업주는 육아기 근로시간 단축을 하고 있는 근로자에 대하여 근로시간에 비례하여 적용하는 경우 외에는 육아기 근로시간 단축을 이유로 그 근로조건을 불리하게 변경해서는 안 된다(남녀고용평등법 제19조의2 제5항). 사업주는 육아기 근로시간 단축을 하고 있는 근로자에게 단축된 근로시간 외에 연장근로를 요구할 수 없다(남녀고용평등법 제19조의3 제3항). 다만, 그 근로자가 명시적으로 청구하는 경우에는 사업주는 주 12시간 이내에서 연장근로를 시킬 수 있다. 근로자는 육아기 근로시간 단축을 분할하여 사용할 수 있다(남녀고용평등법 제19조의4 제2항). 육아기 근로시간 단축 기간을 평균임금 산정기간에서 제외한다.

육아기 근로시간 단축을 신청하려는 근로자는 육아기 근로시간 단축을 시작하려는 날의 30일 전까지 신청서를 사업주에게 제출해야 한다. 근로자로부터 육아기 근로시간 단축 신청을 받았음에도 불구하고 이를 허용하지 않은 사업주에게는 500만 원 이하의 과태료가 부과될 수 있다(남녀고용평등법 제39조 제2항 제6호).

육아기 근로시간 단축 급여는 고용보험에서 지급되는데, 육아기 근로시간 단축을 30일 이상 부여받은 근로자 중 육아기 근로시간 단축을 시작한 날 이전에 고용보험법에 따른 피보험 단위기간이 합산하여 180일 이상인 근로자가 육아기 근로시간 단축급여를 지급받을 수 있다(고용보험법 제73조의2 제1항). 사업주는 근로자의 육아기 근로시간 단축기간이 끝난 후에 그 근로자를 육아기 근로시간 단축 전과 같은 업무 또는 같은 수준의 임금을 지급하는 직무에 복귀시켜야 한다(남녀고용평등법 제19조의2 제6항).

남녀고용평등과 일·양립 지원에 관한 법률 제19조의2(육아기 근로시간 단축)

① 사업주는 근로자가 만 12세 이하 또는 초등학교 6학년 이하의 자녀를 양육하기 위하여 근로시간의 단축(이하 "육아기 근로시간 단축"이라 한다)을 신청하는 경우에 이를 허용하여야 한다. 다만, 대체인력 채용이 불가능한 경우, 정상적인 사업 운영에 중대한 지장을 초래하는 경우 등 대통령령으로 정하는 경우에는 그러하지 아니하다.

3. 가족돌봄등 근로시간 단축

사업주는 근로자가 가족의 질병, 사고, 노령으로 인하여 그 가족을 돌보기 위한 경우, 근로자가 자신의 질병이나 사고로 인한 부상 등의 사유로 자신의 건강을 돌보기 위한 경우, 55세 이상의 근로자가 은퇴를 준비하기 위한 경우, 근로자의 학업을 위한 경우 가족돌봄 근로시간 단축을 허용해야 한다(남녀고용평등법 제22조의3 제1항). 은퇴준비와 가족돌봄을 위해 시간이 필요한 근로자가 근로소득을 유지하면서 그러한 시간을 확보하도록 지원하기 위한 일·생활 양립 지원제도라고 할 수 있다.

근로한 기간이 6개월 미만의 근로자가 신청한 경우, 사업주가 직업안정기관에 구인신청을 하고 14일 이상 대체인력을 채용하기 위하여 노력했으나 대체인력을 채용하지 못한 경우, 신청한 근로자의 업무 성격상 근로시간을 분할하여 수행하기 곤란하거나 그 밖에 정상적인 사업 운영에 중대한 지장을 초래하는 경우로서 사업주가 이를 증명하는 경우, 가족돌봄 등 근로시간 단축 종료일부터 2년이 지나지 않은 근로자가 신청한 경우에는 허용하지 않을 수 있다(남녀고용평등법 제22조의3 제1항 단서, 남녀고용평등법 시행령 제16조의8).

남녀고용평등과 일·양립 지원에 관한 법률 제22조의3(가족돌봄 등을 위한 근로시간 단축)

① 사업주는 근로자가 다음 각 호의 어느 하나에 해당하는 사유로 근로시간의 단축을 신청하는 경우에 이를 허용하여야 한다. 다만, 대체인력 채용이 불가능한 경우, 정상적인 사업 운영에 중대한 지장을 초래하는 경우 등 대통령령으로 정하는 경우에는 그러하지 아니하다.

1. 근로자가 가족의 질병, 사고, 노령으로 인하여 그 가족을 돌보기 위한 경우
2. 근로자 자신의 질병이나 사고로 인한 부상 등의 사유로 자신의 건강을 돌보기 위한 경우
3. 55세 이상의 근로자가 은퇴를 준비하기 위한 경우
4. 근로자의 학업을 위한 경우

가족돌봄등 근로시간 단축 기간은 1년 이내이다. 가족돌봄등 근로시간 단축 신청 이유와 관련한 합리적 이유가 있는 경우에 추가로 2년의 범위 안에서 근로시간 단축의 기간을 연장할 수 있다. 사업주가 근로자에게 근로시간 단축을 허용하는 경우 단축 후 근로시간은 주당 15시간 이상이어야 하고 30시간을 넘을 수 없다. 사업주는 근로시간 단축을 하고 있는 근로자에게 단축된 근로시간 외에 연장근로를 요구할 수 없지만, 그 근로자가 명시적으로 청구하는 경우에는 주 12시간 이내에서 연장근로를 시킬 수 있다.

가족돌봄 등을 위한 근로시간 단축을 이유로 해당 근로자에게 해고나 그 밖의 불리한 처우를 하거나 근로조건을 불리하게 한 사업주에게는 3년 이하의 징역 또는 3천만 원 이하의 벌금이 부과될 수 있으며(남녀고용평등법 제37조 제2항 제7호 및 제8호), 가족돌봄 등을 위한 근로시간 단축을 하고 있는 근로자가 연장근로

를 명시적으로 청구하지 않았으나 사업주가 연장근로를 요구하는 경우에는 1천만 원 이하의 벌금이 부과될 수 있다(남녀고용평등법 제37조 제3항).

가족돌봄 등 근로시간단축 중인 근로자는 신청 사유가 해소되면, 그 신청사유가 해소된 날부터 7일 이내에 그 사실을 사업주에게 알려야 한다(남녀고용평등법 제16조의11 제1항).

제3장 휴직

Ⅰ. 휴직의 의의

휴직은 크게 근로자 본인의 필요에 의한 휴직과 사용자의 필요에 의한 휴직으로 나눌 수 있다. 근로자가 본인이나 가족의 질병의 치료를 위한 요양이나 돌봄, 학업, 그 밖의 사정으로 인해 근로를 제공할 수 없을 때 취업규칙이나 단체협약 등에 따라 근로계약관계를 유지하는 상태에서 일정 기간 동안 근로제공의무를 면제받는 것을 말한다. 사용자의 필요에 의한 휴직은, 경영상의 필요에 따른 순환휴직이나 무급휴직 등이 단체협약 또는 취업규칙이나 근로자 대표와의 서면 합의에 따라 시행되는 경우가 있다.

사용자의 필요에 의한 휴직은 근로기준법 제23조의 통제를 받는다. 즉 사용자는 근로자에게 정당한 이유 없이 휴직을 명하지 못한다. 따라서, 사용자의 경영상의 필요를 이유로 하여 휴직명령이 취해진 경우에는 "그 휴직명령이 정당한 인사권의 범위 내에 속하는지 여부는 당해 휴직명령 등의 경영상의 필요성과 그로 인하여 근로자가 받게 될 신분상·경제상의 불이익을 비교·교량하고, 휴직명령 대상자 선정의 기준이 합리적이어야 하며, 근로자가 속하는 노동조합과의 협의 등 그 휴직명령을 하는 과정에서 신의칙상 요구되는 절차를 거쳤는지 여부를 종합적으로 고려"[23]하여 결정하여야 한다.

---

23) 대법원 2009. 9. 10. 선고 2007두10440 판결.

그 외에 근로자와 가족의 돌봄을 위한 특별한 휴직제도가 법률로 보장되고 있다. 육아휴직, 가족돌봄 휴직 등이 그것이다.

Ⅱ. 육아휴직

1. 육아휴직제도의 의의

육아휴직제도는 근로자가 근로계약관계를 유지하면서, 일정한 기간 동안 자녀의 양육을 위해 최대 1년간 휴직을 할 수 있는 제도이다(남녀고용평등법 제19조). 육아휴직은 자녀 양육뿐만 아니라 임신 중인 여성 근로자의 모성보호를 위해서도 사용할 수 있다. 사업주는 근로자가, 입양한 자녀를 포함하여 만 8세 이하 또는 초등학교 2학년 이하의 자녀를 양육하기 위해 휴직을 신청하는 경우에 이를 허용해야 한다(남녀고용평등법 제19조 제1항). 다만, 육아휴직을 시작하려는 날의 전날까지 해당 사업에서 계속 근로한 기간이 6개월 미만인 근로자가 신청한 경우에는 허용하지 않을 수 있다(남녀고용평등법 제10조).

남녀고용평등과 일·양립 지원에 관한 법률 제19조(육아휴직)

① 사업주는 임신 중인 여성 근로자가 모성을 보호하거나 근로자가 만 8세 이하 또는 초등학교 2학년 이하의 자녀(입양한 자녀를 포함한다. 이하 같다)를 양육하기 위하여 휴직(이하 "육아휴직"이라 한다)을 신청하는 경우에 이를 허용하여야 한다. 다만, 대통령령으로 정하는 경우에는 그러하지 아니하다.

2. 육아휴직 신청

육아휴직을 신청하려는 근로자는 휴직개시 예정일의 30일 전까지 신청서를 사업주에게 제출해야 한다. 근로자로부터 육아휴직 신청을 받았음에도 육아휴직을 허용하지 않은 사업주는 500만 원 이하의 벌금을 부과받을 수 있다(남녀고용평등법 제37조 제4항 제4호).

3. 육아휴직 기간

육아휴직의 기간은 1년 이내이지만, 같은 자녀를 대상으로 부모가 모두 육아휴직을 각각 3개월 이상 사용한 경우의 부 또는 모, 한부모가족지원법에 따른 부 또는 모, 장애아동의 부 또는 모의 경우에는 6개월 이내에서 추가로 육아휴직을 사용할 수 있다(남녀고용평등법 제19조 제2항). 육아휴직은 3회에 한하여 분할 사용할 수 있다. 이 경우 임신 중인 여성 근로자가 모성보호를 위하여 육아휴직을 사용한 횟수는 육아휴직을 나누어 사용한 횟수에 포함하지 않는다(남녀고용평등법 제19조의4 제1항).

육아휴직 기간은 근속기간에 포함되지만(남녀고용평등법 제19조 제4항), 기간제근로자 또는 파견근로자의 육아휴직 기간은 기간제법에 따른 2년의 사용기간 제한 또는 파견법에 따른 근로자 파견기간에서는 제외된다(남녀고용평등법 제19조 제5항).

4. 육아휴직 급여

육아휴직 급여는 고용보험으로부터 지급되는데, 육아휴직 급여를 받으려면, 근로자는 출산전후휴가기간과 중복되는 기간을 제외하고 육아휴직을 30일 이상 부여받아야 하고, 육아휴직을 시작한 날 이전에 피보험 단위기간이 합산하여 180일 이상이어야 한다(고용보험법 제70조 제1항). 육아휴직 급여는 육아휴직 시작 후 1개월부터 육아휴직 종료 후 12개월 이내에 신청해야 한다. 천재지변, 본인이나 배우자의 질병·부상 병역법에 따른 의무복무, 범죄혐의로 인한 구속이나 형의 집행 등의 사유로 육아휴직 급여를 신청할 수 없었던 사람은 그 사유가 끝난 날 이후 30일 이내에 신청해야 한다(고용보험법 제70조 제2항). 육아휴직 급여액은 고용보험법 시행령으로 정한다. 육아휴직 급여의 지급 대상 기간이 1개월 미만인 경우 일할계산 한다.

고용보험법 제70조(육아휴직 급여)

① 고용노동부장관은 「남녀고용평등과 일·가정 양립 지원에 관한 법률」 제19조에

따른 육아휴직을 30일(「근로기준법」 제74조에 따른 출산전후휴가기간과 중복되는 기간은 제외한다) 이상 부여받은 피보험자 중 육아휴직을 시작한 날 이전에 제41조에 따른 피보험 단위기간이 합산하여 180일 이상인 피보험자에게 육아휴직 급여를 지급한다.

② 제1항에 따른 육아휴직 급여를 지급받으려는 사람은 육아휴직을 시작한 날 이후 1개월부터 육아휴직이 끝난 날 이후 12개월 이내에 신청하여야 한다. 다만, 해당 기간에 대통령령으로 정하는 사유로 육아휴직 급여를 신청할 수 없었던 사람은 그 사유가 끝난 후 30일 이내에 신청하여야 한다.

③ 피보험자가 제2항에 따라 육아휴직 급여 지급신청을 하는 경우 육아휴직 기간 중에 이직하거나 고용노동부령으로 정하는 기준에 해당하는 취업을 한 사실이 있는 경우에는 해당 신청서에 그 사실을 기재하여야 한다.

육아휴직 급여 지급신청 시에 육아휴직 기간 중에 이직하거나, 취업을 한 사실이 있는 경우 그 사실을 기재해야 한다(고용보험법 제70조 제3항). 그러한 사실이 있으면 그 기간에 대하여 보험료를 지급하지 않거나 감액한다. 육아휴직 기간 중에 이직한 경우에는 이직 시점부터 육아휴직 급여 지급이 중단되며, 육아휴직 기간 중에 취업을 한 경우에는 취업한 기간에 대하여 육아휴직 급여를 지급하지 않는다. 여기에서 '이직'은 퇴직을 의미한다. 사업주가 육아휴직을 이유로 급여를 지급한 경우에는 고용보험에서 지급되는 급여를 감액하여 지급할 수 있다(고용보험법 제73조). 즉, 사용자의 대위를 인정하지 않는다는 뜻이다. 한편, 거짓이나 그 밖의 부정한 방법으로 육아휴직 급여를 받았거나 받으려고 한 사람에 대해서는 급여를 받은 날 또는 받으려고 한 날부터 지급을 중단한다. 새로운 육아휴직 요건을 갖춘 경우에는 그 새로운 요건에 따른 육아휴직 급여는 지급한다.

5. 불리한 처우 금지 등

사업주는 육아휴직을 이유로 해고나 그 밖의 불리한 처우를 해서는 안 된다. 또한, 사업을 계속할 수 없는 경우를 제외하고는, 육아휴직 기간에는 그 근로자를 해고하지 못한다(남녀고용평등법 제19조 제3항). 사업주는 육아휴직을 마친 후에는 휴직 전과 같은 업무 또는 같은 수준의 임금을 지급하는 직무에 복귀시켜야 한다(남녀고용평등법 제19조 제4항).

남녀고용평등과 일·양립 지원에 관한 법률 제19조(육아휴직)

③ 사업주는 육아휴직을 이유로 해고나 그 밖의 불리한 처우를 하여서는 아니 되며, 육아휴직 기간에는 그 근로자를 해고하지 못한다. 다만, 사업을 계속할 수 없는 경우에는 그러하지 아니하다.

④ 사업주는 육아휴직을 마친 후에는 휴직 전과 같은 업무 또는 같은 수준의 임금을 지급하는 직무에 복귀시켜야 한다. 또한 제2항의 육아휴직 기간은 근속기간에 포함한다.

Ⅲ. 가족돌봄휴직

1. 가족돌봄휴직제도의 의의

가족돌봄휴직 제도는 근로자가 질병이나 사고, 노령으로 인해 돌봄이 필요할 때, 직장을 그만두지 않고도 가족을 돌보는 시간을 확보할 수 있도록 하여, 가정을 지키면서 일도 계속할 수 있도록 지원하기 위한 일·생활 양립 지원 제도의 하나라고 할 수 있다. 사회가 고령화되는 동시에 전통적 개념의 가족 해체가 촉진되고 있는 현재의 추세를 고려하면, 가족돌봄휴직제도는 가족돌봄 휴가, 가족돌봄 근로시간 단축 제도와 함께 개인의 삶을 지탱하기 위한 매우 중요한 제도적 장치가 될 수 있다. 사업주는 근로자가 조부모, 부모, 배우자, 배우자의 부모, 자녀 또는 손자녀의 질병, 사고, 노령으로 인해 그 가족을 돌보기 위한 휴직을 신청하는 경우 이를 허용해야 한다(남녀고용평등법 제22조의2 제1항). 가족돌봄휴직은 무급 휴직이 원칙이다. 다만, 단체협약이나 취업규칙 등에 규정이 있는 경우에는 유급으로 할 수 있다.

가족돌봄휴직의 신청을 받은 사업주가 이를 허용하지 않는 경우에는 500만 원 이하의 과태료를 부과받을 수 있다(남녀고용평등법 제39조 제3항 제7호). 다만, 대체인력 채용이 불가능한 경우, 정상적인 사업 운영에 중대한 지장을 초래하는 경우, 본인 외에도 조부모의 직계비속 또는 손자녀의 직계존속이 있는 경우, 돌봄휴직개시예정일의 전날까지 해당 사업에서 계속 근로한 기간이 6개월 미만인 근로자가 신청한 경우, 부모, 배우자, 자녀 또는 배우자의 부모를 돌보기 위하여 가족돌봄휴직을 신청한 근로자 외에도 돌봄이 필요한 가족의 부모, 자녀, 배우자 등이 돌봄이 필요한 가족을 돌볼 수 있는 경우, 조부모 또는 손자녀를 돌보기 위하여 가족돌봄휴직을 신청한 근로자 외에도 조부모의 직계비속 또는 손자녀의 직계존속이 있는 경우, 사업주가 직업안정기관에 구인신청을 하고 14일 이상 대체인력을 채용하기 위하여 노력하였으나 대체인력을 채용하지 못한 경우, 근로자의 가족돌봄휴직으로 인하여 정상적인 사업 운영에 중대한 지장이 초래되는 경우로서 사업주가 이를 증명하는 경우에는 허용하지 않을 수 있다(남녀고용평등법 제22조의2 제1항, 남녀고용평등법 시행령 제16조의3 제1항).

사업주가 가족돌봄휴직을 허용하지 않는 경우에는 해당 근로자에게 그 사유를 서면으로 통보하고, 업무를 시작하고 마치는 시간 조정, 연장근로의 제한, 근로시간의 단축, 탄력적 운영 등 근로시간의 조정 등의 지원조치를 하기 위해 노력해야 한다(남녀고용평등법 제22조의2 제3항).

남녀고용평등과 일·양립 지원에 관한 법률 제22조의2(근로자의 가족 돌봄 등을 위한 지원)

① 사업주는 근로자가 조부모, 부모, 배우자, 배우자의 부모, 자녀 또는 손자녀(이하 "가족"이라 한다)의 질병, 사고, 노령으로 인하여 그 가족을 돌보기 위한 휴직(이하 "가족돌봄휴직"이라 한다)을 신청하는 경우 이를 허용하여야 한다. 다만, 대체인력 채용이 불가능한 경우, 정상적인 사업 운영에 중대한 지장을 초래하는 경우, 본인 외에도 조부모의 직계비속 또는 손자녀의 직계존속이 있는 경우 등 대통령령으로 정하는 경우에는 그러하지 아니하다.

2. 가족돌봄휴직의 신청

가족돌봄휴직을 신청하려는 근로자는 가족돌봄휴직을 시작하려는 날의 30일 전까지 가족돌봄휴직 기간 중 돌보는 대상인 가족의 성명, 돌봄이 필요한 사유 등을 기재한 신청서를 사업주에게 제출해야 한다. 근로자가 위에 따른 신청기한이 지난 뒤에 가족돌봄휴직을 신청한 경우에도 사용자는 그 신청일부터 30일 이내로 가족돌봄휴직 개시일을 지정하여 가족돌봄휴직을 허용해야 한다(남녀고용평등법 시행령 제16조2 제2항).

3. 가족돌봄휴직 기간

가족돌봄휴직 기간은 연간 최장 90일로 하며, 나누어 사용할 수 있는데, 가족돌봄휴직을 나누어 사용하는 경우 1회의 기간은 30일 이상이 되어야 한다(남녀고용평등법 제22조의2 제4항). 가족돌봄휴직 기간은 근속기간에 포함되며, 평균임금 산정기간에서는 제외된다(남녀고용평등법 제22조의2 제4항, 제7항).

4. 가족돌봄휴직의 종료

가족돌봄휴직 중인 근로자는 그 돌봄이 필요한 가족이 사망하거나 질병 등이 치유된 경우에는 그 사유가 발생한 날부터 7일 이내에 그 사실을 사업주에게 알려야 한다(남녀고용평등법 제16조의5 제1항). 사업주는 위에 따라 가족돌봄휴직 중인 근로자로부터 돌봄이 필요한 가족의 사망 등에 대한 사실을 통지받은 경우에는 통지받은 날부터 30일 이내로 근무개시일을 지정하여 그 근로자에게 알려야 한다(남녀고용평등법률 시행령 제16조의5 제2항).

5. 불리한 처우의 금지 등

사업주가 가족돌봄휴직을 이유로 해당 근로자를 해고하거나 근로조건을 악화시키는 등 불리한 처우를 한 경우에는 3년 이하의 징역 또는 3천만 원 이하의 벌금이 부과될 수 있다(남녀고용평등법 제37조 제2항 제6호).

제5편

직장에서의
괴롭힘으로부터의 보호

제5편
직장에서의 괴롭힘으로부터의 보호

일정한 유형의 사건군(群)에 관하여 이를 규율하기 위한 입법이 필요한지, 입법적 대응의 시점은 언제가 적절한지에 관하여 명확하게 규명하는 것은 매우 어렵다. 사회 구성원의 자율과 관행에 맡겨둘 수 없게 되는 한계 시점을 특정하는 것은 사실상 불가능하다. 성문법 체계를 택하고 있는 사회에서는 입법부가 입법에 착수하지 않을 수 없도록 만드는 사회적 인식과 공감대가 형성되어야만 하는데 그 시점은 공감대 확산의 정도와 정치적 상황 등에 따라 무척 유동적이다. 우리 사회에서 직장에서의 괴롭힘 문제에 관하여 법질서가 어떻게 대응해야 하는가에 대한 논의가 학계에서 본격적으로 이루어진 것은 그리 오래되지 않았다. 노동법학계의 연구가 본격화된 것이 2000년대 후반이며, 입법적으로는 참여정부 시기인 2007년에 정부 제출 법안으로 차별금지법(안)이 마련되어 입법예고가 되기도 했다.

직장에서 발생하는 다양한 괴롭힘 사건과 이로 인한 피해 양상이 언론에 보도되기 시작하고 그 빈도가 늘어나면서 많은 관심이 집중되고 대책 마련 필요성이 제기됐지만, 직장에서의 괴롭힘으로 인한 피해의 구제와 가해자 책임 규명 문제는 폭행죄, 상해죄, 모욕죄, 명예훼손죄 등 형법상 구성요건해당성이 있는 행위에 대한 책임을 묻는 방법으로 해결하거나, 민법상 불법행위책임, 근로기준법상 안전배려의무 위반 등 근로계약상 사용자의 의무 위반 등을 입증하여, 그것을 기초로 괴롭힘 발생 예방 의무를 부여하고 사후 발생한 손해를 배상하도록 하는 방법으로 주로 피해자가 제기한 소송을 통해 해결할 수밖에 없는 상황이 오랜 기간 지속됐다. 그러던 중 직장 내 괴롭힘 금지 및 처리절차 규정을 근로기준법 제76조의2와 제76조의3에 조문을 신설하여 규정하는 입법적 대응이 이루어졌고 2019년 1월 15일에 공포되었다.

제1장 입법 이전의 괴롭힘에 대한 법적 대응

Ⅰ. 직장에서의 괴롭힘의 개념

직장에서의 괴롭힘[1]이란, 직장에서 사용자나 근로자들이 자신의 지위나 관계 등의 우월성을 이용하여, 또는 고객이나 거래 관계에 있는 기업에 소속되어 있는 제3자가 거래관계의 특수성이나 관계 등의 우월성을 이용하여 특정근로자를 향하여 지속적, 반복적 또는 집중적으로 신체적·정신적 공격을 가하는 직·간접적인 일체의 행동 또는 의사표현을 말한다. 이보다는 의미가 제한적인 근로기준법 제76조의2가 금지하는 직장 내 괴롭힘은 사용자 또는 근로자가 직장에서의 지위 또는 관계 등의 우위를 이용하여 업무상 적정범위를 넘어 다른 근로자에게 신체적·정신적 고통을 주거나 근무환경을 악화시키는 행위를 말한다.

Ⅱ. 자율적 해결을 기대하기 어려운 괴롭힘의 특성

1. 괴롭힘 행위의 은폐성과 피해의 모호성

직장에서의 괴롭힘은 가해행위가 사용자가 통제할 수 없는 영역에서 사용자나 주변 사람이 알 수 없도록 은밀하게 이루어지며, 이에 대하여 사용자가 정당한 지시권의 행사를 통해 바로잡기 어려운 특성을 가지고 있다. 또한 괴롭힘 가해 행위자가 법질서에 의해서 금지되는 괴롭힘 행위를 하고 있다는 위법성의 인식을 가지지 못하는 경우가 많고, 가벌성을 인정하기 모호한 영역에 해당하는 행위이기 때문에 일반적인 형법상 범죄행위와도 구별된다. 따라서 기존의 취업

---

1) 근로기준법 제76조의2가 적용되는 행위는 '직장 내 괴롭힘'으로, 이를 포괄하지만 근로기준법의 규율 영역을 넘어서는 넓은 개념의 괴롭힘은 '직장에서의 괴롭힘'이라고 표현하기로 한다. 다만 구별이 모호하여 혼용하는 경우도 있다.

규칙이나 단체협약, 관행, 사용자의 통상적인 지시명령권 행사 등을 통해 문제를 해결하기 어렵다는 난점이 있다. 예를 들어 일군의 근로자들이 특정 직원과 함께 식사를 하지 않는 따돌림, 특정 근로자가 하는 질문에 대답하지 않거나 공개적으로 무시하는 방식의 괴롭힘, 부서 내의 특정 직원에게만 선물을 주지 않거나 음식을 함께 나눠 먹지 않는 괴롭힘, 노동조합 조직 내부에서 발생하는 조합원 사이의 괴롭힘 등에 대해서 사용자가 지시권에 기초하여 적극적으로 개입할 것을 기대하기는 어렵다.

2. 가해행위에 대한 주관적 정당화 경향

괴롭힘 가해행위에 대한 주관적 정당화 경향도 직장에서의 괴롭힘 행위가 가지는 중요한 특징이다. 과거의 관행이나 전통 등에 따르는 행위 또는 피해 근로자를 위한 행위라는 이유로 가해 행위자에게 가해행위의 인식이 없는 경우가 다수 존재한다. 성과 향상을 위한 독려라는 명목으로 반복적으로 추상적인 업무지시와 수정지시를 계속하는 경우, 매년 개최되는 사내 워크숍에서 부서별 장기자랑을 위해 춤과 개인기 연습을 요구하는 경우, 대표이사가 동석하는 회식 자리에서 음주와 노래를 요구하는 경우, 업무 분위기를 환기시키는 차원에서 전체 부서원들이 모인 자리에서 본보기로 특정 직원을 공개적으로 질책하는 경우, 근무태도를 바로잡도록 지도한다는 명목으로 빈번하게 따로 불러서 조언과 충고를 하는 경우 등이 이에 해당한다.

Ⅲ. 직장에서의 괴롭힘에 관한 판례 법리 형성

괴롭힘 행위의 은폐성과 피해의 모호성, 가해행위에 대한 가해자의 주관적 정당화 경향 등의 특징으로 인해 직장에서의 괴롭힘과 관련된 사건들은 법률적 개입이 곤란하다는 인식이 일반적이었다. 당연히 직장에서의 괴롭힘을 직접 규율하는 법률도 없었다. 이러한 상황에서도 우리 법원은 피해자들이 제기한 다양한 사건에 대한 판결로써 직장에서의 괴롭힘에 관한 대응 법리를 형성해 왔다.

특히, 내부고발로 비롯된 직장 내에서의 소외와 따돌림과 관련하여 제기된 사건에 대한 일련의 판결들은 괴롭힘 문제에 대한 규범적 대응의 중요한 선례가 되었다. 관련 사건으로는 당사자가 직장 내에서의 따돌림과 괴롭힘으로 인한 적응장애와 우울장애 등을 이유로 업무상 재해를 주장하며 요양승인을 청구했으나 근로복지공단이 불승인 처분을 내린 사건에 대하여 산업재해보상보험심사위원회가 업무상재해를 인정하면서 취소 결정을 내린 사건[2]과 근로복지공단의 요양승인처분에 대하여 사용자 측이 취소소송을 제기하였다가 패소한 일련의 사건[3], 동일한 사실관계로부터 비롯한 해고를 이유로 노동위원회에 부당해고 구제신청을 제기했지만 서울지방노동위원회[4]와 중앙노동위원회[5]에서 각각 기각된 이후에 법원에 취소소송을 제기하여 최종 패소한 사건[6], 동일한 사실관계를 기초로 해고무효확인소송을 법원에 제기하여 패소한 사건[7], 역시 동일한 사실관계를 기초로 따돌림과 이로 인한 상병 발생을 이유로 한 민사상 손해배상 청구소송을 제기하여 일부 승소한 사건[8] 등이 있다. 이 과정에서 직장에서의 괴롭힘 피해자에 대한 손해배상이 일부 인정된 것은, 직장에서 괴롭힘을 당하고 있는 피해자의 소위 "괴로움"이 우리 법질서가 조력하여 해소하여야 하는 불이익이고 그러한 불이익을 당하지 않도록 보호받아야 하는 피해 근로자의 "안전"

---

2) 산심위 2000. 7. 29, 2000재결 제664호.
3) 서울행정법원 2002. 8. 14. 선고 2000구34224 판결(원고패); 서울고등법원 2003. 7. 18. 선고 2002누14593 판결(항소기각).
4) 서울지방노동위원회 2001. 1. 14. 선고 2000부해286 판정.
5) 중노동위원회 2001. 9. 12, 2001부해77 판정.
6) 서울행정법원 2002. 8. 23. 선고 2001구40141 판결(원고패); 서울고등법원 2003. 10. 24. 선고 2002누13910 판결(항소기각); 대법원 2004. 2. 27. 선고 2003두13601 판결(심리불속행기각).
7) 서울남부지방법원 2007. 4. 27. 선고 2005가합2890(원고패); 서울고등법원 2010. 2. 5. 선고 2007나49139 판결(원고일부승); 대법원 2011. 3. 24. 선고 2010다21962 판결(파기환송); 서울고등법원 2011. 10. 21. 선고 2011나30859 판결(원고패).
8) 서울중앙지방법원 2008. 2. 15. 선고 2006가단333765 판결(원고일부승); 서울중앙지방법원 2008. 12. 4. 선고 2008나11077 판결(항소기각); 대법원 2009. 5. 14. 선고 2009다2545 판결(일부파기환송); 서울중앙지방법원 2009. 10. 23. 선고 2009나15311 판결(화해).

이 우리 법질서가 보호해야 하는 보호법익으로서 인정될 수 있는가에 대한 논의의 토대가 만들어지기 시작한 결정적 지점이라는 평가가 가능할 것이다.

그 외에도 제3자인 고객의 괴롭힘을 이유로 자살한 근로자의 유족에 대한 고객과 사용자의 손해배상책임을 인정한 사건[9], 상급자와의 불화로 인해 스트레스를 받던 근로자가 고객으로부터 모욕을 당한 이후 자살한 사례에서 업무상 재해를 인정한 사건[10] 등에서 직장에서의 괴롭힘으로 인해 피해 근로자가 입게 되는 정신적, 신체적 고통과 이로 인해 발생하는 상병, 나아가 이로 인한 자살에 관해서도 적극적으로 판단하는 태도를 유지해왔다. 학설과 판결의 축적은 직장에서의 괴롭힘에 관하여 우리 법질서가 어떠한 관점을 가지고 어떻게 대응해야 하는가에 대한 인식을 정립해 가는 과정에서 상호작용 하면서 비교적 착실하게 진전되어 왔다.

제2장 근로기준법상 직장 내 괴롭힘 금지

I. 근로기준법 개정을 통한 직장 내 괴롭힘 규율

직장에서의 괴롭힘으로 인한 피해사례의 증가, 학계에서의 관심과 연구의 축적, 법원 판결의 누적 등은 직장에서의 괴롭힘 문제를 직접 규율할 수 있는 입법적 조치가 필요하다는 공감대의 형성으로 이어졌다. 2019년 1월 15일, 직장에서의 괴롭힘을 규율하기 위하여 근로기준법에 제76조의2의 정의조항, 제76조의3의 처리절차 조항을 추가하는 방식의 입법이 이루어졌다. 결정적으로는 병원에서 간호사들 사이에서의 소위 "태움"이라 일컬어지는 괴롭힘 관행으로 괴롭힘을 당하던 간호사가 투신자살한 사건, 직원 워크샵에서의 장기자랑 강요 등과 관련된 사건이 2016년 이후 언론과 여론의 집중적인 관심을 받기 시작하면

---

9) 서울중앙지방법원 2017. 3. 10. 선고 2014가단5356072 판결.
10) 대법원 2016. 1. 28. 선고 2014두5262 판결.

서 입법이 필요하다는 여론이 결정적으로 강화됐던 것으로 보인다.

직장에서의 괴롭힘, 즉 다양한 원인에서 비롯되는 다양한 영역의 괴롭힘을 금지하고 피해자 회복과 구제를 종합적·체계적으로 규율하는 단행 법률이 제정되지 못한 채, 서둘러서 최소한의 입법이 졸속으로 이루어진 것은 안타까운 일이다. 그러나, 직장 내 괴롭힘을 규범적으로 정의하고, 직장 내 괴롭힘과 관련한 신고, 사후조치 절차와 예방을 위한 조치, 업무상 재해 인정 문제들을 정리하여 개별 법률들을 개정하기로 여야가 함께 뜻을 모아 통과된 우리나라 최초의 직장에서의 괴롭힘 규율을 위한 법률 개정이라는 데에서 그 의미는 결코 작지 않다.

Ⅱ. 근로기준법상 직장 내 괴롭힘 금지제도

1. 근로기준법을 중심으로 한 직장 내 괴롭힘 관련 규율 체계

근로기준법은 제76조의2에서 직장에서의 괴롭힘 행위를 금지하고, 제76조의3에서 괴롭힘 발생 신고 접수 시의 조치 의무를 부여하고 있다. 또한 제93조 제11호는 취업규칙에 "직장 내 괴롭힘의 예방 및 발생 시 조치 등에 관한 사항"을 기재하도록 하고 있다. 산재보험법 제37조 제1항 제2호 다목은 근로기준법 제76조의2에 따른 직장 내 괴롭힘, 고객의 폭언 등 업무상 정신적 스트레스가 원인이 되어 발생한 질병을 업무상 재해로 간주한다. 산업안전보건법 제4조는 정부의 책무로서 근로기준법 제76조의2에 따른 직장 내 괴롭힘 예방을 위한 조치 기준 마련, 지도 및 지원을 규정하고 있다. 산업안전보건법 제41조는 고객응대근로자에 대하여 고객의 폭언, 폭행, 그 밖에 적정 범위를 벗어난 신체적·정신적 고통을 유발하는 행위로 인한 건강장해를 예방하기 위해 필요한 조치를 할 의무를 사용자에게 부과하고 있다.

산업안전보건법 제41조(고객의 폭언 등으로 인한 건강장해 예방조치 등)

① 사업주는 주로 고객을 직접 대면하거나 「정보통신망 이용촉진 및 정보보호 등에 관한 법률」 제2조제1항제1호에 따른 정보통신망을 통하여 상대하면서 상품을 판매하거나 서비스를 제공하는 업무에 종사하는 고객응대근로자에 대하여 고객의 폭언, 폭행, 그 밖에 적정 범위를 벗어난 신체적·정신적 고통을 유발하는 행위(이하 이 조에서 "폭언등"이라 한다)로 인한 건강장해를 예방하기 위하여 고용노동부령으로 정하는 바에 따라 필요한 조치를 하여야 한다.

② 사업주는 업무와 관련하여 고객 등 제3자의 폭언등으로 근로자에게 건강장해가 발생하거나 발생할 현저한 우려가 있는 경우에는 업무의 일시적 중단 또는 전환 등 대통령령으로 정하는 필요한 조치를 하여야 한다.

③ 근로자는 사업주에게 제2항에 따른 조치를 요구할 수 있고, 사업주는 근로자의 요구를 이유로 해고 또는 그 밖의 불리한 처우를 해서는 아니 된다.

2. 직장 내 괴롭힘 행위의 구성요건

근로기준법 제76조의2는 직장 내 괴롭힘 행위의 구성요건을 사용자 또는 근로자가 "직장에서의 지위 또는 관계 등의 우위를 이용하여 업무상 적정범위를 넘어 다른 근로자에게 신체적·정신적 고통을 주거나 근무환경을 악화시키는 행위"라고 정의하고 있다.

근로기준법 제76조의2(직장 내 괴롭힘의 금지)

사용자 또는 근로자는 직장에서의 지위 또는 관계 등의 우위를 이용하여 업무상 적정범위를 넘어 다른 근로자에게 신체적·정신적 고통을 주거나 근무환경을 악화시키는 행위(이하 "직장 내 괴롭힘"이라 한다)를 하여서는 아니 된다.

(1) 직장 내 괴롭힘 행위 주체와 객체

금지되는 직장 내 괴롭힘의 가해행위 주체는 '사용자 또는 근로자'이다(근로기준법 제76조의2). 괴롭힘 가해행위자로 고객, 거래처 직원 등 제3자는 명시되지 않

않다. 근로기준법 규정이라는 한계 때문이기는 하지만, 근로기준법에 규정한다고 해서 체계상 제3자에 의한 괴롭힘을 규율할 수 없다고 보는 것은 옳지 않다. 보호자를 보호하기 위한 최저기준을 정하는 법률이라는 근로기준법의 특징을 고려할 때, 가해자의 범위는 확장할 수 있기 때문이다. 괴롭힘 가해행위의 객체는 '다른 근로자'로 국한되어 있다. 직장 내에서의 괴롭힘 행위는 근로자로부터 사용자에게 가해질 수도 있다. 경력직으로 입사한 임원의 지시를 기존 직원들이 의도적으로 무시하면서 마치 없는 사람인 것처럼 취급하는 경우, 사용자의 경영방침에 반대하여 근로자들이 정당한 지시의 이행을 지속적으로 거부하는 행위 등을 예로 들 수 있다. 괴롭힘 가해행위의 객체를 '다른 근로자'로 국한함으로 인해서 근로자의 사용자에 대한 괴롭힘을 금지할 수 없게 되는 문제가 발생하게 된다. 이 문제 역시 근로자가 사용자에게 괴롭힘 가해행위를 하여서는 안 된다는 규정을 근로기준법에 규정하는 것이 입법취지와 법체계의 정합성을 고려할 때 적당하지 않다는 판단에 따른 한계이다.

(2) 가해행위자의 제압 수단

괴롭힘 가해행위자가 괴롭힘 피해 근로자의 저항을 제압하여 우위에 서는 수단은 "직장에서의 지위 또는 관계 등의 우위"이다. 직장에서의 "지위 또는 관계 등의 우위"는 괴롭힘 가해 행위자가 피해 근로자의 적절한 반항을 억제하거나 불가능하게 만드는 배경 또는 제압 수단이 된다. '지위'의 우위는 직장에서의 지휘·명령 체계에서 규정되는 권한이나 자격의 높고 낮음을 뜻하고, '관계'의 우위는 조직체계상의 명시적인 높낮이가 아닌 묵시적인 영향력의 크기에서 오는 불균형을 의미한다.

괴롭힘 가해행위는 가해자 측의 "집단성"을 토대로 관계의 우위를 확보하는 경우가 있다. 근로기준법은 집단성을 명시하지는 않았으나, 제76조의2 본문에 규정된 "우위"가 집단성까지 포함하는 것으로 해석하여야 한다. 여기에서 말하는 "우위"란 피해 근로자가 저항하지 못하거나 저항을 포기하게 하는 집단성에 필적하는 힘의 불균형성을 말하기 때문이다. 동료 근로자에 대하여 관계의 우위에 서게 되는 예로는 실적이 우수하여 상사로부터 인정 받는 동기나 후배 근로자, 근력과 담력 등 신체적 조건이 우세한 동료 근로자, 유튜브나 SNS에서 영향력이 있는 동료 근로자, 오랜 기간 지속되어 온 관계 속에서 정서적 우위를 점하게 된 동료 근로자, 동료들에게 인기가 있어서 다수의 지지를 받는 근로자 등이 그렇지 못한 다른 근로자들에 대하여 관계에 있어서 우위에 있을 수 있는 것 등을 둘 수 있다.

직장 내 괴롭힘 정의 조항의 구조

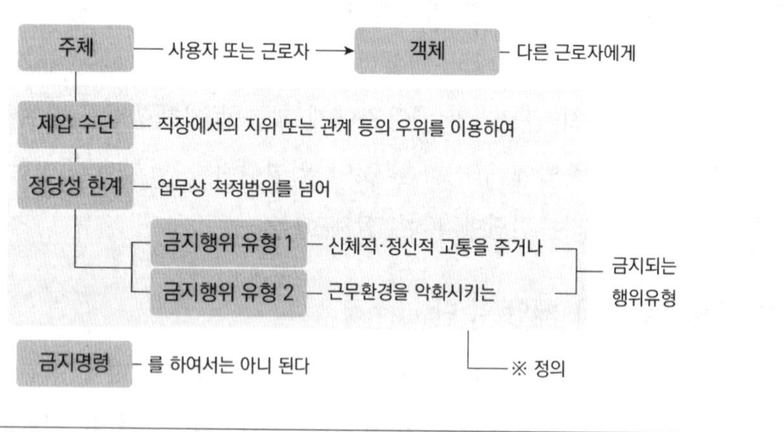

(3) 가해행위의 정당성의 한계

업무상 적정범위를 넘었는지 여부가 정당성의 한계를 이룬다. 외견상 괴롭힘 행위로 보일 수 있는 행위의 경우에도 그 행위가 '업무상 적정 범위 내'에 있는 행위인 경우에는 금지되는 직장 내 괴롭힘으로 보지 않는다. '업무상 적정 범위 내'인지 아닌지는 해당 행위의 정당성의 한계를 이루게 된다. 신상품 출시를 앞둔 시점에서 담당 부서장이 신상품 테스트 과정에서 반복적으로 보완을 요구하는 것으로 인해 담당 근로자가 스트레스를 받는다 해도 이는 업무상 적정 범위 내에 있으므로 직장 내 괴롭힘으로 보지 않을 수 있다. 업무상 실수가 잦은 근로자에게 상급자가 반복적으로 확인하고 빈번하게 재작업을 요구하는 경우도 업무상 적정 범위 내에 있는 정당한 행위로 판단될 수 있다.

업무상 적정 범위 내에 있는 행위인지 여부에 대한 판단은, 대상 사업장의 업종별 특성, 시기적 특성, 경영 상황, 사업장 내 문화 등에 따라 달라질 수 있으므로 일률적 판단기준 제시가 곤란하다. 감독관청의 신중하고 균형 잡힌 판단과 선례의 축적을 통한 유형화가 필요하다. 특히, 직장 내 괴롭힘과 정당한 업무명령 사이의 경계선상에 놓이게 되는 한계행위에 대한 판단기준 확립이 중요하다.

(4) 금지행위의 성질과 유형

근로기준법 제76조의2는 금지되는 직장 내 괴롭힘 행위의 유형을 크게 두 가지로 명시하는데, 하나는 "신체적·정신적 고통을 주"는 행위, 또다른 하나는 "근무환경을 악화시키는" 행위이다.

"신체적·정신적 고통을 주는 행위"의 문리해석적 의미는 그러한 고통을 '주는' 행위를 의미한다. 다시 말하면, 그 행위의 결과 신체적·정신적 고통이 실제 발생해야 한다는 결과발생을 요구하는 것이 아니라, 그러한 고통을 주는 행위라고 통상 인정되는 행위이기만 하면 된다. 다시 설명하면, 신체적·정신적 고통을 주는 행위 그 자체를 금지할 뿐, "신체적·정신적 고통이 발생해서는 안 된다"는 명령은 아니라는 것이다. 결과 발생이 필요하지 않고, 위험 발생으로 충분하다는 의미이다. "근무환경을 악화시키는 행위"도 마찬가지이다. 근무환경을 '악화시키는' 행위를 금지할 뿐, 근무환경 악화라는 결과를 금지하는 내용이 아니다. 그러한 결과를 발생시킬 수 있는 행위 그 자체를 금지한다는 뜻이다.

그리고, 행위 자체에 관한 고의 이외의 추가적인 주관적 구성요건 요소를 요구하지 않는다. "신체적·정신적 고통을 주는 행위", "근무환경을 악화시키는 행위"라는 객관적인 행위의 금지를 규정할 뿐, 신체적·정신적 고통을 주기 위한 의도나 목적 등 강화된 주관적 고의를 요구하지 않는다. 근무환경을 악화시키려는 주관적 의도나 목적을 요구하지도 않는다. 어떠한 의도를 가지고 행했을지라도, 행위의 외관에 대한 객관적 평가의 결과, 신체적·정신적 고통을 주는 행위 또는 근무환경을 악화시키는 행위라고 판단될 수 있다면, 근로기준법 제76조의2가 명하는 금지명령에 위반한 것이 된다. 이와 같은 구성요건을 형법이론에서는 추상적 위험범이라고 분류한다. 추상적 위험범의 경우에는 구성요건적 행위가 존재하는가가 가장 중요한 고려요소가 될 뿐, 법익에 대한 위험이 실제로 존재하는지 여부는 관념적으로 전제되거나 혹은 현실적으로는 고려되지 않는다. "신체적·정신적 고통을 주는 행위", "근무환경을 악화시키는 행위"가 객관적으로 존재하기만 하면 될 뿐, 실제로 누군가 그러한 고통을 느끼거나 근무환경 악화가 초래될 것을 요구하지 않는다. 물론 추상적 위험성이 인정되는 행위로 인해 실제로 결과가 발생한 경우에도 해당 범죄의 성립에는 아무런 문제가 없다. 현재로서는 법원 판례가 근로기준법 제76조의2 위반 행위를 판단함에 있어서 추상적 위험범에 대한 해석의 원칙을 따르고 있는지는 불분명하다. 그러나, 다수의 판결에서 행위자의 행위가 객관적으로 그와 같은 위험을 초래할 수 있는 행위인지 여부를 객관적 관점에서 판단하고 있다.[11] 다만, 그 외의 다수의 사건에서 피해 근로자들이 피해의 결과 발생을 이미 주장하고 있고, 그러한 전제에서 법원의 판단이 수행되고 있어[12] 추상적 위험범의 위험성 판단에 관한 일관성이 발견되지는 않는다.

근로기준법 제76조의2 위반에 대하여는 직접적인 처벌규정이 없지만, 근로기준법 제116조 제1항은 직장 내 괴롭힘 가해행위자가 사용자이거나 사용자의 일정 범위의 친족인 근로자가 직장 내 괴롭힘을 한 경우에는 1천만 원 이하의 과태료부과처분의 대상으로 규정하여 행정벌을 부과하고 있다. 행정벌은 국가(국가기관)가 행정의 상대방에 과하는 행정법상의 처벌로서 주로 과태료를 부과하는 제재를 뜻하며, 이 경우 과태료 부과처분의 상대방 보호를 위해 죄형법정주의 원칙 등 형법 해석의 일반 원칙을 적용하는 것이 일반직이다. 행정벌에 해당하는 구성요건의 해석 및 법적성질 인정에 있어서 형법상 범죄 구성요건의 해

---

11) 대전지방법원 2021. 11. 9. 선고 2020구합105691 판결; 서울행정법원 2023. 2. 24. 선고 2022구합70612 판결; 광주지방법원 2021. 8. 24. 선고 2020가단506023 판결 등.

12) 수원지방법원 안산지원 2021. 1. 29. 선고 2020가단68472 판결.

석 및 법적성질 인정 논리를 적용하는 것은 당연하다. 다만, 근로기준법 제76조의2의 금지명령을 위반하여 직장 내 괴롭힘을 행한 행위자가 사용자와 아무런 친족 관계가 없는 근로자라면, 과태료부과처분의 대상이 되지 않으므로 그러한 경우에는 해당 규정은 행정벌의 구성요건이 아니다. 그러나, 행위자가 근로자라 하더라도 직장 내 괴롭힘 위반행위가 성립되는지 여부의 판단에 있어서 추상적 위험범으로서의 법적성질에 충실한 해석이 이루어져야 한다.

근로기준법 제116조(과태료)

① 사용자(사용자의 「민법」 제767조에 따른 친족 중 대통령령으로 정하는 사람이 해당 사업 또는 사업장의 근로자인 경우를 포함한다)가 제76조의2를 위반하여 직장 내 괴롭힘을 한 경우에는 1천만원 이하의 과태료를 부과한다.

직장 내 괴롭힘과 같이 침해결과의 발생 여부가 행위 상대방의 고도로 주관적인 성향이나 판단에 따라 달라지는 특성이 있는 경우에는 이를 추상적 위험범으로 인정하는 것이 상당한 실익이 있다. 직장 내 괴롭힘 행위의 상대방인 피해 근로자가 실제 '신체적·정신적 고통', '근무환경 악화' 등의 결과를 겪었는지 여부를 묻지 않기 때문에 오히려 그 판단이 객관적일 수 있게 되는 것이다. 누군가가 '신체적·정신적 고통', '근무환경 악화'를 겪었다고 주장하는 경우에도 행위자의 행위가 객관적으로 그러한 위험을 초래하는 행위라고 인정되지 않는다면 직장 내 괴롭힘에 해당하지 않는다는 판단을 내리게 된다. 즉, "다른 사람은 몰라도 나는 괴로웠단 말이야!"라는 식의 입증할 수 없는 주장으로부터 분리하여, 직장 내 괴롭힘 행위자라고 지목된 자의 행위의 위험성을 객관적으로 판단할 수 있게 된다. 반면, '신체적·정신적 고통을 주는 행위', '근무환경을 악화시키는 행위'로서 그러한 위험을 초래한다고 인정되는 행위가 객관적으로 존재하기만 하면, 주변 동료들이나 피해자가 고통을 직접 느꼈거나 근무환경 악화를 체감하지 않은 경우에도 위반행위가 성립될 수 있다.

'신체적·정신적 고통을 주'는 행위는 피해 근로자의 신체에 직접적 또는 간접적으로 가해행위를 하는 방법으로 괴롭히는 행위를 말한다. 지나다니면서 피해 근로자의 뒤통수를 툭툭 때리는 경우, 피해 근로자의 사무실 책상 서랍을 빼서 피해 근로자에게 집어던지는 경우[13], 집단적인 따돌림으로 인해 피해 근로자가 정신분열증이나 우울증에 걸리는 경우, 근로자가 고객의 지속적인 괴롭힘으로 인해 괴로워하다가 분신자살한 경우[14] 등 정신적 괴롭힘이 가해질 수 있는 위험성이 있는 행위를 했지만 신체적 결과가 발생한 경우도 이에 해당한다. 피해 근로자의 신체에 가해행위를 하지는 않았지만 정신적 고통을 주는 행위도 금지되는 괴롭힘 행위에 해당한다. 이에 해당하는 사례로는 동료 근로자를 곤란하게 만들기 위해 사무실 집기를 쓰레기 처리장에 버리거나 숨겨 놓는 행위, 성과 평가 결과가 좋지 않은 직원의 책상을 사무실 밖 복도로 옮겨서 벽면을 보고 앉도록 배치한 경우, 직무를 부여하지 않고 하루 종일 가만히 앉아 있도록 한 경우, 근무태도를 개선하지 않으면 다른 부서로 보내 버리겠다고 반복적으로 말하는 경우 등을 들 수 있다.

'근무환경을 악화시키는 행위'는 직접 신체적·정신적 고통을 주는 행위까지는 아니지만, 피해 근로자의 안전감이나 편안함을 훼손하여 통상적인 근로를 제공하는 것을 어렵게 하는 일체의 근로조건 저하 행위를 말한다. 가해 행위자에게 금지된 괴롭힘 행위를 한다는 데에 관한 인식이 없는 경우가 많으나, 행위자에게 그러한 의도가 없었더라도 그 행위로 다른 근로자의 근무환경이 악화될 위험성이 인정된다면 직장 내 괴롭힘으로 인정해야 한다. 괴롭힘 가해 행위자의 강요 수단에 불이익뿐만 아니라 혜택 제공 행위가 중첩되어있는 경우에도 신중한 판단이 필요하다. 금연 여부를 인사평가에 반영하기로 하고 특정 근로자의 금연 여부를 공개적으로 공표하는 경우를 예로 들 수 있다. 사용자는 근로자들의 건강을 증진시키려 한다는 의도만을 가지고 있을 수도 있지만 직장 내 괴롭힘 성립을 인정하는 데에는 문제가 없다. 직장 내 모든 구성원이 대상이 되고, 대상 근로자 중 일부 근로자는 대상 행위를 근로조건 저하로 인식하지 않는 경

---

13) 서울고등법원 2003. 10. 24. 선고 2002누13910 판결.
14) 서울중앙지방법원 2017. 3. 10. 선고 2014가단5356072 판결.

우에도 직장 내 괴롭힘은 성립될 수 있다. 또한 사무실 옆자리 동료 직원이 오이 냄새를 극도로 싫어한다는 사실을 알고 있으면서도, 괴롭힌다는 인식 없이 단지 다이어트를 이유로 오이를 지속적으로 먹는 행위와 같이 개인적 호불호의 문제인지, 규범적 대응이 요구되는 문제인지에 대한 신중한 판단 필요한 경우가 존재한다. 지위 또는 관계 등의 우위가 인정되는 자가 피해자의 중단 요구를 무시한 채 지속적으로 오이를 먹는다면 금지되는 괴롭힘 행위로 볼 수 있을 것이다.

(5) 괴롭힘 행위의 반복성, 지속성, 일방성의 문제

괴롭힘 행위에 해당하는 행위인지 아닌지 판단할 때 반드시 고려되어야 하는 요소는 괴롭힘 가해자의 집단성, 괴롭힘 가해행위의 반복성과 지속성, 일방성 등이 있다. 지속성과 반복성, 일방성은 직장 내 괴롭힘 행위의 본질적 특성이므로, 직장 내 괴롭힘 행위에 해당하는지 여부를 판단할 때 고려하지 않을 수 없는 행위표지이다. 따라서 현행 근로기준법 제76조의2 정의 규정의 해석도 반복성, 지속성, 일방성을 전제로 해야 한다. 단지 1회의 괴롭힘 가해 행위 또는 일시적인 가해행위로서 반복될 가능성이 없는 행위 등은 직장 내 괴롭힘에 해당하지 않는 경우가 대부분이다. 가해행위가 지속적 또는 반복적으로 이루어지거나, 그러한 우려가 있는 경우에 근로기준법이 규율하는 직장 내 괴롭힘에 해당하는 것으로 보아야 한다. 반복 가능성이 없는 가해행위에 대해서는 근로기준법이 규정하는 괴롭힘 행위가 아니라 해당 행위의 유형별로 형법상 구성요건해당성 인정 가능성이 검토되어야 한다. 괴롭힘 가해행위는 '일방성'이 있어야 한다. 괴롭힘 가해행위는 특정인 또는 특정 집단으로부터 다른 특정인 또는 특정 집단을 향하여 일방적으로 가해져야 한다. 쌍방의 상호간 적대행위가 이루어진 경우라고 해서 일방성이 없다고 보아서는 안 된다. 쌍방의 상호간 적대행위가 발생한 경우에도 방어행위를 제압할 정도의 가해행위가 있었는지에 판단하기 위하여 가해행위와 방어행위에 대한 신중한 비교 형량이 필요하다.

현행 근로기준법 제76조의2에는 이와 같은 개념들이 포함되어 있지 않다는 점은 현행 규정의 단점이라고 할 수 있다. 그러나 반복성과 지속성, 일방성 등이 직접 명시되지 않았다고 하더라도 그러한 구성요건적 미비점은 해석을 통한 보완이 가능하다. 오히려, 반복되거나 지속되지 않았다 하더라도, 반복성과 지속성 등이 있을 개연성이 매우 크거나 행위 속성상 향후 반복이나 지속이 필연적인 행위도 금지되는 괴롭힘의 개념에 포함시켜야 한다는 필요가 있다는 점에서 현행 근로기준법 제76조의2가 선택한 규정 방법의 타당성을 완전히 부인하기는 어렵다. 반복성과 지속성, 일방성 등의 표지를 제거함으로로 인해 현행법상의 정의가 지나치게 넓어지고 있으며, 괴롭힘에 해당하는 행위와 해당하지 않는 행위를 구별하는 한계 기능 수행에 부족함이 있지만, 반복성과 지속성이 명시적으로 규정되어 있을 경우 반복되거나 지속되지 않았다 하더라도, 반복성과 지속성 등이 있을 개연성이 매우 크거나 행위 속성상 향후 반복이나 지속이 필연적인 행위를 금지행위의 범위에서 배제하게 되는 문제가 발생할 수 있고, '반복', '지속' 등의 용어를 구성요건에 포함시킨다 하더라도 그 용어들도 적용과 관련해서 해석의 필요성이 전혀 없다고 할 만큼 구체적이지 않아서 해석을 통한 확장과 제한의 필요성은 기대만큼 극적이지 않기 때문이다.

3. 직장 내 괴롭힘 행위에 대한 사용자의 조치사항과 절차

(1) 신고 및 접수 주체

직장 내 괴롭힘 발생 사실을 신고할 수 있는 주체에는 직장 내 괴롭힘 발생 사실을 인지한 모든 사람이다. 근로기준법 제76조의3 제1항은 이를 "누구든지"라고 표현하고 있다. 괴롭힘 피해 근로자와 동료 근로자 이외에 괴롭힘 피해 근로자의 가족, 거래처 직원, 전혀 이해관계가 없는 사람 등 제3자까지 포함한다. 다만 신고 접수 주체로는 사용자만 규정되어 있지만, 근로기준법 제76조의3이 강행규정이라는 점을 고려하면 근로감독관 등 사법경찰관에 대한 신고도 가능하다. 재직 근로자들은 사용자를 상대로 동료 근로자의 행위를 신고하기에 어려움이 있는 경우가 있어서 오히려 고용노동부 지방 관서에 진정하는 경우가 크게 늘고 있고, 신고의 방법은 관할 행정관청에 진정서를 작성하여 제출하는 방법이 일반적이다. 직장 내 괴롭힘 가해행위자가 사용자이거나 사용자의 일정 범위의 친족인 근로자가 직장 내 괴롭힘을 한 경우가 1천만 원 이하의 과태료부과처분의 대상(근로기준법 제116조 제1항)이기 때문에 근로감독관이 직접 직장 내 괴롭힘 사건에 개입할 수 있는 권한도 확보되어 있다. 법률상의 의무를 위반하여 과태료가 부과되는 행위에 대해 적용되는 질서위반행위규제법에 따라, 직장 내 괴롭힘이 발생한 사업장에 일정한 경우에 고용노동부 지방관서가 사용자 등에 대한 출석 요구, 보고 명령, 자료제출 명령, 사업장 방문 조사 등을 실시할 수 있다.

근로기준법 제76조의3(직장 내 괴롭힘 발생 시 조치)

① 누구든지 직장 내 괴롭힘 발생 사실을 알게 된 경우 그 사실을 사용자에게 신고할 수 있다.

(2) 사용자의 사실 확인 조사의무

사용자는 직장 내 괴롭힘 발생 사실에 관한 신고를 접수하거나 인지한 경우 지체 없이 그 사실 확인을 위한 조사를 실시하여야 한다. 조사 내용은 피해자라고 주장하는 근로자와 가해자로 지목된 사람의 인적사항, 신고 사항 사실 확인, 괴롭힘 발생 시기, 지속 기간, 장소, 내용 등 구체적 사실관계, 괴롭힘 발생 배경과 원인, 괴롭힘 발생 사실에 대한 목격자 진술 청취, 괴롭힘 발생 입증 자료 또는 반증 자료 등에 대한 증거자료 확보 등이 될 것이다.

근로기준법 제76조의3(직장 내 괴롭힘 발생 시 조치)

② 사용자는 제1항에 따른 신고를 접수하거나 직장 내 괴롭힘 발생 사실을 인지한 경우에는 지체 없이 당사자 등을 대상으로 그 사실 확인을 위하여 객관적으로 조사를 실시하여야 한다.

사용자가 사실 확인 조사 절차와 조사 과정에서 수집된 자료, 면접조사 내용 등은 모두 문서화 하여 보관하는 것이 바람직하다. 이후 법률분쟁 과정에서 증거로 활용될 수 있는 자료는 원상태로 확보하여 보관하여야 한다. 이는 피해 주장 근로자도 같다. 또한 사용자는 사실 확인 조사 단계에서 괴롭힘 피해 근로자 보호 및 원상회복 지원 방안, 가해자에 대한 처리 방안 등에 관한 검토가 동시에 이루어지도록 제도를 적절히 설계하는 것이 바람직하다.

(3) 사용자의 피해 근로자 보호 조치 의무

직장 내 괴롭힘 발생 신고에 기초하여 사용자가 조사를 실시하는 동안 사용자는 피해를 입은 근로자 또는 피해를 입었다고 주장하는 근로자를 보호하기 위하여 필요한 경우 해당 피해를 입은 근로자 또는 피해를 입었다고 주장하는 근로자에 대하여 근무장소의 변경, 유급휴가 명령 등 적절한 조치를 취해야 한다(근로기준법 제76조의3 제3항). 이는 피해 주장 근로자와 가해자로 지목된 자를 격리하기 위한 잠정적인 조치이다. 근무장소의 변경은 일시적이고 잠정적인 근로제공 장소 변경으로, 다른 건물이나 다른 지역, 다른 사무실 등으로의 인사이동 없는 근로제공 장소의 변경을 말한다. 배치전환은 확정적인 인사이동 명령을 하여 다른 부서나 지사 등으로 피해 근로자가 옮겨 가서 일하도록 하는 것을 말한다. 이와 같은 조치를 가해 근로자에 대하여도 할 수 있으나, 입법 취지상 피해 주장 근로자의 의사를 반영할 필요가 있다. 사실 확인 조사 결과 직장에서의 괴롭힘이 발생한 사실이 확인된 경우에는 사용자는 피해 근로자가 요청하면 근무장소의 변경, 배치전환, 유급휴가의 명령 등 피해 근로자에 대한 적절한 조치를 취해야 한다(근로기준법 제76조의3 제4항). 이상의 조치는 괴롭힘 행위의 재발을 방지하기 위한 격리조치인 동시에 피해 근로자에 대한 보호조치로서의 복합적 의미를 가진다.

근로기준법 제76조의3(직장 내 괴롭힘 발생 시 조치)

③ 사용자는 제2항에 따른 조사 기간 동안 직장 내 괴롭힘과 관련하여 피해를 입은 근로자 또는 피해를 입었다고 주장하는 근로자(이하 "피해근로자등"이라 한다)를

보호하기 위하여 필요한 경우 해당 피해근로자등에 대하여 근무장소의 변경, 유급휴가 명령 등 적절한 조치를 하여야 한다. 이 경우 사용자는 피해근로자등의 의사에 반하는 조치를 하여서는 아니 된다.

④ 사용자는 제2항에 따른 조사 결과 직장 내 괴롭힘 발생 사실이 확인된 때에는 피해근로자가 요청하면 근무장소의 변경, 배치전환, 유급휴가 명령 등 적절한 조치를 하여야 한다.

(4) 사용자의 가해 근로자에 대한 조치 의무

신고에 따른 조사 결과 직장 내 괴롭힘이 발생했다는 사실이 확인된 때에는 사용자는 지체 없이 가해행위자에 대하여 징계, 근무장소의 변경 등 필요한 조치를 하여야 한다(근로기준법 제76조의3 제5항). 가해 근로자에 대한 징계 등의 조치를 취할 때 사용자가 해당 조치의 종류 및 실시 범위, 시기 등에 관하여 피해근로자의 의견을 들어야 한다(근로기준법 제76조의3 제5항 2문). 비밀 유지 등을 위해 피해 근로자가 그와 같은 명시적 조치를 원하지 않는 경우가 있을 수 있기 때문이다. 가해 근로자에 대하여 징계를 할 경우에는 근로기준법 제23조에 따른 정당성을 확보할 수 있도록 주의하여야 한다.

근로기준법 제76조의3(직장 내 괴롭힘 발생 시 조치)

⑤ 사용자는 제2항에 따른 조사 결과 직장 내 괴롭힘 발생 사실이 확인된 때에는 지체 없이 행위자에 대하여 징계, 근무장소의 변경 등 필요한 조치를 하여야 한다. 이 경우 사용자는 징계 등의 조치를 하기 전에 그 조치에 대하여 피해근로자의 의견을 들어야 한다.

(5) 불이익 취급 금지 의무

사용자는 직장에서의 괴롭힘 발생을 신고한 근로자나 피해 근로자를 해고하거나 불리한 처우를 할 수 없다(근로기준법 제76조의3 제6항). 직장내 괴롭힘을 신고한 근로자에 대한 사업주의 '불리한' 조치로서 위법한 것인지 여부는 그러한 조치가 직장 내 괴롭힘에 대한 문제 제기 등과 근접한 시기에 피해를 입은 근로자 또는 피해를 입었다고 주장하는 근로자가 있었는지, 조치를 한 경위와 과정, 조치를 하면서 사업주가 내세운 사유가 피해를 입은 근로자 또는 피해를 입었다고 주장하는 근로자의 문제 제기 이전부터 존재하였던 것인지, 피해를 입은 근로자 또는 피해를 입었다고 주장하는 근로자의 행위로 인한 타인의 권리나 이익 침해 정도와 사업주의 조치로 피해를 입은 근로자 또는 피해를 입었다고 주장하는 근로자가 입은 불이익 정도, 그러한 조치가 종전관행이나 동종 사안과 비교하여 이례적이거나 차별적인 취급인지 여부, 사업주의 조치에 대하여 피해를 입은 근로자 또는 피해를 입었다고 주장하는 근로자가 구제신청 등을 한 경우에는 그 경과 등을 종합적으로 고려하여 판단해야 하며, 여기서 불리한 '조치'에는 파면, 해임, 해고, 그 밖에 신분상실에 해당하는 불이익조치만이 아니라 직무 미부여, 직무 재배치, 그 밖에 본인의 의사에 반하는 인사조치 등이 포함된다.[15] 사용자가 직장 내 괴롭힘 발생을 신고한 근로자나 피해 근로자를 해고하거나 불리한 처우를 한 경우에는 3년 이하의 징역 또는 3천만 원 이하의 벌금이 부과될 수 있다(근로기준법 제109조 제1항).

근로기준법 제76조의3(직장 내 괴롭힘 발생 시 조치)

⑥ 사용자는 직장 내 괴롭힘 발생 사실을 신고한 근로자 및 피해근로자등에게 해고나 그 밖의 불리한 처우를 하여서는 아니 된다.

(6) 비밀 유지 의무

직장 내 괴롭힘 발생 사실을 조사한 사람, 조사 내용을 보고받은 사람 및 그 밖에 조사 과정에 참여한 사람은 해당 조사 과정에서 알게 된 비밀을 피해근로자 등의 의사에 반하여 다른 사람에게 누설해서는 안 된다(근로기준법 제76조의3 제7항). 직장 내 괴롭힘 피해자는 직장 내 괴롭힘을 당했다는 사실이 동료 근로자

15) 대법원 2022. 7. 12. 선고 2022도4925 판결.

나 외부에 알려지는 것을 두려워하는 경우가 많고, 피해를 당했다는 사실이 알려지는 것이 또 다른 가해행위가 될 수 있기 때문이다. 그 뿐 아니라, 직장 내 괴롭힘 신고 시에 가해 행위자로 지목 당한 사람이 실제로는 가해 행위자가 아닌 경우도 있고, 피해자임을 주장하는 근로자가 악의적으로 허위신고를 하는 경우도 있으므로 가해자로 지목된 근로자 측에서도 비밀 유지 필요성이 매우 크다. 다만, 조사와 관련된 내용을 사용자에게 보고하거나 관계 기관의 요청에 따라 필요한 정보를 제공하는 경우는 제외한다.

근로기준법 제76조의3(직장 내 괴롭힘 발생 시 조치)

⑦ 제2항에 따라 직장 내 괴롭힘 발생 사실을 조사한 사람, 조사 내용을 보고받은 사람 및 그 밖에 조사 과정에 참여한 사람은 해당 조사 과정에서 알게 된 비밀을 피해근로자등의 의사에 반하여 다른 사람에게 누설하여서는 아니 된다. 다만, 조사와 관련된 내용을 사용자에게 보고하거나 관계 기관의 요청에 따라 필요한 정보를 제공하는 경우는 제외한다.

(7) 사용자의 조사·조치 의무 위반

사용자가 직장 내 괴롭힘 발생 사실 조사를 진행하는 과정에서의 피해자에 대한 근무장소 변경, 유급휴가 명령 등의 조치, 괴롭힘 사실 확인 후의 피해자에 대한 근무장소 변경, 배치전환, 유급휴가 명령 등의 적절한 조치, 가해자에 대한 징계, 근무장소 변경 등의 조치 등을 취하지 않은 경우 500만 원 이하의 과태료가 부과될 수 있다(근로기준법 제116조 제2항).

근로기준법 제116조(과태료)

② 다음 각 호의 어느 하나에 해당하는 자에게는 500만원 이하의 과태료를 부과한다.

2. 제14조, 제39조, 제41조, 제42조, 제48조, 제66조, 제74조제7항, 제76조의3 제2항·제4항·제5항·제7항, 제91조, 제93조, 제98조제2항 및 제99조를 위반한 자

(8) 직장 내 괴롭힘 조사의 한계

근로기준법 제76조의3은 직장 내 괴롭힘 발생시 조사 및 조치 의무를 사용자에게 부과하고 있는데, 실제로 사용자가 조사와 조치를 수행할 때에는 다양한 한계상황이 발생한다. 먼저, 직장 내 괴롭힘 가해 행위자로 지목된 자가 퇴사한 경우에는 사용자의 지시권이 미치지 못하기 때문에 조사 및 사후 조치가 불가능하다, 조사 절차 진행 중에 퇴사한 경우에도, 조사 결과 직장 내 괴롭힘이 실제로 발생했다고 확인됐어도 사용자의 가해 행위자에 대한 조치가 불가능하다. 가해자로 지목된 자가 고객 등 제3자인 경우에도 사용자의 지시권이 미치지 못하기 때문에 징계나 재발 방지를 위한 경고 등의 조치가 불가능하다. 직장 내 괴롭힘 발생 이후 피해 근로자가 퇴사한 경우 사용자는 가해 행위자가 근로자인 경우 가해 행위자에 대하여 취업규칙 등에 따라 조사와 징계가 가능하지만 피해 근로자에 대한 보호조치 실행이 불가능하다. 이러한 한계는 직장 내 괴롭힘이 사업장 내에서 사용자가 자발적으로 조사하고 대처하는 것을 전제로 자율적으로 해결하도록 설계되었기 때문에 발생하는, 현 제도 하에서는 어쩔 수 없이 존재하는 한계라고 할 수 있다.

완전히 불가능한 것은 아니지만, 가해자로 지목된 자가 사용자인 경우에도, 그 사건이 이사회, 주총 등에서 처리되지 못하는 한 사업장 내에서의 자율적인 조치 방법이 없다. 결국 행정관청이 개입하여 직장 내 괴롭힘 가해자에 대하여 1천만 원 이하의 과태료를 부과하는 것이 유일한 방법이다.

4. 기타의 직장 내 괴롭힘 피해자 보호 제도

(1) 산재보험법에 따른 업무상 재해 인정

산재보험법이 근로기준법 제76조의2에 따른 직장 내 괴롭힘, 고객의 폭언 등 업무상 정신적 스트레스가 원인이 되어 발생한 질병을 업무상 재해로 간주하는 규정을 둔 것(산재보험법 제37조 제1항 제2호 다목)은 기존 대법원 판례의 결론을 입법적으로 수용한 것으로서 긍정적이다. 산재보험법 제37조에서 말하는 "고객의 폭언 등"은 동일 사업장 소속이 아닌 거래관계가 있는 기업 또는 현행 산업안전보건법 제26조의2에 규정된 고객응대근로자에 대한 고객의 폭언 등을 의미한다. 하지만 근로기준법 제76조의2에 따른 직장 내 괴롭힘이나 고객의 폭언의 범주에 포섭하기 어려운 도급업체 근로자의 수급업체 근로자에 대한 괴롭힘, 특수형태근로종사자 상호간의 괴롭힘 등으로 인해 질병이 발생하거나 사고를 당한 근로자에 대하여 직접 업무상 재해를 인정하기 어렵다는 문제가 있다. "고객의 폭언 등"에 고객 아닌 제3자의 행위를 포섭하기 어렵다는 것도 한계이다. 피해자에게 보험급여를 지급한 근로복지공단, 보상의무를 이행한 사용자 등은 가해 행위자에게 구상권을 행사할 수 있다.

산업재해보상보험법 제37조(업무상의 재해의 인정 기준)

① 근로자가 다음 각 호의 어느 하나에 해당하는 사유로 부상·질병 또는 장해가 발생하거나 사망하면 업무상의 재해로 본다. 다만, 업무와 재해 사이에 상당인과관계(相當因果關係)가 없는 경우에는 그러하지 아니하다.

2. 업무상 질병 〈생 략〉

다. 「근로기준법」 제76조의2에 따른 직장 내 괴롭힘, 고객의 폭언 등으로 인한 업무상 정신적 스트레스가 원인이 되어 발생한 질병

(2) 산업안전보건법상 산업재해·중대재해 적용

산업안전보건법상 '산업재해' 개념에 직장 내 괴롭힘으로 인한 경우가 포함되는지 여부가 문제될 수 있다. 산업안전보건법 제2조 제1호는 산업재해를 "노무를 제공하는 자가 업무에 관계되는 건설물·설비·원재료·가스·증기·분진 등에 의하거나 작업 또는 그 밖의 업무로 인하여 사망 또는 부상하거나 질병에 걸리는 것을 말한다."고 정의하고 있다.

산업안전보건법 제2조(정의)

이 법에서 사용하는 용어의 뜻은 다음과 같다.

1. “산업재해”란 노무를 제공하는 자가 업무에 관계되는 건설물·설비·원재료·가스·증기·분진 등에 의하거나 작업 또는 그 밖의 업무로 인하여 사망 또는 부상하거나 질병에 걸리는 것을 말한다.
2. “중대재해”란 산업재해 중 사망 등 재해 정도가 심하거나 다수의 재해자가 발생한 경우로서 고용노동부령으로 정하는 재해를 말한다.

그렇다면 노무를 제공하는 자가 직장 내 괴롭힘으로 인해 사망하거나 질병에 걸리게 되는 경우도 산업안전보건법상 ‘산업재해’에 해당한다고 볼 수 있을 것인지가 문제된다. “작업 또는 그 밖의 업무로 인하여”에 “직장에서의 괴롭힘으로 인하여”가 포함된다고 볼 수 있을 것인가의 문제이다. 산업안전보건법이 제4조 제1항 제3호에 정부의 책무로서 “「근로기준법」 제76조의2에 따른 직장 내 괴롭힘 예방을 위한 조치기준 마련, 지도 및 지원”을 추가하고 있는 점, 고객응대근로자에 관한 산업안전보건법 제41조의 규정 취지, 산재보험법 제37조 제1항 제2호 다목이 “근로기준법 제76조의2에 따른 직장 내 괴롭힘, 고객의 폭언 등 업무상 정신적 스트레스가 원인이 되어 발생한 질병”을 업무상 재해로 간주하고 있는 것 등을 고려하면, 직장 구성원에 의한 직장 내 괴롭힘 뿐만 아니라, 고객에 의한 폭언과 괴롭힘으로 인해 발생한 사망, 부상, 질병도 산업재해에 포함되는 것으로 해석할 수 있다.

업무상 재해가 되기 위해서는 업무와 사망 또는 부상, 질병 사이에 상당인과관계가 있어야 한다. 그러나, 직장 내 괴롭힘 피해자가 자살한 경우, 과연 업무와 스스로 목숨을 끊은 것 사이에 인과관계가 있다고 할 수 있는가가 문제될 수 있다. 본인의 행위가 개입되어 있기 때문이다. 이에 대해서는 “근로자가 자살행위로 인하여 사망한 경우에, 업무로 인하여 질병이 발생하거나 업무상 과로나 스트레스가 그 질병의 주된 발생원인에 겹쳐서 질병이 유발 또는 악화되고, 그러한 질병으로 인하여 정상적인 인식능력이나 행위선택능력, 정신적 억제력이 결여되거나 현저히 저하되어 합리적인 판단을 기대할 수 없을 정도의 상황에서 자살에 이르게 된 것이라고 추단할 수 있는 때에는 업무와 사망 사이에 상당인과관계가 있다고 할 수 있다"[16]라고 보아 인과관계를 인정하는 것이 일반적이다. 직장 내 괴롭힘과 관련해서도, 총무팀장으로 주로 관리업무만을 수행하였던 근로자가 객실관리와 프론트 고객 응대업무 담당으로 강등 당한 뒤 심한 스트레스로 자살한 사건에서 대법원이 "망인이 자살 직전 극심한 업무상의 스트레스와 정신적인 고통으로 인하여 우울증세 등이 발현·악화되어 정상적인 인식능력이나 행위선택능력, 정신적 억제력이 현저히 저하되어 합리적인 판단을 기대할 수 없을 정도의 상황에 빠지게 되었고, 그러한 상태에서 자살에 이르게 된 것으로 추단될 여지가 충분하므로, 망인의 업무와 사망 사이에 상당인과관계를 인정할 수 있다"[17]고 판단한 사례가 있다.

직장 내 구성원 또는 고객 등에 의한 특정 괴롭힘 행위로 인해 괴롭힘 피해 근로자가 자살한 경우, 자상 또는 자해하거나 심각한 정신질환 또는 신체적 질환이 발생하여 6개월 이상의 요양이 필요한 괴롭힘 피해 근로자가 2명 이상 발생한 경우에는 해석상 직장에서의 괴롭힘으로 인해 중대재해 처벌 등에 관한 법률(이하 '중대재해처벌법')이 적용되는 '중대산업재해'가 발생했다고 볼 수 있게 된다. 이 경우 사업주와 경영책임자에게 중대재해처벌법에 따른 처벌과 징벌적 손해배상 등이 적용될 수 있다.

중대재해 처벌 등에 관한 법률 제2조(정의)

이 법에서 사용하는 용어의 뜻은 다음과 같다.

2. "중대산업재해"란 「산업안전보건법」 제2조제1호에 따른 산업재해 중 다음 각 목의 어느 하나에 해당하는 결과를 야기한 재해를 말한다.
   가. 사망자가 1명 이상 발생
   나. 동일한 사고로 6개월 이상 치료가 필요한 부상자가 2명 이상 발생
   다. 동일한 유해요인으로 급성중독 등 대통령령으로 정하는 직업성 질병자가 1년 이내에 3명 이상 발생

---

16) 대법원 2011. 6. 9. 선고 2011두3944 판결; 대법원 2016. 1. 28. 선고 2014두5262 판결 등.
17) 대법원 2016. 1. 28. 선고 2014두5262 판결.

한편, 직장 내 괴롭힘으로 인해 신체적, 정신적 고통을 겪거나 근무환경 악화에 직면하여 건강이나 생명 침해가 발생할 수 있는 상황에 놓인 근로자에게는 작업중지권(산업안전보건법 제52조 제1항)이 인정되고, 이를 확인한 사업주에게는 작업중지 의무(산업안전보건법 제51조)가 인정된다. 다만, 산업안전보건법 제53조의 해석상, 직장 내 괴롭힘으로 인하여 근로자에게 위험이 발생할 우려가 있다는 상황이 조항에 따른 고용노동부 장관의 작업중지명령의 대상이라고 하기는 어려우나, 고용노동부 장관이 사용자에게 근로기준법 제76조의2와 제76조의3의 취지에 따라 피해 예상 근로자에 대한 유급휴가나 배치전환을 권고할 수는 있으리라 생각된다.

(3) 고객응대근로자 보호를 위한 사용자의 조치 의무

사업주는 고객응대근로자에 대하여 고객의 폭언, 폭행, 그 밖에 적정 범위를 벗어난 신체적·정신적 고통을 유발하는 행위로 인한 건강장해를 예방하기 위하여 고용노동부령으로 정하는 바에 따라 필요한 조치를 하여야 하는 의무를 부담한다(산업안전보건법 제41조).

산업안전보건법 제41조(고객의 폭언 등으로 인한 건강장해 예방조치 등)

① 사업주는 주로 고객을 직접 대면하거나 「정보통신망 이용촉진 및 정보보호 등에 관한 법률」 제2조제1항제1호에 따른 정보통신망을 통하여 상대하면서 상품을 판매하거나 서비스를 제공하는 업무에 종사하는 고객응대근로자에 대하여 고객의 폭언, 폭행, 그 밖에 적정 범위를 벗어난 신체적·정신적 고통을 유발하는 행위(이하 이 조에서 "폭언등"이라 한다)로 인한 건강장해를 예방하기 위하여 고용노동부령으로 정하는 바에 따라 필요한 조치를 하여야 한다.

② 사업주는 업무와 관련하여 고객 등 제3자의 폭언등으로 근로자에게 건강장해가 발생하거나 발생할 현저한 우려가 있는 경우에는 업무의 일시적 중단 또는 전환 등 대통령령으로 정하는 필요한 조치를 하여야 한다.

③ 근로자는 사업주에게 제2항에 따른 조치를 요구할 수 있고, 사업주는 근로자의 요구를 이유로 해고 또는 그 밖의 불리한 처우를 해서는 아니 된다.

사업주가 고객응대근로자를 보호하기 위해 해야 하는 조치에는 폭언 등을 하지 않도록 요청하는 문구 게시 또는 음성 안내, 고객과의 문제 상황 발생 시 대처방법 등을 포함하는 고객응대업무 매뉴얼 마련, 고객응대업무 매뉴얼의 내용 및 건강장해 예방 관련 교육 실시, 그 밖에 고객응대근로자의 건강장해 예방을 위하여 필요한 조치 등이다(산업안전보건법 시행규칙 제41조). 사업주는 업무와 관련하여 고객 등 제3자의 폭언 등으로 근로자에게 건강장해가 발생하거나 발생할 현저한 우려가 있는 경우에는 업무의 일시적 중단 또는 전환, 근로기준법상 휴게시간의 연장, 폭언 등으로 인한 건강장해 관련 치료 및 상담 지원, 관할 수사기관 또는 법원에 증거물·증거서류를 제출하는 등 폭언 등으로 인한 고소, 고발 또는 손해배상 청구 등을 하는 데 필요한 지원 등의 조치를 해야 한다(산업안전보건법 제41조 제2항, 시행령 제41조). 또한, 사용자가 그와 같은 조치를 하지 않은 경우 근로자가 이를 요구할 수 있는데, 이때 사업주는 근로자의 요구를 이유로 해고 또는 그 밖의 불리한 처우를 해서는 안 된다(산업안전보건법 제41조 제3항).

(4) 정부의 책무

정부는 근로기준법 제76조의2에 따른 직장 내 괴롭힘 예방을 위한 조치기준 마련, 지도 및 지원을 성실히 이행할 책무를 부담한다(산업안전보건법 제4조). 이러한 책무를 부과하는 이유는, 그것이 산업안전보건법의 목적에 부합한다고 입법자가 판단했기 때문이다.

산업안전보건법 제4조(정부의 책무)

① 정부는 이 법의 목적을 달성하기 위하여 다음 각 호의 사항을 성실히 이행할 책무를 진다.

3. 「근로기준법」 제76조의2에 따른 직장 내 괴롭힘 예방을 위한 조치기준 마련, 지도 및 지원

제3장 직장 내 성희롱의 금지

직장 내 괴롭힘 금지 및 사건 발생시 사업장 내 처리절차를 규정하는 근로기준법 제76조의2와 제76조의3은 직장 내 성희롱에 관한 남녀고용평등법 제2조 제2호의 정의 규정, 제12조의 금지 규정, 제14조의 발생 시 조치 규정 등을 참조하여 일부만 변형해서 입법되었다. 따라서 이 장에서 직장 내 성희롱에 관하여 해설하면서, 직장 내 괴롭힘 부분인 제2장에서 설명한 내용과 중복되는 사항은 생략하고 중요한 것만 설명한다.

Ⅰ. 직장 내 성희롱 관련 입법 연혁

1995년에 제정되어 1996년 7월 1일부터 시행됐던 여성발전기본법은, 국가, 지방자치단체 또는 사업주의 의무로서 성희롱의 예방 등 직장 내의 평등한 근무환경 조성을 위하여 필요한 조치를 취할 의무를 부과하고 있었다(여성발전기본법 제17조 제3항). 당시에도 이미 직장 내 성희롱에 대한 입법적 대응 필요성에 대한 사회적 공감대가 있었다는 것을 확인할 수 있다. 그러던 중 모 대학의 여성 직업조교에 대한 교수의 성희롱 사건이 발생한다. 소위 '우조교 성희롱 사건'이다. 이 사건이 언론에 보도되고 대법원에서 성희롱이 인정되기까지 상당한 사회적 논란의 대상이 됐다.[18] 그리고, 직장에서 발생하는 성희롱에 대한 강력한 입법적 대응이 필요하다는 인식이 확산되었다.

그 결과, 1999년 남녀고용평등법 개정 시에 직장 내 성희롱 개념(남녀고용평등법 제2조 제2항), 사업주에 대한 성희롱 예방교육 등 예방조치 의무 부과(남녀고용평등법 제8조의2 제1항), 성희롱 피해자에 대한 불이익 취급 금지(남녀고용평등법 제8조의2 제2항) 규정 등이 도입되었다. 이후 2001년 11월 1일 개정시에 '직장 내 성희롱

---

18) 대법원 1998. 2. 10. 선고 95다39533 판결.

의 금지 및 예방'이라는 장이 신설되고 제12조에 직장 내 성희롱 금지 규정이 도입됐다. 그리고, 직장 내 성희롱 금지 규정 위반시 1천만 원 이하의 과태료, 발생시 사업주의 조치의무 위반시 5백만 원 이하의 과태료, 성희롱 예방교육 의무 위반시 3백만 원 이하의 과태료 부과를 각각 규정하였다(남녀고용평등법 제39조).

국가와 지방자치단체 및 사업주의 성희롱 예방교육과 관련된 규정은 2008년 여성발전기본법 개정시에 추가됐는데, 여성발전기본법이 2014년에 전부개정되어 양성평등기본법으로 변경된 뒤 2015년 7월부터 시행되기 시작했다. 양성평등기본법은 국가와 지방자치단체에 성희롱 예방, 성희롱 예방교육 등 방지조치, 실태조사 등의 의무를 부과하였다. 현행 양성평등기본법도 국가와 지방자치단체에 대하여 성희롱 방지 의무(양성평등기본법 제30조), 성희롱 예방교육 등 방지조치 의무(양성평등기본법 제31조), 성희롱 사건 발생 시 조치(양성평등기본법 제31조의2), 성희롱 방지 조직문화 진단 및 개선 권고(양성평등기본법 제31조의3), 성희롱 실태조사(양성평등기본법 제32조) 의무 등을 부과하고 있다.

한편, 국가인권위원회법도 2005년 7월 29일 개정시에 제2조 제5호에 성희롱의 정의를 규정했는데, 이 조항에 따르면 성희롱은 "업무, 고용 그 밖의 관계에서 공공기관의 종사자, 사용자 또는 근로자가 그 직위를 이용하거나 업무 등과 관련하여 성적 언동 등으로 성적 굴욕감 또는 혐오감을 느끼게 하거나 성적 언동 그 밖의 요구 등에 대한 불응을 이유로 고용상의 불이익을 주는 것"이라고 정의되었다.

이후, 2007년 12월 21일 구 남녀고용평등법이 현행의 남녀고용평등법으로 변경되었지만, 성희롱과 관련된 사업주의 의무는 큰 틀이 변경되지 않고 현재까지 이르고 있다.

Ⅱ. 직장 내 성희롱(성적 괴롭힘)의 개념

1. 직장 내 성희롱의 정의

남녀고용평등법은 직장 내 성희롱의 개념을 "사업주·상급자 또는 근로자가 직장 내의 지위를 이용하거나 업무와 관련하여 다른 근로자에게 성적 언동 등으로 성적 굴욕감 또는 혐오감을 느끼게 하거나 성적 언동 또는 그 밖의 요구 등에 따르지 아니하였다는 이유로 근로조건 및 고용에서 불이익을 주는 것"이라고 정의한다(남녀고용평등법 제2조 제2호). 그러나, 희롱(戱弄)은 사전적으로 실없이 놀리거나 서로 즐기면서 노는 것을 의미하며, '성희롱'이라는 표현은 실제 사건의 심각성이나 피해자의 피해를 과소평가하게 만드는 부작용이 있다. 성희롱이라는 용어는 사용을 자재하고, '성적 괴롭힘'이라고 표현하는 것이 타당하다.

남녀고용평등과 일·가정 양립 지원에 관한 법률 제2조(정의)

이 법에서 사용하는 용어의 뜻은 다음과 같다.

2. "직장 내 성희롱"이란 사업주·상급자 또는 근로자가 직장 내의 지위를 이용하거나 업무와 관련하여 다른 근로자에게 성적 언동 등으로 성적 굴욕감 또는 혐오감을 느끼게 하거나 성적 언동 또는 그 밖의 요구 등에 따르지 아니하였다는 이유로 근로조건 및 고용에서 불이익을 주는 것을 말한다.

2. 직장 내 성희롱 구성요건

(1) 주체 및 객체

직장 내 성희롱을 가할 수 있는 주체는 사업주·상급자 또는 근로자이다. 직장 내 성희롱의 객체가 될 수 있는 대상은 '다른 근로자'이다. 남녀고용평등법상 직장 내 성희롱에 있어서도 사업주는 피해의 객체가 될 수 없다.

(2) 제압 수단

직장 내 괴롭힘 가해자가 피해 근로자의 저항을 제압하는 수단은 직장 내의 지위이다. '직장 내의 지위'는 직장에서 공식적, 비공식적으로 인정되는 지휘·명령 체계에서의 권한이나 자격의 높고 낮음을 말한다.

(3) 인정 범위의 한계

직장 내 성희롱이 인정될 수 있는 인정 범위는 "업무와 관련하여"이다. 즉, 업무관련성 하에서 직장 내 성희롱이 인정되므로, 직장 내 성희롱이 업무와 관련 없이 발생한 경우에는 남녀고용평등법의 규제 대상이 아니다. 직장 내 성희롱에 대한 남녀고용평등법의 규율 방법은 기본적으로 사업장 내에서의 자율적 해결을 전제로 하기 때문에 직장 내 성희롱의 인정 범위를 정함에 있어 업무관련성을 요구하여 인정범위를 좁게 규정하는 것은 일응 합리성을 인정할 수도 있다.

(4) 금지행위의 유형

성희롱에 해당하는 행위로서 금지되는 행위는, 첫째, 성적 언동 등으로 성적 굴욕감 또는 혐오감을 느끼게 하는 행위, 또는 둘째, 성적 언동 또는 그 밖의 요구 등에 따르지 아니하였다는 이유로 근로조건 및 고용에서 불이익을 주는 것이다.[19)]

성적 언동이란 남녀 간의 육체적 관계 또는 남성이나 여성의 신체적 특징과 관련된 육체적, 언어적, 시각적 행위로서, 사회공동체의 건전한 상식과 관행에 비추어 볼 때 객관적으로 상대방과 같은 처지에 있는 일반적이고도 평균적인 사람으로 하여금 성적 굴욕감이나 혐오감을 느끼게 할 수 있는 행위를 가리킨다. 성적 언동은 직접적인 신체 접촉이나 행위 강요 등 육체적 행위, 음란한 농담, 외모 평가, 성적인 정보 유포·질문, 강요 등 언어적 행위, 성적인 사진, 동

---

19) 대법원 2018. 4. 12. 선고 2017두74702 판결; 대법원 2021. 9. 16. 선고 2021다219529 판결; 대법원 2023. 2. 2. 선고 2022다273964 판결 등.

영상, 그림, 문서 등을 보여주거나, 언어적 행위 또는 스스로 자신의 신체를 노출하는 행위 등 시각적 행위, 그 밖에 성적인 굴욕감이나 혐오감을 느끼게 하는 언어 사용이나 행위를 말한다.

성적 언동 등으로 성적 굴욕감 또는 모욕감을 느끼게 하는 행위는 성(性)과 관련하여 억눌리거나 모욕을 받는 느낌을 갖게 되거나, 자기 스스로 또는 타인에 대하여 미워하거나 꺼리는 마음을 갖게 되도록 만드는 행위를 말한다. 성적언동 '등'이라고 했으므로, 행위자에게 반드시 성적 동기나 의도가 있어야 성희롱이 되는 것은 아니지만, 당사자의 관계, 행위장소와 상황, 상대방의 명시적 또는 추정적인 반응, 행위의 내용과 정도, 행위가 일회적 또는 단기간의 것인지 아니면 계속적인 것인지 등 구체적인 사정을 참작하여 볼 때 성적 언동 등으로 상대방이 성적 굴욕감이나 혐오감을 느꼈다고 인정되어야 한다.[20] 회사의 이사가 회사 행사 당일 골프장 클럽하우스 내 VIP룸에서 근로자의 몸을 위아래로 훑어보며 근로자에게 "너는 피부가 하얗다. 몸매가 빼빼 말랐었는데, 요즘은 살이 쪘다.", "다리가 가늘고 새하얗다. 화이트닝크림을 바르냐? 몸에 잔털을 쉐이빙하냐?", "요즘 남자친구가 생겼냐? 왜 이렇게 살이 쪘냐? 일도 제대로 안하고 정신은 다른 데 팔려있지."라는 등의 말을 하였으며, 회초리를 맞아야 한다며 그 근로자에게 스스로 맞을 회초리로 쓸 나뭇가지를 구해오도록 하고, 구해온 나뭇가지를 부러뜨려 그 나뭇가지로 그 근로자의 엉덩이를 폭행하고 어깨를 밀치는 등의 행위를 한 사건에서 대법원은, "이 사건 피고의 행위는 고용 관계에서 직장의 상급자가 그 지위를 이용하여 업무상 적정범위를 넘어 근로자인 원고에게 신체적·정신적 고통을 준 '직장 내 괴롭힘'이자 그 지위를 이용하여 여성인 원고의 신체적 특징이나 남녀 간의 육체적 관계와 관련된 육체적·언어적 행위로서 원고에게 성적 굴욕감이나 혐오감을 느끼게 하는 성희롱에 해당한다"[21]고 판단하였다. 한편, 초등학교 3학년 담임교사들의 회식 자리에서 교감이 교장과 교무부장과 함께 참석하여 학생지도, 기초학력평가 및 영어 선도수업

20) 대법원 2008. 7. 10. 선고 2007두22498 판결; 대법원 2021. 9. 16. 선고 2021다219529 판결.
21) 대법원 2021. 11. 25. 선고 2020다270503 판결.

등 학습에 관한 대화를 하던 중 교장이 3학년 담임교사 중 여자교사 3명에게는 소주잔에 맥주를 따라 주었고, 남자교사 3명에게는 소주잔에 소주를 따라 주었다. 이후, 남자교사 3명만 교장에게 답례로 술을 권하고, 여자교사 3명은 술을 권하지 않자 교감이 두 차례에 걸쳐 여자교사들에게 교장선생님께 술 한 잔씩 따라 줄 것을 권유한 사건에서는, 대법원은 "위 회식 장소에서의 대화 내용, 원고가 위와 같은 말을 하게 된 정황 등에 비추어 보면, 원고가 성적 의도를 가지고 위와 같은 언행을 하였다기보다 직장 상사인 교장으로부터 술을 받았으면 답례로 술을 권하여야 한다는 차원에서 한 것으로 보이는 점, 회식에 참석한 여자교사 3명 중 2명이 원고의 언행으로 인하여 성적인 굴욕감 또는 혐오감을 느끼지 않았다고 진술하고 있는 점 등에 비추어 이 사건 회식의 성격, 참석자들의 관계, 장소 및 원고가 이 사건 언행을 할 당시의 상황, 성적 동기 또는 의도의 구체적인 사정을 종합하여 보면, 원고의 이 사건 언행이 우리 사회공동체의 건전한 상식과 관행에 비추어 볼 때 용인될 수 없는 선량한 풍속 또는 사회질서에 위반되는 것이라고 보기 어렵다"[22]라고 판단하였다.

성적 언동 또는 그 밖의 요구 등에 따르지 않았다는 이유로 근로조건 및 고용에서 불이익을 주는 것이란, 성적 언동 또는 직접 성적인 언동은 아니지만 성적 굴욕감 또는 모욕감을 느끼게 하는 행위에 따르지 않았다는 이유로 근로조건 및 고용에서 불이익을 주는 것을 말한다. 근로조건에서 불이익을 주는 것이란 임금, 근로시간, 직무의 내용, 근무제공 장소 등을 불이익하게 변경하거나, 동종·또는 유사한 직무를 수행하는 근로자와 차별하는 것을 말하고, 고용에서 불이익을 주는 것이란 채용, 해고 등에 있어서 불이익하게 처우하거나 차별하는 것을 말한다.

---

22) 대법원 2007. 6. 14. 선고 2005두6461 판결.

Ⅲ. 사용자의 의무

1. 직장 내 성희롱 금지

사업주, 상급자 또는 근로자는 직장 내 성희롱을 하여서는 안 된다(남녀고용평등법 제12조). 사업주, 상급자 또는 근로자가 직장 내 성희롱 금지 규정을 위반하면 1천만 원 이하의 과태료가 부과될 수 있다(남녀고용평등법 제39조 제2항).

> **남녀고용평등과 일·가정 양립 지원에 관한 법률 제12조(직장 내 성희롱의 금지)**
> 사업주, 상급자 또는 근로자는 직장 내 성희롱을 하여서는 아니 된다.

2. 직장 내 성희롱 예방교육 실시 등

사업주는 직장 내 성희롱을 예방하고 근로자가 안전한 근로환경에서 일할 수 있는 여건을 조성하기 위하여 직장 내 성희롱 예방 교육을 매년 1회 이상 실시하여야 한다(남녀고용평등법 제13조 제1항, 시행령 제3조 제1항). 성희롱 예방교육에는 직장 내 성희롱에 관한 법령, 해당 사업장의 직장 내 성희롱 발생 시의 처리 절차와 조치 기준, 해당 사업장의 직장 내 성희롱 피해 근로자의 고충상담 및 구제 절차, 그 밖에 직장 내 성희롱 예방에 필요한 사항이 포함되어야 한다(남녀고용평등법 시행령 제3조 제2항). 사업주는 성희롱 예방교육을 고용노동부장관이 지정하는 성희롱 예방교육 기관에 위탁하여 실시할 수 있다(남녀고용평등법 제13조의2 제1항). 그 외에 사업주는 성희롱 예방교육 자료 비치 및 홍보 의무(남녀고용평등법 제13조 제3항), 성희롱 예방 및 금지 조치 의무를 부담한다(남녀고용평등법 제13조 제4항). 한편, 성희롱 예방교육을 받을 의무는 근로자와 사용자가 모두에게 부과된다(남녀고용평등법 제13조 제2항).

남녀고용평등과 일·가정 양립 지원에 관한 법률 제13조(직장 내 성희롱 예방 교육 등)

① 사업주는 직장 내 성희롱을 예방하고 근로자가 안전한 근로환경에서 일할 수 있는 여건을 조성하기 위하여 직장 내 성희롱의 예방을 위한 교육(이하 "성희롱 예방 교육"이라 한다)을 매년 실시하여야 한다.

② 사업주 및 근로자는 제1항에 따른 성희롱 예방 교육을 받아야 한다.

3. 신고 접수 및 사실확인 조사

(1) 신고 주체

직장 내 성희롱 발생을 사업주에게 신고할 수 있는 사람은 직장 내 성희롱 발생 사실을 인지한 모든 사람이다. 누구든지 직장 내 성희롱 발생 사실을 알게 된 경우 그 사실을 해당 사업주에게 신고할 수 있다(남녀고용평등법 제14조 제1항). 성희롱 피해 근로자와 동료 근로자, 노동조합, 가족, 거래처 직원, 전혀 이해관계가 없는 사람 등 제3자를 포함한다.

남녀고용평등과 일·가정 양립 지원에 관한 법률 제14조(직장 내 성희롱 발생 시 조치)

① 누구든지 직장 내 성희롱 발생 사실을 알게 된 경우 그 사실을 해당 사업주에게 신고할 수 있다.

(2) 신고 접수 주체

직장 내 성희롱 발생 사실의 신고를 받는 주체는 사업주이다. 직접 근로계약 관계를 맺은 근로기준법상 사용자 뿐만 아니라 파견근로관계에서의 사용사업주도 사용자에 포함된다. 신고가 없었지만 직장 내 성희롱 발생사실을 알게 됐거나, 익명신고에 대하여 조사를 진행하여 성희롱 발생 사실을 알게된 사업주는 직장 내 성희롱 피해를 입은 근로자 또는 피해를 입었다고 주장하는 근로자가 조사 과정에서 성적 수치심 등을 느끼지 않도록 해야 한다(남녀고용평등법 제14조 제2항).

남녀고용평등과 일·가정 양립 지원에 관한 법률 제14조(직장 내 성희롱 발생 시 조치)

② 사업주는 제1항에 따른 신고를 받거나 직장 내 성희롱 발생 사실을 알게 된 경우에는 지체 없이 그 사실 확인을 위한 조사를 하여야 한다. 이 경우 사업주는 직장 내 성희롱과 관련하여 피해를 입은 근로자 또는 피해를 입었다고 주장하는 근로자(이하 "피해근로자등"이라 한다)가 조사 과정에서 성적 수치심 등을 느끼지 아니하도록 하여야 한다.

(3) 비밀 유지 의무

직장 내 성희롱 발생 사실을 조사한 사람, 조사 내용을 보고 받은 사람 또는 그 밖에 조사 과정에 참여한 사람은 조사 과정에서 알게 된 비밀을 피해근로자 등의 의사에 반하여 다른 사람에게 누설해서는 안 된다. 조사와 관련된 내용을 사업주에게 보고하거나 관계 기관의 요청에 따라 필요한 정보를 제공하는 경우는 제외한다(남녀고용평등법 제14조 제7항).

남녀고용평등과 일·가정 양립 지원에 관한 법률 제14조(직장 내 성희롱 발생 시 조치)

⑦ 제2항에 따라 직장 내 성희롱 발생 사실을 조사한 사람, 조사 내용을 보고 받은 사람 또는 그 밖에 조사 과정에 참여한 사람은 해당 조사 과정에서 알게 된 비밀을 피해근로자등의 의사에 반하여 다른 사람에게 누설하여서는 아니 된다. 다만, 조사와 관련된 내용을 사업주에게 보고하거나 관계 기관의 요청에 따라 필요한 정보를 제공하는 경우는 제외한다.

4. 피해 근로자 보호조치

(1) 신고에 따른 조사 기간 동안의 잠정 조치

직장 내 성희롱 발생에 대한 신고를 받았거나 발생 사실을 알게 된 사용자는, 직장 내 성희롱 피해를 당했다고 주장하거나 피해를 당한 것으로 추정되는 근로자에 대하여 근무장소의 변경, 유급휴가의 명령 등 적절한 조치를 취해야 한다. 가해자와 피해자를 격리하는 것이다. 피해자라고 주장하는 근로자에 대한 조치임을 주의해야 한다. 피해를 당했다고 주장하는 그 근로자의 의사에 반하는 조치를 해서는 안 된다(남녀고용평등법 제14조 제3항).

남녀고용평등과 일·가정 양립 지원에 관한 법률 제14조(직장 내 성희롱 발생 시 조치)

③ 사업주는 제2항에 따른 조사 기간 동안 피해근로자등을 보호하기 위하여 필요한 경우 해당 피해근로자등에 대하여 근무장소의 변경, 유급휴가 명령 등 적절한 조치를 하여야 한다. 이 경우 사업주는 피해근로자등의 의사에 반하는 조치를 하여서는 아니 된다.

(2) 사실이 확인된 경우의 확정적 조치

사용자는 피해 근로자가 요청하면 근무장소의 변경, 배치전환, 유급휴가의 명령 등 피해근로자에 대한 적절한 조치를 취해야 한다(남녀고용평등법 제14조 제4항). 직장 내 성희롱 발생 사실이 확인되면 가해자와 피해 근로자를 격리해야 할 필요성은 더욱 커진다. 근무장소의 변경, 배치전환 등의 의미는 직장 내 괴롭힘의 경우와 같다.

남녀고용평등과 일·가정 양립 지원에 관한 법률 제14조(직장 내 성희롱 발생 시 조치)

④ 사업주는 제2항에 따른 조사 결과 직장 내 성희롱 발생 사실이 확인된 때에는

피해근로자가 요청하면 근무장소의 변경, 배치전환, 유급휴가 명령 등 적절한 조치를 하여야 한다.

(3) 가해자에 대한 조치

사업주는 성희롱 발생 사실이 확인된 때에는 지체 없이 가해 행위자에 대하여 징계, 근무장소의 변경 등 필요한 조치를 하여야 한다. 다만, 사전에 피해근로자의 의견을 들어야 한다. 가해자에 대하여 징계를 하는 경우, 직장 내 성희롱이라는 사유가 입증이 되었더라도, 정당한 절차와 적절한 양정에 주의하지 않으면 근로기준법 제23조에 따라 징계가 무효가 될 수 있으므로 주의하여야 한다.

남녀고용평등과 일·가정 양립 지원에 관한 법률 제14조(직장 내 성희롱 발생 시 조치)

⑤ 사업주는 제2항에 따른 조사 결과 직장 내 성희롱 발생 사실이 확인된 때에는 지체 없이 직장 내 성희롱 행위를 한 사람에 대하여 징계, 근무장소의 변경 등 필요한 조치를 하여야 한다. 이 경우 사업주는 징계 등의 조치를 하기 전에 그 조치에 대하여 직장 내 성희롱 피해를 입은 근로자의 의견을 들어야 한다.

5. 불이익 취급 금지

(1) 사업주의 불이익 취급 금지 의무

사업주는 직장 내 성희롱 발생을 신고한 근로자나 피해 근로자에 대하여 불리한 처우를 할 수 없다. 이에 위반한 사용자에 대하여는 3년 이하의 징역 또는 3천만 원 이하의 벌금이 부과될 수 있다(남녀고용평등법 제37조 제3항).

(2) 불이익 취급의 내용

사업주가 행할 수 있는 불이익 취급의 내용에는, 파면, 해임, 해고, 그 밖에 신분상실에 해당하는 불이익 조치, 징계, 정직, 감봉, 강등, 승진 제한 등 부당한 인사조치, 직무 미부여, 직무 재배치, 그 밖에 본인의 의사에 반하는 인사조치, 성과평가 또는 동료평가 등에서 차별이나 그에 따른 임금 또는 상여금 등의 차별 지급, 직업능력 개발 및 향상을 위한 교육훈련 기회의 제한, 집단 따돌림, 폭행 또는 폭언 등 정신적·신체적손상을 가져오는 행위를 하거나 그 행위의 발생을 방치하는 행위, 그 밖에 신고를 한 근로자 및 피해근로자 등의 의사에 반하는 불리한 처우 등이 포함된다(남녀고용평등법 제14조 제6항). 사업주가 피해근로자에 대하여 위법하게 불리한 조치를 하였는지는, 그 조치가 직장 내 성희롱에 대한 문제 제기 등과 근접한 시기에 있었는지, 불리한 조치를 한 경위와 과정, 불리한 조치를 하면서 사업주가 내세운 사유가 피해근로자의 문제 제기 이전부터 존재하였던 것인지, 피해근로자의 행위로 인한 타인의 권리나 이익 침해 정도와 불리한 조치로 피해근로자가 입은 불이익 정도, 불리한 조치가 종전 관행이나 동종 사안과 비교하여 이례적이거나 차별적인 취급인지 여부, 불리한 조치에 대하여 피해근로자가 구제신청 등을 한 경우에는 그 경과 등을 종합적으로 고려하여 판단해야 한다.[23]

남녀고용평등과 일·가정 양립 지원에 관한 법률 제14조(직장 내 성희롱 발생 시 조치)

⑥ 사업주는 성희롱 발생 사실을 신고한 근로자 및 피해근로자등에게 다음 각 호의 어느 하나에 해당하는 불리한 처우를 하여서는 아니 된다.

1. 파면, 해임, 해고, 그 밖에 신분상실에 해당하는 불이익 조치
2. 징계, 정직, 감봉, 강등, 승진 제한 등 부당한 인사조치
3. 직무 미부여, 직무 재배치, 그 밖에 본인의 의사에 반하는 인사조치
4. 성과평가 또는 동료평가 등에서 차별이나 그에 따른 임금 또는 상여금 등의

---

23) 대법원 2017. 12. 22. 선고 2016다202947 판결.

차별 지급
5. 직업능력 개발 및 향상을 위한 교육훈련 기회의 제한
6. 집단 따돌림, 폭행 또는 폭언 등 정신적·신체적 손상을 가져오는 행위를 하거나 그 행위의 발생을 방치하는 행위
7. 그 밖에 신고를 한 근로자 및 피해근로자등의 의사에 반하는 불리한 처우

지역방송국 보도제작국장이 수습 프로듀서에게 성희롱에 해당하는 발언을 하여 수습 프로듀서가 이에 대하여 항의하자, 지역방송국 본부장과 보도제작국장이 수습사원이었던 해당 프로듀서를 본사에서 실시되는 교육훈련에 참여시키지 않고, 수습 만료 후 정식채용을 거부하였으며, 후임 본부장이 수습계약 기간이 끝나는 날 근로관계를 종료시킨 사건에서, 법원은 "성희롱 피해 발생을 주장하는 근로자에게 불리한 조치를 한 것으로서 남녀고용평등법을 위반하는 행위에 해당한다고 봄이 타당하고, 원고는 이로 인한 정신적 고통을 겪게 되었으므로, 피고는 이로 인하여 원고가 입은 손해를 배상할 책임이 있다"[24]고 판단하였다.

남녀고용평등법은 관련 분쟁의 해결에서 사업주가 증명책임을 부담한다는 규정을 두고 있는데(남녀고용평등법 제30조), 이는 직장 내 성희롱에 관한 분쟁에도 적용된다. 따라서 직장 내 성희롱으로 인한 분쟁이 발생한 경우에 피해근로자 등에 대한 불이익을 주는 행위가 성희롱과 관련성이 없거나 정당한 사유가 있다는 점에 대해서는 불이익을 주는 행위를 한 사업주 또는 상급자가 증명해야 한다.[25]

---

24) 대법원 2023. 2. 2. 선고 2022다273964 판결.
25) 대법원 2023. 2. 2. 선고 2022다273964 판결.

제6편

인사와 평가

제6편

인사와 평가

아직 노동법 분야에서는 사용자의 인사권과 인사평가 절차의 공정성과 관련된 문제는 본격적인 관심의 대상은 아니다. 그러나, 정당성이 없는 사용자의 인사권 행사, 불공정한 인사평가 수행, 부당한 인사평가 결과에 따른 임금 조정이나 직급 조정 등은 근로자의 근로조건에 아주 중요한 영향을 미친다. 그리고, 사용자의 재량권을 일탈한 인사평가의 수행이나 인사평가 결과 도출 행위가 법률분쟁으로 이어지는 경우도 점점 늘고 있다. 인사평가나 고과의 정당성이나 합리성에 대해 근로자들이 쉽사리 문제제기를 하기 어려운 한국의 정서적 상황이 있음에도 불구하고 분쟁이 늘고 있다는 점은 주목할 필요가 있다. 이러한 분쟁이 사건화 되어 소송이 개시되면, 대부분의 경우 근로기준법 제23조 제1항의 적용을 통해 해결해야 하는 부당해고나 부당징계의 문제로 다투어지고 있다. 이는 인사평가에 직접 적용할만한 다른 규정이 근로기준법이나 기타 노동 관련 법규에는 없기 때문에 불가피한 현상이다. 인사와 평가에 관한 사항을 근로기준법 제23조 해고 규정 등 몇몇 규정을 제외하고는 노동관련법규에서 찾을 수 없다는 규범적 현실과 인사평가나 고과의 정당성이나 합리성에 대해 근로자들이 쉽사리 문제제기를 하기 어려운 한국의 정서적 상황에 기인한다.

한편 미국은 인사고과의 정당성을 다투는 쟁점이 주로 차별의 문제로 다투어지고 있다.[1] 인종간 차별 문제가 뿌리 깊게 자리 잡은 미국적 특성이기도 하지만 근로기준법 제6조의 균등대우 원칙 규정을 근거로 무기계약직에 대한 차별금지를 인정하는 최근 판결의 흐름[2]을 보았을 때 우리나라에서도 장차 차별금지의 관점에서 인사평가의 공정성 문제가 다루어질 수 있는 가능성이 매우 높다.

---

1) Price Waterhouse v. Hopkins, 490 U.S. 228, 235, 109 S.Ct (1989).
2) 서울남부지방법원 2016. 6. 10. 선고 2014가합3505 판결.

제1장 인사권

I. 인사권의 의의

1. 인사권의 개념

근로자의 채용, 배치, 이동, 인사고과, 승진, 징계, 해고 등 사업 또는 사업장 내에서 근로자의 지위 변동이나 처우에 관계되는 사용자의 경영상 결정권한을 인사권이라고 한다. 근로제공 과정에서 사용자가 행사하는 지휘명령권을 인사권에 포함시키는 경우도 있으나, 포함시키지 않는 것이 일반적이다. 가장 일반적인 인사권의 범주는 근로자의 근무성적 및 적성과 능력 등에 대한 평가권, 인사이동을 포함한 배치전환권, 징계권 등으로 본다. 인사권은 최근까지는 사용자의 고유한 권한이라는 인식이 강했지만 최근에는 점차 근로자들의 참여와 통제가 필요하다는 관점이 확대되고 있다.

근로기준법 제23조(해고 등의 제한)

① 사용자는 근로자에게 정당한 이유 없이 해고, 휴직, 정직, 전직, 감봉, 그 밖의 징벌(懲罰)(이하 "부당해고등"이라 한다)을 하지 못한다.

2. 인사권 행사의 근거 법규

근로기준법을 비롯한 기타 노동 관련 법규에는 사용자의 인사권 행사의 준칙으로 삼을 수 있는 근거 규정을 찾을 수 없다. 다만, 근로기준법 제23조 제1항에 예시된 징벌의 종류를 보면, "전직"이 있다. 근로기준법 제23조 제1항에 규정된 '전직'은 본래 징벌로서의 전직을 뜻하지만, '전직'이라는 직무나 직책을 변경한다는 용어가 사용되고 있는 점, 사용자의 행위에 '정당한 이유'를 요구하고 정당한 이유가 없으면 그 행위를 무효로 보는 규정으로서 사용자의 자의적인 인사권을 통제하기에 적절한 적용 체계를 가지고 있다는 점 등의 이유로, 학계의 다수의 견해와 대법원 판례는 사용자의 인사권 행사의 정당성을 판단할 때 근로기준법 제23조 제1항을 유추적용한다.

'전직'을 중심으로 근로기준법 제23조 제1항을 보면, '사용자는 근로자에게 정당한 이유 없이 전직을 하지 못한다'는 의미가 되고, 역으로는 '근로자에게 정당한 이유가 있으면 전직을 할 수 있다'는 의미로 해석할 수 있다. 여기에서 정당한 이유는 사용자 측에도 있어야 한다. 인사권 행사는 사용자의 경영상의 의사결정이므로 경영상의 필요가 반영된다는 점에 특징이 있다. 사용자에게도 정당한 이유가 있어야 한다는 해석의 근거는 제8편 근로관계의 종료 편에서 자세히 설명하기로 한다. 기업활동을 계속적으로 유지하기 위하여 노동력 재배치와 수급조절의 필요성에 따라 발령한 인사명령이라면 징계처분이 아닌 배치전환으로 판단할 수 있다.

Ⅱ. 배치전환

1. 배치전환의 개념

근로자의 직무내용, 직급 또는 근무장소를 주로 사용자의 지시와 그에 대한 근로자의 동의를 전제로, 동일한 기업 내에서 상당히 장기간 또는 영구적으로 변경하는 것을 배치전환이라고 한다. 사용자의 인사권 행사에 따른 인사이동의 대표적인 개념이다. 배치전환은 근로자가 원 소속 기업 근로자의 신분을 유지하면서 다른 기업 사용자의 지휘·감독을 받아 근로를 제공하는 전출과, 원래 기업과의 고용관계를 단절하고 새로운 기업으로 소속을 변경하는 전적 등과 구별된다.

2. 배치전환과 근로자의 동의

(1) 근로자의 동의

사용자의 인사권 행사, 즉 배치전환 명령은 원칙적으로 사용자의 권한에 속하므로 업무상 필요한 범위 내에서는 사용자는 상당한 재량을 가진다. 다만, 사용자와 배치전환 대상 근로자가 작성한 근로계약서에 근로제공 장소가 명시된 경우, 근로계약에 업무 내용이 명백히 기재되어 있는 경우, 의사·간호사·기사 등과 같이 근로계약상 업무 수행에 특수한 자격·기술이 필요한 경우에는 배치전환시 대상 근로자의 별도의 동의가 필요하다. 근로제공 장소는 근로조건으로서 근로계약 체결시 서면으로 명시해야 하는 사항이므로 근로계약의 내용이라고 보아야 한다. 그러한 동의를 거치지 않은 경우에는 사용자의 권리남용에 해당하는 것으로서 무효이다. 원칙적으로 근로계약서를 수정할 필요가 있는 경우이기 때문에 근로계약서 재작성 및 재체결에 갈음하여 동의가 필요하기 때문이다.

근로기준법 시행령 제8조(명시하여야 할 근로조건)

법 제17조제1항제5호에서 “대통령령으로 정하는 근로조건”이란 다음 각 호의 사항을 말한다.

1. 취업의 장소와 종사하여야 할 업무에 관한 사항
2. 법 제93조제1호부터 제12호까지의 규정에서 정한 사항
3. 사업장의 부속 기숙사에 근로자를 기숙하게 하는 경우에는 기숙사 규칙에서 정한 사항

(2) 근로자의 동의 생략 정당성 요건

다만, 인사이동, 즉 배치전환의 업무상 필요성이 인정되고, 단체협약이나 취업규칙 등에 정한 절차를 거치고, 배치전환이 근로자에게 미치는 생활상 불이익이 크지 않은 경우라면 근로기준법 제23조 제1항의 정당한 이유가 있는 것으로 인정하여 별도의 동의를 생략해도 권리남용에는 해당하지 않는 것으로 본다.[3)]

배치전환의 정당성 배치전환이 근로자에게 미치는 생활상 불이익이 크지 않아야 한다는 의미는, 사용자 측의 배치전환의 업무상 필요성과 그 배치전환이 근로자에게 미치는 불이익을 서로 비교, 교량하여 균형성을 유지하여야 한다는 뜻이다. 제8편 근로관계의 종료 편에서 설명할 사유, 절차, 양정 중 양정에 해당하는 요건이다. 대법원 판례를 보면, "근로자에 대한 전보나 전직은 인사권자인 사용자의 권한에 속하므로 업무상 필요한 범위 내에서 사용자는 상당한 재량을 가지며 그것이 근로기준법에 위반되거나 권리남용에 해당하는 등의 특별한 사정이 없는 한 무효라고 할 수 없으나, 전보처분 등이 권리남용에 해당하는지 여부는 업무상의 필요와 그에 따른 근로자의 불이익을 비교·교량하고, 나아가 그 전보처분 등의 과정에서 근로자와 성실히 협의하는 등의 신의칙상 요구되는 절차를 거쳤는지 아닌지 등의 여러 사정을 고려하여 신중하게 판단하여야 한다"[4]고 판시하고 있다.

(3) 각 정당성 요건의 의미

배치전환의 경영상 필요성, 생활상 불이익, 당사자와의 성실한 협의 등 정당성 판단요건에 관하여 대법원 판례를 통해 살펴보면[5], 전보, 전직 등 근로자에게 적합한 직무를 부여하기 위한 배치전환은 목적의 정당성을 인정할 수 있으며, 배치전환의 전제가 되는 성과평가의 객관성과 정당성이 배치전환의 정당성 인정 요건이 될 수 있다고 한다. 업부상 필요성에 관한 대법원 판례를 보면, "사용자가 전직처분 등을 함에 있어서 요구되는 업무상의 필요란 인원 배치를 변경할 필요성이 있고 그 변경에 어떠한 근로자를 포함시키는 것이 적절할 것인가 하는 인원선택의 합리성을 의미하는데, 여기에는 업무능률의 증진, 직장질

3) 대법원 1997. 7. 22. 선고 97다18165, 18172 판결; 대법원 1998. 12. 22. 선고 97누5435 판결; 대법원 2000. 4. 11. 선고 99두2963 판결; 대법원 2007. 7. 26. 선고 2006도379 판결; 대법원 2009. 3. 26. 선고 2007다54498 판결 등.

4) 대법원 1998. 12. 22. 선고 97누5435 판결.

5) 대법원 1997. 7. 22. 선고 97다18165, 18172 판결; 대법원 1998. 12. 22. 선고 97누5435 판결; 대법원 2000. 4. 11. 선고 99두2963 판결; 대법원 2007. 7. 26. 선고 2006도379 판결; 대법원 2009. 3. 26. 선고 2007다54498 판결 등.

서의 유지나 회복, 근로자 간의 인화 등의 사정도 포함된다"고 보았다.[6] 이 사건에서 대법원은, "은행의 업무지원역발령은 은행의 '후선역관리방안'에 따라 '사고자 및 징계자' 중 현업배치 제한이 필요하다고 인정되는 직원을 대상으로, 개인별 일일 활동내용 보고, 실적관리, 실적평가, 면담기록부 작성 등 지속적인 관리를 통해 업무 능력을 제고하기 위한 인사상 조치로서, 이로 인하여 근로자가 제공하여야 할 근로의 종류나 내용, 장소, 임금 등에 변경을 가져오는 불이익이 있다고 하더라도, 기업 활동을 계속적으로 유지하기 위해서 노동력을 재배치하거나 그 수급 조절을 위하여 인사권자인 사용자가 자신의 고유 권한에 기하여 발령한 인사명령이지 징계처분이라고 볼 수 없으므로, 이 사건 감봉처분과 이 사건 업무지원역발령이 동일한 사유에 기초하여 이루어졌다고 하여 이를 통틀어 하나의 징계처분으로 볼 수 없다"고 판단하였다.

생활상의 불리함에 대한 대한 판단은, 배치전환으로 인해 가족 간 별거, 환자·노인·자녀 돌봄의 어려움 초래 등 불이익이 지나치게 커지는 경우 배치전환의 정당성이 부정될 수 있다.

배치전환의 절차적 정당성은, 단체협약, 취업규칙 등에 근로자 본인과의 성실한 협의 등 배치전환, 인사발령 등의 절차를 규정하고 있다면 그러한 절차를 거쳤는지 여부는 정당한 인사권의 행사인지의 여부를 판단하는 하나의 요소라고 할 수 있으나, 그러한 절차를 거치지 아니하였다는 사정만으로 전보처분 등이 권리남용에 해당하여 당연히 무효가 된다고 볼 수는 없다.[7]

생활상 불이익에 대한 대법원 판례를 보면, 호텔 서울본점 식음료부문에서 17년간 근무한 근로자의 근무장소를 사업부문이 통합되면서 부산 지점으로 옮기게 되었는데 이동 대상 근로자에게 숙소를 제공하고 부산 근무수당 및 식사를 추가로 제공함과 아울러 대외 호칭을 1직급 상향 조정한 사례에서, "근로 장소를 서울로 한정하기로 하는 근로계약이 체결되었다고 볼 자료가 없고, 근로자

6) 대법원 2013. 2. 28. 선고 2010두20447 판결.
7) 대법원 1994. 5. 10. 선고 93다47677 판결; 대법원 1995. 10. 13. 선고 94다52928 판결; 대법원 1997. 7. 22. 선고 97다18165,18172 판결.

가 서울에서 17년간 근무하여 왔다는 사실만으로 원고의 근로 제공의 장소가 서울로 한정되었다고도 볼 수 없고, 생활상의 불이익이 원고가 근로자로서 통상 감수하여야 할 정도를 현저하게 벗어난 것이라고는 볼 수 없으므로, 해당 근로자에 대한 전보발령은 정당한 인사권의 범위 내에 속하는 것으로서 권리남용에 해당하지 않는다"[8]라고 본 사례가 있다. 또한, 중앙노동위원회 판정 사례 중에 "이 사건 전보처분(팀장에서 차장으로)은 조직개편에 따른 후속 조치로 행하여진 것이라 봄이 상당하고, 근로자의 귀책사유에 기인한 제재로서 행하여진 징계라고 볼 만한 객관적 사실을 발견할 수 없으며, 근로자가 감수하여야 할 불이익은 직급보조비 50,000원이 감소하는 것 이외 특별히 다른 불이익을 발견할 수 없는 … 점 등을 볼 때, 인사처분으로 인한 근로자의 생활상 불이익이 통상 감수하여야 할 정도를 현저하게 벗어난 것이라 보기 어려울 뿐만 아니라 신의성실 원칙에 위반된다고 보기도 어렵다"[9] 라고 판정한 사례도 있다.

3. 낮은 직위로의 강등 조치의 정당성

노동시장에서 공급이 수요를 초과하는 상황이 일반화된 가운데, 노동의 수요자인 사용자도 내부노동시장에서의 공급초과 상태로 인해 초래되는 여러 가지 문제를 해소하기 위한 다양한 인사조치들을 활용하고 있다. 그 가운데 중요한 쟁점이 강등의 문제이다.

(1) 강등의 의의와 적용 법규

강등(demotion)은 개인에 대한 인사평가 결과와 조직 전체의 합리적 인력 배치 및 활용을 위해 특정 근로자를 종전보다 낮은 직급이나 직위에 배치하는 것을 의미한다. 직급이란 주로 근속연수 내지 인정경력과 연계된 것으로서 직책이나 권한과 직접 관련되지 않은 등급체계를 의미하며, 직위란 팀장, 본부장, 파트장

---

8) 대법원 1997. 7. 22. 선고 97다18165,18172 판결.
9) 중앙노동위원회 2011. 6. 30. 2011부해267 판정.

등 특정 부서의 장이나 특정 업무의 결정권을 갖게 되는 직책 부여에 따른 자격체계를 의미하는 경우가 많다. 사업장에 따라 다른 개념으로 사용되는 경우도 있다. 따라서 강등은 원칙적으로는 예를 들어 2급에서 3급으로 직급이 하향 조정되거나, 팀장에서 팀원으로 직책 또는 직위가 하향 조정되는 것을 모두 지칭할 수 있는 개념이다. 그러나 직급에 대한 하향조정의 경우에는 임금 감소가 두드러진다는 점에서 징계가 아닌 인사처분으로서의 강등은 직책에 대한 하향조정만을 인정하는 시각도 있다.[10] 인사처분의 일환으로 행해지는 강등은 수행하는 직무가 달라진다는 측면에서 전직이나 배치전환에 해당할 수 있으므로 현재로서는 사용자의 강등조치에 대해서도 원칙적으로 근로기준법 제23조 제1항을 유추적용할 수밖에 없다.

인사처분의 하나로서 행해지는 강등은 우리 근로기준법 체계에는 매우 낯선 개념이다. 강등은 직위해제와 마찬가지로 일반적으로 징계조치의 일환으로 인식되어왔다. 직위해제는 본래 보직만을 해제하는 것을 뜻하지만, 보직을 해제한 이후에 직무를 부여하지 않는 경우까지 포함하는 의미이므로 보직을 해제한 이후 비보직자로서 근로를 제공하도록 하는 것을 뜻하는 인사처분으로서의 강등과는 개념상 차이가 있다. 굳이 강등과 유사한 용어를 근로기준법에서 찾아보자면 근로기준법 제23조 제1항의 '전직'이나 '감봉'을 찾을 수 있다. 그러나 전직은 강등이 포함될 수 있는 매우 넓은 의미를 갖는 용어일 뿐이다. 통상 강등에 수반되는 급여 감소는 감봉에 해당한다고 볼 수 있는 경우도 있다. 강등 이외에 역직위 조치 같은 용어도 사용되고 있다. 강등이 일반적으로 징계처분으로 인식되고 인사처분으로서의 강등에 대해서도 근로기준법 제23조 제1항에 따른 정당성 통제가 엄격하게 가해져 왔기 때문에, 대부분의 강등조치과 관련한 분쟁은 부당징계 문제로 노동위원회에서 다퉈져 왔다

---

10) 서울중앙지방법원 2019. 6. 27. 선고 2018가합582086 판결(서울고등법원 2020. 2. 11. 선고 2019나2031038 판결 : 항소기각).

(2) 강등과 관련한 분쟁 해결의 양상

강등은 주로 사용자가 행하는 징계처분의 하나로 인식·활용되어왔으나 점차 징계가 아닌 통상적인 인사처분의 하나로 행해지는 경우가 빈번하고 드러나고 있다.

최근까지 중앙노동위원회의 판정 사례들을 보면 팀장이나 지점장 등의 직책을 가지고 있던 근로자에 대하여 사용자가 팀원이나 지점의 평사원으로 인사발령을 내린 것을 둘러싸고 분쟁이 발생한 사건들을 발견할 수 있다.[11] 그 중 가장 전형적인 사안은 사용자가 근로자를 팀장에서 팀원인 차장으로 전보처분 한 것에 대하여, 근로자가 징계조치임에도 징계절차를 거치지 않았으므로 부당징계라고 주장하며 노동위원회에 구제신청을 제기했고 사용자는 이에 대하여 조직개편에 따른 후속조치로서 통상적인 인사처분에 불과하므로 징계에 해당하지 않는다고 주장한 사례이다.[12] 이 사안에서 중앙노동위원회는 "이 사건 근로자의 귀책사유에 기인한 제재로서 행하여진 징계라고 볼 만한 객관적 사실을 발견할 수 없으며, 강등으로 보기가 어렵고, 또한, 근로자가 감수하여야 할 불이익은 직급보조비 50,000원이 감소하는 것 이외 특별히 다른 불이익을 발견할 수 없는데 비해서, 이 사건 전보처분은 조직개편의 후속조치로 보이는 점, 희망부서를 포함한 직무계획서를 제출받은 점, 상임이사가 인사처분 전 개별 면담한 점, 이사회 및 인사위원회 의결을 거쳐 행한 점 등을 볼 때, 인사처분으로 인한 근로자의 생활상 불이익이 통상 감수하여야 할 정도를 현저하게 벗어난 것이라 보기 어려울 뿐만 아니라 신의성실 원칙에 위반된다고 보기도 어렵다."고 하여 징계가 아닌 인사처분으로 보아야 한다고 판단했다.

법원 판결 중에서도 후선배치를 비롯한 강등조치와 대기발령을 둘러싸고 유사한 분쟁 사건들을 다수 발견할 수 있다.[13] 이 판결들을 살펴보면 다수의 판

---

11) 중앙노동위원회 2000. 4. 20. 99부해785, 808 판정; 중앙노동위원회 2011. 6. 30. 2011부해267 판정; 중앙노동위원회 2015. 9. 2. 2015부해524 판정 등.

12) 중앙노동위원회 2011. 6. 30. 2011부해267 판정.

13) 대법원 1989. 7. 25. 선고 88다카25595 판결; 대법원 1995. 10. 13. 선고 94다52928; 대법원 1996. 4. 12. 선고 95누7130 판결; 대법원 2005. 5. 26. 선고 2004두10401 판결; 서울고등법

결이 강등을 징계의 하나로 보고 있으나 그 중에는 후선배치 조치가 징계로서의 강등은 아니라고 보거나 사용자의 강등 처분이 징계에 해당하지 않는 것으로 전제하고 있는 판결들도 있다.[14] 특히 최근 업무와 관련이 없는 범죄행위를 저질러 수사와 소송의 당사자가 된 팀장 보직의 직원을 팀원으로 발령한 이후 별도의 징계처분을 한 사안에서 앞의 강등 발령이 징계가 아니므로 뒤의 징계처분과 중복되는 이중징계가 아니라고 판단한 사건[15]은 판단의 대상이 된 강등이 징계에 해당하지 않는 것으로 판단한 이유를 매우 체계적으로 제시하고 있다는 점에서 주목할 필요가 있다. 해당 판결이 제시한 근거는 인사관리규정에 강등이 징계처분으로 규정되어 있지 않은 점, 강등의 직책 변경으로 직급이 달라지지 않는 점, 내부 규정상 허용되어 있는 점, 불이익이 있거나 이례적이라고 볼 수 없는 점 등이다.

인사처분으로서의 강등이 문제가 된 사건들을 살펴보면, 우선 당사자 일방인 근로자 측은 그 조치가 징계에 해당한다고 주장하고 상대방 당사자인 사용자는 징계가 아닌 인사처분이라는 주장을 하는 것이 대부분이다. 이에 대해 노동위원회나 법원은 문제가 된 당해 사건이 징계에 해당하는지 아닌지 판단을 한 이후에 그 판단을 전제로 징계에 해당한다고 볼 경우 그 징계조치가 불법 또는 부당한 것인지 아닌지를 판단하고 있다.

(3) 인사처분으로서의 강등과 징계처분의 구별 기준

노동위원회와 법원은 사용자의 어떠한 조치가 징계에 해당한다고 볼 경우 그러한 사용자의 징계처분이 정당성이 있는지 없는지에 대한 확립된 판단기준을

원 2006. 8. 18. 선고 2005나109761 판결(대법원 2006. 12. 7. 선고 2006다58769 심리불속행기각); 대법원 2013. 2. 28. 선고 2010두20447 판결; 대법원 2018. 12. 27. 선고 2016두51443 판결; 서울중앙지방법원 2019. 6. 27. 선고 2018가합582086 판결(서울고등법원 2020. 2. 11. 선고 2019나2031038 판결: 항소기각) 등.

14) 서울고등법원 2006. 8. 18. 선고 2005나109761 판결(대법원 2006. 12. 7. 선고 2006다58769 심리불속행기각); 서울중앙지방법원 2019. 6. 27. 선고 2018가합582086 판결(서울고등법원 2020. 2. 11. 선고 2019나2031038 판결: 항소기각) 등.

15) 서울중앙지방법원 2019. 6. 27. 선고 2018가합582086 판결(서울고등법원 2020. 2. 11. 선고 2019나2031038 판결: 항소기각) 등.

가지고 있다. 즉 징계의 사유가 있는지, 그러한 사유가 사용자의 징계처분과의 사이에 상당성 내지 형평성이 있는지, 취업규칙이나 단체협약에 징계 절차 규정이 있는 경우 그러한 절차를 준수했는지를 꼼꼼하게 따진다. 또한, 사용자의 어떠한 조치가 인사권의 행사라고 보면 그러한 인사권의 행사가 업무상의 필요성이 있고, 인사권의 행사로 인해 해당 근로자가 입게 되는 생활상의 불이익이 감수할 정도이며, 근로자와의 협의 등 신의칙상의 절차를 거쳤는지 등을 종합적으로 검토하여 정당성을 판단한다.[16] 하지만 그 전 단계에서 사용자가 행한 조치가 징계인지 또는 징계 아닌 인사처분에 불과한지에 대해서 어떤 확립된 판단기준을 가지고 있는지 분명히 파악할 수 없다. 사용자의 어떠한 인사상 처분이 징계인지 아니면 징계 아닌 통상적 인사처분인지 하는 것을 사전에 확정하지 않으면 사용자의 해당 조치가 정당성이 있는지 없는지 판단하는 단계로 나아가서는 안 되고 나아갈 수도 없는 것이 원칙이다. 하지만 노동위원회와 법원의 판단을 보면 징계인지 징계 아닌 인사처분인지 여부를 판단하기 위한 분명한 기준을 제시하지 못한 채 결론만을 말하거나[17] 아니면 당사자가 주장하는 상황이나 목적에 거의 전적으로 의존하여 판단[18]한 뒤에 그에 따른 정당성 판단으로 나아가고 있다. 또한, 소송 과정에서 근로자 측이 징계가 아닌 통상적인 인사조치라는 사용자의 주장을 받아들이고 인사권 남용만을 주장한 사례도 존재한다.[19] 그러나 명확한 판단기준을 정립하여 그에 따라 판단하지 않고 선험적이고 예단에 가까운 판단을 내리는 것이 항상 옳은 결론에 이르고 있다고 보기 어렵다.

인사처분으로서의 강등과 징계처분으로서의 강등을 구별하기 위해서는, 해당

---

16) 대법원 1996. 4. 12. 선고 95누7130; 대법원 1995. 10. 13. 선고 94다52928; 대법원 2002. 12. 26. 선고 2000두8011 판결; 대법원 2005. 2. 18. 선고 2003다63029 판결; 대법원 2013. 2. 28. 선고 2010두20447 판결; 대법원 2013. 5. 9. 선고 2012다64833 판결; 대법원 2013. 6. 27. 선고 2013다9475 판결; 중앙노동위원회 2015. 9. 2. 2015부해524 판정 등.

17) 대법원 1995. 10. 13. 선고 94다52928; 대법원 2005. 5. 26. 선고 2004두10401 판결; 중앙노동위원회 2011. 6. 30. 2011부해267 판정 등.

18) 대법원 2013. 2. 28. 선고 2010두20447 판결; 중앙노동위원회 2000. 4. 20. 99부해785, 808 판정 등

19) 대법원 2005. 5. 26. 선고 2004두10401 판결; 중앙노동위원회 2015. 9. 2. 2015부해524 판정 등.

처분을 행한 사용자의 목적과 필요성, 강등 처분의 근거와 관행, 강등 처분의 내용, 강등 처분의 존속기간의 잠정성, 협의 절차에서의 징표, 사업장 내 관행의 존재 여부 등을 종합적으로 검토하여 판단해야 한다. 가장 중요한 것은 사용자의 주관적 목적과 강등 처분의 객관적 근거, 처분의 내용을 중심으로 한 해당 강등 처분이 대상 근로자에게 미치는 불이익의 경중에 관한 판단이다. 이러한 판단기준에 대한 검토에도 불구하고 해당 강등 처분의 법적성질을 규명할 수 없을 때에는 강등 처분의 존속기간의 잠정성, 협의 절차에서의 징표, 사업장 내 관행의 존재 여부 등을 검토하여 분쟁의 대상이 된 강등 처분의 법적성질을 정하여야 할 것이다.

판단기준을 하나씩 살펴보면, 첫째, 강등 처분의 목적과 필요성이다. 근로자로 하여금 성과 미달이나 특정 비위행위에 대한 책임을 지도록 하기 위해 내려지는 사용자의 처분은 특별한 사정이 없는 한 징계에 해당한다. 반면 인사처분의 경우에는 대상 근로자의 특정 행위나 일시적 성과가 아니라 경영여건, 대상 근로자의 직무적합성, 근로제공과 관련 없는 근로자의 특별한 상황 등이 고려대상이 될 것이다. 전적으로 회사의 인사관리상의 필요에 의해 어떤 처분이 내려진다면 그것은 비록 다소간의 불이익이 근로자에게 발생한다 하여도 징계가 아닌 인사처분의 하나로 판단할 수 있을 것이다. 둘째, 강등 처분의 근거이다. 사용자가 어떤 근로자에게 강등조치를 하면서 취업규칙이나 단체협약 상의 징계조항을 근거로 제시하고 있다면 그 조치는 대부분의 경우 징계처분의 일환으로 행해진 것으로 보는 것이 타당하다. 다만, 절차나 근거 규정이 없어서 인사처분으로서의 강등을 행하면서 징계규정을 유추적용하는 경우도 있을 수 있다. 인사처분에 대해서는 징계의 경우와 같이 규범적 근거가 반드시 필요한 것은 아니다. 단체협약에 승무정지가 징계사유로 열거되어 있다고 하여도 징계로서의 승무정지와는 별도로 업무명령으로서의 승무정지도 가능하다고 본 판례가 있다.[20] 셋째, 강등 처분의 내용이다. 사용자가 강등 처분을 하여 대상 근로자가

---

20) 대법원 1997. 11. 25. 선고 96누13231 판결.

강등된 직무를 수행하게 됨으로써 어떠한 근로조건의 변화가 수반되는가 하는 것도 처분의 성격을 판단하는 중요한 기준이 될 수 있다. 예를 들어, 지점장으로 있던 근로자를 지점의 평직원으로 발령함에 있어 지점장으로서의 능력이나 적성이 부족하다는 이유로 단지 지점장의 직위를 해제하였지만 동등한 경력의 다른 직원들이 통상 위치해 있는 직급을 유지하도록 하고 지점장으로서 특별히 지급되던 수당이나 급여만 공제되었을 뿐 동등한 경력의 다른 직원들이 지급받는 수준의 급여를 지급받고 있다면[21] 그러한 처분은 징계가 아닌 인사처분의 하나로 보는 데에 큰 무리가 없다고 생각된다. 넷째, 강등 처분의 존속기간의 잠정성이다. 강등조치가 일시적·잠정적이어서 일정기간 도과 후 원래의 직위에 복직시킬 것이 예정되어 있는 경우에는 그러한 조치는 징계의 일환으로 판단할 수 있다. 근로자의 책임을 상쇄시킬만한 기간 동안 불이익을 가한 후에 원래의 직위로 복직시킨다는 표시되지 않은 목적이 내재되어 있다고 보아야 하기 때문이다. 물론 조치의 항구성 여부를 기초로 한 판단은 인사처분의 종류에 따라 달라질 수 있다. 예를 들어 강등으로 인해 다른 하위의 다른 직무를 수행하게 되는 경우가 아닌, 직무를 전혀 부여하지 않고 대기발령을 내리는 직위해제와 같은 경우에는, 복직 기한이 정해져 있지 않은 항구적인 직위해제조치는 기한이 정해져 있는 직위해제조치에 비하여 더욱 불이익이 크다. 다섯째, 협의절차에서의 징표이다. 특정 근로자에 대한 강등조치가 이루어지는 과정에서 사용자가 인사위원회나 징계위원회를 열어서 대상 근로자에게 진술이나 소명 기회를 부여하는 절차를 거쳤다면, 해당 조치는 징계처분의 일환으로 행해진 것이라고 볼 가능성이 커진다. 그러나 강등조치 이전에 인사위원회 등이 열렸다 하더라도, 그 절차에서 사용자가 대상 근로자와 새롭게 배치될 직무의 내용과 그 직무를 수행할 수 있는 적성이나 능력, 관심 등에 대하여 협의하거나 이견을 조율하는 절차만을 거친 것이 확인된다면 해당 조치는 통상적인 인사처분의 하나로서 행해진 것이라고 보아야 할 것이다. 마지막으로 관행의 존재이다. 만약 해당 사업

21) 중앙노동위원회 2011. 6. 30, 2011부해267 판정.

장에 그러한 인사발령 관행이 오랜 기간 적용되어 자리잡고 있다면 인사처분으로서의 강등으로 인정하는 데에 더욱 용이할 것이다.

(4) 인사처분으로서의 강등의 정당성 판단

법원의 판례와 노동위원회 판정례를 보면, 사용자의 어떠한 조치가 인사권의 행사라고 보면 그러한 인사권의 행사가 업무상의 필요성이 있는지 여부, 인사권의 행사로 인해 해당 근로자가 입게 되는 생활상의 불이익이 감수할 정도인지 여부, 근로자와의 협의 등 신의칙상의 절차를 거쳤는지 여부 등을 종합적으로 검토하여 정당성을 판단한다.[22] 이 내용은 앞에서 배치전환의 정당성과 관련하여 충분히 살펴봤다. 강등조치도 전직의 하나로 포섭될 수 있는 여지가 있고 비록 징계처분이 아니라 하더라도 앞에서 설명한 바와 같이 정당성 판단에 있어서는 근로기준법 제23조를 유추적용하는 것이 현행 근로기준법체계 하에서는 불가피하다는 점에서 같은 판단기준이 적용될 수 있다고 본다.

인사처분으로서의 강등과 관련하여 추가적인 사항을 설명하면, 첫째, 업무상의 필요성이 있는지 여부는 사용자의 주관적 기준에 따라 판단되어서는 안 되며, 대상 근로자의 현재 직무에 대한 적격성, 사업장 전체의 인력 현황과 조정 필요성, 추가인력 수요, 근로자 개인 및 전체의 생산성, 근로자 상호간의 유대나 친소관계, 사업장 문화 등 제반 사항들을 종합적으로 검토하여 객관적으로 결정되어야 한다. 법원도 상사의 지시에 자주 반발하고 동료 근로자들과 불화를 일으킨 근로자를 징계 한 이후, 불화가 계속되는 것을 방지하기 위해 다른 부서로 해당 근로자를 전직발령한 사례[23], 인사적체 해소를 위해 전직발령을 한 사례[24] 등의 경우에 정당성을 인정한 바 있다. 둘째, 생활상의 불이익과 관련해서

22) 대법원 1994. 5. 10. 선고 93다47677 판결; 대법원 1995. 10. 13. 선고 94다52928 판결; 대법원 1996. 4. 12. 선고 95누7130; 대법원 1997. 7. 22. 선고 97다18165, 18172 판결; 대법원 2002. 12. 26. 선고 2000두8011 판결; 대법원 2005. 2. 18. 선고 2003다63029 판결; 대법원 2012. 11. 29. 선고 2011두30069 판결; 대법원 2013. 2. 28. 선고 2010두20447 판결; 대법원 2013. 5. 9. 선고 2012다64833 판결; 중앙노동위원회 2015. 9. 2. 2015부해524 판정; 중앙노동위원회 2015. 10. 14. 중앙2015부해719, 720 판정 등.

23) 대법원 1994. 5. 10. 선고 93다47677 판결.

는 단순히 근로자에게 생활상 불이익이 초래된다는 사실이 있다는 사정만으로 강등조치의 정당성이 부정되는 것은 아니다. 강등은 직책급 지급 중단 등으로 인해 불가피하게 임금수준 저하 등의 불이익이 수반되는 경우가 많기 때문이다. 근로자의 생활상의 불이익은 인사처분의 필요성과 비교형량을 위한 상대적인 요건이라고 보는 것이 타당하다. 중앙노동위원회 판정 중 과장에서 주임으로 직급이 변동되면서 기준연봉이 절반 이상 감소한 사안에서, 그것이 징계에 해당하지는 않으나 근로자가 입는 생활상의 불이익이 통상 감수하여야 할 정도를 크게 벗어난 것으로 보이고 이러한 생활상의 불이익 정도보다 업무상의 필요성이 크다고 볼 수 없어 부당한 인사명령이라고 판단한 사례가 있다.[25] 법원 판결 중에도 정기 인사발령시기가 아닌 시기에 팀장에서 팀원으로 인사발령이 있었고 그 인사발령에 따라 팀장으로서 받던 직책급 월 342,000원이 감액된 것에 대하여, 그것이 이례적이라거나 임금 감액 정도가 과중하다고 보이지 않는다고 하면서 강등 처분의 정당성을 인정했던 사례가 있다.[26] 셋째, 절차와 관련해서는 명문의 규정이나 관행이 없다면 강등조치를 사업장 내에서 실시하기 위해 정형화된 도입절차가 반드시 요구되는 것은 아니다. 하지만 사용자의 강등조치 시행이 매우 이례적이고 전례가 없는 경우에는 근로자참여 및 협력증진에 관한 법률(이하 '근로자참여법') 제20조 제1항에 따라 노사협의회에서 협의를 진행하는 것이 바람직하다고 본다. 취업규칙이나 단체협약을 명시적으로 개정하여 인사조치로서의 강등의 근거 조항을 삽입하려 한다면 이는 취업규칙 불이익 변경에 해당하거나 단체협약 개정을 위해 노동조합의 동의가 필요한 사항으로 볼 수 있을 것이다. 명문의 규정이 없더라도 일정한 근속연수에 이르면 그에 상당하는 직급이나 직책이 부여되는 관행이 자리 잡고 있는 사업장의 경우에는 새로운 인사정책의 시행이 불문의 취업규칙을 불이익하게 변경하는 것으로 볼 수도 있다.[27]

---

24) 대법원 1992. 5. 22. 선고 91다22100 판결.

25) 중앙노동위원회 2015. 10. 14. 중앙2015부해719, 720 판정.

26) 서울중앙지방법원 2019. 6. 27. 선고 2018가합582086 판결(서울고등법원 2020. 2. 11. 선고 2019나2031038 판결: 항소기각).

27) 대법원 1989. 5. 9. 선고 88다카4277 판결; 대법원 1997. 5. 16. 선고 96다2507 판결 등.

(5) 강등조치의 효력

사용자의 인사처분으로서의 강등 조치가 유효한 경우 강등되어 하위 직급 또는 직책으로 발령이 된 근로자는 발령된 직책에서 해당 직무를 성실히 수행하여야 한다. 조합 가입 대상이 아닌 직급으로 승진하거나 직책을 부여받았던 직원이 강등조치로 조합 가입 대상 직급에 편입되거나 더 이상 '사용자 또는 그 이익 대표자에 준하는 업무'를 수행하는 직책을 맡지 않게 된 경우에는 노동조합의 조합원 자격을 회복하게 된다. 강등조치가 정당성 인정 요건을 갖추지 못한 경우에는 그 조치는 근로기준법 제23조 제1항의 "정당한 이유"가 없는 사용자의 전직 조치로서 무효가 된다.

제2장 인사평가의 공정성

Ⅰ. 인사평가제도에 대한 규범적 이해

1. 인사평가의 의의

(1) 인사평가의 개념

인사평가란 조직 내의 여러 직무에 종사하고 있는 구성원의 근무성적이나 능력, 업적, 태도 등을 조직에 대한 유효성의 관점에서 검토, 평가하여 그 결과를 구성원의 임금, 승진, 배치전환, 능력개발 등에 반영하고자 정기적 또는 부정기적으로 시행하는 제도이다. 근무평정, 인사고과, 성과평과 등의 용어를 쓰기도 한다. 여기에서 조직의 구성원에는 근로기준법상의 근로자분만 아니라 근로기준법 제2조 제1항 제2호의 "근로자에 관한 사항에 대하여 사업주를 위하여 행위하는 자" 등 근로기준법에 따른 분류상 사용자에 해당하는 구성원도 인사평가의 대상이 될 수 있다.

(2) 인사평가제도와 근로조건

인사평가절차나 제도 그 자체가 근로계약 작성 시 명시되어야 하는 근로조건(근로기준법 제17조)이라고 보기는 어렵다. 또한 인사평가제도를 신설하거나 변경하는 것은 사용자의 고유한 경영상 권한에 속하는 것[28]으로서 업무상 필요한 범위 안에서 사용자의 상당한 재량이 인정된다.[29]

그러나 인사평가제도가 소속 근로자들에게 원만하게 적용되고, 추후 분쟁 발생 시 명확한 기성의 제도로서 인정받기 위해서는 취업규칙, 단체협약 등에 평가의 대상, 주체, 기준, 방법과 평가 결과의 후속조치 사항 등을 명시적으로 규정해 놓는 것이 바람직하다. 인사평가제도가 곧바로 근로조건이 되는 것은 아니지만 인사평가제도의 도입이나 변경이 근로조건 변경을 직접적으로 초래하게 되는 경우에는 취업규칙 작성 및 변경과 관련된 절차를 거치는 것이 바람직하다(근로기준법 제94조). 판례의 태도는 분명하지는 않다. 그러나 해고 절차에 관한 규정 등 인사절차 조항이 단체협약에 규정된 경우 근로계약의 내용이 된다고 보는 것[30]을 미루어 볼 때 인사고과체계에 관한 규정도 근로조건과 관련된 것으로 볼 가능성이 충분하다. 새롭게 설계된 인사평가제도를 토대로 인사평가를 실시한 결과 평가 대상 근로자의 임금 등 근로조건의 변경이 초래될 것이 명확하게 예상된다면, 해당 인사평가제도의 변경이 취업규칙의 불이익 변경에 해당하는지 여부를 신중하게 검토할 필요가 있다.

따라서 평가등급에 따라 기준급을 조정하는 내용의 연봉제로의 급여규정 변경[31], 업적평가에 따라 보수가 삭감될 수 있는 경우[32] 등은, 비록 하급심 법원 판결에서는 그러한 변경이 취업규칙 불이익 변경에 해당하지 않는다고 보았지만, 배경의 여러 요인이 달라지면 충분히 불이익 변경으로 볼 수도 있다.

---

28) 근기 68207-352, 2003. 3. 26.
29) 대법원 2015. 6. 24. 선고 2013다22195 판결.
30) 대법원 2007. 12. 27. 선고 2007다51758 판결.
31) 대구고등법원 2006. 1. 13. 선고 2005나4889 판결.
32) 부산지방법원 2014. 5. 20. 선고 2013가단21019 판결.

(3) 인사평가시 사용자의 재량권의 한계

인사평가제도가 근로기준과 관련될 경우 제도의 신설, 변경이 취업규칙이나 단체협약 변경을 초래하게 되어 사용자의 재량이 제한되는 것 이외에, 인사평가제도의 신설, 변경, 실시 등이 근로기준법 등 노동관계법의 원칙규정, 즉 근로기준법 제6조 균등대우, 남녀고용평등법 제8조에 따른 임금차별 금지, 남녀고용평등법 제9조의 임금 외의 금품 차별 금지, 남녀고용평등법 제10조의 교육·배치 및 승진 차별 금지, 노동조합법 제81조의 부당노동행위 금지 등의 규정에 위반되어서는 안 된다는 것도 사용자의 인사 재량권의 중요한 한계로 작용하게 된다.

2. 인사평가 규정의 법적성질

인사평가 규정은 사용자의 경영상 의사결정이 문서화된 것으로서, 원칙적으로 그 내용이 취업규칙의 필요적 기재사항(근로기준법 제93조)에 해당한다고 보기는 어렵다. 그러나 인사평가제도의 내용과 평가의 방향, 평가 결과의 적용 등에 대한 근로자들의 예측가능성을 보장하는 것이 바람직하고, 인사평가의 결과 근로조건 변경이 이어지는 것이 일반적이라는 점에서, 인사평가제도와 관련된 사업장 내부 규정은 취업규칙에 해당한다고 보아야 한다. 고용노동부는 인사고과 규정은 '사무적 처리'를 위하여 필요한 사항으로서 변경 과정에서 반드시 근로자의 동의를 얻을 필요는 없다고 본다.[33] 그러나 인사고과 규정이 비록 사용자가 사무적 처리를 위하여 일방적으로 제정해서 시행할 수 있다고 하더라도, 문서로 작성되어 있든지 아니면 묵시의 관행으로서 자리 잡고 있든지 구별할 필요 없이 인사평가 규정은 취업규칙이라고 이해하는 것이 타당하다.[34] 판례를 보면, "부실근무자 관리방안에 관하여는 회사가 노동조합의 동의를 받았으나 부실근무자 관리체계 보완에 대하여는 노동조합의 동의가 없었던바, 노동조합의 동의를 얻은 부실근무자 관리방안은 회사의 취업규칙인 인사규정의 구체적인

33) 근기 01254-11010, 1987. 7. 9.

34) 서울고등법원 2016. 4. 14. 선고 2015누50520 판결.

내용이 되었다고 봄이 상당하고, 회사가 이를 부실근무자 관리체계 보완으로 불이익하게 변경하는 이상 근로기준법 제94조 제1항 단서의 규정에 따라 참가인 근로자 과반수로 조직된 노동조합의 동의를 받아야 함에도 이를 받지 않았는바, 부실근무자 관리체계 보완은 그 효력을 인정하기 어렵다"[35]고 보아 부실근무자 관리체계를 취업규칙으로 간주한 사례가 있다.

사용자는 인사평가가 근로자의 근무실적이나 업무능력 등을 중심으로 객관적이고 공정한 평정의 기준에 따라 이루어지도록 노력하여야 하고 그것이 해고에 관한 법적 규제를 회피하고 퇴직을 종용하는 수단으로 악용되는 등의 불순한 동기로 남용되어서는 안 된다. 만약 사용자의 인사고과가 헌법, 근로기준법 등에 위반되거나 객관적이고 공정한 평정의 기준을 현저하게 위반하여 정당한 인사권의 범위를 벗어난 때에는 인사고과의 평가 결과는 사법심사의 대상이 되어 그 효력이 부인될 수 있다.[36] 다만 인사평가가 모든 근로자들에 대해 동일한 기준에 의해 이루어지는 것이라면 인사평가 결과가 일부 근로자에게 불리하다 하더라도 노동위원회에 대한 구제신청을 할 수 있는 대상이 되는 징벌에 해당하지는 않는다.[37]

Ⅱ. 인사평가제도 설정시의 공정성 문제

1. 정성평가기준과 정량평가기준

정성평가기준보다는 정량평가기준이 평가의 공정성을 인정받기에 유리하다고 볼 수 있으며, 특히 생산직의 경우 생산성과 숙련도를 중요한 평가 척도로 반영하는 것이 피평가자의 평가결과에 대한 수용성을 높이는 데에 중요하다. 정성평

35) 서울고등법원 2016. 4. 14. 선고 2015누50520 판결(대법원 2016. 8. 17. 선고 2016두38280 판결: 심리불속행기각)

36) 대법원 2015. 6. 24. 선고 2013다22195 판결.

37) 서울행정법원 2011. 7. 14. 선고 2010구합32587 판결.

가기준이란 계량화하거나 수치화할 수 없는 발전 가능성, 조직 몰입도, 조직 친화도 등 추상적이고 주관적인 평가기준을 뜻하고, 정량평가기준은 계량화하거나 수치화할 수 있는, 생산성, 영업 성공률, 승진시험 점수, 지각·결근 회수 등의 기준을 말한다.

판례는 정성평가기준이 평가기준으로 활용되었다는 사정만으로 곧바로 평가기준의 공정성을 부정하지는 않는다. 즉 평가체계와 기준이 그 자체로 지나치게 자의적이거나 주관적인 요소로 구성되어 있어 현저히 부당하다고 판단되지 않는다면, 마련되어 있는 평가기준에 따라 충실하게 평가가 이루어졌다고 보이는 한 평가절차의 정당성을 인정하고 있다.[38] 법원이 이와 같이 신중하게 인사평가의 정당성 판단에 임하는 것은, "근로자에 대한 인사평가는 사용자의 권한에 속하는 것으로서 사용자는 그 인사평가의 방법 등을 결정하는 데에 상당한 재량을 가지고 있고, 인사평가의 본질상 정성적인 요소가 포함되어 있더라도 쉽사리 자의적이라거나 권한을 남용한 것이라고 단정할 수는 없다"[39]는 원칙에 충실했기 때문인 것으로 보인다.

그러나 판례가 모호한 이유로 정성평가기준의 객관성과 공정성을 긍정하는 것은, 예측가능성과 신뢰성 확보 측면에서 아쉬움이 있다. 다만, 법원이 개별 기업이 가지고 있는 인사평가기준의 세부적인 내용까지 정합성과 정당성을 판단하도록 하는 것은 무리가 있다는 점을 고려하면 대법원의 소극적 판단 자세에 대해서 이해할 수 있는 측면도 있다. 개별 기업들이 고유의 상황과 여건에 따라 형성한 평가방법과 항목 등 세부기준에 대한 판단을 법원이 정확하게 할 수 있다고 보는 것은 법원의 전문성과 기능을 고려할 때 타당하지 않기 때문이다. 다만 사용자의 자의를 배제하고 객관적인 평가가 가능해야 한다는 인사평가의 원칙에 비추어 볼 때 정성평가 기준이 지나치게 높아 평가자의 자의가 개입될 여지가 크다고 판단되는 경우에는 법원이 인사평가 기준의 부당성을 지적할 필요가 있다.

---

38) 대법원 2012. 5. 24. 선고 2010두15964 판결.

39) 서울고등법원 2012. 1. 19. 선고 2011누32555 판결(대법원 2012. 5. 9. 선고 2012두4760 : 심리불속행기각).

계량화된 수치를 기준으로 판단한다는 점에서 정확한 계량과 평가가 수행된다는 전제 하에, 정량평가 방식이 평가의 신뢰성과 수용성을 높일 수 있다는 데에는 이론의 여지가 없다. 그러나 과거의 공장제 제조업 산업구조가 아닌 서비스업과 사무직 중심의 산업구조가 일반화 되고 있는 현재의 상황에서는 정량평가 방법이 적용될 수 있는 여지는 점차 줄어들고 있다. 따라서, 오히려 정성평가 방법의 고도화를 통해 평가의 타당성과 수용성을 높이는 방안을 강구할 수 있는 방안을 함께 마련해나가야 할 것으로 생각된다.

2. 상대평가기준과 절대평가기준

평가기준에는 조직의 구성원을 상호 비교하여 평가하는 상대평가기준과 조직의 구성원을 확정된 일정한 기준 비추어서 그 수준을 평가하는 절대평가기준이 있다. 상대평가는 능력과 실적 평가에 있어서 근로자 사이의 우열을 가리기 위한 것이라는 의미에서 '선발형' 인사평가라고 하고, 절대평가는 근로자의 능력개발을 주목적으로 한다는 의미에서 '육성형' 인사평가라고 하기도 한다.

인사평가시 상대평가기준이 적용되고 있다는 사정만으로 평가기준의 공정성이 부정되는 것은 아니다.[40] 다만 상대평가기준과 절대평가기준 중 절대평가기준이 합리성과 공정성을 확보하기가 더 유리한 평가방법이다. 중상위 등급에 대해서는 상대평가기준을 적용하되 최하위 등급에는 비율을 할당하지 않고 일정한 기준에 미달하는 인원이 배정되도록 하는 방식의 혼합기준도 일반적인 상대평가기준에 비하여 상대적으로 평가결과의 합리성 확보에 유리하다.[41]

상대평가기준과 관련하여 평가의 합리성을 인정받을 수 있는 조건들을 정리해보면 다음과 같다. 첫째, 상대평가를 하면서도 최하 등급에 강제 할당하지 않고 임의분포로 하는 등 절대평가 방식으로 보완한 경우 합리성을 인정받을 여지가 커진다. 법원은 판결을 보면, 업무평가등급을 S(상위 10%)·A·B·C·D(하위

40) 서울행정법원 2006. 1. 27. 선고 2005구합23879 판결; 서울행정법원 2004. 12. 28. 선고 2003구합 39306 판결; 서울행정법원 2016. 7. 14. 선고 2015구합12830 판결 등.

41) 서울행정법원 2004. 12. 28. 선고 2003구합39306 판결.

10%)의 5개로 분류하여 상대평가에 따라 최하등급(D)에 일정 비율의 인원을 할당한 사례에서 4회 연속 최하위 등급(D)을 받았다는 것만으로 저성과자라고 볼 수는 없다고 판단한[42] 사례가 있는 반면, 평가등급을 S·A·B·C 4등급으로 나누고 S, A, B등급에 대해서는 일정비율을 할당하였지만 C등급의 경우 절대평가에 따른 임의분포 방식이었고, 실제로 연속 2회 C등급을 받은 근로자를 징계해고의 대상자로 선정한 사례에 대해서는 그 정당성을 인정했다.[43] 둘째, 일정 직급 대상으로 다면평가 제도를 도입하고 그 대상을 단계적으로 확대하면서 평가내용·항목 등이 합리적으로 설계되고, 기준·절차가 투명하게 평가가 지속되는 경우 상대평가기준을 적용하고 있다 하더라도 그 합리성을 인정받을 수 있다.[44] 셋째, 상대평가를 통해 최하위 등급을 받은 사실만으로 곧바로 업무능력·성과가 현저히 부족하다고 판단하여서는 안 되며 다른 정당성 요소들을 종합적으로 고려하여야 한다.[45]

판례가 상대평가기준이 적용된 인사평가 결과의 정당성을 부인하지 않는 이유는 절대평가기준과 평가방식의 불완전성을 인식하고 있기 때문이라고 판단된다. 평가자들이 절대평가기준에 부합하게 평가하고자 한다 하더라도 평가자의 인격적 특성에 의해 일부 상대평가 요소가 개입되지 않을 수 없다. 상대평가 방식의 불완전성을 평가기간의 지속성, 평가자의 수 확대, 평가절차의 엄격성 확보 등을 통해 보완해나갈 필요가 있다.

3. 평가기간의 지속성

평가기간이 반드시 길어야 합리성을 인정받을 수 있는 것은 아니나, 판례를 보면 평가가 수년간 이루어지고 그 자료가 해당 기간 동안 충분히 축적되어 있

42) 서울행정법원 2006. 1. 27. 선고 2005구합23879 판결.

43) 서울고등법원 2005. 7. 13. 선고 2005누3037 판결(대법원 2005. 10. 28. 선고 2005두9729 : 심리불속행기각).

44) 서울고등법원 2012. 1. 19. 선고 2011누32555 판결(대법원 2012. 5. 9 선고 2012두4760: 심리불속행기각).

45) 서울행정법원 2006. 1. 27 선고 2005구합23879 판결.

는 경우에는 평가 결과의 객관성을 인정한 사례가 많다.[46] 이에 해당하는 사례를 보면, 4년여 기간 동안 근무하면서 상사 및 동료 직원들과 마찰을 일으켰을 뿐만 아니라, 직무수행 능력이 부족하여 담당업무를 변경하는 등 불량한 근무태도가 계속되었다면 그 근로자에 대한 대기발령은 정당하다고 판단한 사례가 있으며,[47], 단순하고 정형적인 인사보조업무를 수행하였음에도 동일한 유형의 실수를 반복하고, 6년간 지속적으로 인사고과결과가 하락한 근로자를 징계대상자로 선정한 것은 정당하다고 판단한 사례[48] 4년 동안 평균 인사평가 결과가 전체 직원 6,300여 명 중 최하위를 기록한 자에 대하여 징계대상자로 선정한 것은 정당하다고 판단한 사례[49] 등이 있다.

4. 평가자의 수와 접근도

1인의 평가자에 의한 평가보다는 수직 또는 수평 관계에 있는 다수의 평가자가 피평가자에 대한 평가를 진행할 수 있는 중복평가시스템을 구축하는 경우 평가의 공정성과 객관성 확보하기에 더욱 유리하다. 대법원 판례를 보면, 회사가 3년간 인사평가를 가중 평균한 결과 하위 1% 이내에 해당하는 근무능력 부진자를 역량향상 프로그램 대상자로 선정하여 다시 2개월간 각자의 소속 부서장으로부터 행동관찰(심사)을 받도록 하고, 이후 각 사업부서별 인사담당 책임자 등이 검증위원으로 참여한 가운데 검증위원회를 개최하여 최초로 선정된 대상자 중 역량향상교육 대상자를 선정하도록 하는 역량향상 프로그램 대상자 선정 절차를 운영하고 있었던 회사에서 정당한 인사평가 및 역량향상 프로그램 최종 평가 결과에 의하여 최하위 등급을 받았고 근무시간 중에 인터넷 게시판 등에 참가인의 업무와 관련 없는 논평이나 칼럼을 게시하였을 뿐만 아니라, 현업수행

46) 서울행정법원 2009. 2. 3. 선고 2008구합38551 판결; 서울행정법원 2003. 1. 24 선고. 2002구합16306 판결; 서울행정법원 1999. 11. 2. 선고 99구10178 판결 등.
47) 서울행정법원 1999. 11. 2. 선고 99구10178 판결.
48) 서울행정법원 2003. 1. 24. 선고 2002구합16306 판결.
49) 서울행정법원 2009. 2. 3. 선고 2008구합38551 판결.

평가 과정에서도 회사의 지시에 따르지 아니한 채 각종 보고서를 제대로 제출하지 아니하는 등의 비위행위를 저질렀던 사례에서, "근로자에 대한 인사평가는 사용자의 권한에 속하는 것으로서 사용자는 그 인사평가의 방법 등을 결정하는 데에 상당한 재량을 가지고 있고, 인사평가의 본질상 정성적인 요소가 포함되어 있더라도 쉽사리 자의적이라거나 권한을 남용한 것이라고 단정할 수는 없다. 참가인이 1년차, 2년차, 3년차까지 행한 인사평가나 역량향상프로그램 대상자의 선정 이후 이루어진 행동관찰 및 검증위원회의 검증의 기준과 방식, 그리고 실제 운용이 사용자의 인사재량권의 범위를 벗어나 공정성이나 객관성을 결여하였다고 보이지 아니한다"[50]라고 판단하였다.

한편, 평가자가 다수 존재하는 경우 피평가자와 직무 및 부서배치상의 접근도가 높은 평가자의 평가 결과가 우선된다. 따라서 평가자와 직무 수행상의 거리가 먼 평가자와 직근 상급자의 평가가 서로 다를 경우 직근 상급자의 평가결과가 더 신뢰성을 갖는다고 본다. 대법원 판례를 보면, 평가 대상자들이 재계약거절 직전에 이루어진 1차년도 4/4분기부터 2차년도 3/4분기까지의 근무성적 평정에서 70점 미만의 점수를 받았는데, 평정과정에서 위 근로자들과 접근도가 높은 1, 2차 평정자들은 70점 이상의 점수를 부여한 반면, 접근도가 낮은 3, 4차 평정자들은 이에 미치지 못하는 점수를 부여하였고, 특히 4차 평정자인 조합장의 점수는 1, 2차 평정자들의 점수에 비해 현저히 낮아 전체 평균이 하락하는 요인이 되었는데, 기록상 평정자들 간의 점수에 큰 폭의 편차가 발생할 만한 사정을 발견할 수 없었고, 위 근로자들은 입사일로부터 1차년도 하반기까지 대부분 평균 70점 이상의 근무성적 평점을 유지하여 왔는데, 업무수행 능력이나 업무수행태도가 급격히 저하되었음을 인정할 만한 자료가 없었는데도 불구하고 마지막 근무성적평정에서 재계약기준 점수인 70점에 미치지 못하는 점수를 받은 사건에서, "단체협약이 2차년도 3/4분기에 실효되자 위 근로자들을 포함하여 기간을 초과하여 근무한 기간제 근로자들에 대하여 계속 근로기간 한도를

---

50) 서울행정법원 2011. 8. 25. 선고 2010구합42263 판결(서울고등법원 2012. 1. 19. 선고 2011누32555 판결, 대법원 2012. 5. 9 선고 2012두4760: 심리불속행기각).

정한 규정을 근거로 재계약을 거절하면서 그 과정에서 이들에게 일괄하여 재계약기준 점수에 미치지 못하는 점수를 준 것으로 보인다. 그렇다면 이는 회사가 오로지 재계약 거절의 사유로 삼기 위하여 형식적으로 근무성적평정을 한 것으로서 공정성과 합리성을 결여한 것이고, 이와 같이 공정성과 합리성이 결여된 심사 과정을 거쳐 도출된 점수가 재계약기준 점수에 미달한다는 이유로 재계약 거절을 한 것은 그 실질에 있어 부당해고에 해당하므로, 효력을 인정할 수 없다"[51]라고 판단하였다.

5. 평가기준의 직무관련성

피평가자의 담당 직무와 전혀 무관한 내용이 평가기준의 전부 또는 일부를 차지하고 있다면 그러한 평가기준은 공정성과 객관성을 인정받기 어렵다. 평가기준은 사업 또는 사업장 내에 존재하는 업종이나 직무의 종류에 따라 평가 대상자가 수행하는 업종 또는 직무의 특성을 반영하여 다양하고 구체적으로 마련되어 있어야 한다. 이와 관련하여 영업직원에 대한 평가에 있어, 영업실적이 19%에 불과하고, 다면평가 40%, 인사평점 40%를 반영한 것은 불합리하다고 판단한 사례가 있다.[52]

6. 평가기준 설정시 근로자 측의 참가

인사평가 기준 설정은 사용자의 재량에 해당하므로 근로자들의 참가나 의견개진 절차를 마련하는 것이 필수적인 절차는 아니다. 다만 앞에서 설명한 바와 마찬가지로 취업규칙 변경 절차(근로기준법 제94조 제1항)에 따라 근로자 과반수의 의견을 듣거나 동의를 받는 것이 바람직하며, 판례도 평가절차를 결정하는 과정에서 노동조합과 합의하거나 노사협의회 근로자위원 측과 협의하는 등 근로자

51) 대법원 2011. 7. 28. 선고 2009두2665 판결.
52) 서울남부지방법원 2010. 5. 14. 선고 2009가합21769 판결.

들의 의견을 수렴한 경우 합리성을 인정하는 경향이 있다.[53] 관련된 사례를 보면, "시립예술단 예능단원에 대하여 정기적으로 실기평정을 실시하여 기준점수에 미달하는 단원을 해촉하도록 한 설치 조례, 운영규칙, 복무규정 등의 규정이 불합리하다고 보기 어려울 뿐만 아니라 원고는 위 규정에 따른 평정을 거쳐 여러 차례 재위촉되어 그와 같은 내용을 잘 알고 있었던 점, 시립예술단이 실기평정에 앞서 노동조합과 실기평정의 절차와 방법 등을 합의하고 그 내용을 미리 평정 대상 단원들에게 알린 점, 평정 과정을 모두 촬영하여 동영상 자료를 확보하는 등 나름대로 공정성과 객관성을 유지하기 위해 노력한 점, 일정한 유예기간 후 재평정의 기회를 준 점 등을 종합하면, 이 사건 실기평정과 재평정이 공정성과 객관성을 상실하여 자의적으로 이루어졌다고 보기 어렵다"[54]라고 판단한 사례와 "회사가 역량향상 프로그램 이수 대상자 선정방법 및 선정절차, 성과향상프로그램의 내용, 평가방법 등 전반적인 사항을 노사협의회에서 근로자위원 측과 협의하여 결정하였던 점, 각 대상자들의 취약한 역량을 향상시키기 위하여 '맞춤형'으로 이루어진 점, 프로그램을 진행하기에 앞서 대상자들에게 해당 단계를 합격한 경우에는 다음 단계를 진행하지 않는다는 사실을 고지하였고, 각 단계를 진행하는 도중에도 담당 임원이 대상자와 면담을 실시하여 부족한 부분을 지적하고 보완할 것을 독려하여 개선의 기회를 부여하였던 것으로 보이는 점, 프로그램을 통과한 대상자가 29명 중 8명에 이르고, 프로그램시행 전과 비교할 때 이들이 인사평가결과에 있어 상당한 개선을 이루어낸 사정 등에 비추어" 성과평가 시스템 및 역량향상 프로그램의 유효성을 인정한 사례[55]가 전형적인 판결이라고 할 수 있다.

53) 서울행정법원 2013. 6. 4. 선고 2012구합39827 판결; 서울행정법원 2011. 9. 9 선고. 2010구합41673 판결.

54) 서울행정법원 2013. 6. 4. 선고 2012구합39827 판결(서울고등법원 2013. 11. 1 선고 2013누18942 판결)

55) 서울행정법원 2011. 9. 9. 선고 2010구합41673 판결(서울고등법원 2012. 5. 24. 선고 2011누31804 판결, 대법원 2012. 9. 27. 선고 2012두13955: 심리불속행기각)

Ⅲ. 평가 결과 적용시의 공정성 문제

1. 인사평가 과정에서 근로자의 의견개진 기회 부여

피평가자인 근로자에게 인사평가의 내용과 결과를 확인하고 이의를 제기할 수 있는 기회를 제공하는 절차가 마련되어 있지 않았다고 해도 곧바로 평가절차의 정당성이 부정되지는 않는다. 그러나 판례는 평가 결과에 대한 이의제기 절차를 둔 경우 평가 결과의 타당성과 신뢰성이 높다고 판단하고 있다. 즉 "평가자의 주관적인 판단에 의하여 원고가 최하위 등급인 D등급을 받았다는 의심의 여지는 있지만 인사고과의 비계량 평가는 평가자의 피평가자에 대한 주관적인 판단에 기초할 수밖에 없는 점, 당해 연도 이전 인사고과에서 다른 직상급자도 원고에 대하여 비계량항목에서 낮은 점수를 주었던 점, 회사가 인사고과의 공정성을 확보하기 위하여 인사고과에 대한 이의절차를 두고 있으며, 원고가 당해 연도 인사고과에 대하여 이의를 제기하여 기각된 점 등을 감안하여 볼 때, 원고에 대한 인사고과는 타당성과 객관성을 결여한 불합리한 평가라고 볼 수 없다"[56]고 본 사례에서 이의제기 절차를 둔 점을 중요하게 고려하고 있다.

2. 배치전환, 역량향상 기회 제공 등 개선 기회 부여

인사평가 결과 현재의 직무가 피평가자인 근로자에게 적합하지 않거나 해당 근로자의 업무수행 능력이 현저히 미달한다고 판단되는 경우에는 더욱 적합한 직무를 부여할 수 있도록 배치전환을 고려하는 것이 바람직하다. 정당한 인사평가의 결과 실시되는 배치전환이라 하더라도 대상 근로자의 생활상의 불이익이 크지 않도록 배려하고, 대상 근로자와의 협의 절차를 준수하는 등의 조치를 취하여야 배치전환을 둘러싼 분쟁이 발생하는 것을 방지할 수 있다.[57]

---

56) 서울행정법원 2009. 10. 29. 선고 2008구합46477 판결.
57) 대법원 2000. 4. 11. 선고 99두2963 판결.

평가 결과가 일정 기준에 미달한 근로자라 하더라도, 해당 근로자가 직무수행 능력을 향상시키는 데에 필요한 적절한 프로그램을 마련하여 운용하고, 직무수행 능력 개선을 위한 충분한 기회와 기간을 부여하는 등 직무수행 역량 향상 기회가 확보되어야 한다.[58] 대상 근로자가 10년 넘게 수도사업관리소 시설관리과에서 근무하였는데 인사평가점수의 급격한 하락을 원인으로 역량향상 프로그램 이수를 명하면서, 5개월이 채 안 되는 기간을 부여하고, 실제 근무하고 있던 분야와 무관한 소방설비기사 자격증을 취득하도록 한 사례에서, 법원은 직무수행능력 향상과 관련 없는 자격증 취득에 실패했다는 이유로 직권면직한 것은 부당하다고 판단했다.[59] 사용자가 노동조합과 협의를 통하여 직원들에 대한 고용유지훈련 및 이를 통한 직무전환을 하기로 합의했는데, 사용자가 실제 실시한 교육의 내용이 사전 합의와 다를 경우에는 정당성이 인정될 수 없다고 판단한 사례도 있다.[60]

3. 개선기회 부여 후 원직복귀 가능성 평가

성과가 기준에 미달하는 근로자를 대상으로 역량향상 프로그램을 이수하도록 했다면, 역량향상 프로그램 실시 종료 이후 공정한 재평가와 그에 따른 원직복직, 배치전환 등 적절한 조치가 이루어져야 한다.[61] 경우에 따라서 개선 가능성이 없을 경우 근로계약관계 종료 조치가 이루어질 수도 있다.

---

58) 서울고등법원 2011. 11. 9. 선고 2011누8538 판결; 서울고등법원 2002. 12. 13. 선고 2001누13074 판결 등.

59) 서울고등법원 2011. 11. 9. 선고 2011누 8538 판결.

60) 서울고등법원 2002. 12. 13. 선고 2001누13074 판결.

61) 서울행정법원 2011. 9. 9. 선고 2010구합41673 판결; 서울행정법원 2016. 7. 14. 선고 2015구합12830 판결.

제7편

산업안전과 재해보상

제7편
산업안전과 재해보상

산업안전보건관련 제도와 재해보상제도는 근로자가 안전하고 건강한 환경에서 일할 수 있도록 보장하기 위한 필수적인 제도인 동시에, 가장 중요한 사회보장 체계 중에 하나라고 할 수 있다. 산업안전보건과 업무상 재해에 대한 보상은 당초 근로계약관계의 당사자인 사용자에게 근로계약에 수반되는 신의칙상의 부수적 의무로서 인정되는 안전배려의무의 일환으로 요구되었던 것으로[1] 근로기준법의 규율 범위 내에 있었다. 그러나, 사회와 산업의 발달에 따라 산업안전보건과 산업재해보상보험제도를 통한 재해보상체계는 더 이상 근로기준법의 구조 안에 담을 수 없을 정도로 방대해졌고, 이제는 근로기준법과 대등한 쟁점을 담은 독자적인 법체계로 성장했다. 여기에서는 산업안전보건과 재해보상제도와 관련된 개략적인 내용만 살펴보기로 한다.

제1장 산업안전보건

I. 산업안전보건법에의 위임

근로기준법 제76조는 "근로자의 안전과 보건에 관하여는 산업안전보건법 에서 정하는 바에 따른다"라고 하여, 사업장의 안전과 보건에 관한 사항 일체를 산업안전보건법에 위임하고 있다. 산업안전보건법의 대부분의 규정은 정부의 책무(산업안전보건법 제4조)와 사용자의 의무에 대한 것이다.

1) 대법원 2000. 5. 16. 선고 99다47129 판결.

Ⅱ. 산업안전보건 관리체계 구축

사용자는 사업장 내에 산업안전보건법에 기초하여 산업안전보건 관리체계를 구축해야 한다. 이를 위해 정기적으로 조직구성과 계획을 수립하여 이사회에 보고하고, 영역별 책임자를 지정하여 체계적으로 산업안전보건관리가 이루어지도록 해야 하며, 노사가 함께 산업안전보건위원회를 구성해야 한다.

1. 산업안전보건계획 이사회 보고

상시근로자 500명 이상을 사용하는 주식회사, 건설산업기본법에 따른 시공능력 순위 상위 1천위 이내의 건설회사의 대표이사는 매년 이사회에 산업안전보건계획을 보고하고 승인을 받아야 한다(산업안전보건법 제14조).

보고사항은 회사의 안전 및 보건에 관한 계획인데, 그 계획에는 안전 및 보건에 관한 경영방침, 안전·보건관리조직의 구성·인원 및 역할, 안전·보건관련 예산 및 시설 현황, 안전 및 보건에 관한 전년도 활동실적 및 다음 연도 활동계획 등이 포함되어야 한다(산업안전보건법 시행령 제13조).

2. 관리책임자 지정

사용자는 안전보건관리책임자, 관리감독자, 안전관리자, 보건관리자를 두어야 한다.

(1) 안전보건관리책임자

식료품 제조업, 음료·의약품·화학제품·자동차·운송장비·전자부품·의료기기·광학기기 등 제조업과 인쇄업, 자동차 수리업 등의 경우에는 상시근로자 50인 이상인 사업장, 농업·어업·소프트웨어 개발 및 공급업·컴퓨터 프로그래밍·시스템 통합 및 관리업·금융 및 보험업·사회복지서비스업 등의 경우에는 상시근로자 300인 이상인 사업장, 건설업의 경우에는 공사금액 20억 원 이상인 사업장, 기타 상시 근로자 100인 이상인 사업장에는 안전보건관리책임자가 지정되어 배치되어야 한다.

안전보건관리책임자는 사업장을 실질적으로 총괄 하여 관리하는 사람으로, 사업장의 산업재해 예방계획의 수립에 관한 사항, 안전보건관리규정의 작성 및 변경에 관한 사항, 안전보건교육에 관한 사항, 작업환경측정 등 작업환경의 점검 및 개선에 관한 사항, 근로자의 건강진단 등 건강관리에 관한 사항, 산업재해의 원인 조사 및 재발 방지대책 수립에 관한 사항, 산업재해에 관한 통계의 기록 및 유지에 관한 사항, 안전장치 및 보호구 구입 시 적격품여부 확인에 관한 사항, 그 밖에 근로자의 유해·위험방지조치에 관한 사항에 관한 업무를 수행해야 한다(산업안전보건법 제15조). 안전보건관리책임자는 사실상 단위 사업장 전체를 관리·관할할 수 있는 지위에 있는 사람이 임명된다.

(2) 관리감독자, 안전관리자, 보건관리자

관리감독자는 사업장의 생산과 관련되는 업무와 그 소속 직원을 직접 지휘·감독하는 직위에 있는 사람으로 산업 안전 및 보건에 관한 업무를 수행한다(산업안전보건법 시행령 제15조). 관리감독자가 있는 경우에는 안전관리책임자 및 안전관리담당자를 각각 둔 것으로 간주한다.

안전관리자는 안전에 관한 기술적인 사항에 관하여 사업주 또는 안전보건관리책임자를 보좌하고 관리감독자에게 지도·조언하는 업무를 수행한다(산업안전보건법 시행령 제18조). 보건관리자는 보건에 관한 기술적인 사항에 관하여 사업주 또는 안전보건관리책임자를 보좌하고 관리감독자에게 지도·조언하는업무를 수행한다(산업안전보건법 시행령 제22조). 대통령령으로 정하는 일정한 사업의 경우 전담 안전관리자, 보건관리자를 두어야 하며, 고용노동부장관은 필요한 경우 고용노동부령으로 일정 수 이상으로 늘리거나 교체할 것을 명할 수도 있다(산업안전보건법 제15조 제2항, 제3항, 제18조 제2항, 제3항).

(3) 안전보건관리담당자

제조업, 임업, 하수, 폐수 및 분뇨 처리업, 폐기물 수집, 운반, 처리 및 원료 재생업, 환경 정화 및 복원업 중 어느 하나에 해당하는 사업 중 상시근로자 20명 이상 50명 미만인 사업장인 경우인데 안전관리자 또는 보건관리자가 없는 경우에는, 사용자는 안전보건관리담당자를 1명 이상 두어야 한다(산업안전보건법 제19조, 시행령 제24조). 안전보건관리담당자는 안전관리자 또는 보건관리자의 자격 중 하나를 갖추었거나, 고용노동부장관이 정하여 고시하는 안전보건교육을 이수해야 한다.

3. 산업안전보건위원회

(1) 산업안전보건위원회의 의의

산업안전보건위원회는 사업장의 안전 및 보건에 관 한 중요 사항을 심의·의결하기 위하여 사업장에 근로자위원과 사용자위원이 같은 수로 구성되는 위원회이다(산업안전보건법 제24조 제1항). 사업주는 산업안전보건위원회의 위원에게 직무 수행과 관련한 사유로 불리한 처우를 해서는 안 된다(산업안전보건법 제24조 제1항, 제4항).

산업안전보건법 제24조(산업안전보건위원회)

① 사업주는 사업장의 안전 및 보건에 관한 중요 사항을 심의·의결하기 위하여 사업장에 근로자위원과 사용자위원이 같은 수로 구성되는 산업안전보건위원회를 구성·운영하여야 한다.

⑥ 사업주는 산업안전보건위원회의 위원에게 직무 수행과 관련한 사유로 불리한 처우를 해서는 아니 된다.

(2) 산업안전보건위원회 설치 대상 사업장

토사석 광업, 목재 및 나무제품, 화학물질 및 화학제품(가구, 의약품 제외), 비금속 광물제품, 1차 금속, 금속가공제품, 자동차 및 트레일러, 기타 기계 및 장비, 기타 운송장비 등 제조업 사업 또는 사업장으로서 상시 근로자 수가 50명 이상인 경우, 농업, 어업, 소프트웨어 개발 및 공급업, 컴퓨터 프로그래밍, 시스템 통합 및 관리업, 정보서비스업, 금융 및 보험업, 부동산 제외 임대업, 전문, 과학 및 기술 서비스업, 사업지원 서비스업, 사회복지 서비스업에 해당하는 사업 또는 사업장으로 상시근로자 300명 이상인 경우, 건설업으로서 공사금액 120억 원 이상, 토목공사업으로서 공사금액 150억 원 이상인 경우, 그 외의 사업 중에서 상시근로자 100명 이상인 사업장에서는, 사용자가 산업안전보건위원회를 구성·운영해야 하는 의무를 부담한다(산업안전보건법 제24조, 시행령 별표9).

(3) 산업안전보건위원회의 구성

사업주는 근로자와 사용자가 같은 수로 구성된다. 산업안전보건위원회의 위원장은 위원 중에서 호선하며, 이 경우 근로자위원과 사용자위원 중 각 1명을 공동위원장으로 선출할 수 있다(산업안전보건법 시행령 제36조)..

(4) 산업안전보건위원회의 운영

산업안전보건위원회의 회의는 정기회의와 임시회의로 구분된다. 정기회의는 분기마다 산업안전보건위원회의 위원장이 소집하며, 임시회의는 위원장이 필요하다고 인정할 때에 소집한다. 회의는 근로자위원 및 사용자위원 각 과반수의 출석으로 개의하고 출석위원 과반수의 찬성으로 의결한다. 근로자대표, 명예산업안전감독관, 해당 사업의 대표자, 안전관리자 또는 보건관리자는 회의에 출석할 수 없는 경우에는 해당 사업에 종사하는 사람 중에서 1명을 지정하여 위원으로서의 직무를 대리하게 할 수 있다(산업안전보건법 시행령 제37조). 산업안전보건위원회는 개최 일시 및 장소, 출석위원, 심의 내용 및 의결·결정 사항, 그 밖의 토의 사항을 기록한 회의록을 작성하여 보존하여야 한다(산업안전보건법 제24조 제3항).

(5) 산업안전보건위원회의 심의·의결 사항

산업안전보건위원회는 중대재해의 원인 조사 및 재발 방지대책 수립에 관한 업무와 안전보건관리책임자의 업무에 관한 사항, 유해하거나 위험한 기계·기구·설비를 도입한 경우 안전 및 보건 관련 조치에 관한 사항, 그 밖에 해당 사업장 근로자의 안전 및 보건을 유지·증진시키기 위하여 필요한 사항에 대하여 심의·의결 해야 한다(산업안전보건법 제24조 제2항). 단체협약, 취업규칙, 안전보건관리규정에 반하는 내용에 대한 심의·의결은 금지된다(산업안전보건법 제24조 제5항). 사업주와 근로자는 위원회 심의·의결사항을 성실하게 이행하여야 한다.

4. 안전보건관리규정의 작성

농업, 어업, 소프트웨어 개발 및 공급업, 컴퓨터 프로그래밍, 시스템 통합 및 관리업, 정보서비스업, 금융 및 보험업, 임대업(부동산 제외), 전문, 과학 및 기술서비스업(연구개발업 제외), 사업지원 서비스업, 사회복지 서비스업에 해당하는 사업 또는 사업장으로 상시근로자 수 300명 이상인 경우, 그 외의 사업으로 상시근로자 수 100명 이상인 경우에는 사업주는 안전보건관리규정을 작성해야 한다(산업안전보건법 제25조, 시행령 별표 2).

안전보건관리규정 기재 사항은, 안전 및 보건에 관한 관리조직과 그 직무에 관한 사항, 안전보건교육에 관한 사항, 작업장의 안전 및 보건 관리에 관한 사항, 사고 조사 및 대책 수립에 관한 사항, 그 밖에 안전 및 보건에 관한 사항 등이다(산업안전보건법제25조). 안전보건관리규정은 작성·변경 시 산업안전보건위원회 의결 또는 근로자대표의 동의가 필요하며, 그 내용이 단체협약 또는 취업규칙에 반할 수 없다. 이 경우 안전보건관리규정 중 단체협약 또는 취업규칙에 반하는 부분에 관하여는 그 단체협약 또는 취업규칙으로 정한 기준에 따른다(산업안전보건법제25조 제2항).

5. 기타 유해·위험 예방 조치

(1) 안전보건표지의 설치·부착

사업주는 사업장의 유해하거나 위험한 시설 및 장소에 대한 경고, 비상시 조치에 대한 안내, 그 밖에 안전의식의 고취를 위하여 안전보건표지를 근로자가 쉽게 알아 볼 수 있도록 설치하거나 붙여야 한다(산업안전보건법 제37조 제1항). 외국인근로자를 사용하는 사업주는 안전보건표지를 해당 외국인 근로자의 모국어로 작성하여야 한다.

(2) 안전·보건조치

사업주는 기계·기구 그 밖의 설비에 의한 위험, 폭발성·인화성·발화성 물질 등에 의한 위험, 전기·열 그 밖의 에너지에 의한 위험과 굴착·채석·벌목·하역·운송·해체 등 작업방법에 따른 위험, 토사·구축물 등이 붕괴할 우려, 물체가 떨어지거나 날아올 위험, 천재지변으로 인한 위험이 발생할 우려 등이 있는 장소에 대한 산업재해 예방을 위해 필요한 조치를 취해야 한다(산업안전보건법 제38조). 이를 안전조치라고 한다. 또한, 가스·분진, 고온·저온, 배출물, 정밀공작, 환기·조명, 단순한 반복작업 또는 인체에 과도한 부담을 주는 작업 등에 따라 발생하는 건강장해를 예방하기 위해 필요한 조치를 취해야 한다(산업안전보건법 제39조). 이를 보건조치라 한다.

Ⅲ. 안전보건교육

1. 사업주의 안전보건교육 실시 의무

사용자는 소속 근로자에게 매 분기 3시간 이상 정기적으로 안전보건교육을 하여야 한다. 또한, 근로자를 채용할 때와 작업내용을 변경 할 때에는 그 근로자에게 해당 작업에 필요한 안전보건교육을 하여야 한다. 근로자를 유해하거나 위험한 작업에 채용하거나 그 작업으로 작업내용을 변경할 때에는 안전보건교육 외에 유해하거나 위험한 작업에 필요한 안전보건교육을 추가로 하여야 한다(산업안전보건법 제29조).

2. 안전보건교육의 면제

사업장의 산업재해 발생 정도가 고용노동부령으로 정하는 기준에 해당하는 경우, 근로자가 시설에서 건강관리에 관한 교육을 이수한 경우, 관리감독자가 산업 안전 및 보건 업무의 전문성 제고를 위한 교육을 이수한 경우에는 안전보건교육 실시 및 이수 의무가 면제된다(산업안전보건법 제30조).

Ⅳ. 고객의 폭언 등으로부터의 근로자 보호

산업안전보건법 제41조는 고객응대근로자에 대하여 고객의 폭언, 폭행, 그 밖에 적정 범위를 벗어난 신체적·정신적 고통을 유발하는 행위로 인한 건강장해를 예방하기 위해 필요한 조치를 할 의무를 사용자에게 부과하고 있다. 자세한 내용은 직장에서의 괴롭힘 부분의 설명을 확인하기 바란다.

Ⅴ. 작업중지권

1. 사용자의 작업중지 의무

사업주는 산업재해가 발생할 급박한 위험이 있을 때에는 즉시 작업을 중지시키고 근로자를 작업장소에서 대피시키는 등 안전 및 보건에 관하여 필요한 조치를 하여야 한다(산업안전보건법 제51조).

2. 근로자의 작업중지권

근로자는 산업재해가 발생할 급박한 위험이 있는 경우에는 작업을 중지하고 대피할 수 있다(산업안전보건법 제52조). 이를 작업중지권이라 한다. 작업을 중지하고 대피한 근로자는 지체 없이 그 사실을 관리감독자 또는 그 밖에 부서의 장에게 보고하여야 한다. 관리감독자 등은 보고를 받으면 안전 및 보건에 관하여 필요한 조치를 하여야 한다. 한편, 사업주는 산업재해가 발생할 급박한 위험이 있다고 근로자가 믿을 만한 합리적인 이유가 있을 때에는 작업을 중지하고 대피한 근로자에 대하여 해고나 그 밖의 불리한 처우를 해서는 안 된다(산업안전보건법 제52조 제2항, 제3항 제4항).

산업안전보건법 제52조(근로자의 작업중지)

① 근로자는 산업재해가 발생할 급박한 위험이 있는 경우에는 작업을 중지하고 대피할 수 있다.

② 제1항에 따라 작업을 중지하고 대피한 근로자는 지체 없이 그 사실을 관리감독자 또는 그 밖에 부서의 장(이하 "관리감독자등"이라 한다)에게 보고하여야 한다.

③ 관리감독자등은 제2항에 따른 보고를 받으면 안전 및 보건에 관하여 필요한 조치를 하여야 한다.

④ 사업주는 산업재해가 발생할 급박한 위험이 있다고 근로자가 믿을 만한 합리적인 이유가 있을 때에는 제1항에 따라 작업을 중지하고 대피한 근로자에 대하여 해고나 그 밖의 불리한 처우를 해서는 아니 된다.

3. 고용노동부 장관의 사용중지·작업중지명령권

(1) 사용중지명령

고용노동부장관은 사업주가 사업장의 건설물 및 기계·기구·설비·원재료에 대하여 안전 및 보건에 관하여 고용노동부령으로 정하는 필요한 조치를 하지 아니하여 근로자에게 현저한 유해·위험이 초래될 우려가 있다고 판단될 때에는 해당 기계·설비 등에 대하여 사용중지·대체·제거 또는 시설의 개선, 그 밖에 안전 및 보건에 관하여 필요한 조치를 명할 수 있다(산업안전보건법 제53조 제1항). 사용중지 명령을 받은 사업주는 그 시정조치를 완료한 경우에는 고용노동부장관에게 해제를 요청할 수 있다. 고용노동부장관은 해제 요청에 대하여 시정조치가 완료되었다고 판단될 때에는 사용중지를 해제하여야 한다(산업안전보건법 제53조 제5항).

필요한 조치의 내용은 건설물 또는 그 부속 건설물·기계·기구·설비·원재료에 대한 안전조치 또는 보건조치, 산업안전보건법이 규정한 안전인증 대상 기계 등의 사용 금지, 자율안전 확인 대상 기계 등의 사용 금지, 안전검사 대상 기계 등의 사용 금지, 제조 등 금지물질 등의 사용금지, 허가대상물질에 대한 허가의 취득 등이다. 시정조치 명령을 받은 사업주는 시정조치를 완료할 때까지 시정조치 명령 사항을 사업장 내에 근로자가 쉽게 볼 수 있는 장소에 게시하여야 한다.

(2) 작업중지명령

고용노동부장관은 사업주가 시정조치 명령을 이행하지 아니하여 유해·위험상태가 해소 또는 개선되지 않거나 근로자에 대한 유해·위험이 현저히 높아질 우려가 있는 경우에는 해당 기계·설비 등과 관련된 작업의 전부 또는 일부의 중지를 명할 수 있다(산업안전보건법 제53조 제3항). 도급업체가 작업중지명령을 받은 결과 사내하도급 업체들도 조업을 할 수 없게 된 사안에서 대법원은 불가항력이라고 주장할 수 없는 사유로 휴업한 것으로, 하도급업체 사용자는 자신의 근로자들에 대하여 근로기준법 제46조 제1항에 정한 휴업수당을 지급할 의무가 있다고 판단한 사례가 있다.[2)]

사용중지 명령 또는 작업중지 명령을 받은 사업주는 그 시정조치를 완료한 경우에는 고용노동부장관에게 해제를 요청할 수 있다. 고용노동부장관은 해제 요청에 대하여 시정조치가 완료되었다고 판단될 때에는 작업중지를 해제하여야 한다(산업안전보건법 제53조 제5항).

---

2) 대법원 2019. 9. 10. 선고 2019도9604 판결.

제2장 업무상 재해에 대한 보상

Ⅰ. 근로기준법상 재해보상

1. 근로기준법상 재해보상의 종류

근로기준법은 자체적으로, 업무상 재해가 발생한 경우에 요양보상(근로기준법 제78조), 휴업보상(근로기준법 제79조), 장해보상(근로기준법 제80조), 유족보상(근로기준법 제82조), 장의비(근로기준법 제83조) 등의 보상의 종류를 규정하고 있다. 이 보상방법들은 휴업보상과 장해보상을 제외하고는 현물보상이나 실비보상의 성격을 갖고 있다. 근로자의 보상을 받을 권리는 퇴직으로 인하여 변경되지 아니하고, 양도나 압류하지 못한다(근로기준법제86조).

2. 근로기준법상 재해보상의 방법

근로기준법상 재해보상은 현물보상이나 실비보상이 원칙이지만, 예외적인 경우 현금보상을 허용한다. 근로기준법이 현금보상을 허용하는 경우 일시보상과 분할보상의 방법을 따를 수 있다. 일시보상은 요양보상을 받는 근로자가 요양을 시작한 지 2년이 지나도 부상 또는 질병이 완치되지 않는 경우 사용자는 평균임금 1,340일분의 일시보상을 하여 보상책임을 면할 수 있도록 하는 제도이다(근로기준법 제84조).

분할보상은 사용자가 지급 능력이 있는 것을 증명하고 보상을 받는 자의 동의를 받으면 장해보상, 유족보상, 일시보상의 보상금을 1년에 걸쳐 분할보상을 할 수 있도록 하는 제도이다(근로기준법 제85조). 보상금의 시효는 3년이다(근로기준법 제92조)

3. 근로기준법상 재해보상의 특징과 적용범위

근로기준법상 재해보상은 사용자의 재원을 기초로 한다. 따라서, 보험기금을 기초로 하는 산재보험법에 따른 산재보상제도에 비하여 근로자가 안정적으로 수급할 수 있는 가능성은 상대적으로 낮다고 할 수 있다. 따라서 산재보험법을 적용하는 것이 근로기준법을 적용하는 것보다 근로자에게 유리하고, 법체계상으로도 업무상 재해에 대한 보상에 있어서는 산재보험법이 근로기준법에 대한 특별법이라고 할 수 있으므로 근로자가 입은 업무상 재해에 대해서는 근로기준법이 아닌 산재보험법이 적용된다. 다만, 산재보험법은 3일 이내의 요양으로 치유될 수 있는 경우에는 요양급여를 지급하지 않기 때문에(산재보험법 제40조 제3항), 3일 이내의 요양으로 치유될 수 있는 업무상 재해에 대한 요양급여는 근로기준법에 따라서 사용자가 부담하게 된다.

Ⅱ. 업무상 재해의 인정 요건

1. 상당인과관계 판단

재해보상은 부상, 질병, 장해, 사망 등의 재해가 업무상 사유에 의해 발생한 경우에 지급된다. 업무상 사유란 업무 수행과 재해 발생 사이에 상당인과관계가 있어야 한다는 의미이다. 업무 수행과 재해 발생 사이의 상당인과관계는 업무기인성과 업무수행성을 기초로 판단한다.

(1) 업무기인성

업무기인성은 재해가 그 업무에 기인하여 발생하여야 한다는 의미이다. 기존 질병이 업무 과중으로 급속히 악화된 경우, 업무가 재해 발생의 주된 원인이 된 경우에는 업무기인성이 인정된다. 대법원은 업무기인성에 관하여 “산재보험법 소정의 업무상 재해라고 함은 근로자의 업무수행 중 그 업무에 기인하여 발생한 질병을 의미하는 것이므로 업무와 질병 사이에 인과관계가 있어야 하지만, 질병의 주된 발생원인이 업무수행과 직접적인 관계가 없더라도 적어도 업무상의 과로나 스트레스가 질병의 주된 발생원인에 겹쳐서 질병을 유발 또는 악화시켰다면 그 사이에 인과관계가 있다고 보아야 할 것이고, 그 인과관계는 반드시 의학적·자연과학적으로 명백히 입증되어야 하는 것은 아니고 제반 사정을 고려할 때 업무와 질병 사이에 상당인과관계가 있다고 추단되는 경우에도 그 입증이 있다고 보아야 한다"[3]라고 판단한다. 같은 법리로, 대법원은 과중한 업무로 인한 과로 및 스트레스가 누적된 상태에 있던 중 통근버스에 탑승하기 위하여 질주한 행위가 유발원인이 되어 급성심부전증 등으로 갑자기 사망한 근로자에 대하여 업무상 재해를 인정했다.[4]

(2) 업무수행성

사용자의 지배 관리 하에서 이루어지는 업무 수행 또는 그에 수반되는 통상적인 활동 과정에서 생긴 재해인 경우 업무수행성이 인정된다. 사용자가 제공한 출퇴근 수단으로 출퇴근 하던 중 재해를 입은 경우, 사업장에서 업무 준비 중 발생한 재해, 생산라인에서 작업하던 중에 발생한 재해 등은 업무수행성이 인정될 수 있다.

Ⅲ. 산업재해보상보험법상 재해보상

1. 산재보험법의 목적

산재보험법은 업무상 재해가 개인의 영역을 넘어선 사회적 차원의 현상임을 인정하고, 시민법상 과실책임주의에 따른 보상 및 대응의 어려움을 해소하려는

3) 대법원 1998. 12. 8. 선고 98두12642 판결; 2001. 4. 13. 선고 2000두9922 판결; 대법원 2003. 11. 14. 선고 2003두5501 판결.
4) 대법원 2003. 11. 14. 선고 2003두5501 판결.

목적으로 근로자의 업무상의 재해를 신속하고 공정하게 보상하며, 재해 근로자의 재활 및 사회 복귀를 촉진하기 위하여 이에 필요한 보험시설을 설치·운영하고, 재해 예방과 그 밖에 근로자의 복지 증진을 위한 사업을 시행하여 근로자 보호에 이바지하는 것을 목적으로 제정·시행되고 있다.

2. 산재보험법의 재해보상체계

산재보험법은 근로자를 사용하는 모든 사업 또는 사업장에 적용되며, 업무상 사유로 부상 또는 질병, 재해를 갖게 된 근로자가 3일을 초과하는 요양을 요하는 경우에 적용된다.

산재보험법상 산재보험은 근로복지공단을 보험자, 즉 보험운영자로, 사용자를 산재보험 가입자이자 보험료 납부의무자로, 근로자를 피보험자, 즉 보험급여 수급자로 하여 성립되는 보험관계를 기본으로 한다(산재보험법 제4조, 시행령 제5조). 보험료는 산재보험 가입자인 사용자가 납부한다.

업무상 재해에 해당되는지 여부를 1차적으로 판단하여 보험급여를 지급할 것인지를 판단하는 것은 근로복지공단이다. 근로복지공단 산하의, 업무상 사고는 산재보상보험심사위원회, 업무상 질병은 업무상질병판정위원회, 진폐에 대하여는 진폐심사회의에서 업무상 재해 해당성을 심사하고, 당사자가 이의가 있을 경우 고용노동부 산하의 산업재해보상보험재심사위원회에서 재심사를 한다(산재보험법 제106조). 당사자는 재심사를 청구하지 않고 곧바로 행정소송을 제기할 수도 있고, 재심사에 대하여 행정소송을 제기할 수도 있다.

3. 산재보험법상 재해보상의 종류

산재보험법은 업무상 재해가 발생한 경우에 요양급여(산재보험법 §40), 휴업급여(산재보험법 §52), 장해급여(산재보험법 §57), 간병급여(산재보험법 §61), 유족급여(산재보험법 §62), 상병보상연금, 장례비(산재보험법 §71), 직업재활급여(산재보험법 §72) 등을 지급한다(산재보험법 제36조) 이 보상방법들은 휴업급여, 장해급여, 유족급여, 상병보상연금 등을 제외하고는 현물급여나 실비급여의 성격을 갖고 있다.

4. 산재보험법상의 업무상 재해 인정 기준

업무상 재해 판단시의 상당인과관계는 업무기인성과 업무수행성을 기초로 판단한다. 다만, 산재보험법에 업무상 재해로 인정되는 경우가 특별히 규정되어 있다. 각각의 규정에 해당하는지 여부도 상당인과관계의 존재를 전제로 한다.

(1) 업무상 사고

산재보험법은 근로자가 근로계약에 따른 업무나 그에 따르는 행위를 하던 중 발생한 사고, 사업주가 제공한 시설물 등을 이용하던 중 그 시설물 등의 결함이나 관리소홀로 발생한 사고, 사업주가 주관하거나 사업주의 지시에 따라 참여한 행사나 행사준비 중에 발생한 사고, 휴게시간 중 사업주의 지배관리하에 있다고 볼 수 있는 행위로 발생한 사고, 그 밖에 업무와 관련하여 발생한 사고 등으로 인하여 부상·질병 또는 장해가 발생하거나 사망하면, 업무와 사고 사이의 상당인과관계가 부정되는 경우를 제외하고는 업무상의 재해로 본다(산재보험법 제37조 제1항 제1호).

대법원은 근로자가 직장 회식을 마치고 술에 취한 상태에서 무단으로 회사 차량을 운전하고 귀가하다가 운전부주의로 교통사고를 일으켜 상해를 입은 경우 업무상의 재해에 해당하지 않는다고 보았다.[5] 한편, 사용자의 관리소홀과 관련된 사건으로, 아파트 관리직원이 퇴근길에 아파트 단지 내의 보도블럭 위에 있던 얼음에 미끄러져 사고를 당한 사건에서, 아파트 단지 내의 보도블럭은 당해 아파트관리사무소가 관리하는 시설물이라고 할 것이고, 혹한기에 결빙되어 빙판이 되어 있는 보도블럭에 모래를 뿌리거나 빙판을 제거하는 작업을 하지 않은 것은 위 시설물의 관리를 소홀히 한 것이라고 할 것이므로, 비록 근로자가

---

5) 대법원 2006. 6. 27. 선고 2004두9838 판결.

작업시간외에사고를 당하였다고 하더라도 위 사고로 입은 상해는 업무상 재해에 해당한다고 본 판결이 있다.[6]

동료 근로자에 의한 가해행위로 인하여 다른 근로자가 자살한 사건에서 업무상 재해를 인정할 수 있을 것인지가 문제되는데, 대법원은 "그러한 가해행위는 사업장이 갖는 하나의 위험이라고 볼 수 있으므로, 그 위험이 현실화하여 발생한 업무상 재해에 대해서는 근로복지공단이 궁극적인 보상책임을 져야 한다고 보는 것이 산업재해보상보험의 사회보험적 또는 책임보험적 성격에 부합한다. 이러한 사정을 감안하면 근로자가 동일한 사업주에 의하여 고용된 동료 근로자의 행위로 인하여 업무상의 재해를 입은 경우에 그 동료 근로자는 보험가입자인 사업주와 함께 직·간접적으로 재해 근로자와 산업재해보상보험관계를 가지는 사람으로서 산재보험법상 '제3자'에서 제외된다고 봄이 타당하다"[7]라는 법리에 따라 업무상 재해를 인정했다.[8]

(2) 업무상 질병

산재보험법은 근로자가 업무수행 과정에서 물리적 인자, 화학물질, 분진, 병원체, 신체에 부담을 주는 업무 등 근로자의 건강에 장해를 일으킬 수 있는 요인을 취급하거나 그에 노출되어 발생한 질병, 업무상 부상이 원인이 되어 발생한 질병, 직장 내 괴롭힘, 고객의 폭언 등으로 인한 업무상 정신적 스트레스가 원인이 되어 발생한 질병, 그 밖에 업무와 관련하여 발생한 질병의 경우에는, 업무와 질병 사이의 상당인과관계가 부정되는 경우를 제외하고는 업무상의 재해로 본다(산재보험법 제37조 제1항 제2호).

기존 질병이 악화되어 근로자가 병원에서 '뇌경색, 우측편마비, 구음장애, 당뇨병'의 진단을 받고 요양승인을 신청한 사건에서, 대법원은 "기존에 당뇨병을 앓고 있던 근로자가 충분한 휴식 없이 수시로 연장근로를 하여 업무가 과중하

---

6) 서울고등법원 1996. 11. 19. 선고 96구24264 판결.
7) 대법원 2004. 12. 24. 선고 2003다33691 판결; 대법원 2022. 8. 19. 선고 2021다263748 판결.
8) 대법원 2022. 8. 19. 선고 2021다263748 판결.

였고, 이러한 지속적인 과로와 그에 따른 스트레스, 무더운 날씨 속에 열악한 작업환경에서 보호복을 착용하고 근로를 하던 중 발생한 탈수, 탈진 등의 요인이 복합적으로 작용하여 발병하였거나, 위와 같은 요인이 원고의 당뇨와 뇌혈관 협착을 자연적인 진행 경과 이상으로 가속시켜 발병하였다면 업무상 재해에 해당한다"[9]라고 판단하여 업무상 재해를 인정했다. 타이어 제조공정에서 근무하다가 백혈병이 발생한 사건에서는 "9년간 타이어회사 성형과 및 비드실에 근무하는 과정에서 발암물질로서 백혈병을 유발하는 벤젠에 지속적으로 노출되어 왔다면 노출수치가 낮더라도 장기간에 걸쳐 벤젠에 노출됨으로써 이 사건 상병의 유발인자로 작용하기에 충분하다"[10]고 보아 업무상 재해를 인정했다.

(3) 출퇴근 재해

산재보험법은 근로자가 사업주가 제공한 교통수단이나 그에 준하는 교통수단을 이용하는 등 사업 주의 지배관리 하에서 출퇴근 하는 중 발생한 사고, 그 밖에 통상적인 경로와 방법으로 출퇴근하는 중 발생한 사고 등으로 인한 부상·질병 또는 장해가 발생하거나 사망하면, 업무와 재해 사이의 상당인과관계가 부정되는 경우를 제외하고는 업무상의 재해로 본다(산재보험법 제37조 제1항 제3호). 거래처, 연수원, 체육대회 등 사업주가 주관하는 행사에 참여하기 위해 사무실이 아닌 다른 곳으로 이동 중 재해가 발생하면 출장 중 재해로서 통상의 업무상 재해로 본다.

사업주의 지배나 관리를 받는 상태에 있는 회식 과정에서 근로자가 주량을 초과하여 음주를 한 것이 주된 원인이 되어 부상·질병·신체장해 또는 사망 등의 재해를 입은 경우 이러한 재해는 상당인과관계가 인정되는 한 업무상 재해로 볼 수 있다. 이때 상당인과관계는 사업주가 과음행위를 만류하거나 제지하였는데도 근로자 스스로 독자적이고 자발적으로 과음을 한 것인지, 업무와 관련된 회식 과정에서 통상적으로 따르는 위험의 범위 내에서 재해가 발생하였다고 볼

---

9) 대법원 2010. 12. 9. 선고 2010두15803 판결.
10) 대법원 2004. 4. 9. 선고 2003두12530 판결.

수 있는지 아니면 과음으로 인한 심신장애와 무관한 다른 비정상적인 경로를 거쳐 재해가 발생하였는지 등 여러 사정을 고려하여 판단하여야 한다.

근로자가 사업주의 중요한 행사로서 자신이 안전관리 업무를 총괄한 아파트 신축공사 품평회를 마치고 같은 날 사업주가 마련한 회식에서 술을 마시고 퇴근하던 중 왕복 11차선 도로의 횡단보도를 건너다 차량에 부딪치는 사고로 사망한 사건에서, 대법원은 "근로자가 회사 밖의 행사나 모임에 참가하던 중 재해를 입은 경우에 행사나 모임의 주최자, 목적, 내용, 참가인원과 강제성 여부, 운영방법, 비용부담 등의 사정에 비추어, 사회통념상 행사나 모임의 전반적인 과정이 사용자의 지배나 관리를 받는 상태에 있고 또한 근로자가 그와 같은 행사나 모임의 순리적인 경로를 벗어나지 않은 상태에 있다고 인정되는 경우 산재보험법에서 정한 업무상 재해에 해당한다고 볼 수 있다"고 전제한 뒤, "사업주의 지배나 관리를 받는 상태에 있는 회식 과정에서 근로자가 주량을 초과하여 음주를 한 것이 주된 원인이 되어 부상·질병·신체장해 또는 사망 등의 재해를 입은 경우 이러한 재해는 상당인과관계가 인정되는 한 업무상 재해로 볼 수 있다. 이때 상당인과관계는 사업주가 과음행위를 만류하거나 제지하였는데도 근로자 스스로 독자적이고 자발적으로 과음을 한 것인지, 업무와 관련된 회식 과정에서 통상적으로 따르는 위험의 범위 내에서 재해가 발생하였다고 볼 수 있는지 아니면 과음으로 인한 심신장애와 무관한 다른 비정상적인 경로를 거쳐 재해가 발생하였는지 등 여러 사정을 고려하여 판단하여야 한다"11)라고 보았다.

(4) 근로자의 특이한 체질, 자해행위 등

근로자의 고의·자해행위나 범죄행위 또는 그것이 원인이 되어 발생한 부상·질병·장해 또는 사망은 업무상의 재해로 보지 않는다. 다만, 그 부상·질병·장해 또는 사망이 정상적인 인식능력 등이 뚜렷하게 낮아진 상태에서 한 행위로 발생한 경우로서 업무상의 사유로 발생한 정신질환으로 치료를 받았거나 받고 있는 사람이 정신적 이상 상태에서 자해행위를 한 경우, 업무상의 재해로 요양

11) 대법원 2020. 3. 26. 선고 2018두35391 판결.

중인 사람이 그 업무상의 재해로 인한 정신적 이상 상태에서 자해행위를 한 경우, 그 밖에 업무상의 사유로 인한 정신적 이상 상태에서 자해행위를 하였다는 상당인과관계가 인정되는 경우에는 업무상의 재해로 본다(산재보험법 제37조 제2항, 시행령 제36조).

스트레스로 인해 우울증이 악화되어 자살한 사건에서, 대법원은 업무와 재해 사이의 상당인과관계의 유무는 보통 평균인이 아니라 당해 근로자의 건강과 신체조건을 기준으로 하여 판단하여야 한다고 전제한 뒤, "근로자가 우울증을 앓게 된 데에 망인의 내성적이고 소심한 성격 등 개인적인 취약성이 영향을 미쳤다고 하더라도, 업무상의 과로나 스트레스가 그에 겹쳐서 우울증이 유발 또는 악화되었다면 업무와 우울증 사이에 상당인과관계를 인정함에 아무런 지장이 없다"[12]고 판단하여 업무상 재해를 인정했다. 또한, 역시 우울증으로 근로자가 자살한 사건에서도 "우울증 발현 및 발전 경위에 망인의 유서내용, 자살 과정 등 제반사정을 종합하여 보면, 망인은 우울증으로 인하여 정상적인 인식능력이나 행위선택능력, 정신적 억제력이 현저히 저하되어 합리적인 판단을 기대할 수 없을 정도의 상황에 처하여 자살에 이르게 된 것으로 추단되므로, 망인의 업무와 사망 사이에 상당인과관계를 인정할 수 있고, 비록 망인이 다른 지점장들에 비해 지나치게 과다한 업무를 수행하였다거나 이 사건 회사로부터 지속적인 압박과 질책을 받는 등 특별히 가혹한 환경에서 근무하였던 것이 아니어서 업무상 스트레스라는 객관적 요인 외에 이를 받아들이는 망인의 내성적인 성격 등 개인적인 취약성이 자살을 결의하게 된 데에 일부 영향을 미쳤을 가능성이 있고, 한편 자살 직전에 환각, 망상, 와해된 언행 등의 정신병적 증상을 보인 바 없다고 하여 달리 볼 것은 아니다"라고 판단하였다.[13]

---

12) 대법원 2020. 3. 26. 선고 2018두35391 판결.
13) 대법원 2017. 5. 31. 선고 2016두58840 판결.

Ⅳ. 노무제공자에 대한 특례

1. 노무제공자의 정의

기존 특수형태근로종사자 및 온라인 플랫폼 종사자 등을 포괄하는 개념으로 산재보험법 제91조의15는 노무제공자라는 개념을 도입하였다. 자신이 아닌 다른 사람의 사업을 위하여 노무제공자가 사업주로부터 직접 노무 제공을 요청받은 경우(특수형태근로종사자), 노무제공자가 사업주로부터 일하는 사람의 노무제공을 중개·알선하기 위한 온라인 플랫폼을 통해 노무제공을 요청받는 경우(플랫폼 종사자) 중 어느 하나의 방법에 따라 자신이 직접 노무를 제공하고 그 대가를 지급받는 사람으로서 업무상 재해로부터의 보호 필요성, 노무제공형태 등을 고려하여 산재보험법 시행령이 정하는 직종에 종사하는 사람을 노무제공자라고 한다(산재보험법 제91조의15 제1호). 노무제공자에 어떤 직종이 포함되는지는 산재보험법 시행령 제83조의5를 찾아보거나 '새로운 유형의 일하는 방식' 편에서 확인하기 바란다.

2. 노무제공자의 경우 보험료 및 급여 산정을 위한 보수

노무제공자에 대해 보험급여에 관한 규정을 적용할 때에는 '임금'은 '보수'로, '평균임금'은 '평균보수'로 간주한다. 보수는 노무제공자가 노무제공의 대가로 지급받은 금품을 말하며, 평균보수는 이를 산정하여야 할 사유가 발생한 날이 속하는 달의 전전달 말일부터 이전 3개월 동안 노무제공자가 재해가 발생 한 사업에서 지급받은 보수와 같은 기간 동안 해당 사업 외의 사업에서 지급받은 보수를 모두 합산한 금액을 말한다(산재보험법 제91조의15 제5호 제6호).

노무제공자의 보험급여는 근로복지공단에 신고된 해당 노무제공자의 보수를 기준으로 평균보수를 산정한 후 그에 따라 지급한다.

V. 산재보험 특별가입

1. 중·소기업 사업주

중·소기업 사업주는 공단의 승인을 받아 자기 또는 유족을 보험급여를 받을 수 있는 사람으로 하여 보험에 가입할 수 있다(산재보험법 제124조). 이 경우 그 사업주는 산재보험법상 근로자로 본다. 중·소기업 사업주의 범위는 보험가입자로서 300명 미만의 근로자를 사용하는 사업주, 근로자를 사용하지 않는 사람(특수형태근로종사자 제외)이다(산재보험법 시행령 제122조).

2. 현장실습생

산재보험법이 적용되는 사업에서 현장 실습을 하고 있는 현장실습생은 산재보험법을 적용할 때는 그 사업에 사용되는 근로자로 본다(산재보험법 제123조). 현장 실습생은 산재보험법 적용사업장에서 직업교육훈련이나 현장실습수업 등을 이수하고 있는 자를 말한다.

제8편

근로관계의 종료

제8편

근로관계의 종료

근로계약관계는 영속적일 수 없으며, 근로자의 필요에 의해서든 사용자의 경영상의 필요에 의해서든 어느 시점에서는 종료될 수밖에 없다. 근로계약관계의 종료는 근로자에게는 경제적 생존 기반의 상실을 의미할 수도 있고, 기업으로서는 인재의 상실을 의미할 수도 있다. 우리나라를 비롯한 대부분의 국가에서의 해고에 관한 규범적 접근은, 그것이 성문의 법률을 통해서든, 판례를 통해서든 근로계약관계가 종료되는 근로자의 관점에서 근로자에 대한 보호체계를 구축하는 방향으로 조성되어 왔다. 국제노동기구(ILO, International Labour Organization)의 기본 협약인 제158호 '사용자 주도에 의한 고용종료에 관한 협약'에서도 그러한 방향성을 발견할 수 있는데, 제158호 협약 제4조는 "근로자의 고용은 당해 근로자의 능력 · 행태와 관련된 종료 또는 사업, 사업장, 업무에 대한 운영상의 필요에 근거한 종료에 대하여 정당한 이유가 없는 한 종료될 수 없다"고 하여 정당한 이유가 없는 해고는 무효라고 선언한다. 이는 우리 근로기준법상 해고 제도와도 결을 같이한다. 제8편에서 설명되는 부당해고와 관련된 내용은 부당징계의 경우에도 그대로 적용될 수 있다.

제1장 해고제도의 의의

Ⅰ. 근로계약관계 종료 사유

근로계약 관계는 해고(解雇), 사직, 합의해지, 계약기간의 만료, 정년의 도달, 당사자의 소멸 등으로 종료된다. 근로관계의 종료를 원인별로 나누어 보면, 당사자의 의사에 따른 근로관계 종료에는 해고, 사직, 합의해지가 있고, 기한의 도래에 따른 근로관계의 종료에는 정년의 도래와 계약기간의 만료가 있으며, 당사자 소멸에 따른 종료에는 근로자 사망, 사업주 소멸(폐업, 파산) 등이 있다.

1. 해고의 개념

해고란 사용자가, 어떠한 명칭으로든지 근로자의 의사에 반하여 하는 근로계약관계의 해지이다. 즉 사용자의 일방적 의사표시로 근로계약관계를 종료시키는 것을 말한다. 해고는 크게 사용자 측 사정에 따른 해고, 즉 경영상 이유에 의한 해고(근로기준법 제24조)와 근로자 측 사정에 따른 해고(근로기준법 제23조 제1항)로 나눌 수 있고, 후자는 다시 징계처분의 일종인 징계해고와 징계와 무관한 통상해고로 나누어진다. 근로기준법 제23조는 해고뿐만 아니라 사용자의 근로자에 대한 징벌로써 행해지는 징계 일반에 적용되는 규정인데, "사용자는 근로자에게 정당한 이유 없이 해고, 휴직, 정직, 전직, 감봉, 그 밖의 징벌(懲罰)(이하 "부당해고등"이라 한다)을 하지 못한다"라고 하여 사용자가 근로자를 해고하려면 정당한 이유가 있어야 한다고 명시한다. 이 조항은 근로기준법에서 가장 중요한 조항 중 하나이므로, 여러 번 읽어서 암기하자.

근로기준법 제23조(해고 등의 제한)

① 사용자는 근로자에게 정당한 이유 없이 해고, 휴직, 정직, 전직, 감봉, 그 밖의 징벌(懲罰)(이하 "부당해고등"이라 한다)을 하지 못한다.

2. 해고 이외의 근로계약관계 종료 사유

(1) 사직

해고 이외의 대표적인 근로계약관계 종료 사유로는 사직(辭職)이 있다. 사직이란 근로자 측에서 하는 근로계약의 해지, 즉 근로자의 의사표시로 근로관계를 종료시키는 것을 말하며 합의해지의 일종으로 의원면직이라고도 한다. 합의해지란 당사자 일방인 근로자 또는 사용자가 사직 또는 사직 요구의 의사표시를 하고 이에 대하여 상대방이 승낙함으로써 근로관계를 종료시키는 것을 의미하는 것으로, 의원면직, 권고사직, 명예퇴직 등의 방식이 있다. 사직의 의사표시는 근로자 본인이 하는 것이 원칙이지만, 비록 제3자가 작성한 사직서를 근로자가 제출한 것이라 하더라도 본인이 그 내용을 진심으로 원했다고 볼 수 있으면 사직의 의사표시로서 유효하다.[1] 근로자의 사직서 제출에 대한 사용자의 근로계약 관계 소멸 통지는 관념의 통지에 불과하며, 이를 해고라고 할 수는 없다.[2] 사직이나 합의해지에 관하여 근로기준법 등에 특별한 규정이 없어서 근로계약, 취업규칙 등에서 정한 바가 없다면, 민법이 적용된다. 민법에 따르면 근로계약 기간을 정하지 않은 근로자는 언제든지 사직(해지)의 통고를 할 수 있고, 사용자가 통지를 받은 날로부터 1개월이 지나면 근로관계가 종료된다(민법 제660조 제1항, 제2항). 다만, 기간으로 임금을 정한 때에는 당기(월급제인 경우 그 달) 후 1기(그 다음달)가 경과되어야 해지의 효력이 발생한다(민법 제660조 제3항).

한편, 근로자가 사직을 진심으로 바라지 않았지만 어쩔 수 없이 사용자가 불러주는 대로 받아적어서 제출한 사직서라 하더라도, 대법원은 이를 유효라고 보는 경우가 있다. 즉, “진의 아닌 의사표시에 있어서의 진의란 특정한 내용의 의사표시를 하고자 하는 표의자의 생각을 말하는 것이지 표의자가 진정으로 마음속에서 바라는 사항을 뜻하는 것은 아니므로, 표의자가 의사표시의 내용을 진정으로 마음속에서 바라지는 아니하였다고 하더라도 당시의 상황에서는 그것을 최선이라고 판단하여 그 의사표시를 하였을 경우에는 이를 내심의 효과의사가 결여된 진의 아닌 의사표시라고 할 수 없다”고 판시한 것이 대표적인 경우이다.[3] 대법원은 이와 같은 상황에서 해고된 근로자가 퇴직금 등을 수령하면서 아무런 이의의 유보나 조건을 제기하지 않았다면, 이를 다투고 있었다고 볼 수 있는 객관적인 사정이 있다거나 그 외에 상당한 이유가 있는 상황하에서 이를 수령하는 등의 특별한 사정이 없는 한 그 해고의 효력을 근로자가 인정한 것으로 간주한다.[4]

그러나, 사직서를 제출할 의사가 전혀 없었는데 일괄적으로 사직서를 제출하

---

1) 서울행정법원 2009. 8. 20. 선고 2009구합1075 판결.
2) 대법원1996. 7. 30. 선고 95누7765 판결.
3) 대법원 1996. 12. 20. 선고 95누16059 판결; 대법원 2001. 1. 19. 선고 2000다51919 판결; 대법원 2002. 11. 8. 선고 2002다35379 판결.
4) 대법원 2000. 4. 25. 선고 99다34475 판결.

도록 하고 추후에 이를 선별 수리하는 경우에는 이를 해고에 해당한다고 본다.[5] 해고에 해당한다면 근로기준법 제23조 제1항에 따른 정당성 심사가 필요하고 이를 갖추지 못한 경우 부당해고로서 무효가 된다. 이와 같은 판례의 사안은 주로 사용자가 영업 부진 등으로 인한 위기를 모면하기 위해 근로자들에게 더 힘을 내서 일하겠다는 각오를 다지는 의미로 사직서를 작성하라고 요구하여, 그 사직서를 받아두었다가 나중에 이를 선별수리하는 형태가 가장 많다. 선별수리하는 행위에 사용자의 해고의 의사가 내재되어 있다고 볼 수 있다.

(2) 권고사직

권고사직은 사용자가 근로자에게 사직할 것을 권고하고, 근로자가 이를 받아들임으로써 근로관계가 해지되는 것을 말한다. 권고사직이 근로자의 자유로운 의사가 결여된 채로 행해졌다면 해고라고 보아야 한다. 대법원도 "사용자가 근로자로부터 사직서를 제출받고 이를 수리하는 의원면직의 형식을 취하여 근로계약관계를 종료시킨 경우, 사직의 의사 없는 근로자로 하여금 어쩔 수 없이 사직서를 작성·제출하게 하였다면 실질적으로 사용자의 일방적인 의사에 의하여 근로계약관계를 종료시키는 것이어서 해고에 해당한다"[6]라고 판단하고 있다.

(3) 명예퇴직, 희망퇴직

명예퇴직은 사용자가 경영상 어려움 등을 이유로 미리 요건을 정해놓고 희망자를 모집한 후, 이를 심사해 승인함으로써 근로관계를 종료시키는 것을 말한다. 사용자의 희망자 모집은 사직의 의사표시를 기대하는 청약의 유인, 희망자의 퇴직 신청은 사직을 원하는 청약의 의사표시, 사용자의 수락과 퇴직처리는 승낙의 의사표시라고 볼 수 있다. 또한 대법원은 회사가 희망퇴직제를 시행할 당시 실제로 경영상 어려움이 발생하고 인력 감축의 필요성이 있었다면, 회사가

---

5) 대법원 1991. 7. 12. 선고 90다11554 판결; 대법원 2001. 1. 19. 선고 2000다51919, 51926 판결; 대법원 2003. 4. 11. 선고 2002다60528 판결 등.

6) 대법원 2001. 1. 19. 선고 2000다51919, 51926 판결; 대법원 2003. 4. 11. 선고 2002다60528 판결; 대법원 2017. 2. 3. 선고 2016다255910 판결 등.

희망퇴직제를 실시하는 과정에서 당시 또는 앞으로 다가올 회사의 어려운 상황을 다소 과장하거나 위 퇴직 권유에 응하지 않을 경우 어떤 불이익을 입을 수도 있다는 취지의 설명을 하였다는 사정만으로는 이를 기망행위나 강박행위라고 보지는 않는다.[7]

명예퇴직의 경우 명예퇴직 예정일이 도래하면 근로자는 퇴직하게 되고 사용자는 법정 퇴직금 이외에 추가적인 명예퇴직금을 지급할 의무를 부담하는 것이 보통이다.[8] 당사자 사이에 명예퇴직의 합의가 성립되면 명예퇴직의 효력은 명예퇴직 예정일이 되기 이전이라도 발생하게 된다. 따라서 근로자가 명예퇴직신청서를 제출한 후 명예퇴직 예정일 전에 사망했다 하더라도 명예퇴직신청 의사가 본인의 진의에 의한 것이라면 그 이유나 동기에 관계 없이 명예퇴직수당을 지급하여야 한다[9] 희망퇴직이라는 용어가 사용되기도 한다.

(4) 당연종료

근로관계의 당연종료 사유 중 기한 도래에 따른 근로관계 당연종료 사유로는 정년도래와 근로계약기간의 만료가 있다.

우선, 정년제(停年制)란 취업규칙·단체협약 등에 따라 근로자가 일정한 연령에 도달하면 근로계약이 당연히 종료한다는 취지를 정한 것을 말하고, 정년에 도달하면 근로자의 계속근로의 의사나 능력을 불문하고 근로계약이 종료되도록 하는 제도이다. 근로자가 정년에 도달하게 되면 사용자의 근로계약관계 해지의 의사표시 없이도 자동적으로 근로계약관계가 종료되도록 하는 정년퇴직제가 일반적이다. 고령자고용법 제4의5 제3호는 “이 법이나 다른 법률에 따라 근로계약, 취업규칙, 단체협약 등에서 정년을 설정하는 경우”는 연령차별로 보지 않는다고 규정한다. 헌법 제32조 제1항의 “모든 국민은 근로의 권리를 가진다”는 규정에 따라 연령과 무관하게 모든 국민은 근로의 권리를 가지며, 역시, 헌법 제11조

---

7) 대법원 2001. 1. 19. 선고 2000다51919,51926 판결.
8) 대법원 2003. 6. 27. 선고 2003다1632 판결.
9) 대법원 2010. 4. 15. 선고 2010두2449 판결.

제1항의 "모든 국민은 법 앞에 평등하다. 누구든지 성별·종교 또는 사회적 신분에 의하여 정치적·경제적·생활의 모든 영역에 있어서 차별을 받지 아니한다"라는 규정과 헌법 제37조 제1항의 "국민의 자유와 권리는 헌법에 열거되지 아니한 이유로 경시되지 아니한다"라는 헌법상의 명시적인 규정에 따라 연령을 이유로 한 근로의 영역에 있어서의 차별은 분명히 금지되지만, 성문 법률인 고령자고용법에 따라 정년제는 법률로 허용되고, 연령차별에 해당하지 않는다고 선언되고 있는 것이다. 정년제 설정의 정당성 근거에 대해서는 노동생산성, 청년 근로자 채용 필요성 등 여러 가지 관점에서 그에 관한 해명이 시도되고 있다. 정년제가 고용기간 단축의 의미가 있는 것인지[10], 고용기간 연장의 의미가 있는 것인지에 관하여도 견해가 일치하고 있지는 않지만, 정년제도는 특별한 사유가 없는 한 정년 연령까지 근로할 수 있도록 보장하는 기능도 있고, 정년에 도달한 근로자를 근로능력과 무관하게 퇴직하도록 하는 기능도 있으므로 양자의 의미를 모두 갖는다고 보아야 하고, 그러한 관점에서 법률이 정년제 설정을 연령차별의 영역에서 배제하는 입법적 결단을 한 것에 관하여 그 정당성을 부정하기는 어렵다. 정년에 도달한 근로자에 대한 사용자의 퇴직의 통지는 해고가 아니라 근로계약 종료 사실의 확인에 불과하다.

근로계약기간의 만료라 함은 근로자와 사용자가 근로계약 체결 시에 정한 '근로계약이 끝나는 날'이 도래한 것을 말한다. 당사자 사이에 근로계약의 기간을 약정한 경우에는 특별한 사정이 없는 이상 그 기간의 만료에 따라 근로관계는 당연히 종료된다. 기간의 만료에 즈음하여 사용자가 계약의 갱신을 거절하는 것도 역시 해고가 아니므로 근로기준법 제23조 제1항에 따른 정당한 이유를 요하지 않는다.

근로관계의 당연종료 사유 중 당사자의 소멸에 따른 당연종료가 있다. 근로계약은 사업주와 근로자 사이의 계약이므로 당사자가 소멸하면 근로계약도 당연히 소멸한다. 근로자 본인이 사망하면 근로계약은 당연히 종료한다. 근로계약

10) 대법원 1997. 5. 16. 선고 96다2507 판결.

에 따른 근로제공 의무는 일신전속적인 것으로서 근로자의 지위는 상속 대상이 되지 않기 때문이다(민법 제657조 제2항). 사업이 폐업하거나 파산한 경우에도 근로계약관계는 종료한다.

Ⅱ. 해고제도

1. 해고 관련 법규정

(1) 민법

해고는 민법상으로는 사용자 측에서 하는 고용계약의 해지이다. 고용의 약정기간이 3년을 넘거나 당사자의 일방 또는 제삼자의 종신까지로 된 때에는 각 당사자는 3년을 경과한 후 언제든지 계약해지의 통고를 할 수 있다(민법 제659조 제1항). 이 경우에는 상대방이 해지의 통고를 받은 날로부터 3월이 경과하면 해지의 효력이 생긴다(민법 제659조 제2항). 고용기간의 약정이 없는 때에는 당사자는 언제든지 계약해지의 통고를 할 수 있다(민법 제660조 제1항). 이 경우에는 상대방이 해지의 통고를 받은 날로부터 1월이 경과하면 해지의 효력이 생긴다(민법 제660조 제2항). 기간으로 보수를 정한 때에는 상대방이 해지의 통고를 받은 당기후의 1기를 경과함으로써 해지의 효력이 생긴다. 고용기간의 약정이 있는 경우에도 부득이한 사유 있는 때에는 각 당사자는 계약을 해지할 수 있다. 그러나 그 사유가 당사자 일방의 과실로 인하여 생긴 때에는 상대방에 대하여 손해를 배상하여야 한다(민법 제661조).

민법 제659조(3년 이상의 경과와 해지통고권)

① 고용의 약정기간이 3년을 넘거나 당사자의 일방 또는 제삼자의 종신까지로 된 때에는 각 당사자는 3년을 경과한 후 언제든지 계약해지의 통고를 할 수 있다.

② 전항의 경우에는 상대방이 해지의 통고를 받은 날로부터 3월이 경과하면 해지의 효력이 생긴다.

민법 제660조(기간의 약정이 없는 고용의 해지통고)

① 고용기간의 약정이 없는 때에는 당사자는 언제든지 계약해지의 통고를 할 수 있다.

② 전항의 경우에는 상대방이 해지의 통고를 받은 날로부터 1월이 경과하면 해지의 효력이 생긴다.

③ 기간으로 보수를 정한 때에는 상대방이 해지의 통고를 받은 당기후의 일기를 경과함으로써 해지의 효력이 생긴다.

민법 제661조(부득이한 사유와 해지권)

고용기간의 약정이 있는 경우에도 부득이한 사유있는 때에는 각 당사자는 계약을 해지할 수 있다. 그러나 그 사유가 당사자 일방의 과실로 인하여 생긴 때에는 상대방에 대하여 손해를 배상하여야 한다.

사용자가 파산선고를 받은 경우에는 고용기간의 약정이 있는 때에도 노무자 또는 파산관재인은 계약을 해지할 수 있다(민법 제663조 제1항). 이 경우에는 각 당사자는 계약해지로 인한 손해의 배상을 청구하지 못한다(민법 제663조 제2항). 또한 약정한 노무가 특수한 기능을 요하는 경우에 노무자가 그 기능이 없는 때에는 사용자는 계약을 해지할 수 있다(민법 제659조 제2항).

(2) 근로기준법

근로기준법은 근로자의 근로의 기회를 보호하기 위하여 해고의 자유를 여러 방면에서 제한하고 있다. 우선 정당한 이유 없이는 해고할 수 없다는 기본원칙을 설정하고, 경영상 이유에 의한 해고에 관해서는 정당한 이유의 구체적 요건을 별도로 규정하고 있으며, 또 해고의 시기를 제한하고 예고 없는 해고도 제한하고 있다. 그 내용을 구체적으로 살펴보면 다음과 같다.

사용자는 근로자에게 정당한 이유 없이 해고하지 못한다(근로기준법 제23조 제1항). 사용자는 근로자가 업무상 부상 또는 질병의 요양을 위하여 휴업한 기간과 그 후 30일 동안 또는 산전·산후의 여성이 근로기준법에 따라 휴업한 기간과 그 후 30일 동안은 해고하지 못 한다. 다만, 사용자가 근로자에게 일시보상을 하였을 경우 또는 사업을 계속할 수 없게 된 경우에는 해고할 수 있다(근로기준법 제23조 제2항). 즉 업무상 부상 또는 질병기간이더라도 일시보상을 한 경우에는 정당한 사유가 있으면 해고할 수 있다. 다만, '업무상 부상 또는 질병기간과 그 후 30일 동안', '출산전후휴가기간과 그 후 30일 동안' 및 '육아휴직기간'이더라도 '사업을 계속할 수 없는 경우'에는 해고할 수 있다.

근로기준법 제23조(해고 등의 제한)

① 사용자는 근로자에게 정당한 이유 없이 해고, 휴직, 정직, 전직, 감봉, 그 밖의 징벌(懲罰)(이하 "부당해고등"이라 한다)을 하지 못한다.

② 사용자는 근로자가 업무상 부상 또는 질병의 요양을 위하여 휴업한 기간과 그 후 30일 동안 또는 산전(産前)·산후(産後)의 여성이 이 법에 따라 휴업한 기간과 그 후 30일 동안은 해고하지 못한다. 다만, 사용자가 제84조에 따라 일시보상을 하였을 경우 또는 사업을 계속할 수 없게 된 경우에는 그러하지 아니하다.

2. 해고의 종류

해고는 그 원인이 누구에게 있는지에 따라 근로자 귀책으로 인한 일반해고와 사용자 귀책으로 인한 경영상 이유에 의한 해고로 나뉜다. 일반해고는 근로자의 과거 비위행위나 기업질서위반행위에 대한 제재인 징계해고와 근로계약상 의무를 이행하지 못한 채무불이행 상태로 인해 장래에도 근로관계를 계속 유지하는 것이 가능하지 않아 행해지는 통상해고로 구분할 수 있다. 통상해고의 경우에 근로계약상 의무를 이행하지 못하게 되는 원인으로는 질병과 사고, 직무수행능력 결여 등을 들 수 있다.

제2장 해고의 사유와 절차

I. 일반해고의 사유와 절차

1. 해고 사유

근로기준법은 일반해고나 징계해고의 구체적 사유를 규정하지 않고 있다. 업무 능력 결여, 업무 적격성 결여, 계약상의 의무 위반, 사생활상의 비위행위, 징계 사유에 해당하는 비위행위 등이 근로자 측 사정에 따른 해고 사유에 해당할 수 있다.

근로제공을 계속할 수 없는 근로자 개인의 특수한 사정이 발생하여 사용자도 근로계약 관계를 지속할 수 없다고 판단했다면 해고의 사유가 될 수 있다. 예를 들어 대법원은 "기구와 인원배치를 조정함으로써 업무의 능률화를 기하기 위한 목적으로 법인의 정관에 규정된 직제규정이 개정됨으로 말미암아 엘리베이터 주임이라는 직책이 폐지되었음에도 불구하고, 종전에 이를 담당하고 있던 근로자가 그 직책으로의 복귀만을 고집하면서 직급과 보수가 엘리베이터 주임과 동일한 경비 주임으로는 근무하지 않겠다는 의사를 명백히 표시함으로써 이루어진 해고는 정당한 이유가 있는 통상해고"[11]라고 판시한 바 있다.

사용자가 근로자를 해고할 만한 사유가 전혀 없는데도 오로지 근로자를 사업장에서 몰아내려는 의도하에 고의로 어떤 명목상의 해고사유를 만들거나 내세워 해고한 경우나 해고의 이유로 된 어느 사실이 취업규칙 등 소정의 해고사유에 해당되지 아니하거나 해고사유로 삼을 수 없는 것임이 객관적으로 명백하고 또 조금만 주의를 기울이면 이와 같은 사정을 쉽게 알아볼 수 있는데도 그것을 이유로 해고에 나아간 경우 등 해고권의 남용이 건전한 사회통념이나 사회상규상 용인될 수 없음이 분명한 경우에 있어서는, 그 해고가 근로기준법 제23조 제1항에서 말하는 정당성을 갖지 못하여 효력이 부정되는 데 그치는 것이 아니

---

11) 대법원 1991. 9. 24. 선고 91다13533 판결.

라 위법하게 상대방에게 정신적 고통을 가하는 것이 되어 근로자에 대한 관계에서 불법행위를 구성한다.12)

2. 해고 절차

(1) 해고예고

사용자는 근로자를 해고하려면 적어도 30일 전에 예고해야 하고, 30일 전에 예고를 하지 않으면, 30일분 이상의 통상임금을 근로자에게 지급해야 한다(근로기준법 제26조). 해고예고제도는 근로자가 갑자기 일자리를 상실하게 됨으로써 직면하게 되는 경제적 위기를 감소시키고 이에 대응할 수 있는 시간적 여유를 부여하기 위해 1961년 근로기준법 개정시에 도입된 제도이다.13) 일률적으로 30일의 해고예고기간을 부여하는 것이 적정한지는 의문이다. 근속연수에 비례하여 더 장기간의 해고예고기간을 부여하는 방안도 고려해볼 필요가 있다.

근로기준법 제26조(해고의 예고)

사용자는 근로자를 해고(경영상 이유에 의한 해고를 포함한다)하려면 적어도 30일 전에 예고를 하여야 하고, 30일 전에 예고를 하지 아니하였을 때에는 30일분 이상의 통상임금을 지급하여야 한다. 다만, 다음 각 호의 어느 하나에 해당하는 경우에는 그러하지 아니하다.

1. 근로자가 계속 근로한 기간이 3개월 미만인 경우
2. 천재·사변, 그 밖의 부득이한 사유로 사업을 계속하는 것이 불가능한 경우
3. 근로자가 고의로 사업에 막대한 지장을 초래하거나 재산상 손해를 끼친 경우로서 고용노동부령으로 정하는 사유에 해당하는 경우

해고예고 의무는 법률 소정의 특별한 사유가 있을 때에는 배제된다. '천재·사변, 그 밖의 부득이한 사유로 사업을 계속하는 것이 불가능한 경우'에는 배제된

12) 대법원 1999. 2. 23. 선고 98다12157 판결; 대법원 2006. 7. 28. 선고 2006다17355 판결.
13) 헌법재판소 2001. 7. 19. 선고 99헌마663 결정.

다(근로기준법 제26조 단서). 또한 '근로자가 고의로 사업에 막대한 지장을 초래하거나 재산상 손해를 끼친 경우로서 근로기준법 시행규칙 제4조, 별표 1에 명시된 사유에 해당하는 경우'에도 예고 의무는 배제된다(근로기준법 제26조 단서).

근로기준법 시행규칙 제4조, 별표 1에 정한 즉시해고 사유

① 납품업체로부터 금품이나 향응을 제공받고 불량품을 납품받아 생산에 차질을 가져온 경우
② 영업용 차량을 임의로 타인에게 대리운전하게 하여 교통사고를 일으킨 경우
③ 사업의 기밀이나 그 밖의 정보를 경쟁관계에 있는 다른 사업자 등에게 제공하여 사업에 지장을 가져온 경우
④ 허위 사실을 날조하여 유포하거나 불법 집단행동을 주도하여 사업에 막대한 지장을 가져온 경우
⑤ 영업용 차량 운송 수입금을 부당하게 착복하는 등 직책을 이용하여 공금을 착복, 장기유용, 횡령 또는 배임한 경우
⑥ 제품 또는 원료 등을 몰래 훔치거나 불법 반출한 경우
⑦ 인사 · 경리 · 회계담당 직원이 근로자의 근무상황 실적을 조작하거나 허위 서류 등을 작성하여 사업에 손해를 끼친 경우
⑧ 사업장의 기물을 고의로 파손하여 생산에 막대한 지장을 가져온 경우
⑨ 그 밖에 사회통념상 고의로 사업에 막대한 지장을 가져오거나 재산상 손해를 끼쳤다고 인정되는 경우

해고예고는 사용자가 일방적으로 행하는 근로계약 해지의 의사표시이므로 그 의사표시가 근로자에게 도달한 이후에는 철회할 수 없다(민법 제543조). 또한, 해고예고에 갈음하여 지급하는 30일분의 통상임금인 해고예고수당은 사용자가 근로자를 해고함에 있어서 갑자기 근로자를 해고하게 되면 근로자는 다른 직장을 얻을 때까지 생활의 위협을 받게 되므로 적어도 다른 직장을 구할 기회를 가질 수 있도록 최소한의 시간적인 여유를 부여하거나, 그렇지 않으면 그 기간 동안의 생계비를 보장하여 근로자의 경제적 어려움을 완화시켜주고자 하는 취지이

다.[14] 그러므로, 해고 예고 기간에 근로자가 결근하거나 지각한 경우에도 이를 감액할 수 없다.[15]

사용자가 근로기준법 제26조에 규정된 해고예고의무를 이행하지 않은 경우, 2년 이하의 징역 또는 2천만 원 이하의 벌금에 처해질 수 있다(근로기준법 제110조 1호). 해고예고의무 위반과 해고의 효력과의 관계에 대해서는 대법원 판례는 해고예고 의무를 위반했다고 해서 그 해고가 반드시 무효가 되는 것은 아니라고 한다.[16] 해고예고 의무 규정을 단속규정이라고 본 결과이다. 그러나, 해고예고를 규정한 근로기준법 제26조를 단속규정이라고 보는 뚜렷한 근거는 없다. 근로자의 직업적 안정성에 미치는 영향과 근로기준법 제27조 제3항이 해고예고 서면통지를 해고의 서면통지와 같이 보는 것 등 근로기준법 전체의 취지에 비추어볼 때 근로기준법 제26조는 강행규정이라고 보아야 하며, 해고예고 의무에 위반한 해고는 절차 위반의 해고로서 무효가 된다고 보아야 한다.

(2) 해고의 서면통지

사용자는 근로자를 해고하려면 해고의 사유와 시기를 서면으로 통지해야 한다(근로기준법 제27조 제1항). 해고의 서면통지제도는 징계해고, 경영상 이유에 의한 해고, 통상해고 등 해고 전체에 적용되며, 해고 대상인 근로자의 고용형태와도 무관하다.[17] 사용자가 근로자에게 해고예고를 할 때 해고사유와 해고시기를 명시하여 서면으로 한 경우에는 근로기준법에 따른 해고사유 등 통지를 한 것으로 본다(근로기준법 제27조 제3항). 해고의 서면통지 의무에서 “서면”이란 반드시 종이로 된 문서가 아니어도 전자문서법상 문서이면 문제가 없다.[18] 다만, 이메일 본문에 내용을 기재한 경우, 휴대전화 문자 메시지나 모바일 메신저로 해고를

---

14) 헌법재판소 2001. 7. 19. 선고 99헌마663 결정.
15) 국제노동기구(ILO), 제119호, 사용자의 주도에 의한 고용의 종료에 관한 권고, 제7조 제2항 참조.
16) 대법원 1994.1.11. 선고 93다 49192 판결; 대법원 1993. 9. 24. 선고 93누4199 판결; 대법원 1994. 12. 27. 선고 94누11132 판결; 헌법재판소 2001. 7. 19. 선고 99헌마663 결정 등.
17) 대법원 2015. 11. 27. 선고 2015두48136 판결.
18) 대법원 2015. 9. 10. 선고 2015두41401 판결.

통지한 경우 등은 서면통지의무 위반이라고 보아야 한다. 근로기준법 제17조 제2항, 제67조 제1항 등은 근로계약 체결시 근로조건 서면 명시를 규정하면서 전자문서법 제2조 제1항의 전자문서로 명시해도 된다고 규정하고 있다.

사용자가 서면 통지 규정을 위반하여 근로자를 해고한 것에 대한 벌칙은 없다. 그러나 근로자에 대한 해고는 해고의 사유와 시기를 서면으로 통지해야 그 효력이 있다(근로기준법 제27조 제2항). 해고의 사유와 시기를 서면으로 통지하지 않은 경우 해고 절차 위반으로서 무효인 부당해고가 된다.

(3) 소명기회 제공

취업규칙이나 단체협약 등에 징계위원회(인사위원회)개최 및 징계 대상자에 대한 소명기회 제공이 규정되어 있는 경우 규정된 절차를 거치지 않은 해고는 무효가 된다. 대법원도 "단체협약이나 취업규칙에 징계대상자에게 징계위원회에 출석하여 변명과 소명자료를 제출할 기회를 부여하도록 되어 있음에도 이러한 징계절차를 위반하여 징계해고하였다면 이러한 징계권의 행사는 징계사유가 인정되는 여부와 관계없이 절차에 있어서의 정의에 반하여 무효"[19]라고 판시한다.

한편 징계위원회와 관련하여 징계위원회는 징계의결 요구권자에 의하여 징계의결이 요구된 징계사유를 심리대상으로 하여 그에 대하여만 심리·판단하여야 하고 징계의결이 요구된 징계사유를 근본적으로 수정하거나 징계의결 이후에 발생한 사정 등 그 밖의 징계사유를 추가하여 징계의결을 할 수는 없다고 한다.[20]

Ⅱ. 경영상 이유에 의한 해고의 사유와 절차

1. 경영상 이유에 의한 해고의 의의

경영상 이유에 의한 해고란 경영상의 이유에 따른 해고, 즉 사용자 측 사정에

19) 대법원 1991. 7. 9. 선고 90다8077 판결; 대법원 2012. 1. 27. 선고 2010다100919 판결.
20) 대법원 1984. 9. 25. 선고 84누299 판결.

따른 해고를 말한다. 근로기준법 제24조는 "사용자가 경영상 이유에 의하여 근로자를 해고하려면 긴박한 경영상의 필요가 있어야 한다"라고 규정한다. 근로자 측의 사정에 따른 해고보다 일반적으로 대상인원이 많고 근로자들이 수용하려 들지 않아 근로기준법은 경영상 이유에 의한 해고를 여러 방면에서 엄격하게 제한하고 있다.

2. 경영상 이유에 의한 해고의 요건

경영상 이유에 의한 해고를 행할 때 다음의 4가지 요건을 갖추어 해고한 경우에는 정당한 이유가 있는 해고를 한 것으로 본다(근로기준법 제24조 제5항).

(1) 긴박한 경영상의 필요

사용자가 경영상 이유에 의한 해고를 하려면 긴박한 경영상의 필요성이 있어야 한다(근로기준법 제24조 제1항). 긴박한 경영상의 필요란 기업의 고도의 경영위기를 회피하기 위하여 필요한 경우 또는 기업의 경쟁력 유지·강화를 위한 신기술 도입 등 구조조정 조치에 수반하여 객관적으로 인원삭감이 필요한 경우를 말한다. 반드시 기업의 도산을 회피하기 위한 경우에 한정되지 아니하고, 장래에 올 수도 있는 위기에 미리 대처하기 위하여 인원 삭감이 객관적으로 보아 합리성이 있다고 인정되는 경우도 포함된다.[21]

근로기준법 제24조(경영상 이유에 의한 해고의 제한)

① 사용자가 경영상 이유에 의하여 근로자를 해고하려면 긴박한 경영상의 필요가 있어야 한다. 이 경우 경영 악화를 방지하기 위한 사업의 양도·인수·합병은 긴박한 경영상의 필요가 있는 것으로 본다.

경영상 필요가 있었는지를 판단하는 단위는 사업 또는 사업장 전체를 기준으

---

21) 대법원 2002. 7. 9. 선고 2001다29452 판결.

로 하는 것이 원칙이다. 그러나, 기업의 전체 경영실적이 흑자를 기록하고 있더라도 일부 사업부문이 경영악화를 겪고 있는 경우, 그러한 경영악화가 구조적인 문제 등에 기인한 것으로 쉽게 개선될 가능성이 없고 해당 사업부문을 그대로 유지한다면 결국 기업 전체의 경영상황이 악화될 우려가 있는 등 장래 위기에 대처할 필요가 있다는 사정을 인정할 수 있다면, 해당 사업부문을 축소 또는 폐지하고 이로 인하여 발생하는 잉여인력을 감축하는 것이 객관적으로 보아 불합리한 것이라고 볼 수 없다.[22)]

(2) 해고 회피 노력

사용자는 해고를 피하기 위한 노력을 다해야 한다(근로기준법 제24조 제2항). 긴박한 경영상의 필요가 있더라도 과잉인원을 해고하지 않고 근로관계를 유지할 수 있는 방안을 최대한 모색해야 하고, 해고는 그러한 방안이 강구될 수 없는 경우에 보충적 수단으로서 허용된다.

근로기준법 제24조(경영상 이유에 의한 해고의 제한)

② 제1항의 경우에 사용자는 해고를 피하기 위한 노력을 다하여야 하며, 합리적이고 공정한 해고의 기준을 정하고 이에 따라 그 대상자를 선정하여야 한다. 이 경우 남녀의 성을 이유로 차별하여서는 아니 된다.

(3) 합리적이고 공정한 대상자 선정

합리적이고 공정한 해고의 기준을 정하고 이에 따라 그 대상자를 선정해야 한다(근로기준법 제24조 제2항). 근로기준법은 해고 대상자의 선정에 관하여 '남녀의 성을 이유로 차별'하는 것을 금지하고 있다(근로기준법 제24조 제2항). 국적·신앙·사회적 신분을 선정기준으로 하거나 노동조합의 조합원 또는 정당한 조합활동을 하거나 정당한 쟁의행위에 참가한 자를 우선적으로 선정하는 기준은 허용되지 않는다(근로기준법 제6조, 남녀고용평등법 제11조 제1항, 노동조합법 제81조 등).

---

22) 대법원 2012. 2. 23. 선고 2010다3629 판결.

근로기준법 제24조(경영상 이유에 의한 해고의 제한)

③ 사용자는 제2항에 따른 해고를 피하기 위한 방법과 해고의 기준 등에 관하여 그 사업 또는 사업장에 근로자의 과반수로 조직된 노동조합이 있는 경우에는 그 노동조합(근로자의 과반수로 조직된 노동조합이 없는 경우에는 근로자의 과반수를 대표하는 자를 말한다. 이하 "근로자대표"라 한다)에 해고를 하려는 날의 50일 전까지 통보하고 성실하게 협의하여야 한다.

(4) 근로자대표와의 협의

사용자는 해고를 피하기 위한 방법과 해고의 기준 등에 관하여 근로자대표에게 해고하려는 날의 50일 전까지 통보하고 성실하게 협의해야 한다(근로기준법 제24조 제3항). '근로자대표'란 사업 또는 사업장에 근로자의 과반수로 조직된 노동조합이 있는 경우에는 그 노동조합, 근로자의 과반수로 조직된 노동조합이 없는 경우에는 근로자의 과반수를 대표하는 자를 말한다(근로기준법 제24조 제3항).

3. 경영상 이유에 의한 해고에 대한 제한과 사후조치

(1) 대규모 경영상 이유에 의한 해고의 신고

사용자는 '1개월 동안에 상시 근로자수가 99명 이하인 사업 또는 사업장의 경우에는 10명 이상, 상시 근로자수가 100명 이상 999명 이하인 사업 또는 사업장의 경우에는 상시 근로자수의 10퍼센트 이상, 상시 근로자수가 1,000명 이상 사업 또는 사업장의 경우에는 100명 이상의 인원'을 해고하려면 최초로 해고하려는 날의 30일 전까지 해고 사유, 해고 예정인원, 근로자대표와의 협의 내용, 해고 일정을 포함하여 고용노동부장관에게 신고해야 한다(근로기준법 제24조 제4항, 근로기준법 시행령 제10조).

근로기준법 제24조(경영상 이유에 의한 해고의 제한)

④ 사용자는 제1항에 따라 대통령령으로 정하는 일정한 규모 이상의 인원을 해고하려면 대통령령으로 정하는 바에 따라 고용노동부장관에게 신고하여야 한다.

⑤ 사용자가 제1항부터 제3항까지의 규정에 따른 요건을 갖추어 근로자를 해고한 경우에는 제23조제1항에 따른 정당한 이유가 있는 해고를 한 것으로 본다.

(2) 해고자의 우선 재고용 의무

근로자를 경영상 이유에 의한 해고를 한 사용자는 해고한 날부터 3년 이내에 해고된 근로자가 해고 당시 담당했던 업무와 같은 업무를 할 근로자를 채용하려고 할 경우, 경영상 이유에 의한 해고 된 근로자가 원하면 그 근로자를 우선적으로 고용해야 한다(근로기준법 제25조 제1항).

근로기준법 제25조(우선 재고용 등)

① 제24조에 따라 근로자를 해고한 사용자는 근로자를 해고한 날부터 3년 이내에 해고된 근로자가 해고 당시 담당하였던 업무와 같은 업무를 할 근로자를 채용하려고 할 경우 제24조에 따라 해고된 근로자가 원하면 그 근로자를 우선적으로 고용하여야 한다.

② 정부는 제24조에 따라 해고된 근로자에 대하여 생계안정, 재취업, 직업훈련 등 필요한 조치를 우선적으로 취하여야 한다.

Ⅲ. 해고 시기의 제한

1. 대상 기간

사용자는 '근로자가 업무상 부상 또는 질병의 요양을 위하여 휴업한 기간과 그 후 30일 동안', '출산전후의 여성이 근로기준법에 따라 휴업한 기간과 그 후 30일 동안'은 해고하지 못한다(근로기준법 제23조 제2항). 이를 위반한 경우 5년 이하의 징역 또는 5천만 원 이하의 벌금에 처해질 수 있다(근로기준법 제107조). 그리고 육아휴직의 기간에도 해고하지 못한다(남녀고용평등법 제19조 제3항). 이를 위반한 경우 3년 이하의 징역 또는 3천만 원 이하의 벌금에 처해질 수 있다(남녀고용평등법 제37조 제2항 제3호).

2. 해고 시기 제한의 예외

사용자가 업무상의 부상·질병에 대하여 일시보상을 지급한 경우에는 업무상 부상 또는 질병기간이더라도 정당한 사유가 있으면 해고할 수 있다(근로기준법 제23조 제2항 단서).

근로기준법 제84조(일시보상)

제78조에 따라 보상을 받는 근로자가 요양을 시작한 지 2년이 지나도 부상 또는 질병이 완치되지 아니하는 경우에는 사용자는 그 근로자에게 평균임금 1,340일분의 일시보상을 하여 그 후의 이 법에 따른 모든 보상책임을 면할 수 있다.

사업을 계속할 수 없게 된 경우에도 해고 시기의 제한을 받지 않는다(근로기준법 제23조 제2항 단서, 남녀고용평등법 제19조 제3항 단서). '사업을 계속할 수 없게 된 경우'란 해당 근로자가 소속한 사업장 또는 부서의 사업을 상당한 기간 동안 중지할 수밖에 없게 된 경우를 말하고, 반드시 해당 사업이 폐업하게 되거나 주요 사업장의 조업을 계속할 수 없게 될 것을 요하지 않는다.

제3장 해고의 정당한 이유

I. 정당한 이유에 대한 이중 심사

근로기준법 제23조 제1항은 사용자는 근로자에게 정당한 이유 없이 해고하지 못한다고 규정하지만, 그 정당한 이유가 무엇이고 어떠한 기준으로 판단할 수 있는지에 대해서는 밝히지 않는다. 전적으로 해석에 따라 판단할 수밖에 없는데, 대법원 판례를 보면, 그 정당한 이유는 "사회통념상 고용관계를 계속할 수 없을 정도로 근로자에게 책임 있는 사유가 있는 경우에 그 정당성이 인정되고, 사회통념상 근로자와 고용관계를 계속할 수 없을 정도인지는 사용자의 사업 목적과 성격, 사업장의 여건, 근로자의 지위와 담당직무의 내용, 비위행위의 동기와 경위, 이로 인하여 기업의 위계질서가 문란하게 될 위험성 등 기업질서에 미칠 영향, 과거의 근무태도 등 여러 가지 사정을 종합적으로 검토하여 판단하여야 한다”[23]고 한다. 그러나 “사회통념상 고용관계를 계속할 수 없을 정도로 근로자에게 책임 있는 사유가 있는 경우”라는 표현도 역시 명확한 기준을 제시한다고 보기는 어려우며 나아가 심각한 문제를 초래하고 있다. 근로기준법 제23조 제1항이 “근로자에게 정당한 이유가 없으면”을 “근로자에게 책임 있는 사유가 없으면”으로 치환하여 정당한 이유를 아무런 근거 없이 “책임 있는 사유”로 바꾸고 있기 때문이다. 이는 해석의 한계를 넘어서는 과도한 해석으로 오히려 법문을 왜곡한 것이다. 그러한 왜곡의 결과 결국 ‘근로자에게 책임 있는 사유’가 있으면 곧바로 해고가 가능하다는 의미로 이 조항의 의미를 변경해 버렸다.

근로기준법 제23조 제1항에 명시된 해고의 “정당한 이유”가 있는지 확정하기 위해서는, 첫 단계에서는, 근로자 측에 해고를 할 수밖에 없는 정당한 이유가 있는지 확인해야 하고, 두 번째 단계에서는 사용자 측 관점에서도 그러한 근로자와 근로계약 관계를 유지할 수 없는 정당한 이유가 있는지 판단하여야 한다. 근로기준법 제23조 제1항에 명시된 해고의 “정당한 이유”를 확정하기 위해서는 그와 같은 다층적 심사가 필요하다. 근로자에게 책임 있는 사유가 있다는 것만을 뜻하는 것으로 보아서는 안 되며, 그러한 책임이 있는 근로자와 근로계약관계를 지속할 수 없는 이유가 사용자에게도 있어야 한다는 뜻이다. 따라서 근로기준법 제23조 제1항에 따른 ‘정당한 이유’ 판단은 첫째 단계의 판단에 이어 둘째 단계의 판단이 단계적으로 이루어 져야 한다. 이를 편의상 ‘이중 심사’라고 하자. 예를 들어보자. 어떤 근로자가 동료 근로자의 물건을 훔쳤고, 취업규칙에 ‘회사 내에서의 절도’가 해고사유로 규정되어 있다. 이때 사용자는 근로자에게 절도라는 행위를 했고 그것이 해고라는 징계를 가할 수 있는 이유라는 사실을 확인했다고 해서 곧바로 해고를 결정해서는 안 된다. 사용자 측에서 절도

23) 대법원 2003. 7. 8. 선고 2001두8018 판결, 대법원 2006. 11. 23. 선고 2006다48069 판결 등

를 행한 근로자와 근로계약관계를 유지할 수 없다고 판단할 수밖에 없는 이유가 있어야 한다. 동료 사이의 신뢰가 중요한 업종이므로 신뢰관계가 파괴된 근로자와 근로계약관계를 지속할 수 없다거나, 절도행위의 반복 가능성과 근로자의 태도, 절도행위가 피해자와 다른 근로자들에게 미친 영향 등을 입체적으로 검토하여 근로계약관계의 지속 가능성 및 단절 필요성을 판단하여야 한다. 이중심사 즉, 이중의 정당한 이유 심사가 필요한 이유이다.

다시 한번 근로기준법 제23조 제1항의 법문을 보자. 해고만을 중심으로 보면, "사용자는 근로자에게 정당한 이유 없이 해고를 하지 못한다"이다. 첫째, 정당한 이유를 보면, 근로자에게 정당한 이유가 있다는 것은 근로자에게 책임 있는 사유가 있다는 의미가 아니라, 책임이 근로자에게 있는지와 상관 없이 해고를 할 수밖에 없을 이유가 근로자에게 있어야 한다는 의미이다. 근로자에게 책임이 있는 것은 아니지만 근로계약관계를 해소하지 않을 수 없는 이유가 근로자에게 발생하거나 근로자가 그러한 이유를 보유하고 있을 수 있다. 둘째, 이 법문의 의미는 '사용자는 근로자에게 정당한 이유가 있다면 해고를 할 수 없다'이다. 이를 역으로 해석하면, 근로자에게 정당한 이유가 있으면 해고할 수 있다는 적극적인 의미가 아니라, 근로자에게 정당한 이유가 있다면 해고를 할 수 없는 것이 아니라는, 즉 해고가 금지되지는 않는다는 소극적인 가능성의 의미로 해석되어야 한다. 그리고, 단지 해고가 금지되지 않을 뿐이기 때문에 사용자는 과연 해고를 하여야 하는 것인지를 다시 한번 판단해야 한다. 근로기준법 제23조 제1항이 해고, 휴직, 정직, 전직, 감봉, 그 밖의 징벌에 관한 규정이므로 근로자에게 책임 있는 사유라고 보아야 한다는 반론이 가능하다. 그러나, 앞에서 인사평가와 배치전환을 설명할 때 보았듯이 근로기준법 제23조 제1항은 징벌로서의 해고와 징계조치뿐만 아니라 일반적인 인사평가에 따른 인사이동과 배치전환에도 적용될 만큼 넓게 적용되는 조문이다. 소위 일신상의 사유에 의한 해고와 행태상의 사유에 의한 해고 모두를 포괄하는 규정인 것이다. 따라서 근로기준법 제23조 제1항이 징벌과 관련된 규정이므로 이 조문에서 명시된 '정당한 이유'를 '근로자에게 책임 있는 사유'라고 보아야 한다는 주장은 항상 옳은 것은 아니다.

대법원이 위에서 설명한 것과 같은 인식을 갖고 내린 판결인지는 알 수 없으나, "일반적으로 사용자가 근무성적이나 근무능력이 불량하여 직무를 수행할 수 없는 경우에 해고할 수 있다고 정한 취업규칙 등에 따라 근로자를 해고한 경우, 사용자가 근로자의 근무성적이나 근무능력이 불량하다고 판단한 근거가 되는 평가가 공정하고 객관적인 기준에 따라 이루어진 것이어야 할 뿐 아니라, 근로자의 근무성적이나 근무능력이 다른 근로자에 비하여 상대적으로 낮은 정도를 넘어 상당한 기간 동안 일반적으로 기대되는 최소한에도 미치지 못하고 향후에도 개선될 가능성을 인정하기 어렵다는 등 사회통념상 고용관계를 계속할 수 없을 정도인 경우에 한하여 해고의 정당성이 인정된다. 이때 사회통념상 고용관계를 계속할 수 없을 정도인지는 근로자의 지위와 담당 업무의 내용, 그에 따라 요구되는 성과나 전문성의 정도, 근로자의 근무성적이나 근무능력이 부진한 정도와 기간, 사용자가 교육과 전환배치 등 근무성적이나 근무능력 개선을 위한 기회를 부여하였는지 여부, 개선의 기회가 부여된 이후 근로자의 근무성적이나 근무능력의 개선 여부, 근로자의 태도, 사업장의 여건 등 여러 사정을 종합적으로 고려하여 합리적으로 판단하여야 한다"[24]라고 판시한 사례가 있다. 이 판결의 판단 구조를 앞에서 설명한 '이중 심사'에 대입해 보면, 취업규칙에 명시된 금지행위를 근로자가 했다는 것은 첫 단계의 근로자 측에 해고를 할 수 있는 이유가 있는지에 관한 확정이고, '사회통념상 고용관계를 계속할 수 없을 정도' 인지에 관한 판단은 두 번째 단계의 사용자 측의 관점에서도 그러한 근로자와 근로계약 관계를 유지할 수 없는 정당한 이유가 있는지 여부에 대한 판단이라고 볼 수 있다. 법원의 판결문은 '사회통념상'이라는 뜻이 명확하지 않고 너무 많은 경우에 사용될 수 있는 용어를 되도록 쓰지 말아야 한다.

24) 대법원 2021. 2. 25. 선고 2018다253680 판결.

Ⅱ. 사유, 절차, 양정

사용자가 근로자에 대하여 행한 해고 조치가 정당한지 여부에 대하여 판단하기 위해서는 '정당한 이유'에 대한 법리적 논증이 반드시 필요하다. 그러나 실무적으로는 그 논증이 사유, 절차, 양정, 3가지 요건에 대한 심사로 정형화되어 수행되고 있다.[25] 사유란 이중 심사 절차에서 첫 단계, 즉, 근로자에게 해고를 할 수밖에 없는 이유가 있는지에 대한 판단이다. 징계해고의 경우라면 취업규칙이나 단체협약 등에 명시된 징계 사유에 해당하는 행위가 존재하는지 여부에 대한 판단이다. 절차는 징계 사유에 대한 확정이 적절한 절차에 따라 이루어졌는지에 대하여 판단하는 단계이며, 특히 근로기준법에 규정된 절차의 준수 여부가 검토되어야 한다. 양정은 사용자의 판단의 정당성을 심사하는 것으로서 이중 심사 절차에서 두 번째 단계의 사용자 측의 관점에서도 그러한 근로자와 근로계약 관계를 유지할 수 없는 정당한 이유가 있는지 여부에 대한 판단이며, 징계해고의 경우에는 주로 해고 대상 근로자가 행한 금지행위에 대하여 사용자가 해고처분을 선택한 것이 적정한지에 대한 균형성 판단이다. 앞에서 살펴본 배치전환의 정당성 판단에서, 그와 같은 배치전환 조치가 근로자에게 미치는 생활상의 불이익이 과도한 것은 아닌지 여부를 판단하는 것과 체계상 동일한 단계의 판단이라고 할 수 있다. 실무에서의 징계해고의 정당성 심사는, 징계해고의 정당한 사유가 있는지, 정당한 절차를 거쳤는지, 양정은 정당한지 세 가지 요건을 심사하며, 하나라도 충족하지 못하면 해고나 징계의 정당한 이유를 부정한다.

Ⅲ. 해고 이외의 징계에 대한 적용

앞에서 설명한 근로기준법 제23조 제1항의 '정당한 이유'에 대한 이중 심사

---

25) 대법원 1998. 5. 22. 선고 98다2365 판결; 대법원 2014. 12. 11. 선고 2014다44949 판결; 대법원 2015. 5. 28. 선고 2013두3351 판결; 대법원 2018. 10. 4. 선고 2016다242884 판결; 대법원 2023. 10. 12. 선고 2023두38073 판결.

절차와 사유, 절차, 양정의 세 가지의 요건에 대한 심사는 해고 이외의 징계에 대해서도 그대로 적용될 수 있다.

제4장 해고로부터의 근로자 보호

I. 부당해고 구제절차

사용자는 근로자에게 정당한 이유 없이 해고를 하지 못한다(근로기준법 제23조 제1항). 사용자가 근로자에 대하여 부당한 경영상 이유에 의한 해고를 포함하여 부당해고를 한 경우에는 그 근로자는 노동위원회에 구제신청을 할 수 있다(근로기준법 제28조 제1항). 물론 해고무효확인소송을 통한 민사적 구제도 가능하다.

아래의 구제제도에 대한 설명은 해고 이외에 근로기준법 제23조 제1항에 따른 휴직, 정직, 전직, 감봉, 그 밖의 징벌, 즉 해고 이외의 징계에 대해서도 그대로 적용될 수 있다. 그 경우 부당해고 구제가 아니라 부당징계 구제라고 할 수 있다.

1. 노동위원회 구제제도

(1) 구제신청

근로자는 사용자의 부당해고나 부당징계에 대해 노동위원회에 구제를 신청할 수 있다(근로기준법 제28조 제1항). 노동위원회에의 구제신청에 대해서는 제척기간이 설정되어 있어, 구제신청은 부당해고나 부당징계가 있었던 날부터 3개월 이내에 하여야 한다(근로기준법 제28조 제2항).

(2) 조사와 심문

노동위원회는 부당해고나 부당징계에 대한 구제신청을 받으면 지체 없이 필요한 조사를 해야 하며 관계당사자를 심문해야 한다(근로기준법 제29조 제1항). 심문을 할 때에는 관계당사자의 신청이나 직권으로 증인을 출석하게 하여 필요한 사항을 질문할 수 있으며, 노동위원회는 관계당사자에게 증거제출과 증인에 대한 반대심문을 할 수 있는 충분한 기회를 주어야 하고, 세부 심사절차는 중앙노동위원회가 정한다(근로기준법 제29조 제2항, 제3항).

(3) 판정

노동위원회는 심문을 마친 후, 부당해고나 부당징계가 성립한다고 판정하면 사용자에게 구제명령을 해야 하며, 부당해고나 부당징계가 성립하지 않는다고 판정하면 구제신청을 기각하는 결정을 해야 한다(근로기준법 제30조 제1항). 구제명령과 기각결정은 신청인과 그 사용자에게 각각 서면으로 통지해야 한다(근로기준법 제30조 제2항).

구제명령의 내용에 대해서는 특별한 규정이 없어 노동위원회의 합리적 재량에 맡겨진다. 노동위원회는 부당해고나 부당징계에 대하여 일반적으로 원직복직의 구제명령을 하며, 이에 덧붙여 해고 등이 없었더라면 지급받을 수 있었던 임금 상당액을 지급하라는 구제명령도 하고 있다. 사용자가 부당해고나 부당징계에 대한 구제명령을 그 이행기간까지 이행하지 않으면 이행강제금이 부과되므로, 노동위원회는 구제명령에 그 이행기한을 명시해야 한다.

해고가 부당하다고 판정받으면 임금을 소급하여 지급하라는 구제명령이 없더라도 근로자는 부당해고 기간 동안 지급받지 못한 임금을 소급하여 지급받을 권리가 있다. 부당해고는 사법상 무효이므로, 해고 기간에 사용자의 책임 있는 사유로 근로자가 근로제공을 이행할 수 없었던 것에 해당하여 근로자는 임금지급을 청구할 수 있기 때문이다(민법 제538조 제1항). 소급임금의 액수는 근로자가 해고되지 않고 계속 근로했더라면 받을 수 있었던 임금 전부이므로, 평균임금의 기초가 되는 모든 임금이 이에 포함된다. 다만 근로자가 해고기간 중에 다른 사업장에 취업하는 등 수입이 있는 활동을 한 경우에는 임금상당액에서 중간수입을 공제할 수 있다. 즉, 부당하게 해고된 근로자가 다른 직장에서 근무하여 얻은 이익은 민법 제538조 제2항에서 말하는 '채무를 면함으로써 얻은 이익'이므로 사용자가 근로자에게 '해고기간 중의 임금상당액'을 지급함에 있어 근로자가 다른 회사 등에서 얻게 된 중간수입의 공제는 가능하다. 그러나 임금상당액 중 휴업수당(근로기준법 제46조)을 넘는 부분에 대하여만 공제할 수 있고 임금지급의 대상기간과 시기가 다른 때 얻은 이익은 공제대상이 아닌 것으로 해석된다.

(4) 금전보상 명령

노동위원회는 사용자에게 부당해고에 대한 구제명령을 할 때에 근로자가 원직복직을 원하지 않으면 원직복직을 명하는 대신 근로자가 해고 기간 동안 근로를 제공했더라면 받을 수 있었던 임금 상당액 이상의 금품을 근로자에게 지급하도록 명할 수 있다(근로기준법 제30조 제3항).

(5) 구제명령 등의 확정

지방노동위원회의 구제명령이나 기각결정에 불복하는 사용자나 근로자는 구제명령서나 기각결정서를 통지받은 날부터 10일 이내 중앙노동위원회에 재심을 신청할 수 있다(근로기준법 제31조 제1항). 중앙노동위원회의 재심판정이 내려지면 그에 불복하는 사용자나 근로자는 재심판정서를 송달받은 날부터 15일 이내에 행정소송을 제기할 수 있다(근로기준법 제31조 제2항). 그러나 이들 기간에 재심을 신청하지 않거나 행정소송을 제기하지 않으면 그 구제명령, 기각결정 또는 재심판정은 확정되며(근로기준법 제31조 제3항) 당사자는 이에 따라야 한다. 노동위원회의 구제명령, 기각결정 또는 재심판정은 중앙노동위원회에 대한 재심신청이나 행정소송제기에 의해 효력이 정지되지 않는다(근로기준법 제32조).

(6) 확정된 구제명령 불이행의 처벌

'제척기간 동안에 재심신청이나 행정소송을 제기하지 않아 확정된 구제명령'이나 '행정소송을 제기하여 확정된 구제명령 또는 구제명령을 내용으로 하는 재심판정'을 이행하지 않는 자에 대하여는 1년 이하의 징역 또는 1천만 원 이하의 벌금에 처한다(근로기준법 제111조). 구제명령의 실효성을 확보하기 위한 규정이다.

사용자가 확정된 구제명령을 이행하지 않는 위반행위는 노동위원회의 고발이 있어야 공소를 제기할 수 있고, 검사는 이러한 위반행위가 있음을 노동위원회에 통보하는 방법으로 고발을 요청할 수 있다(근로기준법 제112조).

(7) 구제명령 이행강제금

노동위원회는 구제명령을 받은 후 이행기한까지 이행하지 않은 사용자에 대하여 구제명령대상 근로자 1인당 2천만 원 이하의 이행강제금을 부과한다(근로기준법 제33조 제1항). 이행강제금은 최초의 구제명령을 한 날을 기준으로 하여 2년 동안 매년 2회의 범위에서 구제명령이 이행될 때까지 반복하여 부과·징수할 수 있다(근로기준법 제33조 제5항). 따라서 이행강제금은 최대 8천만 원까지 부과될 수 있다. 노동위원회는 근로기준법 시행령 별표로 정해진 금액의 범위 안에서 '동기·고의·과실 등 사용자의 귀책정도', '구제명령이행을 위한 노력의 정도', '구제명령을 이행하지 않은 기간' 등을 고려하여 1회의 부과금액을 정한다(근로기준법 시행령 제13조 별표3).

노동위원회는 이행강제금을 부과하기 30일 전까지 이행강제금을 부과·징수한다는 뜻을 사용자에게 미리 문서로 알려 주어야 하고(근로기준법 제33조 제2항, 근로기준법 시행령 제11조), 이행강제금을 부과할 때에는 이행강제금의 액수, 부과 사유, 납부 기간, 수납기관, 이의제기의 방법 및 기관 등을 명시한 문서로 해야 한다(근로기준법 제33조 제3항). 이때 노동위원회는 사용자에게 10일 이상의 기간을 정하여 구술 또는 서면(전자문서 포함)으로 의견진술기회를 주어야 한다(근로기준법 시행령 제12조 제3항).

이행강제금을 부과하는 위반행위의 종류와 위반 정도에 따른 금액, 부과·징수된 이행강제금의 반환절차, 그 밖에 필요한 사항은 시행령으로 정한다(근로기준법 제33조 제4항). 이행강제금은 최초의 구제명령을 한 날을 기준으로 매년 2회의 범위에서 구제명령이 이행될 때까지 반복하여 부과·징수할 수 있으며, 이 경우 2년을 초과하여 부과·징수하지 못한다(근로기준법 제33조 제5항). 노동위원회는 구제명령을 받은 자가 구제명령을 이행하면 새로운 이행강제금을 부과하지 않으며, 다만 구제명령을 이행하기 전에 이미 부과된 이행강제금은 징수해야 한다(근로기준법 제33조 제6항).

근로자는 구제명령을 받은 사용자가 해당 구제명령의 이행기한까지 구제명령을 이행하지 않으면 이행기한이 지난 때부터 15일 이내에 그 사실을 노동위원회에 알려줄 수 있다(근로기준법 제33조 제8항). 노동위원회는 이행강제금 납부 의무자가 납부 기한까지 이행강제금을 내지 않으면 기간을 정하여 독촉을 하고, 지정된 기간에 이행강제금을 내지 않으면 국세체납처분의 예에 따라 징수할 수 있다(근로기준법 제33조 제7항).

노동위원회는 중앙노동위원회의 재심판정이나 법원의 확정판결에 따라 노동위원회의 구제명령이 취소되면 새로운 이행강제금의 부과·징수를 즉시 중지하고 사용자의 신청 또는 직권으로 이미 징수한 이행강제금에 대해 '납부일로부터 환급일까지' 고용노동부령으로 정하는 이율을 곱한 금액을 가산하여 반환해야 한다(근로기준법 시행령 제15조).

사용자의 이행노력에도 불구하고 근로자가 소재불명이 되거나 천재·사변 그 밖의 부득이한 사유가 발생하여 구제명령을 이행하기 어려운 경우에는 직권 또는 사용자의 신청에 따라 그 사유가 없어진 뒤에 15일의 납부기간을 정하여 이행강제금을 부과할 수 있다(근로기준법 시행령 제14조).

2. 법원을 통한 구제제도

사용자의 부당해고나 부당징계에 대하여 근로자는 법원에 해고의 무효 또는 징계의 무효를 확인하는 소송을 제기하여 구제받을 수 있다. 신속한 구제를 위하여 이 소송을 본안으로 한 지위보전의 가처분신청이나 임금지급의 가처분신청을 할 수도 있다. 해고 소송의 경우, 해고에 정당한 이유가 있다는 점이나 절차가 적법하다는 점 등은 사용자가 주장·입증해야 한다.

부당해고에 대하여 근로자가 해고 무효확인의 소송을 제기한 경우, 같은 해고에 대하여 이미 노동위원회의 구제명령이 확정되었더라도 그 구제명령은 사용자에게 이에 따를 공법상 의무를 부담시킬 뿐 직접 사법상의 법률관계를 변경 또는 발생시키는 것은 아니므로 사용자는 민사소송에서 해고의 효력을 다툴 수 있다.

부당해고나 부당징계에 대하여 사용자에게 고의·과실이 있는 경우에는 불법행위가 된다(민법 제750조). 이 경우 근로자들은 해고가 무효임을 이유로 부당해고 기간에 대한 임금의 지급을 구하거나 해고나 징계가 불법행위에 해당함을 이유로 손해배상을 구할 수 있다. 또 부당해고나 부당징계가 불법행위를 구성하는 경우에는 사용자는 근로자가 부당해고나 부당징계로 입은 정신적 고통에 대하여 위자료를 배상해야 한다.

Ⅱ. 근로관계 종료 후의 근로자 보호제도

1. 금품청산

근로자가 사망 또는 퇴직한 경우, 사용자는 그 지급사유가 발생한 때부터 14일 이내에 임금, 보상금, 그 밖에 일체의 금품을 지급하여야 하며 특별한 사정이 있을 경우에는 당사자 사이의 합의에 의하여 기일을 연장할 수 있다(근로기준법 제36조). 이를 위반하면 3년 이하의 징역 또는 2천만 원 이하의 벌금에 처해질 수 있다(근로기준법 제109조 제1항). 퇴직급여도 퇴직한 날로부터 14일 이내에 지급하여야 하며 특별한 사정이 있을 경우에는 당사자 사이의 합의에 의하여 기일을 연장할 수 있다(퇴직급여보장법 제9조). 이를 위반하면 3년 이하의 징역 또는 3천만 원 이하의 벌금에 처해질 수 있다(퇴직급여보장법 제44조 제1호).

사용자는 근로자의 사망 또는 퇴직에 따라 지급해야 하는 임금 및 퇴직급여의 전부 또는 일부를 그 지급 사유가 발생한 날부터 14일 이내에 지급하지 않는 경우, 그 다음 날부터 지급하는 날까지의 지연일수에 대하여 연 20% 이율에 따른 지연이자를 지급해야 한다(근로기준법 제37조 제1항, 근로기준법 시행령 제17조).

근로기준법 제36조(금품 청산)

사용자는 근로자가 사망 또는 퇴직한 경우에는 그 지급 사유가 발생한 때부터 14일 이내에 임금, 보상금, 그 밖의 모든 금품을 지급하여야 한다. 다만, 특별한 사정이 있을 경우에는 당사자 사이의 합의에 의하여 기일을 연장할 수 있다.

그러나 사용자가 천재·사변, 그 밖에 파산 선고 등 임금채권 보장법에 따라 고용노동부장관이 미지급 임금을 사업주 대신 지급할 사유가 발생한 경우, 관계 법령의 제약에 따라 임금 및 퇴직금을 지급할 자금을 확보하기 어려운 경우, 지급이 지연되고 있는 임금 및 퇴직금의 전부 또는 일부의 존부에 관한 사항에 대하여 법원이나 노동위원회에서 다투는 것이 적절하다고 인정되는 경우 등의 사유로 임금 지급을 지연하는 경우에는 그 사유가 존속하는 기간에 대하여 특별지연이자를 지급하지 않아도 된다(근로기준법 제37조 제2항, 근로기준법 시행령 제18조). 근로자가 사망한 경우에는 유족에게 지급해야 한다.

2. 귀향여비

사용자는 근로계약에 명시된 근로조건이 사실과 다르다는 것을 이유로 근로자가 계약을 해제하는 경우 취업을 목적으로 거주를 변경하는 근로자에게 귀향여비를 지급해야 한다(근로기준법 제19조). 귀향여비도 청산되어야 할 금품이므로 지급사유 발생일로부터 14일 이내에 지급하여야 한다. 다만 당사자가 합의한 경우에는 그 기일을 연장할 수 있다.

3. 사용증명서 교부

사용자는 근로자가 퇴직한 후라도 사용기간, 업무종류, 지위와 임금 그 밖에 필요한 사항에 관한 증명서를 청구하면 사실대로 적은 증명서를 즉시 내주어야 한다(근로기준법 제39조 제1항). 이를 위반하면 5백만 원 이하의 과태료가 부과될 수 있다(근로기준법 제116조 제1항 제2호). 사용증명서는 근로자가 재취업함에 있어서 근로자에게 유리한 자료가 되는 사항을 기재하는 데 목적이 있으므로 사용자는 근로자가 요구치 않은 사항을 기재할 수 없다(근로기준법 제39조 제2항). 사용증명서를 청구할 수 있는 자는 계속하여 30일 이상 근무한 근로자로 하되, 청구할 수 있는 기한은 퇴직 후 3년 이내이다(근로기준법 시행령 제19조).

4. 취업방해금지

누구든지 근로자의 취업을 방해할 목적으로 비밀기호 또는 명부를 작성·사용하거나 통신을 하여서는 안 된다(근로기준법 제40조). 이를 위반하면 5년 이하의 징역 또는 5천만 원 이하의 벌금에 처해질 수 있다(근로기준법 제107조).

5. 고용보험법에 따른 보호

권고사직이나 해고 등 비자발적인 실업을 하게 된 자는 구직급여와 실업급여를 받을 수 있다. 과거에는 해고나 실업은 근로자 개인의 문제로서 스스로 해결해야만 하는 어려움이었다. 그러나 사회보장체계가 고도화됨에 따라 해고나 실업도 사회적 위험으로 인정하여 사회보장체계를 통한 보호와 지원이 필요한 영역으로 인식되고 있는 것이다. 구직급여는 이직(離職)한 근로자인 고용보험의 피보험자가 기준기간 동안의 피보험단위기간이 합산하여 180일 이상이어야 수급지격이 있다(고용보험법 제40조). 그 외에 실직자들의 생활안정을 도모하고 구직활동을 용이하게 하기 위하여 지급하는 실업급여에는 조기재취업 수당, 직업능력개발 수당, 광역 구직활동비, 이주비 등이 있다(고용보험법 제37조).

제9편

기간제근로와 파견근로

제9편
기간제근로와 파견근로

기간제근로자에 대하여 근로계약 기간의 정함이 없는 근로자를 보통 '정규직'이라고 지칭하고 정규직 근로자가 아닌 기간제근로자, 단시간근로자, 파견근로자 등을 '비정규직'이라고 지칭하는 것이 일반적인 용어 사용 관행이라고 할 수 있다. 정규와 비정규라는 용어에는 한쪽은 정상적이고 다른 한쪽은 비정상적이라는 가치 판단이 담겨 있다. 그러나 이제는 기간제근로자, 단시간근로자, 파견근로자를 비정상적인 근로제공 계약 형태라고 단정하기 어려울 만큼, 갈수록 더욱 다양하게 기간제근로와 단시간근로, 파견근로의 형태가 증가하고 분화되고 있다. 주변에서 기간제근로나 단시간근로 또는 파견근로에 종사하는 사람을 쉽게 만날 수 있는 이유는 기간제나 단시간 또는 파견 일자리가 그만큼 많은 비중을 차지하고 있기 때문이다. 그렇다면, 기간제근로자나 단시간근로자 또는 파견근로자에 속하는 근로자군이 소위 정규직이라고 불리는 근로자군에 비하여 더욱 불안하고 상대적으로 더 취약한 상황에 있음을 전제로 그 근로자들이 차별당하지 않고 적절한 근로조건을 보장받도록 하는 단계에서 한발 더 나아갈 필요가 있다. 한발 더 나아가는 것은, 기간제와 단시간, 파견근로가 정상적인 직업유형이라는 정당한 인식을 가질 수 있도록 소위 정규직에 속하는 근로자군에 비하여 더욱 높은 수준의 근로조건이 보장되는 단계를 말한다. 그러나, 우리의 법제는 아직 그 단계까지는 이르지 못했다. 지금 우리의 기간제법과 파견법은 차별 당하지 않고 적절한 근로조건을 보장받도록 하는 단계에 머물러 있다.

제1장 기간제근로

I. 기간제근로자의 개념

'기간제근로자'는 기간의 정함이 있는 근로계약, 즉 기간제 근로계약을 체결한 근로자를 말한다(기간제법 제2조 제1호). 기간의 정함은 근로계약 체결시에 명시되어야 한다. 기간제법은 단시간 근로자도 기간제근로자에 준하여 보호하는 체계를 가지고 있다. 단시간 근로자에 관하여는 제2편에서 설명한 내용을 참조하길 바란다.

Ⅱ. 기간제근로자 사용기간 제한

1. 2년 제한

사용자는 2년을 초과하지 않는 범위 안에서 기간제근로자를 사용할 수 있다(기간제법 제4조 제1항). 사용자가 어떤 근로자와 기간을 정한 근로계약을 체결하고자 할 때, 정할 수 있는 기간의 상한은 2년이다. 2년을 초과하는 기간제 근로계약 체결은 기간제법에 위배되어 불법이다. 3개월 단위 근로계약을 반복적으로 갱신하는 기간제 근로계약의 반복갱신의 경우에는 그 계속근로한 총기간이 2년을 초과하지 않는 범위 안에서만 기간제근로자를 채용할 수 있다.

기간제 및 단시간근로자 보호 등에 관한 법률 제4조(기간제근로자의 사용)

① 사용자는 2년을 초과하지 아니하는 범위 안에서(기간제 근로계약의 반복갱신 등의 경우에는 그 계속근로한 총기간이 2년을 초과하지 아니하는 범위 안에서) 기간제근로자를 사용할 수 있다. 다만, 다음 각 호의 어느 하나에 해당하는 경우에는 2년을 초과하여 기간제근로자로 사용할 수 있다. 〈개정 2020. 5. 26.〉

1. 사업의 완료 또는 특정한 업무의 완성에 필요한 기간을 정한 경우
2. 휴직·파견 등으로 결원이 발생하여 해당 근로자가 복귀할 때까지 그 업무를 대신할 필요가 있는 경우
3. 근로자가 학업, 직업훈련 등을 이수함에 따라 그 이수에 필요한 기간을 정한 경우
4. 「고령자고용촉진법」 제2조제1호의 고령자와 근로계약을 체결하는 경우
5. 전문적 지식·기술의 활용이 필요한 경우와 정부의 복지정책·실업대책 등에 따라 일자리를 제공하는 경우로서 대통령령으로 정하는 경우

6. 그 밖에 제1호부터 제5호까지에 준하는 합리적인 사유가 있는 경우로서 대통령령으로 정하는 경우

② 사용자가 제1항 단서의 사유가 없거나 소멸되었음에도 불구하고 2년을 초과하여 기간제근로자로 사용하는 경우에는 그 기간제근로자는 기간의 정함이 없는 근로계약을 체결한 근로자로 본다.

기간제법은 상시 5인 이상의 근로자를 사용하는 모든 사업 또는 사업장에 적용한다. 다만, 동거의 친족만을 사용하는 사업 또는 사업장과 가사사용인에 대하여는 적용되지 않는다(기간제법 제3조 제1항). 4인 이하의 사업장에는 기간제법 제5조의 우선고용의무 규정 등만 적용된다.

2. 2년 사용 제한 규정의 적용상 예외

기간제법 제4조 제1항 각호는 기간제근로자를 2년을 초과하여 사용할 수 있는 예외를 규정하고 있다. 사업의 완료 또는 특정한 업무의 완성에 필요한 기간을 정한 경우, 휴직·파견 등으로 결원이 발생하여 그 근로자가 복귀할 때까지, 업무를 대신할 필요가 있는 경우, 근로자가 학업, 직업훈련 등을 이수함에 따라 그 이수에 필요한 기간을 정한 경우, 고령자고용법이 정한 기준에 따라 55세 이상의 고령자와 근로계약을 체결하는 경우, 전문적 지식·기술의 활용이 필요한 경우와 정부의 복지정책·실업대책 등에 따라 일자리를 제공하는 경우로서 박사학위를 소지하고 해당 분야에 종사하는 경우, 전문자격을 소지하고 해당 분야에 종사하는 경우 등이 2년 사용 제한 규정의 적용상 예외 항목들이다.

(1) 사업의 완료 또는 특정한 업무의 완성에 필요한 기간을 정한 경우

'사업의 완료 또는 특정한 업무의 완성에 필요한 기간을 정한 경우'란 건설공사, 특정 프로그램 개발 또는 프로젝트 완수를 위한 사업 등과 같이 객관적으로 일정 기간 후 종료될 것이 명백한 사업 또는 특정한 업무에 관하여 사업 또는 업무가 종료될 것으로 예상되는 시점까지로 계약기간을 정한 경우를 말한다. 사

용자는 기간제법 제4조 제2항의 적용을 회피하기 위하여 형식적으로 사업의 완료 또는 특정한 업무의 완성에 필요한 기간을 정한 근로계약을 반복갱신하여 체결하려고 할 수 있다. 이러한 경우에 각 근로계약 기간의 계속성을 인정할 수 있는지는 각 근로계약이 반복갱신하여 체결된 동기와 경위, 각 근로계약의 내용, 담당 업무의 유사성, 공백기간의 길이와 발생이유, 공백기간 동안 근로자의 업무를 대체한 방식 등 관련 사정을 종합적으로 고려하여 판단하여야 한다.[26)]

지하철을 운영하는 회사가 석면관리를 강화하기 위해 석면관리전문인력을 채용하면서 근로자와 계약기간을 2년으로 하는 근로계약을 체결했는데, 그 계약기간이 만료되었음에도 사업이 완료되지 않자 회사는 계약기간을 1년으로 하여 근로계약을 연장했고, 해당 사업이 예상 기간 내에 종료되지 않자 회사가 계약기간을 종료했던 사례가 있다. 근로계약서에는 해당 근로계약이 기간제법 제4조 제1항 단서 제1호에 해당하는 기간제법상 2년 사용 제한 규정의 적용상 예외에 해당하는 계약임이 명시되어 있었다. 이 사례에서 법원은 "근로계약서 상에 기간제법 제4조 제1항 단서 제1호의 '사업의 완료 또는 특정한 업무의 완성에 필요한 기간을 정한 경우'로서 기간제한의 예외에 해당하고, 근로계약이 종료된 이후 기간연장이나 정규직 채용을 요구할 수 없다는 내용이 명시되어 있었던 점 등을 종합적으로 고려하면 원고와 참가인 사이의 근로계약은 사업의 완료 또는 특정한 업무의 완성에 필요한 기간을 정하여 체결한 것으로서 기간제법 제4조 제1항 단서 제1호에 해당한다"고 하여 2년 사용 제한의 예외에 해당한다고 판단했고, "사전에 계약기간이 정해져 있음에도 실제로 사업이 완료되거나 특정한 업무가 완성될 때까지 계속하여 고용을 보장해야 한다는 의미로까지 해석될 수는 없다"는 이유로 갱신기대권도 인정하지 않았다.[27)]

---

26) 대법원 2017. 2. 3. 선고 2016다255910 판결.
27) 서울고등법원 2013. 6. 20. 선고 2012누34497 판결.

(2) 휴직·파견 등으로 결원이 발생하여 그 근로자가 복귀할 때까지, 업무를 대신할 필요가 있는 경우

육아휴직, 군입대로 인한 휴직, 담당 근로자가 다른 부서로 파견가게 되어 공백이 발생한 때에 그 근로자가 복귀할 때까지 발생하는 업무의 공백 등을 메우려는 목적으로 기간제근로자를 채용하는 경우에는, 휴직이나 파견으로 발생한 공백 기간은 기간제법 제4조 제2항에 해당하는지 여부를 판단하기 위한 근로계약기간 계산에 포함하지 않는다. 고용노동부 질의회시 건 가운데, 기간제근로자가 총 2년의 기간 동안 근무하면서, 중간에 6개월 동안 육아휴직으로 결원이 생긴 부서에 업무대체인력으로 파견 갔다가 돌아왔다면 업무대체인력으로 파견 갔던 기간은 기간제법 제4조 2항에 해당하는지 여부를 판단할 때 포함시키지 않는다고 본 사례가 있다.[28)]

(3) 근로자가 학업, 직업훈련 등을 이수함에 따라 그 이수에 필요한 기간을 정한 경우

기간제근로자가 근로계약 기간 동안에 사용자로부터 그에 따른 특별한 지위를 인정받은 경우에 그 기간을 기간제법 제4조 제2항을 적용하는 기간에 포함시키지 않도록 하는 제도이다. 근로자의 학습권 및 직업훈련을 받을 기회를 실질적으로 보장하고, 사용자가 기간제법에 따른 의무 부담을 우려하여 학습 기회 보장을 거절하는 일이 발생하지 않도록 하기 위한 규정이다. 예를 들어, 근로자가 박사학위 과정에 진학하여 사용자로부터 해당 학교로 연구파견 조치를 받았거나, 연구원으로 재채용되는 경우에 해당한다. 그러나, 기간제근로자가 재직중에 회사의 학위과정 이수 허용 방침 등과 무관하게 개인적으로 대학원에 진학한 경우는 사용기간 제한의 예외에 해당된다고 보지 않는다.[29)]

---

28) 고용차별개선정책과-38, 2010. 1. 6.
29) 고용차별개선과-851, 2013. 5. 7.

(4) 고령자고용법상 고령자와 근로계약을 체결하는 경우

고령자고용법 제2조 제1호에서 정하고 있는 고령자는 55세 이상인 자를 말한다(고령자고용법 시행령 제2조 제1항). 사용자가 55세 이상와 근로계약을 체결하는 경우에는 2년을 초과하여 기간제근로자로 사용할 수 있다. 이는 고령자에 대하여도 일반 근로자와 마찬가지로 2년을 초과하여 기간제근로자로 사용하면 기간의 정함이 없는 근로계약을 체결한 것으로 간주할 경우, 고령자에 대한 채용 자체가 기피되어 고령자에 대한 고용이 위축될 수 있다는 점을 고려한 것이다.[30)]

이와 같은 예외는 기간제 근로계약을 체결하거나 갱신할 당시에 근로자가 55세 이상인 고령자인 경우에 해당되므로, 근로계약기간 중에 55세에 도달한 근로자의 경우는 기간제법 제4조 제2항에 따라 2년을 초과하면 기간의 정함이 없는 근로자로 전환되는 것으로 보아야 한다.[31)]

(5) 전문적 지식·기술의 활용이 필요한 경우와 정부의 복지정책·실업대책 등에 따라 일자리를 제공하는 경우

전문적 지식·기술의 활용이 필요한 경우는 박사 학위, 기술사 등급의 국가기술자격, 변호사·의사·공인노무사 등의 전문자격을 소지하고 해당 분야에 종사하는 경우를 말한다(기간제법 시행령 제3조 제1항). 박사학위, 국가기술자격, 변호사·의사·공인노무사 등의 전문자격을 소지하고 해당 분야에 종사하는 경우만을 의미하므로 전혀 다른 분야에서 기간제근로자로 근로하는 경우는 예외 적용 대상이 아니다.

정부의 복지정책·실업대책 등에 의하여 일자리를 제공하는 경우는 고용정책기본법, 고용보험법 등 다른 법령에 따라 국민의 직업능력 개발, 취업 촉진 및 사회적으로 필요한 서비스 제공 등을 위하여 일자리를 제공하는 경우, 제대군인 지원에 관한 법률에 따라 제대군인의 고용증진 및 생활안정을 위하여 일자리를 제공하는 경우, 국가보훈기본법에 따라 국가보훈대상자에 대한 복지증진 및 생

---

30) 대법원 2017. 2. 3. 선고 2016두50563 판결.
31) 대법원 2013. 5. 23. 선고 2012두18967 판결.

활안정을 위하여 보훈도우미 등 복지지원 인력을 운영하는 경우 등을 말한다(기간제법 시행령 제3조 제2항),

(6) 그 밖에 대통령령이 정하는 경우

그 밖에 기간제법 제4조 제1항 제6호에서 '대통령령이 정하는 경우'란, 병역법에 따른 전문연구요원 등과 같이 다른 법령에서 기간제근로자의 사용 기간을 달리 정하거나 별도의 기간을 정하여 근로계약을 체결할 수 있도록 한 경우, 국방부장관이 인정하는 군사적 전문적 지식·기술을 가지고 관련 직업에 종사하거나 대학에서 안보 및 군사학 과목을 강의하는 경우, 특수한 경력을 갖추고 국가안전보장, 국방·외교 또는 통일과 관련된 업무에 종사하는 경우, 고등교육법과 시행령에 따른 강사, 조교, 명예교수, 겸임교원, 초빙교원 등의 업무, 기간제법 시행령 제3조 제3항 제5호에서 정한 기준에 따라 근로소득 상위 100분의 25에 해당하는 경우, 초단시간 근로자, 국민체육진흥법에 따른 선수와 체육지도자 업무에 종사하는 경우, 국공립연구기관, 정부출연연구기관, 특정연구기관, 지방자치단체 출연연구기관, 공공기관의 부설 연구기관, 기업 또는 대학의 부설 연구기관, 민법 등에 따라 설립된 법인인 연구기관 등에서 연구업무에 직접 종사하하거나 직접 관여하여 지원하는 업무에 종사하는 경우 등을 말한다(기간제법 시행령 제3조 제3항).

Ⅲ. 2년을 초과한 기간제 근로계약의 효과

1. 기간의 정함이 없는 근로자로 간주

사용자가 기간제법에 따른 2년 사용 제한 규정의 적용상 예외사유에 해당하지 않는데도 불구하고 2년을 초과하여 기간제근로자로 사용하는 경우에는 그 기간제근로자는 기간의 정함이 없는 근로계약을 체결한 근로자로 간주된다.

사용자가 기간제근로자가 기간의 정함이 없는 근로자로 전환되는 것을 막기 위해서, 근로계약을 반복적으로 체결하면서 반복 체결되는 근로계약 사이에 기간을 두어 근로계약의 반복 체결이 연속되지 않도록 하는 경우가 있다. 이에 대하여 대법원은 “반복하여 체결된 기간제 근로계약 사이에 근로관계가 존재하지 않는 공백기간이 있는 경우에는, 그러한 공백기간을 둔 것이 기간제법 제4조 제2항의 적용을 잠탈하려는 사용자의 의도에 따른 것인지 여부, 또는 이러한 공백기간의 길이와 공백기간을 전후한 총 사용기간 중 공백기간이 차지하는 비중, 공백기간이 발생한 경위, 공백기간을 전후한 업무내용 및 근로조건의 유사성, 사용자가 공백기간 동안 해당 기간제근로자의 업무를 대체한 방식과 기간제근로자에 대해 취한 조치, 공백기간에 대한 당사자의 인식, 다른 기간제근로자들에 대한 근로계약 반복·갱신 관행 등을 종합하여 공백기간 전후의 근로관계가 단절 없이 계속되었다고 평가될 수 있는지 여부를 가린 다음, 공백기간 전후의 근로기간을 합산하여 기간제법 제4조의 계속근로한 총기간을 산정할 수 있는지 판단하여야 한다”[32]고 판시하였다. 같은 이유로 대법원은 “갱신되거나 반복 체결된 근로계약 사이에 일부 공백 기간이 있다 하더라도 그 기간이 전체 근로계약기간에 비하여 길지 아니하고 계절적 요인이나 방학 기간 등 당해 업무의 성격에 기인하거나 대기 기간·재충전을 위한 휴식 기간 등의 사정이 있어 그 기간 중 근로를 제공하지 않거나 임금을 지급하지 않을 상당한 이유가 있다고 인정되는 경우에는 근로관계의 계속성은 그 기간 중에도 유지된다”[33]고 판단한다.

다만, 기간제 근로계약의 대상이 되는 업무의 성격, 기간제 근로계약의 반복 또는 갱신과 관련한 당사자들의 의사, 반복 또는 갱신된 기간제 근로계약을 전후한 기간제근로자의 업무 내용·장소와 근로조건의 유사성, 기간제 근로계약의 종료와 반복 또는 갱신 과정에서 이루어진 절차나 그 경위 등을 종합적으로 고려할 때 당사자 사이에 기존 기간제 근로계약의 단순한 반복 또는 갱신이 아닌 새로운 근로관계가 형성되었다고 평가할 수 있는 특별한 사정이 있는 경우에는, 비록 기간제근로자가 계속 근로를 제공해 왔다 하더라도 업무의 내용·장소와

32) 대법원 2018. 6. 19. 선고 2017두54975 판결; 대법원 2019. 10. 18. 선고 2016두60508 판결 등.
33) 대법원 2006. 12. 7. 선고 2004다29736 판결.

근로조건이 변경된 시점에 기존 근로관계가 단절되었다고 보아야 한다.[34]

한편, 기간제법 제4조 제2항에 따라 기간의 정함이 없는 근로계약을 체결한 것으로 간주되는 근로자가 사직서를 제출하고 퇴직금을 지급받은 후 다시 기간제 근로계약을 체결하는 형식을 취하였다고 하더라도, 그것이 근로자의 자의에 의한 것이 아니라 사용자의 일방적인 결정에 따라 기간제법 제4조 제2항의 적용을 회피하기 위하여 퇴직과 재입사의 형식을 거친 것에 불과한 때에는, 실질적으로 사용자의 일방적인 의사에 의하여 근로계약관계를 종료시키는 것이어서 해고에 해당한다.[35]

2. 무기계약 근로자로 간주될 경우 근로조건

기간제근로자로 사용한 기간이 2년이 초과하여 무기계약근로자로 간주되면, 근로조건은 단체협약·취업규칙·근로계약이 정하는 바에 따르게 되지만, 기간제근로자로 종사할 때 보장받던 기존 근로조건을 저하시킬 수는 없다. 기간의 정함이 없는 근로자로 전환될 뿐 근로조건이 다른 기간의 정함이 없는 근로자들과 반드시 동일해져야 하는 것은 아니다. 그러나, 사용자는 근로기준법 제6조에 규정된 '균등한 처우' 규정을 준수해야 한다. 기간제근로자였다가 무기계약직으로 전환된 근로자가 동종·유사한 근로를 제공하는 기간의 정함이 없는 근로자들과 다른 근로조건을 부여받는 것은 사회적 신분에 따른 차별일 수 있기 때문이다.[36]

그러나 대법원은 근로기준법 제6조가 아니라, 기간제근로자에 대한 차별을 금지하는 기간제법 제8조 제1항을 근거로 기간제근로자였다가 무기계약직 근로자로 전환된 근로자의 근로조건이 다른 특별한 사정이 없는 한 동종 또는 유사업무에 종사하는 기간의 정함이 없는 근로계약을 체결한 근로자에게 적용되는

34) 대법원 2020. 8. 20. 선고 2017두52153 판결.
35) 대법원 2017. 2. 3. 선고 2016다255910 판결.
36) 서울남부지방법원 2016. 6. 10. 선고 2014가합3505 판결.

근로조건보다 불리하여서는 안된다고 해석한다.[37] 이는 고용상의 지위는 사회적 신분이 아니라고 판단한 것[38]과 비교하면 일관성이 있는 해석이라고 할 수 있다.

3. 우선고용의무

사용자는 기간의 정함이 없는 근로계약을 체결하고자 하는 경우에는 당해 사업 또는 사업장의 동종 또는 유사한 업무에 종사하는 기간제근로자를 우선적으로 고용하도록 노력하여야 한다(기간제법 제5조).

Ⅳ. 근로계약의 갱신기대권

1. 기대권의 의의

(1) 일반적인 기대권의 의미

기대권은 완전한 권리취득의 요건을 갖추지는 못했지만, 권리 취득을 위한 마지막 단계의 요건 이외의 제반 조건을 거의 충족하고 있는 단계의 권리를 뜻한다. 곧 권리 취득이 예정된 자는 그 권리를 완전하게 취득하게 될 것이라는 정당한 기대를 갖게 되고, 그러한 기대를 갖고 있는 것에 부합하는 지위를 인정해야 한다는 의미에서 고안된 것이 기대권이론이다. 물권법의 영역에서 기대권을 보유한 사람은, 예를 들면 부동산을 취득하고자 하는 사람이 대금을 완납하고 권리 이전에 필요한 서류를 매도인으로부터 모두 교부받았으며, 해당 부동산을 점유하고 사용·수익하고 있지만 아직 소유권 이전 등기를 마치지 않은 상태에 있는 사람과 같다. 그 사람은 자신이 보유하고 있는 물권적 기대권을 근거로 대상 부동산을 양도할 수 있고 소멸시효의 대상이 되지 않는다고 보기도 한다. 그

37) 대법원 2019. 12. 24. 선고 2015다254873 판결.
38) 대법원(전합) 2023. 9. 21. 선고 2016다255941 판결.

러나, 민사법의 영역에서 기대권론의 촉발점이라 할 수 있는 물권적 기대권도 아직까지 그 논란이 명료하게 정리되어 있지 않다.

노동법상 기대권 논의는 1990년대 중반 무렵부터 대법원 판결을 통해[39] 본격적으로 인정되기 시작한 이래 기간의 정함이 없는 근로자로의 전환 기대권[40], 고용승계 기대권[41], 정년 이후 재고용 기대권[42], 정년 이후 기간제근로자로 채용된 근로자의 갱신기대권[43], 용역업체 소속 근로자의 자회사 정규직 전환 채용 기대권[44] 등 다양한 분야에서의 기대권 논의로 확대되고 있다. 법률관계 당사자의 명시적 또는 추단적 의사표시와 상반되는 소위 '기대권'을 이토록 적극적으로 인정하는 것이 타당한 것인지에 대하여는 이론의 여지가 충분하다. 그러나, 다소 변칙적이라고 할 수 있는 '기대권' 논의가 노동법관계에서 유독 부각되고 있는 원인은 명시적인 법률관계를 변칙적으로 운용하기 위해 다양한 변칙을 실험한 사용자 측의 행태에서 기인한다. 이 점을 고려하면, 변칙에 대한 변칙으로의 대응이라고도 볼 수 있다. 사용자 측의 변칙적 운용이란, 사실상 기간의 정함이 없는 것과 다름없이 근로를 제공하고 있는 근로자들과 명시적인 계약서는 기간제 근로계약으로 체결함으로써 근로계약관계의 지속성 또는 안정성을 부인하고, 사용자의 자의에 따라 지속성이 좌우될 수 있는 상태에 묶어 두려고 하는 사용자의 다양한 시도를 포괄한다.

(2) 근로계약의 영역에서의 기대권의 의미

기대권에 관한 논의를 근로계약의 영역에 적용해 보면, 어떤 사람이 재고용 기대권을 주장할 수 있으려면, 재고용을 위한 근로계약의 체결이라는 마지막 단계만을 완료하지 못했을 뿐, 재고용을 위한 계약 체결의 나머지 거의 모든 단계

39) 대법원 1994. 1. 11. 선고 93다17843 판결.
40) 대법원 2016. 11. 10. 선고 2014두45765 판결.
41) 대법원 2021. 4. 29. 선고 2016두57045 판결; 대법원 2021. 6. 24. 선고 2017두72560 판결; 대법원 2021. 7. 8. 선고 2020두40945 판결 등.
42) 대법원 2023. 6. 1. 선고 2018다275925 판결.
43) 대법원 2023. 6. 29. 선고 2018두62492 판결.
44) 대법원 2023. 6. 16. 선고 2021두39034 판결.

가 완료되어 있다고 볼 수 있을 정도에 이르러야 할 것이다. 물권적 기대권과 달리 기대권을 인정할 수 있는 외관이나 입증 방법이 존재하지 않기 때문에, 근로계약의 체결과 관련하여 더욱 구체적으로 보면, 근로계약서에 대한 서명, 날인의 단계만 남아있다고 할 정도로 사용자와 근로자 양 당사자의 의사의 합치가 이루어져 있다는 점을 객관적으로 인정할 수 있을 정도에 이르러야 재고용에 대한 기대권을 인정할 수 있을 것이다. 따라서, 적어도 당사자의 의사의 합치를 추정할 수 있는 명시적 합의가 존재하거나, 또는 의사의 합치를 추정할 수 있는 관행이 명확히 확립되어 있다는 점이 입증되어야 재고용에 관한 기대권이 인정될 수 있다고 보아야 한다. 관행의 확립은 이를 주장하는 근로자가 입증해야 할 것이다.

재고용 기대권이 설사 인정된다 하더라도 그것이 곧바로 재고용이라는 효과를 발생시키는 것은 아니다. 부동산 취득에 대한 물권적 기대권이 인정되는 경우에도 이전등기의 경료가 간주될 수는 없는 것과 마찬가지이다. 근로자에게 재고용 기대권이 인정된다는 의미는, 명시적이고 최종적인 계약의 체결을 위하여 재고용 기대권이 있는 근로자에게 사용자에 대하여 재고용에 관한 근로계약 체결을 청약할 수 있는 권리가 있고, 그와 같은 청약이 있을 경우 사용자는 해당 청약을 행한 근로자에 대하여 해당 근로계약 체결을 승낙한 것으로 간주되는 효과를 부담하게 되는 것이라고 보아야 한다. 불완전한 권리로서의 기대권의 성격을 고려할 때 재고용 기대권을 보유한 근로자에게 곧바로 형성권적 성격을 가지는 재고용 청구권을 인정할 수는 없기 때문이다. 이에 대하여 재고용 기대권이나 갱신기대권의 효과를 체약강제(締約强制)로 보는 견해가 있을 수 있다. 체약강제는 명시적인 성문법적 근거가 없음에도 불구하고 당사자의 계약체결의 자유를 제한하는 것이기 때문에 체결이 강제되는 것으로 보려는 계약관계의 당사자, 특히 급부를 요구하는 자에게 대체가능성이 없어야 한다는 대체불가능성이 요건으로 요구된다 따라서 체약강제는 주로 생존에 필수적인 공공서비제공관계에서 요구될만큼 적용 영역을 제한적으로 보는 것이 일반적이다. 재고용 기대권 또는 갱신기대권의 효과로서 체약강제를 인정하는 것은 역시 '기대권'이라는 권리취득을 최종적으로 인정할 수 없는 불완전한 권리의 효과로서는 부합한다고 보는 어렵다.

그럼에도 불구하고, 재고용 기대권을 근로자가 행사할 경우, 사용자에게 재고용 근로계약 체결 청약에 대한 승낙 의무를 부과하지 않고 곧바로 승낙을 간주하는 효과를 인정해야 한다고 보는 이유는, 물권적 기대권 논의에서 해당 부동산에 대한 대금을 완납하고 권리 이전에 필요한 서류를 매도인으로부터 모두 교부받았으며, 해당 부동산을 점유하고 사용·수익하고 있는 매수인이 매도인에게 부동산 매매계약의 체결을 청약할 수 있는 것이 아니라 이전등기의 이전을 요구할 권리를 보유한다고 보고 그 요구가 있을 때 매도인은 이전등기에 협력해야 하는 의무를 부담하는 것으로 법리를 구성하는 것과 맥락을 같이한다. 2020년 4월 1일부터 시행된 일본의 개정 労働契約法 제19조는 기간제 근로계약을 체결한 근로자에게 반복갱신, 갱신에 대한 신뢰 형성 등의 요건이 인정되는 경우에는 그 근로자가 그 계약기간이 만료되기 전까지 갱신을 신청한 경우 사용자가 그 신청을 거절할 수 있는 객관적으로 합리적인 이유가 있는 등의 사유가 없으면 그 신청을 승낙한 것으로 간주한다. 여기에서도 유사한 판단 구조를 발견할 수 있다. 그러한 점에서, 현재 다수의 대법원 판례가 사용자가 재고용 기대권 또는 기간제 근로계약의 갱신기대권 등을 보유한 근로자 측이 해당 근로계약의 체결을 청약한 경우 그에 따른 승낙 간주의 효과를 부인하는 것을 '갱신 거절'이라고 표현하는 것은 타당하다고 보기 어렵다. 갱신 거절이란 갱신의 효과가 발생하기 이전에 계약의 체결을 위한 청약에 대하여 상대방이 승낙을 하지 않는 것을 지칭하는 것으로 오해를 불러일으킬 수 있기 때문이다.

만약 사용자에게 재고용을 청약한 근로자를 채용하지 않을 수 있는 정당한 이유가 있는 경우에는, 그 사용자가 재고용에 관한 근로계약 체결 간주의 효력을 부인할 수 있는 여지도 보장되어야 한다. 이는 성립이 간주된 근로계약의 효력을 부인하는 것이므로 '해고'로 판단할 수 있다. 재고용 기대권을 행사하여 재고용에 관한 근로계약 체결을 청약한 근로자에 대하여 사용자가 재고용을 소위 '거절'할 수 있는 '정당한 이유'는 채용내정에 있어서 최종 입사 예정일이 도과한 자에 대한 채용내정 취소의 경우[45]와 마찬가지로, 근로기준법 제23조 제1항을 적용하여 간주 효과 부인의 '정당한 이유'를 판단해야 할 것이다. 채용내정의 경우 최종 입사 예정일 이후 채용내정 취소의 정당성은 현실적으로 노무를 제공하지 않은 상태에 있었다는 특수성을 고려하여 사용자에게 해약권이 유보되어 있다고 보아 '정당한 이유'의 판단을 일반적인 해고의 경우보다 완화하여 판단하는 것이 일반적이다.[46] 이는 재고용 기대권 또는 기간제근로자의 갱신기대권의 경우에 근로기준법 제23조 제1항의 '정당한 이유'의 범위를 넓게 인정하여 근로자의 귀책사유 이외의 사용자의 사업 목적과 성격, 사업장 여건, 근로계약 체결 경위, 근로계약 갱신 제도의 실제 운용 실태, 해당 근로자의 지위와 담당 직무의 내용 및 업무수행 적격성, 해당 직무에서의 연령에 따른 업무수행 능력 및 작업능률의 저하 정도 등을 폭넓게 고려하도록 하는 관련 판결들의 태도[47]와 비교할 때, 판단 기준 및 적용의 결과와 관련하여 상당한 유사성이 있다고 볼 수 있다. 사용자에게 근로계약 체결의 청약에 대한 승낙 간주의 효과를 부인할 수 있는 '정당한 이유'가 있다는 사실은 이를 주장하는 사용자가 입증해야 한다.[48]

2. 갱신기대권의 개념

기간을 정한 근로계약은 정한 기간이 만료되면 근로자와 사용자 사이의 근로계약관계가 당연히 종료되는 근로계약관계의 당연종료 사유이다. 그러나, 대법원 판례는 근로계약관계의 당사자 근로계약기간을 정한 때에도, 그 기간의 정함이 단지 형식에 불과하다고 인정될 수 있을 정도로 반복하여 갱신되는 등의 특별한 사정이 있는 경우[49], 그러한 특별한 사정이 없더라도 다른 여러 가지 사

45) 대법원 2000. 11. 28. 선고 2000다51476 판결; 대법원 2002. 12. 10. 선고 2000다25910 판결 등.
46) 대법원 2002. 12. 10. 선고 2000다25910 판결.
47) 대법원 2016. 7. 29. 선고 2013다47125 판결.
48) 대법원 2017. 10. 12. 선고 2015두44493 판결; 대법원 2019. 10. 31. 선고 2019두45647 판결 등.
49) 대법원 2006. 2. 24. 선고 2005두5673 판결.

유로 근로자에게 근로계약이 갱신될 것이라는 정당한 신뢰를 형성한 경우[50]에는 기간제근로자에게 갱신기대권이 인정된다고 한다. 그리고, 정당한 이유가 없는 사용자의 갱신거절은 부당해고로서 무효라고 한다. 기간제근로자의 갱신기대권의 경우에도 기대권 인정 요건에서만 차이가 있을 뿐, 갱신기대권이 인정된다고 해서 그 자체로 완결된 법률효과를 발생시키는 것은 아니다. 그러나, 갱신기대권을 보유한 근로자가 갱신을 위한 근로계약 체결을 청약한 경우에, 재고용기대권과 마찬가지로 사용자의 승낙이 간주된다고 이론구성을 한다면, 노동위원회와 법원이 기간제근로자의 갱신기대권과 재고용 기대권 문제를 부당해고의 문제로 심사하고 있는 현재의 관행[51]은 정당하다고 평가할 수 있다.

3. 갱신기대의 신뢰가 형성되었는지 여부의 판단 기준

(1) 판례의 기간제근로자 갱신기대권 인정 요건

기간제 근로계약이 갱신될 것이라는 신뢰가 있는지 여부는 관련한 사내규정이 있는지 여부, 근로계약이 이루어지게 된 동기 및 경위, 근로계약 갱신의 기준 등 갱신에 관한 요건이나 절차의 설정 여부 및 그 실태, 근로자가 수행하는 업무의 내용 등을 종합적으로 고려해서 판단한다.

판례는 근로계약, 취업규칙, 단체협약 등에서 기간만료에도 불구하고 일정한 요건이 충족되면 당해 근로계약이 갱신된다는 취지의 규정을 두고 있거나, 그러한 규정이 없더라도 근로계약의 내용과 근로계약이 이루어지게 된 동기 및 경위, 계약 갱신의 기준 등 갱신에 관한 요건이나 절차의 설정 여부 및 그 실태, 근로자가 수행하는 업무의 내용 등 당해 근로관계를 둘러싼 여러 사정을 종합하여 볼 때 근로계약 당사자 사이에 일정한 요건이 충족되면 근로계약이 갱신

50) 대법원 2011. 4. 14. 선고 2007두1729 판결.

51) 대법원 2017. 10. 12. 선고 2015두44493 판결; 대법원 2019. 10. 31. 선고 2019두45647 판결; 대법원 2016. 7. 29. 선고 2013다47125 판결; 대법원 2023. 6. 1. 선고 2018다275925 판결; 대법원 2023. 6. 29. 선고 2018두62492 판결; 중앙노동위원회 2017. 7. 21. 중앙2017부해465, 466/부노75, 76(병합) 판정 등.

된다는 신뢰관계가 형성되어 있는 경우에 기간제근로자에게 근로계약이 갱신될 수 있으리라는 정당한 기대권이 인정된다고 본다.52) 다시 한번 정리하면, 기간제근로자에게 갱신기대권이 인정되려면, 사업장 규범상의 '규정'이 존재하거나 '일정한 요건이 충족되면 근로계약이 갱신된다는 신뢰관계가 형성'되어 있어야 한다. 사용자가 이를 위반하여 부당하게 근로계약의 갱신을 거절하는 것은 부당해고와 마찬가지로 아무런 효력이 없고, 이 경우 기간만료 후의 근로관계는 종전의 근로계약이 갱신된 것과 동일하다.

(2) 기간제근로자 갱신기대권 판단 사례

여객선 운항 사업자가 여러 차례 변경되었으나 근로자는 선박의 기관장으로 근무하면서 1년 단위로 계약을 장기간 체결해 왔으며, 직무수행 능력에 문제가 있었다거나 연령에 따른 작업능률 저하나 위험성이 증대되었다는 등의 사정이 보이지 않은 경우에 대법원은 갱신기대권이 있다고 인정하였다.53)

한편, 손해사정사 회사가 인력 채용이 탄력적으로 이뤄져야 할 필요가 커 현장출동업무에 종사하는 근로자들 대부분을 계약직으로 채용했는데, 취업규칙에 근로계약기간이 1년을 초과할 수 없도록 하고, 고용기간이 만료되었을 경우를 면직사유로 규정하고 있으며, 근로계약서에는 그 근로자들을 전문계약직 사원으로 정하면서 그 계약기간을 명시하고, 근로계약은 계약만료와 동시에 자동해지된다고 규정되어 있는데 특정 현장출동업무 종사 근로자와 5회에 걸쳐 근로계약을 갱신한 사건에서, 대법원은 "근로계약, 취업규칙, 단체협약 등에서 기간만료에도 불구하고 일정한 요건이 충족되면 당해 근로계약이 갱신된다는 취지의 규정을 둔 바 없고, 근로계약의 내용과 근로계약이 이루어지게 된 동기 및 경위, 근로자가 수행하는 업무의 내용, 그 동안의 계약 갱신 또는 갱신거절의 실태를 보더라도 회사는 계약갱신에 관한 요건이나 절차에 관한 아무런 규율 없이 오로지 사용자인 자신들의 인력 수요 및 근로자의 근무태도에 관한 재량

---

52) 대법원 2011. 4. 14. 선고 2007두1729 판결.
53) 대법원 2017. 2. 3. 선고 2016두50563 판결.

적 판단에 따라 근로계약의 갱신 여부를 결정하여 온 사실을 알 수 있으므로, 이러한 사정에서라면 참가인에게 근로계약의 갱신에 관한 기대권이 인정된다고 보기는 어렵다"[54]고 판단하였다. 이 사례에서는 특히, 근태불량, 통신학습미수료, 민원유발 등 해당 근로자의 근태상의 문제가 가볍지 않아 사용자의 갱신 거절에 합리적인 이유가 있다고 판단하는 부가적인 근거가 되었다.[55]

(3) 정년 이후 채용된 기간제근로자의 갱신기대권

대법원은 일정한 제약 하에 정년 이후에 기간제근로자로 채용된 근로자의 갱신기대권도 인정한다. 대법원은 기간제법 및 고령자고용법의 입법 취지와 사업장 내에서 정한 정년의 의미 및 정년 이후에 기간제 근로계약을 체결하는 근로계약 당사자의 일반적인 의사 등을 고려하면, "정년이 지난 상태에서 기간제 근로계약을 체결한 경우에는 위에서 본 여러 사정에 더하여 해당 직무에서의 연령에 따른 업무수행 능력 및 작업능률의 저하 정도와 위험성 증대 정도, 해당 사업장에서 정년이 지난 고령자가 근무하는 실태와 계약이 갱신된 사례 등의 사정까지 아울러 참작하여 근로계약 갱신에 관한 정당한 기대권이 인정되는지를 판단하여야 한다"라고 하여 정년이 지난 근로자인 경우 참작하여야 할 사유를 추가적으로 제시하고 있다.[56]

그리고, 이전 대법원 판결[57]의 판시사항을 따라 "이와 같이 근로자에게 기간제 근로계약에 대한 갱신기대권이 인정되는 경우 사용자가 합리적 이유 없이 근로계약의 갱신을 거절하는 것은 부당해고와 마찬가지로 근로자에게 효력이 없고, 이때 기간만료 후의 근로관계는 종전의 근로계약이 갱신된 것과 동일하다"라고 하여 갱신기대권이 인정되는 경우의 소위 '갱신 거절'을 부당해고로 보겠다는 점을 분명히 하였다. 한편, 근로자에게 이러한 갱신기대권이 인정되는데

54) 대법원 2011. 9. 8. 선고 2009두9765 판결.
55) 서울고등법원 2009. 5. 12. 선고 2008누24523 판결(대법원 2011. 9. 8. 선고 2009두9765 판결의 원심).
56) 대법원 2023. 6. 29. 선고 2018두62492 판결.
57) 대법원 2017. 2. 3. 선고 2016두50563 판결.

도 사용자가 갱신 승낙의 효과를 배제하는, 소위 '갱신을 거절'한 경우, 거기에 합리적 이유가 있는지 여부는 "사용자의 사업 목적과 성격, 사업장 여건, 근로계약 체결 경위, 근로계약 갱신 제도의 실제 운용 실태, 해당 근로자의 지위와 담당 직무의 내용 및 업무수행 적격성, 근로자에게 책임 있는 사유가 있는지 등 근로관계를 둘러싼 여러 사정을 종합하여 갱신 거절의 사유와 절차가 사회통념에 비추어 볼 때 객관적이고 합리적이며 공정한지를 기준으로 판단하여야 한다"라고 하여 갱신 거절의 합리적 이유 판단 기준을 별도 제시했으며, 정년 도과자에게 적용되는 특별한 사유의 존재에 관한 "증명책임은 사용자가 부담한다"고 하여 증명책임의 소재를 확인하였다.

그러나, 갱신기대권이 인정되는 요건과 내용은 정년을 기준으로 달라지는 것이 아니라, 현행 기간제법과 고령자고용법의 규정상 55세를 기준으로 달라진다고 보아야 한다는 점에서 정년 이후 재고용 기대권에 관한 대법원 판결의 법리적 근거의 타당성에는 의문을 가지지 않을 수 없다. 55세 이상인 사람은, 기간제법 제4조가 적용되어, 2년을 초과하여 근로해도 기간의 정함이 없는 근로계약을 체결한 것으로 전환되지는 않지만, 판례에 의하여 확립된 기간제근로자에게 인정되는 갱신기대권은 다른 연령의 근로자와 차이 없이 그대로 적용되기 때문이다. 반면에, 이는 현행 고령자고용법상 고령자 인정기준이 현실에 부합하지 않는다는 점을 보여주는 방증일 수도 있다.

4. 갱신 거절의 형식

기간제 근로계약은 기간이 만료됨으로써 당연히 종료하는 것이므로 갱신 거절의 존부 및 시기와 사유를 명확하게 하여야 할 필요성이 해고의 경우에 견주어 크지 않고, 해고의 사유와 시기를 서면으로 통지하도록 한 근로기준법 제27조의 내용과 취지에 비추어 볼 때 기간제 근로계약이 종료된 후 갱신 거절의 통보를 하는 경우에까지 근로기준법 제27조를 준수하도록 예정하였다고 보기 어렵다. 이러한 사정을 종합하면, 기간제 근로계약이 종료된 후 사용자가 갱신

거절의 통보를 하는 경우에는 해고의 서면통지 의무가 적용되지 않는다.[58)]

제2장 파견근로

Ⅰ. 근로자파견관계의 의의

1. 근로자파견관계 및 각 주체에 관한 정의

근로자파견관계란 파견사업주가 자신과 직접 근로계약관계를 맺고 있는 근로자를 사용사업주의 기업에 파견하여 그의 지휘·명령을 받아 근로하게 하는 제도를 말한다. 파견법은 '근로자파견'을 파견사업주가 근로자를 고용한 후 그 고용관계를 유지하면서 근로자파견계약의 내용에 따라 사용사업주의 지휘·명령을 받아 사용사업주를 위한 근로에 종사하게 하는 것이라고 정의하고, 근로자파견사업을 하는 자를 '파견사업주'로, 근로자파견계약에 따라 파견근로자를 사용하는 자를 '사용사업주'로 각각 정의하고, 파견사업주가 고용한 근로자로서 근로자파견의 대상이 되는 사람을 '파견근로자'라고 정의한다(파견법 제2조). 파견사업주는 근로관계와 관련이 없는 제3자가 아니고, 파견법은 국회가 제정한 정당한 법률이므로, 근로자파견사업은 근로기준법 제9조의 중간착취 배제 원칙 위반이 아니라고 본다.

58) 대법원 2021. 10. 28. 선고 2021두45114 판결.

근로자파견관계 개요

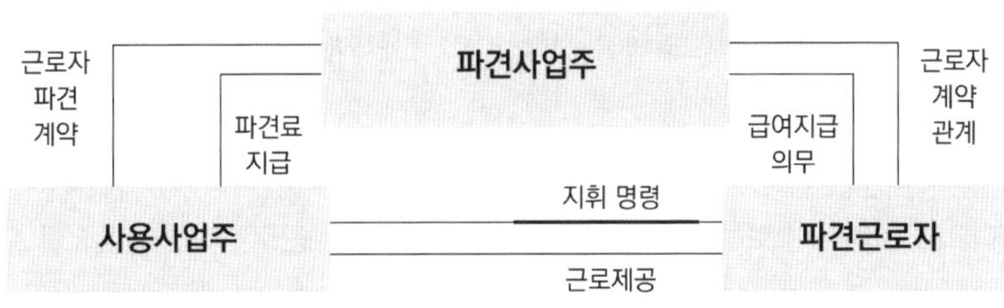

2. 근로자파견 대상 업무

근로자파견사업은 제조업의 직접생산공정업무를 제외하고 전문지식·기술·경험 또는 업무의 성질 등을 고려하여 적합하다고 판단되는 업무로서 대통령령이 별도로 정하는 업무를 대상으로 한다(파견법 제5조 제1항). 근로자파견사업이 허용되는 업종은 대통령령에 위임되어 있는데 파견법 제5조 제1항은 '제조업 직접생산공정업무'를 파견 금지업종으로 선언하고 있다. 파견법의 취지를 고려하여 제조업 직접생산공정업무를 파견 절대 금지 업종이라고 한다. 불법파견과 위장도급의 문제가 대부분 제조업 직접생산공정업무를 둘러싸고 발생한다. 건설현장 업무, 근로자공급사업허가를 받은 지역의 업무, 선원업무, 의료기사업무 등은 위의 경우에도 근로자파견과 파견근로자 사용이 금지된다(파견법 제5조 제3항). 파견대상업무가 아니라 하더라도 출산·질병·부상 등으로 결원이 생긴 경우 또는 일시적·간헐적으로 인력을 확보하여야 할 필요가 있는 경우에는 파견근로자 사용이 가능하다(파견법 제5조 제2항).

근로자파견이 허용되는 직종이나 업무를 한정적으로 열거하여 규정하는 방식을 Positive List 방식이라고 한다. 근로자파견이 금지되는 업종을 열거하는 방식을 Negative List 방식이라고 한다. 우리나라 파견법은 Positive List 방식을 취하고 있다.

파견근로자 보호 등에 관한 법률 제5조(근로자파견 대상 업무 등)

① 근로자파견사업은 제조업의 직접생산공정업무를 제외하고 전문지식·기술·경험 또는 업무의 성질 등을 고려하여 적합하다고 판단되는 업무로서 대통령령으로 정하는 업무를 대상으로 한다.

② 제1항에도 불구하고 출산·질병·부상 등으로 결원이 생긴 경우 또는 일시적·간헐적으로 인력을 확보하여야 할 필요가 있는 경우에는 근로자파견사업을 할 수 있다.

④ 제2항에 따라 파견근로자를 사용하려는 경우 사용사업주는 해당 사업 또는 사업장에 근로자의 과반수로 조직된 노동조합이 있는 경우에는 그 노동조합, 근로자의 과반수로 조직된 노동조합이 없는 경우에는 근로자의 과반수를 대표하는 자와 사전에 성실하게 협의하여야 한다.

Ⅱ. 파견근로계약의 체결

1. 근로자파견계약 서면체결 원칙

(1) 근로자파견계약의 당사자

근로자파견계약의 당사자는 파견근로자, 파견사업주, 사용사업주이다. 근로자파견계약을 체결하는 때에는 각 파견근로자별로 계약서를 작성하여야 한다(파견법 시행규칙 제11조). 다만, 근로자파견계약의 내용이 같은 경우에는 하나의 계약서로 작성할 수 있다.

(2) 근로자파견계약의 서면체결

근로자파견계약의 당사자는 파견근로자의 수, 파견근로자가 종사할 업무의 내용, 파견 사유, 파견근로자가 파견되어 근로할 사업장의 명칭 및 소재지, 그 밖에 파견근로자의 근로 장소, 파견근로 중인 파견근로자를 직접 지휘·명령할 사람에 관한 사항, 근로자파견 기간 및 파견근로 시작일에 관한 사항, 업무 시작 및 업무 종료의 시각과 휴게시간에 관한 사항, 휴일·휴가에 관한 사항, 연장·야간·휴일근로에 관한 사항, 안전 및 보건에 관한 사항, 근로자파견의 대가, 파견사업관리책임자 및 사용사업관리책임자의 성명·소속 및 직위 등을 기재한 근로자파견계약을 서면으로 체결하여야 한다(파견법 제20조, 시행규칙 제11조). 파견근로자를 사용하려는 경우 사용사업주는 해당 사업 또는 사업장에 근로자의 과반수로 조직된 노동조합이 있는 경우에는 그 노동조합, 근로자의 과반수로 조직된 노동조합이 없는 경우에는 근로자의 과반수를 대표하는 자와 사전에 성실하게 협의하여야 한다(파견법 제5조 제4항).

2. 사용자 책임의 분열

(1) 근로기준법상의 책임

근로자파견계약은 파견근로자와 파견사업주 사이에 근로계약관계가 성립하고, 근로계약관계의 유지, 임금 지급 등 근로계약관계에서 발생하는 근로기준법상의 기본적인 의무를 파견사업주가 부담하는 틀을 유지한다. 다만, 파견근로자가 근로를 제공하는 상대방이 사용사업주이므로, 근로제공을 위한 지시·명령, 휴게와 휴일의 부여 등 근로제공과 직접 관련된 사항들에 대해서는 사용사업주가 사용자로서의 역할을 한다. 예를 들어, 휴게시설과 작업 후 목욕을 위한 시설 등은 사용사업주가, 유급휴일의 경우 유급 처리는 파견사업주가[59] 책임을 부담해야 하는 것이다. 이와 같이 근로계약관계에서 인정되는 사용자의 책임과 의무가 근로자 파견관계에서 존재하는 두 사용자에게 각각 귀속되는 것은 근로자파견관계의 속성상 당연한 결론이라고 할 수 있다. 파견법 제34조는 이를 구체적으로 구분하여 열거하고 있다.

구체적으로 보면, 파견사업주가 책임을 부담하는 사항은 근로계약의 체결, 해고 또는 그 밖의 근로관계의 종료, 임금, 가산임금, 퇴직금, 재해보상에 관한 규정에 대한 책임, 사용사업주가 유급휴일 또는 유급휴가를 주는 경우의 임금 등의 사항이고, 사용사업주가 책임을 부담하는 사항은 근로시간, 휴게, 휴일, 휴가

59) 차별개선과-212, 2008. 3. 28.

와 여성 및 연소자 보호, 취업 중인 근로자의 안전과 건강에 대한 책임 등이다. 한편, 그 외의 근로기준법상 규정은 파견사업주와 사용사업주가 함께 책임을 부담하며, 특히 사용사업주의 귀책사유로 근로자의 임금을 지급하지 못한 경우에는 사용사업주는 그 파견사업주와 연대하여 책임을 진다(파견법 제34조 제2항).

(2) 산업안전보건법상의 책임

근로자파견관계에서 사용사업주와 파견근로자 사이에는 특별한 사정이 없는 한 파견근로와 관련하여 사용사업주가 파견근로자에 대한 보호의무 또는 안전배려의무를 부담한다는 점에 관한 묵시적인 의사의 합치가 있다고 할 것이고, 따라서 사용사업주의 보호의무 또는 안전배려의무 위반으로 손해를 입은 파견근로자는 사용사업주와 직접 고용 또는 근로계약을 체결하지 않은 경우에도 위와 같은 묵시적 약정에 근거하여 사용사업주에 대하여 보호의무 또는 안전배려의무 위반을 원인으로 하는 손해배상을 청구할 수 있다.60)

이와 같은 취지에 따라, 파견법 제35조는 사업장 산업안전보건과 관련해서는 파견 중인 근로자의 근로에 관하여는 사용사업주를 산업안전보건의 사업주로 간주하고 있다. 그러나 산업재해 예방 조치, 건강진단 결과 공개 금지, 건강진단 이후의 근로자 보호조치, 감독기관에 대한 신고를 이유로 한 파견근로자에 대한 불이익 처우 금지 등과 관련해서는 파견사업주와 사용사업주를 함께 사업주로 본다(파견법 제35조 제2항).

파견근로자 보호 등에 관한 법률 제35조(「산업안전보건법」의 적용에 관한 특례)

① 파견 중인 근로자의 파견근로에 관하여는 사용사업주를 「산업안전보건법」 제2조제4호의 사업주로 보아 같은 법을 적용한다. 이 경우 「산업안전보건법」 제29조제2항을 적용할 때에는 “근로자를 채용할 때”를 “근로자파견의 역무를 제공받은 경우”로 본다.

---

60) 대법원 2013. 11. 28. 선고 2011다60247 판결.

3. 파견근로자 사용기간

근로자파견 기간은 1년+1년=2년까지 가능하다. 근로자파견 기간은 출산·질병·부상 등으로 결원이 생긴 경우 그 사유 해소에 필요 한 기간 또는 일시적·간헐적으로 인력을 확보하여야 할 필요가 있는 경우로서 3개월 이내의 기간을 제외하고는 1년을 초과하지 못한다(파견법 제6조 제1항, 시행령 제5조). 다만, 파견사업주·사용사업주·파견근로자 3 당사자 사이의 합의가 있는 경우에는 1년 한도 내에서 1회 기간 연장이 가능하다. 따라서 연장된 기간을 포함한 총 파견기간은 2년을 초과하지 못한다. 고령자고용법에 따른 고령자인 55세 이상인 파견근로자의 경우에는 기간제 근로자와 마찬가지 이유로 2년을 초과하여 근로자파견 기간을 연장 할 수 있다.

파견근로자 보호 등에 관한 법률 제6조(파견기간)

① 근로자파견의 기간은 제5조제2항에 해당하는 경우를 제외하고는 1년을 초과하여서는 아니 된다.

② 제1항에도 불구하고 파견사업주, 사용사업주, 파견근로자 간의 합의가 있는 경우에는 파견기간을 연장할 수 있다. 이 경우 1회를 연장할 때에는 그 연장기간은 1년을 초과하여서는 아니 되며, 연장된 기간을 포함한 총 파견기간은 2년을 초과하여서는 아니 된다.

③ 제2항 후단에도 불구하고 「고용상 연령차별금지 및 고령자고용촉진에 관한 법률」 제2조제1호의 고령자인 파견근로자에 대하여는 2년을 초과하여 근로자파견기간을 연장할 수 있다.

Ⅲ. 사용사업주의 직접고용의무

1. 사용사업주의 직접고용의무 발생

(1) 파견허용 대상 업무 위반시

사용사업주가 파견근로 대상업무에 해당하지 않는 업무에 파견근로자를 사용한 경우 파견근로자를 직접고용하여야 한다(파견법 제6조의2 제1항 제1호, 제3호). 1998년 제정 파견법은 불법파견이 인정될 경우 사용사업주가 파견근로자를 직접고용한 것으로 간주하는 직접고용 간주규정을 두고 있었다(1997년 파견법은 제6조 제3항). 그러나 2007년에 기간제법 제정을 계기로 개정된 파견법은 이를 사용사업주가 파견근로자를 직접 고용해야 한다는 직접고용 의무규정으로 변경하였고, 지금까지 유지되고 있다.

(2) 파견근로자 사용기간 제한 위반시

파견기간 제한 규정을 위반하여 파견근로자를 사용하는 경우 사용사업주에게 직접고용 의무가 발생한다(파견법 제6조의2 제1항 제3호, 제4호). 사용사업주가 파견근로자를 직접고용 할 때의 고용형태는 무기계약직은 물론 기간제로 고용하는 것도 가능하지만 당사자가 특별히 정하지 않았다면 동종·유사한 근로를 제공하는 근로자의 고용형태를 따르거나 무기계약직 근로자로 채용한 것으로 보는 것이 합리적일 것이다.

(3) 허가제 위반시

근로자파견사업을 하려는 자는 고용노동부장관의 허가를 받아야 한다. 허가받은 사항 중 사업소의 수의 증가나 위치 변경, 대표자 변경 등의 경우에도 허가를 받아야 한다(파견법 제7조 제1항). 사용사업주는 근로자파견사업의 허가를 받지 않은 자로부터 근로자파견의 역무를 제공받아서는 안 되는데, 이를 위반하여 근로자파견사업의 허가를 받지 않은 자로부터 근로자파견의 역무를 제공받은 경우에는 사용사업주는 해당 파견근로자를 직접고용해야 한다(파견법 제6조의2 제1

항 제5호, 제7조).

파견근로자 보호 등에 관한 법률 제6조의2(고용의무)

① 사용사업주가 다음 각 호의 어느 하나에 해당하는 경우에는 해당 파견근로자를 직접 고용하여야 한다.

1. 제5조제1항의 근로자파견 대상 업무에 해당하지 아니하는 업무에서 파견근로자를 사용하는 경우(제5조제2항에 따라 근로자파견사업을 한 경우는 제외한다)
2. 제5조제3항을 위반하여 파견근로자를 사용하는 경우
3. 제6조제2항을 위반하여 2년을 초과하여 계속적으로 파견근로자를 사용하는 경우
4. 제6조제4항을 위반하여 파견근로자를 사용하는 경우
5. 제7조제3항을 위반하여 근로자파견의 역무를 제공받은 경우

② 제1항은 해당 파견근로자가 명시적으로 반대의사를 표시하거나 대통령령으로 정하는 정당한 이유가 있는 경우에는 적용하지 아니한다.

④ 사용사업주는 파견근로자를 사용하고 있는 업무에 근로자를 직접 고용하려는 경우에는 해당 파견근로자를 우선적으로 고용하도록 노력하여야 한다.

(4) 우선고용의무

사용사업주가 파견근로자를 사용 중인 업무에 근로자를 직접 고용하려는 경우에는 그 파견근로자를 우선 고용하도록 노력해야 한다(파견법 제6조의2 제4항)

2. 파견근로자의 직접고용시 근로조건

(1) 직접고용의무 존재 시 근로조건 결정에 관한 파견법상 규정

불법파견으로 인해 사용사업주가 파견근로자에 대한 직접고용의무를 부담하는 경우, 직접고용의무 이행의 상대방인 파견근로자에게 보장되어야 하는 근로조건을 결정하는 기준은, 사용사업주의 근로자 중 해당 파견근로자와 같은 종류

의 업무 또는 유사한 업무를 수행하는 근로자가 있는지 여부에 따라 두 가지로 나뉜다. 첫째, 사용사업주의 근로자 중 해당 파견근로자와 같은 종류의 업무 또는 유사한 업무를 수행하는 근로자가 있는 경우에는 해당 근로자에게 적용되는 취업규칙 등에서 정하는 근로조건에 따라 파견근로자의 직접고용 이후의 근로조건을 결정해야 한다(파견법 제6조의2 제3항 제1호). 둘째, 사용사업주의 근로자 중 해당 파견근로자와 같은 종류의 업무 또는 유사한 업무를 수행하는 근로자가 없는 경우에는 해당 파견근로자의 기존 근로조건의 수준보다 낮아지지 않도록 해당 파견근로자의 직접고용 이후의 근로조건을 결정해야 한다(파견법 제6조의2 제3항 제2호).

파견근로자 보호 등에 관한 법률 제6조의2(고용의무)

③ 제1항에 따라 사용사업주가 파견근로자를 직접 고용하는 경우의 파견근로자의 근로조건은 다음 각 호의 구분에 따른다.

1. 사용사업주의 근로자 중 해당 파견근로자와 같은 종류의 업무 또는 유사한 업무를 수행하는 근로자가 있는 경우: 해당 근로자에게 적용되는 취업규칙 등에서 정하는 근로조건에 따를 것
2. 사용사업주의 근로자 중 해당 파견근로자와 같은 종류의 업무 또는 유사한 업무를 수행하는 근로자가 없는 경우: 해당 파견근로자의 기존 근로조건의 수준보다 낮아져서는 아니 될 것

(2) 동종 또는 유사근로자가 있는 경우 근로조건 결정

사용사업주가 불법파견된 근로자에 대하여 직접고용 의무를 이행하면서 해당 근로자의 근로조건을 결정해야 할 때에, 해당 사용사업주가 직접채용한 근로자 중에 해당 파견근로자와 같은 종류의 업무 또는 유사한 업무를 수행하는 근로자가 있는 때에는 그 근로자에게 적용되는 취업규칙 등에서 정하는 근로조건에 따라 파견근로자의 근로조건을 결정한다.

직접고용 의무를 이행하는 사용사업주가 파견근로자에게 자신의 사업장에 종

사하는 같은 종류의 업무 또는 유사한 업무를 수행하는 근로자의 근로조건보다 낮은 근로조건을 제시하거나, 근로조건의 수준을 낮추기 위해 같은 종류의 업무 또는 유사한 업무를 수행하는 근로자를 의도적으로 그릇 선택했다면, 사용사업주의 해당 청약은 무효가 되고, 무효가 된 부분은 강행법규에 의해 보충된다고 보아야 한다. 이때, 법원은 파견근로자가 청구하는 경우 무효가 된 부분을 보충하는 강행법규 적용의 결과를 판단할 권한이 있다.61)

이 경우에도 같은 종류의 업무 또는 유사한 업무를 수행하는 근로자에게 적용되는 취업규칙 등에 따른 근로조건이 무조건 그대로 적용되는 것이 아니다. 구체적 타당성을 위해 근로조건의 수준이 동등한 수준으로 유지되는 것을 전제로, 파견근로자였던 근로자의 근로제공 방식, 근로제공 시간, 근로제공 장소, 근로계약 체결 기간 등에 부합하도록 파견근로자 신분이었을 때의 근로조건의 일부 내용을 변경하는 것은 허용된다고 보아야 한다. 대법원은, 사용사업주가 같은 종류의 업무 또는 유사한 업무를 수행하는 근로자의 존재를 부인하고 있는 사건에서, “원고들이 피고 소속의 기간의 정함이 없는 근로자로 직접고용이 되어야 하는데 이 사건 예규는 피고가 현장에서 상시·지속적인 업무를 담당하는 기간의 정함이 없는 근로자의 근로조건을 정한 취업규칙인 점, 피고의 현장직군으로서 하위 직종 중 하나인 조무원은 피고 소속의 기간의 정함이 없는 근로자 중 가장 낮은 수준의 임금을 받는 근로자로서 특별한 기술이 필요 없는 단순·반복적인 잡무를 처리하는 직종 전부를 지칭하므로 원고들과 같은 통행료 수납원도 이에 포함될 수 있는 점, 피고는 2014년 이후 현장직 직원에 대하여 직종과 관계없이 동일한 기본급표를 적용하는 등 현장직 직원들의 근로가치를 동등하게 평가하고 있는 것으로 보이고, 원고들이 수행한 업무가 현장직 직원의 업무보다 근로가치가 낮다고 볼 수 없는 점, 외주화 이전에 통행료 수납업무를 담당한 비정규직 직원의 임금이 그 당시 청소원, 경비원 업무를 담당하던 비정규직 직원의 임금보다 다소 높았던 점에 비추어, 피고는 원고들과 같은 통행료 수

61) 대법원 2024. 3. 12, 선고 2019다223303, 2019다223310(병합) 판결.

납업무를 담당할 직원을 직접 고용할 경우 적어도 피고의 조무원에 준하는 근로조건을 적용하였을 것으로 추정되는 점 등의 사정과 파견법의 차별금지 규정의 취지를 종합적으로 고려하여 직접고용 시 원고들에게 적용되는 임금 등 근로조건은 피고의 현장직 직원 중 조무원에 적용되는 근로조건이 되어야 한다"고 판단한 원심의 정당성을 인정하고 있다.62) 사용사업주의 직접채용 근로자 중에 통행료 수납업무를 담당하는 직원이 없음에도 불구하고 주로 근로가치와 과거 시점에서의 대체 가능성을 기준으로 유사근로자의 존재를 긍정하고 그들에게 적용되는 취업규칙을 통행료 수납업무를 수행하던 파견근로자들에게 적용하여야 한다는 뜻이다.

(3) 동종 또는 유사근로자가 없는 경우 근로조건 결정

파견법 제6조의2 제3항 제2호는 "사용사업주의 근로자 중 해당 파견근로자와 같은 종류의 업무 또는 유사한 업무를 수행하는 근로자가 없는 경우: 해당 파견근로자의 기존 근로조건의 수준보다 낮아져서는 아니 될 것"이라고 규정한다. 대법원은 그와 같은 경우의 근로조건 결정에 관하여 "파견법에 따라 사용사업주에게 직접고용의무가 발생하였는데 사용사업주의 근로자 중 동종·유사 업무 근로자가 없는 경우에는 기존 근로조건을 하회하지 않는 범위 안에서 사용사업주와 파견근로자가 자치적으로 근로조건을 형성하는 것이 원칙"이라고 하여 파견법 제6조의2 제3항 제2호의 규정에 정확히 부합하는 판단을 했다.

만약, 이때 법원의 고용의 의사표시를 명하는 판결에 따라 직접고용의 효과가 발생했으나, 직접고용 의무를 부담하고 있는 사용사업주가 파견근로자의 기존의 근로조건을 하회하는 근로조건을 제시한다면, 또는 법원으로부터 불법파견 판단을 받은 파견근로자에 대하여 사용사업주가 고용의 의사표시를 하면서 파견근로자의 기존의 근로조건을 하회하는 근로조건을 제시한다면, 사용사업주의 의사표시에 따른 직접고용의 효력은 발생되어야 하지만, 계약의 내용 중 근로조건 부분은 역시 강행법규에 위반하는 것으로서 무효가 된다. 이때 법원은 파견

62) 대법원 2024. 3. 12. 선고 2019다223303,2019다223310(병합) 판결.

근로자가 청구하는 경우 무효가 된 부분을 보충하는 강행법규 적용의 결과를 판단할 권한이 있다. 파견근로자와 사용사업주 사이의 자유로운 의사의 합치에 따른 근로조건 결정을 기대할 수 없기 때문이다. 대법원은 이에 대하여 "자치적으로 근로조건을 형성하지 못한 경우에는 법원은 개별적인 사안에서 근로의 내용과 가치, 사용사업주의 근로조건 체계(고용형태나 직군에 따른 임금체계 등), 파견법의 입법 목적, 공평의 관념, 사용사업주가 직접 고용한 다른 파견근로자가 있다면 그 근로자에게 적용한 근로조건의 내용 등을 종합하여 사용사업주와 파견근로자가 합리적으로 정하였을 근로조건을 적용할 수 있다. 다만 이와 같이 파견근로자에게 적용될 근로조건을 정하는 것은 본래 사용사업주와 파견근로자가 자치적으로 형성했어야 하는 근로조건을 법원이 정하는 것이므로 한쪽 당사자가 의도하지 아니하는 근로조건을 불합리하게 강요하는 것이 되지 않도록 신중을 기할 필요가 있다"[63]라고 판시하고 있다.

3. 직접고용의무 위반의 효과

(1) 직접고용의무 위반에 따른 사용사업주의 책임

파견근로자 사용 기간 상한 2년 위반, 파견대상 업종 위반 등으로 인한 불법파견이 인정될 경우 사용사업주는 3천만 원 이하의 과태료 부과처분의 대상이 되는 것(파견법 제46조 제2항) 이외에 당해 파견근로자를 직접 고용하여야 하는 직접고용의무를 부담하게 된다(파견법 제6조의2 제1항). 사용사업주의 직접고용의무는 파견근로자 사용 기간 상한 2년 위반 또는 파견대상 업종 위반시 파견법 규정에 따라 곧바로 발생되는 것으로 보며 법원의 판결 등을 통한 확인이 요구되지 않는다. 그러나 파견근로자가 사용사업주에게 고용의무를 이행하라는 의사표시를 함으로써 곧바로 근로계약관계가 성립되는 효과가 발생하는 것은 아니다. 파견근로자는 사용사업주가 직접고용의무를 이행하지 않는 경우 사용사업주를 상대로 고용 의사표시를 갈음하는 판결을 구할 사법상의 권리가 있고, 판례에 따

63) 대법원 2024. 3. 12. 선고 2019다223303,2019다223310(병합) 판결.

르면 그 판결이 확정되면 사용사업주와 파견근로자 사이에 직접고용관계가 성립한다고 한다.[64] 따라서 직접고용의 효과는 판결 확정시에 발생하고, 파견근로자는 직접고용관계가 성립할 때까지의 임금 상당액의 채무불이행으로 인한 손해배상금을 사용사업주에게 청구할 수 있다.

(2) 직접고용의무의 상대방인 파견근로자가 갖는 권리의 법적성격

이때 사용사업주가 파견법에 따라 부담하는 직접고용 의무의 상대방, 즉 불법파견임이 확인된 파견근로자가 보유하는 권리가 과연 무엇인지에 대한 규명이 필요하다. 직접고용의무 규정의 해석 및 적용 효과에 관하여는 사용사업주가 파견근로자와의 사이에서 직접고용관계를 부인하고 있을 경우에 그와 같은 고용관계가 인정된다는 점을 확인하는 의미라고 보아야 한다는 견해, 직접고용의무 규정은 사용사업주에 대하여 직접고용의무를 부과하고 이를 이행하지 않을 경우 공법상 제재를 가하는 근거가 될 뿐 파견근로자에게 그에 대응하는 사법상 권리를 직접 부여하는 것은 아니라고 보는 견해 등이 있다. 그러나, 파견법이 규정하는 사용사업주의 의무가 행정적 감독이나 처벌과는 별도로 근로자파견의 상용화·장기화를 방지하면서 파견근로자의 고용안정을 도모할 목적에서 사용사업주와 파견근로자 사이에 발생하는 법률관계 및 이에 따른 법적 효과를 설정하는 것으로 볼 수 있으므로 공법적 제재를 가하기 위한 목적만을 가진다고 단정하기는 어렵다. 또한 파견법 제6조의2의 고용의무 규정의 적용 효과는, 불법파견의 대상인 파견근로자는 파견법에 따라 직접고용의무를 부과받고 있는 사용사업주가 그 의무를 이행할 때 비로소 사용사업주의 직접채용 근로자로서의 지위를 인정받게 된다는 의미로 보아야 한다. 사용사업주의 직접고용의무 이행이 필요하다는 점에서 불완전한 권리이지만, 사용사업주가 직접고용의무 이행을 거절하는 것이 허용되지 않는다는 점에서 파견근로자의 권리의 실현 가능성은 매우 확정적이라고 볼 수 있다.

---

64) 대법원 2015. 11. 26. 선고 2013다14965 판결; 대법원 2020. 5. 14. 선고 2016다239024 판결; 대법원 2022. 10. 27. 선고 2017다15010,2017다15027,2017다15034(병합) 판결 등.

그러한 측면에서 불법파견된 파견근로자가 직접고용의무를 가진 사용사업주를 상대로 갖는 권리는 '직접고용에 대한 기대권'이라고 보는 것이 가장 정확한 인식이라고 생각한다. 파견법 제6조의2가 사용사업주의 직접고용 의무를 규정하고 있으므로, 해당 규정에 따라 파견근로자는 자신이 사용사업주의 직접채용 근로자로 고용될 수 있으리라는 정당한 기대와 신뢰를 형성하게 된다. 그와 같은 기대 형성의 직접적 근거는 강행법규인 파견법 제6조의2이다. 이때 사용사업주가 직접고용 의사를 가지고 있는지는 문제가 되지 않는다. 직접고용 의무는 사용사업주의 의사와 무관하게 강행법규에 따라 법률상 당연히 발생하기 때문이다. 앞에서 법원이 파견근로자는 사용사업주가 직접고용의무를 이행하지 아니하는 경우 사용사업주를 상대로, 근로자지위확인소송 등 고용 의사표시에 갈음하는 판결을 구할 사법상의 권리가 있고, 판결이 확정되면 사용사업주와 파견근로자 사이에 직접고용관계가 성립한다[65]고 본 것도, 판례가 직접 기대권을 명시적으로 언급하고 있지는 않지만, 결과적으로 파견근로자에게 직접고용 기대권이 인정되는 것과 같은 결론을 내린 것이라고 보는 것에 큰 문제는 없다고 판단된다. 불법파견 시 파견근로자에게 직접고용 기대권이 인정된다는 의미는, 직접고용 기대권이 있는 근로자가 최종적인 계약의 체결을 위하여 사용사업주에 대하여 직접고용에 관한 근로계약 체결을 청약할 수 있는 권리가 있고, 그와 같은 청약이 있을 경우 사용자는 해당 청약을 행한 근로자에 대하여 근로계약 체결을 승낙한 것으로 간주되는 효과를 부담하게 되는 것이라고 보아야 한다. 사용사업주의 직접고용 의무와 관련한 파견근로자의 권리를 형성권으로 구성할 수 없는 난점도 불완전한 권리로서의 기대권의 성격을 고려할 때 충분히 해소될 수 있다.

---

65) 대법원 2015. 11. 26. 선고 2013다14965 판결; 대법원 2020. 5. 14. 선고 2016다239024 판결; 대법원 2022. 10. 27. 선고 2017다15010,2017다15027,2017다15034(병합) 판결 등.

제3장 차별 금지와 시정

I. 차별 금지의 의의

1. 차별 금지의 원칙

(1) 기간제법과 파견법의 차별적 처우 금지

사용자는 기간제근로자 또는 단시간근로자임을 이유로 해당 사업 또는 사업장의 동종 또는 유사한 업무에 종사하는 기간의 정함이 없는 근로계약을 체결한 근로자나 통상근로자에 비하여 차별적 처우를 하여서는 안 된다(기긴제법 제8조). 또한 파견사업주와 사용사업주는 파견근로자라는 이유로 사용사업주의 사업 내의 같은 종류의 업무 또는 유사한 업무를 수행하는 근로자에 비하여 파견근로자에게 차별적 처우를 하여서는 안 된다(파견법 제21조). 이와 같이 사용자는 기간제근로자, 단시간근로자, 파견근로자를 각각 동종 또는 유사한 업무에 종사하는 기간의 정함이 없는 근로자, 통상근로자, 사용사업주의 직접 채용 근로자와 차별할 수 없다.

기간제 및 단시간근로자 보호 등에 관한 법률 제8조(차별적 처우의 금지)

① 사용자는 기간제근로자임을 이유로 해당 사업 또는 사업장에서 동종 또는 유사한 업무에 종사하는 기간의 정함이 없는 근로계약을 체결한 근로자에 비하여 차별적 처우를 하여서는 아니 된다.

② 사용자는 단시간근로자임을 이유로 해당 사업 또는 사업장의 동종 또는 유사한 업무에 종사하는 통상근로자에 비하여 차별적 처우를 하여서는 아니 된다.

파견근로자 보호 등에 관한 법률 제21조(차별적 처우의 금지 및 시정 등)

① 파견사업주와 사용사업주는 파견근로자라는 이유로 사용사업주의 사업 내의 같은 종류의 업무 또는 유사한 업무를 수행하는 근로자에 비하여 파견근로자에게 차별

적 처우를 하여서는 아니 된다.

(2) 차별적 처우의 주체와 객체

차별적 처우의 주체는 '사용자'이다. 객체는 기간제근로자, 단시간근로자, 파견근로자이다.

(3) 비교대상 근로자

차별을 당하는 기간제근로자, 단시간근로자, 파견근로자와 비교하여 차별 여부를 확인할 수 있는 대조군, 즉 비교대상 근로자는 각각 동종 또는 유사한 업무에 종사하는 기간의 정함이 없는 근로자, 통상근로자, 사용사업주의 직접 채용 근로자이다.

비교대상 근로자로 선정된 근로자의 업무가 기간제근로자, 단시간근로자 또는 파견근로자의 업무와 동종 또는 유사한 업무에 해당하는지 여부는 취업규칙이나 근로계약 등에 명시된 업무내용이 아니라 해당 근로자가 실제 수행하여 온 업무를 기준으로 판단하되, 이들이 수행하는 업무가 서로 완전히 일치하지 아니하고 업무의 범위 또는 책임과 권한 등에서 다소 차이가 있다고 하더라도 주된 업무의 내용에 본질적인 차이가 없다면 특별한 사정이 없는 이상 이들은 동종 또는 유사한 업무에 종사한다고 보아야 한다.[66] 또한 기간제법 제8조 제1항이 비교대상 근로자로 들고 있는 '기간의 정함이 없는 근로계약을 체결한 근로자'를 '사법상 근로계약'을 체결한 근로자로 한정하여야 할 이유도 없으므로, 기간제 근로자와 동종 또는 유사한 업무에 종사하는 국가공무원법에 따른 공무원인 근로자도 비교대상근로자가 될 수 있다고 해석해야 한다.

2. 차별적 처우 금지의 범위

'차별적 처우'란 임금, 정기상여금, 명절상여금 등 정기적으로 지급되는 상여

66) 대법원 2014. 11. 27. 선고 2011두5391 판결.

금, 경영성과에 따른 성과금, 그 밖에 근로조건 및 복리후생 등에 관한 사항에서 합리적인 이유 없이 불리하게 처우하는 것을 말한다(기간제법 제2조 제3호, 파견법 제2조 제7호). 여기서 '불리한 처우'란 사용자가 임금 그 밖의 근로조건 등에서 기간제 근로자와 비교 대상 근로자를 다르게 처우함으로써 기간제 근로자에게 발생하는 불이익 전반을 의미한다.[67]

기간제근로자 등과 비교대상 근로자 간에 임금을 구성하는 세부 항목이 다르거나 세부 항목에 따라 유·불리가 나뉘는 경우의 차별 판단과 관련하여 법원은 "임금의 세부 항목별로 불리한지 여부를 따져서는 안 되고, 소정 근로를 제공한 것 자체만으로 지급요건이 충족되는 임금 항목과 그 외에 특정한 조건에 해당해야만 지급요건이 충족되는 임금 항목으로 구분하여, 전자의 경우에는 그에 포함된 모든 항목의 금액을 합산하여 총액을 기준으로 판단하여야 하고, 후자의 경우에는 항목별로 따져 유·불리를 판단하여야 한다"[68]고 판단한 사례가 있다.

3. 차별의 합리적 이유의 부존재

사용자의 차별적 처우에 합리적 이유가 없어야 한다. 차별적 처우에 합리적 이유가 있는 경우에는 금지되는 차별적 처우로 보지 않는다. 일반적으로 업무의 범위, 권한, 업무의 난이도, 책임의 범위, 직무능력이나 성과, 근속연수 등에 따른 처우의 차등은 금지되는 차별적 처우에 해당하지 않을 가능성이 크다. 합리적인 이유가 있는지 여부는, 개별 사안에서 문제가 된 불리한 처우의 내용 및 사용자가 불리한 처우의 사유로 삼은 사정을 기준으로, 급부의 실제 목적, 고용형태의 속성과 관련성, 업무의 내용 및 범위·권한·책임, 노동의 강도·양과 질, 임금이나 그 밖의 근로조건 등의 결정요소 등을 종합적으로 고려하여 판단하여야 한다.[69]

---

67) 대법원 2012. 10. 25. 선고 2011두7045 판결.
68) 서울고등법원 2016. 10. 21. 선고 2016누30189 판결.
69) 대법원 2012. 10. 25. 선고 2011두7045 판결; 대법원 2016. 12. 1. 선고 2014두43288 판결.

한편, 노동조합 조직대상이 아닌 기간제근로자에 대하여 단체협약 규정을 이유로 한 임금 등 근로조건 차별이 발생했던 사건에서, 법원은 단체협약이 무기계약 근로자와 동종 또는 유사한 업무에 종사하는 기간제근로자나 단시간 근로자에 대한 불리한 처우를 정당화하는 사유에 당연히 해당한다고 볼 수 없고, 여전히 합리적 이유가 인정되어야 한다고 판단하여, 단체협약이 차별의 합리적 이유가 될 수 없다고 보았다.[70] 기간제법의 경우 차별적 처우의 부존재를 사용자가 입증하여야 한다고 규정하고 있다(기간제법 제9조 제4항). 파견법의 경우에는 이와 같은 규정을 두지 않았지만 달리 볼 이유가 없다.

Ⅱ. 노동위원회의 차별적 처우 시정절차

1. 구제절차의 당사자

기간제근로자, 단시간근로자, 파견근로자 등은 사용자의 부당한 차별에 대하여 노동위원회에 그 차별적 처우의 시정을 신청할 수 있다. 피신청인은 기간제근로자와 단시간근로자의 경우에는 사용자, 파견근로자의 경우에는 사용사업주이다(기간제법 제9조 제1항, 파견법 제21조 제2항).

2. 차별적 처우 시정신청의 제척기간

처별적 처우에 대한 시정신청의 제척기간은 차별적 처우가 있은 날 또는 계속되는 차별적 처우는 그 종료일로부터 6개월이다(기간제법 제9조 제1항 단서, 파견법 제21조 제3항). 사용자가 계속되는 근로 제공에 대하여 기간제근로자 또는 단시간근로자에게 차별적인 규정 등을 적용하여 차별적으로 임금을 지급하여 왔다면 특별한 사정이 없는 이상 그와 같은 임금의 차별적 지급은 '계속되는 차별적 처우'에 해당한다.[71]

70) 서울고등법원 2015. 1. 28. 선고 2014누51779 판결.

기간제 및 단시간근로자 보호 등에 관한 법률 제9조(차별적 처우의 시정신청)

① 기간제근로자 또는 단시간근로자는 차별적 처우를 받은 경우 「노동위원회법」 제1조의 규정에 따른 노동위원회(이하 "노동위원회"라 한다)에 그 시정을 신청할 수 있다. 다만, 차별적 처우가 있은 날(계속되는 차별적 처우는 그 종료일)부터 6개월이 지난 때에는 그러하지 아니하다.

파견근로자 보호 등에 관한 법률 제21조(차별적 처우의 금지 및 시정 등)

② 파견근로자는 차별적 처우를 받은 경우 「노동위원회법」에 따른 노동위원회(이하 "노동위원회"라 한다)에 그 시정을 신청할 수 있다.

③ 제2항에 따른 시정신청, 그 밖의 시정절차 등에 관하여는 「기간제 및 단시간근로자 보호 등에 관한 법률」 제9조부터 제15조까지 및 제16조제2호·제3호를 준용한다. 이 경우 "기간제근로자 또는 단시간근로자"는 "파견근로자"로, "사용자"는 "파견사업주 또는 사용사업주"로 본다.

이 기간이 지난 후에 구제신청을 하면 노동위원회는 이를 각하해야 하지만, 노동위원회는 최근 '각하'라는 표현을 사용하지 않고, 각하에 해당하는 경우에도 '기각'이라는 용어를 사용하고 있다.

3. 노동위원회의 시정명령과 불복

(1) 노동위원회의 시정명령

노동위원회는 차별적 처우에 대한 시정신청 사건에 관한 조사·심문을 종료하고 차별적 처우에 해당된다고 판정한 때에는 사용자에게 시정명령을 내려야 하고, 차별적 처우에 해당하지 아니한다고 판정한 때에는 그 시정신청을 기각하는 결정을 하여야 한다(기간제법 제12조). 시정명령 또는 기각결정은 서면으로 하되 그 이유를 구체적으로 명시하여 관계당사자에게 각각 교부하여야 한다. 이 경우 시정명령의 내용 및 이행기한 등을 구체적으로 기재하여야 한다. 기간제법의

---

71) 대법원 2011. 12. 22. 선고 2010두3237 판결.

이러한 절차 규정은 파견법에 준용된다(파견법 제21조 제3항).

(2) 노동위원회 시정명령에 대한 불복 절차

지방노동위원회의 차별적 처우 시정명령 또는 기각결정에 불복하는 관계 당사자는 시정명령서 또는 기각결정서의 송달을 받은 날부터 10일 이내에 중앙노동위원회에 그 재심을 신청할 수 있다(기간제법 제14조). 중앙노동위원회의 재심결정에 대하여 불복하는 관계 당사자는 그 재심결정서를 송달 받은 날부터 15일 이내에 행정소송법이 정하는 바에 의하여 행정소송을 제기할 수 있다. 지방노동위원회의 판정에 대해 불복하는 경우에 중앙노동위원회에 재심을 신청하지 않고 곧바로 법원에 행정소송을 제기하는 것은 허용되지 않는다고 보는 것이 통설적 견해이다. 지방노동위원회의 판정에 대하여 행정소송을 제기할 수 없다는 명시적인 규정은 없다. 그러나, 기간제법 제14조 제2항이 중앙노동위원회의 재심결정에 대하여 불복하는 관계당사자가 행정소송을 제기할 수 있다고 규정하고 있는 것을 근거로 그와 같이 판단하고 있다.

위의 각 기간 내에 재심을 신청하지 아니하거나 행정소송을 제기하지 아니한 때에는 그 시정명령·기각결정 또는 재심결정은 확정된다. 확정된 시정명령을 정당한 이유 없이 이행하지 않은 자에게는 1억 원 이하의 과태료가 부과된다(기간제법 제24조).

Ⅲ. 고용노동부 장관의 차별 시정 관련 권한

1. 시정명령 이행상황의 제출요구

고용노동부장관은 노동위원회의 확정된 시정명령에 대하여 사용자에게 이행상황을 제출할 것을 요구할 수 있다(기간제법 제15조). 정당한 이유 없이 고용노동부장관의 이행상황 제출요구에 따르지 아니한 자에게는 500만 원 이하의 과태료가 부과될 수 있다(기간제법 제24조 제2항 제1호). 시정신청을 한 근로자는 사용자가 확정된 시정명령을 이행하지 아니하는 경우 이를 고용노동부장관에게 신고할 수 있다. 파견근로관계에 있어서도 같다.

2. 차별적 처우 시정요구

고용노동부장관은 사용자가 차별적 처우를 한 경우에는 그 시정을 요구할 수 있다. 파견근로관계에 있어서도 같다. 고용노동부장관은 사용자가 그 시정요구에 따르지 아니할 경우에는 차별적 처우의 내용을 구체적으로 명시하여 노동위원회에 통보하여야 한다. 이 경우 고용노동부장관은 해당 사용자 및 근로자에게 그 사실을 통지하여야 한다. 노동위원회는 고용노동부장관의 통보를 받은 경우에는 지체 없이 차별적 처우가 있는지 여부를 심리하여야 한다. 이 경우 노동위원회는 해당 사용자 및 근로자에게 의견을 진술할 수 있는 기회를 부여하여야 한다(기간제법 제15조의2).

3. 확정된 시정명령의 효력 확대

고용노동부장관은 노동위원회를 통해 확정된 시정명령을 이행할 의무가 있는 사용자의 사업 또는 사업장에서 해당 시정명령의 효력이 미치는 근로자 이외의 기간제근로자 또는 단시간근로자에 대하여 차별적 처우가 있는지를 조사하여 차별적 처우가 있는 경우에는 그 시정을 요구할 수 있다(기간제법 제15조의3).

제4장 불법파견과 위장도급

I. 도급과 파견

1. 도급과 근로자파견 개념의 중첩

'일의 완성'을 목적으로, 도급인이 수급인과 '일의 결과'에 대하여 보수를 지급할 것을 약정함으로써 성립되는 계약을 도급계약이라고 한다(민법 제664조). 반면 근로자파견계약은 파견파견사업주가 근로자를 고용한 후, 파견계약에 따라 사용사업주의 지휘 · 명령을 받아 근로에 종사하게 하는 것으로 파견법에 따라 규율된다. 도급이나 위임계약은 본질상 타인의 사무에 자신의 노동력을 제공하는 계약이므로, 현대에 이르러서는 근로계약, 특히 파견근로계약과 중첩되는 부분이 적지 않다. 많은 사업주들이 노동법상의 제약을 회피하기 위해 도급이나 위임계약의 형태로 노동력을 공급받는 방법을 강구하고 있다. 전통적인 분업화된 시스템 내에서의 노동력 공급 관계라면 편법적인 의무 회피라는 비난을 피하기 어렵다.

도급과 근로자파견의 비교

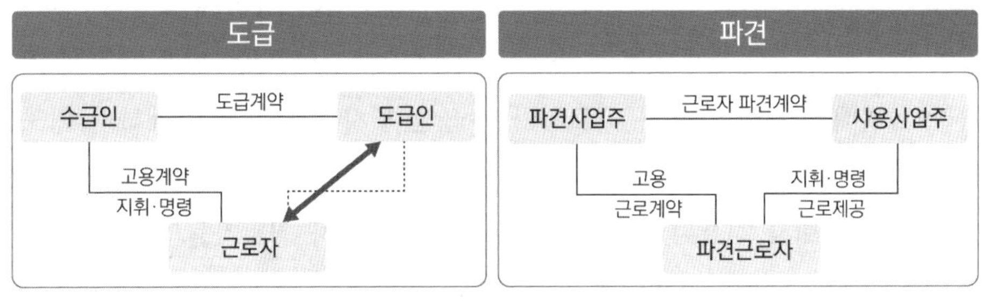

2. 도급관계에서 불법파견이 문제되는 원인

(1) 사내하도급과 불법파견

사내하도급, 즉 도급인 회사(원청)의 사업장 내에서 수급인 회사(하청) 근로자들이 근로를 제공하게 될 때, 도급인회사의 사용자나, 관리자 또는 근로자가 수급인 회사 근로자에게 작업 수행과 관련된 요구를 하게 되면, 마치 파견사업주가 파견근로자에게 지시·명령을 하는 것과 같은 외관이 형성된다. 수급인 회사 근로자들이 도급인 회사의 사업장 내에서 수행하는 업무가 제조업에 해당하는 업무라면, 파견법 제5조 제1항에 의해 금지되는 '제조업의 직접생산공정업무'에 파견근로자를 사용한 것과 같은 결과가 발생하게 된다. 이 지점에서 도급이 불법파견으로 인식되고 파견법 위반 문제가 발생하는 것이다.

결국 도급인 회사의 사용자나 관리자가 수급인 회사 근로자의 작업 수행에 간여하여 작업 수행 방법이나 내용을 결정 또는 수정하는 절차와 과정이 가장 중요한 쟁점이 된다. 도급인 회사 사용자로서는 도급의 취지에 맞게 자신의 요구사항을 전달할 수 있어야 한다고 생각할 수도 있다. 따라서, 도급인 회사 측이 작업과 관련된 주문사항을 전달하는 것이 수급인 회사 근로자들의 작업에 관한 지휘·명령에 해당한다는 논란을 회피하기 위한 다양한 노력이 행해진다. 그러한 노력의 대표적인 모습이 수급인 회사 명의의 작업지시서·시방서 발급, 고정형 모니터나 모바일 장비를 통한 원격 생산정보 전달(MES) 등이다. 도급인 회사 근로자와 수급인 회사 근로자가 섞여서 작업하는 경우 수급인 회사가 도급인 회사의 생산체계의 일부로 사실상 편입되었다는 판단을 받게 되는데 이를 피하기 위해서 도급인 회사 근로자와 수급인 회사 근로자가 혼재하지 않도록 하는 물리적 경계 설정이 이루어지고 있다. 다양한 수단이 동원되고 있으나, 법원은 도급인 회사 사용자의 지시·명령과 수급인 회사 근로자들의 작업수행 방법을 실질적인 관점에서 파악하여 불법파견 여부를 판단하고 있다.[72] 불법파견에 해당할 경우 파견법을 적용한다.

---

72) 대법원 2024. 7. 25. 선고 2022다217728,2022다217735(병합) 판결.

(2) 위장도급

사내하도급 업체가 전혀 독자적인 경영능력과 의사결정이 없어서, 수급인 회사 사용자가 자신이 운영하는 사업 소속 근로자의 채용, 관리, 징계, 포상 등에 전혀 간여하지 못하는 경우가 있다. 이 경우 수급인 회사 소속 근로자의 채용, 관리, 징계, 포상 등에 관한 실질적인 권한이 도급인 회사 사용자에게 있는 경우가 대부분이다. 이와 같이 수급인 회사의 독립성과 실질이 부인되는 경우 수급인 회사 소속 근로자들은 실체가 없는 수급인 회사 사용자가 아닌, 실질적인 사용자인 도급인 회사 사용자의 근로자로 간주된다.[73] 이 경우를 불법파견과 구별하여 위장도급이라고 한다. 위장도급인지 여부는 채용·해고 등의 결정권, 소요자금 조달 및 지급에 관한 책임, 법령상 사업주로서의 책임, 전문적 기술·경험 관련 책임과 권한, 기계, 설비, 기자재의 자기책임과 부담 등을 종합적으로 고려하여 판단한다.

Ⅱ. 적법한 사내하도급과 불법파견의 판단 기준

하수급인인 사용자가 어느 근로자로 하여금 도급인인 제3자를 위한 업무를 수행하도록 하는 경우, 그 법률관계가 파견법의 적용을 받는 근로자파견에 해당하는지는 당사자가 붙인 계약의 명칭이나 형식에 구애될 것이 아니라, 제3자가 당해 근로자에 대하여 직·간접적으로 업무수행 자체에 관한 구속력 있는 지시를 하는 등 상당한 지휘·명령을 하는지, 당해 근로자가 제3자 소속 근로자와 하나의 작업집단으로 구성되어 직접 공동 작업을 하는 등 제3자의 사업에 실질적으로 편입되었다고 볼 수 있는지, 원고용주가 작업에 투입될 근로자의 선발이나 근로자의 수, 교육 및 훈련, 작업·휴게시간, 휴가, 근무태도 점검 등에 관한 결정 권한을 독자적으로 행사하는지, 계약의 목적이 구체적으로 범위가 한정된 업무의 이행으로 확정되고 당해 근로자가 맡은 업무가 제3자 소속 근로자의 업

73) 대법원 2003. 9. 23. 선고 2003두3420 판결.

무와 구별되며 그러한 업무에 전문성·기술성이 있는지, 원고용주가 계약의 목적을 달성하기 위하여 필요한 독립적 기업조직이나 설비를 갖추고 있는지 등의 요소를 바탕으로 근로관계의 실질에 따라 판단하여야 한다는 것이 확립된 대법원 판례의 입장이다.[74] 여러 가지 판단 요소들을 종합적으로 고려하여 구체적 타당성이 있는 결론을 도출해 내는 방식으로 법원의 이러한 판단 방식을 '종합적 판단' 방식이라고 한다.

Ⅲ. 불법파견 인정의 집단적 노사관계법적 효과

사내하도급 관계에서 불법파견이 인정되면, 도급인 회사 사용자가 수급인 회사 소속 근로자들의 단체교섭 상대방, 부당노동행위 구제신청의 상대방으로서의 지위와 책임도 갖는 것으로 인정된다. 따라서 실제로 최근 이를 둘러싼 분쟁이 크게 증가하고 있다. 원청회사가 사내 하청업체 소속 근로자들의 기본적인 노동조건 등에 관하여 고용사업주인 사내 하청업체의 권한과 책임을 일정 부분 담당하고 있다고 볼 정도로 실질적·구체적으로 지배·결정할 수 있는 지위에 있고 사내 하청업체의 사업폐지를 유도하고 그로 인하여 사내 하청업체 노동조합의 활동을 위축시키거나 침해하는 지배·개입행위를 하였다면, 원청회사는 부당노동행위 구제명령의 대상인 사용자에 해당한다고 한 사례가[75] 대표적이다. 이에 대해서는 각각 단체교섭, 부당노동행위 등을 설명하는 항목을 참조하기 바란다.

74) 대법원 2015. 2. 26. 선고 2010다106436 판결; 대법원 2022. 10. 27. 선고 2017다14581 판결; 대법원 2024. 7. 25. 선고 2022다217728,2022다217735(병합) 판결 등.

75) 대법원 2010. 3. 25. 선고 2007두8881 판결.

제10편

사업장 노사간 협의 제도

제10편
사업장 노사간 협의 제도

우리나라에서 노사협의회 제도의 시작은 노동조합의 경영참여나 공동결정을 지향하고 도입된 것이 아니라 사업 또는 사업장 단위의 기업별 노동조합을 약화시켜서 궁극적으로는 노사협의회로 대체하려는 집권세력의 의지에 따라 도입되었다. 그러나, 오랜 기간 노사협의회 제도가 유지되어 오면서 노사협의회 제도는 노동조합을 중심으로 하는 노사관계와는 다른 차원의 근로자와 사용자의 협의체계로 자리잡게 되었다. 1980년에 노사협의회법이 제정되어 노사협외회와 단체교섭의 입법적 기초가 완전히 분리되었고, 1997년에는 근로자참여법이 제정, 시행되면서 노사협의회제도와 고충처리제도가 독자적인 목적과 체계를 갖춘 제도로서 자리잡게 되었다. 노사협의회 근로자위원 위촉권을 노동조합이 행사하는 경우가 많아 노동조합이 조직된 사업장에서는 아직 노동조합의 영향력에서 자유롭지 못한 것이 사실이지만, 노동조합이 조직되지 않은 사업장에서는 근로자와 사용자가 대등하게 협의하고 의결하는 제도적 장치로 순기능을 하고 있다.

제1장 노사협의회 제도

I. 노사협의회의 의의

1. 노사협의회의 개념

노사협의회는 근로자참여법에 따라 근로자와 사용자가 참여와 협력을 통하여 근로자의 복지증진과 기업의 건전한 발전을 도모하기 위하여 구성하는 노사 간의 협의 · 의결기구이다(근로자참여법 제3조 제1호). 노사가 협력적인 관점에서 근로조건 및 근로제공 환경에 관한 협의와 의결, 사업장의 경영상황과 계획에 대한 공유 등을 진행할 것을 목표로 운영되는 협의체를 말한다. 근로자와 사용자 쌍방의 참여와 협력을 통해 노사 공동의 이익을 증진함으로써 산업 평화를 도모하고 국민경제 발전 이바지하는 것이 근로자참여법의 목표인 것과도 맞닿아있다(근로자참여법 제1조).

2. 노사협의회 제도의 도입과 변천

노사협의회 제도가 처음 도입된 것은 1963년 4월 7일 노동조합법 개정시이다. 1963년 4월 노동조합법은 제6조에서 "사용자와 노동조합은 노사협조를 기하고 산업평화를 유지하기 위하여 노사협의회를 설치하여야 한다"라고 하여 노사협의회 설립의무를 사용자와 노동조합에게 부여하고 있다. 이 규정은 1963년 노동조합법이 '전국적 규모를 가진 노동조합' 중심의 노동조합 체계를 지향했던 것과 함께 사업 또는 사업장 단위의 노동조합의 역할을 축소시키고, 이를 궁극적으로는 단체행동권이 없는 노사협의회로 대체하려 했던 당시 집권세력의 의도를 보여주는 것이다.

1980년 12월 31일에는 노사협의회법이 제정되어 노동조합의 단체교섭과 노사협의회가 설립 근거에서부터 전혀 다른 제도로 자리매김하게 되었다. 당시의 노사협의회법은 노사협의회를 근로조건 결정권 있는 사업 또는 사업장 단위로 설치하도록 했고(1980년 노사협의회법 제4조), 단체교섭과 노조활동에 영향을 줄 수 없다는 점을 명시했다(1980년 노사협의회법 제5조). 1980년 12월 개정 노동조합법은 노동조합을 기업별로 매우 제한적인 요건 하에서만 설립할 수 있도록 제한하였는데, 동시에 노사협의회를 노동조합법에서 분리하여 기업별 노사관계와는 다른 층위의 노사간 협의체계를 강화하려는 의도가 반영된 것으로 보인다.

1987년 11월 28일에 개정된 노사협의회법에서는 공무원의 노사협의회 출석·진술권(1987년 노사협의회법 제18조)과, 노동부장관의 노사협의회 해산명령권(1987년 노사협의회법 제19조)이 삭제되어 노사협의회가 정부의 통제로부터 벗어나서 사업장 단위 노사간의 협의체로서 자율적이고 자유로운 운영이 보장되었다. 1997년

4월 17일에는 근로자참여법이 제정되어 노사협의회 본래의 기능이 확대되고 고충처리제도의 독자성이 강화되었다.

▌ 노사협의회와 단체교섭의 비교

	노사협의회 협의	노동조합의 단체교섭
목 적	생산성 향상과 근로복지 증진 등 노사공동의 이익 증진	근로조건의 유지·개선 단체협약 체결
대표성	사업장 전체 근로자 대표	조합원 대표
배 경	노조의 조직 여부와 관계 없음 쟁의행위 불가능	노동조합 조직 전제 결렬 시 쟁의행위 가능
당사자	근로자위원, 사용자위원	노동조합, 사용자(단체) 또는 위임 받은 자
절 차	사자의 기업경영상황 보고 안건에 대한 노사간 협의·의결	교섭위원 확정과 요구사항 조정 노사간 교섭 진행과 합의·서명

Ⅱ. 노사협의회의 설치와 운영

1. 노사협의회의 설치

노사협의회는 근로조건에 대한 결정권이 있는 사업이나 사업장 단위로 설치하여야 한다. 상시 30명 미만의 근로자를 사용하는 사업이나 사업장은 노사협의회 설치가 의무사항은 아니다(근로자참여법 제4조 제1항). 하나의 사업에 지역을 달리하는 사업장이 있을 경우에는 그 사업장에도 설치가 가능하다(근로자참여법 제4조 제2항). 노사협의회의 설치를 정당한 사유 없이 거부하거나 방해한 자는 1천만 원 이하의 벌금에 처한다(근로자참여법 제30조 제1호).

근로자참여법 제4조(노사협의회의 설치)

① 노사협의회(이하 "협의회"라 한다)는 근로조건에 대한 결정권이 있는 사업이나 사업장 단위로 설치하여야 한다. 다만, 상시(常時) 30명 미만의 근로자를 사용하는 사업이나 사업장은 그러하지 아니하다.

② 하나의 사업에 지역을 달리하는 사업장이 있을 경우에는 그 사업장에도 설치할 수 있다.

2. 노사협의회의 구성

노사협의회는 근로자와 사용자를 대표하는 같은 수의 위원으로 구성하되, 각 3명 이상 10명 이하로 한다. 근로자위원은 근로자 과반수가 참여하여 직접·비밀·무기명 투표로 선출한다(근로자참여법 제6조 제1항, 제2항). 다만, 사업 또는 사업장의 특수성으로 인하여 부득이한 경우에는 부서별로 근로자 수에 비례하여 근로자위원을 선출할 '위원선거인'을 근로자 과반수가 참여한 직접·비밀·무기명 투표로 선출하고 위원선거인 과반수가 참여한 직접·비밀·무기명 투표로 근로자위원을 선출할 수 있다. 해당 사업 또는 사업장에 근로자의 과반수로 조직된 노동조합이 있는 경우에는 근로자위원은 노동조합의 대표자와 그 노동조합이 위촉하는 자로 한다. 과반수로 조직된 노동조합의 대표자가 직접 근로자위원이 되도록 하고 동시에 근로자위원 위촉권까지 부여한 것은, 노동조합의 권한을 지나치게 강화하는 것이라는 측면에서 비판하는 견해도 있다. 그러나, 노사협의회가 노동조합을 견제하는 제도로서 기능했던 과거의 오류를 방지하기 위한 조치라고 이해할 수도 있다. 사용자위원은 해당 사업이나 사업장의 대표자와 그 대표자가 위촉하는 자로 한다(근로자참여법 제6조 제4항).

근로자참여법 제6조(협의회의 구성)

① 협의회는 근로자와 사용자를 대표하는 같은 수의 위원으로 구성하되, 각 3명 이상 10명 이하로 한다.

② 근로자를 대표하는 위원(이하 "근로자위원"이라 한다)은 근로자 과반수가 참여

하여 직접·비밀·무기명 투표로 선출한다. 다만, 사업 또는 사업장의 특수성으로 인하여 부득이한 경우에는 부서별로 근로자 수에 비례하여 근로자위원을 선출할 근로자(이하 이 조에서 "위원선거인"이라 한다)를 근로자 과반수가 참여한 직접·비밀·무기명 투표로 선출하고 위원선거인 과반수가 참여한 직접·비밀·무기명 투표로 근로자위원을 선출할 수 있다.

③ 제2항에도 불구하고 사업 또는 사업장에 근로자의 과반수로 조직된 노동조합이 있는 경우에는 근로자위원은 노동조합의 대표자와 그 노동조합이 위촉하는 자로 한다.

④ 사용자를 대표하는 위원(이하 "사용자위원"이라 한다)은 해당 사업이나 사업장의 대표자와 그 대표자가 위촉하는 자로 한다.

노사협의회에는 의장을 두는데, 의장은 위원들 중에서 호선(互選)한다(근로자참여법 제7조 제1항). 호선이란 선거를 말하는데, 투표를 하는 모든 사람이 후보가 되는 선거제도를 말한다. 투표에 참여한 모든 사람을 후보로 하여 투표를 진행하여 자체 규약이나 규칙에서 정하는 비율 이상 득표한 사람이 당선되는 선거의 유형이다. 근로자위원과 사용자위원 각 1명을 공동의장으로 할 수도 있다. 의장은 노사협의회를 대표하며 회의 업무를 총괄한다. 노사 쌍방은 회의 결과의 기록 등 사무를 담당하는 간사 1명을 각각 둔다(근로자참여법 제7조 제2항, 제3항).

3. 위원의 임기와 신분

노사협의회 위원의 임기는 3년으로 하며, 연임할 수 있다. 위원은 임기가 끝난 경우라도 후임자가 선출될 때까지 계속 그 직무를 담당한다. 위원의 궐위가 발생하여 보궐위원을 선출·위촉한 경우에는 보궐위원의 임기는 전임자의 남은 임기로 한다(근로자참여법 제8조).

노사협의회 위원은 비상임·무보수로 한다. 따라서 근로자위원 또는 사용자위원으로 활동한 것에 대한 보수를 받을 수는 없으며, 노사협의회가 열릴 때와 노사협의회를 준비하고 이행 상황을 점검하는 등의 활동을 위해 필요하여 노사협의회 규정으로 정하는 기간 동안에만 임무를 수행하는 비상임 직위이다. 그러나, 근로자참여법 제9조 제3항은 노사협의회 위원의 협의회 출석 시간과 이와 직접 관련된 시간으로서 협의회규정으로 정한 시간을 근로한 시간으로 간주하고 있다. 따라서, 근로시간 중에 노사협의회 근로자위원 또는 사업주가 아닌 사용자위원이 노사협의회 활동을 한 경우에도 사용자는 임금 전액을 지급하여야 한다. 사용자는 협의회 위원으로서의 직무 수행과 관련하여 근로자위원에게 불이익을 주는 처분을 하여서는 안 된다(근로자참여법 제9조 제2항).

4. 사용자의 의무

사용자는 근로자위원의 선출에 개입하거나 방해하여서는 안 된다. 또한, 근로자위원의 업무를 위하여 장소의 사용 등 기본적인 편의를 제공하여야 한다(근로자참여법 제10조). 고용노동부장관은 사용자가 근로자위원에게 불이익을 주는 처분을 하거나 근로자위원의 선출에 개입하거나 방해하는 경우에는 그 시정을 명할 수 있다(근로자참여법 제11조). 사용자가 정당한 이유 없이 시정명령을 이행하지 않는 경우 500만 원 이하의 벌금에 처한다(근로자참여법 제31조).

5. 노사협의회의 운영

노사협의회는 3개월마다 정기적으로 정기회의를 개최 하여야 하고, 노사협의회의 필요에 따라 임시회의를 개최할 수 있다(근로자참여법 제12조). 노사협의회 의장은 노사협의회 회의를 소집한다. 의장은 회의 개최 7일 전에 회의 일시, 장소, 의제 등을 각 위원에게 통보하여야 한다(근로자참여법 제13조 제3항). 협의사항 및 의결사항 관련 자료는 근로자위원이 사전에 사용자에게 요구할 수 있으며, 사용자는 이에 성실히 따라야 한다(근로자참여법 제14조).

노사협의회의 의사정족수는 근로자위원과 사용자위원 각 과반수이다. 노사협의회는 근로자위원과 사용자위원 각 과반수의 출석으로 개최하고 출석위원 3분의 2 이상의 찬성으로 의결한다(근로자참여법 제15조). 노사협의회의 회의는 공개하는 것이 원칙이지만, 노사협의회의 의결로 공개하지 않을 수 있다(근로자참여법 제16조). 노사협의회 위원은 노사협의회에서 알게 된 비밀을 누설해서는 안 된다(근로자참여법 제17조).

노사협의회는 노사협의회 운영을 위한 규정을 제정해야 하고, 이를 노사협의회를 설치한 날부터 15일 이내에 고용노동부장관에게 제출하여야 한다. 규정을 변경한 경우에도 15일 이내에 신고해야 한다(근로자참여법 제18조). 그리고, 개최 일시 및 장소, 출석 위원, 협의 내용 및 의결된 사항, 그 밖의 토의사항 등을 기록한 회의록을 작성하여 갖추어 두어야 한다(근로자참여법 제19조).

Ⅲ. 협의·의결·보고 사항

노사협의회의 임무는 근로자참여법이 정하는 협의사항, 의결사항, 보고사항에 대하여 협의하고 의결하고 보고하는 것이다.

근로자참여법 제20조는 생산성 향상과 성과 배분, 근로자의 채용·배치 및 교육훈련, 근로자의 고충처리, 안전, 보건, 그 밖의 작업환경 개선과 근로자의 건강증진, 인사·노무관리의 제도 개선, 경영상 또는 기술상의 사정으로 인한 인력의 배치전환·재훈련·해고 등 고용조정의 일반원칙, 작업과 휴게 시간의 운용, 임금의 지불방법·체계·구조 등의 제도 개선, 신기계·기술의 도입 또는 작업 공정의 개선, 작업 수칙의 제정 또는 개정, 종업원지주제와 그 밖에 근로자의 재산형성에 관한 지원, 직무 발명 등과 관련하여 해당 근로자에 대한 보상에 관한 사항, 근로자의 복지증진, 사업장 내 근로자 감시 설비의 설치, 여성근로자의 모성보호 및 일과 가정생활의 양립을 지원하기 위한 사항, 남녀고용평등법에 따른 직장 내 성희롱 및 고객 등에 의한 성희롱 예방에 관한 사항, 그 밖의 노사협조에 관한 사항을 협의사항으로 규정한다. 따라서 위의 사항들은 노사협의회에서 반드시 협의되어야 한다.

근로자참여법 제21조는 근로자의 교육훈련 및 능력개발 기본계획의 수립, 복지시설의 설치와 관리, 사내근로복지기금의 설치, 고충처리위원회에서 의결되지 아니한 사항, 각종 노사공동위원회의 설치에 관한 사항을 의결사항으로 규정하고 있다. 위의 사항들은 시행하기 전에 반드시 노사협의회의 의결을 거쳐야 한다.

근로자참여법 제22조는 경영계획 전반 및 실적에 관한 사항, 분기별 생산계획과 실적에 관한 사항, 인력계획에 관한 사항, 기업의 경제적·재정적 상황에 대하여, 노사협의회 정기회의에서 사용자가 성실하게 보고하거나 설명하여야 한다고 규정한다. 근로자위원은 사용자가 위의 보고와 설명을 이행하지 아니하는 경우에는 관련 자료를 제출하도록 요구할 수 있으며 사용자는 그 요구에 성실히 따라야 한다(근로자참여법 제22조 제3항). 사용자가 자료제출 의무를 이행하지 않으면 500만 원 이하의 벌금이 부과될 수 있다(근로자참여법 제31조).

Ⅳ. 노사협의회 기능·역할의 변천

노사협의회 제도는 노동조합에 대립되는 기능으로 설계됐으나, 점차 보완적·대안적 의미로 변천해 왔다. 특히 노동조합이 기득권화 되거나 산업별 노동조합을 중심으로 거대화되어 가는 추세 속에서, 개별 조합원과 노동조합 사이의 거리가 점차 멀어짐에 따라 노사협의회의 대안적 기능이 더욱 강화되고 있다. 특히, 노사협의회가 회사와 근로자 사이의 소통창구로 인식되고 있고, 이해 조정 기능이 점차 부각되고 있다. 그러한 가운데 노사협의회 근로자위원에게는 근로자들의 대표 기능, 소통창구 기능, 이해 충돌 완화 기능 등의 수행이 요구된다. 최근에는, 모·자회사, 지주·산하회사, 원·하청 사이의 공동노사협의회제도 도입 필요성이 주장되고 있다.

제2장 고충처리 제도

Ⅰ. 고충처리제도의 의의

모든 사업 또는 사업장에는 근로자의 고충을 청취하고 이를 처리하기 위하여 고충처리 위원을 두어야 한다. 다만, 상시 30명 미만의 근로자를 사용하는 사업이나 사업장의 경우에는 반드시 고충처리 위원을 둘 필요는 없다(근로자참여법 제26조). 근로자가 개인적으로 겪고 있는 힘들고 어려운 일이 있을 때, 그 사실을 알리고 도움을 요청할 수 있도록 하는 제도가 고충처리제도이다.

Ⅱ. 고충처리위원회의 구성 및 임기

고충처리위원회의 위원은 노사를 대표하는 3명 이내의 위원으로 구성하되, 노사협의회가 설치 되어 있는 사업이나 사업장의 경우에는 협의회가 그 위원 중에서 선임하고, 노사협의회가 설치되어 있지 않은 사업이나 사업 장의 경우에는 사용자가 위촉한다(근로자참여법 제27조 제1항). 노사 동수가 아니라는 점에 주의하여야 한다. 위원의 임기는 3년으로 하며, 연임할 수 있다. 위원은 임기가 끝난 경우라도 후임자가 선출될 때까지 계속 그 직무를 담당한다.

Ⅲ. 고충처리 기간과 절차

고충처리위원은 근로자로부터 고충사항을 청취한 경우 10일 이내에 조치 사항과 그 밖의 처리결과를 해당 근로자에게 통보하여야 한다. 고충처리위원이 처리하기 곤란한 사항은 노사협의회의 회의에 회부할 수 있다(근로자참여법 제28조).

제11편

노동조합 및 조합활동

제11편
노동조합 및 조합활동

노동조합은 기업을 소유하고 경영하던 자본가에 비하여, 근로계약관계상 지위는 물론 사회적 · 경제적 지위가 열악했던 근로자들이, 사업장 전체의 조업을 중단시킬 수 있을 정도의 집단적 힘을 결집하여 사용자와 대등한 교섭력을 확보하고자 했던 필요에 따라 만들어졌다. 노동조합 및 조합활동에 대한 법질서의 관점은 이를 불법으로 판단하던 초기의 관점에서 헌법적 기본권으로 고양된 최근에 이르기까지 극적 변화를 겪어 왔다. 노동조합의 합법화 및 단체교섭 체계를 중심으로 한 집단적 노사관계법 질서의 발전은 현대 산업사회의 형성과 근로자 계급의 시민계급으로의 성장에 절대적인 기여를 했다. 그러나 우리나라의 노동조합 조직률은 1987년 민주화 항쟁 시기 이후인 1989년 18.6%, IMF 구제금융 지원 사태를 초래한 1997년의 외환위기 이후인 1998년 19.8%, 2020년 무렵 코로나19 감염증 확산사태로 인한 전세계적인 고용불안 속에 14.2% 등 몇 차례의 고점을 기록한 이외에는 차츰 낮아져 10% 초반에 머물고 있고, 그 경향이 굳어지는 추세이다.

2020년대 이후에는 20대에서 30대 등 비교적 젊은 비 생산직 근로자 중심의 노동조합활동이 주목받고 있다. 소위 MZ세대 노동조합 운동이다. 새로운 흐름의 중요한 특징은 기존 양대 노총 산하 조직과의 거리두기, 비대면 노동조합 조직 및 조합활동, 탈 이념화, 탈 계파화라고 할 수 있다. 특이한 점은 기존 노동조합들이 선호하던 호봉제와 연공급제 임금체계보다는 성과 중심 임금체계를 중시하고, 장시간 근로보다 일과 일상행활의 균형을 더욱 중시한다는 점이다. 이러한 움직임은 산업구조의 변화와 그에 따른 근로자 계층의 구성 및 성향의 변화와 맞물려 있다. 노동조합과 노동조합을 규율하는 법체계의 변화기 필요한 시점이 다가오고 있다는 점을 직접 보여주는 현상일 수도 있다.

제1장 노동조합의 의의

I. 노동조합의 개념

1. 노동조합의 정의

노동조합은 근로자가 주체가 되어 자주적으로 단결하여 근로조건의 유지·개선 기타 근로자의 경제적·사회적 지위의 향상을 도모함을 목적으로 조직하는 단체 또는 그 연합단체를 말한다(노동조합법 제2조 제4호). 단위노동조합 뿐만 아니라 단위노동조합의 연합단체도 노동조합으로 인정한다.

노동조합 및 노동관계조정법 제2조(정의)

이 법에서 사용하는 용어의 정의는 다음과 같다.

4. "노동조합"이라 함은 근로자가 주체가 되어 자주적으로 단결하여 근로조건의 유지·개선 기타 근로자의 경제적·사회적 지위의 향상을 도모함을 목적으로 조직하는 단체 또는 그 연합단체를 말한다. 다만, 다음 각목의 1에 해당하는 경우에는 노동조합으로 보지 아니한다.
   가. 사용자 또는 항상 그의 이익을 대표하여 행동하는 자의 참가를 허용하는 경우
   나. 경비의 주된 부분을 사용자로부터 원조받는 경우
   다. 공제·수양 기타 복리사업만을 목적으로 하는 경우
   라. 근로자가 아닌 자의 가입을 허용하는 경우
   마. 주로 정치운동을 목적으로 하는 경우

2. 노동조합의 요건

노동조합법 제2조 제4호의 정의조항을 자세히 살펴보면, 노동조합법상 노동조합으로 인정받기 위해서는 주체와 목적이 노동조합법의 취지에 부합하여야

하고, 자주성이 인정되어야 한다(노동조합법 제2조 제4호 본문). 노동조합을 조직하거나 가입할 수 있는 주체는 근로자이다. 그 근로자는 다른 사람의 이익이나 뜻에 따라서가 아니라 스스로 자주적인 의사에 따라 노동조합을 조직해야 하고, 자주적인 의사에 따라 노동조합이 운영되어야 한다. 또한, 노동조합은 근로조건의 유지·개선 기타 근로자의 경제적·사회적 지위의 향상을 도모함을 목적으로 해야 한다.

3. 노동조합 자격의 부인

(1) 노동조합의 자격 부인 요건

노동조합이라고 주장하는 어떤 단체가 주체와 목적이 노동조합법의 취지에 부합하지 않고, 자주성이 인정되지 않는다면 노동조합이라고 할 수 없다. 노동조합법 제2조 제4호의 가목에서 라목에 규정된 결격사유는 제2조 제4호의 노동조합의 정의 규정에서 도출되는 위와 같은 주체, 성질, 목적에 위배되는 경우를 성문화한 것이다. 즉, 어떤 조직이 사용자 또는 항상 그의 이익을 대표하여 행동하는 자의 참가를 허용하는 경우, 경비의 주된 부분을 사용자로부터 원조받는 경우, 공제·수양 기타 복리사업만을 목적으로 하는 경우, 근로자가 아닌 자의 가입을 허용하는 경우에는 그 조직은 노동조합법상 노동조합이 아니다(노동조합법 제2조 제4호의 가목 이하).

(2) 사용자 또는 항상 그의 이익을 대표하여 행동하는 자

사용자 또는 항상 그의 이익을 대표하여 행동하는 자의 참가를 허용하는 경우에 노동조합으로서의 자격을 인정하지 않는 가장 중요한 이유는 노동조합이 근로자가 주체가 되어 조직된 단체여야 한다는 주체의 제한 때문이다. 그리고 사용자나 사용자의 이익을 대표하여 행동하는 자가 노동조합의 조합원이 되면 노동조합의 자주성도 침해될 수밖에 없다.

사용자는 사업주, 사업의 경영담당자 또는 그 사업의 근로자에 관한 사항에 대하여 사업주를 위하여 행동하는 자를 말한다(노동조합법 제2조 제2호). 사업주는 사업체가 법인이면 법인 그 자체, 법인이 아닌 경우 사업체의 소유자를 말한다. 사업의 경영담당자는 상당한 결정권한을 가지고 사업의 경영을 하는 자로서 사업체가 법인인 경우 대표이사, CEO 등으로 일컫는 사람이나 임원들을 말한다. '그 사업의 근로자에 관한 사항에 대하여 사업주를 위하여 행동하는 자'란 근로자의 인사, 급여, 후생, 노무관리 등 근로조건 결정 또는 업무상 명령이나 지휘·감독을 하는 등의 사항에 대하여 사업주로부터 일정한 권한과 책임을 부여받은 자를 말한다.

노동조합 및 노동관계조정법 제2조(정의)

이 법에서 사용하는 용어의 정의는 다음과 같다.

1. "근로자"라 함은 직업의 종류를 불문하고 임금·급료 기타 이에 준하는 수입에 의하여 생활하는 자를 말한다.
2. "사용자"라 함은 사업주, 사업의 경영담당자 또는 그 사업의 근로자에 관한 사항에 대하여 사업주를 위하여 행동하는 자를 말한다.

이와 같이 노동조합법상 사용자에 포함되는 자들 외에 노동조합법 제2조 제4호 가목은 '항상 사용자의 이익을 대표하여 행동하는 자'가 노동조합에 가입되어 있을 경우에 노동조합의 자격을 부인하는데, 여기에서 항상 사용자의 이익을 대표하여 행동하는 자란 근로자에 대한 인사, 급여, 징계, 감사, 노무관리 등 근로관계 결정에 직접 참여하거나 사용자의 근로관계에 대한 계획과 방침에 관한 기밀사항 업무를 취급할 권한이 있는 등과 같이 직무상 의무와 책임이 조합원으로서 의무와 책임에 직접적으로 저촉되는 위치에 있는 자를 의미한다. 이러한 자에 해당하는지는 일정한 직급이나 직책 등 형식적인 기준에 의하여 일률적으로 결정되어서는 안 되고, 업무 내용이 단순히 보조적·조언적인 것에 불과하여 업무 수행과 조합원 활동 사이에 실질적인 충돌이 발생할 여지가 없는 자는 여기에 해당하지 않아서 노동조합에 가입할 수 있다고 보아야 한다. 사립대학교를 설치·운영하는 학교법인이 직책상 노동조합에 참가할 수 없는 자라며 소속 직원 48명에게 전국대학노동조합 지부 탈퇴를 요구한 행위에 대하여, 대법원이 "탈퇴를 요구한 과장급 이상의 직원들은 소속 직원의 업무분장·근태관리 등에 관하여 전결권을 부여받은 자들로서 '근로자에 관한 사항에 대하여 사업주를 위하여 행동하는 자'에 해당하지만, 주임급 이하의 직원들은 인사, 노무, 예산, 경리 등 업무를 담당한다거나 총장 비서 또는 전속 운전기사, 수위 등으로 근무한다고 하여 곧바로 '항상 사용자의 이익을 대표하여 행동하는 자'에 해당한다고 할 수 없으므로, 이들이 실제 담당하는 업무 내용 및 직무권한 등을 확인하여 '항상 사용자의 이익을 대표하여 행동하는 자'에 해당하는지를 심리해야 한다"[1]라고 판단한 사례가 있다.

(3) 근로자가 아닌 자의 가입을 허용하는 경우

노동조합의 자격을 부인하는 요건 중 '근로자 아닌 자의 가입을 허용하는 경우'가 있다(노동조합법 제2조 제4호 라목). 근로자 아닌 자의 가입을 허용하지 않는 것도 노동조합의 자주성이 침해되지 않도록 하기 위한 목적이 가장 크지만, 노동조합에 근로자 아닌 자가 가입하여 주된 세력을 이루게 되면 근로자의 이익을 위하여 운영되기도 어렵기 때문에 노동조합의 주체와 목적에 관한 요건에도 부합하지 않게 된다.

조합원 중에 현재 근로자 신분이 아닌 구직 중인 자가 포함되어 있다는 이유로 노동조합 설립신고서를 반려한 행정처분에 대하여, 대법원은 노동조합법 제2조 제1호 및 제4호 라목 본문에서 말하는 '근로자'에는 "특정한 사용자에게 고용되어 현실적으로 취업하고 있는 자뿐만 아니라, 일시적으로 실업 상태에 있는 자나 구직중인 자도 노동3권을 보장할 필요성이 있는 한 그 범위에 포함되고, 따라서 지역별 노동조합이 그 구성원으로 구직 중인 여성 노동자를 포함시키고 있다 하더라도, 구직 중인 여성 노동자 역시 노동조합법상의 근로자에 해당하므로, 구직중인 여성 노동자는 근로자가 아니라는 이유로 이 사건 노동조합

---

1) 대법원 2011. 9. 8. 선고 2008두13873 판결.

설립신고를 반려한 이 사건 처분은 위법하다"[2]라고 판시한 바 있다. 대법원은 노동조합의 자격을 부인하는 요건, 즉, 노동조합의 소극적 요건과 관련하여, 근로자의 개념을 매우 넓게 해석하여 특정한 사용자에게 고용되어 현실적으로 취업하고 있는 사람뿐만 아니라, 일시적으로 실업 상태에 있거나 구직 중인 경우를 비롯하여 노동3권을 보장할 필요성이 있는 사람도 포함될 수 있다고 보는 관점을 확립하고 있다.[3]

(4) 종사근로자 아닌 조합원

노동조합법상 근로자 개념이 현실적으로 취업하고 있는 자뿐만 아니라, 일시적으로 실업 상태에 있는 자나 구직중인 자도 노동3권을 보장할 필요성이 있는 한 그 범위에 포함하는 것이라는 취지를 반영하여, 노동조합법은 특정 사업 또는 사업장의 사용자와 근로계약관계를 맺고 있지 않은 사람도 해당 사업 또는 사업장에 조직된 노동조합에 가입할 수 있도록 허용하고 있다(노동조합법 제5조 제2항). 특정 사업 또는 사업장의 사용자와 근로계약관계를 맺고 있는 근로자를 '종사근로자'라고 하고, 종사근로자가 아닌 근로자를 비종사근로자 또는 종사근로자 아닌 근로자라고 표현한다. 종사근로자인 조합원이 해고되어 노동위원회에 부당노동행위의 구제신청을 한 경우에는 중앙노동위원회의 재심판정이 있을 때까지는 종사근로자로 본다(노동조합법 제5조 제3항). 부당해고와 부당노동행위 여부를 다투는 동안 노동조합의 지원을 받을 수 있도록 보장하기 위한 취지이다.

노동조합 및 노동관계조정법 제5조(노동조합의 조직·가입·활동)

① 근로자는 자유로이 노동조합을 조직하거나 이에 가입할 수 있다. 다만, 공무원과 교원에 대하여는 따로 법률로 정한다.

② 사업 또는 사업장에 종사하는 근로자(이하 "종사근로자"라 한다)가 아닌 노동조합의 조합원은 사용자의 효율적인 사업 운영에 지장을 주지 아니하는 범위에서 사업

2) 대법원 2004. 2. 27. 선고 2001두8568 판결.

3) 대법원 2004. 2. 27. 선고 2001두8568 판결, 대법원(전합) 2015. 6. 25. 선고 2007두4995 판결; 대법원 2017. 6. 29. 선고 2014도7129 판결 등.

또는 사업장 내에서 노동조합 활동을 할 수 있다.

③ 종사근로자인 조합원이 해고되어 노동위원회에 부당노동행위의 구제신청을 한 경우에는 중앙노동위원회의 재심판정이 있을 때까지는 종사근로자로 본다.

(5) 체류자격 없는 외국인의 노동조합법상 근로자성

출입국관리법상 체류자격 없는 외국인도 노동조합을 자유롭게 설립하거나 가입할 수 있는지에 대해서 논란이 있었다. 대법원은 이에 대하여 "출입국관리 법령에서 외국인고용제한규정을 두고 있는 것은 취업활동을 할 수 있는 체류자격 없는 외국인의 고용이라는 사실적 행위 자체를 금지하고자 하는 것뿐이지, 나아가 취업자격 없는 외국인이 사실상 제공한 근로에 따른 권리나 이미 형성된 근로관계에서 근로자로서의 신분에 따른 노동관계법상의 제반 권리 등의 법률효과까지 금지하려는 것으로 보기는 어렵다. 따라서 타인과의 사용종속관계하에서 근로를 제공하고 그 대가로 임금 등을 받아 생활하는 사람은 노동조합법상 근로자에 해당하고, 노동조합법상의 근로자성이 인정되는 한, 그러한 근로자가 외국인인지 여부나 취업자격의 유무에 따라 노동조합법상 근로자의 범위에 포함되지 아니한다고 볼 수는 없다"[4]라고 판시하여 출입국관리법상 체류자격과 노동조합법상 근로자의 개념은 서로 무관하다는 점을 분명히 했다.

Ⅱ. 노동조합의 종류

1. 조직대상을 중심으로 한 구분

노동조합은 업종별, 직종별로도 여러 가지로 구분할 수 있으나, 조직대상을 중심으로 나누어 보면, 기업별 노동조합, 직종별 노동조합, 산업별 노동조합, 지역별 노동조합, 일반 노동조합 등으로 나눌 수 있다.

---

4) 대법원(전합) 2015. 6. 25. 선고 2007두4995 판결.

(1) 직종별 노동조합

직종별 노동조합은 방송연기자, 목수, 화물차 운전기사, 용접공, 전기공 등 동일한 직종에 속하는 근로자들이 기업과 산업을 초월하여 조직하는 노동조합이다. 특정 사용자와 근로계약관계가 있을 것을 전제로 하지 않는다. 영국을 비롯한 유럽에서 가장 일찍 등장한 노동조합 형태로서 고숙련 장인들로 조직된 중세 유럽의 길드(Guild)에서 유래하며, Craft Union과 Trade Union이라는 용어의 기원이 된다.

(2) 기업별 노동조합

기업별 노동조합은 조직 대상을 특정 사업 또는 사업장을 단위로 하는 노동조합이다. 우리나라에서 가장 일반적인 노동조합 형태이고, 우리나라에서는 산업별 노동조합 산하의 기업단위 지회, 지부들도 역사적으로는 기업단위 노동조합에서 조합원 총회의 의결을 통해 산업별 노동조합 산하 지회나 지부로 조직형태를 변경한 경우가 많아서 강한 기업별 노동조합의 성향을 띠고 있다.

(3) 산업별 노동조합

산업별 노동조합은 동종의 산업에 종사하는 근로자에 의하여 직종과 특정 사업 또는 산업 단위를 초월하여 조직된 노동조합이다. 산업별 노동조합은 초기 산업혁명 이후 공장제 대량생산 체계가 성립되어 가던 단계에서 미숙련 근로자의 근로조건을 보호하기 위한 목적으로 등장했다고 보는 것이 정설이다. 그러나, 동일 산업 내의 소규모 영세 사업장 소속 근로자들의 임금을 일정 수준 이상으로 상향시켜 영세 사업장 경영자들의 가격경쟁을 제한하고자 했던, 대규모 사업장 사용자들의 이해관계가 반영되어 산업별 노동조합 설립이 확산되었다는 점도 놓치면 안 된다. 결국 노사관계는 노동조합과 사용자의 경쟁과 타협의 결과이기 때문에 양측의 이해가 어떻게 조율되는지 살피는 것이 정확한 인식에 도움이 되기 때문이다. 산업별 노동조합이 사용자단체와 체결하는 산업별 단체협약은 개별 기업단위의 세부적인 근로조건 보장 체계와 인사관리 환경을 반영할 수 없기 때문에 대개의 경우 산업별 최저기준을 제시하는 역할을 하는 경우가 많다.

산업별 노동조합에 관해서는 해야 할 이야기가 좀 많다. 우리나라는 1997년에 노동조합 및 노동관계조정법 체계가 확립되었지만, 그 이전에는 1953년 3월 8일에 제정된 노동조합법과 노동쟁의조정법 양법 체계가 오랜 기간 지속되어 왔다. 1961년 5·16 군사정변을 토대로 성립된 1963년 박정희 정부는 민주적 정당성에 있어서의 취약점으로 인한 민주화 세력의 저항을 최소화하려는 의도를 노동조합법 개정에도 반영했다. 1963년 12월 개정 노동조합법에서 노동조합의 정치활동을 금지하면서(1963년 12월 노동조합법 제12조), 기존 노동조합의 운영을 저해하는 노동조합 설립을 막기 위해 복수노조 설립을 금지하고(1963년 12월 노동조합법 제3조 제5호), '전국적인 규모의 노동조합'이라는 표현을 설립신고, 규약, 대의원 선출 등에 관한 조문 내에 적극적으로 사용하여(1963년 12월 노동조합법 제13조, 제14조, 제20조) 초기업단위 노동조합 설립을 장려하는 태도를 취했다. 이는 기업별 노동조합 중심의 노동조합 조직체계를 약화시키기 위한 의도가 담겨 있는 것이라고 볼 수 있다. 이에 따라 5·16 군사정변으로 대한노동조합총연맹이 해체된 이후 재조직된 한국노동조합총연맹도 형식상 산업별 노동조합을 구성원으로 하는 연합단체의 모습을 띠고 있었다. 그러나, 이때에도 실제 노동조합활동은 기업단위 노동조합을 중심으로 이루어졌다. 하지만, 점차 산업별 노동조합의 조직력이 강화되는 양상을 보이자, 박정희 정권의 권력을 강화하고자 자행되었던 친위쿠데타인 1972년 10월 유신 이후 통과된 1973년 3월 개정 노동조합법은 '전국적인 규모의 노동조합'이라는 표현을 삭제하여 산업별 노동조합의 성장을 견제하였다. 이후 1979년 12월 12일 군사정변과 1980년 5·17 비상계엄 전국 확대조치를 통해 집권한 전두환 정부는 1980년 12월 개정 노동조합법에서 "단위노동조합의 설립은 근로조건의 결정권이 있는 사업 또는 사업장단위로 근로자 30인 이상 또는 5분의 1이상의 찬성이 있는 설립총회의 의결이 있어야 한다"라고 규정하여(1980년 노동조합법 제13조 제1항) 노동조합을 기업별로 매우 제한적인 요건 하에서만 설립할 수 있도록 통제하였다. 근로자들이 노동조합의 조직형태를 자유롭게 선택하여 설립할 수 있도록 보장된 것은 1987년 민주화 항쟁 이후인 1987년 11월 개정 노동조합법에 이르러서였다. 1997년 이후 합법화된 전국민주노동조합총연맹은 산업별 노동조합 중심 조직활동 목표를 분명히 하면서 산업별 노동조합 중심으로 조직과 활동을 추구하고 있고 일정한 성과가 있기는 하지만, 아직 우리나라의 노동조합 설립과 활동의 기본 단위는 사업 또는 사업장 단위로 인식되고 있다.

(4) 지역별 노동조합

특정한 지역을 조직단위로 하는 노동조합을 말한다. 지역단위로 구성되기 때문에 지역별 노동조합이나 직종별 노동조합의 지역단위 조직일 수도 있고, 산업 또는 직종과 관계없는 일반 노동조합인 경우도 있다.

(5) 일반 노동조합

지역은 물론 직종과 산업, 업종, 사업 등을 초월하여 조직되는 노동조합을 말한다. 일반노동조합도 특정 지역을 대상으로 조직되기도 한다.

2. 조직형태를 중심으로 한 구분

조직형태를 중심으로 노동조합을 나누어 보면, 단위노동조합과 연합단체인 노동조합으로 나눌 수 있다. 단위노동조합은 근로자가 개인적인 자격으로 가입하고 독자적인 조직체계 및 기관과 규약, 단체교섭 및 단체협약 체결능력을 보유하고 활동하는 노동조합을 말한다. 독자적인 조직체계 및 기관과 규약, 단체교섭 및 단체협약 체결능력을 보유하고 활동하는 노동조합의 특성을 '단체성'이라고 표현하기도 한다.[5] 기업단위 노동조합, 산업별 노동조합이나 직종별 노동조합, 지역별 노동조합, 일반 노동조합 등이 모두 단위노동조합이다. 연합단체인 노동조합은 단위노동조합들이 독자적인 단체성을 보유한 채 모여서 설립한

---

5) 부산지방법원 2000. 2. 11. 선고 2000카합53 결정; 대법 2004. 7. 22. 선고 2004다 24854 판결; 대법원(전합) 2016. 2. 19. 선고 2012다96120판결 등.

연합체로서의 노동조합을 말한다. 한국노동조합총연맹과 전국민주노동조합총연맹이 대표적인 연합단체인 노동조합이다. 우리 노동조합법은 연합단체인 노동조합을 노동조합의 정의에 포함시키고 있다(노동조합법 제2조 제4호).

제2장 노동조합의 설립

I. 노동조합의 설립 절차

1. 노동조합 자유 설립 원칙

노동조합은 근로자들이 자신들의 근로조건의 유지·개선 기타 경제적·사회적 지위의 향상을 목적으로 자주적으로 단결하여 자유롭게 설립할 수 있다. 헌법 제33조 제1항이 단결권을 근로자의 권리로 보장하고 있기 때문이다.

그러나, 노동조합법은 근로자의 단결체로서 노동조합을 설립하도록 규정하고, 노동조합법에 따라 설립된 노동조합에게 다양한 권리를 보장하고, 노동조합법이 창설하는 다양한 행정적 서비스를 활용할 수 있도록 지원하고 있다. 노동조합법은 노동조합으로서의 설립절차를 규정하여 노동조합법의 각종 권리와 서비스 이용 권한을 가진 노동조합의 범위를 분명히 하려하고 있다. 노동조합법이 노동조합의 설립신고를 요구하고 기구와 회계 등에 대한 다양한 규제를 정하고 있는 것은 노동조합 자유 설립 원칙에 대한 침해라고 볼 수는 없다.

2. 노동조합 설립신고 제도

(1) 노동조합의 설립신고와 변경신고

노동조합 설립하고자 하는 사람은 노동조합의 명칭, 형태, 주된 사무소 소재지, 임원의 성명과 주소, 소속된 연합단체가 있는 경우에는 그 명칭 등을 기재하고, 노동조합 규약 등을 첨부하여 관할 행정관청에 제출해야 한다(노동조합법 제10조 제1항). 설립신고서를 접수한 관할 행정관청은 기재사항이 누락되었거나, 노동조합 자격 부인 요건에 해당하는 경우를 제외하고는 3일 이내에 신고증을 교부해야 한다(노동조합법 제12조 제2항). 노동조합이 신고증을 교부받은 경우에는 설립신고서가 접수된 때에 설립된 것으로 본다(노동조합법 제12조 제4항). 현장에서는 신고증이라는 용어 이외에 설립신고 필증이라는 용어도 같이 사용되고 있다.

노동조합은 설립신고된 사항 중에 명칭, 주된 사무소의 소재지, 대표자의 성명, 소속된 연합단체의 명칭 등이 변경된 경우에는 그 변경이 있은 날부터 30일 이내에 행정관청에 변경신고를 하여야 한다(노동조합법 제13조).

(2) 신고 접수 관할 행정관청

노동합의 조직대상과 조직형태에 따라 설립신고서를 접수하는 행정관청이 구분되어 있다. 총연합단체, 산업별 연합단체, 산업별 연합단체에 준하는 조직으로서의 전국규모의 산별 노동조합인 경우에는 고용노동부 본부에, 규약상 2 이상의 광역시도에 분포하거나 해당 기업의 사업장 및 근로자가 2 이상의 광역시도에 분포하는 경우 주된 사무소 소재지의 지방 관서에, 1개 광역시도만을 범위로 하는 지역 노동조합이거나 규약상 2 이상의 시·군·구를 범위로 하는 지역별 노동조합인 경우에는 해당 특별시, 광역시·도에, 하나의 사업장으로 구성된 기업별 노동조합이거나, 2 이상의 시·군·구에 걸치는 사업장으로 구성되었으나 조합원이 하나의 시·군·구에 분포되어 있는 기업별 노동조합의 경우와 같이 1개 시·군·대상으로 한다고 볼 수 있는 경우에는 해당 시·군·구에 노동조합 신고서를 접수한다(노동조합법 제10조).

(3) 행정관청의 설립신고서 반려 또는 보완 요구

행정관청은 설립신고서나 규약이 기재사항의 누락 등으로 보완이 필요한 경우에는 20일 이내의 기간을 정해서 보완을 요구하여야 하고, 보완된 설립신고서 또는 규약을 접수한 이후에는 역시 3일 이내에 설립신고증을 교부해야 한다(노동조합법 제12조 제2항). 행정관청은 노동조합법 제2조 제4호 각목에 정한 노동조합 자격 부인 요건에 해당하거나 보완 요구 기한 내에 설립신고서나 규약의 보완을 하지 않은 경우에는 설립신고서를 반려해야 한다(노동조합법 제12조 제3항).

노동조합이 적법하게 설립신고증을 교부받았지만, 사후에 노동조합 자격 부인 요건에 해당하는 사유가 발생한 경우에 어떻게 할 것인지가 문제될 수 있다. 종전에는 고용노동부 등 행정관청이 적극적으로 시정을 요구하고 시정하지 않을 경우 사후적으로 설립신고를 취소하는 소위 '노조 아님 통보'가 행해졌었는데, 대법원이 노조 아님 통보 제도가 위법·위헌이라고 판결하여 사후적 통제는 이루어지지 않게 됐다.[6] 노동조합 자유 설립 원칙에 비추어 타당한 결론이라고 생각된다.

(4) 노동조합 설립신고의 효과

노동조합이 노동조합법에 따른 설립신고를 마치고 설립신고증을 교부받으면 관행상 '법내노조'라고 지칭한다. 소위 법내노조는 적법하게 설립된 노동조합으로서의 노동조합법상 권리의 의무를 부여받게 된다. 즉, '노동조합'이라는 명칭을 사용할 수 있고, 법인격을 취득할 수 있으며, 노동위원회에 대한 조정신청 및 부당노동행위구제신청이 가능하고, 정당한 노동조합 활동에 따른 민·형사책임이 면제되고, 세법이 정하는 바에 따라 세금이 면제된다.

노동조합 및 노동관계조정법 제7조(노동조합의 보호요건)

① 이 법에 의하여 설립된 노동조합이 아니면 노동위원회에 노동쟁의의 조정 및 부당노동행위의 구제를 신청할 수 없다.

② 제1항의 규정은 제81조제1항제1호·제2호 및 제5호의 규정에 의한 근로자의 보호를 부인하는 취지로 해석되어서는 아니된다.

③ 이 법에 의하여 설립된 노동조합이 아니면 노동조합이라는 명칭을 사용할 수 없다.

---

6) 대법원(전합) 2020. 9. 3. 선고 2016두32992 판결

Ⅱ. 공무원 및 교원의 노동조합 설립

공무원과 교원의 단결권 행사는 오랜 기간 보호의 사각에 머물러 있었다. 그러던 중, 1998년 공무원직장협의회설립 및 운영에 관한 법률 제정, 1999년의 교원의 노동조합설립 및 운영에 관한 법률(이하 '교원노조법') 제정, 2006년 공무원의 노동조합설립 및 운영에 관한 법률(이하 '공무원노조법') 제정 등을 통해 비로소 단결권과 단체교섭권이 실정 법률의 명문 규정을 통해 보장될 수 있었다.

헌법 제33조 제2항은 공무원인 근로자는 법률이 정하는 자에 한하여 단결권·단체교섭권 및 단체행동권을 가진고 하여, 공무원인 근로자의 노동3권에 대한 법률유보를 규정하고 있다.

헌법 제33조

② 공무원인 근로자는 법률이 정하는 자에 한하여 단결권·단체교섭권 및 단체행동권을 가진다.

이에 따라, 업무의 주된 내용이 다른 공무원에 대하여 지휘·감독권을 행사하거나 다른 공무원의 업무를 총괄하는 업무에 종사하는 공무원, 업무의 주된 내용이 인사·보수 또는 노동관계의 조정·감독 등 노동조합의 조합원 지위를 가지고 수행하기에 적절하지 아니한 업무에 종사하는 공무원, 교정·수사 등 공공의 안녕과 국가안전보장에 관한 업무에 종사하는 공무원, 교원인 교육공무원 등의 노동조합 가입은 허용되지 않으며, 이들을 제외한 일반직공무원, 특정직공무원 중 외무영사직렬·외교정보기술직렬 외무공무원, 소방공무원 및 교원이 아닌 교육공무원, 별정직공무원 등이 노동조합에 가입하여 단결권과 단체교섭권을 행사할 수 있다(공무원노조법 제6조). 교원의 경우에는 노동조합의 조직에 특별한 제한은 없다.

공무원의 노동조합 설립 및 운영 등에 관한 법률 제6조(가입 범위)

① 노동조합에 가입할 수 있는 사람의 범위는 다음 각 호와 같다.

1. 일반직공무원
2. 특정직공무원 중 외무영사직렬·외교정보기술직렬 외무공무원, 소방공무원 및 교육공무원(다만, 교원은 제외한다)
3. 별정직공무원
4. 제1호부터 제3호까지의 어느 하나에 해당하는 공무원이었던 사람으로서 노동조합 규약으로 정하는 사람

② 제1항에도 불구하고 다음 각 호의 어느 하나에 해당하는 공무원은 노동조합에 가입할 수 없다.

1. 업무의 주된 내용이 다른 공무원에 대하여 지휘·감독권을 행사하거나 다른 공무원의 업무를 총괄하는 업무에 종사하는 공무원
2. 업무의 주된 내용이 인사·보수 또는 노동관계의 조정·감독 등 노동조합의 조합원 지위를 가지고 수행하기에 적절하지 아니한 업무에 종사하는 공무원
3. 교정·수사 등 공공의 안녕과 국가안전보장에 관한 업무에 종사하는 공무원

④ 제2항에 따른 공무원의 범위는 대통령령으로 정한다.

교원의 노동조합 설립 및 운영 등에 관한 법률 제4조의2(가입 범위)

노동조합에 가입할 수 있는 사람의 범위는 다음 각 호와 같다.

1. 교원
2. 교원으로 임용되어 근무하였던 사람으로서 노동조합 규약으로 정하는 사람

제3장 노동조합의 조직형태 변경

I. 노동조합 조직형태 변경의 의의

1. 노동조합 조직형태 변경의 개념

노동조합의 조직형태 변경이란 노동조합이 존속하는 동안에 노동조합과 그 구성원의 결합방식, 즉 구조나 구성된 체계와 관련된 사항을 노동조합의 자주적인 의사결정에 따라 조직체의 실질적 동일성을 유지하는 한도 내에서 바꾸는 것을 말한다. 변경이라는 용어는 개념상 기존 법률관계의 해지와 신규 법률관계의 형성을 동시에 내포하는 개념이다. 그러므로 노동조합의 조직형태 변경이란 노동조합의 해산과 노동조합의 신설이 동시에 이루어진다는 뜻을 하나의 개념 안에 포괄하고 있는 것이다.

조직형태 변경은 원칙적으로 노동조합의 조직 구조를 변경하는 것을 뜻한다. 예를 들면, 기업별 노동조합에서 생산직근로자만 조직대상으로 했다가 사무직 근로자를 포함시키는 규약 변경, 기업별 노동조합에서 일반직 근로자만 조직대상으로 했다가 간부직 근로자까지 포함시키는 규약 변경, 산업별 노동조합이 언론산업에 신문산업만 포함시켰다가 방송과 인터넷 언론까지 포함하는 것과 같이 기존의 조직대상 산업을 확대하는 것 등이 조직형태 변경의 대표적인 사례이다. 그와 같은 대표적인 사례 외에도, 조합원의 범위를 확대 또는 축소하는 변경[7], 연합단체에의 가입 또는 탈퇴[8], 산업별 노동조합 지회·지부의 산업별 노동조합 탈퇴와 기업별 노동조합으로의 전환[9] 등이 모두 조직형태 변경으로 인정되고 있다.

---

7) 대법원 1997. 7. 25. 선고 95누4377 판결.
8) 서울고등법원 2012. 7. 6. 선고 2011나94099 판결.
9) 대법원 2016. 2. 19. 선고 2012다96120판결.

2. 조직형태 변경의 주체

조직형태 변경을 결정할 수 있는 주체는 당사자인 노동조합이다. 독자적 규약과 집행기관 등 조칙체계를 갖추고, 독자적인 단체교섭 및 단체협약 체결 능력을 보유하고 있는 경우 독자적인 단체성을 가진 노동조합이라고 인정된다.10) 대법원은 전통적으로 독자적인 단체교섭 및 단체협약 체결 능력이 있는지 여부를 규약을 중심으로 판단해 왔다. 예를 들면, 산업별 노동조합의 산하의 지회나 지부가 독자적인 단체교섭 및 단체협약 체결 능력이 있는지 여부를 산업별 노동조합 본조의 규약에 어떻게 규정되어 있는가에 따라 판단해온 것이다. 따라서, 규약을 심사하여 산업별 노동조합의 산하의 지회나 지부가 독자적인 단체교섭 및 단체협약 체결 능력을 인정받는 것은 매우 어려웠다. 대부분의 산업별 노동조합 본조 규약은 단체교섭권 및 단체협약 체결권이 산업별 노동조합 위원장에게 있고, 산하의 지회나 지부는 산업별 노동조합 위원장의 단체교섭권이나 단체협약 체결권을 위임받아 행사할 수 있을 뿐이라고 규정하고 있기 때문이다. 이러한 현실을 고려하여 대법원은 독자적인 단체교섭 및 단체협약 체결능력을 요구하던 당초의 태도를 변경하여 "산업별 노동조합의 지회 등이 독자적으로 단체교섭을 진행하고 단체협약을 체결하지는 못하더라도, 법인 아닌 사단의 실질을 가지고 있어 기업별 노동조합과 유사한 근로자단체로서 독립성이 인정되는 경우에, 지회 등은 스스로 고유한 사항에 관하여 산업별 노동조합과 독립하여 의사를 결정할 수 있는 능력을 가지고 있다"11)라고 판단하여, 법인 아닌 사단의 실질을 가지고 있어 기업별 노동조합과 유사한 근로자단체로서 독립성이 있으면 독자적인 단결체로서의 실질을 가진 것으로 인정하고 있다. 이 사건에서 대법원은 산업별 노동조합 산하 지부가 독자적인 총회 결의를 거쳐 산업별 노동조합에서 탈퇴하여 기업별 노동조합으로 전환하는 것을 인정했다.

산업별 노동조합의 지회나 지부는 노동조합의 소속 기구에 불과하여 독자적

---

10) 대법 2004. 7. 22. 선고 2004다24854 판결.
11) 대법원(전합) 2016. 2. 19. 선고 2012다96120 판결.

인 의사결정 능력을 갖는다고 보는 것은 법리상 상당한 문제가 있다. 그러나, 우리나라에서는 산업별 노동조합 산하의 기업단위 지회, 지부들도 역사적으로는 기업단위 노동조합에서 조합원 총회의 의결을 통해 산업별 노동조합 산하 지회나 지부로 조직형태를 변경한 경우가 많다. 따라서, 독자적인 의사결정 절차를 거쳐서 '가입'한 조직이 같은 절차를 거쳐서 '탈퇴'할 수 없다고 하는 것도 연혁적 맥락 속에서 보면 합리적인 판단이라고 하기 어렵다. 대법원도 그러한 연혁적 배경을 고려하여 지회나 지부의 독자적 의사결정 능력을 인정할 수 밖에 없었다고 이해된다.

Ⅱ. 조직형태 변경 절차

(1) 가중된 총회 의결정족수

노동조합의 조직형태 변경은 노동조합의 자체적인 판단에 따라 자유롭게 이루어질 수 있다. 다만, 노동조합법은 조직형태 변경시 노동조합 총회의 의결을 거쳐야 하며, 의결 시에 재적조합원 과반수의 출석과 출석조합원 3분의 2 이상의 찬성이라는 가중된 의결정족수 요건을 충족할 것을 요구하고 있다. 노동조합이 조직형태 변경 결의를 할 때에는 되도록 조합원 다수의 의견을 들어 신중하게 결정해야 한다는 점을 입법에 반영한 결과이다.

노동조합 및 노동관계조정법 제16조(총회의 의결사항)

① 다음 각호의 사항은 총회의 의결을 거쳐야 한다.

1. 규약의 제정과 변경에 관한 사항
2. 임원의 선거와 해임에 관한 사항
3. 단체협약에 관한 사항
4. 예산·결산에 관한 사항
5. 기금의 설치·관리 또는 처분에 관한 사항
6. 연합단체의 설립·가입 또는 탈퇴에 관한 사항

7. 합병·분할 또는 해산에 관한 사항
8. 조직형태의 변경에 관한 사항
9. 기타 중요한 사항

② 총회는 재적조합원 과반수의 출석과 출석조합원 과반수의 찬성으로 의결한다. 다만, 규약의 제정·변경, 임원의 해임, 합병·분할·해산 및 조직형태의 변경에 관한 사항은 재적조합원 과반수의 출석과 출석조합원 3분의 2 이상의 찬성이 있어야 한다.

④ 규약의 제정·변경과 임원의 선거·해임에 관한 사항은 조합원의 직접·비밀·무기명투표에 의하여야 한다.

(2) 산업별 노동조합 탈퇴 시도 조합원에 대한 징계 규정의 유효성

노동조합 탈퇴를 선동하거나 주도하는 자에 대하여 노동조합 위원장이 권한 정지의 징계를 명할 수 있도록 하는 산업별 노동조합 규약의 유효성이 문제된 사건에서, 법원은 "근로자로서는 근로조건의 유지·개선과 경제적·사회적 지위의 향상에 더 유리하다고 판단되는 경우 조합원들의 의사에 따라 단체교섭력, 단결력 등을 최대한 강화할 수 있도록 조직형태를 변경하려는 선택이 보장되어야 함에도, 이 사건 조항으로 인하여 조합의 탈퇴 내지 변경에 관한 논의의 장에 나서는 것조차 차단된다. 조합원들에 대한 위하적 효과를 가지는 이 사건 조항은 단결권의 주체인 근로자의 자주적이고 민주적인 의사 결정을 방해하고 근로자들의 노동조합 설립 내지 조직형태의 변경에 관한 선택의 자유를 침해한다"[12]라고 하여 유효성을 부정한 사례가 있다.

Ⅲ. 조직형태 변경의 효과

1. 조직형태 변경 신고

노동조합은 조직형태 변경이 있으면, 조직형태 변경이 있은 날로부터 30일

---

12) 서울행정법원 2024. 9. 27. 선고 2023구합83325 판결.

이내에 행정관청에 변경신고를 해야 한다(노동조합법 제13조 제1항).

2. 조직형태 변경의 효과

조직형태 변경 이후의 노동조합은 변경 이전 노동조합의 재산상 권리·의무, 단체협약 체결 주체로서의 지위 등을 승계한다.[13] 조직형태 변경 결의시에 반대 의사를 표명한 조합원도 변경 이후의 노동조합의 조합원으로서 지위가 승계된다.[14] 단체적 의사결정이 조직 구성원에게 효력이 미치는 것은 당연하다.

산업별 노동조합의 지회나 지부는 독자적인 설립신고를 할 필요가 없기 때문에 산업별 노동조합의 지회나 지부가 기업별 노동조합으로 전환한 경우에는 설립신고가 필요한 것이 원칙이다.[15] 그러나, 우리나라에서는 산업별 노동조합의 지회나 지부가 독자적으로 설립신고를 하고 있는 경우가 많다. 이 경우에는 변경신고로 충분할 것이다.

제4장 노동조합의 활동

Ⅰ. 노동조합 활동의 의의

1. 노동조합 활동의 개념

노동조합 활동이란 노동조합이 단결력을 유지·강화하기 위하여 행하는 일상적 제반 활동을 말한다. 노동조합 활동은 노동조합 차원의 단체로서의 활동의 측면과 노동조합 조합원이 개인의 차원에서 노동조합의 행사와 각종 활동에 참

---

13) 대법원 1997. 7. 25. 선고 95누4377 판결; 대법원 2002. 7. 26. 선고 2001두5361 판결.
14) 노조68107-1074, 2001. 9. 21.
15) 노조 68107-598, 2001. 5. 25.

여하는 측면의 활동을 모두 포함한다.

노동조합 및 노동관계조정법 제22조(조합원의 권리와 의무)

노동조합의 조합원은 균등하게 그 노동조합의 모든 문제에 참여할 권리와 의무를 가진다. 다만, 노동조합은 그 규약으로 조합비를 납부하지 아니하는 조합원의 권리를 제한할 수 있다.

2. 노동조합 활동의 정당성

노동조합 활동은 기본적으로 사용자가 소유하는 사업장 시설 내에서 이루어지는 경우가 많고, 때로는 근로시간 중에 행해지기도 한다. 따라서 사용자의 근로계약상의 지휘·명령권 및 사용자의 생산시설에 대한 소유권에 기한 시설관리권[16]과의 충돌이 초래될 수 있다는 관점에서 노동조합 활동의 정당성 문제가 논의되고 있다.

정당한 노동조합 활동인지 여부의 가장 기본적인 판단 기준은 노동조합의 업무를 위한 것인지 여부이다. 특히, 근로조건의 유지, 개선 기타 근로자의 경제적 지위향상을 목적으로 하여야 하며, 원칙적으로 근무시간 외에 행하여야 하고, 근무시간 중의 노동조합 활동은 단체협약에 근거가 있거나 사용자의 승낙을 받아야 한다. 또한, 사용자의 시설관리권을 침해하지 않거나 침해할 수밖에 없다면 사용자의 동의 하에 이루어져야 하고, 폭력, 파괴행위를 수반해서는 안 된다. 따라서, 노동조합이 문화제, 출정식, 노동조합 체육대회, 바자회 행사 등을 위하여 강당, 체육관, 운동장, 앞마당 등 기업 시설이나 부지를 사용할 필요가 있는 경우에는 사용자와 노동조합이 단체협약 등을 통해 사전에 합의하거나 사전에 별도의 동의를 받은 범위 내에서 사용이 가능하다고 해야 한다. 조합활동이 위법한 경우에는 민사상 손해배상, 형사 처벌, 징계 등을 통해 책임을 져야 할 수 있다.

---

16) 서울고등법원 2008. 2. 11.자 2007라397 결정.

Ⅱ. 노동조합의 기관

1. 총회

(1) 총회의 소집

총회는 노동조합 조합원 전체가 참여하는 최고 의사결정 기구이다. 총회의 의장은 노동조합의 대표자가 되며, 노동조합은 매년 1회 이상 정기총회를 개최하여야 한다(노동조합법 제15조). 노동조합의 대표자가 필요하다고 인정할 때에 임시총회를 개최할 수 있으며, 조합원의 3분의 1 이상이 회의에 부의할 사항을 제시하고 회의의 소집을 요구한 때에는 지체없이 임시총회를 소집하여야 한다(노동조합법 제18조). 행정관청은 노동조합의 대표자가 임시총회 소집을 고의로 기피하거나 이를 해태하여 조합원 또는 대의원의 3분의 1 이상이 소집권자의 지명을 요구한 때에는 15일 이내에 노동위원회의 의결을 요청하고 노동위원회의 의결이 있는 때에는 지체없이 회의의 소집권자를 지명하여야 한다(노동조합법 제18조 제3항). 행정관청은 노동조합에 총회 또는 대의원회의 소집권자가 없는 경우에 조합원 또는 대의원의 3분의 1 이상이 회의에 부의할 사항을 제시하고 소집권자의 지명을 요구한 때에는 15일 이내에 회의의 소집권자를 지명하여야 한다.

노동조합 및 노동관계조정법 제15조(총회의 개최)

① 노동조합은 매년 1회 이상 총회를 개최하여야 한다.

② 노동조합의 대표자는 총회의 의장이 된다.

노동조합 및 노동관계조정법 제18조(임시총회등의 소집)

① 노동조합의 대표자는 필요하다고 인정할 때에는 임시총회 또는 임시대의원회를 소집할 수 있다.

② 노동조합의 대표자는 조합원 또는 대의원의 3분의 1 이상(聯合團體인 勞動組合에 있어서는 그 構成團體의 3分의 1 이상)이 회의에 부의할 사항을 제시하고 회의의 소집을 요구한 때에는 지체없이 임시총회 또는 임시대의원회를 소집하여야 한다.

(2) 총회 진행 방법

조합원 총회는 단체협약에 정한 경우를 제외하고는 근무시간 외에 개최하는 것이 원칙이다. 총회는 재적 조합원의 과반수 출석으로 성립한다. 노동조합의 사무 중에서 규약의 제정과 변경에 관한 사항, 임원의 선거와 해임에 관한 사항, 단체협약에 관한 사항, 예산·결산에 관한 사항, 기금의 설치·관리 또는 처분에 관한 사항, 연합단체의 설립·가입 또는 탈퇴에 관한 사항, 합병·분할 또는 해산에 관한 사항, 조직형태의 변경에 관한 사항, 기타 중요한 사항은 반드시 총회의 의결을 거쳐야 한다. 일반적인 안건은 출석 과반수 찬성으로 의결할 수 있다. 그러나 규약의 제정·변경, 임원의 해임, 합병·분할·해산 및 조직형태의 변경에 관한 사항은 재적 조합원 과반수의 출석과 출석 조합원 3분의 2 이상의 찬성이 있어야 한다(노동조합법 제16조 제2항).

총회의 의장이 사전에 공고된 안건을 무시하고 상정을 거부하거나 임의로 폐회한 경우에는 의장의 직무대행자 또는 현장에서 선출된 임시의장이 안건을 처리할 수 있다.

2. 대의원회

대의원회는 노동조합이 선출한 대의원이 구성원이 되는 의사결정 기구이다. 노동조합은 규약으로 총회에 갈음할 대의원회를 둘 수 있다. 대의원은 조합원의 직접·비밀·무기명투표에 의하여 선출되어야 한다. 대의원의 임기는 규약으로 정해야 하며, 3년을 초과할 수 없다. 대의원회의 운영과 관련된 사항에 대해서는 총회에 관한 규정이 준용된다(노동조합법 제17조).

대의원회의 의결로 총회 의결사항을 결의할 수 있다. 그러나, 총회에서 부결된 사항을 대의원회가 재의결 하는 것은 허용되지 않는다. 일사부재의 원칙이 적용된다고 볼 수도 있지만, 기본적으로 총회와 대의원회의 위상과 민주적 정당성의 차이에서 기인하는 당연한 원칙이라고 할 수 있다.

임원 및 대의원의 선거 절차 관련 사항은 규약에 규정해야 하며, 하나의 사업 또는 사업장을 대상으로 조직된 노동조합의 대의원은 그 사업 또는 사업장에 종사하는 조합원 중에서 선출하여야 한다(노동조합법 제17조 제3항). 대의원은 노동조합 업무집행권을 갖고 있지 않으므로, 임원과 달리 불신임 대상은 아니다.

3. 노동조합의 임원

노동조합의 임원은 노동조합의 위원장, 부위원장, 사무국장 등 노동조합의 운영 및 의사결정을 책임지는 자를 의미하며, 임원의 범위와 자격은 노동조합이 규약으로 정한다. 하나의 사업 또는 사업장을 대상으로 조직된 노동조합의 임원은 그 사업 또는 사업장에 종사하는 조합원 중에서 선출해야 한다(노동조합법 제23조 제1항). 임원의 임기는 규약으로 정하되 3년을 초과할 수 없으며, 보궐선거로 선출된 임원의 임기는 잔여임기로 하는 것이 원칙이다. 임원에 대한 탄핵이나 해임은 규약에서 정해진 절차에 따른다.

Ⅲ. 노동조합의 운영과 활동

1. 서류 비치

노동조합은 조합설립일부터 30일 이내에 조합원 명부, 연합단체인 노동조합에 있어서는 그 구성단체의 명칭, 규약, 임원의 성명·주소록, 회의록, 재정에 관한 장부와 서류를 작성하여 그 주된 사무소에 비치하여야 한다. 회의록, 재정에 관한 장부와 서류는 3년간 보존하여야 한다.

2. 회계감사 및 운영상황 공개

노동조합의 사회적 영향력이 확대됨에 따라 노동조합의 재정이 투명하게 운영되어야 하고, 노동조합의 재정운영이 조합원의 통제를 받을 수 있어야 한다는 요청이 강하게 제기되고 있다. 노동조법상의 노동조합의 재정관 관련된 규정은 노동조합의 사회적 기능과 요청에 따라 마련된 제도이다.

노동조합의 대표자는 그 회계감사원으로 하여금 6월에 1회 이상 당해 노동조합의 모든 재원 및 용도, 주요한 기부자의 성명, 현재의 경리 상황 등에 대한 회계감사를 실시하게 하고 그 내용과 감사결과를 전체 조합원에게 공개하여야 한다. 노동조합의 회계감사원은 필요하다고 인정할 경우에는 당해 노동조합의 회계감사를 실시하고 그 결과를 공개할 수 있다(노동조합법 제25조). 또한, 노동조합의 대표자는 회계연도마다 결산결과와 운영상황을 공표하여야 하며 조합원의 요구가 있을 때에는 이를 열람하게 하여야 한다(노동조합법 제26조). 노동조합은 행정관청이 요구하는 경우에는 결산결과와 운영상황을 보고하여야 한다(노동조합법 제27조).

3. 조합비 징수

노동조합은 조합원에게 조합비 납부 의무를 부과할 수 있고, 조합비를 납부하지 않는 조합원의 권리를 제한할 수 있다. 조합비에 관한 사항과 조합비 납부 의무 불이행으로 인한 권리 제한은 규약으로 정해야 한다.

노동조합이 조합원으로부터 조합비를 징수하는 것이 쉽지는 않은 반면, 안정적인 조합비 확보는 노동조합 재정의 안정성을 확보하여 단결권을 강화하고 그 결과 적극적인 활동을 보장하기 위한 물적 수단이 된다. 따라서, 노동조합이 규약으로 정하고 단체협약 등을 통해서 사용자에게 노동조합 조합원의 조합비를 임금으로부터 사전공제하여 노동조합에 전달해줄 것을 요구하여 그러한 제도가 시행되기도 한다. 이러한 제도를 '조합비 일괄공제(Check-off) 제도'라고 한다. 조합비 일괄공제 제도는 임금의 직접 지급 원칙과 전액 지급 원칙(근로기준법 제43조 제1항)에 대한 예외를 설정하는 것으로서 근로자인 조합원 개개인의 동의를 전제로 한다. 따라서, 사용자가 조합원들에게 조합비 공제 동의서에 서명하여 제출할 것을 요구하는 것은 부당노동행위가 아니다.

특정 조합원이 사후에 특별한 사유 없이 조합비 공제에 반대하는 경우에도 그 조합원이 조합원 신분을 유지하는 한, 사용자가 조합비를 공제하는 것은 합법이다.[17] 한편, 사용자가 단체협약에 따라 조합비를 일괄공제해 오던 노동조합 소속이던 근로자가 그 노동조합을 탈퇴하고 다른 노동조합에 가입했다 하더라도, 사용자가 이전에 그 근로자의 조합비를 당초 그 근로자가 소속되었던 노동조합이 아니라 단체협약의 근거도 없이 그 근로자가 새로 가입한 노동조합에 교부하는 행위[18], 조합비 일괄공제를 사용자가 일방적으로 중단하는 행위 등은 노동조합에 대한 지배·개입의 부당노동행위가 될 수 있다(노동조합법 제81조 제1항 제4호).

Ⅳ. 노동조합의 해산

1. 해산 사유

노동조합은 총회 또는 대의원회의를 통해 자유롭게 해산결의를 할 수 있고, 그 결의가 있는 때 또는 결의시에 정한 특정한 시점에 해산된다(노동조합법 제16조 제1항 제7호, 제28조 제1항 제3호). 그 외에도 규약에서 정한 해산사유가 발생한 경우, 노동조합의 합병 또는 분할로 소멸한 경우, 노동조합의 임원이 없고 노동조합으로서의 활동을 1년 이상 하지 아니한 것으로 인정되는 경우로서 행정관청이 노동위원회의 의결을 얻은 경우에 해산한다(노동조합법 제28조 제1항). 노동조합의 임원이 없고 노동조합으로서의 활동을 1년 이상 하지 아니한 것으로 인정되는 경우를 휴면노동조합이라고 칭하기도 한다. '노동조합으로서의 활동을 1년 이상 하지 아니한 것으로 인정되는 경우'란 계속하여 1년 이상 조합원으로부터 조합비를 징수한 사실이 없거나 총회 또는 대의원회를 개최한 사실이 없는 경우를 말한다(노동조합법 시행령 제13조 제1항). 이때에는 행정관청이 관할 노동위원회

17) 서울행정법원 2009. 12. 17. 선고 2009구합21123 판결.
18) 대법원 2018. 9. 13. 선고 2016도2446 판결.

의 의결을 얻은 때에 해산된 것으로 본다(노동조합법 시행령 제13조 제2항)

노동조합 및 노동관계조정법 제28조(해산사유)

① 노동조합은 다음 각호의 1에 해당하는 경우에는 해산한다. 〈개정 1998. 2. 20.〉

1. 규약에서 정한 해산사유가 발생한 경우
2. 합병 또는 분할로 소멸한 경우
3. 총회 또는 대의원회의 해산결의가 있는 경우
4. 노동조합의 임원이 없고 노동조합으로서의 활동을 1년 이상 하지 아니한 것으로 인정되는 경우로서 행정관청이 노동위원회의 의결을 얻은 경우

② 제1항제1호 내지 제3호의 사유로 노동조합이 해산한 때에는 그 대표자는 해산한 날부터 15일 이내에 행정관청에게 이를 신고하여야 한다.

2. 해산 절차

노동조합의 대표자가 해산한 날부터 15일 이내에 총회 또는 대의원회의 회의록을 첨부하여 행정관청에게 이를 신고하여야 한다(노동조합법 제28조 제2항, 시행규칙 제10조).

3. 해산후 노동조합 재산의 처리

노동조합이 적법하게 해산되면, 노동조합의 잔여재산은 노동조합 규약으로 지정한 자에게 귀속된다. 조합규약으로 귀속권리자를 지정하지 않았거나 이를 지정하는 방법을 정하지 않은 때에는 해당 노동조합의 임원은, 총회 또는 대의원회의 결의와 고용노동부의 허가를 얻어 그 노동조합의 목적에 유사한 목적을 위하여 그 재산을 처분할 수 있다. 이러한 방법으로 잔여재산을 처분할 수 없는 경우에는 국고에 귀속된다(민법 제80조).

제12편

단체교섭과 노사관계의 전개

제12편
단체교섭과 노사관계의 전개

중요한 사업장 내 규범이라고 할 수 있는 단체협약을 체결하기 위해 필수적으로 거쳐야 하는 과정이 단체교섭이다. 그리고, 단체교섭 과정에서 교섭을 자신에게 유리하게 이끌기 위해 일정한 허용 범위 내에서 행사되는 유형력의 행사가 쟁의행위이다. 노동조합은 사용자와 단체교섭을 하기 위해 존재한다. 쟁의행위는 단체교섭의 한 수단일 수 있다. 하지만 역사는 쟁의행위를 중심으로 기록되어 있다. 우리나라 최초의 쟁의행위는 1888년 함경도 고산군 초산역 대동광에서 있었던 광산 노무자들의 폭동이었다. 조선 후기에 많은 민란이 있었지만, 임금을 받으며 생활하던 노동자들이 단체를 이루어 집단적 행위에 나선 것만을 기준으로 하면 초산역 사건이 최초라고 본다. 임금노동이 등장하기 시작하는 것과 거의 같은 시기에 이미 파업이 발생하고 있다. 광산 노동자들이 폭동을 일으키면서 한 일은 관청을 습격하여 불을 지르고 관리들을 벌주는 것이었다고 하는데, 대다수의 광산이 국유였던 당시 상황을 고려하면 그것은 사용자에 대한 집단적 대항으로 전형적인 쟁의행위라고 할 수 있다. 이후에도 일본인이 임금 지급방식을 복잡하게 만들어 임금 지급액수를 줄인 것에 반발하여 파업하면서 모닥불 투쟁을 한 것으로 유명한 1898년 2월의 목포부두 파업, 1901년 2월 서울 경인철도회사에서 발생한 임금인상 투쟁, 1909년 7월 경성 전기회사 노동조건 개선 요구 투쟁 등 크고 작은 파업과 폭동이 이어졌다. 1929년에 1월부터 4월까지 계속된 원산총파업은 한국 노동운동사상 초유의 지역단위 동맹파업으로 기억되고 있다. 영국에서는 1808년 랭커셔(Lancashire) 지방 면방직공업 근로자들이 최저임금법의 부결에 분노하여 대규모 파업을 일으켰는데 그것이 영국 최초의 대규모 단체행동이다. 1811년 시작된 러다이트 기계파괴 행동(Luddite Movement)보다 앞선 시기이다. 독일에서는 1844년에 페터스발다우(Peter-swaldau)와 랑엔빌라우(Langenbielau)지방에서 직조공들이 폭동을 일으켜 생산시설을 파괴하고 공장주의 집을 습격한 것이 첫 기록이다. 근로자들의 단체행동의 최초의 모습들은 방화와 파괴, 죽음의 이미지가 교차되어 있다. 1877년 미국 철도 파업(The Great Railroad Strike) 당시에 각 주 방위군이 파업을 유혈진압 한 사례는 유명하다.

쟁의행위에 비하면 단체교섭의 형성 과정은 뚜렷한 사건으로서의 기록이 많지 않다. 우리가 제1편과 제3편에서 살펴본 러다이트 기계파괴 행동과 단체교섭 및 단체협약 체결의 상관관계는 모든 학자들이 동의하는 것은 아니다.

그러나, 오늘날 우리가 누리고 있는 단체교섭제도는 노동관계에서 근로자들과 사용자들이 오랜 기간 힘든 투쟁 과정을 거치면서 얻은 경험을 바탕으로 또 그만큼 오랜 기간 동안 머리를 맞대고 다듬고 고쳐서 만들어낸 소중한 지혜의 결정체이자 더없이 아름다운 제도적 장치이다. 근로자와 노동조합에는 단체교섭권을, 사용자에게는 단체교섭에 응할 의무를 부여하는 단체교섭제도 또는 법제가 마련됨으로써 노사는 쟁의행위에서의 충돌이 파국으로 치닫는 것을 막을 수 있었고, 평화적으로 단체협약을 체결할 수 있게 되었다. 단체교섭이 제대로 이루어져야 근로자들의 근로조건이 합리적으로 개선될 수 있고 노사관계가 안정적으로 유지될 수 있다는 확신을 통해 각국은 개별 기업, 산업 또는 지역 차원에서 자생적으로 발생하고 이루어지고 있던 단체교섭 및 쟁의행위의 규율과 단체협약 체결 관행을 법률적인 제도로 수용하려는 시도를 하게 된다. 이러한 시도는 다양한 형태로 나타나게 된다. 그 중 하나는 영국과 같이 단체교섭에 국가가 간여하지 않고 노사의 판단과 합의에 따라 교섭이 진행되도록 하고 그 결과 체결된 단체협약에 대해서도 임의규범적 성격만을 인정하는 소위 "임의주의" 유형이 있다. 근로자단체의 단체교섭 요구와 단체행동, 단체협약 체결에 관해 국가가 과도하게 개입했던 것에 대한 반성의 결과이다. 또 다른 유형은 단체교섭의 결과물인 단체협약에 법령으로 규범적 효력을 부여하는 유형이다. 독일과 스위스 등이 대표적이다. 다음으로는 단체교섭 절차를 법률로써 보장하는 방법을 택하는 유형이 있다. 미국에서는 전국노동관계법(NLRA)과 전국노동위원회(NLRB)를 통해 단체교섭 거부 등의 부당노동행위를 규제하고 단체교섭 체계를 정착시켜 단체교섭을 촉진했다. 부당노동행위가 무엇인지 아직 상세히 설명할 기회가 없었지만 뒤에 곧 설명할 계획이므로 일단 이것도 안다고 생각하고 넘어가자. 우리나라는 단체협약에 법률을 통해 규범적 효력을 부여하는 방법과 절차적 권리인 단체교섭권을 보장하는 독일 등의 방식과 미국의 방식 두 가지 방식을 모두 택하여 입법화했다.

제1편에서, 미국에서 사용자에게 단체교섭 의무를 부과하고, 사용자가 단체교섭에 응하지 않는 행위를 규제하기 위해 전국노동관계법(NLRA)에 부당노동행위 금지제도가 정립된 과정을 설명했었다. 부당노동행위는 'Unfair Labor Practice'의 일본식 번역어이다. 노동조합과 사용자 사이의 단체교섭과 쟁의행위 과정에서 노사간 힘의 균형을 유지하고, 우회적인 방법으로 노동조합의 단결권과 단체교섭권, 단체행동권을 침해하는 행위를 금지하기 위한 제도가 부당노동행위 제도이다. 단체교섭과 쟁의행위, 부당노동행위 금지 제도는 하나의 과정 속에서 유기적으로 이해되어야 한다.

제1장 우리나라 단체교섭제도의 연혁

Ⅰ. 단체교섭제도와 단체교섭권에 대한 인식

일제강점기 경찰범처벌규칙은 단체가입을 강청하는 것, 고의로 면회를 강청하거나 강담·협박하는 것, 고의로 타인의 금전거래에 간섭하거나 함부로 소송 또는 쟁의를 권유·교사하거나 기타 분쟁을 야기시킬 만한 행위를 하는 것 등을 금지하고 그 위반자는 구류 또는 과료에 처했다. 이는 노동조합 조직, 단체교섭 요구 등을 원천적으로 금지하는 것이다. 이와 유사한 노동3권에 대한 거부감은 우리 제헌헌법에 이어져서 1948년 제헌헌법 제18조는 노동3권을 법률유보 하에 보장했다. 우리나라 역사에서 단체교섭권 보장의 출발점에는 이와 같은 노동3권에 대한 의구심과 경계심, 반감이 자리하고 있었다.

Ⅱ. 단체교섭 관련 법률 규정의 변천

1953년 제정된 우리나라 최초의 노동조합법은 "노동조합의 대표자 또는 조합의 위임을 받은 자는 노동조합 또는 조합원을 위하여 사용자 또는 그 단체와 단체협약의 체결 기타 사항에 관하여는 교섭할 권한이 있다"고 하여 단체교섭권이 노동조합에 있음을 명시한 이후, 사용자와 노동조합은 단체협약 체결을 거부할 수 없다고 규정하여 단체협약 체결을 목적으로 하는 단체교섭을 거부하는 것을 금지했다. 이 규정의 해석대로라면 1953년 제정 노동조합법 하에서 사용자는 단체교섭권의 보유 주체는 아니지만 단체교섭요구권을 법률상 보장받고 있었다. 이에 위반한 노동관계 당사자에게는 벌금형이 부과되었다. 1963년 4월 개정 노동조합법은 "전국적인 규모를 가진 노동조합의 산하 지부 대표자"에게도 단체교섭권이 있다는 것을 명시했고, 단체교섭 거부 금지 의무의 수규자에서 노동조합을 삭제했다. 또 노사협의회 설치 의무를 노동조합과 사용자에게 부과한 뒤, 노사협의회의 대표자는 단체교섭의 대표권을 위임받은 것으로 간주하는 내용을 신설하여 노사협의회가 노동조합을 대신할 수 있도록 했다. 이것은 집권세력이 기업별 노동조합 활동을 약화시키고 대체조직을 활성화하려는 의도를 입법을 통해 실현하려 한 것이다. 1963년 4월의 노동조합법 개정은 민주적 정당성이 취약한 1961년 군사 쿠데타 집권 정부가 노동조합활동을 극도로 경계하고 적대시한 결과로서 이 시기 사업 또는 사업장 단위로 조직되어 있는 것이 일반적이던 우리나라 노동조합들의 단체교섭권을 상당히 위축시켰다.

노사협의회가 단체교섭을 할 수 있도록 했던 규정은 1973년 개정 시에 삭제되었고, 1980년 노사협의회법 제정으로 단체교섭과 노사협의는 전혀 다른 차원의 제도로 굳어졌다. 1980년 개정 노동조합법은 "제3자 개입금지" 규정을 신설하여 노동조합이 상급단체나 전문가의 조력을 받지 못하도록 차단했다. 이는 노동조합의 설립요건을 강화하여 단위노동조합은 사업 또는 사업장 단위로만 설립할 수 있도록 하면서 "사업 또는 사업장 단위로 근로자 30인 이상 또는 5분의 1 이상의 찬성이 있는 설립총회의 의결이 있어야 한다"고 규정한 것과 함께 노동조합의 단체교섭권을 더욱 위축시키는 결과를 초래했다. 1980년 노동조합법 개정은 1963년과 마찬가지로 역사적·민주적 정당성이 취약한 가운데 정국을 장악하고 완전히 통제하고자 했던 신군부 쿠데타 세력의 의지가 반영된 것이라고 이해된다. 이후 1997년에는 노동조합법과 노동쟁의조정법이 통합되면서 노동조합및노동관계조정법(당시에는 법명은 띄어쓰기를 하지 않았다)이 제정되었다.

1963년 노동조합법이 "조직이 기존노동조합의 정상적인 운영을 방해하는 것을 목적으로 하는 경우" 노동조합으로 보지 않도록 규정한 이래 하나의 사업 또는 사업장 단위에서 복수 설립을 금지하는 방향성도 계속 유지되었다. 다만 1997년 노동조합법은, 김영삼 정부가 1996년 노사관계개혁위원회를 설치하여 논의한 노사정 논의 결과를 반영하여 "사업 또는 사업장 단위로 조직대상이 중복되는 노동조합의 설립" 허용만을 유예함으로써 초기업단위 노동조합을 복수노조 설립 금지의 대상에서 제외하였다.

단체교섭권의 범위 및 정의와 직결된 문제는 아니지만, 단체교섭이 결렬되었을 경우 노동위원회에 조정을 신청할 수 있는 근거가 되는 "노동쟁의"의 개념이 1997년 노동조합법 제정과 함께 큰 변화를 겪었다. 1997년 이전의 노동쟁의조정법은 제2조에서 노동쟁의를 "근로조건에 관한 노동관계당사자간의 주장의 불일치로 인한 분쟁상태를 말한다"라고 규정하고 있었다. 이것이 1997년 제정 노동조합법 제2조 제5호에서는 "근로조건의 결정에 관한 주장의 불일치로 인하여 발생한 분쟁상태를 말한다"라고 바뀌었다. 신·구 양 조문의 가장 큰 차이는 노동쟁의의 개념이 "에 관한 주장의 불일치"에서 "결정에 관한 주장의 불일치"로 바뀌었다는 것이다. "근로조건의 결정에 관한 주장의 불일치"란 임금 등 근로조건을 결정하기 위해 각자가 제기하는 주장, 즉 단체협약의 소위 규범적 효력이 미치는 부분에 대한 주장이 불일치하는 것을 말한다. 다시 말하면 근로조건을 결정한 단체협약을 체결하기 위해 양 당사자가 제기하는 주장이 충돌하는 상황, 소위 이익분쟁 상황만을 노동쟁의로 본다고 노동쟁의 개념을 축소한 것이다. 과거의 규정처럼 노동쟁의를 "근로조건에 관한 주장의 불일치"로 보게 되면 이익분쟁만이 아니라 단체협약의 해석과 적용, 운용을 둘러싼 분쟁 즉 소위 권리분쟁도 노동쟁의의 범위에 포함되게 된다. 노동쟁의의 정의가 "근로조건에 관한 주장의 불일치"로 되어 있었던 구 노동조합법 하에서 판례는, 예외가 있기는 하지만, 권리분쟁도 단체교섭의 대상에 포함되는 것으로 보았다.[1] 향후 단체교섭권의 실질적 보장과 노사 양측의 교섭력 강화와 노사관계의 자생력 강화를 위해서는 노동쟁의의 개념에서 '결정'을 삭제하여 원래의 개념으로 회복시켜야 할 것이다.

1987년 노동쟁의조정법 제2조 (노동쟁의의 정의)

이 법에서 노동쟁의라 함은 임금·근로시간·후생·해고 기타 대우등 근로조건에 관한 노동관계당사자간의 주장의 불일치로 인한 분쟁상태를 말한다.

---

1) 대법원 1990. 5. 15. 선고 90도357 판결; 대법원 1990. 9. 28. 선고 90도602 판결; 대법원 1991. 3. 29. 선고 90도2528 판결 등.

1997년 노동조합및노동관계조정법 제2조(정의)

이 법에서 사용하는 용어의 정의는 다음과 같다.

4. "노동쟁의"라 함은 노동조합과 사용자 또는 사용자단체간에 임금·근로시간·복지·해고 기타 대우등 근로조건의 결정에 관한 주장의 불일치로 인하여 발생한 분쟁상태를 말한다. 이 경우 주장의 불일치라 함은 당사자간에 합의를 위한 노력을 계속하여도 더이상 자주적 교섭에 의한 합의의 여지가 없는 경우를 말한다.

2000년대에 들어 단체교섭과 관련한 주요 문제는, 복수노조 설립이 금지된 당시의 법상황을 전제로, 사업 또는 사업장 단위에서, 기업단위 노동조합과 산업별 또는 지역별 단위 노동조합 등 초기업단위 노동조합의 지회·분회가 병존할 경우에 나중에 설립된 조직이 단체교섭권을 행사할 수 있는지가 주로 다투어졌고, 단체교섭 응낙 가처분 제도가 활발하게 이용되었다. 교원 및 공무원 부문에서는 교원노조법과 공무원노조법이 각각 1999년과 2005년에 제정되면서 교원과 공무원의 단체교섭권이 명시적으로 보장되는 계기가 만들어졌다.

우리나라 단체교섭제도의 큰 변화는 2010년 1월 1일 노동조합법 개정으로 단체교섭 창구단일화제도가 시행된 것이다. 종전에는 사업 또는 사업장 단위에서의 복수노동조합 설립이 금지되어 하나의 교섭단위 내에 하나의 노동조합에 의한 단체교섭만 가능한 구조가 지속되어왔다. 그런데 단체교섭 창구단일화제도가 시행된 이후에는 단체교섭 개시 단계에서 수많은 절차적 규제가 가해지고 그 각 과정에 정부가 개입할 수 있는 여지가 매우 커졌다. 교섭창구를 단일화하도록 강제하는 것이 과연 타당한지에 대한 의문을 떠나서 창구단일화 절차를 지나치게 세부적이고 구체적으로 규정하려 하는 시도는, 노동관계 당사자 사이의 자율의 영역을 크게 열어둠으로써 자연스러운 관행이 만들어져 갈 수 있도록 하는 것보다, 장기적으로 오히려 더 큰 부작용이 있을 수 있다. 국가 권력이 개입할 수 있는 영역이 커질수록 노동관계 당사자 사이의 단체교섭 의지와 단체교섭 역량은 점차 줄어들 수밖에 없다.

제2장 단체교섭 제도의 내용

Ⅰ. 헌법 제33조 노동3권 규정의 의의

1. 헌법 제33조 제1항의 규정 형식의 특징

헌법 제33조 제1항은 "근로자는 근로조건의 향상을 위하여 자주적인 단결권·단체교섭권 및 단체행동권을 가진다"라고 규정하고 있다. 헌법이 이와 같이 단결권과 단체행동권, 특히 단체교섭권을 열거하여 규정하고 있는 것은 다른 나라 헌법에서는 비슷한 예를 찾기 어려운 매우 드문 입법례이다.

헌법 제33조

① 근로자는 근로조건의 향상을 위하여 자주적인 단결권·단체교섭권 및 단체행동권을 가진다.

② 공무원인 근로자는 법률이 정하는 자에 한하여 단결권·단체교섭권 및 단체행동권을 가진다.

③ 법률이 정하는 주요방위산업체에 종사하는 근로자의 단체행동권은 법률이 정하는 바에 의하여 이를 제한하거나 인정하지 아니할 수 있다.

우리나라는 보통 대륙법체계의 단체협약법제를 계수했다고 하는데, 독일, 프랑스, 이탈리아 등 다수의 대륙법계 국가의 헌법은 단체교섭권을 다른 노동기본권과 별도로 구별하여 규정하고 있지 않다. 예를 들어 독일 기본법 제9조 제3항은 "근로조건과 경제조건의 유지와 개선을 위하여 단체를 결성할 권리는 누구에게나 그리고 모든 직업에도 보장된다. 이 권리를 제한하거나 방해하려는 협정은 무효이며, 이를 목적으로 하는 조치는 위법이다"라고 규정하고 있고, 이 단결권 규정으로부터 단체행동권과 단체협약체결권을 해석을 통해 도출해 내고 있다. 1958년에 제정되고 2008년에 개정된 프랑스 현행 헌법은 기본권에 관한 독자적인 규정들을 두지 않고 전문(前文)을 통해서 1946년 제4공화국 헌법의 인권선언 내용을 그대로 계승하고 있는데, 1946년 헌법 전문의 인권선언 중 "모든 인간은 조합 활동에 의하여 그들의 권리와 이익을 방어할 수 있으며 그 선택으로 노동조합에 가입할 수 있다"고 명시된 부분으로부터 단결권을 도출해내고, "모든 근로자는 그 대표를 통하여 근로조건의 집단적 결정과 사업의 경영에 참여한다"는 내용으로부터 단체교섭권과 경영참가권을 도출해 내고 있다.

이와 같이 대부분의 대륙법계 국가에서 단체교섭권을 별도의 권리로 규정하지 않거나 규정하는 경우에도 명시적으로 드러내지 않는 이유는 단체교섭 개념을 단결권 및 단체행동권 보장 속에 당연히 포함되어 있는 것으로 전제하기 때문이다. 하지만, 단체교섭의 체계적 지위가 그와 같이 사유될 수 있음에도 불구하고 우리 헌법이 단체교섭권을 굳이 별개의 권리로 헌법의 기본권 목록에 명시적으로 규정했다면 거기에는 특별한 이유가 있다고 이해하는 것이 합리적이다. 이는 다른 나라의 입법례와 구별되는 우리 헌법의 독특한 특징일 뿐 아니라, 헌법 규정의 해석과 적용에 있어서도 그러한 독특한 규정 태도가 간과되어서는 안 된다는 헌법 제정권자의 의지가 반영된 것으로 보아야 한다.

2. 헌법 제33조 제1항 규정의 연원

단체교섭권을 단결권 등과 별도로 명시하여 규정하고 있는 헌법 제33조 제1항과 유사한 입법례는 일본 헌법 제28조에서 찾을 수 있다. 일본 헌법 제28조는 "근로자의 단결할 권리 및 단체교섭 그 밖의 단체행동을 할 권리는 이를 보장한다"라고 규정하고 있다. 거슬러 올라가 우리 제헌헌법 제18조를 보면, "근로자의 단결, 단체교섭과 단체행동의 자유는 법률의 범위 내에서 보장된다"고 규정하고 있었는데, 법률유보 부분만 제외하면 일본 헌법 제28조와 사실상 같은 규정이라고 볼 수 있을 정도로 그 내용과 체계가 유사하다. 일본 학계에서는 일본 헌법 제28조의 연원을 독일의 1919년 바이마르 헌법 제159조에서 찾으면서 일본 헌법 제28조가 독일 바이마르 헌법 제159조의 내용을 "충실히 한" 것이라고 해설하는 것이 일반적이지만, 독일 바이마르 헌법 제159조는 "근로조건과 경제조건의 유지와 개선을 위한 단체의 자유는 누구에게나 그리고 모든 직업에 대하여 이를 보장한다. 이 자유를 제한 또는 방해하려고 하는 약정이나 조치는 위법이다"라고 규정하여 현행 독일기본법(Grundgesetz) 제9조 제3항과 마찬가지로 단결권만을 보장하고 있다. 그렇다면 일본 헌법 제28조가 단체교섭권을 별도로 명시하여 규정하고 있는 특수성이 어디에서 찾을 수 있을까? 일본 헌법 제28조가 노동3권을 헌법상 기본권으로 수용한 것은 독일 바이마르 헌법의 영향을 받은 것으로 볼 수 있지만, 단체교섭권을 별개의 권리로 규정한 것은 미국 법제의 영향이라고 보는 것이 타당하다. 일본 헌법이 제2차 세계대전 이후 유엔군 사령부의 지배 하에 있을 때 압도적인 미국의 영향력 아래에서 제정되었다는 점, 단체교섭권 개념을 구체화하고 그 개념을 중심으로 집단적 노사관계법체계를 구성하는 것은 미국식 노동법체계의 전형적인 모습이라는 점, 그 외에 단체교섭권을 별도로 명시하여 보장하는 다른 나라의 앞선 입법례를 찾기 어렵다는 점 등을 고려할 때 일본 헌법이 단체교섭권을 단결권 등과 별개의 권리로 규정하는 것은 미국 노동법제의 영향이라고 볼 수밖에 없다. 다만 차이가 있다면 미국의 단체교섭권은 헌법상 권리가 아니라 비록 연방법이기는 하지만 실정법상 권리이고, 일본과 우리나라의 단체교섭권은 헌법상의 권리라는 점이다. 물론 연방국가 법체계의 특성상 연방법을 단순히 실정법이라고 평가하기는 어렵다. 미국의 전국노동관계법(NLRA) 제7조는 "근로자는 자치조직에 관한 권리, 근로자단체를 설립, 가입 또는 지원할 권리, 스스로 선택한 대표를 통해서 단체로 교섭할 권리, 그리고 단체교섭 또는 다른 상호부조 또는 보장을 목적으로 기타 여타의 단체행동에 참여할 권리를 가지며, …"라고 하여 연방법의 차원에서 단결권, 단체교섭권, 단체행동권을 보장하고 있다.

3. 단체교섭권이 헌법상 기본권으로 규정된 효과와 의미

(1) 단체교섭권의 독자적 중요성 확인

우리 헌법이 단결권만을 규정하지 않고, 단결권, 단체행동권과 함께 단체교섭권을 병렬적으로 명시하고 있다면, 적어도 단체교섭권이 단결권, 단체행동권과 동등한 중요성을 갖는 권리로서 기능하도록 하기 위해 우리의 헌법 제정권력이 행사된 결과라고 보는 것이 옳다. 그러므로 단체교섭의 독자적 성격과 중요성을 임의로 축소하거나 무시해서는 안 되며, 우리 헌법의 특수한 규정 형식이 하위 법령의 해석과 적용, 법이론적 검토 등에 있어서 반드시 항상 고려되어야 하는 중요한 요소가 되어야 한다

(2) 단체교섭권의 기본권성 보장

단체교섭권이 헌법상 근로자의 기본권으로 독자적으로 규정된 가장 큰 실익 중 하나는 단체교섭권을 헌법상의 기본권으로 명백하게 부각시키고 이에 대한 법률상 보호의 기초를 마련하는 데에 있다. 단체교섭권이 헌법상 근로자의 기본권으로 보장된다면 그 효과로서 근로자의 자주적인 단결체인 노동조합은 당연히 그 기본권을 향유할 수 있는 주체가 된다. 그 노동조합이 행정관청에 설립신고를 마친 노동조합인지 아닌지, 다수노조인지 소수노조인지 여부에 따라 기본권 주체성 인정 여부가 달라질 수는 없다. 단체교섭권을 기본권으로 보는 한, 국가는 단체교섭권을 헌법이나 법률의 근거 없이 부당하게 침해하거나 제한할 수 없고, 국가기관의 침해행위 또는 제한행위는 위헌으로 무효가 된다. 단체교섭권이 갖는 자유권적 기본권으로서의 성격을 고려하면 당연한 결론이다. 다음으로 근로자 측의 단체교섭요구가 정당하게 행해진 경우에는 사용자 측의 권리 내지 자유를 어느 정도 침해하게 된다 하더라도 민·형사상 책임이 면제된다. 더 나아가 국가는 기본권인 단체교섭권이 충분히 보장될 수 있도록 법제도적 뒷받침을 하여야 한다. 단체교섭권이 사회적 기본권으로서의 성격을 가지기 때문이다. 또한 대사인적 효력이 긍정되므로 사용자를 비롯한 제3자에게도 기본

권으로서의 권리성은 관철되어야 한다.

(3) 국가의 조직 및 형성의무 부과

노동3권 모두가 마찬가지이지만, 그 중에서도 단체교섭권은 산업평화를 유지하면서, 경제 및 노동질서 등 객관적인 질서를 형성하는 기능을 수행한다. 양 당사자가 만나 "교섭"하여 문제를 해결하도록 하는 단체교섭제도는 그 개념상 본질적으로 평화적 문제해결을 지향한다. 또한 노동3권은 다른 사회적 기본권과는 달리 국가의 급부행위가 아니라 근로조건의 향상을 위하여 필요한 제도·절차 및 조직을 형성하기 위해 법적 제도와 법규범을 마련해야 하는 의무를 국가에 부과한다. 이것은 헌법 제정권자가 입법자로 하여금 노동3권을 부정하거나 제한하지 못하도록 하고, 나아가 노동3권이 원활히 보장될 수 있도록 하는 방향으로만 입법권을 행사하도록 하는 '유보된' 입법권의 행사를 명령한 것으로 이해할 수 있으며, 이렇게 보는 한 헌법상 노동3권은 공적질서를 형성하는 일종의 제도보장의 의미로 이해할 수도 있다.

입법자가 노동3권의 보장원리에 기초하여 집단적 자치가 제대로 실현될 수 있는 기본 틀을 구체적인 법률로 만들어 놓은 것이 바로 노동조합법상 단체교섭제도와 부당노동행위제도, 그리고 그 밖의 단체교섭의 권리·의무 관계를 뒷받침 하고 있는 각종 법제도들이 될 것이다. 이와 같은 노동3권의 성격과 유보된 입법권 행사의 전제를 수용한다면, 근로자를 노동3권의 주체로 규정하고 있는 우리 헌법의 체계상 부당노동행위제도는 사용자를 향하여 노동3권을 침해·제한하지 못하도록 명령하고, 사용자의 침해행위가 있을 경우 그에 대한 규제와 구제가 이루어지도록 하기 위해 마련된 제도로 이해되어야 한다. 그렇다면 우리 헌법과 노동조합법의 체계 아래에서는 적어도 미국 연방노동관계법 제8조 (b)와 같은 노동조합의 부당노동행위 개념이 도입될 가능성은 현저히 축소될 수밖에 없다.

한편 단체교섭권이 국가법의 보호를 받는다는 의미는 곧 근로자 측의 교섭력, 즉 단체교섭 자리에 사용자가 나오도록 강제할 수 있는 노동조합의 힘이 법제도적인 측면에서 이미 확보되어 있다는 것을 나타낸다. 이것은 앞에서 설명한 바와 같이, 독일에서의 협약능력 개념을 둘러싼 논의와도 밀접하게 연관되어 있다.

4. 단체교섭권의 대사인효

우리 헌법 제33조 제1항은 단체교섭권을 "근로자"의 권리로 기술하고 있을 뿐 대사인적 효력을 직접 명시하고 있지 않다. 따라서 단체교섭권이 대 국가적 효력 외에 대사인적 효력을 갖는지 여부, 특히 사용자를 상대로 직접 주장할 수 있는 권리인가가 해석론으로서 문제된다.

여기에 대해서는 단결권, 단체교섭권, 단체행동권 등이 직접 사인에게 적용된다고 보면 노동3권을 침해하는 사용자의 행위는 헌법을 근거로 곧바로 당연 무효가 된다고 보게 되어 옳지 않다는 것을 전제로, 국가가 사인에게 기본권 규정이 적용될 수 있는 근거를 법률로 구체화 하였을 때에 그에 따라 비로소 이 권리를 사인에게 행사할 수 있고, 여기에서의 관련 법률에는 노동조합법, 노동위원회법 등 관련 법규 이외에 민법 제2조 신의칙 규정 등 일반규정이 포함된다고 보는 대사인효 부정설 내지 간접적용설이 있다. 우리나라는 노동조합법 제81조에서 부당노동행위제도를 강행규정으로 설정하고 있기 때문에 간접적으로 적용된다고 보는 견해나 직접적으로 적용된다고 보는 견해의 논의의 실익은 사실 별로 없다. 그러나 노동3권의 직접적 효력을 인정하지 않는다면 단체교섭 주체로서 노동조합법상 노동조합의 형식적 요건을 갖추지 못하였지만, 실질적 요건을 갖추고 있는 근로자의 단체, 즉 실질적 노동조합의 단결권, 단체행동권, 단체교섭권을 보장할 수 없다는 문제가 생긴다. 자주성과 조직의 실체를 가지고 있지만 노동조합법상의 노동조합의 형식적 요건을 갖추지 못한 소위 법외노조인 노동조합의 경우에는 노동3권을 간접적으로 보장할 수 있는 일반규정이 민법 등에 존재하는 것도 아니다. 이는 매우 부당한 결론이 아닐 수 없다. 노동3권은 노사관계를 전제로 하는 것이므로 처음부터 사인 간의 관계에 관한 것이라는 점이 명백하고, 특히 단체교섭권은 노사관계에서 발생하는 각종 문제들을 교섭을 통해 해결하도록 하는 취지를 강하게 가지고 있으므로 사인 간에도 직접적으로 적용된다고 보는 것이 옳다. 따라서 사용자는 비록 사인이지만 근로자에게 헌법상 보장된 노동3권을 존중하고 준수할 의무를 지고있다. 노동3권을 부정하거나 침해해서는 안 된다. 만약 사용자가 노동3권을 침해하는 행위를 할 경우 그러한 행위는 위법·무효라고 보아야 한다. 물론 사용자가 단체교섭권을 근로자 측의 헌법상 기본권으로 수인하여야 한다 하더라도 사용자의 수인행위는 단체교섭에 성실하게 임하는 것으로 충분하며, 근로자 측의 요구를 사용자가 그대로 수용하여야 한다는 의미는 아니다.

5. 노동3권 상호간의 관계에서의 단체교섭권

단결권, 단체교섭권, 단체행동권 등 노동3권 상호간의 관계가 어떻게 설정될 수 있을 것인가 하는 것은 각각의 권리들의 구체적인 내용과 발현형태를 설명하기 위한 중요한 전제가 된다.

(1) 노동3권 상호간의 밀접성을 중심으로 한 논의

전통적인 견해로서, 노동3권은 밀접한 상호 관련 하에서 근로자의 생존확보를 위한 수단으로 보장되어 있다고 보는 견해는, 단결권, 단체교섭권, 단체행동권이 상호 불가분의 일체적 권리라고 본다. 사실 "노동3권"이라는 용어도 3개의 권리의 상호 밀접성을 염두에 둔 조어라고 볼 수 있다. 이와 같은 노동3권의 밀접한 상호 관련성은 단결체만이 단체교섭권 및 단체행동권을 행사할 수 있다는 의미이고, 단결체가 단체행동을 하는 경우에도 단체교섭을 위해서만 할 수 있다는 의미에서 서로가 서로를 제한하며 어느 하나의 권리가 다른 권리에 의하여 정당성이 규정될 수도 있다는 뜻을 갖는다. 대법원도 과거 구 노동조합법상 조합원 범위에 관한 규정이 노동쟁의조정법상 쟁의행위의 정당성을 판단하는 데에 적용될 수 있는가가 문제된 사건에서 노동3권 상호간의 밀접한 상호 관련성을 긍정하는 전제 하에 판단을 내린 바 있다.[2] 그러나 이에 대하여, 집단적 자치의 개념을 개방적으로 이해하여 시대 상황의 변화에 따라 향후 새로운 시스템을 수용할 가능성을 전혀 배제하지 않는 것으로 보아야 하며, 우리 헌법이 3개의 권리를 단결권, 단체교섭, 단체행동권으로 나누어 병렬적으로 규정하여 각각의 독자성을 강조하고 있다는 점, 노동3권의 상호 관련성을 어느 정도로 할 것인지는 입법정책 내지 입법재량의 문제로 보아야 한다는 점 등을 근거로 노동3권의 독자성을 강조하는 견해가 있다. 이 견해들도 밀접성을 소극적으로 본다 하더라도 노동3권 중 어느 하나도 결여되어서는 안 된다고 보는 견해, 노동3권 중 어느 하나 예컨대 단체행동권을 대체할 수 있는 새로운 형태의 갈등해결수단이 개발된다면 단체행동권이 그것으로 대체될 수도 있을 정도로 각 권리를 독자적이라고 이해하는 견해 등으로 나뉜다. 집단적 자치의 이상을 추구함에 있어서 노동3권이 항구적인 불변의 진리가 아닐 수도 있다는 점에서 후자의 견해가 타당하다고 생각한다. 우리 헌법 제정권자도 1948년 제헌헌법에서는 노동3권을 모두 법률유보 하에서 보장했었고, 1980년 헌법에서는 단결권과 단체교섭권은 온전히 보장하면서 단체행동권에 대해서만은 법률유보를 두어 노동3권 중 어느 하나의 권리를 보장하지 않을 수도 있다는 점을 확인해야 한다.

또한 겉으로 보기에는 다소 역설적으로 보일 수 있지만, 노동3권은 3개의 서로 다른 권리의 산술적 합이 아닌 온전한 하나의 권리로 보아야 한다는 헌법학계의 주장은 노동3권 상호간의 밀접성을 소극적으로 파악해야 한다는 노동법학계의 주장과 서로 모순되지 않으며 오히려 맞닿아 있는 논리이다. 노동3권을 전체로서 하나의 권리라고 보는 경우에는 그 중 하나의 권리를 헌법 제37조 제2항에 따라 제약하는 경우 단결권과 단체교섭권과 단체행동권 중 어느 하나를 인정하지 않아도 노동3권 자체를 박탈한 것으로 보지 않는다. 다시 말하면, 노동3권을 완전한 하나의 권리로 보면, 노동3권 중 어느 하나를 보장하지 않더라도 그것은 노동3권의 일부분을 제한하는 문제가 되므로 기본권 제한의 적정성을 헌법 제37조 제2항에 따라 심사할 수 있게 된다는 것이다. 반면 노동3권을

---

2) 대법원 1990. 11. 27. 선고 89도1579 판결.

각각 완전한 별개의 3개의 권리로 본다면 3개의 권리 중 어느 하나, 예컨대 단체행동권을 인정하지 않는다면 그것은 기본권의 일부 제한이 아니라 어느 하나의 기본권 전체에 대한 완전한 박탈을 의미하게 되므로 헌법 제37조 제2항에 따른 심사를 받을 것도 없이 그대로 헌법 위반이 된다고 보는 결론에 이르게 된다. 실제로 노동법학계에서 제시되는 노동3권 상호간의 밀접한 상호 제약적 연관관계를 긍정하는 견해를 취하게 되면 논리적으로 노동3권 중 어느 하나를 인정하지 않거나 부인하는 것은 노동3권 전체를 실효성이 없게 만든다고 보게 된다. 우리 헌법은 제33조 제3항에서 "법률이 정하는 주요방위산업체에 종사하는 근로자의 단체행동권은 법률이 정하는 바에 의하여 이를 제한하거나 인정하지 아니할 수 있다"라고 하여 헌법 스스로가 단체행동권의 완전한 박탈을 허용하는 규정을 가지고 있다. 그렇다면, 그러한 헌법의 규정 태도가 타당한지 여부를 떠나서, 우리 헌법은 적어도 노동3권을 완전한 하나의 권리로 보고 있다는 헌법학계에서의 설명을 택할 때, 그리고 밀접한 상호 관련성을 고려하지 않고 있다고 볼 때 노동3권의 전체적인 성격과 노동3권에 포함되는 각 권리의 개별적 기능과 독자적 의미를 더욱 정확하게 이해할 수 있는 측면이 있다고 보아야 한다.

(2) 중심 권리가 무엇인가를 둘러싼 논의

노동3권 서로가 밀접하게 관련되어 있다고 볼 경우 중심적인 권리가 무엇인가에 대하여 논의가 이루어지고 있다. 단결권과 단체교섭권, 단체행동권 중 어느 권리가 더 중요성이 있다고 보아야 하는가 하는 논의이다. 여기에 대해서는 단체교섭권이 중심이 된다고 보는 견해와 단결권이 중심이 된다고 보아야 한다는 견해가 제시되고 있다.

우선 단체교섭권이 중심이 된다고 보는 견해는 헌법 제33조 제1항은 단체교섭을 중심으로 하여 전개되는 노사자치에 대하여 법적 기초를 부여하는 규정이므로, 단체교섭이나 단체협약의 체결을 전제로 하지 않는 단결권이나 단체행동권은 무의미하다고 설명한다. 다수 학자들과 법원 판결이 지지하는 견해이다.[3]

이 견해에 따르면 노동3권의 중심에 단체교섭권이 있으므로 단결권 및 단체행동권의 정당성 범위는 단체교섭권의 정당성 기준에 의하여 결정되게 된다. 즉 단결활동 또는 단체행동이 정당하려면 사용자를 상대방으로 하여, 근로조건과 밀접하게 관련되고 사용자에게 처분권한이 있는 사항을 대상으로 하여야 한다고 보는 것이다. 반면 단결권이 중심이 된다고 보는 견해는 노동3권 중에서도 단결권이 가장 근원적인 것으로서 실제에 있어서 단결체의 힘을 배경으로 하지 않는 한 노동기본권의 의의가 없게 된다고 한다. 이 견해는 단결권을 목적적인 권리로, 단체교섭권과 단체행동권은 단결목적을 달성하기 위한 수단적 권리로 파악한다. 그러나 노동3권을 구성하는 3개의 권리 중 어느 권리가 중심이 되는 권리인가에 대한 논의는 그 자체로는 중요한 실익이 있는 것은 아니다. 헌법 제33조 제1항이 단결권, 단체교섭권과 단체행동권을 각각 특별한 우선순위에 대한 암시 없이 열거하고 있고, 헌법 조문에 대한 해석을 통해서 어느 권리가 중심인 권리인지를 밝혀낼 수도 없기 때문이다. 또한 넓은 의미에서 근로자의 단결체가 행사할 수 있는 단체행동에는 노동조합법이 예정하는 쟁의행위 이외에 업무시간 외에 행하는 별도의 집회, 시위, 집단 교육, 홍보활동 등 다양한 행위가 있을 수 있는데, 이러한 행위들이 반드시 단체교섭을 유리하게 이끌기 위해서만 행해진다고 하기도 어렵다.

(3) 노동3권의 개별성과 일체성

노동3권을 불가분적 연관관계에 놓고 이해하여야 할 필연적인 이유는 없다. 우리 헌법상 노동3권인 단결권, 단체교섭권, 단체행동권은 원칙적으로 개별적 독자성이 있는 권리로서 이해되어야 한다. 동시에 헌법 규정의 취지상 헌법 제33조 제1항에 열거된 기본권들은 전체로서 하나의 기본권이라고 이해하여야 한다. 노동3권을 구성하는 각각의 권리가 서로 다른 특성과 내용을 가지고 개별적으로 존재하지만, 이 세 가지의 권리가 전체로서 하나의 기본권이 된다는 인식이 모순된 것이라고 생각할 필요는 없다. 이러한 노동3권 상호간의 관계를

3) 대법원 1990. 5. 15. 선고 90도357 판결; 헌법재판소 1996. 12. 26. 선고 90헌바19 결정.

"단결권, 단체교섭권, 단체행동권은 각각 상대적인 독자성을 유지하면서 일체적으로 근로자의 근로조건 향상에 봉사하는 것이 기대되는 것"이라고 표현하기도 한다. 이와 같이 노동3권 상호간의 밀접한 상호 제약적 연관관계라는 인식의 틀을 벗어나면, 비로소 단결권, 단체교섭권 및 단체행동권이 근로조건의 향상을 위하여 행사되기만 하면 족하며 3개의 각 권리들은 그 자체로 중요성을 가질 수 있다는 점을 긍정할 수 있게 된다. 굳이 노동3권 상호 간에 어느 권리가 중심이 되는지에 대하여 논의하는 것도 큰 의미가 없다. 하지만 아직 노동3권을 완전히 대체할 만한 수단적 권리가 개발되지 않은 상태이고, 여전히 단체교섭권에 대한 인식과 실현 정도가 턱없이 부족한 우리나라의 상황을 고려하면, 단체교섭권이 배제되는 단결권 보장은 의미가 없고, 단체교섭권을 전제로 하지 않는 단체행동권 행사는 맹목이라는 시각이 전적으로 비현실적인 것이라고 치부하기는 어려운 측면이 있다. 그러한 관점에서 노동3권 상호간의 밀접한 연관성을 강조하는 견해들과, 노동3권 중 어느 권리가 중심에 놓여야 하는 가에 대한 고민들은 지금까지도 우리나라의 상황에서 노동3권의 본질을 이해하고 실현해 가는 데에 상당히 유용한 관점을 제공해 왔다고 평가되어야 한다.

6. 단체교섭권의 법적성질

단체교섭권의 법적성질은 단체교섭권을 바라보는 시점에 따라 여러 가지 차원에서의 설명이 가능하다. 이를 목적 측면에서의 행위로서의 특징, 효과 측면에서의 권리로서의 특징, 기본권의 분류 측면에서의 특징 등 세 가지로 나누어 설명하기로 한다.

(1) 목적 측면에서의 행위로서의 법적성질

단체교섭 중에서도 단체협약 체결을 목적으로 하는 단체교섭권의 법적성질 문제이다. 단체교섭에는 단체협약 체결 이외에도 노사관계에 있어서의 실체적 또는 절차적 각종 규율에 관한 사항을 설정하거나 해석·적용하기 위하여 사용자 또는 사용자단체와 평화적으로 협의하고 절충해 가는 과정을 의미하는 단체교섭이 있다. 그 중 목적 측면에서의 행위로서의 법적성질에 대한 검토는 단체협약 체결 목적 단체교섭의 경우에 국한한 법적성질 문제에 집중한다. 왜냐하면 단체협약 체결을 목적으로 하지 않는 단체교섭의 경우 그 교섭의 결과가 합의에 도달하여 합의서가 작성되는 경우도 있으나, 대부분의 경우 교섭이 이루어지는 현상과 과정에 집중하게 되기 때문이다.

단체협약 체결을 목적으로 하는 단체교섭의 법적성질이 무엇인가 하는 문제는 체결되는 단체협약의 법적성질을 어떻게 보는가에 따라 결론이 달라진다. 앞에서 자세히 살펴본 것처럼 단체협약은 단체협약 적용 단위인 부분 사회에 적용되는 집단적 자치규범이라고 본다면, 단체협약은 그 자체로는 국가가 제정한 법률이 아니므로 단체협약의 체결 과정은 노동조합과 사용자 또는 사용자단체 사이의 자치규범 설정계약이라고 보아야 하지만, 헌법 제33조 제1항과 노동조합법 제33조에 의해 규범적 효력이 부여(수권)되면서 단체협약은 강행적 효력을 가지고 직접적으로 체결 당사자인 사용자와 노동조합 이외에 조합원에게 적용되는 효력을 갖게 된다. 이와 같은 전제에 따른다면 목적 측면에서의 행위로서의 단체교섭의 법적성질은 계약체결행위로 평가될 수 있다.

(2) 효과 측면에서의 권리로서의 법적성질

효과 측면에서의 권리로서의 법적성질 문제는 헌법 제33조 제1항에 의해 단체교섭권이 보장되는 것으로부터 노동조합이 사용자에 대하여 단체교섭에 임할 것을 요구할 수 있는 사법상의 청구권이 발생한다고 볼 수 있는지에 대한 논의이다. 단체교섭권의 사법상 청구권성을 인정할 것인지 여부에 따라 단체교섭 응낙가처분을 인정할 수 있는지에 대한 결론이 달라진다.

여기에는 단체교섭권의 청구권성을 긍정하는 견해와 부정하는 견해가 있다. 단체교섭권은 노동조합이 사용자에 대하여 단체교섭을 행하도록 '청구하는', 그 청구에 응하지 않으면 법적 장치를 통해서 응하도록 강제할 수 있는 권리이며, 그에 대하여 사용자는 일종의 '하는 채무'를 부담하는 관계라는 견해가 단체교섭권의 청구권성을 긍정하는 견해이다. 이 견해는 헌법 제33조 제1항과 노동조합법 제30조의 성실교섭의무와 단체교섭응낙의무에 근거가 있다고 하고, 단체교섭 응낙가처분을 인정한다.[4] 이에 반하여, 헌법 제33조 제1항에 의해 보장되는 노동3권이 직접 대사인적 효력을 가진다 하더라도 그것은 제3자가 노동3권을 부정하거나 침해할 경우 이를 위법·무효로 한다는 의미일 뿐이지 노동조합의 사용자에 대한 적극적인 청구권을 인정하고 그에 상응하는 사법상 의무를 긍정하는 것은 아니라고 보는 견해가 있다. 단체교섭권의 청구권성을 부정하는 견해이다.

어떤 쟁점을 둘러싼 노동조합과 사용자 측의 단체교섭은 근로자의 단결과 법률의 지지를 통해 확보된 당사자 간의 대등성을 토대로, 양 당사자가 각자 의도하는 목적을 쟁취하기 위해 다양한 전술을 활용하여 공방을 거듭하면서 진행되는 사실적인 개념으로 이해하여야 한다. 그리고 그러한 과정 속에서 사용자는 교섭에 응하여 적정한 선에서 타협을 할 것인지 아니면 교섭에 응하지 않고 노동조합이 쟁의행위에 돌입하는 상황을 유도할 것인지 선택할 수 있는, 집단적 자치를 보장하는 수단으로서 허용된 자유를 지닌다고 보아야 한다. 이와 같은 다양한 가능성과 변수들을 무시하고 국가 기관인 사법부가 교섭의 상대방인 사용자를 교섭 석상에 나오도록 일방적으로 강제할 수 있다고 보는 것은 타당하지 않다. 언뜻 보기에는 단체교섭권의 사법상 청구권성을 긍정하는 것이 상대적 약자인 노동조합을 뒷받침하고 쟁의행위 발생을 억제하면서 단체교섭을 촉진할 수 있는, 어려운 상황에 처한 노동조합에 대한 신속한 구제를 가능하게 하는 견해라고 생각될 수도 있다. 하지만 장기적으로는 오히려 노동조합의 교섭력을 약화시켜 의제된 단체성의 부작용을 키울 뿐 아니라 국가가 중립의무를 위반하고 과도하게 개입함으로써 오히려 집단적 자치를 저해하는 결과를 가져오게 될 것이다. 국제노동기구(ILO)도 정부가 단체교섭을 촉진하여야 하는 의무를 부담한다는 제98호 협약 제4조의 의미가 강제적인 수단(compulsory means)으로 단체교

4) 대법원 2007. 7. 26. 선고 2005다67698 판결; 대법원 2007. 12. 13. 선고 2006다34268 판결 등.

섭을 강제집행하는 것을 뜻하는 것을 아니라는 점을 밝히고 있다. 이미 우리나라의 사법현실에서는 노동관계에서 가처분이 매우 광범위하게 활용되고 있으며, 단체교섭응낙가처분도 너무 일상화 되어 있기는 하지만, 그렇다고 해서 그러한 경향이 바람직한 것은 아니다.

(3) 기본권의 분류 측면에서의 법적성질

첫째, 단체교섭권은 자유권으로서의 성격을 가진다. 노동3권 중 자유권적 성격이 가장 강한 것은 단결권이라고 할 수 있다. 자주적으로 단결체를 조직하고 가입하는 것과 조직된 단결체를 자주적으로 운영·통제할 수 있는 것이 중심 내용이라는 점에서 단결권이 자유권적 성격을 갖는 것은 자연스러운 일이다. 반면 단체교섭권은 상대방이 반드시 필요한 권리로서 사용자가 단체교섭에 임하는 것을 전제하는 권리라는 점에서 단결권과 같은 정도의 자유권적 성격을 갖는다고 보기는 어렵다. 그러나 국가는 헌법 제33조 제1항에 규정된 단체교섭권의 정당한 행사를 제한하거나 금지하는 입법적 또는 행정적 조치를 취할 수 없다. 그러한 행위는 위헌·무효가 된다. 이와 같이 국가기관을 제약하는 효과는 단체교섭권이 갖는 자유권적 성격을 나타내주는 효과라고 할 수 있다. 헌법재판소도 "그 단체의 본질적인 활동의 자유인 단체교섭권에는…"[5]이라고 하여 단체교섭권의 자유권적 성격을 긍정하고 있다. 또한 정당한 단체교섭권 행사로 인해 상대방인 사용자에게 손해가 발생하는 경우에도 근로자의 단결체는 민·형사상 책임을 지지 않는다. 이는 헌법 제33조 제1항으로부터 직접 도출될 수 있는 효과이므로 우리 노동조합법 제3조의 손해배상 청구권 제한 규정과 제4조의 위법성조각사유 규정은 당연한 내용을 확인한 확인규정이라고 볼 수 있다. 이러한 면책적 효과도 국가의 불개입을 의미한다는 점에서 역시 자유권적 성격을 나타내는 내용이라고 할 수 있다.

둘째, 단체교섭권은 사회권적 기본권으로서의 성격을 가진다. 노동3권은 국가에 대하여 근로조건의 향상을 위하여 필요한 제도·절차 및 조직을 형성하도

---

5) 헌법재판소 1998. 2. 27. 선고 94헌바13·26, 95헌바44 결정.

록 하는 과제를 부과한다. 근로자들이 국가에 대하여 근로조건의 향상을 위한 단체교섭권의 조성을 입법적·행정적 수단을 통해 적극적으로 실현하고 장해를 제거해 줄 것을 요구할 수 있는 권리는 노동3권을 규정한 우리 헌법 제33조 제1항에서 비롯된다. 근로조건의 향상을 지향한다는 것은 인간다운 생활을 확보한다는 사회권적 기본권의 이념과도 직결된다. 보통 사회권적 기본권은 국가의 급부행위를 요구하는 것을 내용으로 하는 기본권이라는 점을 고려하면, 국가의 급부행위를 요구하는 것이 아니라 제도나 절차를 형성하고 장해를 제거해줄 것을 요구하는 것을 내용으로 하는 노동3권은 전형적인 사회권적 기본권이라고 하기는 어렵다. 하지만 직접적인 급부행위는 아니더라도 단체교섭권의 실질적 보장을 위해서는 국가의 "적극적인 개입과 뒷받침"이 요구된다는 점은 자유권의 성격이 아니라 사회권적 기본권으로서의 성격이 드러난 것이라고 볼 수 있다.

그렇다면, 단체교섭권은 자유권적 성격과 사회권적 성격이 혼합된 권리라고 인식해야 한다. 이상의 내용을 정리해보면, 단체교섭권은 자유권적 성격을 가진다는 점도 부인할 수 없고, 사회권적 성격도 가지고 있다고 하지 않을 수 없다. 하지만 다른 기본권 주체를 상대방으로 하는 권리이기 때문에 국가의 침해를 배제하는 것을 주 내용으로 하는 전형적인 자유권적 기본권과는 분명 차이가 있다. 그리고 국가의 급부행위를 요구하는 권리도 아니라는 측면을 고려할 때 전형적인 사회권적 기본권이라고 단정하기도 어렵다. 이러한 특성을 고려해서 헌법재판소는 노동3권을 "사회적 보호기능을 담당하는 자유권 또는 사회권적 성격을 띠는 자유권"[6]이라고 표현하고 있다. 물론 자유권적 성격에 더욱 무게를 두고 있다고 보인다.

---

6) 헌법재판소 1998. 2. 27. 선고 94헌바13·26, 95헌바44 결정.

Ⅱ. 단체교섭의 정의

1. 단체교섭의 정의를 위한 기초개념 정리

(1) "교섭"으로서의 단체교섭

단체교섭은 교섭이다. 교섭이란 사전적으로는 어떠한 결론에 이르기 위해 주장이 상반되는 둘 이상의 상대방이 서로 의논하고 절충하는 것을 말한다. 교섭은 이해가 서로 대립하거나 충돌하는 둘 이상의 주체들이 서로 자신의 주장을 제기하고 상대의 주장을 확인하면서 의논하고 절충해나가는 역동적이고 연속적인 과정을 지칭하는 사실적 개념이다. 교섭은 그 결론으로서 합의를 필연적으로 포함하는 개념은 아니다. 때로는 상대방을 교섭 석상에 나오도록 강제하기 위하여 행하는 단체행동이나, 교섭 과정에서 자신들의 주장을 관철하기 위해 행하는 쟁의행위, 나아가 교섭의 결과를 합의서 내지 협약서로 성문화하는 작업까지도 넓은 의미의 단체교섭에 포함된다. 단체교섭을 이와 같이 넓은 의미로 이해하게 되면 이익분쟁 뿐만 아니라 권리분쟁 사항까지도 이어지게 된다.

(2) "단체"가 행하는 교섭으로서의 단체교섭

단체교섭은 근로자의 단결체가 사용자 또는 사용자단체를 상대로 행하는 교섭을 말한다. 단결체만이 단체교섭을 행할 수 있다. 개념상 근로자 개인이 사용자와 교섭한다는 의미의 "개별적 교섭"과는 구별된다. 근로자 개인은 개별적 교섭을 통해 근로계약을 맺거나 변경할 수는 있어도 개인의 자격으로 단체교섭의 주체가 될 수는 없다. 단체교섭은 개별 조합원들이 사용자와 노동력을 거래함에 있어 준거해야 할 근로조건의 기준을 설정할 목적으로 근로자들이 사용자와 실질적인 힘의 대등성을 확보하는 수단으로 단결체를 이루어 교섭했던 것에서 유래하므로 근로자 개인이 단체교섭을 할 수는 없다는 것은 당연한 결론이다. 하지만, 우리나라에서 이와 같은 단체성의 중요성은 상당부분 반감되어 있다. 우리 노동조합법 체계 하에서는 "노동조합"이 실질적인 조직으로서 규약과 자주성을 갖고 있기만 하면 “단체성”이 있는 것으로 간주되고 있고, 노동조합이 단체일수 있는 최소한의 인원수는 2인 이상만 되면 족한 것으로 설명되고 있으며, 일단 어떤 노동조합이 노동조합법상 노동조합으로 인정될 수만 있다면 그 노동조합은 굳이 단체로서의 세력을 사용자에게 직접 과시하지 않아도 부당노동행위 규정 등 노동조합법의 각종 제도들을 통하여 사용자에게 교섭에 임할 것을 강요할 수 있다. 즉 법 제도적인 측면에서 근로자 측의 단체교섭력이 확보 또는 의제되고 있는 것이다. 이는 물론 노동조합의 교섭력을 지지해주는 긍정적인 부분도 있지만, 우리나라에서 법률상 노동조합의 단체교섭 주체로서의 단체성이 형식화하고 있는 현상의 한 원인이 되기도 한다. 다만 우리나라에서 법률상 노동조합이 갖는 “단체성”은 사실적인 힘에서라기보다는 헌법 제33조 제1항과 노동조합법 체계 아래에서의 단결권 및 단체행동권 보장 질서에서 의제되는 측면이 크므로 단체성의 형식화로 인한 문제점이 당장 전면에 부각되지는 않고 있다.

힘의 대등성 확보 목적 이외에 “단체성”이 강조되는 두 번째 이유는 근로자들이 개별적으로 사용자와 교섭하게 되었을 때 근로자들이 다른 근로자들과 서로 근로조건 인하 경쟁을 벌이게 되는 것을 차단하기 위하여 일정한 카르텔을 인정할 필요가 있기 때문이다. 단체교섭은 개별적 교섭의 산술적인 합이 아니다. 노동조합은 개별 근로자들의 의사보다 우월한 효력을 갖는 결정을 단체의 의사로 내리게 되고, 이때 고려되는 근로자들의 의사는 원칙적으로 추상적·관념적 의사이다.

(3) 계속적 교섭으로서의 단체교섭

단체협약 체결을 목적으로 하는 단체교섭권은 단체협약이 체결되면 더 이상 권리를 행사할 수 없다. 따라서 이때의 단체교섭권은, 예외적인 보충교섭 등을 제외하면 계속적인 권리라기보다는 중단되는 권리 내지 정기적으로 행사할 것이 예상되는 권리라고 볼 수 있을 것이다. 하지만 단체협약 체결 목적 이외의 단체교섭, 즉 단체협약을 통해 설정된 근로조건의 해석·적용과 관련된 문제와 노사관계에 있어서의 실체적 또는 절차적 각종 규율로서 설정된 사항을 해석·적용하는 과정에서 발생하는 문제들에 대하여 행해지는 단체교섭은 단체협약 유효기간 중에도 계속되어야 한다.

노동쟁의의 개념을, 1987년 노동쟁의조정법을 폐지하고 1997년 노동조합법을 제정할 때 "근로조건에 관한 노동관계당사자간의 주장의 불일치로 인한 분쟁상태"에서 "근로조건의 결정에 관한 주장의 불일치로 인하여 발생한 분쟁상태"로 개정하면서, 근로조건의 결정, 즉 단체협약 체결 목적 단체교섭만 허용되는 것처럼 법상황이 바뀌었다. 하지만, 현행 노동조합법 제81조 제1항 제3호의 단체교섭 거부의 부당노동행위 규정에 "노동조합의 대표자 또는 노동조합으로부터 위임을 받은 자와의 단체협약체결 기타의 단체교섭"이라고 해서, 단체협약 체결 목적 단체교섭 이외에 '기타의 단체교섭'에 관한 이전의 규정을 수정하지 않고 아직 그대로 두고 있다. 이 규정을 토대로 우리는 노동조합법이 단체협약 체결 목적의 단체교섭 이외에 단체협약의 유효기간 중에도 계속되는 기타의 단체교섭을 인정하고 있다고 해석할 수 있는 여지를 확보할 수 있다. 여기에서 기타의 단체교섭 중 상당부분은 계속적 교섭으로서의 단체교섭에 해당한다고 볼 수 있다. 하급심 판결 중에 사용자의 단체협약 미이행에 대하여 노동조합이 시정을 요구하였음에도 불구하고 사용자가 응하지 않아서 단체행동에 나아간 것이 정당하다고 판단한 사례가 있는데[7], 이것은 노동조합의 단체협약 이행 요구와 시정요구, 즉 계속적 단체교섭이 가능함을 인정한 사례로 볼 수도 있다.

2. 단체교섭의 정의

이상에서 정리한 단체교섭권의 기본적인 내용들을 종합적으로 정리해보면, 우리 헌법과 노동조합법 체계 하에서 단체교섭은 '근로자의 단결체가 근로조건 및 기타 근로자의 대우에 대한 사항과 노사관계에 있어서의 실체적 또는 절차적 각종 규율에 관한 사항을 설정하거나 해석·적용하기 위하여 사용자 또는 사

7) 서울남부지방법원 2014. 1. 23. 선고 2012가합3891 판결.

용자단체와 협의하고 절충해가는 과정 및 체계'를 말한다고 정의할 수 있다. 노동조합법은 단체교섭에 대해 정의하고 있지 않다.

3. 단체교섭의 사회적 기능

단체교섭의 기능은 매우 다양한 측면에서 설명할 수 있지만, 기본적으로는 근로자의 보호, 노사 간의 질서와 규율과 관련된 문제 등을 노동관계 당사자 사이의 자율적인 교섭과 협의를 통해 형성하고 실현해나가는 기능을 한다. 구체적으로는 다음과 같이 설명될 수 있다. 첫째, 단체교섭은 근로자를 보호하는 기능을 한다. 근로자 보호 기능을 담당하기 위해서 단체교섭 과정에서 단결체는 근로조건의 유지·개선을 위한 다양한 의제들을 전략적인 관점에서 관철해 나가기 위해 노력하게 된다. 둘째, 단체교섭은 집단적 자치의 원리를 구현하는 기능을 한다. 집단적 자치란 풀어서 말하면 노동조합과 사용자 또는 사용자단체가 집단적 차원에서 국가나 외부세력의 개입 없이 근로조건 또는 근로조건에 밀접한 영향을 주는 다양한 문제들에 대하여 합의를 형성하고 이 합의를 통하여 자신들의 문제를 자율적으로 해결해 나가는 것을 말한다. 단체교섭의 이와 같은 기능을 "협약자율 또는 협약자치"라는 용어를 사용하여 설명하기도 한다. 셋째, 단체교섭은 노사 간에 발생하는 분쟁을 평화적으로 해결하고 자율적인 질서를 만들어 나가는 기능을 한다. 단체교섭에 임하는 노동관계 당사자의 교섭능력이 낮을수록 노사 간의 문제를 법률이나 공권력 또는 외부세력의 개입에 기대어 해결하려는 경향이 높아진다. 그 경우 교섭이 결렬되어 쟁의행위로 이어졌을 때 극단적인 물리적인 충돌로 이어지는 빈도가 매우 높다. 이를 반대로 설명하면 노사가 단체교섭이라는 헌법과 법률로 보장된 수단을 유효적절하게 활용할 수 있는 능력이 높을수록 노사 간의 문제가 평화적으로 해결될 가능성이 높다는 의미일 수 있다. 여기에서 말하는 노사 간에 발생하는 "분쟁"이란 우리 노동조합법 제2조 제5호의 노동쟁의 상태만을 의미하는 것은 아니다. 노사 간의 분쟁은 "근로조건의 결정"과 관련해서만 발생하는 것이 아니라 결정된 근로조건을 해석하고 적용하는 과정에서도 발생할 수 있고 근로조건 이외의 노동조합과 사용자 사이의 집단적 노사관계의 각종 규율을 둘러싸고 발생하는 경우도 많기 때문이다.

Ⅲ. 단체교섭의 주체와 상대방

1. 단체교섭 당사자 확정 단위

(1) 당사자 확정 단위의 의의

단체교섭 당사자 확정 단위란 단체교섭을 진행하기 위해서 실질적 자주성을 갖춘 근로자의 단결체가 정당한 단체교섭권이 있는 주체로서 자격을 인정받고 단체교섭을 진행할 수 있는 범위를 말한다. 다시 말하면 단체교섭의 주체로서 당사자가 당사자로서의 지위를 인정받을 수 있는 인적 범위의 문제이자 지역적 범위의 문제라고 할 수 있다. 단체교섭의 당사자가 대표할 수 있는 조직된 전체 조합원의 범위의 문제인 동시에 조합원들이 재직하는 사업 또는 사업장들을 의미하는 지역적 개념이 될 수도 있는 것이다. 단체교섭 당사자 확정 단위에 대해서는 우리 노동조합법에 규정이 없다. 다만 노동조합법 제29조의3이 복수노조하에서 교섭창구 단일화 절차를 진행하는 단위로서 교섭단위 분리 및 통합 에 관하여 특별규정을 두고 있을 뿐이다.

단체교섭 당사자 확정 단위의 문제는 조직대상의 문제일 수도 있고, 교섭단위의 문제일 수도 있다. 그러나 조직대상이나 교섭단위의 개념과 반드시 일치하지는 않는다. 조직대상은 노동조합이 조합원으로 가입 시킬 수 있는 대상 근로자의 범위를 일컫기 때문에 대부분의 경우에는 조직대상은 교섭단위와 일치한다. 그러나 넓은 의미에서 보면 조직대상 개념은 단체교섭 당사자 확정 단위와 비교하여 같거나 넓은 개념이다. 우선 초기업단위 상급 노동조합이 대각선 교섭을 할 경우 단체교섭 당사자 확정 단위는 조직대상보다 좁아지게 된다. 특정 사업을 조직단위로 하여 조직된 노동조합이 있는 사업장에서 교섭단위 분리 결정에 의해 교섭단위가 나누어지고, 나누어진 교섭단위 별로 교섭창구 단일화 절차가 진행될 경우에도 노동조합의 조직단위가 교섭단위보다 넓어진다. 노동조합법 제29조의3은 교섭대표 노동조합을 결정하여야 하는 단위"를 교섭단위라고 정의하여 하나의 사업 또는 사업장 단위 교섭에서 교섭창구 단일화 절차를 진행하는 범주로서 교섭단위 개념을 사용한다. 따라서 지역적 개념의 성질이 강하고 일반 개념으로서의 단체교섭 당사자 확정 단위보다 좁은 개념이다. 다만 경우에 따라서는 교섭단위라는 용어가 같은 의미로 혼용되는 경우도 있다.

노동조합 및 노동관계조정법 제29조의3(교섭단위 결정)

① 제29조의2에 따라 교섭대표노동조합을 결정하여야 하는 단위(이하 "교섭단위"라 한다)는 하나의 사업 또는 사업장으로 한다.

② 제1항에도 불구하고 하나의 사업 또는 사업장에서 현격한 근로조건의 차이, 고용형태, 교섭 관행 등을 고려하여 교섭단위를 분리하거나 분리된 교섭단위를 통합할 필요가 있다고 인정되는 경우에 노동위원회는 노동관계 당사자의 양쪽 또는 어느 한 쪽의 신청을 받아 교섭단위를 분리하거나 분리된 교섭단위를 통합하는 결정을 할 수 있다.

(2) 노동조합법상 단체교섭 당사자 확정의 기본 단위

노동조합법은 단체교섭 당사자 확정 단위에 대해 특별한 규정을 두고 있지 않다. 원칙적으로는 노동조합의 자주적인 결정에 맡겨져 있다고 볼 수 있다. 단체교섭 당사자 확정 단위는 대개 노동조합 규약의 조직대상 규정과 단체교섭 규정의 유기적 해석을 통해 밝혀질 수 있다. 단체교섭 당사자 확정 단위를 정함에 있어서 사용자의 동의를 필요로 하는 경우도 있다. 실제로 단체교섭 당사자 확정 단위는 매우 다양한 양상으로 결정되고 있다.

가장 기본적인 당사자 확정 단위는 사업 또는 사업장이다. 여기에서 사업이란 법인과 같이 경영상 일체를 이루는 기업체 그 자체를 의미하고, 사업장은 법인격으로서 독자성을 갖고 있을 필요는 없지만 독자적인 경영상 판단 하에서 재정, 인사, 노무 등이 독립되어 운영되는 단위로서 사업의 일부를 뜻한다. 사업장의 개념으로서 "장소적 구획" 개념을 추가하기도 한다. 노동조합이 단체교섭을 요구할 때 사용자는 원칙적으로는 당사자 확정 단위를 이유로 단체교섭을 거부할 수는 없다. 그러나 산업별 단체교섭이나 지역단위 단체교섭에서는 단체교섭 당사자 확정 단위 결정에 사용자의 동의를 필요로 하는 경우가 발생한다. 원칙적으로는 산업별 노동조합 조합원이 재직 중인 전체 사업장이 단체교섭 당사자 확정 단위가 되지만, 사용자가 산업별 사용자단체에 가입하지 않고 있을 때에는 산업별 단체교섭 요구에 응하지 않을 수 있으며, 이 경우 어쩔 수 없이 노동조합은 사업 또는 사업장 별로 대각선 교섭을 할 수밖에 없다.[8] 비슷한 예로 특정 사업장 두 군데 이상이 하나의 단체교섭 당사자 확정 단위로 묶이는 경우도 있다. 다만 복수노조 하에서 교섭창구 단일화 절차를 진행하고자 할 때에는 당사자 확정 단위는 사업 또는 사업장 단위로 제한된다.

(3) 교섭창구 단일화 제도 적용 단위로서의 교섭단위

노동조합법 제29조의3 제1항은 "교섭대표 노동조합을 결정하여야 하는 단위는 하나의 사업 또는 사업장으로 한다"고 하여 교섭창구 단일화 절차를 거쳐 교섭대표 노동조합을 결정하는 단위, 즉 복수노조가 병존하는 사업장에서 단체협약 체결 목적 단체교섭을 진행하기 위하여 당사자를 확정하는 범위인 교섭단위는 원칙적으로 사업 또는 사업장 단위임을 규정하고 있다. 교섭대표 노동조합은 원칙적으로 교섭단위별로 결정된다.

2. 교섭단위 분리·통합 제도

(1) 교섭단위 분리·통합 제도의 의의

교섭단위(bargaining unit) 개념은 미국의 배타적 교섭대표제도의 토양에서 형성된 개념이다. 미국에서는 단체교섭 당사자 확정 단위와 교섭단위 개념은 사실상

8) 노조01254-481, 2000. 6. 13; 노사관계법제과-1233, 2008. 11. 27.

같다. 다만, 미국에서 교섭단위를 둘러싼 쟁점이 주로 교섭단위의 결정 및 안정적 유지에 집중되어 있는 것과 달리, 우리나라에서 '교섭단위'라는 용어는 통상 복수노조가 조직되어 있는 사업 또는 사업장에서 분리 또는 통합 절차를 전제로 사용하는 개념 개념이다.

(2) 교섭단위 결정의 기본 원칙

노동조합법상 원칙적인 교섭단위는 하나의 사업 또는 사업장이다. 그러나 하나의 사업 또는 사업장에 소속되어 있는 경우에도 조합원들이 수행하는 업무의 종류, 근로제공 형태, 근로조건 등에 차이가 있어서 하나의 단체교섭을 통해 사용자와 교섭하고 하나의 단체협약에 모든 사항을 규정하는 것이 적당하지 않은 경우에는 비록 하나의 사업 또는 사업장이라 하더라도 교섭단위를 나누어 단체교섭을 진행하는 것이 합리적인 경우가 있다.

(3) 교섭단위 분리·통합 신청 요건

교섭단위 분리 또는 통합 신청의 요건은 하나의 사업장에서 현격한 근로조건의 차이, 고용형태, 교섭 관행 등을 고려하여 교섭단위 분리가 필요하다고 인정되는 경우 또는 그 반대의 경우로서 교섭단위의 통합이 필요한 때이다. 노동조합법 제29조의3 제2항은 "하나의 사업 또는 사업장에서 현격한 근로조건의 차이, 고용형태, 교섭 관행 등을 고려하여 교섭단위를 분리하거나 분리된 교섭 단위를 통합할 필요가 있다고 인정되는 경우에 노동위원회는 노동관계 당사자의 양쪽 또는 어느 한쪽의 신청을 받아 교섭 단위를 분리하거나 분리 된 교섭단위를 통합하는 결정을 할 수 있다"고 규정한다. "교섭단위를 분리하거나 하거나 분리된 교섭 단위를 통합할 필요가 있다고 인정되는 경우"에서 교섭단위를 분리할 필요성이란 "하나의 사업 또는 사업장에서 별도로 분리된 교섭단위에 의하여 단체교섭을 진행하는 것을 정당화할 만한 현격한 근로조건의 차이, 고용형태, 교섭관행 등의 사정이 있고, 이로 인하여 교섭대표 노동조합을 통하여 교섭창구를 단일화하는 것이 오히려 근로조건의 통일적 형성을 통해 안정적인 교섭

체계를 구축하고자 하는 교섭창구 단일화 제도의 취지에도 부합하지 않는 결과를 발생시킬 수 있는 예외적인 경우"[9]를 의미한다. 근로조건의 차이, 고용형태, 교섭 관행 등은 객관적인 요소를 고려하여 판단한다. 숙련도, 경력, 학력, 근속연수 등 근로자 개인적 속성 차이는 현격한 근로조건 차이가 아니다. 노동조합법 제29조의3 제2항이 "등을 고려하여"라고 규정하고 있으므로, 이 세 가지 요소들을 고려하면 될 뿐, 반드시 세 가지 요소가 모두 존재해야 하는 것은 아니다. 다만, 노동조합법 제29조의3 제2항이 제시한 고려 요소 중 어느 하나도 존재하지 않는다면 교섭단위 분리 필요성을 검토할 수 없다.

노동위원회에 대한 교섭단위 분리·통합 신청 가능 기간은 사용자가 교섭요구 사실 공고를 하기 이전의 기간이나 교섭대표 노동조합 결정 이후의 기간으로 매우 넓게 인정되고 있다(노동조합법 시행령 제14조의11 제1항).

(4) 교섭단위 분리·통합 신청권자

노동위원회에 교섭단위 분리·통합 신청을 할 수 있는 권한이 있는 자는 "노동관계 당사자"이다. 이때 노동관계 당사자를 반드시 교섭창구 단일화 절차에 참여한 노동조합이라고 해석할 이유는 없다. 창구단일화 절차에 참여하지 않았던 노동조합이나 창구단일화 절차가 진행 중일 때에는 존재하지 않았던 신생 노동조합, 기존의 교섭대표 아닌 노동조합 등이 모두 교섭단위 분리·통합 신청 권한을 가진다고 보아야 한다. 다만 설립신고를 하지 않은 헌법상 조합에게도 교섭단위 분리·통합 신청권한이 있는가 하는 문제가 남을 수 있다. 이에 대하여 중앙노동위원회는 노동조합법상 노동조합이어야 한다고 밝히고 있다. 이는 고용노동부와 중앙노동위원회가 교섭창구 단일화 절차에 참여할 수 있는 노동조합을 설립신고를 마친 노동조합법상 노동조합에 한정하고 있는 한 당연히 이르게 되는 결과이기는 하지만, 복수노조 창구단일화 제도의 위헌성을 최소화하기 위해서는 복수노조 병존시 헌법상 조합의 단체협약 체결 목적 단체교섭 참

9) 서울행정법원 2021. 11. 12. 선고 2021구합58394 판결(서울고등법원 2022. 10. 12. 선고 2021누75858 판결: 항소기각 / 대법원 2022두63645).

여 권한을 제한하지 않는 것이 바람직하다. 사용자도 교섭단위 분리·통합 신청 권한이 인정된다.

(5) 교섭단위 분리·통합 결정의 효력

노동위원회가 당사자의 신청에 따라 교섭단위 분리·통합 결정을 하면 노동조합은 각각의 교섭단위별로 교섭대표 노동조합 결정 절차를 진행하거나 하나의 교섭단위로 합하여 교섭대표 노동조합 결정절차를 진행해야 한다. 교섭단위 분리 또는 통합 결정 신청이 기각된 경우에는 원래의 교섭단위에서 해당 절차를 진행해야 한다. 지방노동위원회 결정이 위법·월권인 경우에는 교섭단위 분리·통합 신청을 했던 당사자들은 중앙노동위원회에 이의제기를 할 수 있다. 노동위원회의 교섭단위 분리·통합 결정에 대한 불복 절차는 노동조합법 제69조의 중재재정에 대한 불복절차 규정이 준용된다(노동조합법 제29조의3 제3항). 따라서 노동위원회의 결정이 확정 판결에 의해 취소되기 이전까지는 노동위원회가 결정한 교섭단위 별로 교섭창구 단일화 절차를 진행해야 한다

(6) 교섭단위 분리·통합 결정권

노동조합법 제29조의3 제1항은 교섭단위를 "하나의 사업 또는 사업장"으로 규정하고, 제2항에서 그에 대한 예외로서 노동위원회가 노동관계 당사자의 신청에 따라 교섭단위 분리 또는 통합을 결정하도록 하고 있다. 따라서 교섭단위 분리 또는 통합은 반드시 노동위원회의 결정을 통해서만 가능한 것인지가 논란이 되고 있다. 즉 임의분리나 통합의 허용 가능성 문제이다. 여기에 대해서는 단체교섭 창구단일화 제도의 취지가 무너지고 교섭단위가 무한정 분리될 경우 지나치게 작은 단위로 나뉠 우려가 있으며, 개별교섭절차가 보장되어 있다는 이유 등으로 당사자 사이의 합의를 통한 임의분리나 임의통합을 허용할 수 없다고 보는 것이 일반적이다. 그러나 노동관계 당사자가 임의로 교섭단위를 분리하거나 통합하여 단체교섭을 진행했을 경우 행정청이 이를 규제하거나 되돌릴 수 있는 권한 및 절차가 마련되지 않았다는 점, 교섭단위 분리가 주로 사업장이 다

를 경우 발생할 가능성이 높은데 단체교섭을 사업 단위로 할 것인지 또는 사업장 단위로 할 것인지는 전적으로 노동관계 당사자의 자율에 맡겨져 있다는 점 등에서 교섭단위에 대한 임의 분리나 통합을 허용할 수 없다는 견해는 실질적 측면에서 분명한 한계가 있다. 그리고 임의분리를 허용할 수 없다는 견해를 취하는 경우에도 대부분 임의분리 후 체결된 단체협약의 효력을 무효라고 할 수는 없다고 보고 있는 것도 교섭단위 임의 분리나 통합을 부정하는 견해의 한계라고 할 수 있다. 따라서 노동관계 당사자 사이의 합의에 의한 임의적인 교섭단위 분리의 효력을 굳이 부정할 이유는 없다고 생각된다. 실제에 있어서도 교섭단위 분리·통합과 관련해서는 노동관계 당사자의 의사가 일치하는 경우는 거의 없으며, 교섭단위를 분리할 것인지, 통합할 것인지를 두고 노사 간에 이견이 발생하여 대부분 노동위원회에 대한 교섭단위 분리신청으로 이어지고 있다. 하지만, 노동관계 당사자가 원만하게 의견의 일치를 이루어 노동위원회에 신청하지 않고 교섭단위를 분리하거나 통합하는 것을 굳이 금지할 실익은 없다. 또한 노동조합법 제29조의3 제1항이 교섭단위를 정하는 기준을 "하나의 사업 또는 사업장"으로 지나치게 단순하게 규정하고 있어 교섭단위를 결정하는 실질적인 기준이 되기 어렵다는 점도 고려되어야 한다. 법률이 제시하는 교섭단위 설정 기준이 지나치게 단순하기 때문에 노사 간의 자율적 협의를 통해 구체적인 경우에 부합하도록 교섭단위를 자유롭게 형성할 수 있는 여지를 둘 필요성이 크기 때문이다.

(7) 교섭단위 분리와 교섭대표 노동조합의 지위

교섭단위 분리시 기존 교섭대표 노동조합의 지위와 관련해서는, 단체협약 체결 이후에는 교섭대표 노동조합의 지위를 유지해야 한다는 견해와 교섭단위가 분리되면 이전의 교섭단위와 분리 결정으로 인하여 형성된 교섭단위는 동일성을 갖는다고 보기 어려우므로, 교섭단위 분리 결정이 내려지면 원칙적으로 이전 교섭단위에서 결정된 교섭대표 노동조합의 교섭대표권은 상실된다는 견해가 대립한다.

단체협약 체결 이후에는 교섭대표 노동조합의 지위를 유지해야 한다는 견해는 교섭단위 분리 결정 당시의 교섭대표 노동조합이 사용자와 단체협약을 체결했는지를 기준으로, 교섭대표 노동조합이 단체협약을 체결하기 전에는 교섭단위 분할로 형성된 각각의 교섭단위에서 다시 교섭창구 단일화 절차를 행하도록 하고, 교섭대표 노동조합이 단체협약을 체결한 후에는 그 단체협약의 유효기간 만료 3개월이 되는 날로부터 분리된 교섭단위별로 교섭창구 단일화 절차를 진행하도록 해야 한다는 견해이다. 교섭대표 노동조합의 교섭대표권이 상실된다고 보는 견해는, 교섭단위가 분리되면 이전의 교섭단위와 분리 결정으로 인하여 형성된 교섭단위는 동일성을 갖는다고 보기 어려우므로, 교섭단위 분리 결정이 내려지면 원칙적으로 이전 교섭단위에서 결정된 교섭대표 노동조합의 교섭대표권은 상실된다고 한다. 교섭대표권을 기존 교섭대표 노동조합이 계속 유지한다고 볼 경우 교섭단위 분리의 의미가 없어지며, 교섭대표 노동조합의 교섭대표권이 부정되도 이전 교섭단위 내에서 교섭대표 노동조합이 체결한 단체협약이 유효하게 적용되고 있었다면 분리 결정 이후의 각 교섭단위에 대해서도 그 단체협약은 여전히 적용되고 있다고 보는 것이 타당하며, 기존의 교섭단위로부터 분리된 교섭단위에서는 교섭대표 노동조합의 지위는 해소되고 다시 교섭대표 노동조합을 결정해야 한다고 보는 것이 타당하다. 다만, 기존 단체협약의 효력이 유지되는 동안에는 그 단체협약을 체결한 당사자인 기존 교섭대표 노동조합이 단체협약의 이행과 관련한 각종 권한과 책임을 부담한다고 보아야 할 것이다. 교섭단위 분리 결정 이후 형성된 새로운 교섭단위에서 기존 단체협약을 계속 적용하는 것이 타당하지 않다고 판단될 경우 새로운 교섭단위 내의 노동조합들은 새로운 단체협약 체결을 위해 사용자에게 단체교섭을 요구할 수 있다.

(8) 사용자의 부당노동행위 의사와 교섭단위 분리

사용자가 교섭단위 분리를 신청하는 목적이 교섭대표 노동조합의 교섭대표권을 무효화시키기 위한 의도에 따른 것이라면 교섭단위 분리 신청 행위 자체를 부당노동행위라고 보아 교섭단위 분리 신청을 불허해야 하는 것인가의 문제이다. 교섭단위 분리 결정 여부가 사용자의 의도에 따라 좌우되는 것이 아니고, 노동위원회는 사용자의 신청 의도와는 무관하게 객관적인 단체교섭 질서와 필요에 부합하는 결정을 내려야 한다는 점, 사용자가 노동위원회에 교섭단위 분리 신청을 하는 행위가 부당노동행위에 해당하는지 여부는 신청 행위 자체만을 가지고 판단하기는 어렵기 때문에 사후적인 노동위원회 구제절차나 사법기관의 수사절차를 통한 확인절차가 필요한데, 부당노동행위에 해당할 가능성이 있다는 사실만으로 단체교섭과 단체협약의 당사자인 사용자의 교섭단위 분리신청 자체를 금지하는 것은 부당하다는 점 등을 고려하면, 사용자의 교섭단위 분리 신청 목적을 사전적으로 예단하여 교섭단위 분리 결정을 불허하는 사유로 인정하는 것은 옳지 않다.

3. 단체교섭의 당사자

단체교섭의 당사자란 자기의 이름으로 단체교섭을 수행할 수 있는 자를 말한다. 노동조합법 제29조 제1항과 제2항은 노동조합의 대표자와 사용자, 교섭대표노동조합의 대표자를 단체교섭을 할 주체로 명시한다. 단체교섭의 목적이 무엇인지에 따라, 만약 단체협약 체결을 목적으로 하는 단체교섭이라면 단체교섭의 당사자가 단체협약을 체결하는 권한을 가진 자일 수도 있다. 그러나 단체교섭의 당사자가 항상 단체협약 체결 당사자여야 하는 것은 아니다.

노동조합 및 노동관계조정법 제29조(교섭 및 체결권한)

① 노동조합의 대표자는 그 노동조합 또는 조합원을 위하여 사용자나 사용자단체와 교섭하고 단체협약을 체결할 권한을 가진다.

② 제29조의2에 따라 결정된 교섭대표노동조합(이하 "교섭대표노동조합"이라 한다)의 대표자는 교섭을 요구한 모든 노동조합 또는 조합원을 위하여 사용자와 교섭하고 단체협약을 체결할 권한을 가진다.

(1) 단체교섭의 근로자 측 당사자

근로자 측의 단체교섭 당사자로 가장 대표적인 것은 단위노동조합이 있다. 그 외에 노동조합의 상부단체, 단위노동조합의 하부 조직, 노동조합 아닌 근로자의 단결체 등이 검토될 수 있다.

단위노동조합은 근로자가 직접 개인 자격으로 노동조합에 가입하고 독자적인 단체로서의 규약과 기관을 가지고 활동하는 노동조합으로서 기업별 조직일 수도 있고 초기업별 조직, 예를 들어 산업별 조직이거나 지역별 조직일 수도 있다. 단위노동조합은 고유한 단체교섭권이 있으며, 대표자를 통해 자신의 단체교섭권을 행사하게 된다.

현행 노동조합법 하에서는, 단체협약을 체결하기 위한 단체교섭에서는 단체교섭 창구단일화 절차를 거쳐 결정된 교섭대표 노동조합은 단체교섭의 당사자가 될 수 있지만, 교섭대표 아닌 노동조합은 당사자로서의 지위를 가지지 못한다. 경우에 따라서 공동교섭단에 참여하거나 자율 결정 교섭대표단에 그 대표가 참여한 경우 창구단일화 절차에 참여한 전체 노동조합이 당사자가 될 수도 있다.

그와는 별도로, 교섭대표 노동조합의 단체교섭권이 단체협약 체결과 관련된 범위의 단체교섭권이라면, 그 이외의 사항들에 대한 교섭에서는 교섭대표 아닌 노동조합이 단체교섭의 당사자이자 담당자로서 나설 수 있는 권리가 인정된다고 보아야 한다. 즉, 단체협약 체결 목적 단체교섭과 단체협약의 직접적 이행과 관련된 단체교섭이라고 할 수 있는, 체결된 단체협약의 해석과 적용과 관련해서 발생하는 이견과 갈등을 해결하기 위한 비정기적인 교섭, 필수유지업무협정 체결을 위한 교섭 등에 대해서는 교섭대표 노동조합이 당사자가 되어야 하지만, 단체협약에 근거 없이 사용자가 일방적으로 행한 조합원들에 대한 인사조치를 둘러싼 단체교섭, 노동위원회와 법원의 부당노동행위 등 구제명령이 내려졌을 때 그 구제명령의 이행을 둘러싸고 노사 간의 협의가 필요할 때에 이루어지는 교섭, 사용자 또는 교섭대표 노동조합의 공정대표의무 위반이 있을 경우 공정대표의무 위반 시정신청을 하기 전에 이를 자율적으로 해결하기 위해 교섭대표 아닌 노동조합과 사용자 사이에 진행되는 교섭 등의 경우에는 교섭대표 노동조합이 아닌 노동조합도 단체교섭의 당사자가 될 수 있다고 보아야 한다.

한편, 상급단체의 단체교섭 당사자성 문제는 연합단체의 경우와 단위노동조합의 산하 지부·분회의 단체교섭 당사자 지위가 논의된다.

먼저 단위노동조합의 상부단체인 연합단체 내지 연합노조가 단체교섭의 당사자가 될 수 있는지와 관련해서, 산하의 단위노동조합들이 구체적인 교섭권을 위임해야 당사자가 될 수 있는지, 아니면 단위노동조합의 위임이 없더라도 당연히 단체교섭의 당사자가 된다고 보아야 하는지를 둘러싸고 견해가 대립하고 있다. 노동조합법은 노동조합의 연합단체를 단위 노동조합과 동일시한다(노동조합법 제2조 제4호). 하지만 현실에서는 연합단체인 노동조합이 소속 단위노동조합들의 위임을 받지 않고 직접 자기의 이름으로 교섭에 나서는 경우는 거의 없기 때문에 실익이 큰 논쟁은 아니라고 보인다.

다음으로, 지부나 분회 등 단위노동조합의 산하 조직이 단위노동조합의 위임이나 승인 없이 독자적으로 단체교섭의 당사자가 될 수 있는지의 문제이다. 대법원은 상급 단위노동조합의 기업별 조직인 지회나 분회는 자주적인 근로자의 단결체로서 자주성과 단체성을 가지고 있으면 독자적인 단체협약 체결권이 있다고 본다. 단결체로서의 자주성과 단체성을 가지고 있는지 여부는 독자적인 규약 및 집행기관을 가지고 독립된 조직체로서 활동하는지 여부로 파악한다.[10] 그리고 단결체로서의 자주성과 단체성이 인정되면, 설립신고를 마쳤는지 관계없이 그 조직이나 그 조합원에 고유한 사항에 대하여는 독자적으로 단체교섭을 진행하고 단체협약을 체결할 수 있는 능력을 가지고 있는 것으로 인정될 수 있다고 한다.

---

10) 대법원 2001. 2. 23. 선고 2000도4299 판결; 대법원 2007. 3. 29. 선고 2005두11418 판결; 대법원 2008. 1. 18. 선고 2007도1577 판결; 대법원 2016. 2. 19. 선고 2012다96120 전원합의체 판결 등.

마지막으로, 설립신고를 마치지 않은 근로자 단체가 단체교섭의 당사자가 될 수 있는지의 문제가 있다. 고용노동부는 단체교섭을 요구할 수 있는 노동조합은 설립신고를 필한 노동조합에 한한다고 보지만, 우리 헌법은 노동3권의 주체를 분명히 "근로자"라고 명시하고 있다. 따라서 원칙적으로 노동3권의 주체는 근로자 개인이라고 보아야 한다. 헌법 제33조가 노동3권을 근로자의 권리로 보장하고 있는 의미를 고려하지 않고 마치 노동조합법상 노동조합만이 단체교섭의 주체가 되는 것으로 판단하는 것은 문제가 있다. 대법원 판례도, "노동조합으로서의 실질적 요건을 갖추지 못하였으므로 단체교섭권이나 쟁의행위의 정당한 주체로 될 수 있는 노동조합이라고 볼 수 없다는 것이지, 노동조합법상의 노동조합이 아닌 근로자의 단결체는 무조건 단체교섭권 등이 없다는 것은 아니므로…"[11]라고 하여 노동조합의 실질적 요건은 갖추었으나 형식적 요건을 갖추지 못한 근로자 단체에 대하여 형식적 요건의 결여를 이유로 무조건 단체교섭권과 단체행동권을 부정할 수는 없다고 본 사례가 있다. 또한, 노동조합법 제7조는 "이 법에 의하여 설립된 노동조합" 즉 설립신고를 마친 노동조합이 아니라면 노동위원회에 노동쟁의 조정 및 부당노동행위 구제를 신청할 수 없고, 노동조합이라는 명칭을 사용할 수 없다고 규정한다. 실질적 자주성을 가진 노동조합이지만 설립신고필증을 교부받지 못한 헌법상 조합은 제7조에 규정된 불이익, 즉 노동조합법에 의해 창설된 권리만을 보장받지 못하는 불이익을 받게 된다는 것이다. 따라서 제7조에 규정된 불이익 이외에 헌법으로부터 직접 유래하는 노동3권의 내용을 재확인하는 차원에서 규정된 노동조합법의 각종 보호와 지원은 모두 보장되어야 한다. 헌법재판소도 설립신고를 마치지 못한 조합이 노동조합의 명칭을 사용할 경우 처벌하도록 한 조항들에 대한 헌법소원심판 사건에서 "법외의 노동조합으로 보는 한 그 단결체가 전혀 아무런 활동을 할 수 없는 것은 아니고 어느 정도의 단체교섭이나 협약체결능력을 보유한다 할 것"[12]이라고 하여 단체교섭 당사자성을 "어느 정도" 인정하고 있다.

---

11) 대법원 1997. 2. 11. 선고 96누2125 판결.
12) 헌법재판소 2008. 7. 31. 선고 2004헌바9 결정.

(2) 단체교섭의 상대방으로서의 당사자

단체교섭의 상대방으로서의 당사자는 대부분 조합원들과 근로계약관계를 맺고 있는 사용자가 된다. 헌법 제33조에 의한 단체교섭권의 주체는 아니지만 사용자도 노동조합법 제29조 제1항, 제30조 제1항 등에 의해서 단체교섭의 당사자로 인정되고 있다. 노동조합법 제2조 제2호는 "사용자라 함은 사업주, 사업의 경영담당자 또는 그 사업의 근로자에 관한 사항에 대하여 사업주를 위하여 행동하는 자"라고 하여 근로기준법 제2조 제2호의 사용자 개념과 거의 일치하는 범주로 사용자를 정의한다. 그러나 노동조합법상 사용자 개념과 단체교섭의 상대방으로서의 사용자 개념이 항상 일치하는 것은 아니다.

노동조합 및 노동관계조정법 제2조(정의)

이 법에서 사용하는 용어의 정의는 다음과 같다. 〈개정 2021. 1. 5.〉

1. "근로자"라 함은 직업의 종류를 불문하고 임금·급료 기타 이에 준하는 수입에 의하여 생활하는 자를 말한다.
2. "사용자"라 함은 사업주, 사업의 경영담당자 또는 그 사업의 근로자에 관한 사항에 대하여 사업주를 위하여 행동하는 자를 말한다.
3. "사용자단체"라 함은 노동관계에 관하여 그 구성원인 사용자에 대하여 조정 또는 규제할 수 있는 권한을 가진 사용자의 단체를 말한다.

근로자는 사용자에게 근로를 제공하고 사용자는 대가로 임금을 지급하기로 하는 근로계약관계에 있어서의 사용자는 당연히 근로자들로 조직된 노동조합과 단체교섭을 하게 되는 상대방으로서 당사자가 된다. 단체교섭의 많은 부분을 차지하는 단체협약 체결 목적 단체교섭이 주로 근로조건의 유지 및 개선과 관련되어 있기 때문이다. 통상 단체교섭의 상대방으로서의 사용자는 협의의 사용자, 원칙적으로 사업경영 담당자 또는 사업주를 위하여 행위하는 자 등을 제외하고 사업주만을 의미한다고 본다. 개인 사업주가 운영하는 사업에서는 사업주 개인, 법인인 경우에는 그 법인 자체가 사업주, 즉 사용자가 된다.

일반적으로 근로기준법상 사용자 개념보다 단체교섭의 당사자가 되는 사용자 개념이 더 넓다고 보고 있다. 그 의미는 단체교섭의 당사자로서의 사용자는 외부적인 계약형식에 관계없이 해당 근로자들과의 관계를 고려할 때 실질적으로 사용자 권한을 행사하는 자로서 근로조건의 전부 또는 일부에 대하여 구체적 영향력 내지 실질적 지배력을 미치는 자라고 해석해야 한다는 의미이다. 따라서 원칙적으로 단체교섭의 당사자로서의 사용자 개념은 엄격하게 근로계약관계가 있는 사용자에 국한할 필요는 없다. 대법원 판례는 노동조합법상의 사용자는 "근로자와의 사이에 그를 지휘·감독하면서 그로부터 근로를 제공받고 그 대가로 임금을 지급하는 것을 목적으로 하는 명시적이거나 묵시적인 근로계약관계를 맺고 있는 자"[13]를 말한다고 하여, 원칙적으로는 근로계약관계의 존부를 단체교섭 상대방으로서 당사자 지위가 있는 사용자인지 여부를 판단하는 기준으로 삼고 있는 것으로 보인다. 그러나, 그리고 비록 단체교섭 거부의 부당노동행위가 아닌 지배·개입 사건이지만 대법원에서도 직접 근로계약관계가 없는 자가 부당노동행위의 사용자가 될 수 있다는 판결이 지속적으로 나오고 있다.[14] 단체교섭의 당사자로서의 사용자는 계약 형식에 관계없이 해당 근로자들과의 관계를 고려할 때 실질적으로 사용자 권한을 행사하는 자로서 집단적 자치 질서의 형성 및 유지에 있어 실질적인 영향력 내지 지배력을 미치는 자를 포함하는 것으로 넓게 인정하는 것이 최근의 추세이다. 이렇게 볼 경우 직접 근로계약을 맺지는 않은 근로자를 실질적으로 자기의 지휘 하에서 근로시키는 사용자, 합병계약을 체결하고 가까운 장래에 확실하게 근로계약상의 사용자로 될 것이 예정된 사용자, 자본·임원 구성, 영업 내용·근로제공 방법 결정 등에 있어서 특정 사업 또는 사업장 근로자들에게 결정적인 영향력을 미치고 있는 다른 기업의 사용자 등이 단체교섭의 상대방으로서의 사용자가 될 수도 있다.

사용자단체도 단체교섭의 당사자가 될 수 있다. 노동조합법 제2조 제3호에

---

13) 대법원 1986. 12. 23, 85누 856 판결; 대법원 1993. 11. 23, 92누13011 판결; 대법원 1995. 12. 22, 95누3565 판결; 대법원 2008. 9. 11, 2006다40935 판결 등.

14) 대법원 2010. 3. 25, 2007두8881 판결; 대법원 2014. 2. 13, 2011다78804 판결 등.

따르면 사용자단체란 노동관계에 관하여 그 구성원인 사용자에 대하여 조정 또는 규제할 수 있는 권한을 가진 사용자의 단체를 말한다.

공무원노조법과 교원노조법은 공무원과 교원의 단체교섭에 대해서는 사용자측이 되는 상대방을 별도로 규정하고 있다. 공무원 및 교원의 노사관계에 있어서는 직무수행관계의 특수성으로 인해 직접 계약관계를 맺은 사용자가 아닌 특별한 사용자의 범주를 설정하는 경우도 있는 것으로 이해된다.

경우에 따라서는 노동조합이 단체교섭의 상대방으로서의 당사자가 될 수도 있다. 직업안정법 제33조는 고용노동부장관의 허가 없이는 근로자공급사업을 할 수 없도록 하면서, 제3항 제1호에서 노동조합법에 따른 노동조합에게 국내 근로자공급사업을 허용하고 있다. 그리고 실제로 항만하역, 창고하역, 농수산물 유통 과정에서의 하역 작업에 있어서는 전국항운노동조합연맹 등이나 운송하역 노동조합이 하역작업을 자신들의 조합원을 사용하여 독점적으로 수행하고 있다. 지역과 소속 노동조합에 따라 다르지만 하역작업에 투입되는 조합원들은 일정한 작업 비용에서 조합비와 수수료를 제외한 액수를 합하여 월별로 노동조합으로부터 지급받고 있다. 법원은 대부분의 사건에서 항운노동조합이 조합원들에 대한 근로계약관계나 산재보험법 관계에 있어서 실질적인 사용자라는 입장을 견지해오고 있다.15) 그렇다면 조합이 조합원들에게 매월 지급하는 급여의 액수나 작업 수행 방법, 작업 배정 방법 등에 대하여 개별 조합원들이 이견이 있을 때에는 자주적인 단결체를 조직하여 항운노동조합 등을 상대로 단체교섭을 요구할 수 있다고 보아야 한다.

4. 단체교섭의 담당자

단체교섭의 당사자인 노동조합 대표자와 사용자는 당연히 단체교섭의 담당자가 된다. 노동조합법 제29조 제1항이 노동조합의 대표자는 그 노동조합 또는

15) 대법원 1997. 11. 14, 97누8908 판결; 대법원 1996. 3. 8, 94누15639 판결; 대법원 1998. 1. 20, 96다 56313 판결 등.

조합원을 위하여 사용자나 사용자단체와 교섭하고 단체협약을 체결할 권한을 가진다고 규정한 것은 단체교섭의 당사자에 관한 규정인 동시에 담당자에 대한 규정이기도 하다. 여기에서 단체교섭의 "담당자"란 사실행위로서의 단체교섭을 직접 수행하는, 즉 현실적으로 교섭석상에 출석해서 직접 상대방과 협의하고 절충하는 과정을 진행하는 권한을 가진 자를 말한다.

단체교섭의 담당자인 사용자는 개인사업주인 경우에는 사용자 본인, 법인 사업주인 경우에는 그 법인의 대표자가 단체교섭의 당사자이자 담당자가 된다. 회사정리개시결정이 있는 경우에는 채무자 회생 및 파산에 관한 법률 제56조 제1항에 따라 회사사업의 경영과 재산의 관리 및 처분을 하는 권한이 관리인에게 전속되므로 관리인이 근로계약상의 사용자 지위에 있게 되고, 따라서 그 관리인이 단체교섭의 당사자인 동시에 담당자가 된다. 노동조합 측 단체교섭권자가 산업별 노동조합 등 초기업단위노동조합인 경우에는 해당 산업이나 지역 사용자단체가 사용자 측 단체교섭 당사자이자 담당자가 된다.

노동조합법 제29조 제3항은 "노동조합과 사용자 또는 사용자단체로부터 교섭 또는 단체협약의 체결에 관한 권한을 위임받은 자는 그 노동조합과 사용자 또는 사용자단체를 위하여 위임받은 범위 안에서 그 권한을 행사할 수 있다"라고 하여 자유로운 단체교섭 권한의 위임을 인정하고 있다. 위임을 받은 자가 단체교섭의 담당자가 된다. 위임되는 교섭권한은 단체교섭에 관한 권한만 위임될 수도 있고, 단체협약을 작성하고 서명하는 권한까지 위임될 수도 있다. 단 권한을 위임할 때에는 위임한 사실을 상대방에게 통보하여야 하고, 교섭사항과 위임받은 권한의 범위를 정하여 위임하여야 한다(노동조합법 시행령 제14조 제1항). 단체교섭권의 위임은 위임이라는 명칭을 사용하지만 수임인이 위임인을 위하여 위임인의 이름으로 단체교섭을 행하거나 단체협약을 체결하는 형식을 취하고, 위임사실을 상대방에게 통보해야 한다는 점에서 민법 제114조 이하의 대리에 해당한다고 보아야 한다. 단체교섭을 사용자 휘하의 담당 부서 직원이 담당하는 경우에도 단체교섭권의 위임관계에 있고 휘하 직원은 사용자의 수임인으로서 책임과 권한을 가지고 단체교섭이 임하게 된다.

노동조합 및 노동관계조정법 제29조(교섭 및 체결권한)

③ 노동조합과 사용자 또는 사용자단체로부터 교섭 또는 단체협약의 체결에 관한 권한을 위임받은 자는 그 노동조합과 사용자 또는 사용자단체를 위하여 위임받은 범위안에서 그 권한을 행사할 수 있다.

④ 노동조합과 사용자 또는 사용자단체는 제3항에 따라 교섭 또는 단체협약의 체결에 관한 권한을 위임한 때에는 그 사실을 상대방에게 통보하여야 한다

복수노조가 병존하는 사업 또는 사업장에서 교섭창구 단일화를 거쳐 교섭대표 노동조합이 된 노동조합이나 공동교섭단이 자신의 단체교섭권을 위임하기 위해서는 교섭에 참여한 모든 노동조합들의 명시적 승낙이 필요하다고 하여야 한다.[16] 만약 교섭대표 노동조합이 교섭창구 단일화에 참여한 다른 모든 노동조합의 결의 없이 단체교섭권을 위임했다면 위임인의 교섭행위의 효력은 교섭대표 아닌 노동조합들에게는 미치지 않는다고 보아야 한다.[17]

Ⅳ. 단체교섭의 당사자와 담당자의 의무

1. 성실교섭의무

(1) 성실교섭의무의 의의와 근거

단체교섭의 당사자는 성실교섭의무(duty to bargain in good faith)를 부담한다. 노동조합법 제30조는 "교섭 등의 원칙"이라는 표제 아래 제1항에서 노동조합과 사용자 또는 사용자단체는 신의에 따라 성실히 교섭하고 단체협약을 체결하여야 하며 그 권한을 남용하여서는 안 된다고 규정하고 있다. 성실교섭의무에는 노동조합과 사용자 또는 사용자단체는 정당한 이유 없이 단체교섭 또는 단체협약의 체결을 거부하거나 해태하여서는 안 된다는 의무도 포함된다(노동조합법 제

16) 서울행정법원 2013. 3. 29. 선고 2012구합29653 판결.
17) 대법원 1996. 9. 6, 94다18522 판결.

30조 제2항). 성실교섭의무는 1997년 노동조합법 제정 이전의 구 노동조합법에서는 사용자만의 의무로 규정되어 있었으나, 1997년에 노동조합과 사용자의 의무로 확대되었다. 성실교섭의무를 법률에 명문으로 규정하는 것은 미국 연방노동관계법(NLRA) 제8조 (d)에서 유래한다.

노동조합 및 노동관계조정법 제30조(교섭등의 원칙)

① 노동조합과 사용자 또는 사용자단체는 신의에 따라 성실히 교섭하고 단체협약을 체결하여야 하며 그 권한을 남용하여서는 아니된다.

② 노동조합과 사용자 또는 사용자단체는 정당한 이유없이 교섭 또는 단체협약의 체결을 거부하거나 해태하여서는 아니된다.

③ 국가 및 지방자치단체는 기업·산업·지역별 교섭 등 다양한 교섭방식을 노동관계 당사자가 자율적으로 선택할 수 있도록 지원하고 이에 따른 단체교섭이 활성화될 수 있도록 노력하여야 한다.

노동조합 측의 성실교섭의무를 헌법 제33조 제1항에서 도출할 수 있을 것인지가 문제될 수 있다. 노동3권은 헌법 제33조 제1항에서 근로자의 권리로 규정되어 있기 때문이다. 노동조합법 제81조 제1항 제3호의 단체교섭 거부 부당노동행위 금지 규정은 특히 사용자 측의 성실교섭의무를 뒷받침하는 규정일 뿐이다. 이 조항을 노동조합의 성실교섭의무를 인정할 수 있는 근거로 보기는 어렵다. 그러나 노동조합은 헌법 제33조 제1항의 단결권을 실현한 결과 실존하는 조직이며 헌법상 단체교섭권을 보유하는 당사자로서, 하위 법률에 성실교섭의무가 특별한 근거가 규정되어 있지 않아도 그 지위에 상응하여 조합원들을 위해 단체교섭권을 성실하게 행사할 책임이 있다고 보아야 한다. 즉 노동조합의 성실교섭의무는 헌법 제33조에 따라 단체교섭권을 보유한 당사자의 지위를 갖는 것에 상응하여 부담하게 되는 노동조합의 책임인 것이다. 그렇다면 노동조합의 성실교섭의무를 규정한 노동조합법 제30조는 헌법 제33조 제1항에서 비롯되는 노동조합의 단체교섭 당사자의 지위에 상응하는 책임관계를 명시한 확인 규정이라고 할 수 있을 것이다. 한편 성실교섭의무는 "신의에 따라 성실하게 교섭할 의무"이므로 민법 제2조에 규정된 신의성실원칙도 단체교섭에 있어서 사용자와 노동조합 양 당사자가 성실하게 단체교섭에 임하여야 한다고 보는 근거가 될 수 있다.

(2) 성실교섭의무의 내용과 범위

성실교섭의무의 가장 중요한 내용은 교섭 타결을 위해 진지하게 교섭에 임해야 하는 의무라는 사실이다. 이를 "합의달성 가능성을 모색할 의무"라고 하기도 한다. 성실교섭의무는 단지 교섭 석상에 나와서 상대방 교섭위원과 대면하는 것을 의미하지 않고, 여기에서 더 나아가 적극적으로 협의·절충하면서 합의를 모색해야할 의무인 것이다. 만약 노동관계 당사자가 처음부터 교섭에 임하지 않거나, 노동조합이 발송한 교섭 요청 공문에 사용자가 서면으로 회답만 할 뿐 대화를 하지 않는 것, 교섭사항과 합리적인 관련이 없는 사항을 교섭의 전제조건으로 하는 행위, 교섭 개시 일정을 차일피일 미루는 행위, 교섭 타결이 임박한 단계에서 새로운 제안을 내놓는 등의 방법으로 타결을 미루는 행위 등은 성실교섭의무 위반이자 단체교섭 거부·해태행위가 될 수 있다. 성실하게 단체교섭에 임하고 있는지 여부는 단체교섭 상대방의 제안에 대하여 대답하고 반대제안을 제시하는 행위, 교섭에 필요하다고 인정되는 자료를 제시하거나 설명하는 행위 등을 수행하는 모습을 통해 징표될 수 있다.

노동조합법 제30조가 성실교섭의무의 내용으로서 "성실히 교섭하고 단체협약을 체결하여야 하며"라고 규정한 뜻은 단체교섭이 반드시 단체협약 체결을 목적으로 하여야 한다거나 단체교섭을 하면 반드시 단체협약을 체결해야 한다는 뜻은 아니다. 노동조합과 사용자가 성실하게 교섭을 진행했지만 더 이상 교섭이 진전될 가능성이 없게 되어 교섭을 중단하거나 결렬을 선언한다 하더라도 성실교섭의무를 해태했다고 볼 수는 없다. 마찬가지로 노동위원회 조정신청 중 교섭미진을 이유로 한 행정지도, 즉 조정신청 각하결정을 받았다 하더라도 그 사실이 곧 양 당사자 쌍방 또는 일방이 성실교섭의무를 위반했다는 것을 의미하지는 않는다. 쟁의기간 중이라는 사정이 곧바로 사용자가 단체교섭을 거부할 만한 정당한 이유가 될 수 없으며 노동조합 측으로부터 새로운 타협안이 제시되는 등 교섭재개가 의미 있을 것으로 기대할 만한 사정변경이 생긴 경우에는 다시 교섭에 응하여야 한다.[18]

(3) 성실교섭의무 위반의 효과

사용자가 정당한 이유 없이 성실교섭의무에 위반하여 단체교섭에 성실하게 임하지 않을 경우 그것이 의무적 교섭사항이라면 노동조합법 제81조 제1항 제3호에 규정된 행위 태양 중 주로 단체교섭 해태에 해당하여 부당노동행위가 될 가능성이 높다. 이때 사용자의 성실교섭의무 위반이 부당노동행위로 이어지는 것은 의무적 교섭사항에 대한 교섭의 경우라고 한정하여야 할 것이다. 임의적 교섭사항에 대하여도 일단 단체교섭의 대상으로 삼은 이상 사용자는 그 사항에 대하여도 성실교섭의무를 부담하지만, 그 사항에 대한 교섭을 해태하여도 이를 부당노동행위로 볼 수는 없다. 사용자의 부당노동행위가 성립하면 노동조합이 노동위원회에 구제신청을 제기할 수 있고, 제90조에는 부당노동행위를 한 행위자에 대하여 징역 또는 벌금의 형벌을 규정하고 있다.

(4) 근로조건 일방적 결정 금지의무

성실교섭의무의 내용으로서 사용자의 근로조건 일방적 결정 금지의무를 인정할 수 있을 것인지가 문제된다. 미국 연방대법원은 1962년의 Katz 판결[19]에서 사용자가 배타적 교섭대표와 단체교섭을 하지 않고 의무적 교섭사항에 해당하는 내용들을 변경한 것이 연방노동관계법(NLRA) 제8조 (a), (5)의 단체교섭 거부의 부당노동행위에 해당한다는 것을 처음으로 인정했다. 근로조건 일방적 결정 금지의무를 인정하게 되면 사용자가 근로조건을 변경할 필요가 발생한 경우 노동조합의 교섭요구가 없더라도 사용자는 조합원과 개별적으로 교섭하거나 일방

---

18) 대법원 2006. 2. 24, 2005도8606.
19) NLRB v. Katz 369 U.S. 736(1962).

적으로 결정하지 않고, 노동조합에 단체교섭을 요구하여 조합과 교섭을 해야 할 적극적인 의무를 부담한다는 것을 승인하게 되는 것이다.

우리나라에서는 근로조건 일방적 결정 금지의무 인정여부에 대해서는 논란이 본격화되지는 않고 있으나, 헌법상 단체교섭권이 보장되어 있는 것을 근거로 근로조건 일방적 결정 금지의무가 인정된다는 견해와 근로조건을 변경할 때 반드시 단체교섭을 통해야 하는 것은 아니지만 사용자는 근로조건을 변경할 때에 신의칙상 노동조합에 단체교섭 의향을 확인할 의무가 있고, 이를 확인하지 않은 채 일방적으로 근로조건을 변경하면 성실교섭의무 위반이 된다는 견해가 제시되고 있다.

성실교섭의무를 규정한 노동조합법 제30조에서 해석상 근로조건 일방적 결정 금지의무를 직접 도출해내기는 어렵지만 제30조가 성실교섭의무를 창설하는 규정이 아니고 헌법상 노동3권을 보장한 제33조에서 도출되는 의무를 확인한 것에 불과하다고 보는 한 근로조건 일방적 결정 금지의무가 헌법 제33조 제1항의 단결권 보장질서에서 직접 유래된다고 볼 수 있다. 그렇다면 인정 근거에 대한 의문은 남지 않는다. 따라서 근로조건 일방적 결정 금지의무를 성실교섭의무와 함께 헌법 제33조 제1항에서 유래하는 사용자의 의무로 인정하지 못할 이유는 없다고 본다. 다만 근로기준법 제94조와의 관계, 노동조합과 별도의 근로자대표를 인정하고 있는 우리 노동법제 전체의 체계를 고려할 때 근로조건 일방적 결정 금지의무에 따라 사용자가 교섭을 하여야 하는 상대방은 과반수로 조직된 노동조합에 한정하는 것이 타당하다. 따라서 근로조건을 변경하고자 할 때 사용자는 근로자 과반수로 조직된 노동조합에 이를 통보하고 단체교섭을 할 것인지를 문의하여야 하는 의무를 부담한다(근로기준법 제94조). 근로자 과반수로 조직된 노동조합이 없는 경우에는 근로자대표의 동의를 얻어야 할 것이다.

2. 공정대표의무

(1) 공정대표의무의 의의와 근거

노동조합법 제29조의4는 "교섭대표 노동조합과 사용자는 교섭창구 단일화 절차에 참여한 노동조합 또는 그 조합원 간에 합리적 이유 없이 차별을 하여서는 아니 된다"라고 하여 교섭대표 노동조합과 사용자가 부담하는 의무로서 공정대표의무를 규정하고, 교섭대표 노동조합과 사용자가 이 의무에 위반하여 차별행위를 한 경우에 노동조합이 그 행위가 있은 날로부터 3개월 이내에 노동위원회에 시정을 요청할 수 있다고 규정하고 있다. 이 규정은 우리 노동조합법이 가지고 있는 유일한 공정대표의무 관련 규정으로서, 복수노조 하에서 교섭창구 단일화를 거쳐 선출되거나 구성된 교섭대표 노동조합의 공정대표의무를 규정하고 있는 특별 규정이다.

노동조합 및 노동관계조정법 제29조의4(공정대표의무 등)

① 교섭대표노동조합과 사용자는 교섭창구 단일화 절차에 참여한 노동조합 또는 그 조합원 간에 합리적 이유 없이 차별을 하여서는 아니 된다.

노동조합법 제29조의4는 공정대표의무의 부담 주체, 즉 공정대표의무 위반 시정신청의 피신청인으로 교섭대표 노동조합 뿐만 아니라 사용자를 명시하고 있다. 공정대표의무는 배타적 교섭대표가 교섭단위 내 모든 근로자들에 대하여 배타적으로 교섭권을 가지는 미국에서 판례를 통해 형성된 법리로서[20] 배타적 교섭대표인 노동조합의 의무에 관한 것이다. 우리 노동조합법이 이를 복수노조 하에서 교섭창구 단일화를 거쳐 선출된 교섭대표 노동조합의 공정대표의무로 규정한 것은 미국의 사례를 참고한 입법이라고 평가할 수 있다. 그러나 교섭대표 노동조합의 공정대표의무는 노동조합법 제29조의4에 의해 비로소 창설된 의무가 아니라 헌법 제33조 제1항으로부터 도출되는 내용을 노동조합법 제30

---

20) Steele v. Louisville & Nashville R. R., 323 U.S. 192 (1944).

조 제1항과 함께 확인한 것으로서, 단체교섭 당사자인 노동조합과 사용자가 갖는 성실교섭의무의 일환으로 교섭대표 노동조합에게 당연히 인정되는 의무이다. 공정대표의무는 헌법이 보장하는 단체교섭권의 본질적 내용이 침해되지 않도록 하기 위한 제도적 장치로 기능하고, 교섭대표 노동조합과 사용자가 체결한 단체협약의 효력이 교섭창구 단일화 절차에 참여한 다른 노동조합에게도 미치는 것을 정당화하는 근거가 된다.[21)]

공정대표의무는 개념상, 절차적 공정대표의무와 실체적 공정대표의무로 인식될 수 있다. 절차적 공정대표의무는 단체교섭 절차 및 단체협약 체결 과정, 단체협약 이행 과정 중 절차에 대한 사항에서 노동조합 및 조합원에 대한 차별이 이루어져서는 안 된다는 의미이다. 조합원에 대한 의견 수렴 및 정보공유 과정에서의 차별[22)], 단체교섭 의제 채택 과정에서의 차별, 잠정합의안에 대한 인준투표 기회 부여 차별, 쟁의행위 찬반투표 기회 부여 차별 등이 절차적 공정대표의무 위반이 될 수 있다. 실체적 공정대표의무는 단체교섭의 결과 형성된 단체협약의 내용 및 이행 과정에서 노동조합 및 조합원에 대한 차별이 이루어져서는 안 된다는 의미이다. 노동조합 사무실 제공 차별[23)], 근로시간면제 인정 여부 및 한도 배분 차별[24)], 복지기금·해외연수 경비·학자보조금 등을 교섭대표노조에게만 지급한 경우[25)], 교섭대표 노동조합의 창립기념일만을 유급휴일로 지정한 경우[26)] 등이 실체적 공정대표의무 위반이 될 수 있다.

(2) 한국의 공정대표의무 제도와 미국 공정대표의무 법리의 차이점

한국 제도와 미국 법리의 가장 큰 차이점은, 첫째, 공정대표의무 부담 주체의 범위 차이가 두드러진다. 미국의 공정대표의무 법리는 배타적 교섭대표인 노동

21) 대법원 2018. 8. 30. 선고 2017다218642 판결.
22) 대법원 2020. 10. 29. 선고 2017다263192 판결.
23) 대법원 2018. 8. 30. 선고 2017다218642 판결.
24) 대법원 2018. 12. 27. 선고 2016두41224 판결.
25) 중앙노동위원회 2015. 3. 19, 2014공정34, 35, 36 판정.
26) 대법원 2019. 10. 31. 선고 2017두37772 판결.

조합만이 의무 부담의 주체이지만, 한국 노동조합법상의 공정대표의무제도는 교섭대표 노동조합과 사용자 양자가 모두 의무를 부담한다(노동조합법 제29조의4).

둘째, 공정대표의무의 인정 근거도 차이가 있다. 미국의 경우 배타적 교섭대표권을 행사하는 노동조합이 배타적 권한을 보유하는 것을 정당화하는 근거로서 인정되는 의무이며, 실정법적 근거는 없고 연방대법원 판례와 전국노동위원회 판정에 의해 인정된 의무이다.[27] 한국은 성문법인 노동조합법 제29조의4에 그 정의와 구제절차가 규정되어 있는 성문의 제도로서, 헌법 제33조에 의해 보장되는 노동3권을 실질적으로 보장하고 교섭대표 노동조합에게 요구되는 민주성 요청에 부합하기 위해 마련된 제도이다.

셋째, 공정대표의무가 미치는 인적 범위에서도 차이가 있다. 미국의 공정대표의무 법리는 배타적 교섭대표인 노동조합은 교섭단위 내의 모든 근로자를 대표하므로, 논리적으로는 해당 배타적 교섭대표인 노동조합에 소속된 조합원도 공정대표의무 위반을 주장할 수 있다. 그러나 한국의 공정대표의무 제도에서는 교섭대표 노동조합은 교섭단위 내의 모든 근로자가 아니라, 자신의 조합원과 교섭창구 단일화에 참여한 다른 노동조합, 그리고 그 노동조합들이 조직하고 있는 조합원들만을 대표한다. 그리고 노동조합법 제29조의4 제1항이 "교섭창구 단일화 절차에 참여한 노동조합 또는 그 조합원 간에" 합리적인 이유 없이 차별을 해서는 안 된다고 규정하고 있기 때문에, 교섭대표 노동조합이 아닌 노동조합 또는 일부 조합원을 부당하게 차별한 경우로 적용대상이 제한된다.[28]

이와 같이 우리나라의 공정대표의무 제도는 미국의 공정대표의무 법리와 차이점이 크므로 우리 노동조합법상의 공정대표의무 조항은 그 독자성을 반영하여 미국의 법리와 달리 해석되어야 한다.

---

27) Steele v. Louisville & Nashville R. R., 323 U.S. 192 (1944); Ford Motor Co. v. Huffman, 345 U.S. 330 (1953); Vaca v. Sipes, 386 U.S. 171 (1967) 등.

28) 대법원 2019. 10. 31. 선고 2017두37772 판결.

(3) 공정대표의무 제도의 법적성질

노동조합법 제29조의4가 규정하는 공정대표의무 위반 금지의 주요한 목적은 교섭대표 아닌 노동조합 또는 그 조합원에 대한 '차별'을 방지하고자 하는 것이다. 노동조합법 제29조의4 제1항은 "교섭창구 단일화 절차에 참여한 노동조합 또는 그 조합원 간에 합리적 이유 없이 차별을 하여서는 아니 된다"라고 하여 공정대표의무 이행을 위해 금지되는 행위는 "차별"임을 분명히 하고 있다. 따라서 실제 사례에서 공정대표의무 위반이 다투어지는 사안도 모두 교섭대표 아닌 노동조합에 대한 차별 사례이다. 단체교섭 과정에서 교섭대표 아닌 노동조합의 의견을 수렴하지 않거나 정보를 공유하지 않은 경우[29], 근로시간면제 시간을 교섭대표 아닌 노동조합에게 배분하지 않은 경우[30], 사용자가 교섭대표 노동조합에게만 노동조합 사무실을 제공한 경우[31], 복지기금, 해외연수 경비, 학자보조금 등을 교섭대표 노동조합의 조합원에게만 지급한 경우[32], 교섭대표 노동조합의 창립기념일만을 유급휴일로 지정한 경우[33] 등이 대표적이다. 부당노동행위의 유형으로서의 불이익취급이나 지배개입의 한 유형으로서의 차별 유형과 명백히 구별되지 않는다. 공정대표의무 제도의 기본 취지가 헌법 제33조에 의해 기본권으로서 인정되는 노동3권을 보장하기 위한 제도적 장치로서 도입되었다는 것도 부당노동행위와 일치한다. 위의 사례들도 노동조합 사이의 차별 또는 중립의무 위반의 문제로서 바로 노동조합법 제81조 제1항 제4호가 적용되는 지배·개입 또는 제1호의 불이익취급 규정을 적용해도 이상하지 않은 문제이다.

일찍부터 미국에서는 전국노동위원회(NLRB)와 연방대법원(SCOTUS) 사이에 공

---

29) 대법원 2019. 10. 31. 선고 2017두37772 판결; 대법원 2020. 10. 29. 선고 2019다262582 판결; 대법원 2020. 10. 29. 선고 2017다263192 판결; 중앙노동위원회 2018. 5. 14. 중앙2018공정13 판정; 중앙노동위원회 2016. 11. 10. 중앙2016공정21 판정 등.

30) 대법원 2018. 8. 30. 선고 2017다218642 판결; 대법원 2020. 10. 29. 선고 2019다262582 판결; 중앙노동위원회 2018. 5. 4. 중앙2018공정5 판정; 중앙노동위원회 2015. 2. 9. 2014공정38 판정 등.

31) 대법원 2018. 9. 13. 선고 2017두40655 판결; 중앙노동위원회 2018. 5. 14. 중앙2018공정13 판정; 중앙노동위원회 2020. 5. 4. 중앙2020공정5 판정 등.

32) 중앙노동위원회 2015. 2. 12. 2014공정34, 35, 36 판정.

33) 대법원 2019. 10. 31. 선고 2017두37772 판결.

정대표의무 위반 사건에 관한 관할권 분쟁이 있었고, 완벽하게 마무리되지는 않았다. 미국 전국노동위원회는 공정대표 의무위반은 부당노동행위에 해당하며, 전국노동관계법(NLRA)에 규정된 부당노동행위 구제절차 규정을 근거로 공정대표의무 위반 사건에 대한 전속적 관할권이 전국노동위원회에 있다고 판정해왔다.[34] 이에 대하여 미국 연방대법원도 부당노동행위와 공정대표의무 위반이 사실상 상당히 중복되는 부분이 있다는 것을 인정했지만, 공정대표의무 위반이 언제나 부당노동행위에 해당하는 것은 아라고 하면서, 공정대표의무 위반을 근거로 한 근로자의 손해배상 소송 등에 대해서는 법원이 관할권을 행사할 수 있다는 결론을 내렸다.[35] 공정대표의무 위반 사건에 대한 전국노동위원회의 선점(preemption)을 인정하지 않는 연방대법원의 견해가 확립된 이후에도 이후 일부 연방법원 하급심 판결[36]에서 공정대표의무 위반 사건에 대한 전국노동위원회의 관할권을 인정한 사례도 있고, 전국노동위원회는 공정대표의무 위반에 대한 구제신청사건을 여전히 처리하고 있어서[37], 공정대표의무 위반 사건에 관한 한 전국노동위원회와 법원이 각자의 원칙에 따라 각각 관할권을 행사하는 현상이 지속되고 있다. 이는 미국의 전국노동위원회가 공정대표의무 위반 사건의 본질이 부당노동행위이며, 부당노동행위에 해당하는 한 전국노동위원회가 배타적 관할권을 갖는다는 논리를 고수하고 있다는 의미이다.

우리나라에서도 공정대표의무 위반은 부당노동행위로 이해되어야 한다. 교섭대표 노동조합의 공정대표의무 위반은 교섭대표 아닌 노동조합 또는 그 조합원의 단결권과 단체교섭권을 침해하는 것으로서 본질상 부당노동행위이며, 사용자의 공정대표의무 위반도 교섭대표 아닌 노동조합의 단결권과 단체교섭권을

---

34) Miranda Fuel Co., 140 NLRB 181(1962).

35) Vaca v. Sipes, 386 U.S. 171 (1967).

36) Stanley B. Stout v. Construction and General Laborers District Council of Chicago and Vicinity, 226 F. Supp. 673 (N.D. Ill. 1963); Local 12, United Rubber Workers v. NLRB, 368 F. 2d 12 (5th Cir. 1966) 등.

37) Arriaga-Zayas v. Int'l Ladies' Garment Workers Union, 835 F.2d 11, 14 (1st Cir. 1987); Conley v. Int'l Bhd. of Electrical Workers Local 639, 810 F.2d 913, 916 (9th Cir. 1987); California Saw and Knife Works and Peter A. Podchernikoff, 320 NLRB 224 (1995); Cortes v. Airport Catering Servs. Corp., 386 F. Supp. 2d 14, 20 (D.PR. 2005) 등.

침해하는 것으로서 노동조합법 제81조 제1항이 적용될 수 있는 부당노동행위로 평가되어야 한다. 따라서 노동조합법 제29조의4는 형사처벌을 하지 않음을 전제로 사용자와 노동조합에 대하여 동시에 적용되는 부당노동행위 금지규정을 성문화한 조항이라고 인식해야 한다.

우리 노동조합법상 공정대표의무는 노동조합과 사용자가 모두 부담하는 의무이나 노동조합법 제81조 제1항의 부당노동행위는 사용자만을 수규자로 한다는 점, 우리 노동조합법 제81조 제1항의 부당노동행위는 원칙적으로 부당노동행위 의사가 필요하지만, 공정대표의무 위반이 성립하는 데에는 그와 같은 주관적 요건이 필요 없다는 점 등에서 양 제도 사이에는 내용상 차이가 있다. 그러나 부당노동행위 금지는 실정법에 따라서 창설되는 것이 아니라 헌법 제33조에 의해 보호되는 기본권을 실질적으로 구현하기 위해서 입법 의무가 부여되어 있는 것이라는 사실에 주의하여야 한다. 현행 노동조합법 제81조에 의해 금지 및 처벌이 성문화된 부당노동행위의 유형은 본래의 부당노동행위, 즉 헌법에서 유래하는 광의의 부당노동행위의 유형 중 입법자가 형사처벌 필요성을 인정한 일부의 영역에 해당하는 유형일 뿐이다. 우리나라의 부당노동행위 제도는 헌법상 노동3권의 내용을 구체화 한 것이다. 입법자는 헌법이 보장한 기본권이 노동3권의 보호와 실질적 구현을 위한 입법의무를 부담한다. 다만 어떠한 내용으로 어느정도까지 입법할 것인지에 대해서는 입법자가 재량권을 가진다. 만약 노동조합이 다른 노동조합의 단체교섭권 및 단결권을 침해한다면 그 행위는 어떻게 평가할 것인가? 헌법 제33조는 노동3권의 보유자가 "근로자"라고 선언하고 있다. 노동조합이 추상적 개념으로서의 근로자 또는 조합원의 노동3권을 침해하는 행위를 하는 것은 헌법 제33조에 반하는 기본권 침해행위이다. 비록 우리 노동조합법의 입법자가 형사처벌을 가할 정도로 강하게 규제할 필요성이 있는 부당노동행위로 규정하지는 않았지만, 노동조합의 다른 노동조합 또는 조합원의 노동3권 침해행위도 역시 헌법 제33조의 해석상 부당노동행위라고 평가되어야 한다. 정리하면 헌법 제33조의 노동3권을 침해하는 모든 행위는 침해 주체가 누구인지 불문하고 부당노동행위에 해당한다고 보아야 한다. 이를 '광의의 부당노동행위'

라고 하고자 한다. 따라서 부당노동행위 규정이 없어도 노동조합 또는 근로자는 제3자에 의한 기본권 침해를 주장하거나 손해를 입증해서 손해배상 청구를 할 수 있는 여지가 있고, 입법자는 추상적인 입법의무를 부담한다. 이와 같은 입법의무에 기초하여, 우리 입법자가 부당노동행위 중 가장 핵심적으로 규제해야 한다고 판단하여 특별히 금지해야 하고 형사처벌까지 부과해야 하는 행위로서 구성요건을 설정해놓은 것이 현행 노동조합법 제81조의 사용자의 부당노동행위라고 할 수 있다. 이와 같이 노동조합법 제81조 제1항에 규정된 부당노동행위를 '협의의 부당노동행위'라 하자. 공정대표의무 위반은 처벌의 필요성까지는 없는 행위로서 노동위원회에 대한 구제신청을 통해 공정대표의무 위반 상황을 제거하고 그로 인한 손해가 있는 경우 민사소송을 통한 손해의 배상을 인정하는 것만으로 족한 경우이므로 광의의 부당노동행위의 일부로 인식되어야 한다. 따라서 노동조합법 제29조의4의 공정대표의무 조항은, 비록 유형을 특정하여 형사처벌을 부과하는 방법으로 규제할 필요성까지는 인정하지 않았지만, 노동조합의 부당노동행위를 성문화한 조항이라고 볼 수 있다. 다시 말하면, 노동조합이 주체가 되어 다른 노동조합이나 그 조합원의 노동3권을 침해하는 행위, 소위 노동조합의 부당노동행위와 특정한 유형의 사용자의 부당노동행위를 금지하고 노동위원회를 통해 구제신청을 할 수 있는 절차를 규정한 조항인 것이다.

정리하면, 공정대표의무는 광의의 부당노동행위 중에서 복수노조가 존재하는 가운데 교섭대표 노동조합이나 사용자가 교섭대표가 아닌 노동조합의 노동3권을 침해하는 행위들을 포괄한다. 사용자와 교섭대표 노동조합 모두 행위자가 될 수 있으며, 모두 공정대표의무의 수규자가 된다. 노동조합법 제81조 제1항이 규정하고 있는 부당노동행위는 그 중에서 사용자가 노동조합이나 조합원의 노동3권을 침해하는 행위의 범주만을 포괄한다. 광의의 부당노동행위와 공정대표의무 위반, 협의의 부당노동행위의 개념의 외연과 상관관계를 그림으로 간략히 표현하면 아래의 그림과 같이 나타낼 수 있다.

공정대표의무와 부당노동행위 개념의 관계

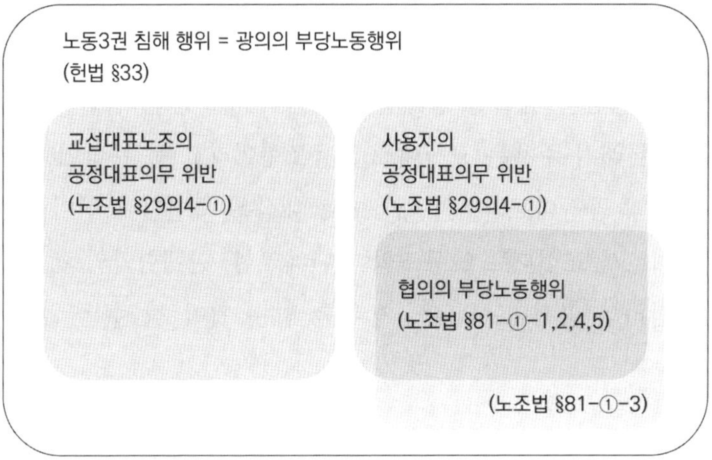

노동3권 침해 행위 = 광의의 부당노동행위
(헌법 §33)

교섭대표노조의
공정대표의무 위반
(노조법 §29의4-①)

사용자의
공정대표의무 위반
(노조법 §29의4-①)

협의의 부당노동행위
(노조법 §81-①-1,2,4,5)

(노조법 §81-①-3)

사용자의 공정대표의무 위반이 부당노동행위에 해당하는 경우도 있고 해당하지 않는 경우도 있을 수 있다. 같은 논리구성에 따른 결론은 아니지만, 실제 사건에서도 법원이 사용자의 행위에 대하여 부당노동행위인 동시에 공정대표의무 위반이라고 본 사건도 있고,[38] 부당노동행위는 아니지만 공정대표의무 위반에 해당한다고 본 사건도 있다.[39]

(4) 공정대표의무의 수규자

공정대표의무 위반은 본질상 광의의 부당노동행위이며, 교섭대표 노동조합과 사용자가 각각 그와 같은 부당노동행위를 행하지 않을 의무를 고유의 의무로서 부담한다. 우리 노동조합법상 공정대표의무는 교섭대표 노동조합과 사용자가 각각 헌법 제33조와 노동조합법 제29조의4에 의해 부여받은 의무라고 이해해야 하기 때문이다. 교섭대표 노동조합과 사용자가 각각 수규자가 되므로 교섭대표 아닌 노동조합은 교섭대표 노동조합과 사용자를 상대방으로 하여 공정대표

38) 서울고등법원 2017. 3. 30. 2016누70088 판결(확정). 중앙노동위원회 2015. 6. 17. 중앙2015공정2, 16, 20부도51(병합), 서울행정법원 2016. 9. 29. 선고 2015구합8459 판결

39) 대전고등법원 2016. 6. 16. 2015누10242 판결.

의무 위반 구제신청을 제기할 수 있다. 교섭대표 노동조합의 공정대표의무 위반이 없는 경우에도 독자적으로 사용자를 상대방으로 하여 공정대표의무 위반 구제신청을 할 수 있다. 반면 교섭대표 노동조합이 주도적으로 공정대표의무 위반 행위를 했고 사용자는 체결된 단체협약을 이행했을 뿐인 사건에서 법원이 "공정대표의무의 본래적 주체는 교섭대표 노동조합이라고 볼 수밖에 없고, 그에 수반하는 사용자의 공정대표의무의 내용이나 대상은 특별한 사정이 없는 이상 본래적 의무주체로서 교섭대표 노동조합이 단체교섭, 단체협약의 체결 및 그 이행과정에서 부담하는 공정대표의무의 범위를 넘는 것이 될 수는 없다"고 해석한 사례가 있다.40)

(5) 공정대표의무의 적용 범위

공정대표의무의 취지와 기능 등에 비추어 보면, 공정대표의무는 단체교섭의 과정이나 그 결과물인 단체협약의 내용뿐만 아니라 단체협약의 이행과정에서도 준수되어야 한다.41)

(6) 공정대표의무 위반시 노동위원회를 통한 구제절차

공정대표의무 위반이 발생한 경우 노동조합은 그 행위가 있은 날로부터, 단체협약의 내용의 일부 또는 전부가 차별적인 내용을 담고 있는 경우에는 단체협약 체결일로부터 3개월 이내에 노동위원회에 그 시정을 요청할 수 있다(노동조합법 제29조의4 제2항). 공정대표의무 위반에 대해서는 근로자 개인이 개인의 자격으로 노동위원회에 시정을 신청할 수는 없다. 노동위원회는 심판절차에 준하여 심문회의를 열고 공정대표의무 위반 여부를 판정하게 된다.

노동조합 및 노동관계조정법 제29조의4(공정대표의무 등)

② 노동조합은 교섭대표노동조합과 사용자가 제1항을 위반하여 차별한 경우에는

---

40) 서울고등법원 2023. 12. 1. 선고 2022누46543 판결(대법원 2024. 5. 17. 선고 2024두32447 판결: 심리불속행기각).

41) 대법원 2018. 8. 30. 선고 2017다218642 판결.

그 행위가 있은 날(단체협약의 내용의 일부 또는 전부가 제1항에 위반되는 경우에는 단체협약 체결일을 말한다)부터 3개월 이내에 대통령령으로 정하는 방법과 절차에 따라 노동위원회에 그 시정을 요청할 수 있다.

③ 노동위원회는 제2항에 따른 신청에 대하여 합리적 이유 없이 차별하였다고 인정한 때에는 그 시정에 필요한 명령을 하여야 한다.

④ 제3항에 따른 노동위원회의 명령 또는 결정에 대한 불복절차 등에 관하여는 제85조 및 제86조를 준용한다.

당사자인 노동조합으로서는 공정대표의무 위반행위가 부당노동행위의 구성요건에도 해당한다고 판단되면 노동위원회에 양자의 구제신청을 동시에 제기하려고 하는 경우도 있을 것이다. 노동위원회에 부당노동행위 사건과 공정대표의무 위반 시정신청 사건이 각각 접수된 경우, 노동위원회는 이를 심리하여 각각 결정을 내리고 시정명령이나 구제명령을 내리기보다는 공정대표의무 위반 사건으로 병합하여 결정을 내리는 것이 타당할 것으로 생각된다. 공정대표의무 위반에 대한 노동위원회의 명령 또는 결정에 대한 불복절차 등에 관하여 노동조합법 제85조 및 제86조를 준용하고 있는 것은 입법자가 사용자의 공정대표의무 위반 행위가 부당노동행위와 유사하다고 판단한 결과인 것으로 보인다.

노동위원회에 시정을 요청할 때, 공정대표의무 위반자로서는 사용자만을 대상으로 할 수도 있고, 사용자와 교섭대표 노동조합을 모두 대상으로 할 수도 있으며, 교섭대표 노동조합만을 대상으로 할 수도 있다. 노동위원회는 사용자 또는 교섭대표 노동조합이 합리적 이유 없이 노동조합 또는 그 조합원을 차별했다고 인정한 때에는 그 시정에 필요한 명령을 하여야 한다. 사용자 또는 교섭대표 노동조합은 공정대표의무 위반이라고 주장되는 차별에 합리적인 이유가 있다는 점에 대한 주장·증명책임이 있다.

(7) 공정대표의무 위반시 법원을 통한 구제절차

사용자 또는 교섭대표 노동조합이 공정대표의무를 위반한 경우 손해배상청구소송 제기가 가능하다. 법원에 사용자 또는 교섭대표 노동조합이 행한 차별이나 차별적 내용의 단체협약에 따른 임금·복리후생 등의 손해, 공정대표의무 위반으로 행해진 인사처분의 효력에 관한 소송, 불법행위로 인한 손해배상청구 등이 가능하다. 노동조합 또는 조합원 모두 청구할 수 있다.

(8) 공정대표의무에 위반한 단체협약의 효력

노동위원회에서 공정대표의무에 위반한 단체협약이라는 판정이 내려질 경우, 대상 단체협약의 효력이 어떻게 되는지에 관하여 다양한 견해가 제시되고 있다. 먼저 노동위원회 시정명령은 공법상 명령이므로, 곧바로 노사간의 사법상 법률행위의 결과인 단체협약을 곧바로 무효로 하거나 변경시키지 않기 때문에 대상 단체협약은 여전히 유효하다는 유효설, 공정대표의무는 헌법 제33조에 규정된 노동3권 보장을 위한 제도로서 노동조합법 제29조의4에 입법된 강행법규이므로 이에 위반한 단체협약은 무효라는 견해 등이 대표적이다. 공정대표의무제도를 노동조합법 제29조의4에 의해 창설된 제도로 볼 경우에는 유효설이 논리적으로 타당하다. 그러나 공정대표의무의 법적성격을 광의의 부당노동행위로 인정하면, 헌법과 실정법에 반하는 합의로서 무효가 된다고 보아야 한다.

V. 단체교섭의 대상

1. 단체교섭의 원칙적 대상

(1) 의무적 교섭사항, 임의적 교섭사항, 위법적 교섭사항

단체교섭의 대상은 법률 또는 노사 당사자의 합의에 따라 단체교섭의 주제 또는 목적으로 부의된 사항을 말한다. 노동조합이 조합원의 근로조건의 유지·개선 기타 근로자의 경제적·사회적 지위의 향상을 도모함을 목적으로 조직된 단체라는 점을 고려하면 근로조건에 관한 사항이 가장 중요한 단체교섭의 대상이 되어야 할 것이라는 점을 짐작할 수 있다.

근로자의 근로조건의 유지·개선을 위한 사항을 일반적으로 의무적 교섭사항이라고 한다. 단체교섭의 대상을 이와 같이 의무적 교섭사항, 임의적 교섭사항, 위법적 교섭사항으로 나누는 관점은 미국 연방대법원 판결[42]에서 유래한다. 의무적 교섭사항은 사용자가 노동조합의 교섭요구를 거부할 수 없는 교섭사항을 말하며, 근로조건 기타 근로자의 대우에 관한 사항이다. 임금, 근로시간, 휴일, 휴가 등 기타 근로조건에 관한 사항, 산업안전 및 재해보상에 관한 사항 등이 이에 해당할 수 있다. 임의적 교섭사항은 의무적 교섭사항이 아니지만 사용자가 교섭의 의제로 할 것을 승낙하여 교섭의 대상이 된 사항을 말한다. 위법적 교섭사항은 강행법규에 위반되는 사항으로서 단체교섭의 대상으로 삼을 수 없는 사항을 말한다.

(2) 단체교섭의 대상성 판단 기준

어떠한 사항이 단체교섭의 대상이 되는지는 여부는 다음의 몇 가지 기준을 가지고 판단한다. 첫째, 개별 근로자 개인에 관한 사항은 단체교섭의 대상으로 할 수 없다. 예를 들면, 특정 근로자를 해고하라는 주장, 특정 근로자를 승진시키라는 요구사항은 단체교섭의 대상이 될 수 없다. 노동조합과 사용자의 합의로 제3자인 개인의 권리의무 관계를 결정하는 것은 타당하지 않기 때문이다. 둘째, 단체교섭의 의제로 할 수 있는 사항은 근로조건 개선 관련성이 있어야 한다. 다시 말하면, 근로조건의 유지·개선, 경제적·사회적 지위 향상 지향 등에 관련된 사항이어야 한다. 셋째, 사용자에게 처분 가능성이 있어야 한다. 따라서 정치적 주장, 법령 개정 요구 등은 사용자의 처분권한 밖에 있는 사항이어서 단체교섭 대상이 될 수 없다. 전적으로 인사·경영권에 관한 사항은 원칙적으로 단체교섭의 대상이 될 수 없다. 대법원 판례는 “기업의 구조조정의 실시 여부는 경영주체에 의한 고도의 경영상 결단에 속하는 사항으로서 이는 원칙적으로 단체교섭의 대상이 될 수 없고, 그것이 긴박한 경영상의 필요나 합리적인 이유 없이 불순한 의도로 추진되는 등의 특별한 사정이 없는 한 노동조합이 그 실시를

42) NLRB v. Borg-Warner Corp., 356 U.S. 342 (1958)

반대하기 위하여 벌이는 쟁의행위에는 목적의 정당성을 인정할 수 없다"[43]고 판시했다. 단체교섭의 대상이 되지 않으면, 그 사항에 대하여 합의가 되지 못했다고 해도 이를 쟁의행위의 대상으로 할 수 없다.

2. 단체교섭의 목적·정의와 관련한 단체교섭의 대상

앞에서 단체교섭을 정의하면서, 단체교섭을 단체협약 체결 목적 단체교섭과 단체협약 체결을 목적으로 하지 않는 단체교섭으로 나누어서 정의를 내렸다. 그 중 단체협약 체결을 목적으로 하지 않는 단체교섭은 노동조합법 제81조 제1항 제3호에서는 '기타의 단체교섭'이라고 지칭되기도 한다.

먼저, 단체협약 체결 목적 단체교섭에서 단체교섭의 대상은 단체협약에 기재되어야 하는 사항이다. 소위 임금교섭이라면 임금인상률, 임금계산 방식, 임금 지급방법 등이 단체교섭의 대상이 된다. 일반적인 단체교섭이라면 임금협약에 기재되지 않은 기타의 근로조건에 관한 사항이나 노동조합 및 노동조합 간부의 처우에 관한 사항, 단체교섭 및 쟁의행위에 관한 사항 등이 중요한 단체교섭 대상이 된다. 다음으로 단체협약 체결을 목적으로 하지 않는 단체교섭은 단체협약의 적용, 의미 보충, 이행 등과 관련된 사항, 단체협약에 규정되지는 않았지만 근로자들의 근로조건 형성 및 변경에 중요한 영향을 미치는 사항 등이 그 대상이 될 수 있다.

Ⅵ. 단체교섭의 분류

단체교섭의 분류란 단체교섭이 존재하는 형태를 몇 갈래로 나누어 내용과 특징 별로 묶어놓은 것으로서 단체교섭을 체계적으로 인식하기 위한 방법론적 사고의 결과이다. 단체교섭의 종류는 교섭의 단계에 따라, 교섭의 목적에 따라 각

---

43) 대법원 2003. 7. 22. 선고 2002도7225 판결.

각 다르게 파악될 수 있다.

1. 단체교섭의 단계에 따른 분류

단체교섭은 교섭 단계에 따라서 예비교섭 또는 실무협의, 본교섭, 실무교섭 등으로 구분될 수 있다. 이 분류는 주체마다 현장마다 노동조합마다 용어에 차이가 있으며, 각각 자신이 속한 조직의 전통과 관행에 따라 달리 부르는 경우가 많다. 가장 일반적인 용법을 기초로 설명하기로 한다.

(1) 예비교섭, 실무협의

예비교섭은 본래의 단체교섭을 원활하게 진행하기 위해, 본격적인 단체교섭 개시 이전에 단체교섭 의제와 개시 일시, 단체교섭 장소와 교섭위원의 규모, 배석자의 범위 등 단체교섭 세부 진행 방식에 대해 미리 합의하기 위해 진행하는 단체교섭을 말한다. 실무협의라고도 한다. 이를 실무교섭이라고 부르는 경우도 있는데 본교섭을 진행다가 일시 중단하고 세부적이고 실무적인 사항에 대해 우선 합의하기 위해 실무자 차원의 단체교섭을 진행하는 것을 가리키는 실무교섭과는 구별해야 한다.

예비교섭의 경우에도 예비교섭에서 합의된 사항을 분명히 하기 위해 합의서를 작성하는 것이 일반적이다. 이때 합의서는 단체협약으로서의 성격을 갖는다. 다만 합의서가 작성되지 않고 회의록만을 작성하여 보관하기로 한 경우에 그 회의록은 단체교섭에 참여한 노동관계 당사자 쌍방의 서명 또는 날인이 없기 때문에 참고자료는 될 수 있을지 몰라도 단체협약으로 인정하기는 어렵다. 만약 회의록에 노동관계 당사자 쌍방의 서명 또는 날인이 있다면 단체협약의 효력을 인정할 수 있다. 예비교섭은 단체교섭을 진행하기 위해 필수적인 절차는 아니지만 원활하고 효율적인 단체교섭의 진행을 가능하도록 한다는 점에서 매우 중요한 의미를 갖는다. 예비교섭에서 합의된 내용에 중대하게 위반하여 노동조합이 단체교섭을 요구할 경우 사용자는 정당하게 이를 거부할 수 있다. 실무적으로 단체교섭의 차수를 계산할 때 예비교섭 개최 횟수를 산입하지 않는 것이 보통이지만 산입하는 경우도 있다. 이는 관행과 합의의 내용에 따라 달라진다. 노동조합 측이 예비교섭을 요구하는 경우에 사용자가 이를 거부하면 노동조합법 제81조 제1항 제3호 위반으로 단체교섭 거부의 부당노동행위에 해당할 수 있다. 절차적으로 예비교섭이 개시되기 전에 노동조합법 제29조 이하의 단체교섭 창구단일화 절차가 선행하게 된다. 교섭대표 노동조합이 결정되거나 개별교섭이 결정된 이후에 비로소 해당 교섭단위 내에서 예비교섭이 시작될 수 있다. 따라서 노동조합 측이 예비교섭을 요구할 때 사용자가 단체교섭 창구단일화 절차 선행을 주장하면서 예비교섭을 거부하는 것은 단체교섭 거부의 부당노동행위에 해당하지 않는다. 노동조합 측의 예비교섭 요구를 단체교섭 요구로 간주하고 사용자가 노동조합법 시행령 제14조의3 제1항에 따라 교섭요구사실을 공고하면 그 공고는 적법한 공고라고 보아야 한다. 이 경우 적법한 공고가 있고 정상적으로 단체교섭 창구단일화 절차 중 교섭참여 노동조합 확정 절차가 개시된 것으로 보아야 한다.

본격적인 단체교섭에 앞서 예비교섭을 진행하도록 법령으로 강제하고 있는 경우도 있다. 공무원 단체교섭과 교원 단체교섭이 그 예이다. 공무원노조법 시행령 제9조는 "노동관계 당사자는 교섭위원의 선임이 통보되면 지체 없이 교섭 내용, 교섭 일시, 교섭 장소, 그 밖에 교섭에 필요한 사항을 협의하고 교섭을 시작하여야 한다"고 규정한다. 교원노조법 시행령 제3조도 "교섭 통보가 있는 경우 노동관계 당사자는 그 소속원 중에서 지명한 사람으로 하여금 교섭 시작 예정일 전까지 교섭 내용, 교섭 위원 수, 교섭 일시 및 장소, 그 밖에 교섭에 필요한 사항에 관하여 협의를 하도록 한다"고 규정하고 있다.

(2) 본교섭

본교섭은 단체교섭 권한을 가진 노동관계 당사자가 직접 또는 위임을 통해 노동조합 측이 제시한 교섭의제 또는 예비교섭에서 확정된 교섭의제와 관련하여 자신들의 의견을 개진하고 조율하면서 진행하는 단체교섭을 말한다. 본교섭은 예비교섭이나 실무협의, 실무교섭 등과 구별하기 위한 상대적인 개념으로 사용된다. 따라서 예비교섭의 상대적인 개념인 경우에는 예비교섭 후에 본격적으로 진행되는 단체교섭 의제를 다루는 교섭을 말하고, 실무교섭의 상대 개념인 경우에는 주요 의제를 다루는 본 교섭위원 차원의 단체교섭을 말한다. 후자의 실무교섭도 예비교섭과 대비해서는 본교섭이 될 수 있다. 통상 단체교섭이라고 하면 본교섭을 뜻하는 경우가 많다.

(3) 실무교섭

실무교섭은 단체교섭을 진행하다가 지엽적이고 실무적인 사항에 대한 노사 간의 이견을 선결문제로서 해결해야 할 필요가 있을 때, 본교섭의 진행을 일시적으로 중단하고 실무자 차원의 검토와 합의를 진행하는 것을 말한다. 실무교섭을 통해 합의가 도출되면 이 합의사항을 전제로 본교섭인 단체교섭이 다시 진행된다. 실무교섭은 분과위원회 형태로 진행되기도 한다. 단체교섭의 차수를 계산할 때 실무교섭 개최 횟수를 산입하는 경우도 있고 산입하지 않는 경우도 있다. 관행과 당사자의 합의 내용에 따라 달라진다. 실무교섭만의 독자적인 차수를 별도로 부여하는 경우도 있다. 예를 들면, 제1차 단체교섭, 제2차 단체교섭, 제1차 실무교섭, 제2차 실무교섭, 제3차 단체교섭 하는 식으로 차수를 부여하는 것이다.

실무교섭은 단체교섭 담당자의 합의에 따라 개최될 수 있고, 실무교섭에서 논의하기로 한 의제에 대한 논의가 마무리되지 않은 상황에서 양 당사자의 합의에 따라 실무교섭을 중단하고 본교섭을 재개할 수도 있다. 다만 실무교섭에서 합의하기로 정한 사항이 합의되지 않고 있을 때 단체교섭에 참여한 노동관계 당사자 일방은 상대방의 본교섭 재개요구를 거부할 수 있으며, 사용자가 거부하는 경우에도 단체교섭 재개를 거부할 수 있는 상당한 이유가 있는 것으로 판단할 수 있다.

2. 단체교섭의 목적에 따른 분류

단체교섭의 목적을 단체협약을 중심으로 분류하면, 단체협약을 체결할 것을 목적으로 하는 단체교섭과 단체협약 체결을 목적으로 하지 않는 기타의 단체교섭으로 나눌 수 있다. 앞에서 설명한 단체교섭의 대상과 밀접하게 관련된 단체교섭의 분류이다.

(1) 단체협약 체결 목적 단체교섭

먼저, 단체협약 체결 목적 단체교섭에서 일반적으로 단체교섭이라고 하면, 특히 조합원의 근로조건과 노동조합의 대우에 관한 사항은 물론 임금을 포함하는 단체협약에 기재되어야 하는 사항에 대한 교섭을 말한다. 임금교섭과 단체교섭을 별도로 진행하는 경우에는 단체교섭에서는 임금에 대해서는 다루지 않고 임금은 임금교섭에서 다룬다. 그러나 임금교섭에 대한 상대적 개념으로서가 아니라 본래의 의미의 단체교섭 개념은 임금교섭을 포함하는 광의의 개념이라고 할 수 있다. 임금교섭이라고 하면 단체협약에 포함될 내용 중 특히 임금인상률, 임금 구성항목, 임금 계산방법, 임금체계 개편 등에 관하여 규정하고 있는 소위 임금협약을 체결하거나 개정하기 위한 교섭을 말한다. 우리 집단적 노사관계법 개정의 연혁을 보면 단체협약의 유효기간이 여러 차례 변경되어왔다. 1953년 제정 노동조합법 제3조는 단체협약의 유효기간을 1년으로 정하고 있었다. 그러한 상태가 20년 이상 지속되어오다가, 1980년 개정 노동조합법 제35조는 단체협약의 유효기간은 3년을, 임금협약의 유효기간은 1년을 초과할 수 없도록 규정했다. 이 내용은 1987년 개정시에 단체협약은 2년, 임금협약은 1년으로 최장 유효기간이 변경되었다. 1997년 노동조합법 제정시에 임금협약을 포함한 단체협약의 유효기간이 2년으로 통일되었고, 2021년 개정시에 3년으로 확대되었다. 하지만 상당히 장기간 동안 우리나라에서는 임금에 관한 단체협약의 최장 유효기간을 1년으로 한정하는 규정이 시행되어 왔다. 그 영향으로 지금도 단체협약은 매 2년마다 체결하고, 그 중 임금에 관한 협약만은 매 1년마다 체결하는 관행을 유지하는 사업 또는 사업장이 다수 있다. 단체교섭과 구별하여 임금교섭이라는 용어가 사용되는 배경에는 유효기간이 단체협약과는 다른 임금협약을 별도로 체결하는 관행이 자리 잡고 있다. 단체교섭에 대한 집중력을 높이고 노동관계 당사자가 신중하게 단체교섭에 임할 수 있도록 하기 위해, 잦은 교섭으로 인해 노동관계 양 당사자가 경제적·심리적·조직적으로 소모적인 상황에 처하는 것을 막기 위해서 단체교섭과 임금교섭의 개시 주기는 통일하는 것이 바람직하다.

(2) 기타의 단체교섭

앞에서 우리는 단체교섭의 정의를 2원적으로 정리했다. 단체교섭 사항 중에는 단체협약화 하는 것이 적당하지 않은 사항이 있을 수 있고, 단체교섭은 단체협약 유효기간 중에도 단체협약 체결 이후의 문제에 관하여 계속되어야 하기 때문이다. 단체협약의 적용, 의미 보충, 이행 등과 관련된 문제, 단체협약에 규정되지는 않았지만 근로자들의 근로조건 형성 및 변경에 중요한 영향을 미치는 문제 등이 있을 때에 노사 간의 단체교섭은 지속적으로 이루어지고 이를 통해 문제가 해결되어야 한다. 이러한 목적으로 계속적으로 이루어지는 단체교섭을 노동조합법 제81조 제1항 제3호는 기타의 단체교섭이라고 표현하고 있다. 기타의 단체교섭은 단체협약 체결 목적 아닌 단체교섭이라고 할 수도 있다. 하급심 판결례 중에는 노동조합법 제81조 제1항 제3호의 '기타의 단체교섭'이라 함은 단체협약의 체결 이외에 단체협약의 체결을 위한 일련의 단체교섭절차를 의미하는 것이라고 판결한 사례[44]가 있는데, 이는 우리 노동조합법 각 규정의 제정 및 개정 연혁과 각각의 의미를 깊이 고려하지 않은 해석으로서 재고되어야 한다

44) 서울행정법원 2013. 7. 17. 선고 2013구합50678 판결.

3. 단체교섭의 방식에 따른 분류

단체교섭의 방식이란 단체교섭의 주체가 선택하여 실행하는 단체교섭의 기술적·형태적 측면에서의 방법이나 형식을 말한다. 단체교섭의 방식은 노동조합과 사용자 사이의 합의에 따라 결정되어야 한다. 따라서 노동관계 당사자 중 어느 일방이 자신이 원하는 특정한 교섭 방식대로 교섭할 것을 주장하면서 이를 받아들이라고 상대방에게 요구한다 하더라도 상대방이 그 교섭 방식을 수용해야 하는 의무는 없다. 예를 들어 어떤 산업별 노동조합이 해당 산업의 사용자들에게 집단교섭에 응할 것을 요구한다 하더라도 사용자들은 집단교섭을 거부하고 개별교섭을 주장할 수 있고, 그러한 사용자의 주장이 합리적인 근거 없이 단체교섭을 거부하려는 것이라고 볼 수 없는 한 부당노동행위가 되지는 않는다.[45] 다만 향후 특정한 방식의 단체교섭을 진행할 것을 단체협약에 미리 규정하거나 합의한 경우에는 그 단체협약이나 합의가 유효한 한 노동관계 당사자는 그 합의를 준수하여 합의된 단체교섭의 방식에 따라 교섭을 진행해야 한다.

(1) 기업별교섭(개별교섭)

기업별교섭이란 특정 사업 또는 사업장 내의 노동조합과 그 상대방인 사용자 사이에서 이루어지는 단체교섭을 말한다. 기업별 지회·분회 등 초기업 단위노동조합의 기업별 산하조직이 단위노동조합의 위임을 받아서 독자적으로 상대방인 개별 사업 또는 사업장의 사용자와 행하는 단체교섭도 기업별교섭에 해당한다. 우리나라에서는 보통 단체교섭이라고 하면 기업별교섭을 일컫는 경우가 많다. 이러한 교섭방식을 개별교섭이라고 지칭하기도 한다. 하지만 개별교섭이라는 용어를 사용하면 노동조합법상 단체교섭 창구단일화 절차에서 자율적 교섭대표 노동조합 결정기간 동안에 노동조합 측과 사용자가 행할 수 있는 '개별교섭 동의'에서의 '개별교섭'과 혼동을 일으킬 우려가 있다. 따라서 교섭방식의 분류를 설명함에 있어서는 기업별교섭이라는 용어를 사용하는 것이 더 타당하다.

---

45) 노조01254-481, 2000. 6. 13; 노사관계법제과-1233, 2008. 11. 27.

단체교섭 창구단일화 절차를 아직 설명하지 않았기 때문에 처음 읽는 독자는 이게 무슨 소리인가 싶겠다. 하지만, 늘 그렇듯이 일단 안다고 생각하고 그냥 넘어가기 바란다. 또한 기업별교섭은 개별 사업 또는 사업장 단위 단체교섭이므로 단체교섭을 진행하는 과정에서 원칙적으로 노동조합법 제29조 이하의 단체교섭 창구단일화 절차를 따라야 한다. 물론 해당 사업 또는 사업장의 노동관계 당사자가 임의로 창구단일화 절차를 거치지 않고 단체교섭을 진행한다고 해서 해당 단체교섭이 무효가 되는 것은 아니다.

(2) 대각선교섭

대각선교섭이란 산업별 또는 지역별 노동조합 등 초기업 단위노동조합과 개별 사업 또는 사업장의 사용자 사이에서 행해지는 단체교섭을 말한다. 대각선교섭은 초기업 단위노동조합에 대응하는 사용자단체가 없거나 유명무실하여 소속 사용자들에 대한 통제권을 상실한 경우 또는 개별 사업 또는 사업장에 특수한 사정이 있어서 노사가 모두 양해할 경우에 채택될 수 있다. 단체교섭을 하려는 목적이 단체협약을 체결하기 위한 것인지 또는 단체협약 체결 목적 이외의 사항에 관한 것인지와 무관하게 대각선교섭 방식이 이용될 수 있다. 즉 단체교섭 대상 사항이 단체교섭의 해석·적용에 관한 것이거나 조합원의 인사에 관한 사항이라 하더라도 대각선교섭 방식으로 단체교섭이 진행될 수 있다. 초기업 단위노동조합이 특정 사업 또는 사업장에 대각선 교섭을 요구한 경우에도 교섭창구단일화 절차를 거쳐야 한다(노동조합법 제29조의2 이하). 교섭이 사업 또는 사업장 단위로 이루어지기 때문이다.

하나의 초기업 단위노동조합이 사용자단체로 조직되지 않은 다수의 사업 또는 사업장의 사용자들과 일시에 교섭하는 방식은 대각선교섭의 성격과 집단교섭의 성격이 혼재되어 있는 교섭방식이다. 이러한 방식의 단체교섭 방식을 '집단적 대각선교섭'이라고 부르기도 한다. 집단적 대각선교섭이 정상적으로 진행되려면 해당 초기업 단위노동조합이 집단적 대각선교섭에 응한 각각의 사업 또는 사업장에서 교섭대표 노동조합의 지위를 확보하고 있어야 한다.

초기업 단위노동조합 외에 연합단체인 노동조합도 대각선교섭의 방식으로 소속 단위노동조합의 위임을 받아 그 단위노동조합의 상대방인 사용자와 단체교섭을 할 수 있다(노동조합법 제2조 제4호). 대각선교섭은 노동조합이 영향력이 있는 주요 사업 또는 사업장의 사용자를 선택하거나 또는 교섭력이 취약하여 노동조합 측의 주장을 비교적 쉽게 관철할 수 있다고 판단되는 사업 또는 사업장의 사용자를 선택하여 모범협약을 체결하고 이를 동일 산업 또는 지역 내의 다른 사용자들이 수용하도록 하는 소위 패턴교섭의 수단으로 활용되기도 한다.

(3) 공동교섭

공동교섭이란 기업별 단위노동조합으로부터 위임을 받은 연합단체인 노동조합과 해당 기업별 단위노동조합이, 또는 산업별 노동조합 등 초기업 단위노동조합과 해당 초기업 단위노동조합 산하의 지회·분회가 공동으로 개별 사용자와 교섭하는 단체교섭 방식을 말한다. 단체협약 체결 목적 교섭뿐만 아니라 단체협약 체결 목적 아닌 단체교섭도 공동교섭의 형태로 진행될 수 있다. 기업별교섭을 하면서 산업별 노동조합 소속 교섭위원이 참석하거나 연합단체 소속 교섭위원이 참석하는 것도 공동교섭의 한 유형으로 볼 수 있다. 공동교섭의 경우에도 기업별 단위노동조합 또는 초기업 단위노동조합의 지회·분회 등이 연합단체인 노동조합 또는 초기업 단위노동조합과 함께 사용자에게 단체교섭을 요구하면, 대상 사업장에서는 단체교섭 창구단일화 절차가 개시된다(노동조합법 제29조의2 이하).

(4) 집단교섭

집단교섭이란 동일한 지역에 있거나 동일한 업종에 속하는 등 서로 밀접한 공동의 이해관계를 가지는 여러 기업별 단위노동조합이 그 노동조합들에 대응하는 사용자들과 단체교섭을 진행하는 방식을 말한다. 기업별 단위노동조합이 연합단체 등 상급단체에 소속되어 있지 않거나 상급단체가 조직되어 있지 않은 경우에 행해지는 교섭 방식이다. 집단교섭은 동일한 지역 또는 업종에 공통된 사항에 대한 단체협약을 체결하기 위해 진행되는 경우가 많다. 개별 기업의 특수한 사항에 대한 단체교섭은 대각선교섭이나 개별교섭, 공동교섭 등의 방식으로 진행하는 것이 합리적이다. 집단교섭 방식에서는 단체교섭의 당사자가 기업별 단위노동조합이기 때문에 해당 노동조합이 노동조합법 제29조 이하의 창구단일화 규정에 따라 소속 사업 또는 사업장에서 교섭대표 노동조합의 지위를 확보하고 있어야 한다. 만약 어느 특정 사업장에 집단교섭에 참여한 노동조합 이외에 참여하지 않은 다른 노동조합이 존재하고 있고 양 노동조합이 교섭창구 단일화를 하지 않기로 개별교섭 합의를 했다면, 공동의 이해관계에 대한 통일적 교섭이라는 집단교섭의 목적을 달성하기 어렵게 된다. 이러한 상황에서는 사용자가 집단교섭 방식을 거부할 가능성이 높다.

집단교섭 방식의 단체교섭을 거쳐 단체협약을 체결하는 경우 단체교섭에 참여한 기업별 단위노동조합의 대표자들과 사용자들이 연명으로 하나의 협약서를 작성하여 서명 또는 날인 할 수도 있고, 연명으로 합의서나 협정서를 작성한 이후에 단체교섭에 참여한 각각의 단위노동조합과 상대방인 사용자가 별도로 각각 기업별 단체협약을 체결할 수도 있다. 어떤 수준에서 단체협약이 체결되느냐에 따라 이후 단체협약 유효기간 동안 단체협약 이행과 관련된 교섭이 집단교섭 방식으로 이루어질 것인지 또는 기업별교섭 방식으로 이루어질 것인지가 결정된다. 기업별교섭과 구별되는 산업별 또는 지역별 교섭의 하나라고 볼 수 있다.

(5) 통일교섭

산업별 또는 지역별 노동조합 등 초기업 단위노동조합과 그에 대응하는 산업별 또는 지역별 사용자단체가 당사자가 되어 단체교섭을 진행하는 방식을 말한다. 노동조합이 산업별 또는 지역별로 조직되어 있고 산하의 조직들에 대한 통제력을 확실히 확보하고 있으면서 동시에 사용자들이 사용자단체를 통하여 단체교섭에 임하도록 압박할 수 있는 충분한 세력을 형성하고 있을 때 가능한 교섭방식이다. 그러나 초기업단위 노동조합이 존재한다 하더라도 사용자단체가 소속 사용자들에 대한 통제력을 상실했거나 대다수 사용자가 탈퇴하여 사용자단체의 존재가 유명무실하게 된 경우에는 집단적 대각선교섭 방식의 단체교섭은 가능하지만 통일교섭 방식은 채택이 어렵다. 하나의 연합단체인 노동조합이 여러 기업별 단위노동조합의 위임을 받아 기업별 단위노동조합의 상대방인 사용자와 교섭하는 방식도 비록 사용자 단체가 구성되어 있지는 않지만 통일교섭의 일종이라고 할 수 있다. 그리고 통일교섭의 경우 단체협약의 체결과 체결된 단체협약의 해석과 이행에 관한 교섭이 중심이 될 수밖에 없다. 단체협약 체결을 목적으로 하지 않는 경영상 결정에 관한 사항이나 개별 조합원의 고충의 처리에 관한 교섭 등은 통일교섭 방식으로 수행되기에는 무리가 있다. 이러한 경우에는 대각선교섭이나 개별교섭, 공동교섭 방식이 더 적합하다.

통일교섭 방식이 법률로 강제되는 경우도 있다. 우리나라 교원의 단체교섭이 여기에 해당한다. 교원노조법 제6조 제1항은 "노동조합의 대표자는 그 노동조합 또는 조합원의 임금, 근무 조건, 후생복지 등 경제적·사회적 지위 향상에 관하여 교육부장관, 시·도 교육감 또는 사립학교 설립·경영자와 교섭하고 단체협약을 체결할 권한을 가진다. 이 경우 사립학교는 사립학교 설립·경영자가 전국 또는 시·도 단위로 연합하여 교섭에 응하여야 한다"라고 규정하고 있다. 교원노동조합의 설립은 이 법 제4조 제1항에 따라 "특별시·광역시·도·특별자치도 단위 또는 전국 단위로만 노동조합을 설립"할 수 있기 때문에 결국 통일교섭 방식을 택하도록 강제되어 있다고 볼 수 있다.

통일교섭은 노동조합이 교섭력을 강하게 행사할 수 있고, 해당 산업 또는 지역 전체에 공통된 문제에 관하여 통일적인 교섭과 해결이 가능하다는 장점이 있다. 반면 해당 산업 또는 지역에 공통된 사항에 대한 교섭만 가능하기 때문에 개별기업이 가지는 특수성을 반영한 교섭을 하기 어려워 보충교섭으로서 기업별교섭이 뒤따를 수밖에 없다. 보충교섭이란 단체협약을 체결하거나 단체교섭을 마무리한 뒤에 이를 보완할 필요가 있는 경우, 노사간의 합의로 추가로 진행되는 단체교섭을 말한다. 산업별 또는 지역별 차원의 통일교섭만으로 단체교섭이 완결되지 못하고 이후에 산하의 기업별 단위노동조합 또는 기업별 지회·분회가 각각의 상대방인 사용자와 기업별교섭을 보충적으로 진행하여 개별 사업 또는 사업장 단위의 세부적인 사항에 대하여 별도로 교섭하여야 하는 경우가 많다.

실제로 민주노총 산하 전국금속노동조합이나 한국노총 산하 전국금융산업노동조합 등이 통일교섭을 진행하고 있지만, 핵심 요구사항과 공통적인 임금인상률 등에 대해서만 교섭을 진행하고 지회·분회 차원의 구체적인 임금인상률이나 기타 근로조건 등에 대해서는 지회·분회 차원의 교섭에서 다루도록 하고 있다. 통일교섭을 하기 위해서도 통일교섭의 당사자인 산업별 노동조합 또는 지역별 노동조합 산하의 사업 또는 사업장 단위 지회나 분회는 소속 사업 또는 사업장별로 각각 교섭대표노동조합의 지위를 확보해야 한다.

4. 교섭 담당자에 따른 분류

(1) 직접교섭

직접교섭은 단체교섭권을 보유한 당사자가 직접 단체교섭에 임하는 것을 말한다. 산업별 또는 지역별 노동조합 등 초기업 단위노동조합과 그에 상응하는 산업별 또는 지역별 사용자단체가 직접 교섭하는 것, 기업별 단위노동조합과 그 상대방인 사업 또는 사업장의 개별 사용자가 직접 교섭하는 것 등을 직접교섭이라 할 수 있다.

여기에서 쟁점은 산업별 또는 지역별 노동조합에 소속된 개별 사업 또는 사업장 소속의 지회·분회가 해당 사업 또는 사업장의 사용자와 교섭할 경우 이를 직접교섭이라고 볼 수 있는가 하는 문제이다. 이와 같은 경우 원칙적으로는 본조인 산업별 또는 지역별 노동조합의 규약에 따라 판단하여야 한다. 실질적인 통제력이 있는 산업별 또는 지역별 노동조합의 규약에 단체교섭권은 본조 위원장에게 속하며 소속 지회·분회에 위임할 수 있다고 규정되어 있는 경우라면 특정 사업 또는 사업장 소속의 지회·분회가 해당 사업 또는 사업장의 사용자와 행하는 단체교섭은 직접교섭이라고 보기 어렵다. 단체교섭권을 보유한 산업별 또는 지역별 노동조합 위원장의 위임 받아 행하는 단체교섭이기 때문에 간접교섭이라고 보는 것이 원칙적으로 옳다. 그러나 해당 지회·분회가 실질적인 독자성을 가지고 있는 반면에 상급의 산업별 또는 지역별 노동조합의 통제력은 상당히 약화되어 있는 상황이라면 그와 같은 원칙을 고집하는 것은 불합리하다. 초기업 단위노동조합 산하의 지회·분회가 기업별 단위노동조합에 준하는 조직과 규약을 갖추고 있고 단체교섭을 상급의 초기업 단위노동조합의 간여 없이 직접 진행해온 관행과 능력이 있다고 인정될 수 있다면 해당 지회·분회가 상대방인 개별 사용자와 행하는 단체교섭은 직접교섭이라고 보아야 할 것이다. 결국 특정 지회·분회가 상대방인 개별 사용자와 행하는 단체교섭이 직접교섭인지 또는 간접교섭인지 여부는 해당 지회·분회의 단체로서의 독자성과 단체교섭 능력 보유 여부에 좌우된다고 해야 한다.

대법원도 산업별 또는 지역별 노동조합 등 초기업 단위노동조합의 지회·분회라 하더라도 독자적인 규약 및 집행기관을 가지고 독립한 단체로 활동하면서 본조의 규약에 따라 그 조직이나 조합원에 고유한 사항에 관하여 기업별 단위노동조합에 준하는 독자적인 단체교섭 및 단체협약체결 능력을 가지고 있는 경우가 있다는 것을 긍정한다.[46] 그리고 최근에 단체교섭권과 단체협약 체결권이 산업별 또는 지역별 단위노동조합에 있다는 규약에도 불구하고 그 지회·분회가 민법상 법인 아닌 사단의 실질을 가지고 있어 독립성이 인정된다면 스스로 고유한 사항에 관하여 상급의 초기업 단위노동조합으로부터 독립하여 의사를 결정할 수 있는 능력을 가지고 있다고 하여[47] 장차 지회·분회의 독자적인 단체교섭권 행사 가능성을 열어 놓은 대법원 전원합의체 판결이 내려지기도 했다.

(2) 간접교섭

간접교섭이란 단체교섭권을 보유한 당사자가 직접 단체교섭을 수행하지 않고 자신의 단체교섭권을 타인에게 위임하여 교섭에 임하도록 하는 교섭방식을 말한다. 단체교섭 당사자와 담당자의 분열이 발생하게 된다. 노동조합법 제29조 제3항은 "노동조합과 사용자 또는 사용자단체로부터 교섭 또는 단체협약의 체

46) 대법원 2002. 7. 26. 선고 2001두5361 판결; 대법원 2009. 2. 26. 선고 2006두7324 판결; 대법원 2011. 5. 26. 선고 2011다1842,1859,1866,1873 판결 등.

47) 대법원(전합) 2016. 2. 19. 선고 2012다96120 판결.

결에 관한 권한을 위임받은 자는 그 노동조합과 사용자 또는 사용자단체를 위하여 위임받은 범위 안에서 그 권한을 행사할 수 있다"라고 하여 단체교섭권의 위임을 인정하고 있다. 이때 단체교섭권을 위임 받은 단체교섭의 담당자는 단체교섭 당사자의 대리인의 지위를 갖게 된다. 간접교섭에서 단체교섭 담당자의 단체협약 체결권 보유 문제, 대리인으로서의 법적 지위의 문제 등은 단체교섭권의 주체와 상대방을 설명한 부분에서 자세히 다루었으므로 여기에서는 생략하기로 한다.

5. 교섭 전술에 따른 분류

(1) 패턴교섭

노동조합이 산업이나 지역 전반에 걸쳐 영향력이 있는 주요 사업 또는 사업장의 사용자를 선택하거나 또는 교섭력이 취약하여 노동조합 측의 주장을 비교적 쉽게 관철할 수 있다고 판단되는 사업 또는 사업장의 사용자를 선택하여 단체교섭을 진행하여 모범 단체협약을 체결한 뒤에 그 모범 단체협약의 내용이나 수준을 동일 산업 또는 지역 내의 다른 사용자들이 체결하는 단체협약에 수용하도록 하는 단체교섭 방식을 패턴교섭(pattern bargaining)이라고 한다. 패턴교섭 방식에서는 모범 단체협약 체결을 위한 단체교섭이 진행되는 동안 여타의 사업 또는 사업장에서는 단체교섭을 개시하지 않고 기다리는 것이 일반적이다. 단체협약 체결을 목적으로 하는 단체교섭의 경우에 패턴교섭이 특히 중요한 의미를 가질 수 있다.

패턴교섭은 주로 산업별 또는 지역별 초기업 단위노동조합이 개별 사용자들을 상대로 단체교섭을 하는 대각선교섭 또는 집단적 대각선교섭 방식의 단체교섭이 행해지는 경우에 노동조합 측이 선택할 수 있는 교섭전략의 하나이다. 하지만 노동조합 측 당사자가 초기업 단위노동조합이 아닌 경우에도 패턴교섭이 행해질 수 있다. 하나의 사업 또는 사업장 내에 다수의 노동조합이 존재하고 이들이 단체교섭 창구단일화를 하지 않고 개별교섭을 하는 경우에 해당 사업 또는 사업장의 특정 노동조합과 사용자 사이에 단체협약이 체결되면 이를 나머지 다른 노동조합들이 수용하여 사용자와 단체협약을 체결하는 경우가 여기에 해당한다. 해당 사업 또는 사업장의 노사관계를 주도할 수 있는 세력이 있는 노동조합이 패턴교섭을 사용자에게 강요할 수도 있고, 사용자가 패턴교섭을 자신의 사업 또는 사업장 내에서 관철해 낼 수도 있다.

특정 산업 또는 지역 내에서 주도적인 영향력이 있는 개별 사업 또는 사업장 단위 노동조합과 사용자가 단체교섭을 진행하여 단체협약을 체결할 때까지 관행 또는 암묵적 동의 하에 해당 산업 또는 지역 내 다른 개별 사업 또는 사업장 노동조합과 사용자가 자신들의 교섭을 진행하지 않고 주도적인 영향력이 있는 사업 또는 사업장의 단체협약 체결 결과를 기다리다가 그 결과에 따라 자신들의 단체협약을 체결하는 것도 넓은 의미에서 패턴교섭의 하나라고 볼 수 있다.

(2) 집중교섭

집중교섭이란 단체교섭에 임하는 노동조합과 사용자가 신속한 단체교섭의 진행과 마무리를 위해 당사자가 합의한 기간 동안 통상의 경우보다 많은 차수의 단체교섭을 집중적으로 진행하는 것을 말한다. 집중교섭은 특정한 교섭의제에 대한 신속한 합의가 필요하다는 노사 간의 공감대가 형성되어야 가능하다. 집중교섭은 주로 신속한 교섭 타결과 그 타결 결과에 따른 단체협약 체결을 위해 행해진다.

Ⅶ. 단체교섭의 절차

1. 단체교섭 절차 법정화의 문제

(1) 우리나라 단체교섭 창구단일화 규정의 특징

단체교섭 절차를 법률로 정할 것인지 또는 노동관계 당사자의 자율에 맡길 것인지의 문제는 전적으로 입법자의 결단에 따라 달라질 수 있다. 하지만 기본적으로 단체교섭의 절차와 방식은 노동관계 당사자가 자율적으로 결정하고 형성해 나가는 것이 바람직하다. 노동조합법 제48조도 "노동관계 당사자는 단체협약에 노동관계의 적정화를 위한 노사협의 기타 단체교섭의 절차와 방식을 규정하고 노동쟁의가 발생한 때에는 이를 자주적으로 해결하도록 노력하여야 한다"라고 하여 단체교섭의 절차와 방식을 자율적으로 결정하여 단체협약에 명시하도록 하고 있다. 그리고 단체교섭 절차를 노동조합법에 자세하게 규정하지 않고 개방적으로 열어두는 태도를 견지하고 있다. 독일, 미국, 일본 등도 단체교섭 절차에 대해 자세히 규율하는 법률을 가지고 있지 않다. 단체교섭의 절차와 방식은 해당 산업과 지역, 사업과 사업장의 특성을 반영하여 상황과 관행, 필요에 따라 구성원들이 직접 만들어 나가는 것이 바람직하기 때문이다.

그러나 단체교섭 창구단일화 절차에 관해서만은 우리나라는 노동조합법 제29조 이하, 노동조합법 시행령 제14조의2 이하에 매우 세부적인 규정을 가지고 있다. 교섭대표 결정절차를 중심으로 단체교섭 창구단일화 절차 규정을 입법하고 있는 나라들도 있다. 미국은 전국노동관계법(NLRA) 제9조 등에 배타적 교섭대표 결정 절차와 관련된 규정을 가지고 있고, 영국도 교섭대표 노동조합 승인제도를 입법하였다. 일본이나 독일과 같이 하나의 교섭단위 내에 복수노조가 존재할 때에 어떠한 방식으로 교섭할 것인지에 대해 아무런 규정을 가지고 있지 않은 채 노동관계 당사자의 관행 또는 단체협약과 법원의 판례로 규율하도록 하는 나라도 있다. 우리나라와 같이 단체교섭 창구단일화 절차를 매우 자세하게 규정하는 것은 다소 이례적이라고 할 수 있다.

(2) 복수노조 관련 노동조합법의 입법 연혁

노동조합법이 단체교섭 창구단일화에 대하여 이와 같이 상세한 규정을 갖게 된 것은 우리나라 특유의 상황을 고려해야 이해될 수 있다. 1953년 제정 노동조합법 제6조는 "근로자는 자유로 노동조합을 조직하거나 또는 이에 가입할 수 있다"고 규정하면서 별도로 복수노조설립을 제한하는 규정을 두지 않았었다. 그러나 1963년 노동조합법 제3조 제5호는 “조직이 기존 노동조합의 정상적인 운영을 방해하는 것을 목적으로 하는 경우”에는 노동조합으로 보지 않는다고 규정하여 최초로 복수노조의 설립을 금지하는 규정을 두었다. 이후 우리나라에서는 1997년 노동조합법 제정 시에 산업별 또는 지역별 노동조합 등 초기업 단위에서의 복수노조 설립이 허용되었지만, 2010년 1월 1일 노동조합법 개정을 통해 사업 또는 사업장 단위의 복수노조 설립이 허용되고 단체교섭 창구단일화 제도를 시행하게 될 때까지 오래도록 복수노조 설립이 금지되어 왔다. 그 기간 동안 복수노조 설립 허용 문제는 이념적 차원의 문제로까지 비화될 정도로 치열한 논쟁의 대상이 되었다. 오랜 기간 동안 격한 논쟁의 대상이 되면서 마치 복수노조 설립이 허용되면 사업장에 엄청난 혼란이 초래될 수도 있다는 불안감이 커졌고, 그러한 혼란을 막기 위해서 매우 정치한 창구단일화 절차를 마련해야 한다는 공감대가 이루어지게 되었던 것 같다.

지나치게 세부적인 창구단일화 절차 규정은 법제도 시행 이후 그 경직성으로 인해 다양한 문제들을 초래하게 되었고, 창구단일화 절차 규정들을 임의규정으로 보아야 하는지 아니면 강행규정으로 보아야 하는지 하는 논란으로 이어졌다. 고용노동부는 교섭창구 단일화에 관한 규정은 강행규정으로 노동조합과 사용자는 반드시 이에 따라야 한다고 하지만, 노동조합법과 그 시행령, 시행규칙 상의 모든 창구단일화 절차 규정을 강행규정이라고 이해할 경우 상당한 문제점이 발생한다. 법률 규정의 미비로부터 초래되는 혼란을 최소화하고, 노동관계 당사자가 자신들에게 가장 잘 어울리는 교섭규칙을 자율적으로 형성해 나갈 수 있는 환경을 조성한다는 측면에서 단체교섭의 절차와 관련된 규정들은 임의규정이라고 이해하거나 최소한 그와 관련한 단체협약에 대해서는 임의성을 갖는다고 해석하는 것이 합리적이라고 생각된다.

보론 **단체교섭 창구단일화 절차의 위헌론과 합헌론**

교섭대표 노동조합이 될 수 없는 소수 노동조합의 단체교섭권과 단체협약 체결권이 명시적으로 제한되는 현행 노동조합법상의 단체교섭 창구단일화 제도가 과연 합헌이라고 할 수 있는가에 관하여 오랜 논쟁이 있다. 여기에 대해서는 위헌성이 있지만 불가피하다는 견해, 교섭창구단일화는 단체교섭'권'을 단일화 할 것을 요구하는 것이 아니라 교섭'창구'를 단일화 하도록 하는 제도이므로 위헌이라고 할 수 없다는 견해, 교섭대표 아닌 노동조합이라 할지라도 단체교섭의 당사자로서의 지위 자체가 부정되는 것이 아니라, 단체교섭의 구체적인 행사 창구를 교섭대표 노동조합 또는 공동교섭대표단으로 단일화 한 것이고, 교섭대표 노동조합이 체결한 단체협약의 규범적 효력에 따라 동일한 내용의 근로조건을 실질적으로 규율 받고 있다는 점에서 교섭대표 아닌 노동조합의 단체교섭권에 대한 본질적 침해가 있다고 할 수는 없다고 보는 견해[48], 단체교섭권의 본질적인 부분을 침해함이 없는 한도 내에서, 교섭구도의 착종을 방지하고 근로조건의 통일적 형성이 저해되는 것을 막기 위한 목적 하에서 단체교섭 창구단일화를 추구한다면 합헌이라고 하면서, 단체교섭권의 본질적인 부분을 침해하지 않기 위해서는 교섭창구단일화 방안의 목적과 그에 따른 비례성이 준수되어야 하고 노사자치의 보충성으로서 교섭창구단일화가 이루어져야 한다고 보는 견해 등 합헌성을 강조하는 견해가 있다. 한편, 전적으로 조합원 수의 많고 적음에 따라 교섭권의 인정 여부를 정한다면 교섭대표 아닌 노동조합에게도 헌법상 보장되어 있는 단체교섭권이 일방적으로 부인되는 결과가 되므로 헌법상 단체교섭권을 보장하고 있는 우리나라에서 미국의 배타적 교섭대표제도 또는 과반수대표제를 도입하는 것은 위헌이라고 보는 견해가 있다. 다만 이 견해에 따를 경우에도 교섭창구단일화 여부 및 절차를 전적으로 노동조합의 자율에 맡긴다면 법정 교섭창구단일화의 위헌성이 배제될 수도 있다.

합헌론들은 현실적 필요성을 이유로 헌법과 성문법률 규정의 의미를 애써 외면하고 있다는 근본적인 문제에서 자유롭기 어렵다. 교섭창구 단일화를 바라봄에 있어서 설계된 제도의 세부적 내용과 운용 실태를 고려하지 않고 단지 "현실적으로 필요하다"는 상황논리에 따라 합헌성을 단정 짓거나 위헌성을 외면하려는 태도는 정치논리일 수는 있겠으나 규범논리이기는 어렵다고 생각된다. 단체교섭권의 본질은 단체협약 체결권만이 아니라 "교섭하는 권리" 그 자체라고 보면 협약 체결 목적 단체교섭 이외의 단체교섭권의 영역에 포함되는 단체교섭권은 여전히 교섭대표 아닌 노동조합이 보유하고 있다고 본다면 위헌성이 감소할 수는 있다. 하지만 단체협약 체결은 여전히 단체교섭권의 가장 본질적인 목적이라는 점에서 위헌성의 의심을 완전히 떨쳐내기는 어렵다.

48) 헌법재판소 2012. 4. 24. 선고 2011헌마338 결정; 헌법재판소 2024. 6. 27. 선고 2020헌바237 결정.

2. 단체교섭 창구단일화 절차

(1) 교섭단위 확정 절차

복수의 노동조합이 존재하고 있어서 교섭창구 단일화 절차를 거쳐 교섭대표 노동조합을 결정하는 단위는 원칙적으로 사업 또는 사업장 단위이다(노동조합법 제29조의3 제1항). 이는 1997년 이후 산업별 또는 지역별 초기업 단위노동조합 설립을 허용하면서도 초기업 단위노동조합들 사이에서는 조직대상을 같이하는 복수노조 상황이라 하라도 교섭창구를 단일화하도록 제한하지 않아왔던 연혁적 배경에 대한 고려가 있었던 것으로 보인다.

그러나, 하나의 사업 또는 사업장 내에 있다 하더라도 서로 다른 여러 가지 사업 부문이 하나의 사업 내에 속해 있거나, 하나의 근로조건을 형성하기에는 곤란한 다양한 업종이 하나의 사업장 내에 동시에 존재하는 경우도 있다. 따라서 하나의 사업 또는 사업장 내라 하더라도 현격한 근로조건의 차이, 고용형태, 교섭 관행 등을 고려하여 교섭단위를 분리할 필요가 있다고 인정되는 경우에 노동위원회는 노동관계 당사자의 양쪽 또는 어느 한쪽의 신청을 받아 교섭단위를 분리하는 결정을 할 수 있도록 하고 있다(노동조합법 제29조의3 제2항). 교섭단위의 분리 및 통합 절차에 대해서는 앞에서 자세히 설명했다.

(2) 단체교섭 참여 노동조합 확정 절차

교섭 참여 노동조합 확정 절차

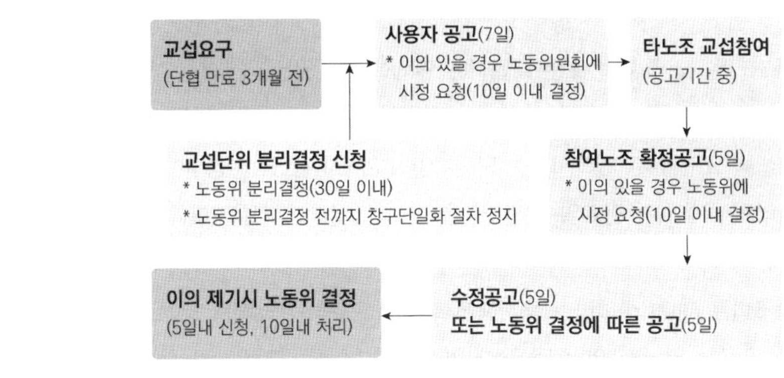

가. 1단계: 노동조합의 교섭 요구와 사용자의 공고

본격적인 창구단일화 절차의 개시 이전에 단체교섭에 참여할 노동조합을 확정하는 절차를 선행한다. 사용자와 단체협약을 체결하고자 하는 노동조합은 해당 사업 또는 사업장에 단체협약이 있는 경우에는 그 유효기간 만료일 이전 3개월이 되는 날부터 교섭을 요구할 수 있다(노동조합법 시행령 제14조의2). 여기에서 정하는 3개월은 훈시규정이라고 이해된다. 따라서 남은 단체협약 유효기간이 3개월 이상이라 하더라도 노동조합이 요구하면 사용자는 단체협약 개정을 위한 단체교섭 요구를 수용할 수 있다. 하지만 단체교섭 요구를 받은 사용자가 아직 단체협약 유효기간이 3개월이 넘게 남아 있다는 것을 이유로 교섭절차 개시를 거부하는 경우에는 단체교섭을 거부할 수 있는 정당한 이유가 있으므로 부당노동행위가 성립하지는 않는다. 단체교섭 요구는 노동조합의 명칭, 대표자의 성명, 주된 사무소의 소재지, 조합원 수 등을 기재한 서면으로 해야 한다. 이때 교섭을 요구할 수 있는 노동조합은 설립신고를 마친 노동조합에 한정 한다(노동조합법 시행령 제14조의2 제2항). 그러나 노동조합의 명칭을 사용할 수 없거나 부당노동행위 구제신청을 할 수 없다고 하여 단체교섭권까지 인정할 수 없는 것으로 해석되어서는 안 되므로 이러한 제한은 부당하다.

노동조합 및 노동관계조정법 시행령 제14조의2(노동조합의 교섭 요구 시기 및 방법)

① 노동조합은 해당 사업 또는 사업장에 단체협약이 있는 경우에는 법 제29조제1항 또는 제29조의2제1항에 따라 그 유효기간 만료일 이전 3개월이 되는 날부터 사용자에게 교섭을 요구할 수 있다. 다만, 단체협약이 2개 이상 있는 경우에는 먼저 이르는 단체협약의 유효기간 만료일 이전 3개월이 되는 날부터 사용자에게 교섭을 요구할 수 있다.

② 노동조합은 제1항에 따라 사용자에게 교섭을 요구하는 때에는 노동조합의 명칭, 그 교섭을 요구한 날 현재의 종사근로자인 조합원 수 등 고용노동부령으로 정하는 사항을 적은 서면으로 해야 한다.

설립신고를 마치지 않은 노동조합이라 하더라도 단체교섭을 요구할 수 있고 정당하게 교섭대표 노동조합 결정절차에 참여할 수 있다고 보아야 한다. 다만 교섭대표 결정절차가 진행되는 과정에서 노동위원회에 대한 이의신청권 행사 등 행정서비스를 이용하는 데에 제한을 두는 것은 가능하다. 설립신고를 마치지 않은 노동조합에게 노동위원회에 대한 부당노동행위 구제신청권을 인정하지 않는 것과의 균형을 고려해야 하기 때문이다. 사용자가 단체교섭 요구를 받은 때에는 그 날부터 교섭요구 사실을 7일간 공고하여 다른 노동조합과 근로자가 알 수 있도록 하여야 한다(노동조합법 시행령 제14조의3 제1항). 여기에서 7일을 계산할 때에는 공고문을 게시한 첫 날은 포함되지 않는다. 공고문에는 교섭을 요구한 노동조합의 명칭, 노동조합 대표자의 성명, 교섭요구 일자, 다른 노동조합이 교섭을 요구할 수 있는 기한 등을 교섭 요구 서면에 기재된 사항을 그대로 기재하여야 한다. 사용자는 노동조합의 교섭요구가 있으면 복수노조가 조직되어 있는 상태이거나 또는 단일노조 상황이라고 확신하는 경우를 막론하고 교섭요구 사실을 공고하여야 한다. 만일 교섭요구 사실 공고제도가 해당 교섭단위 내에 복수의 노동조합이 존재하는 때에만 적용된다고 한다면, 복수노조의 존재가 명확하지 않은 상태에서 그에 관한 사용자의 주관적인 인식에 따라 교섭요구 사실 공고 여부가 좌우될 수 있게 되어 집단적 노동관계의 법적 안정성이 현저히 침해될 우려가 있고, 경우에 따라서는 사용자가 이를 악의적으로 이용할 여지를 허용하는 불합리한 결과가 발생할 수 있기 때문이다.[49]

한편 법원이 이와는 다른 태도를 취한 판례가 있다.[50] 그 판례의 사안을 소개해보면 다음과 같다. 산업별 노동조합 지회인 단일 노동조합만 존재하던 사업장에서 교섭요구 사실 공고 이후에 그 지회를 교섭대표 노동조합으로 확정하고 유효기간이 1년인 단체협약을 체결했다. 이후에 새로운 기업별 노동조합이 신설되고 신설 노동조합이 과반수 조직률을 점하게 되었다. 이 상황에서 위의 단체협약 유효기간이 만료되자 산업별 노동조합 지회가 단체교섭을 요구했고 사용자가 다시 교섭요구 사실 공고를 했다. 이 공고 이후에 위 지회도 참가신청을 했고, 단일화 절차가 진행되어 신설 기업별 노동조합이 과반수 노동조합으로서 교섭대표 노동조합으로 확정되었다. 하지만 이 사안에서 지회는 자신의 교섭대표 노동조합으로서의 권한이 여전히 유지되고 있다고 주장하면서 사용자를 상대로 단체교섭을 요구하였다. 법원은 위 지회의 주장에 대하여 "교섭창구 단일화 절차는 하나의 사업 또는 사업장에 복수의 노동조합이 존재하는 경우에 진행되는 절차로 해석함이 타당하다"고 하면서 새로 교섭대표 노동조합이 된 기업별 노동조합이 정당한 교섭대표 노동조합이라고 판단했다. 이 판결은 교섭참여 노동조합 확정절차만을 거친 경우에는 교섭대표 노동조합의 지위를 인정하지 않겠다는 취지이다. 대법원은 심리불속행 기각 판결을 통해 서울고등법원의 해당 판결의 결과를 승인했다. 따라서, 판례에 따르면 교섭요구 사실 공고 이후에 교섭에 참여하는 노동조합이 없어서 최초에 교섭을 요구한 노동조합이 교섭 상대방으로 확정된다면 그 노동조합은 유일한 교섭 상대방으로서의 지위는 가지지만 노동조합법상 창구단일화 절차를 거친 교섭대표 노동조합으로서의 권한

---

49) 서울고등법원 2014. 3. 19. 선고 2013누16175 판결.

50) 서울고등법원 2016. 1. 22. 선고 2015누54690 판결(대법원 2016. 6. 10. 선고 2016두33797 판결, 심리불속행기각).

과 지위는 가지지 못한다는 결론에 이르게 된다. 그러나 이러한 해석은 교섭참여 노동조합 확정 기간 동안 세력이 열세인 조직이 노동조합 설립이나 산업별 노동조합 가입을 미루고 있다가 추후에 조합원을 확보하여 설립신고 등을 마치고 교섭을 요구하는 방법으로 단체교섭 창구단일화 제도를 무력화하는 것을 허용하는 결과가 되는 등 문제의 소지를 열어 놓게 될 수 있다.

사용자가 교섭요구 사실을 공고하지 않거나 게시한 공고문의 내용에 대해서 이의가 있는 경우 노동조합이 사용자를 상대로 시정을 요구하거나 노동위원회에 대하여 시정요청을 할 수 있다. 노동위원회는 시정요청을 받은 날로부터 10일 이내에 그에 대한 결정을 하여야 한다(노동조합법 시행령 제14조의3 제3항).

나. 2단계: 다른 노동조합의 참여

최초로 교섭을 요구한 노동조합 이외에 단체협약 체결을 위한 단체교섭에 참여하려는 다른 노동조합이 있으면 위의 공고기간인 7일 이내에 서면으로 사용자에게 교섭을 요구하여야 한다(노동조합법 시행령 제14조의4 제3항).

노동조합 및 노동관계조정법 시행령 제14조의4(다른 노동조합의 교섭 요구 시기 및 방법)

제14조의2에 따라 사용자에게 교섭을 요구한 노동조합이 있는 경우에 사용자와 교섭하려는 다른 노동조합은 제14조의3제1항에 따른 공고기간 내에 제14조의2제2항에 따른 사항을 적은 서면으로 사용자에게 교섭을 요구하여야 한다.

사용자의 교섭요구 사실 공고기간에 교섭참여를 신청한 다른 노동조합이 없다면, 최초에 교섭을 요구했던 노동조합이 단독 교섭상대방으로 확정된다. 만약 교섭요구 사실 공고기간에 교섭참여를 신청한 다른 노동조합이 있다면 참여한 노동조합들을 상대로 다음 절차를 진행해야 한다. 전자의 경우에는, 판례에 따르면 교섭참여 노동조합 확정 절차가 진행되는 기간에 교섭요구를 하지 않았던 노동조합이나, 이 기간 이후에 신설된 노동조합이 있는 경우 그 노동조합들은 추가로 단체교섭을 요구할 수 있다. 그러나 후자의 경우에는 교섭참여 노동조합 확정 절차가 진행되는 기간에 교섭요구를 하지 않았던 노동조합이나, 이 기간 이후에 신설된 노동조합이 있는 경우에도 그 노동조합들의 추가 단체교섭 요구가 허용되지 않는다. 이미 단체교섭 절차에 참여할 노동조합들이 확정되어 있는 법상태를 존중하고 이미 진행되고 있던 단체교섭 창구단일화 절차의 안정성을 보장하기 위한 것이다. 그러나 단체교섭 요구를 제한한다 하더라도 적어도 창구단일화 절차에 참여하지 않았던 노동조합이나 절차 진행기간 중에 신설된 노동조합 조합원들이 교섭대표 노동조합과 사용자 사이에 체결된 단체협약을 적용받을 수 있는 기회는 보장되어야 한다. 이와 같이 교섭참여 노동조합이 있는지 없는지에 따라 후속되는 신설 노동조합의 단체교섭권 실현 가능성이 좌우되는 것은 매우 기형적인 상황이라고 하지 않을 수 없다. 단체교섭 창구단일화 절차를 노동조합법과 시행령에 지나치게 기술적으로 규정하면서, 시스템을 설계한 주체가 미처 예상하지 못한 문제들이 발생하고 있는 것이다. 법적 안정성 확보를 위한 입법적 개선이 필요하다. 현 단계에서는 교섭창구 단일화 절차 완료 후 교섭이 진행 중이거나 교섭이 완료되고 단체협약이 체결된 이후라도 신설 노동조합 또는 창구단일화 절차에 참여하지 않았던 기존 노동조합이 단체협약을 적용해줄 것을 요청할 경우 교섭대표 노동조합과 사용자 사이의 별도 합의를 통하여 이를 결정할 수 있도록 허용하는 것이 바람직하다. 그리고, 교섭대표 노동조합과 사용자가 단체협약의 적용을 거부할 경우 신설 노동조합이나 창구단일화 절차에 참여하지 않았던 노동조합은 별도의 단체교섭을 요구할 수 있다고 보아야 한다. 교섭창구 단일화 규정 전체의 취지를 고려할 때 교섭대표 노동조합과 사용자 사이에 체결된 단체협약의 적용을 받을 수 있도록 신설 노동조합이나 창구단일화 절차에 참여하지 않았던 노동조합이 요청할 수 있다는 내용을 노동조합법에 규정하는 것이 바람직하다고 생각한다.

(3) 교섭대표 노동조합 결정 절차

교섭대표 노동조합 결정 절차

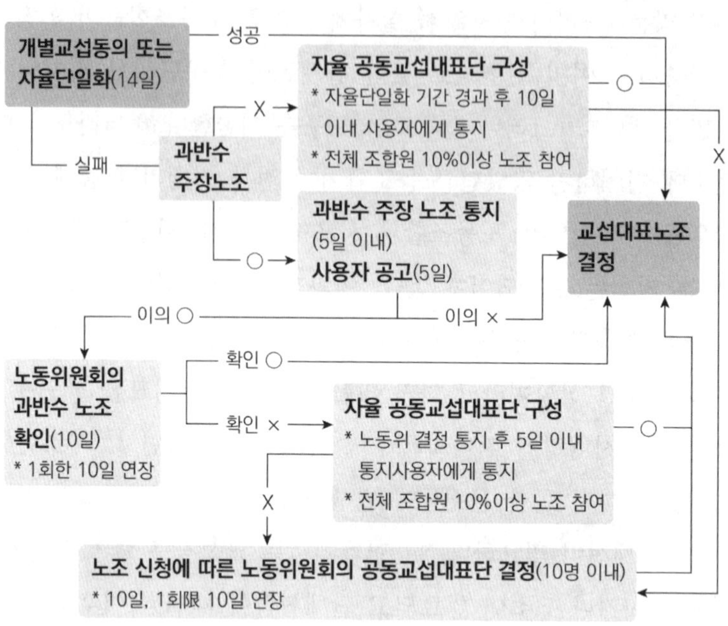

가. 1단계: 자율적 교섭대표 노동조합 결정

단체협약 체결을 위한 단체교섭에 참여하고자 하는 노동조합이 확정된 이후에, 자율적으로 교섭창구를 단일화할 수 있도록 14일의 기간이 부여된다(노동조합법 제29조의2 제3항, 시행령 제14조의6 제1항). 교섭대표 선정 방법과 형태가 전적으로 노동조합 측의 자율에 맡겨져 있으므로, 단일화 절차에 참여한 노동조합들 사이의 합의로 교섭대표 노동조합을 선정할 수도 있고 공동교섭대표기구를 구성할 수도 있다.

노동조합 및 노동관계조정법 제29조의2(교섭창구 단일화 절차)

③ 교섭대표노동조합 결정 절차(이하 "교섭창구 단일화 절차"라 한다)에 참여한

모든 노동조합은 대통령령으로 정하는 기한 내에 자율적으로 교섭대표노동조합을 정한다.

노동조합 및 노동관계조정법 시행령 제14조의6(자율적 교섭대표노동조합의 결정 등)

① 제14조의5에 따라 교섭을 요구한 노동조합으로 확정 또는 결정된 노동조합은 법 제29조의2제3항에 따라 자율적으로 교섭대표노동조합을 정하려는 경우에는 제14조의5에 따라 확정 또는 결정된 날부터 14일이 되는 날을 기한으로 하여 그 교섭대표노동조합의 대표자, 교섭위원 등을 연명으로 서명 또는 날인하여 사용자에게 통지해야 한다.

② 사용자에게 제1항에 따른 교섭대표노동조합의 통지가 있은 이후에는 그 교섭대표노동조합의 결정 절차에 참여한 노동조합 중 일부 노동조합이 그 이후의 절차에 참여하지 않더라도 법 제29조제2항에 따른 교섭대표노동조합의 지위는 유지된다.

이 기간 내에 사용자가 동의한 경우 교섭창구를 단일화하지 않고 개별교섭을 하기로 결정할 수도 있다(노동조합법 제29조의2 제1항 단서).

이 규정은 강행규정이 아니라 지도규정 내지 임의규정으로 보아야 하므로 그 기간이 경과한 이후에 당사자 간의 자율적인 합의로 개별교섭 결정을 하는 것도 가능하다고 보아야 한다. 법원도 사용자가 복수의 노동조합과 개별적으로 교섭하는 것이 노동조합법에 의하여 허용되어 있고, 사용자가 교섭대표 노동조합 및 교섭대표 아닌 노동조합과 개별교섭을 하기로 선택한 것이라면, 이 단체협약이 노동조합법 제29조의2 단서상의 '교섭대표 노동조합을 자율적으로 정하는 기한 내'라는 개별교섭 가능 기간을 벗어나 체결되었다는 이유만으로 효력이 없다고 보아서는 안 된다고 판단했다.[51] 비록 이 판결은 개별교섭 동의 가능 기한을 넘어가서 개별교섭 합의를 하고 진행한 단체교섭의 결과 체결된 단체협약의 효력 문제에 대해서만 언급했을 뿐이지만, 판결문 전체 흐름을 보면 기한을 넘은 개별교섭 합의의 효력 자체를 인정하고 있는 것으로 해석해도 무방한 것

51) 서울고등법원 2014. 7. 10, 2013누53587(대법원 2014. 11. 27, 2014두39722, 심리불속행기각).

으로 보인다. 다만 고용노동부는 14일의 기간이 경과한 이후에는 개별교섭 동의가 불가능하다고 본다. 특정 노동조합과의 개별교섭 동의의 효과는 창구단일화 대상인 모든 노동조합에 미치므로 다수의 노동조합 중 어느 한 노동조합이 사용자와 개별교섭에 합의를 하면 창구단일화 절차에 참여한 다른 모든 노동조합들도 사용자와 개별교섭을 하게 된다.

나. 2단계: 과반수 조직 노조를 교섭대표 노동조합으로 인정

제1단계의 절차에서 단일화가 이루어지지 못한 경우, 교섭창구 단일화 절차에 참여한 노동조합에 소속된 전체 조합원 수의 과반수로 조직된 노동조합이 교섭대표 노동조합으로 결정된다(노동조합법 시행령 제14조의7). 이때 "전체 조합원 과반수로 조직된 노동조합"이란 해당 사업 또는 사업장 전체 근로자의 과반수를 의미하는 것이 아니고 조직된 근로자의 과반수를 뜻한다. 과반수로 조직된 노동조합에는 2개 이상의 노동조합이 위임 또는 연합 등의 방법으로 전체 조합원의 과반수를 확보하는 경우도 포함된다. 과반수로 조직된 노동조합은 5일 이내에 그 사실을 사용자에게 통지하여야 하며, 사용자는 이 사실을 5일 동안 공고하여야 한다(노동조합법 시행령 제14조의7 제2항). 여기에서 5일을 계산할 때에는 공고문을 게시한 첫 날은 포함되지 않는다.

노동조합 및 노동관계조정법 제29조의2(교섭창구 단일화 절차)

④ 제3항에 따른 기한까지 교섭대표노동조합을 정하지 못하고 제1항 단서에 따른 사용자의 동의를 얻지 못한 경우에는 교섭창구 단일화 절차에 참여한 노동조합의 전체 조합원 과반수로 조직된 노동조합(2개 이상의 노동조합이 위임 또는 연합 등의 방법으로 교섭창구 단일화 절차에 참여한 노동조합 전체 조합원의 과반수가 되는 경우를 포함한다)이 교섭대표노동조합이 된다.

노동조합 및 노동관계조정법 시행령 제14조의7(과반수 노동조합의 교섭대표노동조합 확정 등)

① 법 제29조의2제3항 및 이 영 제14조의6에 따른 교섭대표노동조합이 결정되지 못한 경우에는 법 제29조의2제3항에 따른 교섭창구 단일화 절차(이하 "교섭창구단일화절차"라 한다)에 참여한 모든 노동조합의 전체 종사근로자인 조합원 과반수로 조직된 노동조합(둘 이상의 노동조합이 위임 또는 연합 등의 방법으로 교섭창구단일화절차에 참여하는 노동조합 전체 종사근로자인 조합원의 과반수가 되는 경우를 포함한다. 이하 "과반수노동조합"이라 한다)은 제14조의6제1항에 따른 기한이 끝난 날부터 5일 이내에 사용자에게 노동조합의 명칭, 대표자 및 과반수노동조합이라는 사실 등을 통지해야 한다.

② 사용자가 제1항에 따라 과반수노동조합임을 통지받은 때에는 그 통지를 받은 날부터 5일간 그 내용을 공고하여 다른 노동조합과 근로자가 알 수 있도록 해야 한다.

만약 과반수로 조직된 노동조합이라고 주장하는 노동조합이 없거나, 과반수라고 주장하는 노동조합이 있었으나 추후에 교섭창구 단일화 절차에 참여한 다른 노동조합의 이의제기를 통해 과반수에 미달한다는 사실이 드러난 경우 과반수로 조직된 노동조합을 중심으로 하는 창구단일화는 이루어지지 못한다. 그러나 과반수라고 주장하는 노동조합이 실제로는 과반수에 미달하는 경우라 하더라도 교섭창구 단일화 절차에 참여한 다른 노동조합들이 5일의 공고기간 동안 이의제기를 하지 않았다면 그 노동조합이 교섭대표 노동조합으로 확정될 수도 있다. 사용자가 과반수가 되지 않는 노동조합이라는 사실을 알고 있었던 경우에도 마찬가지이다. 이의제기는 교섭창구 단일화 절차에 참여한 다른 노동조합에게만 허용된다. 과반수에 미달하는 노동조합이 과반수라고 주장하면서 사용자에게 공고를 요구할 때에도 사용자는 공고를 거부할 권한이 없다. 과반수로 조직된 노동조합인지 여부는 노동조합 측 단체교섭 당사자들인 참여 노동조합들 사이에서 결정될 문제이기 때문이다. 다른 노동조합들이 과반수라고 주장하는 노동조합이 실제로는 과반수에 미달한다는 사실을 알면서도 이의제기를 하지 않는 것은 과반수라고 주장하는 노동조합이 교섭대표 노동조합이 되는 것을 용인하는 것이라고 볼 수 있다.

과반수로 조직된 노동조합이라고 주장하는 노동조합이 사용자에게 통지를 했으나 사용자가 공고를 하지 않는 경우에 그 노동조합은 노동위원회에 이의신청을 할 수 있다. 또한 과반수로 조직된 노동조합이라고 주장하는 노동조합이 사용자에게 통지했는데 다른 노동조합들이 그에 대해 이의가 있는 경우에는 사용자가 공고하는 5일간의 기간 동안 노동위원회에 이의신청을 하여야 한다(노동조합법 시행령 제14조의7 제3항). 노동위원회는 이의신청 내용에 대해 조사·확인한 결과 과반수 노동조합이 별도로 있거나, 과반수 노동조합이라고 주장하는 노동조합이 과반수 노동조합이 맞다고 인정하는 경우에는 그 이의 신청을 받은 날부터 10일 이내에 그 과반수 노동조합을 교섭대표 노동조합으로 결정하여 교섭창구 단일화 절차에 참여한 모든 노동조합과 사용자에게 통지하여야 한다(노동조합법 시행령 제14조의7 제9항). 그 기간 이내에 조합원 수를 확인하기 어려운 경우에는 한 차례에 한정하여 10일의 범위에서 그 기간을 연장할 수 있다. 과반수에 미달한다고 결정하는 경우에도 마찬가지이다. 노동위원회가 과반수로 조직된 노동조합인지 확인하기 위해서는 조합원 수를 확인하여야 하는데 조합원 수를 확인하는 경우의 기준일은 단체교섭을 요구한 노동조합의 명칭 등을 공고한 날로 한다(노동조합법 시행령 제14조의7 제5항). 여기에서 공고일은 사용자가 실제로 공고한 날이 아니라 시행령에 따라 공고했어야 하는 날을 의미한다.[52)]

다. 3단계: 자율적 공동교섭대표단 구성

제2단계의 절차에서 교섭창구 단일화가 이루어지지 못한 경우, 교섭창구 단일화 절차에 참여한 모든 노동조합이 공동으로 공동교섭대표단을 구성할 수 있다. 과반수로 조직된 노동조합이라고 주장하는 노동조합이 있었지만 노동위원회가 과반수에 미달한다고 결정한 경우에는 공동교섭대표단에 참여할 수 있는 노동조합들은 노동위원회의 통지가 있은 날로부터 5일간의 기간 내에 공동교섭대표단을 구성하여 공동교섭대표단의 대표자, 교섭위원 등을 명시하여 연명으

52) 대전지방법원 2013. 4. 17. 선고 2012가합35037 판결.

로 서명 또는 날인하여 사용자에게 통지하여야 한다(노동조합법 시행령 제14조의8 제1항). 과반수로 조직된 노동조합이라고 주장하는 노동조합이 없었던 경우에는 공동교섭대표단에 참여할 수 있는 노동조합들은 자율적 단일화 기간이 만료된 날로부터 10일간의 기간 내에 공동교섭대표단을 구성하여 공동교섭대표단의 대표자, 교섭위원 등을 명시하여 연명으로 서명 또는 날인하여 사용자에게 통지하여야 한다.

노동조합 및 노동관계조정법 시행령 제14조의8(자율적 공동교섭대표단 구성 및 통지)

① 법 제29조의2제3항 및 제4항에 따라 교섭대표노동조합이 결정되지 못한 경우에, 같은 조 제5항에 따라 공동교섭대표단에 참여할 수 있는 노동조합은 사용자와 교섭하기 위하여 다음 각 호의 구분에 따른 기간 이내에 공동교섭대표단의 대표자, 교섭위원 등 공동교섭대표단을 구성하여 연명으로 서명 또는 날인하여 사용자에게 통지해야 한다.

1. 과반수노동조합이 없어서 제14조의7제1항에 따른 통지 및 같은 조 제2항에 따른 공고가 없는 경우: 제14조의6제1항에 따른 기한이 만료된 날부터 10일간
2. 제14조의7제9항에 따라 과반수노동조합이 없다고 노동위원회가 결정하는 경우: 제14조의7제9항에 따른 노동위원회 결정의 통지가 있은 날부터 5일간

사용자에게 공동교섭대표단의 통지가 있은 이후에는 그 공동교섭대표단 결정 절차에 참여한 노동조합 중 일부 노동조합이 그 이후의 절차에 참여하지 않더라도 교섭대표노동조합의 지위는 유지된다(노동조합법 시행령 제14조의8 제2항). 이는 공동교섭대표단이 구성된 이후 공동교섭대표단의 지위를 안정적으로 보장하여 단체교섭이 원활하게 진행될 수 있도록 하기 위한 것이다.

자율적으로 공동교섭대표단을 구성할 경우에 조합원 수가 교섭창구 단일화 절차에 참여한 노동조합 전체 조합원의 100분의 10 이상인 노동조합만이 교섭대표단을 구성할 수 있다(노동조합법 제29조의2 제5항). 조합원 수가 교섭창구 단일화 절차에 참여한 노동조합의 전체 조합원 100분의 10 미만인 노동조합은 교

섭창구 단일화 절차에 참여한 경우에도 직접 공동교섭대표단의 일원이 될 수 없다. 공동교섭대표단이 체결한 단체협약의 적용을 받을 뿐인 것으로 해석된다.

노동조합 및 노동관계조정법 제29조의2(교섭창구 단일화 절차)

⑤ 제3항 및 제4항에 따라 교섭대표노동조합을 결정하지 못한 경우에는 교섭창구 단일화 절차에 참여한 모든 노동조합은 공동으로 교섭대표단(이하 이 조에서 "공동교섭대표단"이라 한다)을 구성하여 사용자와 교섭하여야 한다. 이때 공동교섭대표단에 참여할 수 있는 노동조합은 그 조합원 수가 교섭창구 단일화 절차에 참여한 노동조합의 전체 조합원 100분의 10 이상인 노동조합으로 한다.

노동조합법 제29조의2 제4항이 제시하는 "100분의 10" 기준은 자의적이다. 비록 조합원 수는 적지만 해당 노동조합 임원의 단체교섭 역량은 매우 뛰어날 수 있기 때문이다. 노동조합이 실질적인 조직으로서 규약과 자주성을 갖고 있으면 "단체성"을 인정하고[53] 그 노동조합이 노동조합법상 노동조합으로 인정될 수만 있다면 굳이 단체로서의 세력을 이용해 사용자를 압박하지 않아도 단체교섭권을 사용자에게 관철할 수 있도록 법정하고 있는 우리 노동조합법상 단체교섭 관련 규정 전체 체계를 고려할 때, 유독 공동교섭대표단 구성에 있어서만 일정한 현실적 세력을 요구하는 것은 일관된 입법태도라고 보기 어렵다. 노동조합법에 따른 자율단일화 절차에서 교섭대표 노동조합으로 선출되거나 교섭대표단의 일원이 된 경우, 다른 노동조합들과 연합하거나 위임을 받아 과반수 지지를 확보하여 교섭대표 노동조합이 되는 경우에는 조합원 수가 교섭창구 단일화 절차에 참여한 노동조합의 전체 조합원 100분의 10에 미달하는 노동조합도 단체교섭에 직접 참여할 수 있다.

라. 4단계: 노동위원회 결정에 따른 공동교섭대표단 구성

제3단계의 절차에서 자율적인 공동교섭대표단 구성이 이루어지지 못한 경우

53) 대법원 2001. 2. 23. 선고 2000도4299 판결; 대법원 2002. 7. 26. 선고 2001두5361 판결; 대법원 2004. 7. 22. 선고 2004다24854 판결 등.

노동위원회가 해당 노동조합의 신청에 따라 종사근로자인 조합원 수에 따른 비율을 고려하여 교섭단 구성을 결정할 수 있는 절차가 마련되어 있다. 노동위원회는 10일 이내에 10명 이내로 공동교섭대표단을 구성하여야 하며, 결정 기한은 1회에 한하여 10일을 더 연장할 수 있다(노동조합법 시행령 제14조의9). 노동위원회가 교섭단위 내 노동조합들의 조합원 규모를 파악하고 노동조합들 사이의 의견을 조율해서 공동교섭대표단을 구성하는 기간으로서 10일 또는 20일은 충분한 기간이라고 보기는 어렵다. 하지만 단체교섭 창구단일화 절차의 신속한 진행을 위해 불가피한 규정이라고 이해된다.

노동조합 및 노동관계조정법 시행령 제14조의9(노동위원회 결정에 의한 공동교섭대표단의 구성)

① 법 제29조의2제5항 및 이 영 제14조의8제1항에 따른 공동교섭대표단의 구성에 합의하지 못한 경우에 공동교섭대표단 구성에 참여할 수 있는 노동조합의 일부 또는 전부는 노동위원회에 법 제29조의2제6항에 따라 공동교섭대표단 구성에 관한 결정 신청을 해야 한다.

② 노동위원회는 제1항에 따른 공동교섭대표단 구성에 관한 결정 신청을 받은 때에는 그 신청을 받은 날부터 10일 이내에 총 10명 이내에서 각 노동조합의 종사근로자인 조합원 수에 따른 비율을 고려하여 노동조합별 공동교섭대표단에 참여하는 인원 수를 결정하여 그 노동조합과 사용자에게 통지해야 한다. 다만, 그 기간 이내에 결정하기 어려운 경우에는 한 차례에 한정하여 10일의 범위에서 그 기간을 연장할 수 있다.

③ 제2항에 따른 공동교섭대표단 결정은 공동교섭대표단에 참여할 수 있는 모든 노동조합이 제출한 종사근로자인 조합원 수에 따른 비율을 기준으로 한다.

(4) 교섭대표 노동조합의 권한

교섭대표 노동조합은 단위노동조합일 수도 있고, 공동교섭대표단 등 2개 이상의 노동조합 조합원을 구성원으로 하는 교섭대표 기구일 수도 있다. 교섭대표 노동조합의 대표자는 단체협약 체결을 목적으로 하는 단체교섭에 있어서는 교섭에 참여한 다른 모든 노동조합 또는 조합원들을 대표하여 단체교섭권을 행사할 수 있는 배타적인 대표권을 보유하게 된다(노동조합법 제29조 제2항). 교섭대표 노동조합은 단체교섭의 당사자가 되며, 교섭대표 아닌 노동조합들과 교섭대표 노동조합과의 관계에는 민법상 대표의 법리가 적용된다. 노동조합법 제29조의5는 교섭대표 노동조합이 있는 경우에 노동쟁의의 주체(노동조합법 제2조 제5호), 단체교섭 또는 단체협약 체결권한 위임(노동조합법 제29조 제3항, 제4항), 성실교섭의무 부담 및 권한남용 금지의 주체(노동조합법 제30조), 쟁의행의를 주도하는 노동조합(노동조합법 제37조 제2항), 쟁의행위가 적법하게 수행될 수 있도록 지도·관리·통제할 책임을 지는 노동조합(노동조합법 제38조 제3항), 필수유지업무 유지를 위해 근무할 근로자를 지명하는 노동조합(노동조합법 제42조의6 제1항), 쟁의행위기간 중 임금지급요구를 해서는 안 되는 노동조합(노동조합법 제44조 제2항), 직장폐쇄의 상대방인 노동조합(노동조합법 제46조 제1항), 노동위원회의 조정위원회 구성 시 사용자를 대표하는 조정위원을 추천하는 노동조합(노동조합법 제55조 제3항), 특별조정위원회 구성을 위한 순차배제권을 행사하는 노동조합(노동조합법 제72조 제3항), 단체교섭거부 부당노동행위 구제신청을 할 수 있는 노동조합(노동조합법 제81조 제1항 제3호) 등은 "교섭대표 노동조합"으로 본다고 규정하고 있다. 교섭대표 노동조합이 결정되어 있는 경우 교섭대표 아닌 노동조합들은 위 조항의 "노동조합"으로 해석될 수 없다.

단체협약 체결을 위한 단체교섭 과정에서 교섭대표 노동조합이 배타적인 대표권을 보유한다는 점에서 노동조합법 각 조항에 "노동조합"이라고 규정된 내용이 "교섭대표 노동조합"이라고 해석될 필요성이 있는 조항들이 있다. 하지만 단체교섭 창구단일화 이후 교섭대표 노동조합이 배타적으로 독점하는 단체교섭권은 단체협약 체결을 목적으로 하는 단체교섭에 한정되어야 한다는 점을 고려하면 노동조합법 제29조의5가 위와 같이 광범위하게 "노동조합"을 "교섭대표 노동조합"이라고 규정하여 교섭대표 아닌 노동조합의 단체교섭권을 제한하는 것은 타당하지 않다. 굳이 이와 같이 명시하지 않더라도 노동조합법의 체계적 해석을 통해서 "노동조합"이라고 규정되어 있지만 "교섭대표 노동조합"이라고도 해석될 수 있는 사항들은 충분히 밝혀질 수 있고, 위에 예시된 조항들 중에는 단체협약 체결을 목적으로 하지 않는 "기타의 단체교섭"에 대해서도 적용되는 조항들이 다수 있기 때문이다.

대표적으로 단체교섭 또는 단체협약 체결권한 위임(노동조합법 제29조 제3항, 제4항), 성실교섭의무 부담 및 권한남용 금지의 주체(노동조합법 제30조), 필수유지업무 유지를 위해 근무할 근로자를 지명하는 노동조합(노동조합법 제42조의6 제1항), 단체교섭거부 부당노동행위 구제신청을 할 수 있는 노동조합(노동조합법 제81조 제1항 제3호) 등은 교섭대표 노동조합으로 제한하여 해석되어서는 안 된다. 입법적 개선이 무엇보다 시급한 사항이다.

교섭대표권 유지와 관련한 특수문제로서, 특별한 사정이 발생하여 과반수로 조직된 노동조합의 조직률에 변화가 발생하는 경우에 대한 검토가 필요하다.

첫째, 과반수 요건을 충족하여 교섭대표 노동조합이 된 노동조합이 이후 조직률 변동을 겪거나 위임 또는 연합했던 노동조합의 위임이나 연합 철회로 과반수 미만이 된 경우의 교섭대표권 유지 여부가 문제된다. 이 경우와 같이 과반수로 조직되었던 노동조합이 과반수 요건에 미달하게 된 경우에 대해서는 노동조합법에 아무런 규정이 없다. 따라서 견해의 대립이 있지만, 자율적 교섭대표와 자율적 공동교섭대표단의 경우 교섭대표권 유지를 보장한 노동조합법 시행령 제14조의6 제2항으로부터 입법자의 취지를 유추할 수 있다는 점, 노동조합법 시행령 제14조의7 제5항이 조합원 수 확인 기준 시점을 교섭을 요구한 노동조합의 명칭 등을 공고한 날로 명확히 확정하고 있는 점, 교섭대표 노동조합이 과반수 미만으로 조직률이 하락되어 있다는 것을 공식적으로 확인할 수 있는 절차가 마련되어 있지 않다는 점, 교섭대표권의 안정적 유지를 보장하는 것이 해당 단체협약 적용 범위 내 단체교섭 질서의 안정에 기여할 수 있다는 점 등을 고려할 때 과반수로 조직된 노동조합임을 인정받아 교섭대표 노동조합이 된 경우에 후에 과반수 요건에 미달하게 되었다 하더라도 교섭대표권 유지기간 내에선 그 교섭대표 노동조합으로서의 권한을 유지한다고 보는 것이 타당하다.

둘째, 교섭대표 노동조합이 단체교섭을 진행하고 있던 도중에 교섭대표 노동조합 대표자의 중대한 비위행위가 드러나는 등의 사유가 발생하여 대표자가 교체된 경우 교섭대표 노동조합의 지위 유지 여부 등이 문제가 된다. 이 경우 교섭대표 노동조합의 지위에는 영향이 없다고 보는 것이 타당하다. 교섭대표 노동조합 내부의 통제 절차에 따라 새로 대표자나 대표 권한대행이 결정되면 그 대표자나 대표 권한대행이 단체교섭을 이어서 계속 진행할 수 있다. 마찬가지로 공동교섭대표단인 경우에도 대표단 내부 대표 구성원 변경은 공동교섭대표단의 지위 유지에 직접 영향을 미치지 않는다고 보아야 한다.

(5) 교섭대표 노동조합의 대표권 유지 기간

교섭대표 노동조합은 교섭대표로 결정된 날로부터 대체로 2년 동안 지위를 유지할 수 있다(노동조합법 시행령 제14조의10 제1항). 즉 교섭대표 노동조합으로 결정된 후 사용자와 체결한 첫 번째 단체협약의 유효기간이 2년인 경우에는 그 단체협약의 유효기간이 만료되는 날까지, 교섭대표 노동조합으로 결정된 후 사용자와 체결한 첫 번째 단체협약의 유효기간이 2년 미만인 경우에는 그 단체협약의 효력이 발생한 날을 기준으로 2년이 되는 날까지 교섭대표 노동조합으로서의 지위를 유지한다. 한편 체결된 단체협약의 유효기간이 2년 미만인 경우에는 단체협약 효력 발생일로부터 2년 동안 교섭대표 노동조합의 지위를 유지한다. 따라서 교섭대표 노동조합이 체결한 단체협약이 유효기간 1년의 임금협약 등 유효기간이 2년 미만인 단체협약인 경우 교섭대표 노동조합은 대표권 유지기간 중 2개의 단체협약을 체결할 수 있게 될 가능성이 있다. 예를 들어 어떤 교섭대표 노동조합이 유효기간 1년의 임금협약 유효기간이 종료된 시점에 여전히 교섭대표 노동조합의 지위를 유지하고 있다면 교섭창구 단일화 절차를 거치지 않고 곧바로 단체교섭권과 단체협약 체결권을 행사할 수 있다.

노동조합 및 노동관계조정법 시행령 제14조의10(교섭대표노동조합의 지위 유지기간 등)

① 법 제29조의2제3항부터 제6항까지의 규정에 따라 결정된 교섭대표노동조합은

그 결정이 있은 후 사용자와 체결한 첫 번째 단체협약의 효력이 발생한 날을 기준으로 2년이 되는 날까지 그 교섭대표노동조합의 지위를 유지하되, 새로운 교섭대표노동조합이 결정된 경우에는 그 결정된 때까지 교섭대표노동조합의 지위를 유지한다.

② 제1항에 따른 교섭대표노동조합의 지위 유지기간이 만료되었음에도 불구하고 새로운 교섭대표노동조합이 결정되지 못할 경우 기존 교섭대표노동조합은 새로운 교섭대표노동조합이 결정될 때까지 기존 단체협약의 이행과 관련해서는 교섭대표노동조합의 지위를 유지한다.

③ 법 제29조의2에 따라 결정된 교섭대표노동조합이 그 결정된 날부터 1년 동안 단체협약을 체결하지 못한 경우에는 어느 노동조합이든지 사용자에게 교섭을 요구할 수 있다.

교섭대표 노동조합의 지위 유지기간이 만료되었음에도 불구하고 새로운 교섭대표 노동조합이 결정되지 못할 경우 새로운 교섭대표 노동조합이 결정될 때까지 기존 단체협약의 이행과 관련해서는 기존 교섭대표 노동조합이 교섭대표 노동조합의 지위를 유지한다. 교섭대표 노동조합이 결정된 날부터 1년 동안 단체협약을 체결하지 못한 경우에는 해당 교섭단위 내의 어느 노동조합이든지 사용자에게 단체교섭을 요구할 수 있다(노동조합법 시행령 제14조의10 제3항). 교섭대표 노동조합이 성실히 교섭에 임했어도 단체협약을 체결하지 못한 경우에는 해당 교섭대표 노동조합이 교섭단위 내의 다른 노동조합들을 대표하여 교섭대표권을 행사할 능력이 없다고 본 것이다.

제3장 쟁의행위

I. 쟁의행위의 개념

1. 쟁의행위의 정의

쟁의행위란 파업·태업·직장폐쇄 기타 노동관계 당사자가 그 주장을 관철할 목적으로 행하는 행위와 이에 대항하는 행위로서 업무의 정상적인 운영을 저해하는 실력행사 상태를 말한다(노동조합법 제2조 제1항 제6호). 헌법 제33조 제1항에서 보장되는 "단체행동권" 행사의 가장 중요한 모습이 쟁의행위이다.

2. 노동쟁의와 쟁의행위의 상관관계

쟁의행위와 구별해야 하는 개념으로 노동쟁의가 있다. '노동쟁의'란 노동조합과 사용자 또는 사용자단체사이에 임금·근로시간·복지·해고 기타 대우 등 근로조건의 결정에 관한 주장의 불일치로 인하여 발생한 분쟁상태로서, 당사자간에 합의를 위한 노력을 계속하여도 더이상 자주적 교섭에 의한 합의의 여지가 없는 정도의 주장의 불일치가 발생한 상태를 말한다(노동조합법 제2조 제1항 제5호). 노동쟁의 개념에서 '결정'이 추가된 1997년 노동조합법 제정에 관해서는 앞에서 자세히 설명했다. 쟁의행위는 실력행사 상태이고, 노동쟁의는 의견 불일치의 분쟁상태로서 아직 실제 실력행사로 나아가기 전의 상태라는 점에서 차이가 있다.

그러나 노동쟁의와 쟁의행위는 매우 밀접한 연관관계가 있다. 통상적으로 쟁의행위는, 노동관계 당사자가 단체교섭을 진행하던 중, 노동쟁의 상태가 발생하면, 노동관계 당사자 양쪽 또는 어느 한쪽이 노동위원회에 조정을 신청하고, 노동위원회가 10일 이내에 조정안을 제시하고 양 당사자가 그 조정안을 수락하면 조정이 성립하지만, 당사자가 모두 또는 어느 한쪽이 조정안을 거부하면 조정이 결렬된다. 조정이 결렬되면 노동조합은 쟁의행위 찬반투표를 실시한다. 조합원의 직접, 비밀, 무기명 투표로 찬반투표를 실시하여 전체 조합원의 과반수 찬성으로 쟁의행위가 가결되면 쟁의행위를 개시할 수 있다(노동조합법 제41조 제1항). 투표시점으로부터 지나치게 많은 시간이 경과하면 안 되지만, 쟁의행위가 가결되면 쟁의행위를 실제로 개시하는 시점은 노동조합이 교섭 전략에 따라 탄력적으로 정하게 된다. 이 과정을 보면, 노동쟁의 상태가 인정되지 않으면 최종 단계인 쟁의행위로 이어질 수 없다는 것을 알 수 있다. 노동쟁의의 발생과 그에 대한 노동위원회 조정이 노동조합법상 적법한 쟁의행위의 전제조건이므로, 노동쟁의 개념의 확대 또는 축소가 쟁의행위 범위의 확대 또는 축소와 직결된다.

3. 쟁의행위의 종류

쟁의행위는 수행하는 방법이나 내용에 따라 파업, 태업, 사보타지, 생산관리, 준법투쟁, 보이콧, 피케팅, 직장점거, 직장폐쇄 등으로 나눌 수 있다. 이 중 직장폐쇄를 제외한 나머지 행위는 노동조합이 행하는 행위로서 헌법 제33조 제1항에 따른 단체행동이라고 할 수 있으며, 직장폐쇄는 사용자가 노동조합을 향하여 행하는 노동조합법상 쟁의행위라고 할 수 있다.

파업(罷業)은 노동조합이 조직적인 방법으로 근로 제공을 거부하는 행위를 말한다. 집회의 형식일 수도 있고, 단지 출근을 거부하거나, 출근은 했지만 근로 제공을 거부하는 방법으로 행해지기도 한다. 파업은 다시 사업장 전체에 대하여 행하는 전면파업과 사업장 일부 또는 생산시설 일부에서 행해지는 부분파업으로 나눌 수 있다. 단계적 공정으로 작업이나 생산이 이루어지는 사업장의 경우에는 부분파업만으로 전체 작업 또는 생산공정의 중단을 초래하여 전면파업과 같은 효과를 거둘 수도 있다. 태업(怠業)은 근로자들이 직장을 이탈하지는 않지만, 조직적으로 작업능률을 저하시키는 행위를 말한다. 사보타지(sabotage)는 사무를 방해하거나 원자재·생산시설을 파괴하여 업무의 정상적 운영을 방해하는 행위를 말하는데, 과거 프랑스에서 농노들이 나막신(sabot)을 신고 포도나 기타 수확물을 밟아서 훼손하는 방식으로 영주에게 저항했던 데에서 유래한다. 생산관리는 노동조합이 사업 또는 사업장을 점거하여 직접 기업경영을 하는 행위를 가리킨다.

준법투쟁은 근로자들이 법령이나 규정을 엄격히 준수하거나, 법률에 정한 근로자의 권리를 동시에 집단적으로 행사하여 사용자의 업무를 저해하는 조직적 행위를 말한다. 준법투쟁이라고 흔히 지칭되는 행위에는 연장근로 거부, 집단적인 연차휴가 사용, 집단 사표제출, 안전·보건 규정 준수 투쟁, 식당 배식구 한 줄 서기, 지하철 정차시간 준수, 지정 속도 준수 등이 있다. 이 중 안전·보건 규정 준수 투쟁, 지하철 정차시간 준수, 지정 속도 준수 등 법규 준수 행위는 법질서의 요구를 충족하는 행위이므로 쟁의행위라고 하기는 어렵다. 연장근로 거부, 집단 휴가, 집단 사표제출 등을 통한 근로제공 거부도 근로자들의 권리를 행사하는 것이라는 차원에서 쟁의행위 해당성이 문제될 수 있다. 대법원 판례는, "회사가 단체협약에 따라 관행적으로 시켜오던 휴일근로를 근로자들이 자신들의 주장을 관철할 목적으로 정당한 이유도 없이 집단적으로 거부한 행위[54] 집단적으로 연장근로를 거부한 행위[55], 집단적으로 휴가를 사용한 행위[56] 등을 쟁의행위로 인정하고 있지만, "연장근로의 집단적 거부와 같이 사용자의 업무를 저해함과 동시에 근로자들의 권리행사로서의 성격을 아울러 가지는 행위가 노동조합법상 쟁의행위에 해당하는지는 해당 사업장의 단체협약이나 취업규칙의 내용, 연장근로를 할 것인지에 대한 근로자들의 동의 방식 등 근로관계를 둘러싼 여러 관행과 사정을 종합적으로 고려하여 엄격하게 제한적으로 판단하여야 한다"[57]라고 하여 최근에는 쟁의행위 해당성을 매우 좁게 인정하려는 견해를 보인다. 만약 집단적 휴가 사용이나 연장근로 거부 등이 쟁의행위에 해당한다면, 뒤에서 설명할 쟁의행위의 정당성 인정요건과 개시 절차 등 법규를 준수하여야 한다.

보이콧(boycott)에는 두 가지가 있는데, 원래의 의미의 보이콧은 사용자 또는

---

54) 대법원 1991. 7. 9. 선고 91도1051 판결.
55) 대법원 1996. 2. 27. 선고 95도2970 판결.
56) 대법원 1991. 1. 23. 선고 90도2852 판결; 대법원 1994. 6. 14. 선고 93다29167 판결.
57) 대법원 2022. 6. 9. 선고 2016도11744 판결.

그와 거래관계가 있는 제3자의 상품의 구입이나 시설 이용을 거절하거나, 근로계약 체결을 거절할 것을 호소하는 조직적 행위를 말한다. 다른 의미의 보이콧은 2차 보이콧이라고도 하는데, 쟁의행위가 발생하지 않은 기업의 노동조합이 자신의 기업이 쟁의행위가 발생한 기업과 거래하는 것을 막아서 쟁의행위가 발생한 기업에 타격을 주는 행위를 말한다. 2차 보이콧의 경우에는 그 보이콧을 통해서 노동조합의 주장이나 목적을 관철하려는 상대방이 자신의 사용자가 아니기 때문에 쟁의행위로서 정당성을 갖는다고 하기 어렵다. 피케팅(picketing)은 파업을 효과적으로 수행하기 위하거나 파업의 목적을 홍보하기 위하여, 근로 희망자들의 파업 참여·협력을 촉구하는 행위를 말하며, 통상 플래카드 설치, 확성기를 통한 권유, 설득, 유인물 배포 등의 방법으로 수행된다. 유인물 배포의 경우에는 그 기재사항으로 인해 사용자의 인격, 신용, 명예 등이 훼손되는 경우가 발생할 수 있지만, 문서에 기재되어 있는 사실관계의 일부가 허위이거나 표현에 다소 과장되거나 왜곡된 점이 있다고 하더라도, 그 문서를 배포한 목적이 타인의 권리나 이익을 침해하려는 것이 아니라 근로조건의 유지·개선과 근로자의 복지증진 기타 경제적·사회적 지위의 향상을 도모하기 위한 것으로서 문서의 내용이 전체적으로 보아 진실한 것이라면 이는 정당한 쟁의행위로 인정된다.[58]

직장점거는 파업 실효성 강화를 위해 사용자의 의사에 반하여 사업장을 점거하고 체류하는 행위이며, 직장점거의 경우에는 노동조합법이 생산 기타 주요업무에 관련되는 시설과 이에 준하는 시설을 점거하는 형태의 쟁의행위(노동조합법 제42조 제1항)와 사용자의 점유를 배제하여 조업을 방해하는 형태의 쟁의행위(노동조합법 제37조 제3항)를 금지하고 있기 때문에 합법성이 인정되지 않는 경우가 발생할 수 있다.

노동조합 및 노동관계조정법 제42조(폭력행위등의 금지)

① 쟁의행위는 폭력이나 파괴행위 또는 생산 기타 주요업무에 관련되는 시설과 이에 준하는 시설로서 대통령령이 정하는 시설을 점거하는 형태로 이를 행할 수 없다.

---

58) 대법원 1998. 5. 22. 선고 98다2365 판결.

노동조합 및 노동관계조정법 제37조(쟁의행위의 기본원칙)

③ 노동조합은 사용자의 점유를 배제하여 조업을 방해하는 형태로 쟁의행위를 해서는 아니 된다.

직장폐쇄는 사용자가 자기의 주장을 관철하기 위하여, 쟁의행위에 참가 중인 근로자가 제공하는 노동력의 수령을 거부하여 근로자에게 경제적 타격을 줌으로써 노동조합에 압력을 가하는 행위를 말한다.

▌ 쟁의행위의 종류

종류	내용
파업	조직적인 방법으로 근로 제공을 거부하는 행위
태업	근로자들이 직장을 이탈하지 않고 조직적으로 작업능률을 저하시키는 행위
사보타지	사무를 방해하거나 원자재·생산시설을 파괴하여 업무의 정상적 운영을 방해하는 행위
생산관리	노동조합이 사업 또는 사업장을 점거하여 직접 기업경영을 하는 행위
준법투쟁	근로자들이 법령이나 규정을 엄격히 준수하거나, 법률에 정한 근로자의 권리를 동시에 집단적으로 행사하여 사용자의 업무를 저해하는 조직적 행위 ※ 연장근로 거부, 집단휴가, 집단사표제출, 안전·보건 투쟁, 식당 배식구 한줄 서기 등
보이콧	사용자 또는 그와 거래관계가 있는 제3자의 상품의 구입이나 시설 이용을 거절하거나, 근로계약 체결을 거절할 것을 호소하는 조직적 행위
피케팅	파업을 효과적으로 수행하기 위하거나 파업의 목적을 홍보하기 위하여, 근로 희망자들의 파업 참여·협력을 촉구하는 행위 ※ 플랜카드 설치, 확성기를 통한 권유, 설득 등
직장점거	파업 실효성 강화를 위해 사용자의 의사에 반하여 사업장을 점거하고 체류하는 행위
직장폐쇄	사용자가 자기의 주장을 관철하기 위하여, 근로자가 제공하는 노동력의 수령을 거부하여 근로자에게 경제적 타격을 줌으로써 노동조합에 압력을 가하는 행위

한편, 쟁의행위의 목적이 사업장 내인지 아닌지를 중심으로 동조파업, 연대파업으로 나누는데, 동조파업은 다른 노동조합의 쟁의행위를 지원하기 위해 행하는 쟁의행위를, 연대파업은 주로 정치적 차원 또는 법개정 차원의 초기업적 문제를 해결함으로써 노동자 전체의 사회·경제적 지위 향상을 도모하는 목적으로 여러 노동조합들이 힘을 합해 조직적으로 진행하는 쟁의행위를 말한다. 적법성이나 합법성을 기준으로 불법 쟁의행위와 합법 쟁의행위로 나누기도 한다.

Ⅱ. 쟁의행위의 기본원칙

1. 법령 기타 사회질서 준수

쟁의행위는 그 목적·방법 및 절차에 있어서 법령 기타 사회질서에 위반되어서는 안 된다(노동조합법 제37조 제1항). 쟁의행위는 헌법이 보장하는 기본권인 단체행동권의 행사이기는 하지만 단체행동권은 상대방이 사인인 기본권으로서, 절대적인 자유권과는 구별된다. 따라서 기본권 주체간의 균형의 확보를 위해 최소한의 제한이 불가피하다. 노동조합법이 쟁의행위에 대하여 법령 기타 사회질서 준수를 요구하는 것은 그와 같은 최소한의 제한을 요구하는 것이라고 할 수 있다.

노동조합 및 노동관계조정법 제37조(쟁의행위의 기본원칙)

① 쟁의행위는 그 목적·방법 및 절차에 있어서 법령 기타 사회질서에 위반되어서는 아니된다.

② 조합원은 노동조합에 의하여 주도되지 아니한 쟁의행위를 하여서는 아니된다.

2. 노동조합에 의한 주도

(1) 노동조합의 주도

조합원은 노동조합에 의하여 주도되지 않은 쟁의행위를 해서는 안 된다(노동조합법 제37조 제2항). 이를 위반한 조합원에 대해서는 3년 이하의 징역 또는 3천만 원 이하의 벌금에 처해질 수 있다(노동조합법 제89조 제1호). 따라서 친한 근로자의 모임, 노동조합의 일부 부서, 근로자 개인이 주도하는 쟁의행위는 인정되지 않는다. 하지만, 노동조합법이 정하는 요건을 충족하지 못한 노동조합이라 하더라도 근로자들의 자주적인 단결체로서 근로자의 사회적·경제적 지위향상을 목적으로 하는 단체라면 노동조합으로서의 지위와 권한을 최대한 보장해야 할 것이다.

(2) 노동조합의 지도와 책임

쟁의행위는 노동조합의 지도와 책임 하에 이루어져야 한다(노동조합법 제38조 제1항). 쟁의행위는 그 쟁의행위와 관계없는 자 또는 근로를 제공하고자 하는 자의 출입·조업 기타 정상적인 업무를 방해하는 방법으로 행하여져서는 아니되며 쟁의행위의 참가를 호소하거나 설득하는 행위로서 폭행·협박을 사용해서는 안 된다. 노동조합은 쟁의행위가 적법하게 수행될 수 있도록 지도·관리·통제할 책임이 있다.

노동조합 및 노동관계조정법 제38조(노동조합의 지도와 책임)

① 쟁의행위는 그 쟁의행위와 관계없는 자 또는 근로를 제공하고자 하는 자의 출입·조업 기타 정상적인 업무를 방해하는 방법으로 행하여져서는 아니되며 쟁의행위의 참가를 호소하거나 설득하는 행위로서 폭행·협박을 사용하여서는 아니된다.

③ 노동조합은 쟁의행위가 적법하게 수행될 수 있도록 지도·관리·통제할 책임이 있다.

3. 사용자의 점유 배제를 통해 조업을 방해하는 쟁의행위 금지

노동조합은 사용자의 점유를 배제하여 조업을 방해하는 형태로 쟁의행위를 해서는 안 된다(노동조합법 제37조 제3항). 이는 생산 기타 주요업무에 관련되는 시설과 이에 준하는 시설을 점거하는 형태의 쟁의행위를 금지하는 노동조합법 제

42조 제1항과 연관지어 체계적 해석을 통해 이해해야 한다. 노동조합법 제37조 제3항에서 말하는 '점유 배제'는 노동조합법 제42조 제1항의 '점거'와 같은 의미로 이해하는 것이 합리적이다. 그러므로, 노동조합법 제37조 제3항의 '점유의 배제'는 특정 시설에 대한 사용자의 점유권 행사를 전면적으로 배제하는 방식의 점유 배제를 금지하는 것이라고 해석하여야 하며, 조업 방해가 발생했으나 그것이 전적으로 노동조합이 사용자의 점유를 배제한 것으로부터 비롯된 것이 아니라면, 그 점유 배제가 노동조합법 제37조 제3항 위반이라고 보아서는 안 된다.

노동조합 및 노동관계조정법 제37조(쟁의행위의 기본원칙)

③ 노동조합은 사용자의 점유를 배제하여 조업을 방해하는 형태로 쟁의행위를 해서는 아니 된다.

노동조합 및 노동관계조정법 제42조(폭력행위등의 금지)

① 쟁의행위는 폭력이나 파괴행위 또는 생산 기타 주요업무에 관련되는 시설과 이에 준하는 시설로서 대통령령이 정하는 시설을 점거하는 형태로 이를 행할 수 없다.

Ⅲ. 쟁의행위의 정당성 인정 요건

1. 주체

쟁의행위는 적법한 단체교섭권과 단체협약 체결권 있고, 노동조합법상 노동조합으로서의 요건을 갖춘 노동조합이 주체가 되어 단체적 의사결정에 따라 수행되어야 한다(노동조합법 제2조 제4호, 제2조 제6호, 제29조 제1항, 제37조 제1항). 초기업별 노동조합의 하부단체인 분회나 지부가 독자적인 규약 및 집행기관을 가지고 독립된 조직체로서 활동을 하는 경우 대법원은 "당해 조직이나 그 조합원에 고유한 사항에 대하여는 독자적으로 단체교섭하고 단체협약을 체결할 수 있고, 이는 그 분회나 지부가 설립신고를 하였는지 여부에 영향받지 아니한다"[59]라고 인정하고 있다. 독자적으로 단체교섭을 하고 단체협약을 체결할 수 있다는 의미는 쟁의행의 정당한 주체도 될 수 있다는 의미로 이해해야 한다. 그러나 노동조합이 아닌 근로자들의 일시적인 모임이나 조합원의 근로조건 유지·개선을 통한 근로자의 경제적·사회적 지위향상을 목적으로 하지 않는 단체는 쟁의행위의 정당한 주체가 될 수 없다.[60]

2. 목적

쟁의행위는 근로자의 근로조건의 유지·개선에 관한 주장을 관철할 목적으로 행해져야 한다. 따라서, 경영상 판단에 따른 사업부에 대한 폐지 결정, 생산라인 신설 등은 단체교섭 대상이 아니며 정당한 쟁의행위의 목적이 될 수 없다. 대법원은 노동조합이 시설관리사업부 폐지 자체의 백지화만을 고집하면서 그 폐지에 따른 근로자의 배치전환 등 근로조건의 변경에 관하여 교섭하자는 회사의 요청을 전적으로 거부하고 폐지 백지화 주장만을 관철시킬 목적으로 쟁의행위를 한 사건에서 그 목적의 정당성을 부정했다.[61]

한편, 쟁의행위에서 추구되는 목적이 여러 가지이고 그 중 일부가 정당하지 못한 경우에는 주된 목적 내지 진정한 목적의 당부에 의하여 그 쟁의목적의 당부를 판단하여야 한다. 부당한 요구사항을 뺐더라면 쟁의행위를 하지 않았을 것이라고 인정되는 경우에는 그 쟁의행위 전체가 정당성을 갖지 못한다고 보아야 할 것이다.[62] 연구소 소속 근로자들이 쟁의행위를 하면서 연구소장의 퇴진을 요구한 사건에서 대법원이, "연구소장의 퇴진을 요구하였다 하더라도 이는 부차적인 것이고 주된 목적은 일부 근로자들에 대한 파면처분이 노동조합의 핵심적

59) 대법원 2001. 2. 23. 선고 2000도4299 판결.
60) 대법원 1997. 2. 11. 선고 96누2125 판결.
61) 대법원 1994. 3. 25. 선고 93다30242 판결.
62) 대법원 1992. 1. 21. 선고 91누5204 판결; 대법원 2003. 12. 26. 선고 2001도1863 판결; 대법원 2009. 6. 23. 선고 2007두12859 판결; 대법원 2009. 6. 25. 선고 2007두10891 판결 등.

관심사항인 연구자율수호운동을 주동한 것에 대한 보복조치라고 하여 이의 철회를 구하는 것이고 그 뜻은 조합원의 근로조건의 개선요구에 있다고도 볼 수 있다면 이는 단체교섭사항이 될 수 있는 것이므로 위 쟁의행위는 그 목적에 있어 정당하다"[63]라고 판단하였으며, 노동조합이 회사의 매각 추진을 반대하며 쟁의행위를 개시한 사건에서 "쟁의행위의 진정한 목적은 회사의 매각에 따른 고용안정이나 임금인상 등 근로조건의 유지와 향상에 있었다고 할 것이고, 이 사건 쟁의행위가 회사의 매각 금지 등을 주된 목적으로 하여 개시되었다거나 다른 쟁의행위의 목적이 모두 소멸되었음에도 오로지 회사의 매각 금지 등을 목적으로 하여 계속된 것으로 볼 수 없으므로 이 사건 쟁의행위의 목적의 정당성이 인정된다"[64]고 판단한 사례가 있다. 또한, 공영방송 정상화를 요구하며 언론사 소속 노동조합이 파업을 하자 사용자가 이를 주도한 노동조합 간부들을 해고한 사건에서, 대법원은 "공정방송의 의무는 방송법 등 관계법규 및 피고 단체협약에 의하여 노사 양측에 요구되는 의무임과 동시에 근로관계의 기초를 형성하는 원칙이라 할 것이어서, 방송의 공정성을 실현하기 위한 제도적 장치의 마련과 그 준수 또한 교섭 여부가 근로관계의 자율성에 맡겨진 사항이 아니라 사용자가 노동조합법에 따라 단체교섭의 의무를 지는 사항(이른바 의무적 교섭사항)이라 할 것이다. 따라서 언론사는 언론사의 구성원에게 방송의 공정성을 실현하기 위한 근로환경과 근로조건을 제공하여야 할 의무를 부담한다"라고 하여, 언론사 노동조합이 공정방송을 목적으로 쟁의행위를 할 수 있다고 인정했다.[65]

3. 행위

쟁의행위는 업무의 정상적인 운영을 저해하는 방법으로 행해진다. 따라서 사

63) 대법원 1992. 5. 12. 선고 91다34523 판결.
64) 대법원 2013. 2. 14. 선고 2010두17601 판결.
65) 서울고등법원 2015. 4. 29. 선고 2014나11910 판결.

용자의 적법한 지휘명령으로 운영되는 업무의 정상적인 운영이 저해되는 것은 쟁의행위의 속성이다. 생산활동이나 작업 수행에 직접적인 지장이 없는 리본 패용, 투쟁조끼 착용, 현수막 게양 등에 대해서는 그러한 행위가 업무저해성이 있는지에 관한 별도의 판단이 필요하다. 가령 의료기관의 의료인인 근로자가 병원이 지정한 복장이 아닌 노동조합이 지정한 복장을 입고 치료나 수술 등에 참여하는 것은 업무의 정상적인 운영을 저해하는 결과가 될 가능성이 있다. 이러한 경우는 쟁의행위로 판단될 수 있을 것이다. 쟁의행위로 판단 된다면, 쟁의행위의 실체적·절차적 정당성 요건을 충족해야 한다. 그러나, 휴게시간이나 퇴근시간 이후, 출근시간 이전에 행해지는 행위는 업무저해성이 없으므로 쟁의행위에 해당하지 않을 가능성이 높다.

Ⅳ. 쟁의행위의 개시 절차

1. 단체교섭과 노동쟁의 발생

쟁의행위는 단체교섭 과정에서 근로조건의 결정에 관한 더이상 자주적 교섭에 의한 합의의 여지가 없는 주장의 불일치로 인한 분쟁상태이다, 따라서 단체교섭을 이미 진행하고 있어야 하고, 단체교섭 과정에서 노동쟁의가 발생해야 한다 그 이후에 쟁의행위가 검토될 수 있다. 노동관계 당사자는 노동쟁의가 발생한 때에는 어느 일방이 이를 상대방에게 서면으로 통보하여야 한다(노동조합법 제45조 제1항).

노동조합 및 노동관계조정법 제45조(조정의 전치)

① 노동관계 당사자는 노동쟁의가 발생한 때에는 어느 일방이 이를 상대방에게 서면으로 통보하여야 한다.

2. 노동위원회 조정

단체교섭 과정에서 발생한 노동쟁의에 대하여 노동관계 당사자 일방이나 쌍방이 노동위원회에 조정을 신청해야 한다. 조정 신청은 관할 지방노동위원회에 한다. 노동위원회는 조정의 신청이 있은 날부터 일반사업에 있어서는 10일, 공익사업에 있어서는 15일 이내에 조정을 종료하여야 한다(노동조합법 제54조 제1항). 이 조정 기간은 관계 당사자간의 합의로 일반사업에 있어서는 10일, 공익사업에 있어서는 15일 이내에서 연장할 수 있다(노동조합법 제54조 제2항). 쟁의행위는 이 조정절차를 거치지 않으면 이를 행할 수 없다. 이때의 조정에는 조정종료 결정 후의 조정(노동조합법 제61조의2)은 포함되지 않는다. 다만, 10일 또는 연장에 합의한 경우에는 그 기간 내에 조정이 종료되지 않거나, 노동관계 당사자 쌍방의 합의나 단체협약에 따른 중재 신청이 있는 때에는 중재에 회부된 날로부터 15일 이내에 중재재정이 이루어지지 아니한 경우에는 쟁의행위를 개시할 수 있다(노동조합법 제45조, 제62조, 제63조). 노동위원회는 조정의 종료가 결정된 후에도 노동쟁의의 해결을 위하여 조정을 할 수 있다(노동조합법 제61조의2). 이는 노동쟁의를 시점을 불문하고 조정을 통해 원만하게 해결할 수 있도록 해야 한다는 취지에 따른 것이다.

노동조합 및 노동관계조정법 제45조(조정의 전치)

② 쟁의행위는 제5장제2절 내지 제4절의 규정에 의한 조정절차(제61조의2의 규정에 따른 조정종료 결정 후의 조정절차를 제외한다)를 거치지 아니하면 이를 행할 수 없다. 다만, 제54조의 규정에 의한 기간내에 조정이 종료되지 아니하거나 제63조의 규정에 의한 기간내에 중재재정이 이루어지지 아니한 경우에는 그러하지 아니하다.

노동조합 및 노동관계조정법 제54조(조정기간)

① 조정은 제53조의 규정에 의한 조정의 신청이 있은 날부터 일반사업에 있어서는 10일, 공익사업에 있어서는 15일 이내에 종료하여야 한다.

② 제1항의 규정에 의한 조정기간은 관계 당사자간의 합의로 일반사업에 있어서는

10일, 공익사업에 있어서는 15일 이내에서 연장할 수 있다.

대법원은, 노동조합법에서 정한 기간 내에 조정 결정을 내리지 않고 노동위원회가 당사자간에 자주적 교섭을 충분히 가질 것을 권고하는 행정지도 결정을 한 사례에서 "노동조합이 노동위원회에 노동쟁의 조정신청을 하여 조정절차가 마쳐지거나 조정이 종료되지 아니한 채 조정기간이 끝나면 노동조합은 쟁의행위를 할 수 있는 것으로 노동위원회가 반드시 조정결정을 한 뒤에 쟁의행위를 하여야지 그 절차가 정당한 것은 아니다"66)라고 하여 조정 결정이 없더라도 조정기간이 경과하면 쟁의행위를 할 수 있다고 판단했다.

3. 쟁의행위 찬반투표

노동조합의 쟁의행위는 그 조합원의 직접·비밀·무기명 투표에 의한 조합원 과반수의 찬성으로 결정하지 아니하면 이를 행할 수 없다(노동조합법 제41조 제1항). 쟁의행위 개시 여부에 대한 조합원 과반수 찬성을 묻는 투표는 대의원회의 결의로 대체할 수 없다(노동조합법 제16조, 제17조). 복수노조 사업장에서 교섭대표노동조합이 결정된 경우에는 교섭창구 단일화 절차에 참여한 노동조합의 전체 조합원 중 해당 사업 또는 사업장 소속 조합원, 즉 종사근로자인 조합원의 직접·비밀·무기명투표에 의한 과반수의 찬성으로 결정한다(노동조합법 제41조 제1항).

노동조합 및 노동관계조정법 제41조(쟁의행위의 제한과 금지)

① 노동조합의 쟁의행위는 그 조합원(제29조의2에 따라 교섭대표노동조합이 결정된 경우에는 그 절차에 참여한 노동조합의 전체 조합원)의 직접·비밀·무기명투표에 의한 조합원 과반수의 찬성으로 결정하지 아니하면 이를 행할 수 없다. 이 경우 조합원 수 산정은 종사근로자인 조합원을 기준으로 한다.

---

66) 대법원 2001. 6. 26. 선고 2000도2871 판결.

지역별·산업별·업종별 노동조합의 경우에는 지역 전체나 산업 전체 등을 범위로 하는 총파업이 아닌 이상, 쟁의행위를 예정하고 있는 당해 지부나 분회 소속 조합원의 과반수의 찬성이 있으면 그 쟁의행위는 절차적으로 적법하다.67) 전국단위나 산업단위 총파업을 결의하려면 조합원 전체의 과반수 찬성이 필요하다.

V. 쟁의행위의 수단

1. 업무의 정상적인 운영을 저해하는 행위

쟁의행위는 업무의 정상적인 운영을 저해하는 일체의 행위로서 행해진다. 업무의 정상적인 운영이란, 사용자의 적법하고 통상적인 지휘·명령에 따른 근로제공과 사업장의 운영을 뜻한다. '저해하는'이라는 문구의 의미는 업무 저해의 결과가 발생할 것을 필요로 하지 않고, 업무를 저해할 수 있는 객관적인 위험성이 있는 행위이면 충분하다는 의미이다. 업무의 정상적인 운영을 저해하지 않는 행위는 쟁의행위에 해당하지 않는다.68)

2. 사업장 점거의 허용 범위

쟁의행위는 본질상 업무의 정상적인 운영을 저해하는 일체의 행위일 뿐, 사업장 점거를 반드시 수반하는 것은 아니지만, 노동조합의 의견 표출 방법의 하나로서 집회나 시위가 진행되는 경우가 많고, 그에 수반하여 쟁의행위의 중요한 수단으로 사업장 점거가 감행되기도 한다. 대법원 판례도 이를 인정하는데, 사업장 점거를 병존적 점거와 전면적·배타적 점거로 나눠서 병존적 점거는 허용되지만, 전면적·배타적 점거는 허용되지 않는다고 한다. "직장 또는 사업장시설의 점거는 적극적인 쟁의행위의 한 형태로서 그 점거의 범위가 직장 또는 사업

---

67) 대법원 2009. 6. 23. 선고 2007두12859 판결.
68) 대법원 1991. 6. 11. 선고 91도204 판결.

장시설의 일부분이고 사용자측의 출입이나 관리지배를 배제하지 않는 병존적인 점거에 지나지 않을 때에는 정당한 쟁의행위로 볼 수 있으나, 이와 달리 직장 또는 사업장시설을 전면적, 배타적으로 점거하여 조합원 이외의 자의 출입을 저지하거나 사용자측의 관리지배를 배제하여 업무의 중단 또는 혼란을 야기케 하는 것과 같은 행위는 이미 정당성의 한계를 벗어난 것이라고 볼 수밖에 없다"[69]라고 판시한 것이 대표적이다.

Ⅵ. 쟁의행위의 제한

1. 폭력·파괴행위, 생산 기타 주요업무 관련 시설 점거 금지

(1) 폭력·파괴행위 금지

쟁의행위는 폭력이나 파괴 행위의 형태로 할 수 없다(노동조합법 제42조). 노동조합법은 '폭력'에 대해 정의하지 않지만, 사람의 생명이나 신체에 대한 유형력의 행사라고 할 수 있다. 따라서 폭행의 경우 뿐만 아니라 폭행의 결과 발생할 수 있는 상해까지도 포함하는 개념이다.

(2) 생산 기타 주요업무에 관련되는 시설 점거 금지

쟁의행위는 생산 기타 주요업무에 관련되는 시설과 이에 준하는 시설을 점거하는 형태로 행할 수 없다(노동조합법 제42조). 이를 위반할 경우 3년 이하의 징역 또는 3천만 원 이하의 벌금이 부과될 수 있다(노동조합법 제89조 제1호). 주요업무에 관련되는 시설과 이에 준하는 시설은 사업장의 전기·전산 또는 통신시설, 도시철도를 포함한 철도의 차량 또는 선로, 건조·수리 또는 정박중인 선박, 항공기·항행안전시설 또는 항공기의 이·착륙이나 여객·화물의 운송을 위한 시설, 화약·폭약 등 폭발위험이 있는 물질 또는 화학물질관리법에 따른 유독물질을 보관·저장

69) 대법원 2007. 12. 28. 선고 2007도5204 판결; 대법원 2007. 12. 28. 선고 2007도5204 판결, 대법원 2010. 2. 25. 선고 2009도13591 판결; 대법원 2014. 8. 28. 선고 2012도2236 판결 등.

하는 장소, 기타 점거될 경우 생산 기타 주요업무의 정지 또는 폐지를 가져오거나 공익상 중대한 위해를 초래할 우려가 있는 시설로서 고용노동부장관이 관계중앙행정기관의 장과 협의하여 정하는 시설 등이다(노동조합법 제42조 제1항, 시행령 제21조). 그러나 사업장의 휴게실, 로비 일부, 탈의실, 운동장, 강당, 회의실, 식당 등은 주요업무시설이라고 할 수 없으므로 원칙적으로 점거가 허용된다.

노동조합 및 노동관계조정법 제42조(폭력행위등의 금지)

① 쟁의행위는 폭력이나 파괴행위 또는 생산 기타 주요업무에 관련되는 시설과 이에 준하는 시설로서 대통령령이 정하는 시설을 점거하는 형태로 이를 행할 수 없다.

(3) 사업장 안전보호시설의 정상적인 유지·운영

사업장의 안전보호시설에 대하여 정상적인 유지·운영을 정지·폐지 또는 방해하는 행위는 쟁의행위로서 이를 행할 수 없다(노동조합법 제42조 제2항). 이를 위반할 경우 1년 이하의 징역 또는 1천만 원 이하의 벌금이 부과될 수 있다(노동조합법 제91조). 사람의 생명·신체의 안전을 보호하기 위한 것으로서 안전보호 시설이란 그 시설의 정상적인 유지·운영이 정지·폐지 또는 방해될 경우 사람의 생명·신체의 안전에 위험을 발생시킬 수 있는 시설을 말한다. 헌법재판소는, 이 조항은 헌법상 기본권인 단체행동권을 제한하는 규정이기는 하지만 입법목적의 정당성과 방법의 적정성, 피해의 최소성, 법익의 균형성을 갖춰 합헌적인 제한이라고 결정했다.[70] 고용노동부와 지방관서 등 행정관청은 쟁의행위가 사업장의 안전보호시설에 대하여 정상적인 유지·운영을 정지·폐지 또는 방해하는 행위에 해당한다고 인정하는 경우에는 노동위원회의 의결을 얻어 그 행위를 중지할 것을 통보하여야 한다. 다만, 사태가 급박하여 노동위원회의 의결을 얻을 시간적 여유가 없을 때에는 그 의결을 얻지 아니하고 즉시 그 행위를 중지할 것을 통보할 수 있다(노동조합법 제42조 제3항). 그러나, 지체없이 노동위원회의 사후승인을 얻어야 한다. 그 승인을 얻지 못한 때에는 중지통보는 그때부터 효력을

---

70) 헌법재판소 2005. 6. 30. 선고 2002헌바83 결정.

상실한다(노동조합법 제42조 제4항).

노동조합 및 노동관계조정법 제42조(폭력행위등의 금지)

② 사업장의 안전보호시설에 대하여 정상적인 유지·운영을 정지·폐지 또는 방해하는 행위는 쟁의행위로서 이를 행할 수 없다.

③ 행정관청은 쟁의행위가 제2항의 행위에 해당한다고 인정하는 경우에는 노동위원회의 의결을 얻어 그 행위를 중지할 것을 통보하여야 한다. 다만, 사태가 급박하여 노동위원회의 의결을 얻을 시간적 여유가 없을 때에는 그 의결을 얻지 아니하고 즉시 그 행위를 중지할 것을 통보할 수 있다.

④ 제3항 단서의 경우에 행정관청은 지체없이 노동위원회의 사후승인을 얻어야 하며 그 승인을 얻지 못한 때에는 그 통보는 그때부터 효력을 상실한다.

2. 보안작업

작업시설의 손상이나 원료·제품의 변질 또는 부패를 방지하기 위한 작업은 쟁의행위 기간 중에도 정상적으로 수행되어야 한다(노동조합법 제38조 제2항). 긴급작업이라고도 한다. 보안작업은 쟁의행위로 인한 사용자의 손실을 생산 중단 등에 의한 것으로 국한시켜 사회적·경제적 손실을 최소화 하고, 쟁의행위 종료 이후 업무 개시에 필요한 시간을 최소화하기 위한 것이다. 근로계약에 부수하는 성실의무와 배려의무에 근거한다. 파업 중에도 유지되어야 하는 업무의 내용과 수행 의무를 단체협약에 정하는 경우가 있는데, 단체협약에 따른 보안작업 수행을 '협정근로'라고 부르기도 한다. 보안작업을 정지·폐지 또는 방해하는 보안작업을 거부하는 것은 쟁의행위의 정당성을 훼손할 수 있으며[71], 보안작업을 거부한 노동조합이나 조합원에 대하여는 1년 이하의 징역 1천만 원 이하의 벌금이 부과될 수 있다(노동조합법 제91조). 만약 단체협약상 규정된 협정근로 수행 의무를 노동조합이 이행하지 않은 경우에는 단체협약 위반죄와 민사상 손해배상이 문제가 될 수 있다.

---

71) 대법원 2005. 9. 30. 선고 2002두7425 판결.

노동조합 및 노동관계조정법 제38조(노동조합의 지도와 책임)

② 작업시설의 손상이나 원료·제품의 변질 또는 부패를 방지하기 위한 작업은 쟁의행위 기간중에도 정상적으로 수행되어야 한다.

3. 필수유지업무 유지수준 준수

필수유지업무의 정당한 유지·운영을 정지·폐지 또는 방해하는 행위는 쟁의행위로서 이를 행할 수 없다. 즉, 필수유지업무 대상 사업장의 경우 그 사업장의 노사가 체결한 필수유지업무협정, 또는 노동위원회 필수유지업무결정에 명시된 유지수준을 준수하여야 한다(노동조합법 제42조의2). 이를 위반할 경우 3년 이하의 징역 또는 3천만 원 이하의 벌금이 부과될 수 있다(노동조합법 제89조 제1호).

노동조합 및 노동관계조정법 제42조의2(필수유지업무에 대한 쟁의행위의 제한)

① 이 법에서 "필수유지업무"라 함은 제71조제2항의 규정에 따른 필수공익사업의 업무 중 그 업무가 정지되거나 폐지되는 경우 공중의 생명·건강 또는 신체의 안전이나 공중의 일상생활을 현저히 위태롭게 하는 업무로서 대통령령이 정하는 업무를 말한다.

② 필수유지업무의 정당한 유지·운영을 정지·폐지 또는 방해하는 행위는 쟁의행위로서 이를 행할 수 없다.

4. 평화의무 준수

평화의무는 단체협약에서 이미 정한 근로조건이나 기타 사항의 변경이나 폐지를 요구하는 쟁의행위를 단체협약의 유효기간 중에 하여서는 안 된다는 의무를 말한다. 평화의무는 노사관계의 안정과 단체협약의 질서형성적 기능을 담보하기 위해 노사간의 신의성실의 원칙에 기초하여 인정되는 것으로[72], 판례[73]와

---

72) 대법원 2007. 5. 11. 선고 2005도8005 판결.

73) 대법원 1994. 9. 30. 선고 94다4042 판결; 대법원 2007. 5. 11. 선고 2005도8005 판결.

학설을 통해 일반적인 의무로서 인정되고 있다.

따라서, 평화의무를 위반하여 이루어진 쟁의행위는 정당성이 없다.[74] 다만, 평화의무는 단체협약에 규정되지 않은 사항이나 단체협약의 해석을 둘러싼 쟁의행위 또는 차기 단체협약 체결을 위한 단체교섭을 둘러싼 쟁의행위에 대해서까지 그 효력이 미치는 것은 아니므로 단체협약 유효기간 중에도 노동조합은 차기의 협약체결을 위하거나 기존의 단체협약에 규정되지 아니한 사항에 관하여 사용자에게 단체교섭을 요구할 수 있다.[75] 단체협약을 체결한 이후에 회사 매각이 실시되자, 노동조합이 회사 매각에 따른 고용안정 등의 요구사항을 제기하며 쟁의행위에 나아간 사건에서 대법원은 "회사 매각에 따른 고용안정 등의 요구사항은 기존의 단체협약의 규율을 받고 있지 아니한 사항이거나 사회적, 경제적 변화에 따라 수정이 요구되는 사항으로서 단체교섭 사항이 되므로 평화의무 위반이 아니다"[76]라고 판단하였다.

5. 주요방위산업체 종사자의 쟁의행위 금지

방위사업법에 의해 지정된 주요방위산업체 종사 근로자 중 전력, 용수 및 주로 방산물자를 생산하는 업무에 종사하는 자는 쟁의행위를 할 수 없다(노동조합법 제41조 제2항). 이를 위반할 경우 5년 이하의 징역 또는 5천만 원 이하의 벌금이 부과될 수 있다(노동조합법 제88조). 이는 헌법 제33조 제3항이 법률이 정하는 주요방위산업체에 종사하는 근로자의 단체행동권은 법률이 정하는 바에 의하여 이를 제한하거나 인정하지 않을 수 있다고 그 규율을 법률에 유보한 것에 근거한 규정이다. 헌법이 공무원인 근로자에 대하여는 법률이 정하는 자에 한하여 단결권·단체교섭권 및 단체행동권을 가지도록 하고, 주요방위산업체에 종사하는 근로자의 단체행동권은 법률이 정하는 바에 의하여 이를 제한하거나 인정하

74) 대법원 1994. 9. 30. 선고 94다4042 판결; 대법원 2003. 2. 11. 선고 2002두9919 판결; 대법원 2013. 2. 14. 선고 2010두17601 판결; 대법원 2007. 5. 11. 선고 2005도8005 판결.
75) 대법원 2003. 2. 11. 선고 2002두9919 판결.
76) 대법원 2013. 2. 14. 선고 2010두17601 판결.

지 아니할 수 있도록 한 것은 그 직무가 공공성·공익성을 추구하고 그에 따라 그 업무의 수행자에게 공정성·성실성 및 중립성이 요구되기 때문이다.[77]

노동조합 및 노동관계조정법 제41조(쟁의행위의 제한과 금지)

② 「방위사업법」에 의하여 지정된 주요방위산업체에 종사하는 근로자중 전력, 용수 및 주로 방산물자를 생산하는 업무에 종사하는 자는 쟁의행위를 할 수 없으며 주로 방산물자를 생산하는 업무에 종사하는 자의 범위는 대통령령으로 정한다.

헌법 제33조

③ 법률이 정하는 주요방위산업체에 종사하는 근로자의 단체행동권은 법률이 정하는 바에 의하여 이를 제한하거나 인정하지 아니할 수 있다.

방위산업체로 지정된 업체라 하더라도 방산물자를 더 이상 생산하고 있지 않은 경우에는 방위산업체 지정 취소 이전이라도 쟁의행위 제한이 적용되지 않는다(헌법 제37조 제2항).

6. 공무원 및 교원의 쟁의행위 제한

헌법 제33조 제2항은 공무원인 근로자는 법률이 정하는 자에 한하여 단결권·단체교섭권 및 단체행동권을 가진고 하여, 공무원인 근로자의 단체행동권에 대한 법률유보를 규정하고 있다.

헌법 제33조

② 공무원인 근로자는 법률이 정하는 자에 한하여 단결권·단체교섭권 및 단체행동권을 가진다.

공무원도 노동조합법상 근로자에 해당하지만, 헌법과 법률이 쟁의행위 등 노

77) 헌법재판소 2023. 3. 23. 선고 2019헌마937 결정.

동3권 행사를 제한할 수 있도록 규정되어 있다. 이에 따라서 국가공원법과 지방공무원법은 공무원에 대하여 "공무 외의 일을 위한 집단 행위를 하여서는 아니 된다"라고 하여 집단적 행위를 일반적으로 금지하면서, 사실상 노무에 종사하는 공무원에 대해서만 예외적으로 집단적 행위를 허용한다(국가공무원법 제66조, 지방공무원법 제58조). 사실상 노무에 종사하는 공무원은 과학기술정보통신부 소속 현업기관의 작업 현장에서 노무에 종사하는 우정직 공무원, 법원의 고용직 공무원, 국회의 기능직 공무원 등으로, 각 소속 기관의 규칙으로 정하는 사람들이다(국가공무원 복무규정, 법원공무원규칙, 국회인사규칙 등 참조). 사실상 노무에 종사하는 공무원은 노동조합법의 적용을 받으며 쟁의행위를 할 수 있다.

국가공무원법 제66조(집단 행위의 금지)

① 공무원은 노동운동이나 그 밖에 공무 외의 일을 위한 집단 행위를 하여서는 아니 된다. 다만, 사실상 노무에 종사하는 공무원은 예외로 한다.

② 제1항 단서의 사실상 노무에 종사하는 공무원의 범위는 대통령령등으로 정한다.

지방공무원법 58조(집단행위의 금지)

① 공무원은 노동운동이나 그 밖에 공무 외의 일을 위한 집단행위를 하여서는 아니 된다. 다만, 사실상 노무에 종사하는 공무원은 예외로 한다.

② 제1항 단서에 규정된 사실상 노무에 종사하는 공무원의 범위는 조례로 정한다.

공무원노조법과 교원노조법은 공무원과 교원의 쟁의행위를 금지하고 있다(공무원노조법 제11조, 교원노조법 제8조).

공무원의 노동조합 설립 및 운영 등에 관한 법률 제11조(쟁의행위의 금지)

노동조합과 그 조합원은 파업, 태업 또는 그 밖에 업무의 정상적인 운영을 방해하는 어떠한 행위도 하여서는 아니 된다.

교원의 노동조합 설립 및 운영 등에 관한 법률 제8조(쟁의행위의 금지)

노동조합과 그 조합원은 파업, 태업 또는 그 밖에 업무의 정상적인 운영을 방해하는 어떠한 쟁의행위(爭議行爲)도 하여서는 아니 된다.

교원노조법 제8조가 교원의 쟁의행위를 금지하는 근거에 대해서는 헌법에서 명시적인 근거를 찾을 수 없다. 공무원에 대한 법률유보가 헌법 제33조 제2항에 규정되어 있는 것과 차이가 있다. 교원의 쟁의행위를 금지함으로써 단체행동권을 제약하는 근거에 대해서 헌법재판소는 일관되게 "국민의 교육받을 권리를 효과적으로 보장하기 위하여 교원의 지위에 관한 사항을 법률로 정하도록 한 헌법 제31조 제6항이 근로기본권에 관한 헌법 제33조 제1항에 우선하여 적용된다"[78]는 견해를 유지해오고 있다. 이는 교원이 쟁의행위를 할 경우 국민의 교육을 받을 권리, 특히 학생의 학습권을 침해한다는 시각인데, 교원의 근로제공과 관련된 주장의 관철이 오히려 학생의 학습환경 개선에 기여할 수 있다는 점을 고려하면 헌법 제31조 제6항의 취지가 헌법 제33조 제1항과 충돌한다는 관점은 타당하다고 보기 어렵다.

헌법 제31조

① 모든 국민은 능력에 따라 균등하게 교육을 받을 권리를 가진다.

Ⅶ. 대체근로의 금지와 예외적 허용

1. 쟁의행위로 중단된 업무의 대체근로 금지

(1) 대체근로 금지의 의의

사용자는 쟁의행위 기간 중에 쟁의행위로 중단된 업무를 수행하기 위하여 그

78) 헌법재판소 1991. 7. 22. 선고 89헌가106 결정; 헌법재판소 2015. 5. 28. 선고 2013헌마671,2014헌가21(병합) 결정.

사업과 관계 없는 자를 채용하거나 대체할 수 없으며, 쟁의행위 기간 중에 그 쟁의행위로 중단된 업무를 도급 또는 하도급 줄 수 없다(노동조합법 제43조 제1항). 이를 위반할 경우 1년 이하의 징역 또는 1천만 원 이하의 벌금이 부과될 수 있다(노동조합법 제91조). 상대적으로 경제력이 우월한 사용자가 쟁의행위로 중단된 조업을 외부의 인력을 동원하여 수행하도록 한다면, 쟁의행위의 효과가 반감되고 결과적으로 헌법상 보장된 근로자의 단체행동권이 무력화 되는 결과를 초래하게 된다. 노동조합법은 사업과 관계 없는 근로자를 채용하거나 그 업무를 도급 또는 하도급 주는 방법으로 수행하도록 하는 것을 금지하는 방법으로 노동조합의 쟁의행위권과 사용자의 조업권의 조화를 도모하고 있다.

노동조합법 제43조 제1항을 반대해석을 하면 당해 사업과 관계 있는 자라면 비록 사업장이 다르더라도 쟁의행위로 중단된 업무에 대한 대체근로자로 투입할 수 있다. 여기에서의 '사업'은 특별한 사정이 없는 한 경영상의 일체를 이루는 기업체 그 자체를 의미하며[79], 당해 사업과 관계 있는 자는 동일한 사용자가 경영하는 사업체에 종사하는 근로자를 말한다. 종사하는 직무나 업종은 관계없다. 예를 들어, 생산직 근로자들이 파업에 참여하여 중단된 업무를 수행하기 위해 영업직 근로자들과 사무직 근로자들을 대체근로자로 투입하는 것은 가능하다.

(2) 대체근로 금지 위반 판단 사례

대체근로 금지 규정은 쟁의행위가 정당함을 전제로 한다.[80] 따라서 쟁의행위가 불법이거나 부당할 경우 사용자는 쟁의행위 기간 중에 그 쟁의행위로 중단된 업무를 수행하도록 하기 위해 당해 사업과 관계 없는 자를 채용하거나 대체할 수 있고, 그 업무를 도급 또는 하도급 줄 수 있다. 또한, 대체근로 금지는 쟁의행위권의 침해를 목적으로 하지 않는 사용자의 정당한 인사권 행사까지 제한하는 것은 아니므로, 자연감소에 따른 인원충원 등 쟁의행위와 무관하게 이루어

---

79) 대법원 1999. 8. 20. 선고 98다765 판결.
80) 대법원 2009. 6. 23. 선고 2007두12859 판결.

지는 신규채용은 쟁의행위 기간 중이라 하더라도 가능하다.[81] 같은 취지에서 시용근로자에 대한 본채용, 인력충원계획에 따른 정기공채 실시, 쟁의행위와 무관한 영역에서의 신규채용 등은 대체근로 금지의 위반이 아니다.

'당해 사업과 관계없는 자'의 범위와 관련하여, 전국적인 규모의 택배회사가 운영하는 지역 집화터미널에서 그 지역 택배대리점 점주에게 고용된 근로자들로 조직된 노동조합이 쟁의행위를 개시하자, 중단된 택배 배송을 위해, 택배회사가 직접 채용하고 있는 다른 지역 택배기사들을 투입한 사건에 대하여, "사업이란 특별한 사정이 없는 한 경영상의 일체를 이루는 기업체 그 자체를 의미하고, 노동조합법 제43조 제1항이 정한 '당해 사업'의 의미를 '쟁의행위로 중단된 업무'에 가깝게 축소하여 해석하면 그만큼 처벌의 범위가 늘어나게 되므로 축소해석에는 신중을 기하여야 하는 점, 택배사업은 전국적으로 집화를 담당하는 택배기사, 중계수송담당자, 배송을 담당하는 택배기사가 유기적으로 연결되어 하나의 사업을 완성하는 점" 등을 근거로 대체인력 투입행위가 위법하지 않다고 판단한 사례가 있다.[82]

반면, 사용자가 노동조합이 쟁의행위에 들어가기 전에 근로자를 새로 채용하였다 하더라도 쟁의행위기간 중 쟁의행위에 참가한 근로자들의 업무를 수행하도록 하기 위하여 그 채용이 이루어졌고 그 채용한 근로자들로 하여금 쟁의행위 기간 중 쟁의행위에 참가한 근로자들의 업무를 수행하도록 하였다면 대체근로 금지 위반죄를 구성하게 된다.[83] 대체근로 금지 위반인지 판단하기 위해서는 근로자를 채용한 목적, 시기, 업종 등을 종합적으로 고려하여 판단해야 한다.

노동조합 및 노동관계조정법 제43조(사용자의 채용제한)

① 사용자는 쟁의행위 기간중 그 쟁의행위로 중단된 업무의 수행을 위하여 당해 사업과 관계없는 자를 채용 또는 대체할 수 없다.

---

81) 대법원 2008. 11. 13. 선고 2008도4831 판결.
82) 부산지방법원 2022. 11. 24. 선고 2020노3003 판결
83) 대법원 2000. 11. 28. 선고 99도317 판결.

② 사용자는 쟁의행위기간중 그 쟁의행위로 중단된 업무를 도급 또는 하도급 줄 수 없다.

2. 필수공익사업의 경우 대체근로 금지의 완화

노동조합법은 대체근로를 원칙적으로 금지하지만, 필수공익사업(노동조합법 제71조 제2항)의 사용자는 쟁의행위 기간 중 파업에 참가한 근로자의 100분의 50 이내에서 당해 사업과 관계 없는 자를 채용 또는 대체하거나 그 업무를 도급 또는 하도급 줄 수 있다(노동조합법 제43조 제3항). 파업에 참가한 근로자의 수는 근로시간 중 파업 참가를 이유로 근로의 일부 또는 전부를 제공하지 않은 근로자의 수를 1일 단위로 산정한다. 근로일의 일부만 파업에 참가했더라도 파업참가자로 산입한다(노동조합법 시행령 제22조의4).

Ⅷ. 쟁의행위에 대한 노동조합의 책임

1. 쟁의행위의 정당성이 인정되는 경우

(1) 노동조합의 민·형사책임 면제

쟁의행위의 정당성이 인정되는 경우 노동조합 및 조합원의 쟁의행위와 관련된 민·형사책임이 면제된다. 쟁의행위의 본질상 사용자의 정상업무가 저해되는 것이 부득이하기 때문에 사용자는 이를 수인할 의무가 있다.[84]

쟁의행위가 정당할 경우 노동조합과 조합원의 민사책임이 면제되는 직접적인 근거는 노동조합법 제3조이다. 노동조합법 제3조는 "사용자는 이 법에 의한 단체교섭 또는 쟁의행위로 인하여 손해를 입은 경우에 노동조합 또는 근로자에 대하여 그 배상을 청구할 수 없다"고 규정한다. 또한, 정당한 쟁의행위에 대한 형사면책은 쟁의행위를 형법 제20조에 의한 정당행위로 규정한 노동조합법 제

84) 대법원 1996. 2. 27. 선고 95도2970 판결.

4조에 근거한다. 그러나, 노동조합법 제3조와 제4조는 확인규정이라고 보아야 한다.

노동조합 및 노동관계조정법 제3조(손해배상 청구의 제한)

사용자는 이 법에 의한 단체교섭 또는 쟁의행위로 인하여 손해를 입은 경우에 노동조합 또는 근로자에 대하여 그 배상을 청구할 수 없다.

노동조합 및 노동관계조정법 제4조(정당행위)

형법 제20조의 규정은 노동조합이 단체교섭·쟁의행위 기타의 행위로서 제1조의 목적을 달성하기 위하여 한 정당한 행위에 대하여 적용된다. 다만, 어떠한 경우에도 폭력이나 파괴행위는 정당한 행위로 해석되어서는 아니된다.

(2) 민·형사 면책의 법적 성질

정당한 쟁의행위의 경우 노동조합의 민·형사 책임이 면책되는 판단체계상의 근거에 대하여, 쟁의행위는 위법하지만 법률을 통해 위법성이 배제된다고 보는 견해와 처음부터 합법이라는 견해가 대립한다. 본래 위법한 행위이지만 노동조합법 제3조, 제4조, 형법 제20조 등이 적용되는 결과 위법성이 조각될 뿐이라는 견해가 전자에 해당하는 견해이다. 그러나, 헌법과 노동조합법이 규정한 취지와 절차에 따라 적법하게 실시된 쟁의행위는 위법한 행위라고 보아서는 안되고, 처음부터 합법적인 행위라고 보아야 한다.

헌법재판소도 형법상 업무방해죄는 모든 쟁의행위에 대하여 무조건 적용되는 것이 아니라, 단체행동권의 내재적 한계를 넘어 정당성이 없다고 판단되는 쟁의행위에 대하여만 적용된다고 보고 있고[85], 대법원도 "쟁의행위로서 파업이 언제나 업무방해죄에 해당하는 것으로 볼 것은 아니고, 전후 사정과 경위 등에 비추어 사용자가 예측할 수 없는 시기에 전격적으로 이루어져 사용자의 사업운영에 심대한 혼란 내지 막대한 손해를 초래하는 등으로 사용자의 사업계속에 관

85) 헌법재판소 2010. 4. 29. 선고 2009헌바168 결정.

한 자유의사가 제압·혼란될 수 있다고 평가할 수 있는 경우에 비로소 집단적 노무제공의 거부가 위력에 해당하여 업무방해죄가 성립한다고 보는 것이 타당하다"[86]라고 하여 정당한 쟁의행위는 처음부터 합법적인 행위라고 보고 있다.

2. 쟁의행위의 정당성이 부정되는 경우

(1) 노동조합의 책임

주체, 절차, 목적 등 쟁의행위의 실체적·절차적 정당성 요건을 사전적 또는 사후적으로 상실한 경우 노동조합은 위법한 쟁의행위와 상당인과관계가 있는 모든 손해에 대한 배상 책임을 부담한다.

(2) 간부 책임

쟁의행위가 위법할 경우, 불법 쟁의행위를 지도·주도한 노동조합의 간부는 그러한 불법 쟁의행위의 주체인 노동조합과 민법 제760조에 따른 공동불법행위자로서의 책임을 지게 된다. 따라서 불법 쟁의행위로 인해 발생한 손해 전부에 대하여 민법 제760조 제1항에 따른 부진정연대책임을 부담하게 된다. 대법원도 "불법쟁의행위에 대한 귀책사유가 있는 노동조합이나 불법쟁의행위를 기획·지시·지도하는 등 이를 주도한 노동조합 간부 개인이 그 배상책임을 지는 배상액의 범위는 불법쟁의행위와 상당인과관계에 있는 모든 손해이고, 그러한 노동조합 간부 개인의 손해배상책임과 노동조합 자체의 손해배상책임은 부진정연대채무관계에 있는 것이므로 노동조합의 간부도 불법쟁의행위로 인하여 발생한 손해 전부를 배상할 책임이 있다"[87]라고 판시했다.

(3) 조합원 책임

쟁의행위가 위법할 경우에도 노동조합의 지도에 따라 불법쟁의행위에 단순히

---

86) 대법원(전합) 2011. 3. 17. 선고 2007도482 판결.
87) 대법원 2006. 9. 22. 선고 2005다30610 판결.

가담한 조합원은 그로 인한 손해를 배상할 책임이 없다. 그러나, 예외적으로 노동조합의 지도를 벗어나 주도적으로 불법행위를 감행한 경우, 노무를 정지할 때 발생할 위험 또는 손해를 예방해야 할 준수사항 등이 정해져 있는 경우에는 그와 상당인과관계가 있는 손해를 배상해야 할 책임이 있다.[88] 그리고, 노동조합 및 불법행위를 주도한 간부와 함께 민법 제760조에 따라 부진정연대책임을 지게 되는 경우가 발생할 수 있다. 현행법상 공동불법행위가 성립할 수 있고, 부진정연대책임이 인정될 수 있지만, 입법론적으로는 공동불법행위의 경우에도 책임을 개별화할 수 있도록 개선할 필요가 있다고 생각된다.

한편, 불법 쟁의행위를 주도하거나 쟁의행위 중 부여된 의무를 이행하지 않아 손해를 발생시킨 조합원에 대하여, 사용자는 단체협약이나 취업규칙에 따라 징계를 할 수도 있다. 이와 관련하여 대법원이, 단체협약에 쟁의기간 중에 일체의 징계 등 인사조치를 할 수 없다는 취지의 소위 '쟁의 중 신분보장' 규정이 존재하는 사업장에서, 사용자가 쟁의가 적법하게 개시되었음에도 종전 쟁의행위 기간 중에 이루어진 사유를 들어 조합원들을 징계해고 한 것은 위법하다고 판단한 사례가 있다.[89]

3. 쟁의행위의 제3자에 대한 책임

정당한 쟁의행위나 정당한 직장폐쇄로 인해 사용자가 생산품을 납품하지 못하거나 서비스를 제공하지 못하게 되는 등 채무불이행 상태에 빠진 경우, 거래처의 원자재나 상품의 납품을 수령하지 못하는 수령지체 상태에 빠진 경우에 사용자는 그로 인한 상대방의 손해를 배상할 책임을 지지 않는다. 쟁의행위로 인해 사용자가 상대방에 대한 채무를 이행할 수 없는 경우로는, 자동차 회사의 파업으로 차량 출고시기가 무한정 연기된 경우, 항공사나 운수업체의 파업으로 예약된 여객을 운송하지 못한 경우 등이 있을 수 있으며, 쟁의행위나 직장폐쇄

---

88) 대법원 2006. 9. 22. 선고 2005다30610 판결.
89) 대법원 2018. 10. 4. 선고 2016다242884 판결.

로 인해 납품업체의 이행을 수령하지 못하는 경우로는 하청업체나 원료공급업체의 채무이행을 쟁의행위로 인해 수령하지 못한 경우가 그에 해당할 수 있다.

사용자의 채무불이행책임 등을 인정할 경우 사용자와 노동조합 사이의 힘의 균형, 즉 무기의 대등성이 무너질 수 있기 때문이다. 대부분의 경우 관련 사항이 상대방과 체결하는 소비자약관, 운송약관 등에 면책사유로서 명시되어 있다.

Ⅸ. 사용자의 쟁의행위로서의 직장폐쇄

1. 직장폐쇄의 의의

(1) 직장폐쇄의 정의

사용자가 노동조합의 쟁의행위에 대항하여 노무수령을 거부하는 행위를 직장폐쇄라고 한다. 노동조합의 쟁의행위에 대한 대항행위로서 사용자의 쟁의행위로 인정되는 것이다. 노동조합법 제46조는 "사용자는 노동조합이 쟁의행위를 개시한 이후에만 직장폐쇄를 할 수 있다"라고 하여 직장폐쇄의 개념을 정의하지 않고, 직장폐쇄의 시기적 정당성 요건만 규정하고 있다.

노동조합 및 노동관계조정법 제46조(직장폐쇄의 요건)

① 사용자는 노동조합이 쟁의행위를 개시한 이후에만 직장폐쇄를 할 수 있다.

② 사용자는 제1항의 규정에 의한 직장폐쇄를 할 경우에는 미리 행정관청 및 노동위원회에 각각 신고하여야 한다.

(2) 직장폐쇄의 인정 근거와 법적성질

일반적인 노동조합의 쟁의행위는 헌법 제33조에 근거하는 단체행동권의 내용으로서 노동조합법의 각 규정을 통해 구체화되는 노동조합의 권리인데, 직장폐쇄는 집단적 노사자치의 질서를 조성하고 단체교섭제도를 중심으로 한 노사자치의 실질적 구현을 보장하기 위한 노사균형 확보의 관점에서 노동조합법 제46조에 근거하여 사용자에게 보장되는 권리이다.

직장폐쇄의 법적성질에 관한 논의는 위의 직장폐쇄의 인정 근거에 관한 논의에 연결되어 있다. 직장폐쇄의 법적성질에 관해서는, 헌법에 근거가 없으므로 인정될 수 없다는 이유로 직장폐쇄의 권리성을 부정하는 견해, 직장폐쇄는 권리가 아니라 사용자에게 허용된 행위일 뿐이라는 견해, 직장폐쇄는 노동조합의 쟁의권 남용에 대한 대항수단으로 보장되는 권리라는 견해, 근로자와 사용자의 교섭력의 균형을 보장하기 위해 인정되는 권리라는 견해 등이 주장되고 있는데, 마지막 견해가 일반적인 관점이다.

2. 직장폐쇄의 정당성 인정 요건

(1) 사후적 직장폐쇄

사용자는 노동조합이 쟁의행위를 개시한 이후에만 직장폐쇄를 할 수 있다(노동조합법 제46조 제1항). 대항적 직장폐쇄라는 표현도 같은 의미이다.

(2) 방어적 직장폐쇄

사용자의 직장폐쇄는 사용자와 근로자의 교섭태도와 교섭과정, 근로자의 쟁의행위의 목적과 방법 및 그로 인하여 사용자가 받는 타격의 정도 등 구체적인 사정에 비추어 근로자의 쟁의행위에 대한 방어수단으로서 상당성이 있어야만 사용자의 정당한 쟁의행위로 인정될 수 있다.[90] 따라서 사용자의 직장폐쇄가 적극적으로 노동조합의 조직력을 약화시키기 위한 목적 등을 갖는 선제적, 공격적 직장폐쇄에 해당하는 경우, 정당한 쟁위행위로 인정될 수 없다. 택시회사 노동조합이 파업출정식을 하기 전에 사용자가 회사 정문을 폐쇄하고, 조합원 3인이 승무의사를 표시하였음에도 배차를 거부한 채 다음날 조합원들이 운행하는

---

90) 대법원 2000. 5. 26. 선고 98다34331 판결; 대법원 2002. 9. 24. 선고 2002도2243 판결; 대법원 2003. 6. 13. 선고 2003두1097 판결.

소수의 차량에 한하여 부분 직장폐쇄 신고를 하였고, 비조합원들에게만 차량을 배차한 사건에서, 대법원은 위와 같은 논거로, 노동조합의 조직력 약화 목적을 갖는 선제적·공격적 직장폐쇄에 해당한다고 판단하였다.[91)]

3. 위법한 쟁의행위와 직장폐쇄의 정당성

쟁의행위가 위법한 경우에 직장폐쇄를 할 수 있는지에 관하여 견해가 대립하고 있다. 이에 대해서는 위법한 쟁의행위는 노사자치의 대상이 아니므로, 가처분신청 손해배상 청구 등과 같은 사법적 대응수단이나 징계권 행사 등 인사권으로 대항하여야 하므로 직장폐쇄가 허용되지 않는다는 견해가 있다. 그러나, 적법한 쟁의행위에 대한 사용자의 방어권이 인정되는데, 위법한 쟁의행위에 대한 방어권은 인정되지 않는다는 것은 모순적이므로 위법한 쟁의행위에 대한 사용자의 대항행위로서 직장폐쇄가 인정된다고 보는 것이 합리적이다.

4. 노동조합의 쟁의행위 종료와 직장폐쇄의 정당성

노동조합이 쟁의행위를 중단하면 직장폐쇄의 방어성 요건이 상실되는지에 관하여 견해의 대립이 있다. 직장폐쇄의 방어성은 성립요건인 동시에 존속요건이므로 노동조합이 쟁의행위를 중단하면 방어성이 상실되어 직장폐쇄가 위법한 직장폐쇄로 전환된다는 견해가 있고, 노동조합이 단순히 쟁의행위를 중단한 것으로는 부족하고 분쟁해결 가능성이 구체적으로 제시되거나 직장폐쇄의 유지가 무의미하게 된 경우에 방어성이 소멸되어 위법한 직장폐쇄로 전환된다고 보아야 한다는 견해도 있다. 이에 대하여 대법원은 노동조합이 실제로 쟁의행위를 중단하지 않았다 하더라도 노동조합이 쟁의행위를 중지하고 단체교섭에 따라 분쟁을 해결할 것이라는 의사표시를 하고, 그 의사표시의 진정성이 인정될 수 있는 객관적 상황이 있는 경우에는 방어성이 소멸되어 위법한 쟁의행위가 된다

91) 대법원 2003. 6. 13. 선고 2003두1097 판결.

는 관점을 가지고 있다.[92]

노동조합이 쟁의행위를 개시한 이후 사용자가 적법하게 직장폐새를 실시했는데, 노동조합이 사용자에게 쟁의행위를 중단하고 업무에 복귀할테니 직장폐쇄를 풀어달라는 요구를 한 사건에서, 대법원은 "근로자의 쟁의행위 등 구체적인 사정에 비추어 직장폐쇄의 개시 자체는 정당하다고 볼 수 있지만, 어느 시점 이후에 근로자가 쟁의행위를 중단하고 진정으로 업무에 복귀할 의사를 표시하였음에도 사용자가 직장폐쇄를 계속 유지하면서 근로자의 쟁의행위에 대한 방어적인 목적에서 벗어나 적극적으로 노동조합의 조직력을 약화시키기 위한 목적 등을 갖는 공격적 직장폐쇄의 성격으로 변질되었다고 볼 수 있는 경우에는 그 이후의 직장폐쇄는 정당성을 상실한 것으로 보아야 하고, 이에 따라 사용자는 그 기간 동안의 임금지불의무를 면할 수 없다"고 전제하면, 조합원 상당수가 업무에 실제로 복귀하기 시작한 시점부터 사용자의 직장폐쇄는 불법적인 직장폐쇄라고 판단하였다.[93] 한편 이와 유사한 다른 사건에서는, 노동조합이 고용노동부 지방관서에 업무복귀 의사의 진정성을 확인해 달라고 요청하여 고용노동부 지방관서가 이를 확인하고 사용자에게 업무복귀 의사표시가 진정하다고 판단된다는 공문을 보냈는데, 이에 대하여 회사가 지방고용노동청이 발송한 서면을 받은 날 이후에도 직장폐쇄를 계속 유지한 것은 위법한 직장폐쇄에 해당한다고 판단하였다.[94] 결국, 노동조합의 쟁의행위 중단과 업무복귀가 실제로 이루어질 필요는 없고 업무복귀 의사가 진정한 것으로 확인되면 그 때부터 직장폐쇄의 방어성 요건이 탈락된다고 보는 것이 대법원 판례의 태도이고, 기본적으로 타당하다고 생각된다. 다만, 노동조합의 쟁의행위 중단과 업무복귀 의사의 진정성을 어떻게 확인할 수 있을 것인지는 구체적인 상황에 따라 개별적으로 검토하여 결정할 수밖에 없을 것으로 보인다.

---

92) 대법원 2016. 5. 24. 선고 2012다85335 판결; 대법원 2017. 4. 7. 선고 2013다101425 판결.
93) 대법원 2016. 5. 24. 선고 2012다85335 판결.
94) 대법원 2017. 4. 7. 선고 2013다101425 판결.

5. 직장폐쇄의 효과

(1) 정당한 직장폐쇄의 효과

정당한 직장폐쇄의 가장 중요한 효과는 사용자의 임금지급의무 면제이다. 직장폐쇄가 정당하게 실시된 경우 사용자는 직장폐쇄 기간 동안 근로를 제공하지 못한 직장폐쇄 대상 범위의 근로자에 대한 임금 지급의무를 지지 않는다. 사용자가 직장폐쇄 대상 근로자의 노무수령을 합법적으로 거부할 수 있게 되므로 근로기준법상 휴일, 휴가 등의 문제는 발생하지 않는다.[95]

직장폐쇄는 본질상 해당 사업장 전체 근로자에 대하여 실시하는 것이 원칙이지만, 부분직장폐쇄가 인정된다. 우리나라의 노사관계 현실에서는 쟁의행위에 참여하고 있는 노동조합 조합원만을 대상으로 한 직장폐쇄 실시가 더 일반적이며, 그 경우 직장폐쇄 중이라 하더라도 비조합원인 근로자를 취업시켜 근로하게 하는 것은 허용하고 있다.[96] 대체근로 투입도 노동조합법 제43조가 허용하는 범위에서 가능하다.

직장폐쇄 중이라 하더라도 노동조합 사무실이 사업장 내에 있을 경우 정당한 조합업무 수행을 위한 조합원의 조합 사무실 출입은 허용된다. 산업별 노동조합의 지부 사무실이 직장폐쇄가 실시된 사업장 내에 있을 경우 산업별 노동조합 조합원의 지부 사무실 출입도 허용된다고 보아야 한다. 그러나 조합사무실 등이 아닌 생산시설이나 조업 장소에서는 직장폐쇄가 정당한 경우 대상 근로자를 사용자가 퇴거시킬 수 있다. 사용자 측 시설을 정당하게 점거한 조합원들이 사용자로부터 퇴거요구를 받고 이에 불응하였더라도 퇴거불응죄(형법 제319조)가 성립하지 않지만, 직장폐쇄가 정당하게 실시되면 사용자의 퇴거 요구에 노동조합이나 조합원이 응하지 않으면 형법상 퇴거불응죄가 성립할 수 있다. 대법원은 노동조합이 파업을 시작한 지 불과 4시간 만에 사용자가 바로 직장폐쇄 조치를 취하여 방어성 요건이 인정되지 않은 사건에서 사용자의 퇴거요구에 응하지 않은

---

95) 노사68107-338, 1994. 11. 21.

96) 협력68140-409, 1998. 10. 30.

노동조합 조합원에 대하여는 퇴거불응죄가 성립하지 않는다고 판단하였다.[97]

(2) 위법한 직장폐쇄의 효과

직장폐쇄가 노동조합법 제46조 제1항에 위반하여, 사전적·공격적으로 행해진 경우 사용자는 1년 이하의 징역 또는 1천만 원 이하의 벌금이 부과될 수 있다(노동조합법 제91조). 사용자가 노동조합법 제46조 제2항에 위반하여, 직장폐쇄를 실시하면서 미리 행정관청 및 노동위원회에 각각 신고하지 않은 경우에는 500만 원 이하의 과태료가 부과될 수 있다(노동조합법 제95조 제1항 제3호).

한편, 사용자가 불법적인 직장폐쇄를 장기간 유지하여 노동조합의 조직 와해를 초래하는 경우에는 노동조합법 제81조 제1항 제4호의 지배·개입의 부당노동행위가 성립할 수 있다. 회사가 직장폐쇄를 단행하면서 조합원들의 노동조합 사무실 출입을 통제하고, 조합원들을 개별적으로 선별하여 업무에 복귀시킨 후 휴대전화를 일괄 수거하여 보관하면서 여성 근로자 등 일부를 제외한 대부분의 업무 복귀 조합원들을 회사 내에서 숙식하도록 함으로써 외부 조합원들과의 접촉을 차단하는 등 노동조합 조직의 와해를 유도한 사건에서, 대법원은 노동조합의 조직 또는 운영에 지배·개입하였음을 이유로 사용자의 부당노동행위를 인정하였다.[98]

97) 대법원 2007. 12. 28. 선고 2007도5204 판결.
98) 대법원 2016. 3. 10. 선고 2013도7186 판결.

제4장 부당노동행위 금지

I. 부당노동행위 금지 제도의 의의

1. 부당노동행위의 개념

부당노동행위는 근로자 또는 노동조합의 노동3권 실현활동에 대하여 사용자가 부당하게 침해하거나 방해하는 행위를 말한다. 부당노동행위 금지 제도는 사용자의 노동조합에 대한 부당노동행위를 금지하는 노동조합법상의 제도를 말한다. 우리 노동조합법 제81조 제1항이 금지하는 부당노동행위의 유형은 정당한 조합활동 및 단체행동 참가 또는 노동위원회나 행정관청에 대한 노동조합법 위반사항의 신고나 진술 등을 이유로 한 불이익 처우, 근로자에게 특정 노동조합에 가입하지 아니할 것 또는 탈퇴할 것을 고용조건으로 하는 행위, 정당한 이유 없는 단체교섭의 거부 또는 해태(懈怠), 노동조합을 조직하거나 운영하는 것에 대한 지배·개입, 노동조합에 대한 경비원조나 근로시간면제한도를 초과하는 급여 지급 등이다.

2. 부당노동행위 금지 제도의 목적

노동조합법이 부당노동행위를 금지하는 규정을 둔 이유에 대해서는, 헌법상 보장되는 노동3권을 구체화하기 위해 사용자가 노동3권을 침해하는 행위의 유형을 확인적으로 규정한 조항으로 보는 견해와 부당노동행위 제도는 헌법 제33조의 입법 명령과 수권을 기초로 노동조합법을 통하여 창설된 제도로서 노동3권에 대한 사용자의 부당한 침해행위를 부당노동행위로 규정하여 이를 배제·시정하면서 공정한 노사관계 질서를 형성하고 정립하기 위한 제도라는 견해가 있다. 양 견해의 차이점은 노동조합법상 부당노동행위 금지 제도를 규정한 노동조합법 제81조를 확인적인 규정으로 보는지 창설적인 규정으로 보는지에 있다. 대법원은 부당노동행위 금지 제도를 "노동조합의 주체성과 자주성을 침해하는 행위를 배제·시정함으로써 정상적인 노사관계를 회복하고 궁극적으로 노동3권의 실질적인 행사를 보장하려는 취지에 따라 규정[99]된 것"이라고 이해하여 양 견해를 절충한 견해를 밝히고 있지만, 노동조합법 제81조가 확인적 규정인지 창설적 규정인지는 밝히고 있지 않다.

3. 부당노동행위 금지 제도의 연혁

사용자의 부당노동행위를 금지하는 제도는 미국의 1935년 와그너법(Wagner Act)에서 최초로 명문화된 이후 캐나다, 멕시코, 인도, 호주, 터키, 일본, 우리나라 등에서 입법되었다. 미국에서 부당노동행위 금지 제도가 입법된 배경은, 경제위기 극복을 위해 노동3권을 강하게 보호하여 노사 대등의 원리를 실현하고, 각 주(州)간의 자유로운 상업활동을 촉진시켜 경제발전을 추구하려는 목적이었다. 행정위원회인 전국노동위원회(NLRB)에 부당노동행위 사건에 대한 배타적인 관할권인정하여 노동조합이 전국노동위원회에 구제신청을 할 수 있도록 하는 제도로서 확립되었다. 한편, 미국의 반공주의 열풍의 영향과 쟁의행위 시 노동조합에 의한 불법행위 발생에 대한 대응을 목적으로 1947년에 테프트 하틀리법(Taft-Hartley Act)을 통해, 노동조합의 부당노동행위 금지 규정과 조합원의 조업을 계속할 권리(Right to Work)가 도입되었다.

제2차 세계대전 패전 이후 일본이 미국의 집단적 노사관계법 체계를 이식 받았고, 그 영향으로 우리나라에서는 1953년 제정 노동조합법에 부당노동행위를 금지하고 처벌하는 일련의 규정이 설치되었다. 즉, 사용자의 부당노동행위로서 지배·개입, 불이익 취급을 금지하고(1953년 노동조합법 제34조), 성실한 단체협약 체결을 거부하는 것을 금지(1953년 노동조합법 제34조)하면서 양 조항을 위반하는 행위에 대한 벌금형을 규정하였다(1953년 노동조합법 제43조). 성실한 단체협약의 체결은 단체교섭을 포함하는 것으로 해석할 수 있고, 처벌규정이 부당노동행위

99) 대법원 2010. 3. 25. 선고 2007두8881 판결; 대법원 2021. 2. 25. 선고 2017다51610 판결.

와 같은 조항에 규정된 것을 보면, 당시 제정 노동조합법의 입법자가 단체교섭 거부를 부당노동행위와 성질상 동일한 것으로 인식하고 있었다는 점을 확인할 수 있다. 그 뒤로 여러 차례의 개정을 거치면서 부당노동행위를 규율하는 태도가 지속적으로 변화되어 왔다. 1963년 4월 17일 개정 노동조합법은 현행 노동조합법 제81조에서 금지하는 부당노동행위의 유형을 거의 유사하게 열거하였다(1963년 노동조합법 제39조). 다만, 부당노동행위 금지 명령을 위반한 사용자에 대한 처벌 규정은 삭제했다. 1963년 노동조합법의 입법 태도는 1974년 12월 24일 개정시 유니언 샵을 허용하는 규정이 삭제된 것(1974년 노동조합법 제39조 제2호 단서)을 제외하고는 그대로 유지되다가, 1986년 12월 31일 개정시에 "1년이하의 징역 또는 1,500만원이하의 벌금"을 부과하는 것으로 형벌규정이 부활했다(1963년 노동조합법 제46조의2). 박정희 정권 출범 이후 1963년 노동조합법이 부당노동행위에 대한 처벌 규정을 삭제한 것은 '전국적인 규모의 노동조합'이라는 표현을 적극적으로 규정하여 초기업단위 노동조합 설립을 장려하여 기업단위 노동조합의 약화를 도모했던 것과 함께 함의하는 바가 크다. 이후 당해 사업장에 종사하는 근로자의 3분의 2 이상이 가입할 것을 조건으로 하는 유니언 샵 허용 규정이 1987년 11월 28일 노동조합법 개정시에 부활하였다(1987년 노동조합법 제39조 제2호 단서). 그 이후에는 노동조합법상의 부당노동행위 규정은 조문 번호와 일부 내용이 다른 규정의 변경에 따라 조금씩 달라진 것을 제외하면 큰 변화 없이 현재에 이르고 있다.

4. 부당노동행위 금지 제도의 입법 유형

유럽 여러 나라의 입법례를 보면, 미국 전국노동관계법(NLRA)과 같은 방식의 부당노동행위 금지 제도를 법제화한 나라는 거의 없다. 단결권 보호를 위해 사용자의 노동조합이나 조합원에 대한 불이익 취급, 지배·개입 행위, 반조합계약 등의 행위를 형법적 차원에서 개별적으로 금지하고 있기 때문에, 사실상 부당노동행위를 규제하고 있다고 볼 수 있지만, 미국과 우리나라와 같이 노동위원회를 통한 구제 제도는 없고, 부당노동행위와 유사한 사용자의 행위를 통한 권리침해가 발생하면 법원 등 사법기관을 통한 구제만 가능할 뿐이다. 단체교섭자유주의의 전통에 따라 단체교섭에 대한 교섭거부·해태를 금지하고 처벌하는 경우는 흔치 않다.

그러나, 국제노동기구(ILO) 제98호 단결권 및 단체교섭권 원칙의 적용에 관한 협약은 회원국의 부당노동행위제도 정립 및 시행을 권고하고 있다. 사용자의 부당노동행위에 대하여 직접 형사처벌을 규정하는 것이 타당한지에 대해서는 논란이 있지만, 노동조합의 단결권을 강화하고, 합리적인 단체교섭 질서를 유지하기 위해, 우리나라의 현행 노동조합법상 부당노동행위 금지 제도는 필요성과 유용성을 부정할 수 없다고 생각된다.

Ⅱ. 부당노동행위의 주체

1. 부당노동행위 금지명령의 수범자로서의 사용자

부당노동행위 금지명령의 수범자는 원칙적으로 노동조합법상의 사용자이다. 즉, 사업주, 사업의 경영담당자 또는 그 사업의 근로자에 관한 사항에 대하여 사업주를 위하여 행동하는 자(노동조합법 제2조)가 부당노동행위 금지 명령의 원칙적인 수범자가 된다.

최근에는 사용자 개념 확대와 관련하여, 과거 대법원이 유지해 왔던, 직접 근로계약 관계가 있는 사용자가 부당노동행위 금지명령의 수범자라는 견해와 직접 근로계약관계가 없더라도 노동조합과 조합원에 대하여 실질적 지배력을 행사할 수 있는 사용자는 부당노동행위 금지명령의 수범자가 된다는 견해가 대립하고 있다. 후자의 견해는 실질적 지배력설이라고 불린다. 사용자 개념의 외연을 확대하여, 근로관계에 미치는 실질적인 영향력 내지 지배력을 보유한 주체는 부당노동행위 금지명령의 수범자로서의 사용자에 해당한다고 보는 견해이다.

주로 지배·개입의 부당노동행위 사건에서 대법원에서도 직접 근로계약관계가 없는 자가 부당노동행위의 사용자가 될 수 있다는 판례를 정립해 오고 있다.[100] 이 견해는 부당노동행위 금지명령의 수범자로서의 사용자와 구제명령의 수범자로서의 사용자를 동일시한다.

2. 부당노동행위 구제명령의 수범자로서의 사용자

실제로 부당노동행위가 발생했을 경우, 노동위원회가 부당노동행위 구제신청에 대하여 구제명령을 내릴 때, 구제명령의 상대방인 사용자의 범위는 어디까지인가가 문제된다. 부당노동행위 구제명령의 수범자는 사업주만이 실질적인 부당노동행위 원상회복이 가능하다는 이유로 사업주인 사용자에 국한된다는 견해가 있고, 부당노동행위 금지명령의 수범자와 동일시 하는 견해가 있다. 대법원은 부당노동행위 구제신청과 구제명령의 상대방인 사용자에는 노동조합법 제2조 제2호에서 정한 사업주, 사업의 경영담당자 또는 그 사업의 근로자에 관한 사항에 대하여 사업주를 위하여 행동하는 사람이 모두 포함된다는 전제 하에, "사업의 경영담당자나 그 사업의 근로자에 관한 사항에 대하여 사업주를 위하여 행동하는 사람이 그 권한과 책임의 범위 내에서 사업주를 위하여 한 행위가 노동조합의 조직이나 운영 및 활동을 지배하거나 이에 개입하는 의사로 한 것일 때에는 부당노동행위가 될 수 있고, 이 경우 사업의 경영담당자 등의 행위는 사업주의 부당노동행위로도 인정할 수 있다"고 판시하였다.[101]

부당노동행위 구제명령의 수범자인 사용자의 범위를 넓게 보려는 견해의 취지는 충분히 이해된다. 그러나, 현행 노동조합법 제81조는 형벌 구성요건으로 특정 금지행위의 행위자를 처벌하는 조항이다. 노동조합법 제81조 제1항에 열거된 행위도 처벌되는 행위의 목록이다. 그러므로, 현행 노동조합법 제81조 제1항의 수범자인 사용자는 형사처벌의 대상이 되는 자로서 처벌되는 행위를 한

100) 대법원 2010. 3. 25. 선고 2007두8881 판결; 대법원 2014. 2. 13. 선고 2011다78804 판결 등.
101) 대법원 2022. 5. 12. 선고 2017두54005 판결.

자에 한정되고, 동 조항에 따라 처벌되지 않는 자는 구제명령의 상대방도 될 수 없다고 보는 것이 문리해석과 체계적 해석에 부합한다. 하지만, 이와 같이 문리해석과 체계적 해석에 부합하는 해석을 수행하는 경우 일부 바람직하지 못한 결론이 도출되는 문제점이 있다. 예를 들어, 사업의 경영담당자가 부당노동행위를 했지만, 사업주가 해당 사업의 경영담당자의 선임 및 업무수행에 관한 감독에 상당한 주의를 했다면 부당노동행위 책임이 면제되는데[102] 이 경우에는 사업주가 부당노동행위 금지 규정 위반으로 처벌되지 않기 때문에 구제명령의 수범자가 되기 어렵다는 난점이 발생하게 된다.

이러한 해석상의 문제점은, 우리 노동조합법이 부당노동행위의 정의와 성립요건 등을 정한 일반규정을 설치하지 않은 채 곧바로 특정 유형에 대한 형벌규정만을 두고 있고, 노동위원회 구제절차가 그 형벌조항만을 기초로 설계되어 있기 때문에 발생한다. 따라서 부당노동행위에 관한 일반적 정의를 제시하고 이를 금지하는 기본 조항을 노동조합법에 신설하는 입법적 개선이 필요하다. 이때 부당노동행위에 관한 일반적 정의와 금지 규정의 수규자는 사용자와 노동조합, 근로자 모두가 포함되어야 한다. 그리고, 현행 노동조합법 제81조 제1항과 같이 특별히 금지되는 행위를 사용자가 행할 경우 처벌하는 형사처벌 조항을 유지할 수 있을 것이다. 그리고, 새롭게 신설된 부당노동행위 기본 조항과의 연관관계 하에서 노동위원회의 부당노동행위 구제절차를 규정하여, 노동위원회 구제절차의 대상이 되는 부당노동행위의 범위를 현행 노동조합법 제81조로부터 결별시켜 기본 조항 위반에 대한 구제신청으로 구제 범위를 확대하는 방안을 검토해 볼 것을 제안한다.

102) 대법원 2022. 5. 12. 선고 2017두54005 판결.

Ⅲ. 부당노동행위의 유형

1. 불이익 취급

(1) 불이익 취급의 개념

근로자가 노동조합에 가입 또는 가입하려고 하였거나 노동조합을 조직하려고 하였거나 기타 노동조합의 업무를 위한 정당한 행위를 한 것을 이유로 그 근로자를 해고하거나 그 근로자에게 불이익을 주는 행위를 불이익취급이라 한다(노동조합법 제81조 제1항 제1호, 제5호).

노동조합 및 노동관계조정법 제81조(부당노동행위)

① 사용자는 다음 각 호의 어느 하나에 해당하는 행위(이하 "不當勞動行爲"라 한다)를 할 수 없다.

1. 근로자가 노동조합에 가입 또는 가입하려고 하였거나 노동조합을 조직하려고 하였거나 기타 노동조합의 업무를 위한 정당한 행위를 한 것을 이유로 그 근로자를 해고하거나 그 근로자에게 불이익을 주는 행위

5. 근로자가 정당한 단체행위에 참가한 것을 이유로 하거나 또는 노동위원회에 대하여 사용자가 이 조의 규정에 위반한 것을 신고하거나 그에 관한 증언을 하거나 기타 행정관청에 증거를 제출한 것을 이유로 그 근로자를 해고하거나 그 근로자에게 불이익을 주는 행위

(2) 불이익 취급의 사유

사용자가 불이익 취급을 하는 사유에는 근로자가 노동조합에 가입 또는 가입하려고 하였거나 노동조합을 조직하려고 하였거나 기타 노동조합의 업무를 위한 정당한 행위(노동조합법 제81조 제1항 제1호)와 정당한 단체행위에 참가한 것을 이유로 하거나 또는 노동위원회에 대하여 사용자가 부당노동행위 금지 규정에 위반 한 것을 신고하거나 그에 관한 증언을 하거나 기타 행정관청에 증거를 제출한 것(노동조합법 제81조 제1항 제5호) 등이 있다.

(3) 불이익 취급의 유형

불이익 취급의 부당노동행위에 해당하는 사용자의 행위 유형은 매우 다양하다.

신분상의 불이익으로는 해고, 권고사직, 본채용 거부, 복직의 거부, 계약갱신 거절 등이 있다. 노동조합 조합원만을 대상으로 권고사직을 권유하는 것, 시용계약 기간 중 노동조합에 가입하였다는 것을 이유로 본채용을 거부하는 것, 적극적인 노동조합활동을 하여 온 근로자에 대하여 야간근무 중 2시간 정도 무단 이탈한 것을 이유로 한 징계해고한 것[103] 등이 여기에 해당한다.

위장폐업을 통한 해고도 신분상 불이익이 될 수 있다. 부당노동행위가 되는 위장폐업이란 기업이 진실한 기업폐지의 의사가 없이, 다만 노동조합의 결성 또는 조합활동을 혐오하고 노동조합을 와해시키기 위한 수단으로서 기업을 해산하고 조합원을 전원 해고한 다음 새로운 기업을 설립하는 등의 방법으로 조합원을 배제한 채 기업활동을 계속하는 경우를 말한다[104] 위장폐업을 통한 해고는 불이익 취급의 부당노동행위에도 해당하지만 동시에 지배·개입의 의사에 의하여 행해졌다면 지배·개입의 부당노동행위에 해당할 여지도 있다.

인사상의 불이익으로는 불이익한 교육훈련, 전보, 인사 고과 저평가[105], 승진 배제[106], 징계처분 등이 있다. 사업장에 확립된 관행과 달리 노동조합 조합원에 대해서만 법규정을 엄격하게 적용하거나 근무시간 중 노동조합 활동을 어렵게 하는 것, 유사한 징계사유에 대하여 조합원에 대해서만 징계사유를 신속하게 수집하거나 중징계하는 것, 과거의 징계사유를 문제삼지 않다가 노동조합 활동시기 직후에 조합활동을 한 근로자에 대해서만 이를 문제삼아 징계하는 것, 조합원과 비조합원 사이에 업무능력 차이가 없음에도 노동조합 활동 등 업무와 관계없는 사유를 근거로 조합원을 승진에서 차별하는 것, 노동조합 활동에 적극적으로 참가하는 근로자를 합리적 기준 없이 승진시켜 조합원의 자격을 잃게 하

103) 대법원 1990. 11. 27. 선고 90누3683 판결.
104) 대법원 1991. 12. 24. 선고 91누2762 판결; 대법원 2011. 3. 10. 선고 2010다13282 판결 등.
105) 대법원 2009. 3. 26. 선고 2007두25695 판결.
106) 대법원 2011. 7. 28. 선고 2009두9574 판결.

는 것 등이 여기에 해당한다. 노동조합 조합원이 조합원 신분 유지를 위해 명시적으로 승진에 반대한다는 의사를 표명하였음에도 불구하고 사용자가 승진시킨 사건에서, 대법원은 "사용자가 근로자의 노동조합활동을 혐오하거나 노동조합활동을 방해하려는 의사로 노동조합의 간부이거나 노동조합활동에 적극적으로 관여하는 근로자를 승진시켜 조합원 자격을 잃게 한 경우에는 노동조합활동을 하는 근로자에게 불이익을 주는 행위로서 부당노동행위가 성립될 수 있을 것인바, 이 경우에 근로자의 승진이 사용자의 부당노동행위 의사에 의하여 이루어진 것인지의 여부는 승진의 시기와 조합활동과의 관련성, 업무상 필요성, 능력의 적격성과 인선의 합리성 등의 유무와 당해 근로자의 승진이 조합활동에 미치는 영향 등 제반 사정을 고려하여 판단하여야 할 것"이라고 전제한 뒤, 회사의 조합원에 대한 승진 조치는 "회사가 정기승진인사의 일환으로 승진대상자에 대한 합리적 사정을 거쳐 회사의 인사질서와 입사동기생 간의 형평을 고려하여 행한 것일 뿐 원고의 종전 노동조합활동을 혐오하여 이에 대한 예방적 차원의 조치로서 행한 것은 아니라고 보여지고, 또 사용자에게 인사질서의 문란을 감수하면서까지 노동조합활동을 계속하고자 하는 평조합원의 희망을 무조건 존중하여야 할 의무가 있는 것도 아니므로 이를 받아들이지 않고 원고를 승진시켰다고 하여 그것이 부당노동행위가 될 수 없다"고 판단하였다.[107] 이 사례는 불이익 취급 사례가 아니라 지배·개입 사례에 해당할 수 있는 여지도 있다.

경제상의 불이익으로는 임금산정 또는 임금삭감 기준의 차별적용, 조합원에 대한 연장근로 제외[108], 원격지로의 인사이동 등이 있고, 정당한 이유 없이 교섭대표 노동조합 소속 조합원에게만 금품을 지급하는 등 소수노조 소속 조합원을 차별하는 것도 여기에 해당할 수 있다.

정신상의 불이익으로는 노동조합 조합원에게 중요하지 않은 잡일을 시키거나, 회사 행사 참여를 불허하는 조치 등이 있다. 평소 직원 조회·교육 등에서 노동조합에 대해 불이익을 경고하는 등 부정적인 언동을 하는 것도 여기에 해

107) 대법원 1992. 10. 27. 선고 92누9418 판결.
108) 대법원 2006. 9. 8. 선고 2006도388 판결.

당할 수 있다. 직원 조회·교육 등에서 노동조합에 대해 부정적인 언동을 하는 것은 구체적인 불이익이 수반되지 않을 경우에는 불이익 취급의 부당노동행위에 해당하지 않을 수 있지만, 지배·개입의 부당노동행위에 해당할 수는 있다.

(4) 불이익 취급의 성립요건

불이익 취급의 부당노동행위가 성립하기 위해서는 객관적 요건으로서 사용자의 불이익한 대우가 있어야 하고, 주관적 요건으로서 사용자에게 부당노동행위 의사가 있어야 한다. 노동조합법 제81조 제1항 제1호는 '행위를 한 것을 이유로'라고 하여 사용자가 불이익 취급 행위를 할 때 주관적인 이유, 즉 의도가 있어야 한는 것을 규정하고 있다. 불이익 취급에 해당하는 외관이 있다고 하더라도 사용자에게 부당노동행위 의사가 없다면 부당노동행위가 성립하지 않는 것으로 본다. 반대로 표면적으로 정당한 불이익 취급의 사유가 있는 것으로 보이더라도 부당노동행위 의사가 존재한다면 부당노동행위로 본다. 대법원이 "근로자에 대한 전보발령이 표면적인 사유는 결원충원의 필요이나 근로자의 노동조합 가입 및 활동을 사전에 봉쇄하려는 의도에서 행한 것이므로 부당노동행위에 해당하고, 위 전보발령에 응하지 아니한 행위를 징계사유로 삼아 이루어진 해고 조치 역시 부당노동행위로서 부당해고에 해당한다"[109]고 본 사례가 여기에 해당한다. 사용자의 주관적인 부당노동행위 의사를 요구하는 것은 불이익 취급의 부당노동행위와 지배·개입의 부당노동행위의 특징이다.

(5) 정당한 불이익 취급의 사유가 존재하는 경우

사용자의 부당노동행위 의사가 추정되지만, 사용자가 주장하는 해고 등 징계사유의 정당성도 인정되는 경우와 같이, 조합원에 대한 불이익 취급이 존재하지만 정당한 불이익 취급의 사유도 존재하는 경우 부당노동행위 성립을 인정할 수 있는가의 문제이다. 이러한 문제를 처분이유의 경합이라고 하기도 한다.

이에 대해서는, 처분의 정당한 이유가 있는 한 사용자의 부당노동행위는 성

---

109) 대법원 1992. 11. 13. 선고 92누9425 판결.

립하지 않는다는 정당사유설, 정당한 노동조합 활동이 없었더라면 불이익 처분이 없었을 것이라는 관계가 인정되면 부당노동행위가 성립한다는 상당이유설, 부당노동행위 의사가 존재하면 부당노동행위가 성립된다는 부당노동행위 긍정설 등의 견해가 제기되고 있다. 대법원은 정당사유설을 기본으로 하는 절충설 또는 이분설적 견해를 취하고 있다고 이해할 수 있다. 대법원 판례들은 대체로, 표면상의 해고사유와는 달리 실질적으로 근로자의 정당한 노동조합 활동을 이유로 하여 해고했다면 부당노동행위에 해당하지만, 적법한 해고사유가 있는 경우에는 사용자가 조합활동을 못마땅하게 여긴 흔적이 있다고 하더라도 부당노동행위에 해당하다고 단정해서는 안 된다고 판단하고 있다.[110] 노동조합활동을 실질적 해고사유로 삼았는지 여부는 사용자 측의 해고사유와 부당노동행위 의사의 존재를 추정할 수 있는 여러 사정을 종합적으로 비교, 검토하여 판단해야 한다.

2. 반조합 계약

(1) 반조합 계약의 개념

근로자가 어느 노동조합에 가입하지 아니할 것 또는 탈퇴할 것을 고용조건으로 하거나 특정한 노동조합의 조합원이 될 것을 고용조건으로 하는 행위를 말한다(노동조합법 제81조 제1항 제2호). 반조합계약은 비열계약(Yellow-dog contract)이라고 부르기도 한다. 노동조합이나 조합원의 단결권 침해라는 결과발생을 요건으로 하지 않고, 근로자가 어느 노동조합에 가입하지 아니할 것 또는 탈퇴할 것을 고용조건으로 하거나 특정한 노동조합의 조합원이 될 것을 고용조건으로 하는 내용의 단체협약 등을 체결하는 것만으로도 부당노동행위가 성립하는 것으로 본다.

노동조합 및 노동관계조정법 제81조(부당노동행위)

① 사용자는 다음 각 호의 어느 하나에 해당하는 행위(이하 "不當勞動行爲"라 한다)를 할 수 없다.

110) 대법원 1994. 12. 23. 선고 94누3001 판결; 대법원 2014. 2. 13. 선고 2011다78804 판결.

2. 근로자가 어느 노동조합에 가입하지 아니할 것 또는 탈퇴할 것을 고용조건으로 하거나 특정한 노동조합의 조합원이 될 것을 고용조건으로 하는 행위. 다만, 노동조합이 당해 사업장에 종사하는 근로자의 3분의 2 이상을 대표하고 있을 때에는 근로자가 그 노동조합의 조합원이 될 것을 고용조건으로 하는 단체협약의 체결은 예외로 하며, 이 경우 사용자는 근로자가 그 노동조합에서 제명된 것 또는 그 노동조합을 탈퇴하여 새로 노동조합을 조직하거나 다른 노동조합에 가입한 것을 이유로 근로자에게 신분상 불이익한 행위를 할 수 없다.

(2) 반조합 계약의 유형

반조합계약에는 노동조합에 가입하지 않을 것 또는 탈퇴할 것을 고용조건으로 하는 것, 특정 노동조합의 조합원이 될 것을 고용조건으로 하는 것, 노동조합에 가입하더라도 조합활동을 하지 않을 것을 고용조건으로 하는 것 등이 있다. 특정 노동조합의 조합원이 될 것을 고용조건으로 하는 것은 해당 노동조합이 당해 사업장에 종사하는 근로자의 3분의 2 이상을 대표하고 있을 때에는 금지되지 않는 것으로 본다(노동조합법 제81조 제1항 제2호 단서).

3. 유니언 샵(Union Shop) 협정

(1) 유니언 샵 협정의 개념

근로자가 어느 노동조합에 가입 하지 아니할 것 또는 탈퇴할 것을 고용조건으로 하거나 특정한 노동조합의 조합원이 될 것을 고용조건으로 하는 행위는 금지된다(노동조합법 제81조 제1항 제2호). 그러나, 노동조합이 당해 사업장에 종사하는 근로자의 3분의 2 이상을 대표하고 있을 때에는 근로자가 그 노동조합의 조합원이 될 것을 고용조건으로 하는 단체협약을 체결하는 것은 예외적으로 허용된다. 이와 같이 노동조합이 당해 사업장에 종사하는 근로자의 3분의 2 이상을 대표하고 있을 때에는 근로자가 그 노동조합의 조합원이 될 것을 고용조건으로

하는 단체협약 또는 그 단체협약상의 조항을 유니언 샵 협정이라고 한다. 샵(shop) 협정의 종류에는 유니언 샵 외에도 Closed shop, Maintenance of membership shop, Agency shop 등이 있다.

▌ 샵(shop) 협정의 종류

명칭	내용
Closed shop	노동조합에 가입한 기존 조합원이 아니면 사용자가 고용할 수 없다는 단체협약 조항
Union shop	사용자에 의해 고용된 근로자는 일정 기간 내에 노동조합에 가입해야 한다고 정한 단체협약 조항. 고용된 근로자가 일정 기간 내에 노동조합에 가입하지 않거나 가입한 노동조합에서 탈퇴한 경우 사용자는 그 근로자에 대한 해고 등 불이익 조치 의무를 부담
Maintenance of membership	노동조합으로부터 근로자가 탈퇴할 수 없도록 하고, 만약 근로자가 노동조합을 탈퇴하는 경우 사용자로 하여금 그 근로자를 해고하도록 한 단체협약 조항
Agency shop	사용자가 연대금을 납부하는 비노조원만을 채용할 수 있도록 하는 단체협약 조항·연대금을 납부함으로써 근로자는 단체협약 적용의 대가를 지불하고, 노동조합은 노동조합을 유지, 보존할 수 있는 수단을 확보

Closed shop은 금지되지만, 국내에서도 예외적으로 허용되는 경우가 있다. 직업안정법에 따라 노동조합이 근로자 공급사업을 하는 것이 허용되는데(직업안정법 제33조 제3항), 노동조합이 근로자 공급사업을 하는 경우 사용자는 조합원만을 채용할 수밖에 없게 되므로, 결과적으로 Closed Shop이 허용되는 것과 같은 상황이 되는 것이다. 직업안정법에 따른 근로자 공급사업은 화물 하역 직종 노동조합을 중심으로 행해지고 있다. 항만하역이나 창고하역 작업과 같은 하역 노동은 전통적으로 물동량에 따라 간헐적이고 비상시적인 방식으로 노동력 제공이 이루어지기 때문에, 선주·하주나 창고업자가 사용자로서 하역 근로자를

상시채용할 것을 기대하기 어렵다는 특징이 있다. 전 세계적으로도 항만하역업은 노동조합을 매개로 하는 Closed Shop이 허용되는 대표적인 업종이었다. 그러나, 제조업뿐만 아니라 농림산업의 생산기술 발전과 물류 체계의 발달에 따라 항만하역업의 그와 같은 특징이 점차 약화되어 최근에는 항만에서도 하역작업을 자동화하거나 근로자를 상시채용하는 경우가 증가하고 있다.

직업안정법 제33조(근로자공급사업)

① 누구든지 고용노동부장관의 허가를 받지 아니하고는 근로자공급사업을 하지 못한다.

③ 근로자공급사업은 공급대상이 되는 근로자가 취업하려는 장소를 기준으로 국내 근로자공급사업과 국외 근로자공급사업으로 구분하며, 각각의 사업의 허가를 받을 수 있는 자의 범위는 다음 각 호와 같다.

1. 국내 근로자공급사업의 경우는 「노동조합 및 노동관계조정법」에 따른 노동조합
2. 국외 근로자공급사업의 경우는 국내에서 제조업·건설업·용역업, 그 밖의 서비스업을 하고 있는 자. 다만, 연예인을 대상으로 하는 국외 근로자공급사업의 허가를 받을 수 있는 자는 「민법」 제32조에 따른 비영리법인으로 한다.

(2) 유니언 샵 협정의 정당성 근거

노동조합과 사용자가 체결한 단체협약을 통해 근로자가 노동조합에 가입해야 하는 의무를 부과하는 것을 조직강제라고 한다. 제한적 조직강제는 근로자가 노동조합을 선택할 수 없이 특정 노동조합에 가입하도록 강제하는 것을 말하고, 일반적 조직강제는 근로자에게 노동조합을 선택할 수 있는 자유가 허용되지만 어느 노동조합이든 가입해야 한다는 의무를 부과하는 경우를 말한다. 이와 같은 조직강제가 허용될 수 있는가에 대하여 견해가 대립한다. 조직강제는 허용되지 않는다는 견해, 제한적 조직강제도 허용된다는 견해가 있지만, 단결선택의 자유 보장을 위해 특정 노동조합에의 조직강제는 허용되지 않으며, 일반적 조직강제만 허용된다고 보는 것이 타당하다.

노동조합법 제81조 제1항 제2호 단서에서 허용되는 유니언 샵 조항은 근로자의 3분의 2 이상으로 조직된 노동조합일 것을 전제로 한 제한적 조직강제 조항이다. 그러나 노동조합법이 특별히 허용되는 것으로 규정한 점, 근로자의 3분의 2라는 다수 근로자의 대표라는 특별한 자격을 요구한다는 점, 근로자가 그 노동조합에서 제명된 경우, 그 노동조합을 탈퇴하여 새로 노동조합을 조직하거나 다른 노동조합에 가입하는 경우에는 예외를 인정하고 있는 점(노동조합법 제81조 제1항 제2호 단서 후문) 등을 고려하면 엄격한 의미의 제한적 조직강제라고 하기에는 어렵다. 또한, 노동조합의 조직력 강화에는 도움이 되지만, 그로인해 노동조합과 사용자 사이의 담합이 발생할 것이라고 단정하기는 어렵다. 따라서 노동조합법상의 유니언 샵 규정의 정당성을 부정할 이유는 없다고 생각된다.

헌법재판소도, "근로자의 단결하지 아니할 자유와 노동조합의 적극적 단결권(조직강제권)이 충돌하게 되나, 근로자에게 보장되는 적극적 단결권이 단결하지 아니할 자유보다 특별한 의미를 갖고 있고, 노동조합의 조직강제권도 이른바 자유권을 수정하는 의미의 생존권(사회권)적 성격을 함께 가지는 만큼 근로자 개인의 자유권에 비하여 보다 특별한 가치로 보장되는 점 등을 고려하면, 노동조합의 적극적 단결권은 근로자 개인의 단결하지 않을 자유보다 중시된다고 할 것이고, 또 노동조합에게 위와 같은 조직강제권을 부여한다고 하여 이를 근로자의 단결하지 아니할 자유의 본질적인 내용을 침해하는 것으로 단정할 수는 없다"111)고 판단하였다.

(3) 유니언 샵 협정의 예외

노동조합법이 유니언 샵 협정의 유효성을 인정하여 근로자의 3분의 2 이상을 대표하는 지배적 노동조합에 가입할 것을 고용조건으로 하는 것을 허용하고 있지만, 근로자가 그 노동조합에서 제명된 것 또는 그 노동조합을 탈퇴하여 새로 노동조합을 조직하거나 다른 노동조합에 가입한 것을 이유로 사용자가 근로자에게 신분상 불이익한 행위를 할 수 없다는 예외를 규정하고 있다(노동조합법 제81

111) 헌법재판소 2005. 11. 24. 선고 2002헌바95,96,2003헌바9(병합) 결정.

조 제1항 제2호 단서 후문). 유효한 유니언 샵 협정이 체결되어 있는 경우에도, 신규 채용 근로자가 고용된 이후에 유니언 샵 협정을 체결한 노동조합에 가입했다가 다른 노동조합에 가입하기 위해서 탈퇴한 것이 아니라, 곧바로 다른 노동조합에 가입하는 것도 가능하다. 지배적 노동조합에 대한 가입 및 탈퇴 절차를 별도로 경유하지 않고 다른 노동조합에 가입했다 하더라도 사용자가 유니언 샵 협정을 들어 신규 입사 근로자를 해고하는 것은 정당한 이유가 없는 해고로서 무효가 된다.[112]

(4) 유니언 샵 협정의 효력이 미치는 근로자의 범위

유니언 샵 협정의 적용을 받아 지배적 조직률을 가지고 있는 노동조합에 가입해야 하는 의무를 부담하는 근로자가 신규채용되는 근로자만을 뜻하는지 아니면 기존의 미조직 근로자도 포함되는 것인지에 대하여 견해가 대립하고 있다.

유니언 샵 협정이 유효한 경우 기존 미조직 근로자도 노동조합에 가입해야 한다는 견해가 있고, 제3자에게 불리한 소급약정을 노동조합과 사용자가 하는 것은 허용되지 않는다는 이유로 기존 미조직 근로자에 대해서는 단체협약상 유니언 샵 협정이 적용되지 않는다고 보는 견해가 있다.[113] 유니언 샵 협정이 원칙적으로 금지되는 조직강제의 예외적인 허용이라는 점을 고려하면, 예외적으로 허용되는 제도를 통해 근로자의 기본권인 직업의 자유와 생존권을 침해하는 것은 타당하지 않다는 점에서 후자의 견해가 타당하다고 생각된다.

(5) 유니언 샵 협정에 대한 사용자의 불이행

단체협약에 유니언 샵 협정에 따라 근로자는 노동조합의 조합원이어야만 된다는 규정이 있는 경우에는 다른 명문의 규정이 없더라도 사용자는 노동조합에서 탈퇴한 근로자를 해고할 의무가 있다. 그러나 단체협약상의 유니언 샵 협정에 따라 사용자가 노동조합을 탈퇴한 근로자를 해고할 의무는 단체협약상의 채

---

112) 대법원 2019. 11. 28. 선고 2019두47377 판결.

113) 노조 01254-748, 1997. 8. 29.

무일 뿐이고, 이러한 채무 불이행이 사용자의 지배·개입 등의 부당노동행위 의사에 기하여 행해진 것이 아닌 한, 곧바로 노동조합에 대한 지배·개입의 부당노동행위에 해당한다고 단정할 수는 없다.[114]

노동조합이, 노동조합을 탈퇴한 근로자 11명이 탈퇴의사를 철회하고 노동조합에 다시 가입하기 위한 노력을 하였음에도 불구하고 그 중 일부에 대하여는 노동조합이 탈퇴의사 철회를 받아들여 조합원의 자격을 유지하게 하고 나머지 3명에 대하여서만 이를 받아들이지 않고 회사에 대하여 해고를 요구하여 결국 회사가 유니언 샵 협정에 따라 이들을 해고한 사건에서, 대법원은 "노조탈퇴의사를 철회하고 노조에 다시 가입하려는 근로자에 대하여 이를 거부하고 해고되게 한 것은 노조 자체가 단결권의 정신을 저버리고 실질상 제명과 같은 효과를 발생시킨 것으로서, 유니언 숍 협정에 기한 해고의 목적범위를 일탈한 것이고, 또한 11명의 탈퇴자 중 3명에 대하여서만 탈퇴의사 철회를 거부하고 해고되게 한 것은 다른 탈퇴근로자들과의 형평에도 반하여 무효"라고 판단한 사례가 있다.[115]

4. 단체교섭 거부

(1) 단체교섭 거부의 개념

사용자가 노동조합의 대표자 또는 노동조합으로부터 위임을 받은 자와의 단체협약 체결, 기타의 단체교섭을 정당한 이유 없이 거부 하거나 해태하는 행위를 부당노동행위로서의 단체교섭 거부라고 한다(노동조합법 제81조 제1항 제3호). 단체교섭에 응하지 않는 것은 물론, 단체교섭에 형식적으로 응하지만 성실교섭 의무를 위반하여 단체교섭 진행을 늦추거나 단체교섭 종료 후 단체협약 체결을 거부하는 등의 행위도 여기에 해당한다.

114) 대법원 1998. 3. 24. 선고 96누16070 판결.
115) 대법원 1995. 2. 28. 선고 94다15363 판결.

노동조합 및 노동관계조정법 제81조(부당노동행위)

① 사용자는 다음 각 호의 어느 하나에 해당하는 행위(이하 "不當勞動行爲"라 한다)를 할 수 없다.

3. 노동조합의 대표자 또는 노동조합으로부터 위임을 받은 자와의 단체협약체결 기타의 단체교섭을 정당한 이유없이 거부하거나 해태하는 행위

사용자 측 교섭위원이 교섭 석상에서 '임원의 지시에만 따르겠다'는 등 무책임한 태도로 일관하는 경우, 노동조합 측 특정 교섭위원의 교체나 위임권철회를 요구하며 단체교섭을 지연·거부하는 경우, 교섭요구사실 공고 등 교섭창구단일화 절차를 이행하지 않는 방법으로 교섭대표 노동조합 선정을 방해하는 경우, 의무적 교섭사항과 임의적 교섭사항이 혼재된 경우 임의적 교섭사항이 포함되어 있다는 이유로 단체교섭을 진행하지 않은 경우, 단체협약 유효기간 중이라는 이유만으로 교섭 자체를 거부하는 경우, 노동조합 측의 교섭요구안이 지나치다거나 타결 여지가 희박하다는 이유로 단체교섭 자체를 거부하는 경우, 쟁의행위 중이라는 이유만으로 단체교섭을 거부하는 경우 등이 단체교섭 거부에 해당할 수 있는 대표적인 사례이다.

(2) 단체교섭 거부에 대한 노동조합의 대응 수단

사용자의 단체교섭 거부에 대해서 노동조합은 쟁의행위를 개시하여 교섭에 응할 것을 압박하거나, 법원에 대한 민사상 가처분 신청, 단체교섭 거부로 인해 노동조합에 손해가 발생했을 경우의 손해배상 청구, 부당노동해위 제도를 이용한 고용노동부에 대한 신고나 노동위원회에 대한 구제신청 등의 수단을 사용할 수 있다.

(3) 단체교섭 거부의 성립 요건

단체교섭 거부의 부당노동행위는 사용자의 부당노동행위 의사가 없어도 성립한다. 정당한 이유 없이 단체교섭을 거부하는 때에는 사용자의 의사와 관계 없이 부당노동행위가 성립한다. 단체교섭 거부로 인해서 노동조합의 단결권이나

단체교섭권 침해가 발생할 것을 요구하지 않는다. 다만, 단체교섭 거부로 인해서 노동조합에게 손해가 발생할 경우 사용자는 그 손해를 배상해야 하는 책임을 부담할 수 있다.

(4) 단체교섭 거부의 정당한 이유

사용자가 단체교섭을 거부할 수 있는 정당한 이유가 있는 경우에는 부당노동행위가 성립하지 않는다. 단체교섭의 주체, 목적, 방법 등의 요건을 충족 못하는 경우, 노동조합의 교섭 신청 사항이 의무적 교섭사항이 아닌 경우, 노동조합의 교섭방법이 불합리하거나 적법하지 않은 경우, 단체교섭의 정당한 주체가 아닌 경우, 노동조합 측이 폭력을 사용하거나 협박적인 언동을 할 때, 지나친 교섭위원 선정 등으로 교섭이 원활히 진행될 수 없을 때[116], 노동조합이 협약안의 가부에 관하여 조합원 총회의 의결을 거친 후에만 단체협약을 체결할 것임을 명백히 한 경우[117]에는 사용자가 정당하게 단체교섭을 거부할 수 있다고 보는 것이 일반적이다. 그러나, 단체협약안에 대하여 조합원 총회의 승인을 받는 절차가 일반화되어 있는 최근의 상황을 고려하면, 노동조합이 협약안의 가부에 관하여 조합원 총회의 의결을 거친 후에만 단체협약을 체결할 것임을 명백히 한 경우에 사용자가 단체교섭을 거부할 수 있는 정당한 이유가 있다고 판단했던 대법원 판결은 재고할 필요가 있다.

한편, 파업과 직장폐쇄가 진행되고 있다는 사정이 단체교섭을 거부할 만한 정당한 이유가 될 수는 없다.[118] 그리고, 사용자가 '노동조합과의 단체교섭을 거부하여서는 아니 된다'는 취지의 가처분결정을 받기 전에 해당 노동조합과의 단체교섭을 거부한 것은 불법행위가 되지 않으나, 가처분결정 후에도 해당 노동조합과의 단체교섭을 거부한 것은 그 노동조합에 대한 부당노동행위로서 단체교섭권을 침해하는 위법한 행위로 평가되어 불법행위가 된다.[119]

---

116) 노조 68107-844, 2001.7. 26.
117) 대법원 1998. 1. 20. 선고 97도588 판결.
118) 대법원 2006. 2. 24. 선고 2005도8606 판결.
119) 대법원 2006. 10. 26. 선고 2004다11070 판결.

(5) 단체교섭 거부 부당노동행위에 대한 구제신청 주체

단체교섭 거부 부당노동행위에 대한 구제신청의 주체는 단체교섭 거부를 당한 노동조합 또는 위임을 받은 자, 복수노조인 경우 교섭대표 노동조합(노동조합법 제29조의5)이 된다.

5. 지배·개입

(1) 지배·개입의 개념

지배·개입의 부당노동행위는 사용자가 노동조합을 조직하거나 운영하는 것을 지배하거나 이에 개입하는 행위를 말한다. 여기에서 '지배'란 상대방의 의사결정을 좌우할 정도의 행위를 말하며, '개입'이란 지배까지는 아니지만 사용자가 관여할 수 없는 문제에 대해서 간섭하는 행위를 말한다. 지배·개입의 부당노동행위를 금지하는 이유는 노동조합이 사용자에게 예속되거나 자주성을 상실하게 되는 것을 방지하기 위해서이다.

노동조합 및 노동관계조정법 제81조(부당노동행위)

① 사용자는 다음 각 호의 어느 하나에 해당하는 행위(이하 "不當勞動行爲"라 한다)를 할 수 없다.

4. 근로자가 노동조합을 조직 또는 운영하는 것을 지배하거나 이에 개입하는 행위와 근로시간 면제한도를 초과하여 급여를 지급하거나 노동조합의 운영비를 원조하는 행위. 다만, 근로자가 근로시간 중에 제24조제2항에 따른 활동을 하는 것을 사용자가 허용함은 무방하며, 또한 근로자의 후생자금 또는 경제상의 불행 그 밖에 재해의 방지와 구제 등을 위한 기금의 기부와 최소한의 규모의 노동조합사무소의 제공 및 그 밖에 이에 준하여 노동조합의 자주적인 운영 또는 활동을 침해할 위험이 없는 범위에서의 운영비 원조행위는 예외로 한다.

(2) 지배·개입의 성립요건

지배·개입의 부당노동행위가 성립하기 위해서는 객관적 요건으로서 사용자의 지배·개입 행위가 존재하여야 하고, 주관적 요건으로서 사용자에게 지배·개입의 의사, 즉 부당노동행위 의사가 있어야 한다. 지배·개입 행위에는 사용자의 물리적인 실력 행사, 사용자의 견해 표명 등이 포함된다. 주관적 요건인 지배·개입의 의사는 객관적·외형적인 정황을 종합하여 그 의사를 추정할 수 있는 정도면 충분하며, 구체적인 결과나 손해의 발생을 필요로 하지 않는다.

노동조합의 조직이나 운영 및 활동을 지배하거나 이에 개입하는 의사가 인정되는 경우에 지배·개입의 부당노동행위가 성립하고, 지배·개입으로서의 부당노동행위의 성립에 반드시 근로자의 단결권의 침해가는 결과의 발생까지 요하는 것은 아니다.[120]

(3) 지배·개입의 구체적 유형

부당노동행위로서의 사용자의 지배·개입 행위는 노동조합의 조직에 의한 지배·개입, 노동조합 내부 문제에 대한 지배·개입, 노동조합 활동에 대한 지배·개입, 신의칙·법령에 반하는 협조 거부 등 일반적인 지배·개입의 유형과 노동조합에 대한 경비 지원으로 나눌 수 있다.

첫째, 노동조합의 조직에 대한 지배·개입 행위에는 특정 직종의 근로자를 노조에 가입시키지 않도록 강요하는 행위, 기존 노동조합에 대한 대항 단체 결성을 지원하거나 비호하는 행위, 노동조합 결성을 방해 하는 행위, 특정 조합원의 탈퇴를 종용하는 행위 등이 있다. 대학교의 총장이 노동조합 설립을 주도하던 근로자에게 전화해서 노동조합은 만들지 말라고 설득하고, 이후 전체 직원회의를 열어 노동조합을 절대 만들지 말아 달라는 취지로 말한 사건에서, 대법원은 "사용자가 연설, 사내방송, 게시문, 서한 등을 통하여 의견을 표명하는 경우 표명된 의견의 내용과 함께 그것이 행하여진 상황, 시점, 장소, 방법 및 그것이

120) 대법원 1997. 5. 7. 선고 96누2057 판결; 대법원 2006. 9. 8. 선고 2006도388 판결.

노동조합의 운영이나 활동에 미치거나 미칠 수 있는 영향 등을 종합하여 노동조합의 조직이나 운영 및 활동을 지배하거나 이에 개입하는 의사가 인정된다면 노동조합법 제81조 제1항 제4호에 규정된 '근로자가 노동조합을 조직 또는 운영하는 것을 지배하거나 이에 개입하는 행위'로서 부당노동행위가 성립하고, 또 그 지배·개입으로서 부당노동행위의 성립에 반드시 근로자의 단결권 침해라는 결과 발생까지 요하는 것은 아니다"121)라고 판단하였다.

한편, 사용자도 자신의 의견을 표명할 수 있는 자유를 가지고 있기 때문에, 사용자가 노동조합의 활동에 대하여 단순히 비판적 견해를 표명하거나 근로자를 상대로 집단적인 설명회 등을 개최하여 회사의 경영상황 및 정책방향 등 입장을 설명하고 이해를 구하는 행위 또는 비록 파업이 예정된 상황이라 하더라도 파업의 정당성과 적법성 여부 및 파업이 회사나 근로자에 미치는 영향 등을 설명하는 행위 등은 거기에 징계 등 불이익의 위협 또는 이익제공 약속 등이 포함되어 있거나 다른 지배·개입 정황 등 노동조합의 자주성을 해칠 수 있는 요소가 연관되어 있지 않는 한, 사용자에게 노동조합의 조직이나 운영 및 활동을 지배하거나 이에 개입하는 의사가 있다고 가볍게 단정할 것은 아니다.122) 사용자에게도 언론의 자유가 보장되기 때문이다. 그러나, 그 표명된 의견의 내용과 함께 그것이 행하여진 상황, 시점, 장소, 방법 및 그것이 노동조합의 운영이나 활동에 미치거나 미칠 수 있는 영향 등을 종합하여 노동조합의 조직이나 운영 및 활동을 지배하거나 이에 개입하는 의사가 인정되는 경우에는 지배·개입의 부당노동행위가 성립할 수 있다.123)

둘째, 노동조합 내부 문제에 대한 지배·개입에는, 사용자가 위원장 불신임을 위해 임시총회 소집을 지시하고 위원장의 비리를 설명한 행위, 노동조합 위원장 불신임, 노동조합 해산결의 등 내부 문제에 사용자가 적극적으로 개입한 행위, 노동조합 자체 직원의 채용에 대한 일방적 중단 요구 등이 있다. 회사의 조합비

121) 대법원 2016. 3. 24. 선고 2015도15146 판결.
122) 대법원 2013. 1. 10. 선고 2011도15497 판결; 대법원 2006. 9. 8. 선고 2006도388 판결.
123) 대법원 1997. 5. 7. 선고 96누2057 판결; 대법원 1998. 5. 22. 선고 97누8076 판결; 대법원 2006. 9. 8. 선고 2006도388 판결.

에 대한 가압류로 인해 경제적인 어려움을 겪고 있던 노동조합 지회가 이를 극복하기 위한 방안으로 채권을 발행하기로 하자, 사용자들이 2회에 걸쳐 지회의 채권발행을 중단할 것을 촉구하고, 업무에 지장을 초래하는 채권발행이나 근무시간 중의 채권발행에 대하여 엄중 조치하겠다는 내용의 공문을 발송한 사건에서, 대법원은 "당시 노동조합의 경제적 상황과 회사 측 공문 내용 등에 비추어 보면 위와 같은 행위는 단순히 사용자의 입장에서 노사현안에 대한 의견을 개진하는 수준을 넘어 조합원 개개인의 판단과 행동, 노동조합의 운영에까지 영향을 미치려는 시도로서 노동조합의 운영에 개입하는 행위임을 충분히 인정할 수 있다"124)라고 판단하여 부당노동행위의 성립을 인정하였다.

셋째, 노동조합 활동에 대한 지배·개입에는, 노동조합 집회 참석 방해를 목적으로 조합원들에게만 특근을 지시하는 행위, 조합활동의 곤란을 주려는 의도에 따라 근로시간면제자의 지정을 해제하고 원직복귀를 명령한 행위, 이전부터 실시해 오던 조합비 일괄공제를 일방적으로 중단하는 행위125), 노동조합의 조직과 운영에 관한 조합원 상대 설문조사를 실시하는 행위, 개개의 조합원에게 쟁의행위 불참을 권유하는 행위, 불법적 직장폐쇄를 장기간 유지하여 노동조합 와해를 초래하는 행위, 금전으로 조합간부를 매수하거나 향응을 통한 노동조합의 어용화를 꾀하는 행위, 노동조합 행사 및 정당한 쟁의행위에 대한 간섭 및 교란행위 등이 있다.

넷째, 신의칙·법령에 반하는 협조 거부는 합리적인 이유를 제시하고 노동조합과 새로운 합의를 위한 적정한 노력을 하지도 않은 채 일방적으로 신의칙에 반하여 기존 관행을 파기하는 행위로서, 관행적으로 허용해 오던 근무시간 중의 조합활동 시간 할애를 거부하는 행위, 관행적으로 허용해 오던 조합사무실 출입을 불허하는 행위 등이 있을 수 있다.

---

124) 대법원 2006. 9. 8. 선고 2006도388 판결.
125) 대법원 2018. 9. 13. 선고 2016도2446 판결.

(4) 노동조합에 대한 경비 지원

사용자가 근로시간 면제한도를 초과하여 급여를 지급하거나 노동조합의 운영비를 원조하는 행위는 지배·개입의 부당노동행위로 금지된다(노동조합법 제81조 제1항 제4호). 대법원은 단체협약 등 노사 간 합의에 의한 경우라도 타당한 근거 없이 과다하게 책정된 급여를 근로시간 면제자에게 지급하는 사용자의 행위는 노동조합법 제81조 제1항 제4호 단서에서 허용하는 범위를 벗어나는 것으로서 부당노동행위가 될 수 있다고 판단하고 있다.[126] 다만, 근로자가 근로시간 중에 근로시간면제한도의 범위 내에서 노동조합 활동을 하는 것을 사용자가 허용하는 것과, 근로자의 후생자금 또는 경제상의 불행 그 밖에 재해의 방지와 구제 등을 위한 기금의 기부, 최소한의 규모의 노동조합사무소의 제공, 그 밖에 이에 준하여 노동조합의 자주적인 운영 또는 활동을 침해할 위험이 없는 범위에서의 운영비 원조행위 등은 예외로서 허용된다(노동조합법 제81조 제1항 제4호 단서).

사용자의 최소한 규모의 경비 등의 원조 행위가 '노동조합의 자주적 운영 또는 활동을 침해할 위험'이 있는지 여부를 판단할 때에는 운영비 원조의 목적과 경위, 원조된 운영비 횟수와 기간, 원조된 운영비 금액과 원조방법, 원조된 운영비가 노동조합의 총수입에서 차지하는 비율, 원조된 운영비의 관리방법 및 사용처 등을 고려하여 판단해야 한다.[127]

노동조합 및 노동관계조정법 제81조(부당노동행위)

② 제1항제4호단서에 따른 "노동조합의 자주적 운영 또는 활동을 침해할 위험" 여부를 판단할 때에는 다음 각 호의 사항을 고려하여야 한다.

1. 운영비 원조의 목적과 경위
2. 원조된 운영비 횟수와 기간
3. 원조된 운영비 금액과 원조방법
4. 원조된 운영비가 노동조합의 총수입에서 차지하는 비율
5. 원조된 운영비의 관리방법 및 사용처 등

---

126) 대법원 2016. 4. 28. 선고 2014두11137 판결; 대법원 2018. 5. 15. 선고 2018두33050 판결.
127) 헌법재판소 2018. 5. 31. 선고 2012헌바90 결정.

Ⅳ. 부당노동행위 구제

1. 부당노동행위 증명 책임

부당노동행위의 존재, 부당노동행위 의사 등의 존재는 원칙적으로 이를 주장하는 근로자 또는 노동조합에 입증책임이 있다. 따라서 법원이 필요한 심리를 다하였어도 사용자에게 부당노동행위 의사가 존재하였는지 여부가 분명하지 아니하여 그 존재 여부를 확정할 수 없는 경우에는 그로 인한 위험이나 불이익은 그것을 주장한 근로자 또는 노동조합이 부담할 수밖에 없다.[128] 따라서, 입증의 어려움을 완화하고 사용자의 부당노동행위를 억제하기 위해 입증책임 완화나 전환이 필요하다는 주장이 제기되고 있다.

2. 부당노동행위 구제절차

사용자의 부당노동행위로 인하여 그 권리를 침해당한 근로자 또는 노동조합은 그 부당노동행위가 있은 날부터 3개월 이내에 관할 노동위원회에 구제를 신청할 수 있다. 부당노동행위가 계속하는 행위인 경우에는 그 종료일로부터 3개월 이내에 구제신청을 해야 한다(노동조합법 제82조).

한편, 부당노동행위를 금지한 노동조합법 제81조는 위반행위에 대하여 2년 이하의 징역 또는 2천만 원 이하의 벌금이 예정된 형사처벌 규정(노동조합법 제90조)이므로, 피해 근로자나 노동조합은 곧바로 근로감독관에게 신고하여 사용자가 처벌받도록 할 수도 있고, 사용자의 부당노동행위로 인하여 손해가 발생한 경우에는 민사상 손해배상 청구소송을 제기할 수도 있다.

---

128) 대법원 2007. 11. 15. 선고 2005두4120 판결; 대법원 2024. 7. 11. 선고 2018두44661 판결.

3. 노동위원회를 통한 부당노동행위 구제 체계

(1) 부당노동행위 구제기구로서의 노동위원회

우리나라에 노동위원회 제도가 도입된 기원은, 일본의 제국주의 침탈에서 해방된 이후 미국의 군정(軍政)이 실시되던 시기에 군정 정부의 주도 하에 1945년 12월 8일 노동조정위원회(美軍政法令 제34호)가 설치된 시점이라고 할 수 있다. 미국 군정 하에서의 노동조정위원회는 정부 수립 후 우리 정부 주도하에 1949년 6월 6일 설립된 노동조정위원회(勞動調停委員會)로 이어진다. 그리고, 1953년 3월 8일 노동위원회법이 제정된 이후, 동 법률에 따라 1954년 2월 20일 노동위원회가 출범하였다. 노동조정위원회도 지방노동조정위원회, 중앙노동조정위원회의 체계를 가지고 있었고, 중앙노동위원회의 전신은 중앙노동조정위원회라고 할 수 있다. 미국 군정 하에서 우리나라에 설치된 노동조정위원회는 미국 전국노동위원회(NLRB: National Labor Relations board)의 기능을 참조하여 구성되었으며, 1953년 제정·시행된 노동위원회법은 일본 노동위원회법의 영향을 매우 강하게 받았는데, 일본의 노동위원회법 역시 연합군 사령부를 주도하던 미국의 영향 아래 제정되었기 때문에, 우리나라 노동위원회 제도는 주로 유럽 대륙법계의 영향을 받은 다른 법제도와는 달리 미국 제도의 특징을 갖게 되었다.

1960년대와 1970년대의 산업화 시기에 노동위원회법에는 중재재정에 대한 불복과 중재재정의 효력 규정, 긴급조정제도, 부당노동행위 구제제도 등이 도입되었으며, 임시총회 소집권자 지명, 휴업수당 지급 예외 인정, 안전보호시설에 대한 쟁의행위 중지 명령 사후 승인, 쟁의행위 적법성 심사 등의 권한이 추가되었다. 이때에 와서 비로소 미국에서와 같이 부당노동행위 구제제도에 관하여 관할권을 갖는 행정심판기구로서의 노동위원회의 권한이 자리잡게 됐다. 현재도 부당해고와 부당노동행위 구제가 노동위원회 기능의 중심을 이룬다.

(2) 노동위원회의 성격

노동위원회는 근로자위원, 사용자위원, 공익위원 3자로 구성된 합의제 행정관청으로서, 노사간의 이익 및 권리분쟁에 대한 조정과 판정을 주업무로 하는 독립성을 지닌 준사법적 행정기관이다. 노동위원회는 사법기능을 보충하는 권리구제기구로서의 행정심판의 성격이 강조된 미국법계 행정심판제도의 특징을 가지고 있으며, 행정심판의 피청구인이 행정청이 아닌 일반 사인(사용자)이라는 점에서 일반적인 행정심판기구와 차이가 있다. 실제로 노동위원회는 부당해고구제 심판·판정, 차별구제신청에 대한 판정 등 사인을 상대로한 판정업무의 비중이 높다. 이와 같은 점에서 행정의 적법성과 합목적성을 행정권 스스로 확보하는 자율적 통제에 중점이 있는 대륙법계 행정심판제도와 구별된다.

(3) 노동위원회의 구성

노동위원회는 근로자위원과·사용자위원 10~50인, 공익위원 10~70인 이내에서 구성된다(노동위원회법 제6조 제2항). 근로자위원은 노동조합이 추천한 자 중에서 위촉하고, 사용자위원은 사용자단체가 추천한 자 중에서 위촉하되, 중앙노동위원회의 경우에는 고용노동부장관의 제청으로 대통령이, 지방노동위원회의 경우에는 지방노동위원회위원장의 제청으로 중앙노동위원회위원장이 각각 위촉한다. 공익위원은 당해 노동위원회위원장·노동조합·사용자단체가 각각 추천한 자 중에서 노동조합과 사용자단체가 순차적으로 배제하고 남은 자를 위촉대상 공익위원으로 하고, 그 위촉 대상 공익위원 중에서 중앙노동위원회의 공익위원은 고용노동부장관의 제청으로 대통령이, 지방노동위원회의 공익위원은 지방노동위원회위원장의 제청으로 중앙노동위원회위원장이 각각 위촉한다(노동위원회법 제6조 제3항, 제4항, 제5항). 노동위원회 위원의 임기는 3년으로 연임이 가능하다(노동위원회법 제7조).

(4) 노동위원회의 기능

노동위원회는 부당노동행위 및 부당해고 등의 구제신청에 대한 심판 외에 노동쟁의 조정 기능, 복수노조 교섭창구 단일화 사건 등의 결정, 기간제, 단시간, 파견 근로자에 대한 차별적 처우 시정, 단체협약 해석에 관한 견해 제시 등의 기능을 한다. 특히 중앙노동위원회는 노동위원회 규칙 제정권, 지방노동위원회, 특별노동위원회 등에 대한 지시권, 근로조건 개선조치의 권고(노동위원회법 제22조 제2항) 등 정책적인 업무도 수행한다.

4. 노동위원회 구제명령

(1) 노동위원회 구제명령의 내용

노동위원회는 심판회의를 열어서 신청인과 피신청인을 심문하고 부당노동행위에 해당하는지 여부에 대하여 판단하고, 구제명령을 내린다.

노동조합 및 노동관계조정법 제84조(구제명령)

① 노동위원회는 제83조의 규정에 의한 심문을 종료하고 부당노동행위가 성립한다고 판정한 때에는 사용자에게 구제명령을 발하여야 하며, 부당노동행위가 성립되지 아니한다고 판정한 때에는 그 구제신청을 기각하는 결정을 하여야 한다.

불이익취급의 부당노동행위의 경우에는 원직 또는 원직에 상당하는 지위에의 복직, 해고가 없었더라면 지급했어야 할 임금 상당액의 지급 등을 구제명령으로 내리고, 지배·개입의 부당노동행위에 대해서는 지배·개입 행위를 금지하는 부작위명령, 사용자의 사실 시인 및 부당노동행위 구제명령을 받은 사실의 게시 또는 교부 명령, 구제명령 이행상황 보고 명령 등을 내린다. 단체교섭 거부의 부당노동행위에 대해서는 단체교섭사항이나 교섭 담당자, 시기 등을 특정하여 성실한 단체교섭 수행을 명한다.

(2) 구제명령의 이행

노동위원회의 구제명령을 받은 당사자는 구제명령을 준수해야 한다. 확정된 구제명령을 불이행할 경우 3년 이하의 징역 또는 3천만 원 이하의 벌금이 부과될 수 있다(노동조합법 제89조 제2호). 노동위원회의 구제명령·기각결정 또는 재심판정은 중앙노동위원회에 대한 재심신청이나 행정소송의 제기에 의하여 그 효력이 정지되지 않는다(노동조합법 제86조).

사용자가 중앙노동위원회의 부당노동행위 구제 재심판정에 불복하여 행정소송을 제기한 경우, 관할 법원은 중앙노동위원회의 신청에 의하여 결정으로써, 판결이 확정될 때까지 사용자가 중앙노동위원회의 구제명령의 전부 또는 일부를 이행하도록 명할 수 있다(노동조합법 제85조 제5항). 이를 긴급이행명령이라고 한다. 사용자가 긴급이행명령을 이행하지 않은 경우에는 500만 원 이하의 금액 또는 작위를 명하는 명령일 경우 그 명령의 불이행일 수 1일에 50만 원 이하의 비율로 산정한 금액에 해당하는 과태료가 부과될 수 있다(노동조합법 제95조). 긴급이행명령은 당사자의 취소 신청에 의하거나 법원이 직권에 따라 취소할 수 있다.

노동조합 및 노동관계조정법 제85조(구제명령의 확정)

⑤ 사용자가 제2항의 규정에 의하여 행정소송을 제기한 경우에 관할법원은 중앙노동위원회의 신청에 의하여 결정으로써, 판결이 확정될 때까지 중앙노동위원회의 구제명령의 전부 또는 일부를 이행하도록 명할 수 있으며, 당사자의 신청에 의하여 또는 직권으로 그 결정을 취소할 수 있다.

(3) 노동위원회 구제명령에 대한 불복

지방노동위원회 또는 특별노동위원회의 부당노동행위 구제명령 또는 기각결정에 불복이 있는 관계 당사자는 그 명령서 또는 결정서의 송달을 받은 날부터 10일 이내에 중앙노동위원회에 그 재심을 신청할 수 있다. 중앙노동위원회의 재심판정에 대하여 관계 당사자는 그 재심판정서의 송달을 받은 날부터 15일 이내에 행정소송법이 정하는 바에 의하여 행정소송을 제기할 수 있다. 위의 각 기간 내에 재심을 신청하지 않거나 행정소송을 제기하지 않은 때에는 그 구제명령·기각결정 또는 재심판정은 확정된다.

노동조합 및 노동관계조정법 제85조(구제명령의 확정)

① 지방노동위원회 또는 특별노동위원회의 구제명령 또는 기각결정에 불복이 있는 관계 당사자는 그 명령서 또는 결정서의 송달을 받은 날부터 10일 이내에 중앙노동위원회에 그 재심을 신청할 수 있다.

② 제1항의 규정에 의한 중앙노동위원회의 재심판정에 대하여 관계 당사자는 그 재심판정서의 송달을 받은 날부터 15일 이내에 행정소송법이 정하는 바에 의하여 소를 제기할 수 있다.

③ 제1항 및 제2항에 규정된 기간내에 재심을 신청하지 아니하거나 행정소송을 제기하지 아니한 때에는 그 구제명령·기각결정 또는 재심판정은 확정된다.

제13편

새로운 유형의 일하는 방식

제13편
새로운 유형의 일하는 방식

독일의 산업 4.0과 노동 4.0 백서 등이 국내에 소개되고, Klaus Schwab의 저서 The Fourth Industrial Revolution(2016)을 통해 "4차 산업혁명"이라는 용어가 엄청난 사회적 반향을 일으켰다. 이후, 디지털 기술 및 이를 활용한 산업의 고도화와 플랫폼노동 수요 확산 등이 배경이 되어 디지털 전환, Digital Transformation, 플랫폼노동과 같은 용어들이 혁신의 시대를 특징짓는 용어로서 자리를 잡고 있다. 단순히 새로운 생산방식의 등장과 그로 인한 노동의 양상 및 환경 변화를 크게 지칭하던 수준의 의미 외연을 가졌던 '4차 산업혁명'이라는 용어에서 시작하여, 현재의 디지털 전환, 플랫폼노동이라는 표현은 고도의 디지털 인프라 확충과 산업환경의 디지털화를 활용해 새롭게 등장한 경제적 가치 창출 방법과 시스템이 작동하는 매개로서 노무를 제공하는 관계에 관한 쟁점을 품게 되었다. 특히 디지털 시스템을 매개로 하는 노동력 제공관계는 이전 시대와는 다른 유연한 계약관계 하에서 일시적·임시적인 노무를 제공하는 것이 일반적이라는 특징이 있다. 이로 인해 논의의 방향이 플랫폼노동종사자를 포함한 노무제공자의 법적 지위 및 책임, 보호 등에 관한 쟁점으로 중심이 이동하고 있다. 스스로의 노동력을 제공하고 그로부터 수입을 얻는 종사자에 대한 보호 필요성이 제기되고 보호를 위한 법적 수단에 관심이 집중되면서 자연스럽게 이 쟁점은 노동법적 쟁점으로 자리잡게 되었다.

제1장 새로운 유형의 노동자 개념

Ⅰ. 특수형태근로종사자와 플랫폼노동종사자

플랫폼노동종사자의 노무제공체계와 계약체결 유형 및 법적 지위는, 근로기준법상 또는 노동조합법상 근로자성 인정 여부가 오랫동안 다투어져 온 특수형태근로종사자와 유사한 부분이 있다. 종래에 특수형태근로종사자로 분류되었던 대표적인 직역인 대리운전 업무의 경우, 특정 지역에 기반을 둔 대리운전 매개 업체와 대리운전 수요자가 전화를 통해 매개되던 방식에서 점차 전국적인 디지털플랫폼을 통해 대리운전 수요자와 매개되는 방식으로 변화되면서 최근에는 대표적인 플랫폼노동의 한 영역으로 인식되고 있다. 플랫폼노동종사자는 사업주에 대한 전속성이 상대적으로 희박하고, 자신의 노동력을 대신하여 제3자의 노동력을 이용하는 경우도 적지 않다는 점에서, 엄격하게 보면 특수형태근로종사자와는 구별될 수 있는 특징이 있다. 한편 대법원은 배달대행사의 애플리케이션을 스마트폰에 설치하고 해당 배달대행사로부터 음식배달 업무를 매개 받아 오토바이를 운전하여 음식 배달업무를 수행하던 중 배달종사자가 교통사고를 당한 사건에서 해당 배달원을 산재보험법상 근로자로 인정하지는 않았으나, 구 산재보험법 제125조의 특수형태근로종사자인 택배원으로 인정하기도 했다.[1)] 플랫폼노동종사자인지 또는 특수형태근로종사자인지의 문제는 디지털기술 발전이 고도화될수록 더욱 구분이 모호해질 수 있다.

Ⅱ. 노무제공자

최근에는 특수형태근로종사자와 플랫폼노동종사자를 포괄하여, 다른 사람의 사업을 위해 자신의 노동력을 제공하고 그 보수, 수수료 등 대가를 받는 사람을 '노무제공자'라고 지칭하는 경우가 늘고 있다. 그 이유는 노무제공자라는 용어가 단순히 제시되는 것에서 나아가 고용보험법 제77조의6, 산재보험법 제91조의15에서 '노무제공자' 개념을 적극적으로 수용하여 이미 성문법상의 정식 명칭이 되었기 때문이다. 고용보험법 제77조의6은, 자신이 아닌 다른 사람의 사업을 위하여 자신이 직접 노무를 제공하고 해당 사업주 또는 노무수령자로부터 일정한 대가를 지급받기로 하는 계약을 체결한 사람 중 보험설계사, 학습지 방

1) 대법원 2018. 4. 26. 선고 2016두49372 판결.

문 교사, 소화물 택배 종사자, 대출모집인, 신용카드회원모집인, 방문판매·점검원, 가전제품 방문 수리기사, 방과후학교 교사, 건설기계 운전기사, 레미콘 운송기사, 화물자동차 기사, 퀵서비스 배송기사, 대리운전기사, 소프트웨어 기술자, 통학버스 기사, 골프장 경기보조원 등을 노무제공자로 규정한다(고용보험법 시행령 제104조의11). 이제까지 특수형태근로종사자나 플랫폼종사자라고 지칭되던 업종을 거의 모두 포함시켜 놓았다. 이륜차 등을 이용한 음식배달 종사자는 '소화물 택배 종사자'에 포함되는 것으로 보아 노무제공자의 범위에 속한다고 해석된다. 산재보험법은 노무제공자를, 자신이 아닌 다른 사람의 사업을 위하여, 노무제공자가 사업주로부터 직접 노무제공을 요청받거나, 노무제공자가 사업주로부터 일하는 사람의 노무제공을 중개·알선하기 위한 온라인 플랫폼을 통해 노무제공을 요청받아서 자신이 직접 노무를 제공하고 그 대가를 지급받는 사람으로 정의하고, '플랫폼 종사자'를 온라인 플랫폼을 통해 노무를 제공하는 노무제공자로서 이에 포함시키고 있다(산재보험법 제91조의15). 산업안전보건법 제77조에 규정된 특수형태근로종사자 개념과 유사하다. 어느 경우든 근로기준법상 근로자(근로기준법 제2조 제1항 제4호)와는 개념상 구별하고 있는 것이다. 산재보험법 제91조의15 제1호 나목에 '일하는 사람'이라는 문구가 나오는 것도 기억해 놓자.

근로기준법 제2조(정의)

① 이 법에서 사용하는 용어의 뜻은 다음과 같다.

4. "근로계약"이란 근로자가 사용자에게 근로를 제공하고 사용자는 이에 대하여 임금을 지급하는 것을 목적으로 체결된 계약을 말한다.

고용보험법 제77조의6(노무제공자인 피보험자에 대한 적용)

① 근로자가 아니면서 자신이 아닌 다른 사람의 사업을 위하여 자신이 직접 노무를 제공하고 해당 사업주 또는 노무수령자로부터 일정한 대가를 지급받기로 하는 계약(이하 "노무제공계약"이라 한다)을 체결한 사람 중 대통령령으로 정하는 직종에 종사하는 사람(이하 "노무제공자"라 한다)과 이들을 상대방으로 하여 노무제공계약을 체결한 사업에 대해서는 제8조제2항에 따라 이 장을 적용한다.

산업재해보상보험법 제91조의15(노무제공자 등의 정의)

이 장에서 사용하는 용어의 뜻은 다음과 같다.

1. "노무제공자"란 자신이 아닌 다른 사람의 사업을 위하여 다음 각 목의 어느 하나에 해당하는 방법에 따라 자신이 직접 노무를 제공하고 그 대가를 지급받는 사람으로서 업무상 재해로부터의 보호 필요성, 노무제공 형태 등을 고려하여 대통령령으로 정하는 직종에 종사하는 사람을 말한다.
   가. 노무제공자가 사업주로부터 직접 노무제공을 요청받은 경우
   나. 노무제공자가 사업주로부터 일하는 사람의 노무제공을 중개·알선하기 위한 전자적 정보처리시스템(이하 "온라인 플랫폼"이라 한다)을 통해 노무제공을 요청받는 경우
2. "플랫폼 종사자"란 온라인 플랫폼을 통해 노무를 제공하는 노무제공자를 말한다.

산업안전보건법 제77조(특수형태근로종사자에 대한 안전조치 및 보건조치 등)

① 계약의 형식에 관계없이 근로자와 유사하게 노무를 제공하여 업무상의 재해로부터 보호할 필요가 있음에도 「근로기준법」 등이 적용되지 아니하는 사람으로서 다음 각 호의 요건을 모두 충족하는 사람(이하 "특수형태근로종사자"라 한다)의 노무를 제공받는 자는 특수형태근로종사자의 산업재해 예방을 위하여 필요한 안전조치 및 보건조치를 하여야 한다.

1. 대통령령으로 정하는 직종에 종사할 것
2. 주로 하나의 사업에 노무를 상시적으로 제공하고 보수를 받아 생활할 것
3. 노무를 제공할 때 타인을 사용하지 아니할 것

Ⅲ. 검토의 대상이 되는 노동자의 범위

고용보험법, 산재보험법 등에 규정되어 있는 노무제공자를 중심으로 하되, 플랫폼노동종사자의 노동력 제공관계를 기초로 종사자의 법적 지위의 특수성, 당사자 사이의 관계 등에 대하여 살펴보기로 한다. 노무제공자에 너무 많은 업종

과 직종이 포함되어 있고, 이는 플랫폼노동종사자의 경우도 마찬가지이다. 단지, 온라인 플랫폼을 통해 노동력 제공관계가 매개된다는 것만 유사할 뿐, 일하는 방법, 대가를 산정하고 지급받는 방법 등이 업종과 직종마다 다르기 때문이다. 다만, 아래에서는 플랫폼노동종사자의 공통적인 특징에 집중하면서 그 노동력 제공방식의 특징과 그에 대한 노동법적 접근 방법에 관하여 설명하려고 한다.

제2장 플랫폼노동종사자의 법적 지위에 관한 논의

플랫폼노동종사자를 근로기준법상 근로자로 볼 경우, 디지털플랫폼 운영자 또는 디지털플랫폼을 이용하는 사업주 등이 근로기준법 제2조에 정의된 사용자로 의제된다. 플랫폼노동종사자가 근로기준법상 근로자로 인정될 수 있는가의 여부는 플랫폼노동의 수요자인 소비자 측의 관점에서도 중요한 의미를 갖는다. 디지털플랫폼 운영자나 디지털플랫폼을 이용하는 사업주의 사용자책임을 인정할 수 있게 되기 때문이다. 그러나 노무제공관계의 성질을 고려할 때, 현행법상 플랫폼노동종사자를 근로기준법상 근로자로 인정하기 어려운 경우가 대부분이다. 가사근로자의 고용개선 등에 관한 법률(이하 '가사근로자법')에 따를 때, 디지털플랫폼을 매개로 가사서비스를 제공하는 종사자가 일정한 경우 해당 디지털플랫폼 운영자의 근로기준법상 근로자가 될 수 있는 경우가 있지만, 이는 매우 예외적인 입법일 뿐이다. 학설상으로도 다양한 견해가 제시되고 있으나 각 견해 사이의 차이가 매우 크다. 학계에서는 플랫폼노동의 유형과 특징, 이들에 대한 보호를 위한 바람직한 법체계, 입법 필요성과 분야 등을 둘러싸고 다양한 견해가 제시되고 있다.

Ⅰ. 종속성이 모호한 노동력 제공자에 대한 법적 보호 방안 논쟁

1. 노동관계법의 직접 적용이 가능하다는 견해

전통적인 노동력제공 방식과 플랫폼노동종사자의 노동력 제공방식의 차이에도 불구하고 플랫폼노동종사자에 대하여 노동관계법을 전면 적용할 필요가 있다고 보는 견해이다. 세부적 방법론으로는, 노동관계법상의 근로자 개념의 재해석, 특히 종속성 개념의 확장을 통해 특수형태근로종사자나 플랫폼노동종사자를 현행 노동관계법의 직접 적용을 받는 근로자로 해석할 수 있다고 보는 견해, 경제적 종속성과 사회적 보호 필요성에 주안점을 두어 사용종속성의 표지(標識)를 재구성하는 판례법리의 재정립을 통해 노동관계법 적용이 가능하다고 보는 견해, 종속성 개념 확대가 아니라 플랫폼노동종사자의 노무제공 유형을 정확히 분석하면 현행 노동법의 적용이 충분히 가능하다고 보는 견해 등이 있다. 특히 배달플랫폼을 통한 노무제공관계에 집중하면서 플랫폼 사업주의 사용자성을 인정해야 한다는 견해도 있다.

2. 노동관계법의 각 법률에 따라 개별적으로 판단해야 한다는 견해

플랫폼노동종사자가 제공하는 노동력 제공방식의 특성에 따른 해석을 통해 노동관계법의 각 법률에서 정의하는 근로자 개념에 포섭시킬 수도 있다는 견해이다. 대법원 판결도 플랫폼노동종사자가 제공하는 노동력 제공방식의 특성에 따른 해석을 통해 노동관계법의 각 법률에서 정의하는 근로자 개념에 포섭시킬 수도 있다는 관점을 유지하고 있다. 온라인 쇼핑몰과 배송계약을 맺은 배달대행사와 위탁계약을 맺은 배송대행기사가 온라인 쇼핑몰의 노동조합법상 근로자성을 갖는다고 인정하는 판결을 내린 사건[2], 자동차대여사업자인 모회사가 자회사가 개발·운영하는 모바일 애플리케이션을 기반으로 그 앱의 이용자에게 모회사의 차량을 대여함과 동시에 인력공급회사로부터 공급받은 차량 운전기사를

---

2) 대법원 2023. 11. 30. 선고 2023두50851 판결.

제공하는 '기사 알선 포함 차량 대여서비스'를 운영하였는데, 인력공급회사가 드라이버 프리랜서 계약을 체결한 운전기사들의 모바일 단체 대화방에 인원을 감축한다는 내용의 메시지와 함께 향후 배차될 운전기사의 명단을 공지하자, 그 명단에서 배제된 운전기사가 위 인원 감축 통보가 부당해고에 해당한다며 부당해고 구제신청을 한 사건에서 운전기사의 근로기준법상 근로자성을 인정한 사례 등에서 그러한 대법원의 태도를 확인할 수 있다.[3] 온라인 쇼핑몰 배송대행기사 판결의 원심인 서울고등법원은 판단기준으로서 이전에 대법원이 학습지교사 사건에서 제시한[4] 노동조합법상 근로자성 판단기준인, 노무제공자의 소득이 특정 사업자에게 주로 의존하고 있는지, 노무를 제공받는 특정 사업자가 보수를 비롯하여 노무제공자와 체결하는 계약내용을 일방적으로 결정하는지, 노무제공자가 특정 사업자의 사업 수행에 필수적인 노무를 제공함으로써 특정 사업자의 사업을 통해서 시장에 접근하는지, 노무제공자와 특정 사업자의 법률관계가 상당한 정도로 지속적·전속적인지, 사용자와 노무제공자 사이에 어느 정도 지휘·감독관계가 존재하는지, 노무제공자가 특정 사업자로부터 받는 임금·급료 등 수입이 노무 제공의 대가인지 등 6가지 판단지표를 적용하였다. 기사 알선 포함 차량 대여서비스 사건의 경우도 마찬가지이다. 협력업체 관리와 드라이버의 지휘·감독 업무를 수행한 자회사는 위 서비스의 일부 업무를 독립하여 수행하였다기보다 위 서비스 운영자인 모회사를 위해 위 업무를 대행하였다고 평가할 수 있고, 프리랜서 드라이버를 모집하여 모회사에 공급한 인력공급회사는 프리랜서 드라이버의 구체적인 업무내용을 별도로 결정하거나 프리랜서 드라이버의 업무 수행을 독자적으로 관리·감독할 자료나 수단을 보유하지 않았던 점, 운전기사에게 적용될 별도의 취업규칙이나 복무규정은 없었으나 자회사가 제작하여 협력업체에 배포한 교육자료 등이 사실상 운전기사가 운전업무를 수행할 때 준수해야 하는 복무규정으로 기능하였고 자회사가 모회사를 대신하여 드라이버의 근태를 관리·감독한 점, 운전업무를 수행할 근무시간, 근무장소(차고지)는 모회사

3) 대법원 2024. 7. 25. 선고 2024두32973 판결.
4) 대법원 2018. 6. 15. 선고 2014두12598,12604 판결.

를 대행한 자회사가 최종적으로 결정했다고 보는 것이 타당하고, 운전기사가 임의의 시간과 장소에서 근무할 수 없었으며, 운전기사가 이용자를 선택하거나 이용자도 드라이버를 임의로 선택할 수 없었고, 운전기사가 호출 수락 여부, 휴식, 업무 종료를 자유롭게 선택할 수 있었다고 보기 어려운 점, 운전기사가 제3자에게 운전업무를 대신 수행하게 하는 등 추가적인 이윤 창출을 할 수 없었고, 운전기사가 운전업무에 사용한 차량과 비품은 모두 모회사의 소유였으며, 세차비, 주유비 등 부대비용 일체를 모회사가 부담한 점, 운전기사가 기본급이나 고정급을 지급받지 않았고 근로소득세를 원천징수당하지 않았다는 사정은 온라인 플랫폼을 매개로 한 노무제공의 특성 때문이므로 이에 큰 의미를 두기 어려운 데다가, 운전기사의 보수는 근로 자체의 대가라고 볼 수 있고, 운전기사가 배차받은 운행시간 내에서는 '기사 알선 포함 차량 대여서비스'의 운전업무만 수행할 수 있어 근로시간이 짧았을 뿐 모회사에 대한 전속성이 낮았다고 보기는 어려운 점 등을 종합하면, 인력공급회사가 공급한 운전기사가 모회사가 운영하는 '기사 알선 포함 차량 대여서비스'를 위해 그 지휘·명령을 받아 모회사의 차량 운전업무를 수행하였으므로 그 운전기사는 종속적인 관계에서 모회사에 근로를 제공하였다고 볼 수 있다는 이유로, 운전기사는 근로기준법상 근로자에 해당하고 사자는 모회사라고 판단하였다. 이 판결도 근로기준법상 근로자성 인정과 관련하여 대법원이 유지해온 판단 기준[5]을 그대로 따랐다고 볼 수 있다.

3. 노동법의 적용은 어렵지만 향후 개정을 통한 포섭이 필요하다는 견해

플랫폼노동종사자의 일하는 방식과 종속성의 정도를 고려할 때, 현재의 법상태에서는 근로기준법상 근로자성이나 노동조합법상 근로자성 인정이 어렵다고 결론을 내리면서 향후 노동법의 발전 방향을 지켜보아야 한다는 견해이다.

---

5) 대법원 2006. 12. 7. 선고 2004다29736 판결.

4. 기존의 노동법이 아닌 제3의 법영역을 통해 보호해야 한다는 견해

플랫폼노동종사자에 대하여 전통적인 노동법체계를 적용하기는 어렵다고 보는 점은 앞의 견해와 같지만, 노동법이나 일반 계약법이 아닌 제3의 법체계를 만들어 플랫폼노동종사자를 보호해야 한다고 보는 점에서 차이가 있는 견해이다. 일하는 사람 보호법, 노무제공자 보호법 등 특별법의 제정을 추구하는 것인 이 견해를 토대로 한다고 볼 수 있다.

5. 경제법의 적용을 통해 보호할 수 있다는 견해

플랫폼노동종사자나 특수형태근로종사자의 노동력 제공관계 및 사업주와의 관계에서 발생하는 각종 문제는 노동관계법이 아닌 경제법의 적용을 통해 거래의 공정성과 안정성을 보장해 줌으로써 해결할 수 있다는 견해가 있다. 플랫폼노동종사자나 특수형태근로종사자를 자영업자로 이해하는 견해이다. 이 견해는 공정한 거래질서 확립을 위한 업계의 노력과 공정거래법 등 경제법체계의 정비와 적절한 적용을 통해 문제를 해결해야 하며, 노동관계법의 적용은 적절하지 않다고 본다.

Ⅱ. 기존 보호방안 논의의 문제점

기존 논의들은 나름의 논거와 맥락을 가지고 주장되고 있다. 그러나 전통적인 노동법체계의 등장 배경이 된 전통적 근로자에 대한 플랫폼노동종사자의 차이점, 노동법 적용 시에 초래될 수 있는 종속성 강화의 역작용 등에 대한 충분한 검토가 전제되지 못했다는 점에서 어느 견해도 만족할 만한 대안을 제시하고 있다고 보기는 어렵다. 기존 보호방안 논의의 문제점은 크게 다양성의 외면, 과거 회귀성, 적용 불가능성, 보호 필요성 부정의 비현실성 등 4개의 키워드를 통해 지적될 수 있다.

1. 전통적인 노동법의 등장 배경과 근로자 개념 확대론의 모순

(1) 강한 종속성을 완화하려는 목적으로 등장한 노동법

전통적인 노동법의 등장은 우리가 제1편에서 주로 살펴봤고, 근로시간과 임금에 대한 내용을 공부할 때 검토했던 산업혁명기로 거슬러 올라간다. 리자와 로지, 톰, 그리고 아빠의 삶과 죽음을 살펴보면서 당시의 공장제 노동방식과 그에 대한 보호법제의 확립과정을 확인했었다.

이와 같이 심각한 상황 속에서 리자의 가족들이 공장에서 벗어나지 못하고 가혹한 노동에 시달릴 수밖에 없었던 것은 그들의 생계가 전적으로 공장노동의 결과 지급받는 임금에 달려있었으며, 사용자의 지시와 징계에 순응하지 않아 공장에서 축출될 경우 자신과 가족의 생존이 불가능하기 때문이었다. 근로자 계급의 사용자에 대한 일방적인 경제적 종속성이 인격적 종속성까지 강화시켜 근로자의 사용자에 대한 예속을 점점 더 강화시키고 있었다. 이처럼 근로자의 생계가 전적으로 사용자에게 의존되는 경향을 경제적 종속성이라고 일컫고, 노동력 제공 여부, 시점, 장소, 종류가 사용자의 결정에 예속되는 경향, 즉 노동력 제공 여부와 시기 및 내용의 타인결정성을 인격적 종속성이라고 지칭한다. 계약 자유의 원칙에 따른 사용자와 근로자 사이의 계약관계에 대한 국가의 방임이 경제적 종속성과 인격적 종속성을 심화시키고 오히려 개인의 자유와 권리를 침해 내지 훼손하는 원인이 된다는 공감대가 노동법의 출발점이자 사상적 연원이었다.

노동법의 여명기에 노동법의 창안자들은 근로자가 과도하게 사용자에 대하여 경제적, 인격적으로 예속되는 종속성 심화 현상이 근로자의 강제노동, 빈곤 고착화, 불균형 심화의 원인이 된다는 점에 주목했다. 그리고 이를 해결할 수 있는 대안으로 근로자의 종속성 완화를 위한 특별한 법의 보호가 필요하다는 결단을 하게 되고, 그러한 결단이 노동법의 등장으로 결실을 맺은 것이다. 요컨대, 노동법은 종속성이 매우 강한 노동력 제공방식에 종사하는 사람들의 종속성을 완화함으로써 그들의 생존권을 확보하기 위하여 등장한 규범체계이다. 근로계약과 근로조건에 대한 국가적 차원의 규제와 조정을 통해 강제근로 금지, 위약금 예정 금지, 폭행 금지, 임금체불 금지, 강제저금 금지 등 근로계약 체결에 내용적 제약을 가하고, 근로자에게 휴가권과 휴식권을 보장하는 한편, 사용자가 근로자에게 임금을 반드시 지급하도록 강제하는 방법으로 개입하여 인격적 종속성과 경제적 종속성을 완화하는 동시에 종속성의 존재로 인하여 발생한 부작용을 완화하려고 시도하는 개별적 근로관계법 분야가 등장했고, 그것이 우리나라 근로기준법의 연혁적 배경이 된다. 유럽 각국에서도 우리나라의 근로기준법과 같은 규범체계를 가지고 있거나, 휴가법, 임금법 등 개별의 단행 법률을 제정하여 이를 규율하고 있다. 그리고, 근로자들이 집단적 의사 형성과 집단적 행동을 통하여 사용자와 대등한 지위에서 단체교섭을 할 수 있도록 허용함으로써 경제적 종속성과 불평등성을 완화하려는 입법이나 판례법 형성이 이어졌으며, 이것이 우리나라의 노동조합법, 즉 단체법 형성의 연원이 된다.

(2) 종속성 개념을 전제로한 현행 노동관련 법률의 근로자 정의

그 결과 전통적인 노동법의 적용대상으로 예정된 사람은 당연히 상당한 종속성이 인정되는 근로자이다. 적용 대상, 즉 보호 대상이 '근로자'라는 점이 민법 등 계약법과 구별되는 노동법의 특수성을 이룬다. 비록 개별적 근로관계법과 집단적 노사관계법의 근거가 되는 헌법 제32조와 제33조는 근로, 근로자라는 용어를 직접 정의하지 않지만, 근로자 개념은 하위의 실정 법률인 근로기준법과 노동조합법에 정의되고 있다.[6] 근로기준법 제2조 제1항 제1호의 근로자 정의를 보면 "직업의 종류와 관계 없이 임금을 목적으로 사업이나 사업장에 근로를 제공하는 자"라고 하여 경제적 종속성, 인적 종속성이 있는 자가 근로자에 해당한다는 점을 명시하고 있다. 노동조합법도 제2조 제1호에서 근로자를 "직업의 종류를 불문하고 임금·급료 기타 이에 준하는 수입에 의하여 생활하는 자"라고 규정하여 경제적 종속성이 인정되는 자를 근로자라고 정의하고 있다. 반면 사용자에 대해서는 근로기준법 제2조 제1항 제2호는 "사업주 또는 사업 경영 담당자, 그 밖에 근로자에 관한 사항에 대하여 사업주를 위하여 행위하는 자", 노동

---

6) 헌법재판소 2009. 2. 26. 선고 2007헌바27 결정.

조합법은 제2조 제2호에서 “사업주, 사업의 경영담당자 또는 그 사업의 근로자에 관한 사항에 대하여 사업주를 위하여 행동하는 자”라고 대동소이하게 규정하여 근로자에 대한 정의 규정과 달리 정의가 아니라 유형을 열거하고 있다. 이처럼 사용자에 대해서 양 법이 모두 적극적으로 정의하지 않고 유형을 열거하는 규정 방식을 선택한 이유는 근로자 개념이 정의되면 상대개념인 사용자 개념은 연동해서 결정되기 때문이다. 근로자 개념과 대응되는 사용자 개념을 따로 적극적으로 정의할 경우 근로자 개념과 사용자 개념이 서로 상충되거나 저촉되는 문제가 발생할 수 있다. 이처럼 전통적인 노동법의 보호 대상은 종속성이 현저한 근로자의 종속성 및 부작용 완화를 추구하고 있을 뿐 종속성의 완벽한 제거를 추구하는 규범체계가 아니다. 따라서 종속성이 종래의 근로자 계층에 비하여 약하거나 거의 없는 대상에게 종래의 노동법체계를 곧바로 적용하면 오히려 종속성을 강화시키는 결과가 발생할 수 있다.

(3) 전통적인 노동법을 플랫폼노동에 적용할 경우 규제법이 되는 역설

플랫폼노동종사자나 특수형태근로종사자가 노동법상 근로자 정의규정에 포섭될 수 있을 것인가에 대한 개념 논쟁이 치열하게 이루어지는 배경은, 플랫폼노동종사자나 특수형태근로종사자의 노동력 제공 방식이 종래의 근로자 계층에 비하여 종속성이 거의 없거나 약하다는 데에 있다. 즉, 근로계약관계가 아닌 위임계약 관계를 기초로 노동력 제공이 이루어지며, 노동력 제공 여부와 시기, 종기 등이 종사자의 의사에 따라 결정되는 경우가 많기 때문에 사용자에 대한 종속성이 이전 시기 노동에 비하여 현저히 모호해졌기 때문이다. 이와 같이 종속성이 모호한(없거나 약한) 노동력 제공관계가 등장하고 그러한 노동력 제공관계가 매우 빠른 속도로 확산되어 가자, 종사자의 보호 필요성이 사회적으로 큰 문제고 대두되었고, 당연히 노동력 제공자의 보호를 위한 법체계인 노동법체계의 적용 가능성이 중요한 쟁점으로 부각된 것이다.

그러나 전통적 노동법체계는 종속성이 강하게 인정되는 근로자에 대한 종속성 완화 또는 종속성으로 인한 부작용 완화를 목적으로 생성되었으므로, 종속성이 없거나 약한 대상에 대한 보호 법제로 적용되기에는 근본적인 한계를 가진다. 예를 들면 근로자에 대한 근로기준법상 휴게시간 보장이나 휴가권 보장은 종속성의 완전한 배제를 지향하는 제도가 아니다. 종속성의 존재와 지속을 인정하면서 일시적인 종속성 완화나 정지를 규정하는 종속성 완화 제도일 뿐이다. 따라서 원하지 않으면 출근하거나 일을 개시하지 않아도 되는 사람, 즉 스마트폰의 소화물 배달대행사의 애플리케이션에 접속하여 소위 '콜'을 받아 배달을 하고자 하는 사람이 어느 시간에 어느 지역의 어떤 물건에 대한 배송을 할 것인지를 스스로 결정하고 있다고 가정하자. 그 사람에게 근로기준법상 근로자 지위를 인정하고 근로기준법을 적용하여 휴게시간과 휴가 부여 관련 규정을 적용하려고 한다면, 오히려 그 사람에게 배달대행사가 지정하는 시간대에 배달대행사가 지정하는 지역에 역시 배달대행사가 지정하는 물건을 반드시 배송해야 하고, 배달대행사의 지시에 따르기 위해 상시 노동력 제공 대기 상태에 있어야 한다는 제약을 먼저 가해야 한다. 그래야 노동력 제공상태로부터 이탈하여 휴식을 취할 수 있는 휴게시간이나 휴가 부여가 의미가 있기 때문이다. 요약하면, 종속성이 모호한 사람에게 노동법을 적용하면 오히려 노동법의 적용을 위해 종속성을 강화하여 사업주 또는 사용자에 대한 예속성을 심화시키는 역설이 발생하게 되는 것이다. 노동법이 규제법이 될 수 있는 역설이 발생하는 지점이다.

2. 기존 보호방안 논의의 구체적 문제점

(1) 플랫폼노동의 다양성을 외면하는 문제점

노무제공자에 대한 노동법적 보호방안 논의의 가장 큰 문제점은, 플랫폼노동종사자로 대표되는 종속성이 모호한(없거나 약한) 노동력 제공자의 노동력 제공방식의 다양성을 외면한 채 인식하기 용이한 크라우드웍스 형태나 배달플랫폼을 통한 음식 배달종사자 유형에 국한하여 논의하고 이를 토대로 노동법 적용 가능성을 판단하려 하는 것이다. 플랫폼노동종사자라고 통칭되는 대상 중에도 종속성의 정도만을 중심으로 판단해도 매우 다양한 분류가 가능하다. 우선 종속성이 전혀 없는 경우로서 크라우드웍스 등과 같은 웹기반 플랫폼노동 유형이 있다. 그에 비하여 음식 배달, 온라인쇼핑몰 배달 등과 같이 약한 종속성이 존재하는 경우가 있고, 특정 가사서비스 플랫폼에서 관찰되는 바와 같이 온전한 종속성이 인정되는 경우도 있다. 이와 같이 플랫폼노동의 유형이 매우 다양하고 노무제공의 공통된 특성을 추출하는 것도 사실상 불가능하다는 사실을 고려하면 플랫폼노동의 다양성을 외면한 채, 노동법 전면 적용 또는 노동법 적용 전면 배제와 같은 단일한 해결 방안은 매우 제한적인 타당성을 가질 수밖에 없다. 같은 관점에서 일률적인 개념 설정을 통한 정의와 분류가 불가능한 플랫폼노동에 대하여 각각의 유형별로 어느 직군은 근로기준법 적용 대상자이고 어느 직군은 아니라고 그때그때 개별적으로 판단할 수 있다고 보는 견해도 합리적이라고 할 수 없다. 개별적 판단 방법은 판단주체의 세계관과 관점에 따라 각기 다른 판단을 하게 되므로 기준이 처음부터 없었던 것과 다름없고 판단자의 임의에 맡기는 결과가 된다. 플랫폼노동의 유형에 따라 개별적인 법률들을 제정하여 대응해야 한다는 견해도 같은 관점에서 비판을 면할 수 없다. 특별법의 만연이 바람직하지도 않을 뿐 아니라, 앞으로 예측할 수 없을 정도로 다양하게 등장할 플랫폼노동 각각의 유형에 대하여 일일이 개별 법률들을 제정해서 대응하는 것은 입법론적으로나 법기술적으로 전혀 바람직하지도 가능하지도 않기 때문이다. 플랫폼노동 일반에 적용될 수 있는 일반법을 제정하겠다는 시도와 실현 가능성 측면에서는 전혀 다를 바 없는 무모한 견해라고 하지 않을 수 없다.

(2) 과거 회귀를 초래하는 문제점

종속성이 없거나 약한 노동력 제공관계의 특성을 외면하고, 일률적인 노동법 적용을 주장하면, 결과적으로 플랫폼노동종사자의 종속성을 강화하거나 의제하도록 주장하여 노동시장의 다양성을 오히려 저해하고 노동력 제공자의 자유도와 유연성을 제약하고 획일화하는, 현대의 유연한 노동력 제공관계를 산업혁명기의 종속적 노동으로 회귀시키는 역설적인 문제가 발생하게 된다.

(3) 적용 불가능성이 있음에도 이를 외면하는 문제점

오랜 역사적 맥락과 시대적 필요성을 수용하여 형성되어온 전통적인 노동법의 체계와 목적, 구조를 무시하고 적용범위를 확대할 경우 적용과 해석상의 심각한 부작용이 발생하는 문제가 있다. 예를 들어, 플랫폼노동종사자에게 근로기준법을 무조건 적용하게 되면, 원하는 시간에 자율적으로 콜을 받아 배달 업무를 수행하는 자에 대해 근로기준법 제54조를 적용하여 4시간마다 30분의 휴게시간을 보장하도록 하거나, 본인의 작업실에서 작업하는 웹툰 작가에 대하여 웹툰 플랫폼 운영자에게 근로시간 준수 의무를 부과하거나, 자율적·간헐적으로 웹에 접속하여 데이터를 입력하는 자에 대해 출근의무를 부과하고 연차휴가를 부여하도록 의무화 하는 문제 등이 발생하게 된다. 근로기준법 제17조 근로조건의 명시 조항, 제23조 이하의 해고 관련 조항, 제46조 휴업수당 조항, 제50조 이하의 근로시간 조항, 제55조 이하의 휴일·휴가 관련 조항 등 근로기준법의 핵심 조항들이라고 할 수 있는 조항들 대부분이 적용하기가 쉽지 않다. 근로기준법 제2조 정의 규정의 근로자에 해당하는가 아닌가의 논쟁만으로 노동관계법 적용 문제가 종결되는 것은 아니다. 플랫폼노동종사자들이 일반적으로 근로자에 해당한다고 의제한다 하더라도 그 이하의 규정들을 적용할 수 없다면 보호방안으로서의 논의의 실익이 없다. 근로기준법 또는 노동조합법의 적용 대상인 근로자의 정의에 포섭될 수 있는지는 각 해당 법률의 제2조 정의 조항에 기술된 문장만을 단독으로 해석하여 확정될 수 있는 것이 아니다. 해당 정의 조항이 규정된 각 법률을 구성하는 조문 전체의 체계적·논리적 해석을 통해 적용가능성이 규명되어야 한다. 그런 의미에서 정의 조항의 문구 자체의 해석에만 몰두하는 것을 올바른 해석론이라고 하기는 어렵다.

(4) 보호 필요성을 부정하는 견해의 비현실성

플랫폼노동종사자의 보호 필요성을 부정하는 견해는 앞의 일률적 보호 필요성 주장과 다름없이 비현실적이다. 플랫폼 운영자와 이용 사업자, 플랫폼노동종사자 사이에 경제법을 적용하여 거래상의 정의를 확보하면 족하다는 주장은, 단순한 재화의 거래가 아닌 인격적인 인간의 노동력이 거래되는 플랫폼노동의 실질과 부합하지 않고, 따라서 종사자의 보호에 충실할 수 없다는 한계를 외면하는 한계가 있다. 보호 필요성이 있는 노동력 제공관계가 새롭게 등장하여 분명히 존재하고 있을 뿐만 아니라 점차 그 영역 및 종사자의 범위와 숫자가 확대되고 있다는 점이 객관적 현상으로서 확인되고 있음에도 불구하고 법적 보호 필요성을 부정하는 것은 비현실적일 뿐만 아니라 합리적이지도 않다.

제3장 플랫폼노동종사자 보호 방안에 관한 대안

다양하게 생성·발전하는 산업 및 일하는 방식의 변화와 그에 따른 플랫폼노동 제공 방식의 분화와 다양화를 고려하면, 플랫폼노동종사자에 대하여 기존 노동법체계를 획일적으로 적용해야 한다거나 적용하지 말아야 한다고 주장하는 것은 설득력을 얻기 어렵다. 또한 새로운 법체계의 창출을 통해 보호해야 한다는 주장도 합리적이기는 하지만, 새로운 보호법체계의 내용과 체계, 절차와 방법 등에 관한 사회적 공감대를 확보하고 이를 법제화 하는 데에는 상당한 기간이 소요될 수밖에 없는데, 그동안 모든 플랫폼노동종사자를 법적보호의 사각지대에 방치하게 되는 문제가 있다. 따라서 아래에서는, 현재의 상황에 집중하여, 노동법체계의 적용이 가능한 플랫폼노동의 유형과, 전면적인 노동법 적용은 불가능하지만 집단적 노사관계에 관한 노동조합법 적용은 가능한 유형, 노동법의 적용이 불가능하여 새로운 보호법체계 창출이 필요한 플랫폼노동의 유형 등을 각각 나누어 비록 불완전하고 일시적이지만 종사자를 보호할 수 있는 방안을 제시해 보고자 한다.

I. 종속성이 인정될 수 있는 경우의 보호 방안

플랫폼노동종사자에 대해 현행 노동관계법의 적용이 가능한 유형이 존재한다. 즉 종사자가 플랫폼 이용 사업주 또는 플랫폼 운영자에 대하여 상당한 정도로 종속되어 있다고 인정될 수 있는 유형이다. 종래의 특수형태근로종사자 중 학습지교사 유형, 플랫폼노동종사자 중 지역기반 플랫폼노동 유형에 해당하는 일부 유형이 여기에 속한다. 지역기반 플랫폼노동 유형에 해당하는 일부 유형에 어떠한 유형이 포함될 수 있는지 구체적으로 살펴보면, 배달형 노동력 제공체계 중 하나로서 대형마트 온라인몰의 위탁을 받아 배송업무를 수행하는 배송대행사에 소속되어 배송업무를 하는 배송기사는 배송대행사와의 사이에 상당한 정도의 종속성이 인정된다고 볼 수 있으며, 가사서비스형 노동력 제공체계 중 직접매개 유형으로서 가사노동종사자가 플랫폼을 통하여 가사서비스 수요자에게 가사노동을 제공하는 유형 중에서 플랫폼이 직접 가사노동종사자와 근로계약에 해당한다고 볼 수 있는 계약을 직접 체결하고 있는 유형이 가사서비스 제공 플랫폼 운영 사업자와 가사노동종사자 사이의 종속성이 충분히 인정된다고 볼 수 있다. 후자는 현행 가사근로자의 고용개선 등에 관한 법률의 적용 대상인 가사서비스 제공 유형이다. 그러나, 현행 가사근로자의 고용개선 등에 관한 법률은 직접 근로기준법의 적용이 가능한 영역에 대하여 특별법을 적용하여 오히려 근로기준법 적용을 배제하는 역효과를 초래하고 있다는 비판을 제기하지 않을 수 없다.

이 유형을 조금 더 자세히 살펴보면, 먼저 대형마트 온라인몰의 위탁을 받아 배송업무를 수행하는 배송대행사는 대형마트 온라인몰 운영사와 배송 위탁 계약 체결하고, 대형마트 온라인몰에 온라인으로 주문을 한 수요자의 가정에 식료품과 생필품 등 생활용품을 배송해주는 업무를 담당한다. 이때 직접 배송을 수행하는 배송기사는 배송대행사와 위탁계약을 맺고 상품을 배송하지만, 대개의 경우 배송기사들은 대부분의 시간을 배송대행사에 출근하여 대기하다가 배송업무를 수행하며, 하나의 배송대행사의 배송업무만을 담당하는 경우가 대부분이고, 비록 자신이 소유한 오토바이나 차량을 사용하기는 하지만, 대형마트의 로고가 부착된 유니폼을 입거나 스티커를 부착하고 배송업무를 위탁한 대형마트의 물품만을 배송한다. 불이익을 받지 않고 배송업무를 지속적으로 수행하기 위해서는 배송대행사의 배송지시를 그대로 따를 수밖에 없고, 배송 거절은 사실상 불가능한 것이 보통이다. 최근 유사한 유형의 배송대행기사에 대하여 서울고등법원이 근로기준법상 근로자로는 볼 수 없지만 노동조합법상 근로자로는 볼 수 있다는 다소 소극적인 판결을 내렸는데[7], 근로기준법상 근로자로 보지 못할 이유가 없다는 점에서 이러한 배송대행종사자 유형은 근로기준법 및 노동조합법상 근로자로 직접 포섭하는 것이 바람직하다고 판단된다.

다음으로, 가사노동종사자가 플랫폼을 통하여 가사서비스 수요자에게 가사노동을 제공하는 유형 중에서 플랫폼이 가사노동종사자와 근로계약에 해당한다고 볼 수 있는 계약을 직접 체결하고 있는 유형을 살펴볼 필요가 있다. 가사서비스 제공 플랫폼에 수요자가 이용신청을 할 때 필요로 하는 서비스의 종류와 내용, 시간 등을 직접 입력하여 사전에 결정한다. 서비스 종사자의 경력과 평점을 보고 서비스 수요자가 서비스 제공자를 선택하기도 한다. 그러면 가사서비스 플랫폼 운영자는 신청한 사항을 자신과 위탁계약 또는 근로계약을 맺은 종사자에게 전달하고 종사자는 전달받은 사항대로 수요자의 가정에 방문하여 서비스를 제공한다. 이때 가사서비스 플랫폼 운영자는 종사자에게 수요자의 가정에서 이용계약에 따라 제공하여야 할 업무에 대하여 구체적으로 지정(지시)한다. 가사서비스 수요자가 종사자에게 직접 신청한 사항을 초과하는 지시를 하는 경우는 거의 없다. 종사자는 가사서비스 플랫폼 운영자의 작업 지시 또는 지정을 사실상 거부할 수 없다. 지정을 거부할 경우 다음번에 지정을 받을 수 없게 되는 경우가 있고, 지시받은 사항을 충실히 이행하지 않을 경우 평점 등에 반영되어 수요자에게 선택받지 못하게 될 수 있기 때문이다. 가사서비스 플랫폼 운영자는 수요자가 지급한 대가 중 일정 부분을 제외하고 노동력 제공의 대가로서 종사자

7) 서울고등법원 2023. 7. 12. 선고 2022누53664 판결.

에게 급여를 지급한다. 종사자는 특정 가사서비스 플랫폼 운영자에 대해서만 전적으로 노동력을 제공하는 것이 보통이다. 이 경우 플랫폼은 온라인 플랫폼일 수도 있고, 보통 협회라고 지칭되는 지역 가사서비스 제공기관과 같이 오프라인 플랫폼일 수도 있다. 이러한 가사서비스 제공 유형에 근로기준법상 근로자에 준하는 수준의 경제적 종속성 및 인격적 종속성이 존재한다는 점을 부인하기는 어렵다.

이상과 같은 두 가지 유형에 해당하는 플랫폼노동종사자는 근로기준법이나 노동조합법 등 현행 노동관계법의 직접 적용이 가능할 것으로 판단된다. 그럼에도 불구하고 법원이나 정부, 플랫폼 이용 사업주나 플랫폼 운영자 등이 노동관계법을 적용하지 않고 있는 것은 법위반의 가능성이 크다고 보아야 한다.

앞에서 언급한 바와 같이 우리 법원은 근로기준법상 근로자성 인정을 위해 종속성을 판단함에 있어서 업무 내용을 사용자가 정하고 취업규칙 또는 복무(인사)규정 등의 적용을 받으며 업무 수행 과정에서 사용자가 상당한 지휘·감독을 하는지, 사용자가 근무시간과 근무장소를 지정하고 근로자가 이에 구속을 받는지, 노무제공자가 스스로 비품·원자재나 작업도구 등을 소유하거나 제3자를 고용하여 업무를 대행케 하는 등 독립하여 자신의 계산으로 사업을 영위할 수 있는지, 노무 제공을 통한 이윤 창출과 손실 초래 등 위험을 스스로 안고 있는지, 보수의 성격이 근로 자체의 대상적 성격인지, 기본급이나 고정급이 정해졌는지 및 근로소득세의 원천징수 여부 등 보수에 관한 사항, 근로 제공 관계의 계속성과 사용자에 대한 전속성유무와 그 정도, 사회보장제도에 관한 법령에서 근로자로서 지위를 인정받는지 등 경제적·사회적 여러 조건을 종합하여 판단해야 한다는 기준을 이미 제시한 바 있다.[8]

---

8) 대법원 2006. 12. 7. 선고 2004다29736 판결 등.

Ⅱ. 약한 종속성이 인정되는 경우의 보호 방안

근로기준법상 근로자로 볼 수 있을 정도의 인격적 종속성이 인정되지는 않지만, 종사자가 사업주 등에게 상당한 정도의 경제적 종속성이 있다고 인정되는 유형에 대해서는 비록 근로기준법의 적용 대상 근로자로 포섭할 수는 없지만, 노동조합법상 근로자로서 포섭하여 노동조합법 적용 대상으로 인정하는 것은 가능하다고 할 수 있다. 대표적인 것이 특수형태근로종사자 중 골프장 경기보조원이나 퀵서비스 종사자, 지역기반 플랫폼노동종사자 중 음식배달 대행 노동력 제공체계와, 차량·운전기사 대여 플랫폼 노동력 제공체계, 간접매개 가사노동 제공 유형 등이다. 이들에 대하여 노동조합법상 근로자성을 인정하면 종사자들이 노동조합을 결성하여 플랫폼 이용 사업자나 플랫폼 운영자 등 노동조합법상 사용자로 판단될 수 있는 주체들을 상대로 단체교섭을 요구하여 가격교섭력을 확보하도록 할 수 있다는 실익이 있다.

먼저 지역기반 플랫폼노동종사자 중 음식배달 대행 노동력 제공체계를 보면, 이 유형은 디지털 플랫폼을 통해 매개된 노무를 제공하는 유형으로서는 비교적 일찍부터 확산되어왔고, 지역 기반 배달대행 디지털 플랫폼 업체도 다수 존재한다. 종사자의 노동력 제공방식을 가장 일반적인 유형을 기준으로 간단히 설명하면 다음과 같다. 고객의 주문이 주문애플리케이션을 통해 접수되면 이 주문이 음식점에 전달되고, 주문을 받은 음식점은 음식을 조리하여 디지털 플랫폼인 배달대행 애플리케이션을 통해 배달을 의뢰한다. 배달대행 애플리케이션 운영자는 해당 의뢰를 직접 자신과 계약관계에 있는 배달종사자에게 전달하거나 또 다른 지역배달대행사에 전달한다. 배달대행 애플리케이션으로부터 배달의뢰를 전달받은 배달종사자는 음식점에 방문하여 음식을 수령하고, 이를 고객에게 전달한다. 배달대행 애플리케이션 운영자가 지역배달대행사에 배달을 의뢰한 경우 지역배달대행사는 자신과 계약관계에 있는 배달종사자에게 의뢰사항을 전달하고 의뢰를 전달받은 배달종사자는 앞의 경우와 마찬가지로 음식점에 방문하여 음식을 수령한 후 이를 주문자에게 배달한다. 배달종사자는 현재 산재보험법과 고용보험법의 적용을 받을 가능성이 열려 있다. 최근에는 배달종사자들로 구성된 노동조합에 대하여 정부가 노동조합 설립신고필증을 발급하는 사례도 증가하고 있다. 배달종사자들이 특정 배달대행 애플리케이션이나 특정 지역배달대행사와 근로계약관계를 맺고 배달업무를 수행하는 경우는 거의 없으므로 근로기준법상 근로자로서의 법적 지위를 인정받기는 어려운 경우가 많지만, 노동조합법상 근로자성 인정은 불가능한 것은 아니라고 판단된다.

마지막으로 지역기반 플랫폼노동 제공 유형 중, 가사서비스형 노동력 제공체계의 하나인 간접매개 가사노동 제공 유형도 경제적 종속성의 존재를 이유로 노동조합법상 근로자성 인정이 가능한 유형이라고 판단된다. 간접 매개 가사노동 제공 유형은 가사서비스 플랫폼 운영자와 수요자가 이용계약을 체결한다는 점에서는 앞에서 설명한 직접 매개 가사노동 제공 유형과 유사하다. 그러나, 가사서비스 플랫폼 운영자가 가사노동종사자와 직접 계약을 체결하는 것이 아니라 가사노동종사자와 근로계약 또는 위탁계약을 맺고 종사자를 보유하고 있는 인력 보유 업체와 노동력 제공계약을 체결하고 있다는 점에서 차이가 있다. 가사서비스 플랫폼 운영자가 수요자와 이용계약을 체결한 이후에 이용계약의 내용을 위탁계약 관계에 있는 인력 보유 업체에 통보하면 인력 보유 업체가 자신들과 계약관계를 맺고 있는 가사노동종사자에게 수요자의 가정에서 가사노동을 제공하도록 지시하는 절차로 가사노동 서비스가 제공되고 있다. 이와 같은 간접 매개 가사노동 제공 유형에서는 가사노동종사자가 인력 보유 업체와 근로계약을 맺기도 하고 위탁계약을 맺기도 한다. 따라서 인력 보유 업체와 가사노동종사자가 근로계약을 맺고 있다면 근로기준법상 근로자로 볼 수도 있다. 그러나 대부분의 경우 인력 보유 업체는 가사노동종사자와 도급계약이나 위탁계약 등을 체결하는 것이 보통이다. 이 경우 가사노동종사자들이 인력 보유 업체에 경제적으로 상당 부분 종속되어 있다고 볼 수 있으므로 노동조합법상 근로자성을 인정하는 데에는 무리가 없다고 판단된다.

대법원은 노동조합법상 근로자성 판단기준으로 노무제공자의 소득이 특정 사업자에게 주로 의존하는지, 노무를 제공받는 특정 사업자가 보수·계약내용을 일방적으로 결정하는지, 노무제공자가 특정 사업자의 사업수행에 필수적인 노무를 제공함으로써 특정 사업자의 사업을 통해 시장에 접근하는지, 노무제공자와 특정 사업자의 법률관계가 상당한 정도로 지속적·전속적인지, 어느 정도 지휘·감독관계가 존재하는지, 특정 사업자로부터 받는 임금·급료 등 수입이 노무제공의 대가인지 등을 제시한 바 있다.[9] 위에 제시한 유형들은 대법원의 판단기준을 적용해도 가사노동종사자가 노동조합법상 근로자로 포섭될 수 있다는 결론에 충분히 이를 수 있다고 생각된다.

다만, 근로기준법 적용 가능성은 부인되지만, 노동조합법 적용은 가능한 유형의 종사자를 인정하는 것은 매우 불완전한 상태라고 하지 않을 수 없다. 결국 노동조합법상 근로자성을 인정하는 취지도 근로조건의 유지 개선에 근본적인 목적이 있다고 보아야 하는데, 근로조건의 최저한도는 근로기준법을 기준으로 정해지기 때문이다. 따라서 노동조합법상 근로자로 인정되는 플랫폼노동종사자들에 대해서도 비록 근로기준법은 아니지만, 장기적으로 최소한의 노동력 제공조건을 정하는 별도의 최저기준 규율체계를 입법적으로 조성해 나가기 위한 조치가 필수적으로 뒤따라야 할 것이다.

Ⅲ. 종속성이 부정되는 경우의 보호 방안

1. 현행 노동법 적용이 불가능한 플랫폼종사자 유형

경제적 종속성과 인격적 종속성이 모두 충분히 인정되기 어려워서 개별적 근로관계법 분야와 집단적 노사관계법 분야의 모든 노동관계 법체계의 적용이 인정될 수 없는 유형이 존재한다. 유연성이 매우 높은 유형이라고 할 수 있다. 웹기반 플랫폼노동종사자 중 크라우드워크형 노동력 제공체계, 지역기반 플랫폼노동종사자 중 배달형 노동력 제공체계, 지역기반 플랫폼노동종사자 중 여객운송형 노동력 제공체계의 하나인 대리운전 플랫폼 노동력 제공체계가 여기에 해

9) 대법원 2018. 6. 15. 선고 2014두12598,12604 판결.

당한다고 할 수 있다.

먼저 웹기반 플랫폼노동종사자 중 크라우드워크형 노동력 제공체계는 웹기반형 플랫폼노동종사자의 전형적인 유형으로서, 대체로 디지털 플랫폼을 통해 의뢰자와 작업자 사이가 매개되고 노무수행의 결과가 제공되는 방식이라고 정의된다. 이 역시 매우 다양한 방식으로 노동력 제공이 이루어지고 있지만, 가장 일반적인 유형을 기준으로 설명하면 다음과 같다. 의뢰자가 플랫폼 운영 업체에 프로젝트를 의뢰하면 플랫폼 운영 업체는 해당 프로젝트를 홈페이지 등에 등록하여 해당 플랫폼에 회원으로 가입되어 있는 작업자가 확인할 수 있도록 한다. 작업자는 개인 프리랜서일 수도 있고 회사일 수도 있다. 의뢰자도 개인일 수도 있고 기업체일 수도 있다. 등록된 프로젝트를 수행하고자 하는 작업자는 해당 플랫폼에 지원 신청을 한다. 플랫폼 운영사는 지원자 중 가장 적합한 지원자를 일정한 기준에 따라 선정하여 통보하고, 의뢰자에게도 선정된 지원자를 통보한다. 의뢰자가 특별히 요구한 기준이 있으면 그 기준이 선정 기준에 반영되기도 하며, 의뢰자가 교체나 재선정을 요구할 수도 있다. 지원자가 확정되면 지원자는 제시된 요건에 맞추어 프로젝트를 수행하고, 작업 결과를 의뢰자에게 직접 제공하거나 플랫폼에 등록하는 방법으로 제공하기도 한다. 의뢰자는 프로젝트의 완수 여부를 확인한 뒤에 작업자에게 보수를 지급한다. 이때 의뢰자는 플랫폼 운영 업체에도 일정 액수의 수수료를 지급하는 것이 일반적이다. 작업자는 의뢰자로부터 노무제공에 관하여 직접적인 지휘·감독을 받지 않고, 노무제공 시간과 장소를 자유롭게 결정할 수 있으며, 컴퓨터 등 작업 수단과 장비를 대부분 스스로 조달하기 때문에 노무제공관계의 계속성과 전속성을 인정하기는 어렵다. 경제적 종속성과 인격적 종속성 모두 인정하기 어려운 유형이다.

다음으로 지역기반 플랫폼노동종사자 중 식료품, 잡화 배달 대행 노동력 제공체계가 있다. 이는 앞에서 설명한 대형마트 온라인몰의 위탁을 받은 배송대행사에 소속되어 배송 업무를 수행하는 배송대행기사의 경우와는 다소 차이가 있다. 이 유형은 고객이 온라인 쇼핑몰에 주문한 물품 중 배달업무를 수행하고자 하는 자가, 자신이 원하는 시간대에 자신이 원하는 지역에 대한 온라인 쇼핑몰 고객의 주문에 대하여 온라인 쇼핑몰 운영사의 온라인 판매 플랫폼에 온라인으로 배송신청을 하여 자신이 소유한 운송수단을 이용하여 배송을 하는 유형이 있다. 상시적으로 노무를 제공하는 것이 아니라 자신이 원할 때 온라인 판매 플랫폼에 접속하여 주문을 확인하고 배송을 신청하며, 배송 신청이 승인된 경우 자신의 운송수단을 활용하여 물류창고에 방문하여 배송물품을 수령하여 주문한 구매자에게 배송하는 방식으로 배송 서비스가 이루어진다. 디지털 플랫폼이나 주문자에 대한 전속성 내지 종속성이 전혀 없으며, 노무제공 여부와 시기, 대상 지역이 전적으로 배달종사자의 선택에 따라 달라진다는 점에서 역시 경제적 종속성과 인격적 종속성이 인정되기 어렵다.

다음으로 지역기반 플랫폼노동종사자 중 여객운송형 노동력 제공체계의 하나인 대리운전 플랫폼 노동력 제공체계를 살펴본다. 지역 기반 대리운전 매개 업체 등을 통해 대리운전업무를 배당받아 대리운전서비스를 제공하는 유형은 기존에는 특수형태근로종사자의 대표적인 유형으로 분류됐다. 그러나 최근 대리운전자와 수요자 사이의 매개 수단이 디지털 플랫폼으로 대체되면서 플랫폼노동의 유형으로 인식되기 시작했다. 대리운전 수요자가 대리운전 플랫폼을 통해 대리운전을 요청하면 애플리케이션에 등록하고 대기 중인 대리운전종사자 중에서 운행 조건이 충족되는 대리운전 종사자에게 의뢰가 전달된다. 해당 의뢰는 다수에게 노출되고 먼저 해당 의뢰를 선택한 대리운전종사자가 수요자에게 연결되어 대리운전 서비스를 제공하게 된다. 대리운전종사자가 대리운전 수요자의 의뢰를 전달받기 위해서는 대리운전 플랫폼에 소정의 수수료를 납부해야 하며, 대리운전 수요자가 지급하는 대금을 직접 수령한다. 대리운전종사자의 선택에 따라 대리운전요청을 받지 않을 수도 있다. 최근에는 대리운전 플랫폼이 신용카드 결재를 통해 대금을 전달받고 이를 대리운전종사자에게 전달하기도 한다. 대리운전종사자들이 대리운전 플랫폼의 업무수행에 대한 지휘 감독이 이루어지지 않고, 대리운전종사자들이 대리운전업무를 수행할지 여부와 시간, 대리운전업무 수행 지역 등을 자신의 의사에 따라 선택할 수 있다는 점에서 경제적 종속성과 인격적 종속성 인정이 어려운 경우가 대부분이다.

2. 노동법 적용이 불가능한 플랫폼종사자에 대한 보호 방안

앞에서 설명한 유형에 해당하는 플랫폼노동종사자는 경제적 종속성도 인정되기 어렵고, 인격적 종속성도 부정되어 현행 노동법상 보호체계 적용이 불가능하다. 즉, 보호 필요성이 있는 대상은 존재하지만 규범적 보호체계는 마련되지 못한, 입법적 불비(공백) 상태라고 할 수 있다. 결국 해당 영역의 플랫폼노동종사자를 보호하기 위한 최소한의 노동보호체계를 설정하기 위한 입법적 대응이 시급하다고 하겠다. 여기에 대해서는 구체적인 입법적 대응에는 상당한 시일이 결릴 수밖에 없으므로 우선 표준 약관 또는 모범계약 개발 및 적용 등 잠정적인 보호방안을 먼저 강구하는 방안을 고려해볼 필요가 있다.

장기적으로 가장 전형적인 유형이라고 할 수 있는 위와 같은 유형의 플랫폼노동종사자를 보호하기 위한 입법이 어떠한 법체계적 지위를 가진 법률이 될 것인지에 대해서는 아직 우리 사회에 충분한 공감대가 형성되어 있지는 않은 것으로 보인다. 다만, 최근에 소위 '일하는 사람 보호법' 입법 필요성이 제기되고 있는데, 일하는 사람 보호법이 과연 노동법에 해당한다고 볼 수 있을지, '일하는 사람 보호법'에 규정될 조항들이 근로기준법 및 노동조합법의 유사한 조항들을 완전히 대체하는 것인지 아니면 보충적으로만 적용되는 것인지 등 아직 명확히 해명되지 못한 쟁점이 무수히 남아 있다. 다만, 이러한 입법논의가 시작되고 있다는 것만으로도 상당한 의미를 부여할 수 있으며, 향후 새로운 노동보호법제 등장의 단초가 될 수 있으리라 생각한다.

찾아보기

ㅅ

ㅇ

ㅊ

ㅌ

ㅍ

ㅎ

기타

저자 약력

이준희

고려대학교 법과대학 및 대학원 졸업(법학박사)

한국경영자총협회 법제팀장

한국경영자총협회 부설 노동경제연구원 연구위원

고려대학교 노동대학원 겸임교수

현) 광운대학교 법학부 교수

저 서

단체교섭법론, 신조사, 2017

직장에서의 괴롭힘, 신조사, 2019

노동법

초판발행 2025년 2월 28일

지은이 이준희
펴낸이 안종만 · 안상준

편 집 윤혜경
기획/마케팅 최동인
표지디자인 BEN STORY
제 작 고철민 · 김원표

펴낸곳 (주) 박영사
서울특별시 금천구 가산디지털2로 53, 210호(가산동, 한라시그마밸리)
등록 1959. 3. 11. 제300-1959-1호(倫)
전 화 02)733-6771
f a x 02)736-4818
e-mail pys@pybook.co.kr
homepage www.pybook.co.kr
ISBN 979-11-303-4944-2 93360

정 가 39,000원